SUSAN SONTAG

智性与激情
苏珊·桑塔格传

南京大学出版社

[法] 贝阿特丽丝·穆斯利 著　周融 译

雅众文化 出品

献给米莱娜，
献给朱丽叶和帕特里斯。

我以为作家是这么一种人：他对"一切"都感兴趣。

——《反对阐释》

我们不能借助于生活来阐释作品，
但可以通过作品来阐释生活。

——《土星照命》

目 录

序

　　2004 年 12 月 28 日，整个世界都在关注着印度洋，两天前发生在那里的一场海啸肆虐了印度尼西亚、泰国和斯里兰卡的海岸。这场灾难的规模仍然难以想象，它很快就跻身历史上造成最多人死亡的灾难之列。最终，22 万余人身亡，200 余万人流离失所，不可计数的人的生活从此天翻地覆。就像《洛杉矶时报》所说的，一道"40 英尺*高的水墙夺去了超过两万六千人的生命，这使得其他方面的人类境遇都变得微不足道"。

　　在那些"微不足道"的事件中，就包括一位七十一岁作家的临终时刻，她在纽约最好医院之一的病房中死于癌症。实际上，她的讣告被从亚洲蜂拥而至的消息所淹没，数日以后，报纸上才开始出现对她的致敬与回忆，此时，这些信息已经失去了新闻时效性。

　　然而，苏珊·桑塔格是她那个时代的标志，在 20 世纪后半叶和 21 世纪初留下了自己的印记。她 1933 年 1 月 16 日出生于纽约，时值阿道夫·希特勒上台十四天，她将经历并且见证那个时代的种种政治骚动，成为一种革命性文化的代言人，并将写作变成她毕生

---

* 1 英尺约等于 0.30 米。——编注

的历险。

十二岁时，她因为身患哮喘只能迁居亚利桑那州，这时她已经当起了记者，到处分发一份自编自印的报纸《仙人掌快报》，每份卖五美分。报纸专栏包括文学评论、政局解析，尤为特别的是，还登载当时正在欧洲和太平洋打响的战争的新闻。正是在太平洋海岸边的洛杉矶，她度过了青春期的最后几年，作为一名早慧的中学生，她跟托马斯·曼一起喝过茶，并开始入门学习古典乐。

在加利福尼亚大学伯克利分校上了一学期课以后，她考入了芝加哥大学，该校当时富于实验性的课程与她那高于常人的智力可以说是天作之合。十九岁时，她不仅已经拿到学位，还成了妻子和母亲。为了追随丈夫，她搬去了（马萨诸塞州）剑桥镇，继续在那边的哈佛大学求学。从那里，她又去了牛津、巴黎，但在离婚后，又重返纽约，回到了她出生的城市。从此之后，她永远都有一个纽约的地址，尽管某些年份她更多是住在巴黎、米兰、柏林、巴里*或者萨拉热窝……

1963 年，在她的第一部小说《恩主》出版后，她放弃了自己的博士论文和在大学发展的抱负，开始靠笔耕为生，在重要杂志上发表文章，接受各种邀请，到大学参加会议、开办讲座和研讨班。

她既是作家、评论家，也是电影人，她时不时会出现在银幕上，或在一部伍迪·艾伦的电影里，或在纪录片中。她是戛纳电影节的常客，也是国际笔会†的成员。人们征求她的见解，她参与各种政治论战，投入反越战的斗争，为波兰、俄罗斯、波斯尼亚的言论自由呼吁；在古巴革命的最初几年里，人们看到她站在菲德尔·卡斯特

---

* 巴里，位于意大利东南部，是意大利通向巴尔干半岛和东地中海的主要港口。（如无特别标注，本书脚注及正文小字号括注均为译注。）

† 国际笔会（PEN International），非政府组织，旨在促进各国作家间友谊与合作，保护作家免受政治压迫。——编注

罗的一边；因为对文学艺术的贡献，她获得法国政府授勋，同时，她在法兰克福、耶路撒冷和纽约等地获得过许多奖项。

　　要简单概括苏珊·桑塔格的人生是很困难的。她永不餍足的好奇心推动她走向摄像机或者剧院后台，促使她选择最多样化的题材，学习多种语言，为个人图书馆添置成千上万册书。这也部分解释了她从不中断的旅行，和她作品的丰富性与多样性。对"您是谁?"这个问题，她毫不犹豫地回答道："我是一个流浪者，我从发现事物、相逢与交流中得到乐趣。我在美国时并不觉得自己是美国人，但我又从未像我在国外时那样美国化。一切都令我感兴趣，我所忧虑的只是我能否始终保持公正。吸引我的是那些最为蜿蜒曲折的心灵之路。关于它们，我想要用各种方式去描写。"[1]

　　好奇心和智力上的一丝不苟构成了她那千变万化的作品的共同特征，尽管这些作品在她身后并非都能不朽。那些评论著作会被一读再读：很多是奠基之作，如果追溯20世纪下半叶的各种知识界论战，不引用桑塔格的许多文章与文集，几乎不可能，其中《反对阐释》《关于"坎普"的札记》和《论摄影》肯定是她最为知名的作品。但就像她终生的友人理查德·霍华德[*]提醒人们注意的那样："她不想被看作知识分子。她会回应这样的叫法。被这样称呼的时候，她会答应的。但她并不喜欢。"[2]

　　她的电影和小说就远不会有同样长久的寿命。桑塔格写的最后几篇序言之一是为维克多·塞尔日[†]的一部小说所作的，文中她强调他的小说受到了不公正的待遇，提醒人们"当一位作家的大部分著

---

[*]　理查德·霍华德（Richard Howard），美国诗人、文学评论家、翻译家，《巴黎评论》的诗歌编辑。诗集《无题的主题》曾获普利策奖。

[†]　维克多·塞尔日（Victor Serge），比利时无政府主义革命家、作家，著有回忆录《一位革命者的回忆》、小说《被征服的城市》《图拉耶夫同志的案件》等。

作并非文学性作品，要低估其文学成就是很容易的"。[3] 她在后文继续断言塞尔日"作为虚构作品的作者，同样遭到了惩罚。历史真实性是通向虚构之路的绊脚石——就仿佛我们必须从中二选一"。[4] 她还指出，某些评论家甚至会说出这种话："塞尔日最伟大的文学作品就是他自己的人生，充满了危险与狂风骤雨，保持了道德上的忠诚与正直的人生。"[5]

在她的四部小说中，只有《火山情人》真正取得了口碑与商业的双重成功。最后一部出版的《在美国》获得了 2000 年的国家图书奖，但读者并不因此就必然买账，抄袭指控与评论界的温吞反应都打消了她再写一部的念头。在生命行将逝去的时刻，除了留下一些笔记，以及在书信或采访中的一些影射，她已经不再有写小说的计划。

矛盾的是，在今天，苏珊更为读者，特别是法国读者所知的，正是那些从她的文件中整理出来的作品。这些文件在 2002 年由加利福尼亚大学洛杉矶分校图书馆获得，遵循的是在美国根深蒂固的一种传统：作家们生前出售自己的个人文件，不仅能够从中获利（通常事先约定只在作家死后才递交文件），还能自行决定这些文件的借阅条件。桑塔格决定自己的文件可供一切人查阅，只为几箱严格私人性质的文件增设了限制。这些安排是出于她自身的意愿，并由她的儿子戴维·里夫加以推动，从那些本来被搁置的作品开始——如果没有死亡这柄达摩克利斯之剑悬在头顶，他永远也不会如此快地处理。他更希望能亲自编辑他母亲的日记，前两卷已经分别在 2010 年和 2013 年翻译成法语出版。除了这些卷册，还有一部最后的文集，作家本人生前已经开始汇编，但最终未能完成。这些日记以碎片化的形式编年记录了她的青春期末期、她的感情生活、她作为母亲的焦虑不安、她在智性方面的探险寻奇，还有她对写作的重重疑虑。

虽然能查询档案文件与日记这一点极为关键，写一部苏珊·桑塔格的传记可不因此就是一件易事。第一部传记*是在她生前写成的，她对此曾抱犹疑的态度，然后又充满敌意地加以抵制，并禁止她的朋友们回答传记作者的问题。这部传记作品基本上完全以一个对桑塔格疏远甚至抱有恶意的小圈子和书籍报纸作为信息来源，它仅仅在丑闻意义上获得了成功。而2007年在作家死后出版的德语传记†的作者丹尼尔·施赖伯，同样未能从自由查阅档案文件中受益，因为当时加利福尼亚大学洛杉矶分校还没有对文件进行整理。

我为写这本书开始进行研究是在2010年，当时档案文件已经对外开放，在我最初探索后时日未久，第一卷日记就已出版。这一卷，就像接下来的一卷一样，仅仅是对手稿全貌的一种节选，我阅读过日记的原手稿，以及全部书信、手稿和笔记。然而朋友和家庭成员仍然极度守口如瓶，在我与戴维·里夫会面之前，他就告知我他尽管不反对，但也不打算参与到这种行为当中。

于是我写作这部传记依靠的主要是档案文件——这是价值无法估量的资源和作品——以及已经发表或有记录的评论与回忆文章。最后这一类文章在最近这些年里大大增加，因为桑塔格以七十一岁的年纪告别人世已经十二年。我的目标，就像在我之前的传记作者们一样，是勾勒出苏珊·桑塔格的智性旅程。这个"包罗万象的灵魂"，就像她经常在英语里被称呼的那样（使用的词是polymath，"通才"），处在一个环境与一个时代的核心位置。

为法国公众写作这部传记也是我特别的兴趣所在。桑塔格对巴黎和法国文化的依恋之情及法国文化在她智性成长中扮演的重要角色，都在她出版的日记中得到了确证；如果这还有必要证明。另外，

---

* 即《铸就偶像》(*Susan Sontag: The Making of an Icon*)。——编注
† 即《苏珊·桑塔格：精神与魅力》(*Susan Sontag. Geist und Glamour*)。——编注

以一种跨大西洋的视角来叙述这段人生（这在某种程度上倒置了：由一个生活在美国的法国女人来讲述），我希望能展现出对她的作品与雄心的一种全新视野。

　　尽管戴维·里夫的母亲是在纽约出生与去世的，但他为她在巴黎的蒙巴纳斯公墓建立雕像的行为，想必并非对她的背叛。她的许多朋友已经在这里长眠——E. M. 齐奥朗的墓距离她的墓不过几步远——还有她的楷模们，像西蒙娜·德·波伏娃与萨缪尔·贝克特。就像他在献给她的文章里提醒大家的那样，这么做是为了他的母亲，也是为了她的众多友人："巴黎也是她的第二个家……在我看来，坟墓是为生者而建的——如果它们是为任何人而建的话。"[6]

作者注：

1.　引自安·加斯佩里，《苏珊·桑塔格，或拍摄斗争电影的冒险》，《战斗报》，1972 年 10 月 18 日。(Anne Gasperi, « Susan Sontag, ou l'aventure d'un cinéma de combat », *Combat*, 18 octobre 1972.)

2.　引自富兰克林·福尔，《超级明星苏珊》，《纽约杂志》，2005 年 5 月 21 日。(Franklin Foer, « Susan Superstar », *New York Magazine*, 21 mai 2005.)

3.　《同时》。(*Garder le sens mais altérer la forme*, éd. Christian Bourgois, p. 85.)

4.　同上。(p. 89.)

5.　同上。(p. 90.)

6.　戴维·里夫，《死海搏击：母亲桑塔格最后的岁月》。(D. Rieff, *Mort d'une inconsolée*, Climats, 2008, p. 178.)

童年时光
1933 年—1948 年

在文学中，我们可以选择自己的父母。[1]

《在美国》的第零章里，作为叙事者-旁观者的苏珊·桑塔格暗示说，可能正是得益于她的波兰血脉，她才能够充分理解眼下她正在描述的那场 19 世纪末克拉科夫资产阶级住宅中举办的艺术家晚宴。小说中室内装饰的富丽与菜色的丰富，与作者本人祖父母的普通出身形成鲜明的对比，但困扰着他们与该书主角们的问题是一致的：在乘船出发前往新世界之际，他们是会实现梦想，还是即将坠入一场新的噩梦？在书中，著名女演员玛琳娜和她周围的圈子，希望能在此行目的地南加利福尼亚的大自然中和谐生活，组成一个遵循傅立叶教导的模范社区。对桑塔格的祖父母与外祖父母——罗森布拉特和雅各布松两家人来说，他们想要逃离的是大屠杀，是犹太村庄的凄惨景况；不像他们的（外）孙女小说的主人公，他们不是作家、演员或者医生，而是"无知的贫苦村民，从事商贩、客栈老板、樵夫的职业，或者学习《塔木德》经文"。[2] 现实中，苏珊·桑塔格从来没有搞清楚自己的家族起源。从她的祖父母口中，她只获得很稀少的回忆片段，其中有一段对话，是孙女问祖母，他们的故乡是哪里，祖母毫不犹豫地回答"欧洲"。苏珊再也问不出更多的东西了……

　　苏珊的祖父母罗森布拉特夫妇在20世纪初抵达纽约，很快就在一家毛皮加工作坊里找到了工作，一代人之后，他们的儿子杰克利用自己对毛皮加工与贸易的精细了解，将他们的家庭带向了小康之路。他从纽约下东区一路迁徙到中国主要的沿海口岸之一天津，很快白手起家，正如苏珊所概述的：

> 　　我的父亲是毛皮批发商；他在纽约有一家办事处，位于皮货区（西31街231号），任命弟弟亚伦为负责人。他本人领导的公司总部则设在天津，自从他和我母亲1930年结婚后，他们大部分时间都住在那里……他1906年3月6日出生于纽约的下东区，是一个贫困移民家庭里五个孩子中的老四——他六岁上学，那是1912年，然后又在1916年辍学，当时他十岁，辍学是为了在皮货区当跑腿。1922年，他十六岁时第一次去中国，是作为他受雇的公司的代理人去的。他骑在骆驼背上穿越戈壁沙漠，为的是向蒙古游牧部落购买兽皮。[3]

　　二十八岁那年，杰克已经是一家显然正欣欣向荣的毛皮出口公司的负责人，他年轻的妻子米尔德丽德与他出身背景类似（她是裁缝之女，长大的地方距离他家只有几个街区），他们一道在天津的商人社群中获得了一席之地。天津这时是国际毛皮贸易的枢纽之一，而且自1860年以来，一个重要的犹太社区已经在天津建立起来，其中大部分成员是逃离沙俄统治和反犹迫害来到这里的。根据一份同时代的地图，外国租界——包括英租界、德租界和法租界——与"中国城"相毗邻，两者之间就是犹太区。如同周围的基督徒一样，犹太区有自己的学校、俱乐部、医院和宗教场所，双方能和睦相处。

　　杰克·罗森布拉特和米尔德丽德·罗森布拉特在天津的国际化氛围中如鱼得水，但与很多外国商人相反，他们并不打算在当地组建家庭。在第一个孩子出生前几周，他们回到了曼哈顿，在那里的西86街，他们有一个临时落脚处，远离他们度过童年时代的贫民区。1933年1月16日，在他们居住的街道二十几个街区以北的妇女医院里，米尔德丽德生下了一个女孩，他们为她取名苏珊。又过了几个月，婴儿被交托给了一个来自爱尔兰的保姆罗丝·麦克纳尔蒂，夫妇俩又乘船前往天津。关于这一时期，几乎没有留下什么资料。罗丝大概不具备什么知识分子的谈吐——据某些人说，她是文盲——但对苏珊来说，她构成了强有力的母性形象，苏珊既想要反叛，又想要向其寻求支持。事实上，尽管苏珊很少提起自己的保姆，回忆起罗丝时所讲述的逸事也只强调了她是个有点粗鲁和无知的女人（"罗茜*，就像沙龙里的一头大象"[4]。在多年以后她这样写道），但轮到苏珊自己做母亲的时候，她还是请求罗丝来照顾自己的儿子。

　　在此期间，罗丝抚养她长大，在其他家庭成员远远的监督之下：叔叔婶婶姑妈舅妈都不缺，在罗森布拉特家族那边，杰克有四个兄弟姐妹；在雅各布松家族那边，米尔德丽德是独女，但有六个兄弟。然而，苏珊在回忆录里从来没有提到过这个大家庭。三年后，米尔德丽德和杰克归来时，他们已经计算好了生产第二个女儿朱迪斯的日期。又一次，米尔德丽德等到产褥期结束，就乘船赴天津而去，这次给罗丝留下了两个孩子照管。对人生的最初几年，苏珊只记得几个画面，比如顶端装饰着天使的圣诞树，这是基督徒罗丝想要布置的，这让孩子们感到狂喜，也没有遭到她们近亲的反对。[5]这个

---

*　罗茜：罗丝的爱称。

时期，有一段回忆是作家后来多次提起的，这是她首次意识到来自他人的目光："我从来没想到过别人也会想到我。我记得很清楚——我当时四岁——这个场景发生在公园里，我听到我的爱尔兰保姆正在对另一个穿着上过浆的白制服的大块头女人讲：'苏珊非常容易紧张。'我想：'紧张可真是个有趣的词。'"[6]

同样，在这些年，父亲的形象始终鲜活：

> 我记得他在折叠一块仿佛十分巨大的手帕，有桌布那么大，他把这块手帕放在他胸前的口袋里。我还记得看着这个巨人时想：能折起这块手帕是世界上最不可思议的事了，能把这个庞然大物这样叠那样叠，最后把它变成一个小小的东西，放进口袋里。[7]

父女分离以 1938 年杰克·罗森布拉特的去世而告终；杰克从十八岁起就患上了肺结核，这年的 10 月 19 日，他死在天津德租界的医院里。根据家族传说，二十六岁就当了寡妇的米尔德丽德孤身一人渡过大洋回到美国，而在此之前，她已在当地给自己的丈夫下了葬。[8]米尔德丽德情绪消沉，不知所措，失去了收入——天津被日本人攻陷了，中国爆发的战争切断了一切贸易——她要重新站稳脚跟很不容易。据她的长女说，她甚至一度整日醉酒贪杯。

苏珊五岁了，她真正的记忆是从这个时期开始的，那是充满困惑与疑问的记忆。她终于开始上学了，进入了学前班（相当于法国幼儿园的最后一年），开始交朋友，在朋友们身上，她开始实验自己作为故事讲述者的力量，经常罔顾事实任意发挥，把自己的人生讲得比实际上更加刺激："……中国是我记忆中最早说的谎。第一次上学的时候，我跟同学们说我出生在中国。这让他们对我感到敬畏。"[9]

　　苏珊对真实历史之借用的随心所欲——混淆了孕育与降生——不仅仅让自己在伙伴们眼中变得更有趣，也将一部分家族神话篡改并据为己有，通过这样做，她反抗了她父母身上那种"令人失望的审慎"[10]，他们当初对在天津分娩的风险望而却步。对于中国，当时她所了解的只有装点着家庭公寓的各种小摆设，"这些是战利品"，后来她明白了，"而且品位可疑"。[11] 这些小摆件是她幼年的装饰性背景，像鬼影般出没在她最初的记忆中："一队胖墩墩的大象，用象牙和玫瑰石英雕刻的；描画着黑色书法符号的宣纸条幅，镶在金漆木头框子里；一尊弥勒佛，一动不动，被笼罩在巨大的玫瑰色绸子台灯罩底下；一座大慈大悲观世音的白瓷像，身材苗条。"[12] 这个孩子还不到六岁，已经开始想象"一座真正的中国房子"，中国的街道、气味和颜色。直到 1973 年，她已是个成年人，才真正踏上了中国的土地，那是一次受中国政府之邀的旅行。在访问了广州、上海和北京之后，桑塔格在天津短暂停留。令人奇怪的是，在她的笔记里没有任何对她父母的指涉，口气尽力显得中立，她的描述也仅限于描摹事物的大概：

　　　　天津——位于北京东南方 70 英里*，离黄海不远。它在海河（或者叫北河）岸边，距离海岸 40 英里。中国的第三大城市：人口 503 万人。一个重要的港口（活跃的港口城市，和许多地方的港口有着进出口贸易）。作为世界地毯之都而扬名四海。（厚实又艳丽的羊毛地毯被叫作天津毯。）访问了第一地毯厂（在那里人们生产只用于出口的地毯）。在河北省——在渤海湾岸上。除去是港口，它还是繁盛的工业之

---

* 　1 英里约等于 1.6 公里。——编注

都。天津的工厂生产各种工业产品，从砖头到水泥，再到硅和化纤制品；从公交车到船只；从手表、服装到收音机和晶体管。大部分外国人住在维多利亚式的天津利顺德饭店——由英国人建造，原名叫作阿斯特饭店。周围的街区构成了外国租界的一部分。去买东西的地方：人民商场的三层大楼，还有其他种类的商店，卖水果的，卖蔬菜的，等等。天津的名产是狗不理———一种前菜——猪肉馅的包子，和日本的馒头相似。最经常去的旅游景点：三湖公园。[13]

她知道当她的父亲住进医院的时候，她的母亲曾经在阿斯特饭店避难吗？她曾经回到过那些街道吗——她的母亲曾经购物、她的父母一日工作完毕后漫步的街道？她是否曾经寻找他们住过的房子？她没有吐露一字，正如她从来没有讲起她出发去中国的前夕和米尔德丽德有过什么样的谈话一样。

从中国回来四个月后，米尔德丽德决定告诉女儿她父亲死了，用的看来是突兀和淡漠的口气，没有透露出安慰或者期望。[14] 这次坦白给苏珊带来了沉重的打击，她终生都会回忆起他的消失，这"无止境的痛苦"[15]。父亲的缺席并非不寻常，而且很容易被两地分离所掩盖，但是沉默不能够永远持续下去。出版于1973年的短篇小说《中国旅行计划》，回顾了她的童年回忆与印象，她与中国之间纤细却坚韧的联系。但这篇文章首先是对她父亲的回忆，父亲的形象是理想化的、凝固了的，终于成了再世的另一个盖茨比，也像菲茨杰拉德的主人公一样，慷慨、神秘、多情、诙谐，他的死亡是命运的错误，像是生活特别对她玩的一个恶作剧。成年以后，父亲的形象仍然挥之不去："在电影院里，遇到一位父亲在漫长痛苦的别离后归来，抱紧他的孩子或孩子们的情节，我仍然会哭泣。"[16]

从"孩子"到"孩子们"，这最后的改口证明了童年苏珊的另一个困难：她无法接受这个复数，很少提起她的妹妹朱迪斯，除非是为了暗示她们的不睦，或者是她作为被废黜的头生子的怨气。有一份未出版的文稿，其中的核心人物露丝很容易被猜出是她本人，文中这样写道："露丝一直厌恶她的妹妹，玛丽好几次拦着她，不让她打琼。"[17]

米尔德丽德归来几个月后，她们重新搬家了。从纽约郊区的大颈，杰克·罗森布拉特最后安顿他的女儿们和罗丝的地方，四个女人搬到了皇后区森林山的一处公寓。对苏珊和朱迪斯来说，幸运的是她们的母亲决定让罗丝留下，尽管生活拮据，但罗丝是她们童年的支柱。米尔德丽德很快又过上了自由的生活，大部分时间把她们独自留在家里。后来苏珊猜想，她的母亲可能是"会情人去了"。[18]这尤其使她处于一种被遗弃的情感之中，她直截了当地如此概括道："我在一个没什么家庭气氛的家庭里长大。"[19]

然而，罗森布拉特家族和雅各布松家族似乎不曾在她的生活中缺席。由此，她回忆起安息日的晚餐，周五晚上在她的祖母家里，和姑母们去影院、剧院——她记得 1940 年迪士尼的《幻想曲》在影院上映时她去看过——还记得曾经在一家中国餐馆吃过饭，也是在这一次学会了用筷子。她记得陪着祖父和叔叔们度过的好时光，他们带她去了 1939 年的世界博览会……这些记忆片段在 1957 年重新被唤起，那时候，她自己的儿子也长到了她父亲去世时她的年纪。

杰克·罗森布拉特死后三年，搬家被重新提上议程，但这次她们将永远离开纽约及其周边地区。苏珊经常哮喘发作，东海岸北方的气候于她不相宜。根据医生的劝告，全家决定搬迁到迈阿密……很难想象佛罗里达的潮湿与炎热能缓解哮喘病人的病情，但有什么关系呢？罗森布拉特一家——仍然在罗丝的陪伴下——迁居佛罗里达。苏珊的记忆更加清晰：

> 我清晰地记得一座房子。闭上眼睛，我就能看到它。还有棕榈树。我能记起房子前面的院子，还有当时我试着用锤子和螺丝刀敲开一个椰子……我能记起和我们的厨娘（黑人）一起在迈阿密海滩上的一个公园散步，她很胖。她在我眼里显得体形巨大，因为我只有六岁，但我想她应当真的是一位特别胖的女士，我还记得看到了一处长椅，上面标着"白人专座"。记得我对她说——这就像是在19世纪一样——"我们可以去那边坐下，你可以坐在我的膝盖上"，然后她发出怎样的欢笑啊！我想我看到的景象很可能和19世纪的迈阿密海滩没有什么两样，我很喜欢这个想法。我记得各种气味。我记得鲜花和棕榈树。我爱极了棕榈树。我的上帝，都已经过去快五十年了。五十年了。已经是五十年前的事了。[20]

但迈阿密的生活很快就终结了：就像我们能料想到的那样，当地的气候并不能让苏珊的支气管状况得到改善，看起来米尔德丽德也并不特别喜欢佛罗里达。这家人接下来又到图森寻找庇护所：亚利桑那州干燥的空气对哮喘病人来说更加适宜，这座外省小城安静的氛围对两个小女孩来说也更加容易融入。

在图森，苏珊的教育真正成形了。在纽约短暂入学的几所学校（在笔记中，她提到三年中她上了三所不同的学校），她只记得有过一个朋友，是从西班牙内战逃离的难民的女儿。[21] 而在迈阿密的停留又过于短暂，来不及入学。这些都不能阻止这个孤独的小女孩学会阅读，这点应当是从母亲那里学到的，她婚前曾经短暂地做过一段时间的小学教师。在一生中的各种采访场合，苏珊向她的采访者们重复说自己三岁就开始读书了，可能六七岁就开始写作了。[22] 她最初的阅读热情并不是文学性的：她迷上了居里夫人之女伊娃所著的居里夫人传记，当场决定将来要做一个化学家。（还要因杰出的功绩而获得诺贝尔奖……）然后，因为读了新的科学方面的书，她又想当医生，直到文学在她的面前"浮现"。[23] 她手头有什么书就读什么书，先从母亲的藏书开始。"好书"[24]，她讲述道，像《悲惨世界》就是，一套书有六卷，她一口气读完，为自己在这么长时间内能和同一批人物做伴而感到幸福。通过冉阿让和珂赛特的冒险经历，她了解了社会不公，发现了自己对历史和政治的兴趣。[25] 一本书接着一本："我记得读过真正的书——传记、旅行书籍——在我大约六岁的时候。然后一头坠入爱伦·坡、莎士比亚、狄更斯、勃朗特姐妹和维克多·雨果、叔本华、沃尔特·佩特等人的海洋，自由遨游。我是在对文学的狂热中度过童年的。"[26]

在图森，该如何安排她，令女校长头痛：八岁的她，有被放到小学一年级的可能，考虑到她过去在不同学校进进出出的。幸运的是，女校长没有就此止步，而是允许老师们自由评估这名年幼学生的水平。就这样，苏珊在图森学校的第一个星期过得格外大起大落："六岁时，我被他们放在一年级A班（预备班），那是周一。周二我就在一年级B班了。周三在二年级A班，周四在二年级B班，一周还没过去，我已经跳到了三年级，因为我做得了三年级的功课。"[27]

苏珊·桑塔格保存着上学最初几年画的几幅画：一幅画的是座三层楼的黄房子，周围环绕着草坪，有两根正在冒烟的烟囱，屋外有鲜花，还有一棵树，上面栖息着一只鸟；另一幅画的是一个骑自行车的孩子，轮子是各种颜色的，孩子前面有一个神秘的红色斑点。她还保存了写作练习本，她从著名的《迪克和简》中学会了写作，这本书也是许多代美国人的识字读物。

　　如果说这个小女孩对于她升入小学的过程已经毫无记忆了，那似乎是因为她的智力启蒙的根本是在别处：她躺在床上，如饥似渴地阅读理查德·哈利伯顿、约瑟夫·康拉德、简·奥斯汀、亨利·詹姆斯、露易莎·梅·奥尔科特，以及许多其他作家。她将自己看作乔，马奇姐妹中那位桀骜不驯又热爱文学的二姐——"当然如此"，她写道。她还同情《劝导》与《傲慢与偏见》的女主人公们（尽管觉得她们有点太过消极被动）；她对亨利·詹姆斯笔下那些充满国际化气息的环境饶有兴趣，为他的人物丰富的心理世界而着迷；她尤其爱在康拉德和哈利伯顿的文字中遨游。在初次阅读哈利伯顿的六十年后，她发表了一篇纪念文章，回顾了当年她读到这些书时的惊叹之情，比如《奇迹之书》《通往罗曼司的皇家之路》《等待征服的新世界》。在这些书里，一位普林斯顿毕业的年轻外交官参与的冒险把他从巴黎带往富士山之巅，他的旅费大致来自诚实的途径，也出自他定期向美国报刊卖文的收入。卖文方面最让这位年轻的读者兴趣盎然："他永远是一个年轻的旅行家，令我第一次对自己最想成为的、最有特权的人有了概念，那就是作家：一种充满了好奇心和精力充沛的人生，一种包含了数不清的各种激情的人生。成为旅行家，成为作家——在当时还是孩子的我的心灵里——起初差不多是一回事。"[28] 感谢哈利伯顿，让她发现了那些隔着大洋等待她去发现的奇观，泰姬陵、金字塔；还有，大概正是哈利伯顿描写登上马特峰的过程时那喜剧性又有史诗气魄的文字，让她在三十年后把这座瑞士山峰的名字写在了死前要做的事情的单子上……至于书中提及中国长城的部分，她贪婪地吞下每一个字，希望能追寻她的父母在远离她的时候所生活过的地方。[29]

　　旅行对于罗森布拉特一家来说可不是寻常事。当她的母亲闭锁在半明半暗的房间里，拉下百叶窗遮挡沙漠的烈阳，苏珊则在花园里开展她的冒险。在那里，她决定给自己挖掘一处地下小屋，幸亏心血来潮安装了一个屋顶，她得以在阴凉里读书，靠一支蜡烛照明。"一个让我觉得像家一样的角落。"[30] 她后来写道。不幸的是，她对花园的装修可不合他们所住的平房房东的心意，罗丝只得帮助苏珊把洞重新填上，根据她的回忆，洞大概有两英尺半那么长。

读书很自然地把苏珊引向写作。故事、诗歌，甚至还有戏剧，素材来自她的阅读，这些作品越积越多，最终她决定印行（确切地说，是油印）一份半月刊，每期四页，刊名是《仙人掌快报》，隔一周于周日出刊，以五美分的价格卖给邻居和朋友。刊物专栏五花八门："花絮""读书""本周人物""君知否"，还有"荒诞定义"——一个关于笑话和双关语的栏目。整份杂志有一种相当职业化的外表，什么也不缺少，甚至还有广告插页。苏珊想办法把广告预留页面给了当地一家停车场。刊物的腔调是严肃的，文章是资料翔实的。战争时刻盘旋在这个十二岁的小编辑的心头。在几份尚存的样刊中，欧洲前线的斗争已经结束了。在德国、法国和希腊，重建和清算的时代来临了。墨索里尼及其同伙的死亡，希腊对纳粹的处决，前希特勒时代的教科书在德国重新印刷，还有审判战犯的国际法庭的成立，都在苏珊那里得到了反映。当然，她还记录了日本前线最后的新闻，在那里，战斗仍在继续。这个小姑娘第一次听到战争这个词还是在幼儿园，从她的西班牙朋友口中。她对偷袭珍珠港和美国参战保留着清晰的回忆："我记得 1941 年 12 月 7 日我惊慌失措。最早让我感到困扰的词组之一是'直到敌对状态结束'——就好像说'直到敌对状态结束，都不会有黄油了'。我记得自己为当时的陌生感和乐观主义感到狂喜，也为这个词组感到狂喜。"[31]

浏览《仙人掌快报》，会发现苏珊很显然每天都读她母亲订的报纸，听广播，阅读有关时事的书，然后再把它们推荐给自己的读者。在出现在她书评栏的书名当中，有一本《按需之书》，这是新闻记者瓦里安·弗赖伊的回忆录，弗赖伊在法国创建了一个帮助某些欧洲知识分子和艺术家逃离纳粹魔掌的组织。这本书是向富兰克林·德拉诺·罗斯福的一种致敬，也是对美国人在菲律宾展开的游击战的一种分析。除了政治方面的记述、分析著作，刊物的读者还会发现更轻松的书，像那个时代的畅销书，玛格丽特·米勒的《铁门》，还有罗纳德·柯克布莱德的小说《风，轻轻地吹》，描述的是一个宣扬平等与一体化的贵格会牧师在美国南方掀起的社交波澜。在她的政治与社会信仰之外，她还为一个更私人化的话题留下了空间，那就是中国：在1945年5月20日的一期中，她发表了这方面的第一篇文章《中国说话了》，希望能做成系列。在文中，她想向她的读者们展示中国对于世界文化的贡献有多么重大……

　　从《仙人掌快报》满满当当的四页纸，苏珊归纳出她自己的一些口号和箴言，列在"我们为之战斗的事物"专栏："我们为自由而战，那是人类最昂贵的奢侈。""我们为建立在书本而非刺刀之上的学校战斗。""我们为自由电台而战斗，为我们自己决定听到什么的权利而战斗，为我们自己决定不听到什么而战斗。"[32]

　　1943年返校后，苏珊上六年级了，在图森的曼斯费尔德学校，那里的一个同学管她叫"犹太猪"；然后她上了卡塔林纳初级中学。这两所学校和她在东德拉克曼的家相隔都只有几个街区。她终生都保留了这几年中她做过笔记的罗马帝国、古埃及和拜占庭帝国的地图；她的地理课教材《工作中的世界》配套的作业本；一份中学三年级时写的关于苏联的文献《苏联人的史诗》，中学生苏珊·罗森布拉特用了三十多页的篇幅剖析苏联的体制，歌颂斯大林格勒战役的英雄——附有"功勋战士们"的照片——详细说明了这位不可能的盟友的军事策略，为了显示说服力还加上了手绘的地图与插图。苏珊已经不是头一回尝试了：她在小学的最后一年就写了一本关于中国的"书"（引号是她加上的）——"我写的第一部大部头"，她日后说——但是她没有保存。

苏珊忙着这些项目，忙着阅读和做学校里的作业，所以对家里的情况就显得比较无动于衷。她日渐长大，随之获得独立，每天早晨都单独步行数个街区去学校，回家路上则绕道到本街区的书店兼文具店，在那里她发现了一架神奇的书：一套由现代文库出版社出版的丛书"世界最佳名著"，价格在可接受的范围内。以平均每本不到两美元的价格，她读到了《道连·格雷的画像》《王尔德戏剧集》，还有《项狄传》《白痴》《红字》，甚至还有阿纳托尔·法郎士的《苔依丝》。她一本一本地买下，阅读，然后细心地将这些书排列在她与妹妹同住的房间的书架上。"朋友们，这就是我的花园了。"[33] 她回忆道。她渴望占有书籍，渴望坐拥书城，所以她只有在特殊情况下才出入图书馆。

她们表面上过着一种与世隔绝、离群索居的家庭生活。苏珊将她的母亲描述为一个沮丧消沉的女人，经常关在自己的房间里闭门不出，和外界老死不相往来，然而 1945 年，这一切都改变了。内森·桑塔格进入了她们的生活，他是一个胸前挂满勋章的飞行员，是到图森来疗养的。他在诺曼底登陆前几天负了伤，当时他的飞机被敌人的炮火击中，他在医院里度过了好几个月，军队认为亚利桑那州的阳光与气候有利于他恢复健康。内森和米尔德丽德究竟是怎样相遇的，现在没有人知道了；但是桑塔格上尉的魅力很快就发挥了作用，1945 年还没有过完，罗森布拉特太太就变成了桑塔格太太。

如果我们在上文引用过的未发表的短篇小说《玛丽》中的某个场景可信的话，年轻女人在另嫁新夫之前征求过她女儿的意见：

> 露丝十四岁那年的一天晚上，那天正值玛丽休假。她母亲来和她谈话，钻进了她的被子里。
>
> "宝贝，你知道我想和你说什么。"
>
> "我想是的，妈妈。"（她要说什么？）
>
> "露丝，你想要个爸爸，不是吗？我的宝贝，你对他什么看法？"
>
> （老天爷，她想说谁？）"我觉得他很棒，妈妈。不管怎样，你的愿望才是最重要的。"
>
> "我就知道你爱我，宝贝。他也爱你们两个小女孩。现在该睡觉了。夜深了。"

显然苏珊／露丝那天晚上可没有睡不好觉。她十四岁了，对家里发生的事已经比较无所谓了，而且她并不否认自己受到了这个美男子的吸引，她说他是"'二战'英雄"，"勋章令他魅力无穷"。[34] 日后，她怀疑自己带着几分梦幻色彩和文学色彩爱上了自己的继父，她甚至将自己比作詹姆斯·M. 凯恩的小说《幻世浮生》里忘恩负义、心肠恶毒的女儿。[35]

内森·桑塔格在进入这个家庭时似乎没有遇到什么困难，也没有意识到苏珊的情感，两个女儿非但没有对他表示出敌意，在改姓他的姓时也没有罪恶感："我知道我父亲大概是一个再好不过的人，但提到他总让我觉得有一点点怪异，因为我实际上是把继父看作父亲的。"对这次换姓，她再也没有改变过主意，也没有想到过要继承罗森布拉特家的传统；在她母亲和亡夫的家族之间，也没有任何还保持联系的迹象。

米尔德丽德与内森——所有人很快就都管他叫内特了——决定在 1946 年初搬离图森。这座城市无法给这个"英雄气概的商人"（苏珊给她继父起的外号）提供资源，他的伴侣也从来没有真正喜欢过这座城市的外省氛围。至于最初导致大家搬来此地的苏珊的哮喘病，在她十岁左右时就已经痊愈，就像"露丝"在短篇小说《玛丽》[36] 里一样……这个"新建立的家庭"向西进发——"由母亲、继父、妹妹、狗、爱尔兰保姆组成，保姆是过去的好时光遗留下来的，只是在理论上我们才发给她薪水"——苏珊已经自认不是这个家庭的一部分了：她把自己看成"外国居民"，她的居留卡很快就会过期。[37]

桑塔格一家在洛杉矶边上圣费尔南多谷的谢尔曼奥克斯区安顿下来，住在"一座舒适的有百叶窗的小房子里，门前有玫瑰树篱，还有三棵白桦树"。[38] 从表面看，他们过着典型的美国大城市郊区的生活。两个上学的孩子，一个家庭主妇，一个每天早晨出门上班的丈夫，一条狗，还有一个女仆料理家务活，因为她照管过的孩子们已经长大了。

苏珊来到洛杉矶时正好升入高中。[39] 离家最近的学校是北好莱坞中学，这是一所相当不错的学校，共有两千余名学生，大部分学生的家长从事电影业。北好莱坞中学过去的学生当中出了电影明星拉娜·特纳、米基·鲁尼，还有詹姆斯·加纳。苏珊马上就交到了朋友：伊莱娜和梅尔，这两人后来都成了音乐家；还有彼得·哈伊杜，跟她一样都是无父的孩子，他的家族史丰富多彩，把她的故事衬托得平庸乏味了……他的父亲在巴黎被盖世太保逮捕，随后他和母亲逃离了巴黎，在经历了十年从法国南方到里斯本颠沛流离的生活后，最终逃亡到纽约。他们正是在中学食堂里通过交流各自父亲的逸事结识的，他们那神奇、不可思议的父亲如今都不在人世。[40]除去这些家庭背景上的相似，苏珊还中意彼得的身材：终于有一个男孩比她高了。他扮演起男朋友的角色来堪称完美："男朋友不仅应当能和你做好朋友，还应当比你个子高，而只有彼得符合这些条件。"[41] 十四岁那年，她和他一起，第一次感到了性兴奋，当时"在水下，他把手放在她大腿上"。[42] 在与北好莱坞中学的三个"最好的朋友"（苏珊认为以友谊的炽烈性质，每个朋友都应当是她"最好的"朋友）组成的小团体中，后来又加入了梅利尔，他是住在谢尔曼奥克斯的邻居，上的是另外一所中学，但是他和苏珊还有其他三个人一样都特别爱好音乐。

尽管苏珊不会演奏乐器，但她对古典音乐的感情此生不渝。在洛杉矶，她简直应接不暇：室内乐、歌剧、好莱坞露天剧场的著名露天音乐会，不用说周一晚上还可以参加"屋顶之夜"——在银湖街区，彼得和弗朗西丝·耶茨在工作室屋顶上举办的音乐会。苏珊和她的朋友们很快想出了到音乐会上打工的主意：这样一来，他们不仅可以免费听音乐会，还能根据音乐会上听到的内容，到好莱坞大道上的唱片店里购买他们喜爱的曲目……

苏珊公开对她父母的郊区小布尔乔亚生活方式表示轻蔑，但是她也珍惜自己新获得的自由。在图森，放学以后她几乎找不到事情做，出售现代文库丛书的文具店是仅有的能去的商店，此外就只能去家附近的小山丘上散步了。上高中以后，她只要跳上电车就能直达好莱坞中心，著名的好莱坞大道和高地之间的交叉地带，在宛如西进运动时期的建筑物中间，分布着各种宝藏：唱片店、匹克威克书店、能买到知名杂志的报摊，还有一间练舞房——在将来的一个下午，她还会偶然回到这里。在当地的影院里，她第一次看到了英格丽·褒曼，出现在该年度阿尔弗雷德·希区柯克的大片《美人计》里；还有改编自萨默塞特·毛姆小说的《刀锋》，主角由吉恩·蒂尔尼和泰隆·鲍华饰演。1946 年也是《吉尔达》上映之年，由丽塔·海华丝扮演同名角色；这一年还上映了《邮差总按两次铃》和著名的圣诞电影《生活多美好》……

如果说音乐和电影从此在她的世界里占据了重要位置，那么书籍和阅读则是这个世界的心脏所在。他们在谢尔曼奥克斯的房子比图森的更大，苏珊人生中第一次有了自己的房间："一扇属于我自己的门。我再也不用在被送上床熄灯以后借着手电筒的光阅读了，再也不用躲在被子搭成的帐篷下面，而是躺在被子上面。"[43] 她从图森带来了书架，上面放着她充满爱意地称作"五十位伙伴"[44] 的藏书。她躺在床上，在旧的收藏之上又放上新书："漫画故事（我收藏的漫画多得惊人），康普顿百科全书，'鲍勃西双胞胎'系列小说及史崔特梅尔公司的其他系列，天文学书籍，关于中国的书，科学家传记，全套哈利伯顿的旅行小说，一些文学经典——大部分是维多利亚时代的作品。"[45] 此外，还有从图森的文具店里寻觅来的现代文库丛书，从母亲的藏书中借来再未归还的维克多·雨果的作品……书就是她的心腹，就是她的知交。她也继续写作，写短篇故事，写日记，还制作单词表——"为了丰富我的词汇"——她终生都保持了这个习惯。她有时候觉得自己是马奇姐妹当中的乔，同时又特别注明"但我可不想写乔写的那种东西"[46]；她想象自己成为安德烈·纪德，她从纪德的日记里了解到他永不止歇的活力；她尤其觉得自己是马丁·伊登，一位"自学成才的英雄"[47]。关于杰克·伦敦的这部小说，她后来说，《马丁·伊登》"对我个人有莫大的影响力"，"尽管在我看来这部小说的艺术价值微不足道"："《马丁·伊登》中没有一个想法不是我深信不疑的，我的许多观点就是直接受到这本书的刺激而形成的——我的无神论+我看重的身体活力+这种活力的外在表达，创造力，沉睡与死亡，还有幸福的可能性！……"[48]

在这种接近完全孤独的状态中，她越来越严肃认真地想到今后，想到她将来就可以逃脱童年的"监狱"，离开她所称的"灵薄狱"。尽管把自己看成浪漫的自学成才者，她在北好莱坞中学的教员中却找到了相同水平的对话者。她是班上年龄最小的学生——她还不到十四岁，过十六岁生日的前几天，她就完成了全部高中课程——她贪婪地阅读着康德、尼采、弗洛伊德和托马斯·曼。她尤其对曼醉心不已，不知疲倦地重读了《魔山》，为书中达沃斯山庄疗养院的超现实氛围和汉斯·卡斯托尔普的种种发现而着迷。在1947年10月初的一篇关于托马斯·曼的"小说中的时间"的分析文章中，她写道：

> 要给一本如此崇高的书以公正评价是不可能的。客观来说，这肯定是20世纪最伟大的三到四本小说之一（曼的竞争对手是他自己的《布登勃洛克一家》和《约瑟夫和他的兄弟们》，詹姆斯·乔伊斯和罗曼·罗兰）；这是我读过的最美的文字。[49]

继托马斯·曼之后，她读得特别用心的是西格蒙德·弗洛伊德，用几周时间写了一篇关于《文明与缺憾》的详尽的读书报告。在读完第一章以后，她在"个人评论"的小标题下面写道：

> 我无法对这第一章产生一丁点儿异议。在接下来的七

章，特别是在本书的最后几章里，有不少地方我无法赞同弗洛伊德的逻辑。但是，我认为关于宗教的开头两章所强调的基本观点是我全心全意赞同的，而且表达得最为明晰。将来，我会乐于闲暇时与您重读这本书，特别是为了探讨道德法则（在没有宗教的前提下）是不是欺骗性的概念。[50]

她的评论引起了她老师的注意："A+。亲爱的苏珊。看我写了这么多评语。我的水笔都阻塞了。这个话题有必要口头讨论。在课堂上看见你真是赏心乐事。（或者我应当说'在课外'？）"他说的"在课外"是什么意思？是她的水平让她开了小灶？还是暗指他的学生是自愿远离课堂的？1992年，采访中一句不恰当的话引发了风波，她对《洛杉矶时报》的一名女记者说自己是糟糕的美国公立学校的纯粹产物。[51] 有个曾是体育教师的女人对此反应十分激烈，写了一篇通讯回忆说，在那个年代这所中学是深受欢迎的优秀教育机构，而苏珊是个"傲慢的学生"[52]，过分自以为是，无法客观地看待周围的环境。仔细研究苏珊在北好莱坞中学的经历可见，她应当确实是附和了接受采访时通行的观点，而忘记了那个年代真实的北好莱坞中学。无论如何，学生时代的桑塔格对体操课、打字课或者家政课都不屑一顾，这是很容易想象的，她更喜欢智力上的角力，而非学习制作糕点……

不管怎么说，她的老师极为赏识她，甚至在作业结尾的评语中提议："我建议三点钟见面，这是个代表永恒的钟点。这一类讨论需要的是熊熊燃烧的炉火，和墙上琳琅满目的藏书，还有摆放完美的咖啡。再也不会有钟摆或者钟声打断我们的对话，永远！"

炉火边的咖啡与谈话这一场景的确实现了，因为桑塔格在三十年后洛杉矶一家书店的《论摄影》签售会上与她当年的一位老师重逢了，她回忆道：

> 这真是非比寻常的……一位女士从队伍里走了出来，她向我走近，问我是否还认得她，事实是我的确认出了她。她是我的高中语文老师。我们有三十年没见面了，现在她就在我面前：北好莱坞中学的索菲娅·莱辛小姐。我无法形容这对我来说意味着什么。我们谈了很长时间，两个人都流下了眼泪。我现在还能回忆起她家的客厅。壁炉上方挂了一幅保罗·克利的画的复制品。[53]

如果我们相信哲学老师在弗洛伊德某章节的分析下面所写的评语（能成真），苏珊就不是唯一受益于壁炉边的谈话的学生："我希望能组织一个讨论组；在北好莱坞中学有好几个出色的学生，他们需要在一家莎士比亚时代的咖啡馆会面并讨论。"[54]

这些学生每周编辑的校刊也能为这所中学的文学水平与智力水准提供佐证。《拱廊》完全由学生撰稿和排版，是一份有四个版面的小报（特刊有六个版面）：第一版是校内新闻；第二版是体育专栏；有深度的文章则占据刊物的核心位置——文学创作与评论，诗歌与短篇小说。苏珊的名字——确切地说是"苏·桑塔格"（Sue Sontag）的名字，当时大家这么称呼她——1948 年初开始出现在头版。

她一开始只是参与其中，很快就升为第三版的负责人——这一版是"创作与评论"——在出特刊时还负责第五版。她的同学们对她尊敬备至，将她推举为"出版干事"，这是一个敏感的职位，需要出面在学校管理当局和这些少年记者之间进行联络。为了支持她的候选人资格，他们当中的一个写下了一份推荐信，简述了苏珊在这所中学的履历，也解释了其他人倚重她的原因：

> 我愿推举苏·桑塔格担任这一职位。她三个学期以来都是奖学金俱乐部的成员，所有功课均取得A等成绩，参与多种学生会活动，包括KFI广播论坛"青年美国之声"。她三个学期以来一直为《拱廊》工作，担任文学杂志的主编，因此熟知出版办公室所面临的问题。她已经准备好为你们的权益勤奋工作，我相信苏·桑塔格是最适合这个职位的人。
>
> 范·赫斯特[55]

她当选以后就进入学生委员会，这是参与管理学校的组织之一。1948 年 9 月，她当上了《拱廊》的主编。范·赫斯特提名她的推荐信已经暗示了她在编辑一份文学增刊：事实上，同年 4 月，《拱廊》宣布会推出一份这样的增刊，苏珊不仅要管理整份刊物，还需特别负责"严肃诗歌""滑稽诗歌"和"严肃散文"这三个栏目。[56]北好莱坞中学的档案里找不到这份增刊的蛛丝马迹，接下来的学期里，也没有人提到过此事。

不管怎样，苏珊通过校刊定期发出自己的声音。有好几回，她谈及了自己的政治信仰，就像她在好几期课堂作业中曾经细致阐述过的那样，比如在关于弗洛伊德《文明与缺憾》第三章的阅读报告结尾的"个人评论"：

> 我是社会主义者，因为我想要相信未来的希望，想要相信人道主义，但我也是现实主义者（因为我有自制力，

而非我天生倾向于此）——我真的陷入两难境地了。你们在这个话题上有什么想法要跟我分享的吗？我知道这不容易，不过我向你们发誓，我真的不是受雇于坦尼委员会的间谍……[57]

在《拱廊》的版面上，她似乎无拘无束地讨论了许多萦绕在她内心的问题。像在1948年5月亚伯拉罕·林肯诞辰纪念日，她就抓住这个机会发声——社会不公正和种族不平等并未在美国消失，林肯建立的原则仍然未能在日常生活中得到贯彻：

种族和宗教偏见从未如此猖獗。这个国家的1300万公民得不到生存所必需的东西：选举权，受教育权，获得可敬工作的权利，生活在体面社区的权利。有些美国公民生活在随时可能被私刑处死的恐惧中，像三K党和哥伦比亚党人*这种希特勒式组织会对黑人处以死刑，如果后者乘坐了"白人专座"的巴士，到"白人专座"的电影院里看电影，坐了公园的"白人专座"长椅，或者从正门走进了公共机构。

在号召同志们奋起行动时，她说话可不含糊：

事实如此，我们万万不可向那个"要让少数族裔安分守己"的派别做出任何妥协，万万不可跟他们表达的任何伪善的意见一致。我们是什么人，自以为能给予或剥夺其他公民按宪法规定享有的权利？对于这种国耻，我们的解

---

* 哥伦比亚党人（Columbians），1946年至1947年在亚特兰大兴起的一个新纳粹组织。

决办法应当是在学校里教授和实践平等观念，推广明智的
法律，在教育、住房和工作中废除种族隔离。今天的青年
一代将为明日立法——让我们的民主造福所有人！[58]

还要再过二十年，少数族裔的权利才得到承认——如果说尚未
得到保障——届时法律才最终把苏珊此时就发言抨击的种族歧视行
为和种族隔离行为规定为非法。

如果说苏珊所捍卫的主张算不得出人意料——数不清的民主斗
士都赞同这些主张，北好莱坞中学的学生们许多都来自艺术家家庭，
自由派在他们当中占多数——那她在表达这些观点时所表现出来的
成熟与坚定，也足以令读者们深思。

这并不是苏珊在校刊上登载的唯一关于政治主题的文章。外交
题材的讽刺短文《懒人国万岁！》是又一个例子，文中她化身为一位
大使，驻"下懒人国"三十三年后行将退休。大使回忆起这个他自称
天天与之见面的民族的奇特服饰，承认自己从来听不懂他们的话，
读者会把这归咎于他语言上的无能：他从来没能学会这些"野蛮人"
的语言，但根据他的观察，语言才是他们和他的美国同胞之间的唯
一共同点……这篇文章的风格与卡雷尔·恰佩克的科幻剧《万能机
器人》有所类似，在提到自己少年时代的读物时，桑塔格经常举出
这个剧本……

1948年秋天，在北好莱坞中学的最后一个学年、最后一个学
期，她已经被任命为主编。她的新职务包括招募新"记者"，她履行
这个任务的方式相当个人化，如果我们相信其中一位候选人四十六
年后写下的证言："我记得我们第一次见面。你坐着，脚跷在桌上，
在北好莱坞中学的一个房间里。我做了自我介绍，我是从纽约来的
新生，想要为刊物写稿。你带着某种轻蔑的口气问我：'你读的上一

本书是什么?' 《约翰·克利斯朵夫》.' 我回答。'你通过了!'" [59]

苏珊上任当家做主了,她尝试了一切门类的写作。她写电影评论:她专门为《红河》———一部蒙哥马利·克里夫特主演的西部片写了文章,还写了关于劳伦斯·奥利弗改编版的《哈姆雷特》的评论。[60] 她还为广播开辟了专栏,其中提到了当时流行的各种广播节目,比如《奥奇和哈丽雅特》,以及各种经典小说的广播改编,她对这一类作品特别如饥似渴。她笔锋犀利,谈吐幽默,读起来令人无法不相信她的诚意,比如她在主编任期将尽时所写的:"这个学期编辑《拱廊》让我倍感快乐和满足,希望你们读的时候也一样。" [61]

如果说苏珊在学校的周刊上迈出了她作为新闻记者和评论家的第一步,她也同样勇于发表更个人化的作品,如诗歌,第一篇刊载于 1948 年春天:

> 1948 年 4 月
> 正午
> 阳光沉重地落地
> 环绕在视野的弧状边际
> 我站在一旁,暂时从生活中脱离
> 凝视着这片沉寂。
> 但在我脚下撒满了种子。
> 在大地孤独的平底船底
> 旋涡是如此温柔
> 推动着我吹向空中的呼吸。

这首诗是三部曲的一部分，月亮的意象在三部曲中占据中心地位。这是桑塔格最早尝试诗歌写作所留下的印记，她热爱这种文学形式，终生都对诗歌保持着敬畏之情，并写作不辍。写下她最早的诗时，她正好开始接触美国诗歌和法国诗歌。埃德娜·圣·文森特·米莱、奥斯卡·王尔德、埃德加·爱伦·坡、夏尔·波德莱尔（米莱的译本）、阿蒂尔·兰波、保尔·魏尔伦、维克多·雨果，此外，也不能遗漏杰拉尔德·霍普金斯，她后来详尽分析了他的作品。[62]

写作对她的诱惑越来越大。她把《马丁·伊登》读了又读，小说主人公对于写作的强烈渴望和坚定决心给她以启示，萨默塞特·毛姆的回忆录《总结》也让她兴趣盎然："重读另外一本'青春时代'读过的书，对我来说至关重要——毛姆的回忆录——我十三岁那年读的，当时这本书让我信奉了一种如此贵族派头、彬彬有礼的禁欲主义啊！他文学品位的构成给了我很大影响——尤其是给了我格局。"[63]

是关于什么的格局？毛姆所描绘的人生图景解释了他如何最终把一生都奉献给写作，解释了他如何在经历漫长岁月后重新认识了自我，也重新认识了自己的艺术。他不掩饰自己在创作生涯中遭遇过的困难：说服自己的监护人（他年纪很小就成了孤儿）相信自己适合从事文学事业，这只是其中最不值得一提的障碍；对自己曾经得到过的某些便利也没有避而不提，比如一小笔家族遗产让他得以全心全意地献身于自己的文学激情。回忆录回顾的是已经走过的道路，毛姆的这部作品可以当作写给梦想成为作家的人的实用手册。苏珊尤其欣赏这个人的决心、他的永不让步；这些品质本来可以让他拥有另外一种人生：成为医生、教士或者律师，总之都是体面的职业。如果从事这些职业，他就能顺从显要人物的心意，避免沦为艺术家的耻辱。尽管臣服于家庭的压力——他学了医，他仍然在笔记本上写满了短篇小说，写下了他最初的作品。他的这个年轻读者想必做了笔记，在阅读中追随着他的脚步，发现了文学与哲学的新天地。他遗憾自己没能规律地记日记，她却从十二岁起就坚持写日记，像他一样，她会把自己读过、见过和听过的东西记录下来，制作成单子。最重要的是，她不知餍足地听从了他的劝告：要尽可能地博览群书，读书最好是为了乐趣。

中学时代行将结束，该是考虑将来的时候了。她的父母似乎被学业有成的长女吓呆了，完全无法给她出主意。她的继父忍不住评论说，没有男人敢娶这种时刻捧着本书的才女，她对此的想法是："这个白痴不知道世界上还有聪明的男子。他以为所有人都跟他一样。"她的阅读量是她自愿使用的武器："对他们来说，阅读就像是插入他们生活的利刃……"但对于内森，她后来改变了看法，因为"我当时感觉如此孤立，导致我不明白，像我这样的人无论在哪里，身边都不会有很多的同类"。[64] 在家庭中，苏珊表现得像个典型的青春期少女：她好吃（食量很大），好赌气，好叛逆（有一点叛逆脾气，但她不喜欢吵闹）；[65] 尤其是，她不耐烦地等待着自己终于能够展翅高飞的那一天，飞离家庭之巢，永远将这段"让人无法心服口服的童年时光"[66] 抛在身后……

1949 年 1 月 27 日，苏珊·桑塔格和同期的两百个同学正式庆祝他们从北好莱坞中学毕业。《拱廊》向那些离去的人致意，还对他们的未来做了一番展望：有些人会工作，有些人会结婚，许多人会去上大学。苏珊属于最后一类人，报纸上宣布："在毕业典礼后，苏·桑塔格将会远赴芝加哥，就读于芝加哥大学。"

作者注：

1. 《丹尼洛·契斯》，出自散文集《重点所在》。(« Danilo Kis », in *Temps forts*, trad. par Anne Wicke, éd. Christian Bourgois, 2005, p. 124.)

2. 《在美国》。(*En Amérique*, éd. Christian Bourgois, coll. Titre 126, 2011, p. 41.)

3. 《苏珊·桑塔格日记》第II卷。(*Journal*, t. II, p. 367.)

4. 笔记，1967年4月18日，未出版，UCLA档案。

5. 未出版的短篇小说《玛丽》手稿，UCLA档案。

6. 爱德华·赫希的访谈，《巴黎评论》，1995年第137期，收入《巴黎评论：访谈录》。(Entretien avec Edward Hirsch, *Paris Review*, n°137, 1995, repris dans *Paris Review. Les entretiens*, éd. Christian Bourgois, 2010, pp. 430-431.)

7. 琼·阿科切拉，《饥饿艺术家》，《纽约客》，2000年3月6日。(Joan Accocella, « The Hunger Artist », *The New Yorker*, 6 mars 2000.)

8. 一本关于中国的书的写作计划，未出版文献 [1973]，UCLA档案。

9. 《中国旅行计划》，出自《我，及其他》。(« Projet d'un voyage en Chine », *Moi, etcetera*, p. 14.)

10. 一本关于中国的书的写作计划，未出版文献 [1973]，UCLA档案。

11 《中国旅行计划》。(同前，p. 14。)

12. 同上。(pp. 13-14.)

13. 中国之行期间的笔记，UCLA档案。

14. 琼·阿科切拉，《饥饿艺术家》。

15. 一本关于中国的书的写作计划，未出版文献 [1973]，UCLA档案。

16. 《中国旅行计划》。(同前，p. 20。)

17. 一篇未出版的短篇小说《玛丽》的草稿，UCLA档案。

18. 佐薇·赫勒的采访，《与桑塔格面对面》，《爱尔兰时报》，1992年9月16日周六。(« Side by side with Sontag », interview par Zoé Heller, *The Irish Time*, samedi 16 septembre 1992, p. 33.)

19. 同上。

20. 马尔加里亚·菲希特纳的采访，《苏珊·桑塔格思如泉涌》，《迈阿密先驱报》，1989年2月19日。(« Susan Sontag's train of thought rolls into town »,

une interview par Margaria Fichtner, *The Miami Herald*, dimanche 19 février 1989.）

21.　《巴黎评论：访谈录》。（同前，p. 425。）

22.　参见玛丽塞尔玛·科斯塔和阿德莱达·洛佩兹 1987 年的采访，《苏珊·桑塔格：对文字的激情》，收入《苏珊·桑塔格谈话录》。（« Susan Sontag : The Passion for Words », entretien avec Marithelma Costa et Adelaida Lopez [1987], repris dans *Conversations*, p. 222.）

23.　《巴黎评论：访谈录》。（同前，p. 429。）

24.　林恩·蒂尔曼，《书店：珍妮特·沃森及其Books & Co的生平与时代》。（Lynne Tillman, *Bookstore. The Life and Times of Jeannette Watson and Books & Co*, Harcourt, Brace & Company, 1999, p. 24.）

25.　佐薇·赫勒，《与桑塔格面对面》。

26.　《巴黎评论：访谈录》。（同前，p. 430。）

27.　芭芭拉·罗斯，《作家苏珊·桑塔格从绝症中重整旗鼓并初获商业成功》，《人物杂志》，1978 年 3 月 20 日，第 9 卷第 11 号。（Barbara Rowes, «Author Susan Sontag Rallies from Dread Illness to Enjoy Her First Commercial Triumph », *People Magazine*, 20 mars 1978, vol. 9, n° 11.）

28.　《向哈利伯顿致敬》，出自散文集《重点所在》。（同前，p. 319。）

29.　同上。（p. 320.）

30.　《中国旅行计划》。（同前，p. 16。）

31.　《巴黎评论：访谈录》。（同前，p. 427。）

32.　《仙人掌快报》，1945 年 5 月 20 日，UCLA档案。

33.　林恩·蒂尔曼，《书店：珍妮特·沃森及其Books & Co的生平与时代》。（同前，p. 24。）

34.　塞尔玛·奥布莱恩，《苏珊·桑塔格特写》，《洛杉矶时报》，1978 年 4 月 23 日。（« Susan Sontag : Close up of a Writer », Thelma O'Brien, *Los Angeles Times*, 23 avril 1978, p. 19.）

35.　未出版的笔记，1967 年 7 月 13 日，UCLA档案。

36　见未出版的短篇小说《玛丽》草稿，UCLA档案。

37.　《朝圣》，载于《纽约客》，1987 年 12 月 21 日。译为法文后题为《苏珊·桑

塔格与托马斯·曼：不可避免的误解》，刊于《游戏规则》杂志，1991 年
第 2 期。（« Pilgrimage » [Pélerinage], *The New Yorker*, 21 décembre 1987, p.
38. Traduit en français par Daniel Rueff sous le titre « Susan Sontag et Thomas
Mann : l'inévitable malentendu », *La Règle du jeu*, nº 2, 1991. ）

38. 同上。

39. 在那个年代，美国的高中像法国一样从二年级开始。如今在加利福尼亚，
    高中从三年级开始（美国教育体系中的九年级），而初中只有三年（六年
    级、七年级、八年级）。

40. 《朝圣》。（同前，p. 40。）

41. 同上。

42. 《重生》，《苏珊·桑塔格日记》第 I 卷。（*Renaître, journal*, t. I, p. 139. ）

43. 《朝圣》。（同前，p. 38。）

44. 莱斯利·加里斯，《苏珊·桑塔格邂逅罗曼司》，《纽约时报》，1992 年 8
    月 2 日。（Leslie Garis, « Susan Sontag finds romance », *New York Times*, 2
    août 1992. ）

45 《朝圣》。（同前，pp. 38-39。）

46. 《巴黎评论：访谈录》。（同前，p. 429。）

47 同上。

48. 《重生》。（同前，p. 96。）

49. UCLA 档案。

50. 10-18-48 档案材料"你作为个体"（« You as an individual »）第一章，
    UCLA 档案。

51. 埃伦·霍普金斯，《苏珊·桑塔格笑逐颜开》，《洛杉矶时报》，1992 年 8
    月 16 日。（Ellen Hopkins, "Susan Sontag lightens up", *Los Angeles Times*, 16
    août 1992. ）

52. 简·沙利文·赫梅内斯，《向北好莱坞中学致敬》，《洛杉矶时报》，1992
    年 9 月 27 日。（Jane Sullivan Hemenez, "Hail North Hollywood", *Los Angeles
    Times*, 27 septembre 1992, p. 5. ）

53. 塞尔玛·奥布莱恩，《苏珊·桑塔格特写》。

54. 1948 年秋天，UCLA 档案。

55. 《拱廊》(*The Arcade*)，1948年5月24日。

56. 《拱廊》，1948年4月23日。

57. 读书报告第3号10-20-48第三章，UCLA档案。杰克·坦尼(Jack Tenney)是加利福尼亚州的参议员，他主持的委员会在1941年到1949年间负责调查反美活动。

58. 《拱廊》，1948年2月13日，第2页。

59. 未出版的Audrey Schneider的来信，1992年8月7日。UCLA档案。

60. 《拱廊》，1948年11月3日，第3页。

61. 《编辑的书桌前》(« From the editor's desk »)，《拱廊》，1949年1月26日，第2页。

62. 1982年4月25日，UCLA档案。

63. 《重生》。(同前，p. 97。)

64. 佐薇·赫勒，《与桑塔格面对面》。

65. 《朝圣》。(同前，p. 38。)

66　同上。

从加州大学伯克利分校到芝加哥大学
1949 年—1951 年

> 我们能够了解那些我们从未踏足的世界，
>
> 接受或拒绝从未为我们预备的生活，
>
> 创造出强大丰饶的内心世界。[1]

《拱廊》的宣告为时过早：1949 年 1 月，苏珊还未被芝加哥大学录取，就算她被录取了，也要等到 9 月才报到。中间这段时间做什么呢？她的父母对她要离家万里这个想法并不热心，不用说她还是去一个在他们眼中充满敌意的城市，那里的气候和城市治安都相当恶劣，他们好多次都劝她选一所加州本地的大学就读。苏珊渴望离开家庭，又充满好奇心，她选择先试试水，这年春天先在伯克利就读，同时等待芝加哥的回音。

伯克利的校园这时候还没有变成后来 20 世纪 60 年代那样的激进左翼之象征：它距离旧金山只有几公里——位于海滩的另外一边——是加州的大学群落中历史最悠久的学校。此时，它已经被看作一块宝地，它是知识的宝库，是沉思的处所，在这里，才智享有特权。"二战"结束以后，校园的规模呈爆炸式增长，从 1946 年开始，学生的数量戏剧化地暴涨，这都是因为《退伍军人权利法案》，它免除了退役军人的学费，让他们返回校园继续被战争打断的学业。

人们不得不在中央广场上搭起棚屋，用来解决教室不足的问题，学生们住在临时宿舍，等待全方位的建筑工程完成。年轻的女学生受到了直接波及：她年纪太小，无法在城中租房，要进入伯克利就必须有宿舍可住。

2 月 19 日，她终于在校园里的一个房间安顿下来，和另外一个女孩同住：两张床靠墙摆放，两张书桌并排放在房间中央，还有两个柜子，房间的陈设是斯巴达式的简单实用，在墙上她贴了几张海报用于装饰。[2]

住下以后，就剩下为这个学期选课了。[3] 这里的学生通常每个学期选四五门课，苏珊却决定选六门：德语、法语、历史、英国文学，还有一门修辞课，以及体育课。她的体育不比中学时学得更好：学期结束她只得到了C，也就是说刚刚及格。修辞课是一门必修课，她的成绩也没有好到哪里去。与此相反，她的其他课程的成绩都十分出色。[4] 参照她记得越来越频繁的日记，她如饥似渴地汲取校园内外一切知识上的养料，她听讲座、上课、看演出、听音乐会。一切都触手可及：一家规模庞大的图书馆，一家书店——比起好莱坞少得可怜的图书来，这里就像是阿里巴巴的山洞，傍晚时正好去转一转，任由自己沉溺。她甚至记下一条笔记"不要再买书了"，还有"读得慢些"……在一篇短篇小说的草稿里，她塑造了一个警示性的人物，这是一个刚听完讲座的年轻女孩，她决定逃掉体操课，改去书店：

> ……她走进校园里的书店，从一张桌子走到另一张，在可供选择的书前目眩神迷。在读过她所拥有的所有书以前，她为什么还要买书呢？……她不停地对自己保证说，她都会读的……她会好好读所有书，甚至是那些她已经浏览过的书……事实上，她又买走了将近二十本书。[5]

在伯克利度过的这几个月里，苏珊一刻不停，受到千百种诱惑、千百种欲望的牵引而无所适从。她想要读完一切，写下全部，倾听所有，除此以外不做别的。兴奋和恐惧这两种情感时刻占据她的身心。如果说兴奋是来自外因，恐惧却是因为她害怕自己无法成功，无法攀上自己雄心的高度，无法完成给自己树立的目标。她给自己写下的告诫越来越多，"不要咬指甲""不要食言或说谎""说话从容些，少说为妙"。她经常自问：她离家后像事先料想的那般幸福吗？在伯克利写的头几页日记充满了自我怀疑，她不肯承认怀念父母，但她意识到自己还没有完全切断纽带。两个月后，她大功告成了：在回洛杉矶度过一个周末以后，家庭生活显得前所未有地逼仄，她只感到烦闷，她发现大学生活可以让她远离"虚伪做作的把戏"，后者是"对时间可怕的浪费"。在伯克利，她"不需要为任何人而假装"，"我想怎样安排时间就怎样安排"，她最后补充道。[6]

"有那么多事情要完成……"日记的字里行间充满急迫感。智性上的不知餍足让她体会到一种全新的苦恼：没有时间去完成一切。阅读，写作，永不停歇，想象自己的未来。还是个学生时，她就已经观察教授们并得出结论——她不无理由地认为——在大学教书很可能是最适合从事智性活动的职业：

> ……我想写作；我想生活在知识分子的氛围中；我想生活在文化场所，能经常听到音乐。我要这一切，还有更多。重要的是，似乎没有什么职业比在大学教书更适合我……[7]

尽管她做出过保证，但她的书还是越积越多，堆到了她床上、她床下，书桌上积满了书，她甚至都没办法在桌上学习了。有什么关系呢？春天她喜欢在户外，一个人沐浴在阳光中，轮番读着陀思妥耶夫斯基的《卡拉马佐夫兄弟》和《白痴》、歌德的《亲合力》、里尔克的《给青年诗人的信》、黑塞的《荒原狼》，还有亨利·詹姆斯的《波士顿人》。她重读了纪德的《日记》，沉浸在阅读评论当中，把斯宾格勒的《西方的没落》、伯克的《动机的文法》、福斯特的《小说面面观》和杜威的《艺术即经验》混在一起读……她还定期购买期刊：五十年后，她的档案文件里还保存着她在伯克利那几个月内做过笔记、批注过的《凯尼恩评论》《党派评论》及《精神分析评论》。除了为了学分修的课程，她还旁听一切她感兴趣的课程，比如每周六上午她都在旁听"塞缪尔·约翰逊的时代"；她还变成了校园中讲座和音乐会的热忱听众，不管是阿娜伊斯·宁主讲"艺术与艺术家的功用"，还是播放《唐璜》完整版的唱片音乐会，或者勃朗宁戏剧独白诗的"朗诵–讲座"，她都在座恭听。

她独自出席，或有人陪同，她的智性探索很快就和她求友的冲动，以及感情上的冒险，重合在一起。在买书的时候，她认识了哈丽雅特·索默斯，后者是大三学生，靠在书店打工支付学费。苏珊立刻找到了一位全神贯注的倾听者，一个和自己对相同事物感兴趣的人——她俩都听那门关于塞缪尔·约翰逊的课。她这个人让苏珊无法无动于衷："……H个子相当高——大约有1.78米——不算非常漂亮，但荡人心魄。她笑起来很动人，而且，在跟她说话的那一刻，我就注意到了：她是如此不可思议地生机勃勃。"[8]

哈丽雅特也被这个漂亮的年轻女孩迷住了。苏珊天真又充满好奇心，谈论起文学和音乐来有种权威口吻，但在关于肉体与爱情的事情上又是如此胆怯……这种胆怯她自己很久以前就克服了，现在她承担起给苏珊启蒙的任务。迄今为止，苏珊只建立过柏拉图式的关系，先是在洛杉矶，和彼得，和奥德丽；然后是在刚进大学时，和艾琳——这个年轻女孩碰巧曾是哈丽雅特的众多女友之一；她还曾经跟伯克利的一个年轻人出去过一晚上："他的名字叫詹姆斯·罗兰·卢卡斯——吉姆，那是在周五晚上，3 月 11 日，那天晚上，我原打算去旧金山听一场莫扎特音乐会。"这次经历看来至少也是令人失望的——"这就是全部了吗？"她在日记中写到他们一开始交换的漫长亲吻时说——然后她得出结论，自己不适合与男人相爱……在日记中，她强调她需要证明自己"至少是双性恋"，所以才进行了这次没有后续的冒险。她后来在页边批注道："多愚蠢的想法！"但她也有遗憾：她"搞砸"了中学男友彼得的生活，无疑是因为她的胆怯与性冷淡。同样地，她用"一团糟"这个词来形容自己和奥德丽的关系。

　　苏珊十七岁，她还不够了解自己，容易混淆自己的感情与欲望。在经历了"吉姆"的惨败以后，她获得了某种幸福——柏拉图式的幸福——她开始和她的一个同类艾伦·考克斯一起出去。他们一起上哲学家乔治·博厄斯的讨论课，博厄斯来自巴尔的摩，给伯克利的学生讲授"艺术中的表意"。他们一起听巴赫，谈论托马斯·曼和爱因斯坦的理论。她保持着清醒，认识到这种关系是她用来逃避"我所有的恐惧，我关于生活的所有压抑"的方式，反思了自己想要"退居到精神世界中"的愿望。她把这段关系中对方的克制忍耐归功于他的个性与对肉体的自制力。其实可能另有原因：1950 年夏天，艾伦·考克斯在著名的地质学家克莱德·瓦哈夫蒂格的指导下进行研究，这位老师给他的职业生涯带来了决定性的影响——他最终成了斯坦福大学的地质学教授——也左右了他的感情生活，他在瓦哈夫蒂格身上不仅找到了一位导师，还得到了一位长期的伴侣。[9]

　　这场犹豫不决的华尔兹和全程如影随形的数不清的内心追问，都可以解释为苏珊还太年轻——她已经上了大学，但她只有十六岁；也可以用她的童年过分不谙世事来解释，确切地说，是过分与世隔绝。在高中的两年她才开始独立，迈出了独自探索城市的第一步，

发现了电影、音乐和友谊。然而，如果说她在学业上远远胜过她的
同学，她在感情上却不及他们成熟，对心灵或者肉体的种种事务也
不及他们感兴趣。

　　结识哈丽雅特时，苏珊正爱着艾琳——"爱上爱情"，她在日记
里批评自己。艾琳是个像艾伦·考克斯一样抱有"纯洁"和"精神至
上"的理想的年轻女子，明显以让人苦恼为乐，甚至会羞辱她的伙
伴。苏珊感觉自己遭到了拒绝和嘲弄，但无法从艾琳的影响中挣脱：

　　　　艾琳有点蠢。要承认这点该有多可怕！我本来或许
　　可以无动于衷，可是她通过拒绝我，让我觉得她比我更
　　好——再说她又长得如此之美，啊，我无法再批评她了。
　　让她做她自己吧！ [10]

　　她对自己逃脱折磨者的能力不抱幻想，她在页边批注道："我多
想相信这些，多想减轻痛苦！" [11]

　　与艾伦、艾琳相反，哈丽雅特坚信真正的人生存在于大学之外，
她把苏珊拉到旧金山，后来又带到索萨利托*，她的一个朋友在那里
开了一家酒吧，同性恋圈子的人特别爱光顾这家酒吧。在酒吧楼上
的一个房间里，苏珊第一次尝到了鱼水之欢，这种乐趣不像她过去
相信的那样只和精神上的爱恋相伴出现。她并没有爱上哈丽雅特，
如果说她在肉体和智力上都受到这个年轻女子的强烈吸引，但她并
未受到激情的支配——至少，当时还没有。

　　感情和性事上的探索没有让苏珊忘记她出现在伯克利是为了什
么：她是为了受教育而来。尽管在人际关系上经历了内心骚乱，她

---

*　索萨利托（Sausalito），美国旧金山湾区的一个小镇，面对旧金山湾。——编注

仍继续阅读，读得比以往更加贪婪，更加大胆，把哲学、文学评论、古典小说和诗歌各种门类混在一起：她发现了济慈之美，对 19 世纪的法国诗歌一探究竟，沉浸在卢克莱修的诗歌中，又不知疲倦地重读了杰拉尔德·曼利·霍普金斯。这两位诗人对苏珊的影响耐人寻味：他们的宗教和哲学思想不能更天差地别了，一个摒弃英国国教，改信天主教并接受神职；另一个却是伊壁鸠鲁的狂热信徒，捍卫人的权利，不相信有神灵，颂扬爱情的美丽，但不赞成为爱情受苦，还鼓励肉体上的享乐。

大概因为伯克利让她拓展出了另一片属于诗歌与哲学的天空，她这次重读霍普金斯没有初读时那样热情洋溢，她曾经欣赏的弥漫在其作品中的"冷酷的清醒"和严肃现在对她来说有些极端了[12]，她后来承认想要摆脱这种影响[13]。为了远离这位英国诗人的耶稣会精神，她转向卢克莱修的伊壁鸠鲁主义，她最初接触到卢克莱修是通过一个改译本，她时不时把他的诗抄录在日记里，"生命生生不息……死去的是生命，生命，更多的生命"[14]，5 月 31 日她写道。在弗吉尼亚·伍尔夫、朱娜·巴恩斯，甚至阿娜伊斯·宁的作品里，她寻找着曾自我追问的那些问题的答案。

5 月末，她终于收到了一封来自芝加哥大学的信，信中说她不仅被录取了，而且获得了 765 美元的奖学金，其中 540 美元用于支付三个学期的注册费，225 美元用来支付食宿费。[15]信中还说明，奖学金是可以续付的，视她的成绩而定。她在日记中用大写字母写下了这些细节：被录取，有人支付学费，她的梦想正在变成现实！

"我在伯克利本可以受到很好的教育"[16]，她在一次采访中承认，但是灯塔一样的加利福尼亚大学在她眼里比不上芝加哥大学的价值。现在申请大学的学生穿越整个国家就为看一眼他们打算上的学校；

苏珊想要在携带行李报到之前前往芝加哥却绝无可能。她的兴趣是被报道罗伯特·梅纳德·哈钦斯的文章和他本人所写的文章燃起的，这位早慧的天才在 1929 年不到三十岁时就当上了芝加哥大学校长，十五年后又被任命为校监，他占据这个职位直到 1951 年。*哈钦斯给芝加哥大学带来了革命性的变革，他提出（和实施）了一套全新的章程，每年的一系列课程以学习人文主义"巨著"为主干，无论这些重要著作属于历史、科学、哲学领域，还是文学领域。这种教学方法以跨学科性为核心，目光远大的校长相信应当为每个灵魂打下智性的基础，以此为出发点，他们才能成为专才。

美国大学校园所提供的种种传统消遣对哈钦斯来说是多此一举：他解散校内的橄榄球队、兄弟会和宗教组织时上了报纸头条。在《科利尔杂志》一篇关于另一个年轻有成的大学校长、莎拉·劳伦斯学院院长哈罗德·泰勒的报道里，记者写道，"哈钦斯只着眼于精神"（Hutchins aims squarely at the mind），他和泰勒恰恰相反，对泰勒来说，健康的精神首先是知道如何与同辈人生活及社交。学生桑塔格毫不犹豫：她想要得到收获和滋养的正是她的精神，这所学校提供的课程表正是她一直以来自我教育的天然延续。芝加哥大学正是为她这样的学生而存在的。学制灵活且具开放性，每个学生要学习的课程由必考的入学考试决定：理论上需要修十六门课（一年四门），但她只需要修六门，她在入学考试中的成绩显示出，她在其他十门课程上已经达到足够的水平，也已经读过相关著作。这样一来，如果她愿意，不到两年她就能拿到学位，还有机会研习更高学历的课程。

她的母亲仍然坚决反对女儿远离洛杉矶，更不用说还是去一个

---

* 芝加哥大学的校监（Chancellor）与校长（President）在分工上有所不同，校监更侧重远期战略、资金募集、学校与关键外部关系的维护等，校长侧重执行与运营。不过"Chancellor"在英国的高校也指不参与日常事务的名誉校长。——编注

名声不好听的城市。芝加哥气候寒冷，报纸上天天报道那里街道上的暴力案件，大学还位于黑人贫民区中央，那是整个城市里号称治安最差的街区，如果相信报纸的话，治安差到在全国也榜上有名。米尔德丽德尽管心怀迟疑和恐惧，但最终还是让步了，承认说自己"欠她一次"，这话听上去很难解释，后来她也没有说明过其中的含义。于是梦想变成现实。苏珊秋天就要去芝加哥了。家庭的压力对她的妹妹朱迪斯更有效果，她和苏珊之前一样，也去了伯克利读书……

苏珊在等待之时还需要结束在伯克利的这个学期，为暑期找工作，解开她感情生活的一团乱麻……考试很顺利地通过了，成绩令人满意，如果体育课的"C"不算在内。她的历史、英语、德语都得了"A"，法语入门的成绩不那么傲人但也过得去，得了"B"。到了6月初，她已经坐上飞机返回洛杉矶，在美国共和保险公司找到一份秘书的工作，这家公司专门处理保险业务，内森·桑塔格就在这里工作。她的月薪是125美元，是那个年代最低薪水的两倍，对一个初次求职的学生来说已经相当优越了，她从此有了社保号[17]，对美国领薪水的劳动者来说，社保号就是"芝麻开门"。当然，她也重新回到了自己的房间，重新过上了安吉丽娜谷日常的郊区生活，重新受到了家庭生活的束缚。她试着去附近的加利福尼亚大学洛杉矶分校旁听，但是遭到了拒绝，暑期旁听生不准入内。于是她又回去独自阅读，在单子上画掉一册又一册书：奥斯瓦尔德·斯宾格勒的《西方的没落》，I. A. 瑞恰慈的《实用批评》，安德烈·纪德的《伪币制造者》，同时还继续阅读济慈、歌德、里尔克、卢克莱修……在共和保险公司的四堵墙内度过的钟点分外漫长，她用来给小说场景写大纲，她的办公室同事想必能从这些场景中认出自己：

　　可以用于写小说的想法：

　　保险事务所。

　　人事部经理；杰克·特拉特；双性恋；人生不幸，轻蔑+优越感毒害了他的生活；对克里夫献殷勤；此外，司各特忽然高升，由档案部主管（现在这是杰克·帕里斯的工作）签字；杰克·帕里斯现在想要……

　　所有人的升职都取决于他的善意。

　　恐怖。[18]

　　8 月初，她觉得自己要忍受不住了，她害怕这种庸常、这种孤立；她也对原来过上另一种生活是如此简单这一点感到害怕，原来轻易就可以忘却自己的雄心。她质疑自己的性向、自己的女性气质，在邻里间的烤肉聚餐上她发现不了这些问题的答案。在我能查询到的所有档案和作品中，她都没有提起她十六七岁时和周围人的关系。到了 20 世纪 60 年代中期，在一次精神分析中，苏珊暗示她和母亲及妹妹发生过争吵，她缺少来自米尔德丽德的母爱，米尔德丽德想让她产生罪恶感从而做出妥协，但是这些都没有触及她隐秘的生活。

　　她本来发誓离开伯克利后暑假期间要过禁欲的生活，但是她没能做到，又与一位 "L"[19] 产生了暧昧，这与几个月来她和哈丽雅特的关系大不相同。此外，她忍不住将二人进行比较：

　　我今晚和 L 说了再见。当然，我们又一次做了爱。我在自己身上发现了一种无法摧毁的危险的柔情——没有逻辑，甚至有悖于理性；我承认我被 L 打动了，我感到她给

我的不仅仅是肉体上的自私的满足，不仅仅让我学会从理
性上接受这种满足……但是我又想到如果换了H会怎么做，
如果她在相同的处境下！尽管我欣赏她的严峻与傲慢，我
却无法鄙视我自己的弱点……[20]

她对母亲或者妹妹敞开心扉谈起自己的感情问题的可能性很小，
除非这就是她多年以后提到的她们当年吵架的理由。至于她的朋友
们，她也小心地只对信任的人透露。她对彼得可以谈起自己的艳遇，
不用担心他会给她糟糕的劝告……这个夏天更早的时候，她跟人谈
起她对自己生活方向所感到的疑虑，"F"警告她说："你唯一恢复正
常的机会就是赶紧住手。不要再跟女人交往，不要再去酒吧……让
男人们对你动手动脚，占点便宜。一开始你不会喜欢的，但是你要
强迫自己这样做……这是你唯一的机会了。在这期间，不要再去见
姑娘们。如果你不马上停止的话……"[21]

她没有停止……继哈丽雅特、艾琳之后——在伯克利的最后几
周里，她和艾琳旧情复燃，这时候哈丽雅特已经去了纽约——她又
在洛杉矶遇上了L，在城中的同性恋酒吧度过了许多个夜晚，其间，
还扩充了自己的词汇量。事实上，在日记里，她以后来学习法语时
的一丝不苟，细心地抄录下了用于指涉一个人的性关系与性向的各
种语汇，无论是否为行话，有必要时甚至可以脱离语境。在她和L的
关系中，她自我定义为butch（意指有男性气质的女同性恋者），同
时指出自己跟哈丽雅特在一起的时候更像是femme，也就是彻头彻
尾的女人……*苏珊学会认识自我，她想要做到——像在所有事情上
一样——对一个课题得心应手。她小心谨慎地让一切资源为她所用：

---

* "femme"在法语中为女人、妻子之意，在英语中正如作者所说，与"butch"相对。

友人、书籍，还有后来的教授们，都为她的问题提供了答案。

　　小心谨慎是因为，不仅 20 世纪 40 年代末 50 年代初很大一部分美国人恐同，同性恋还可能被判处有期徒刑。在工作场所公开自己的性取向是无法想象的，警察会对一切有"反自然罪"嫌疑的人纠缠不休，还会定期对有"特殊癖好"人群出入的酒吧和夜总会进行突击检查。这里的引号是为了表示这些都是用于谈论"不可名状之物"的隐语，苏珊把这些用语整理在她的笔记本上。这是麦卡锡参议员靠着猛烈攻击共产主义而一举成名的时代，在多个委员会面前，他都断言说同性恋者会对国家安全构成威胁——比如一个天才歌唱家为了不让自己的性"变态"被公之于众，可能会窃取国家防御机密——所以不应当在联邦政府中担任要职……同性恋的新兵不受军队欢迎，被迫去做心理上的检查和测试，只有在缺少炮灰的越战时期，美国军队才有几年忘记要排除异己。而军队里的这些做法只不过是全社会情绪的一种反映。等到 20 世纪 60 年代末期，局势才开始逐渐变化；等到 2012 年，军队才让所有人拥有平等的权利……

　　对苏珊来说，这不仅仅是个认识和接受自我的问题，更是需要对某种棘手甚至危险的处境采取应对措施的问题。她才刚到芝加哥，就匆匆在一家书店里翻阅起了威廉·施特科尔的两册书，他是弗洛伊德的门徒，对他来说人类天生就是双性恋者：这一断言让她放下心来，却也无法给她任何实用的建议。她父母这对模范夫妻对她来说毫无感召力，而她也同样无法说服他人接受自己的不同寻常，这一次，连文学也帮不上她的忙：朱娜·巴恩斯的书她在伯克利就读过了，只能提供一种远离法律与社会的幻想；格特鲁德·斯泰因和艾丽丝·托克拉斯*则远在巴黎，活在她们自己的田园牧歌里，而巴

---

* 艾丽丝·托克拉斯是格特鲁德·斯泰因的伴侣和女秘书，也是斯泰因作品《艾丽丝自传》里的"我"。——编注

黎的包容度是有口皆碑的。只有弗吉尼亚·伍尔夫选择了一种实际的解决办法——嫁了人，成了家——但又没有放弃自己的另外一面。

夏日漫漫——从伯克利回来后一周，苏珊注意到在远离大学的地方，时间仿佛被拉长到无休无止——终于画上了休止符。9月2日，她上了开往芝加哥的火车，火车开了两天，途经亚利桑那和新墨西哥，旅途中的风景涂抹了"童话般的颜色"。关于她的离家及与父母的分别，她只写了两行字："13点30分离开洛杉矶。无法理解……"[22]

9月4日上午，在将近四十二小时的旅程之后，她踏入了芝加哥车站。她的第一印象并不是正面的：

> 这是我见过的最丑陋的城市：一个巨大的贫民窟……
> 市中心垃圾遍布，街巷狭窄，地铁的响声震耳欲聋，永远
> 昏暗无光，臭气冲天，衣衫破旧的老人步履蹒跚，弹子机
> 游乐场，复印店，电影院——（上演）《裸体主义营地里的
> 爱情》《畅所欲言》《赤裸的真相》《未删节》。[23]

她毫不迟延，一放下行李就出发，这次是坐飞机去了纽约，去"亚伦叔叔"那里取了钱。这是自他们离开迈阿密后，档案文件中第一次提到她和生父家还有联系。[24] 杰克·罗森布拉特死后留下一家兴旺发达的企业，他的妻子在其中也有份。有理由相信，他的兄弟们接手家族企业后，还继续支付定期利息给米尔德丽德，这就解释了为什么一个寡妇不用工作还能养活两个孩子和一个女用人。罗森布拉特母女不是富人，但钱对她们来说也不是问题，在遇到内森·桑塔格以前，她们并没有缺吃少穿。

　　亚伦叔叔给侄女的钱数目不小：722 美元，差不多是她夏天月薪的五倍，再加上她的大学奖学金，足以让她泰然地面对接下来的一年。然而也要付出代价：她提到自己受到了叔叔及其家人的"道德绑架"，不过没有说明这种道德绑架究竟是什么性质。她自我安慰的方式是从家庭氛围中逃脱几个钟头，去和哈丽雅特重逢，哈丽雅特自离开伯克利后就定居于曼哈顿。她们一起津津有味地观看阿瑟·米勒的《推销员之死》、肖恩·奥凯西的《银杯》、让·季洛杜的《夏乐街的疯女》，在大都会博物馆观赏古希腊罗马的藏品，去电影院欣赏钱拉·菲利普在《肉体的恶魔》中的表演，迈着大步走遍纽约的大街小巷。苏珊出生在这座城市，只是她在七岁那年就离开了，几乎没有留下什么记忆：她曾经发誓有一天要回来吗？还要再等上十年，和哈丽雅特的关系再破裂一次，她才会在纽约久居。

　　她回到芝加哥，一头扎入了校园生活。日记中少量几条记载都说明她的脑力活动是相当紧张的：各种阅读清单——卡夫卡的日记，还有纪德的日记；谜一样的片言只语，"精神上的手术怎么能够存在？""贝多芬四重奏对上欧几里得定理"；还有单词表，"哀歌的，墨勒阿革洛斯，无拘无束，花斑的，通俗的，哈丽雅特·威尔逊*，卷心菜浓汤……"这些关于她的日常生活的单词好像说了很多，又好像什么也没说。生活最初似乎是艰难的，她说起了"意料之中的哀伤""挫折"，认为自己的缺陷是缺乏实用精神。突然间，对未来的不确定感盘踞在她心头。在夏天的经历以后，她知道自己不适合坐办公室当雇员。在伯克利的那个学期末，她在心里承认大学教授的职业也许并不是她想象的那样。

---

* 哈丽雅特·威尔逊（Harriette Wilson），19 世纪英国摄政时期的名妓，曾是威灵顿公爵等人的情妇，有回忆录传世。

一想到我正处于学术生涯的边缘，我就感到害怕。对我来说毫不费力气……只要继续考出好成绩就可以；我也许会选英语语言文学——我没有数学天赋，搞不了哲学；我会继续攻读硕士，当上助教，写一两篇晦涩难懂、谁也不关心的论文，到了六十岁，变成丑老太婆和受人尊敬的教授。事实上，今天我还到图书馆里看过英语系的出版物——长篇（数百页）的专题论文都是关于这样一些课题：伏尔泰对"你"和"您"的用法；费尼莫尔·库柏的社会批评；布雷特·哈特在加利福尼亚州报刊上发表的作品总篇目（1859—1891）……

上帝！我差点让自己干了什么啊?! [25]

苏珊知道要解答这些职业上的疑难问题还为时过早，她仍然埋头读书，积极在课上和课外参与讨论，她品尝到了建立智力上的友谊与分享思想的乐趣。她"贪得无厌地"读了又读，她在后来回忆起这个时期的时候，这么形容自己。她熟悉了各种文学分析的方法，这些方法是她此前所不知晓的，她亲口承认从中受益终生。她学会了文本比较，在历史和年代学之外实现文本之间的对话，学会了推理、论证、捍卫自己的观点，学会了她将会运用一生的各种文学分析手法。令人好奇的是，她不再写作了：她的同学们没有看到自己的文学肖像的危险，她的老师们也没有变成她短篇小说里的主人公。她需要把全副精力集中到读书和完成作业上来，她读的书就像她听的课一样杂。就像我在前文提到过的那样，要在芝加哥大学完成学业，十六门必修课里她只需要上六门就够了，也就是说实际上三个学期她就能拿到学位。苏珊对此并不感到欢欣，反而是失望：她本

想花三四年的时间按自己的兴趣读书，自我成长，思考未来。就如
同她在小学和中学的经历的镜像，她用于学习的时间又一次被压缩
了，她开始觉得这种加速反而是一种诅咒。她才十六岁半，已经喜
欢将时间用于思考，而有什么能比在大学里领着奖学金思考问题来
得更好呢？奖学金保证了她的财务独立，让她头上有一片屋顶，还
有人对她进行知识上的指导。

　　到了 10 月初，她坐在教室里上了最初几门课，黑板上的名字让
她不敢相信自己的眼睛——"伯克先生"。这个名字她很熟悉：难
道站在她面前的就是那一位伯克，《动机的文法》《向更美好的人生》
《文学形式的哲学》和《永恒与变化》的作者？一堂课结束时，她大
胆上前接近他，问了他的教名。"肯尼斯"，他回答，惊异于她居然
提这个问题。而这仅仅是他一连串惊奇的开始：他面前的这个年轻
女孩似乎读过他写的所有作品；比这更甚的是，她还理解并归纳了
他的分析中的实质……而且她和他一样，都热爱安德烈·纪德、托
马斯·曼和欧洲文学。

　　这年秋天，她在他的指导下学习亚里士多德的《诗学》，第一次
的作业是阅读《俄狄浦斯王》。从这第一次作业起，伯克就在评语里
对她唱起了赞歌："优秀的作业，文笔流畅优美。"[26] 师生之间的对话
开始了，并随着每一次作业而延续。关于他的学生对贝奈戴托·克
罗齐和亚里士多德之间的联系的研读，教授说得更加简明扼要：

　　　　不要为我的吹毛求疵和起哄而泄气。这是一份严肃
　　认真的作业，显示出您对此做出了思考。我建议您在今后
　　的作业中也像这次一样发挥主动性，或多或少地写下您自
　　己的诠释。然后，重读您的作业，把原始文本的一些最短

的段落插入到文章中，让作者重新归位到您所探讨的问题中。每次论证都需要用一段引文来支撑和证明（引文越短越好）。我认为，您会发现插入这些"合法"证据会让您的论证更加锐利，并在一定程度上修正您的观点。当您读书做笔记时，要寻找这样的段落、规律和定义等。[27]

亚里士多德、柏拉图、马基雅维利、克罗齐、尼采……苏珊贪婪地读了又读，在若干位芝加哥大学最才华横溢的教授指导下写下了评述。在哲学家、科学研究者约瑟夫·杰克逊·施瓦布指导下，她学会了怎样科学思考。课上推荐的亚里士多德译本是另一位哲学家理查德·麦基翁翻译的，她在学期将近结束时修了他的讨论课"观察、诠释和归并"。

她不上课的时候，就躲避到哈珀纪念图书馆里，把书和笔记本在深色的木质长桌上摊开。大教堂式的屋顶及天花板赋予此地必要的庄严，静穆笼罩了四周。外面，是永无止息的讨论：教授们鼓励组成非正式的讨论组，催促学生们参加讨论，争辩课堂上涉及的主题。苏珊又一次感到没有地方比这里更适合自己。她身处精神世界里，这正是她想要久居的地方，她想要沉浸在古代的文本之中，把经典作品牢记在心，吸收这所现代德廉美修道院*的精髓。

比起在伯克利，她的日记进一步反映了她精神的集中：第一学期她很少写日记，后来她说自己在芝加哥的两年内除了作业没有写过别的东西。她积累着知识，用所写的论文证明自己理解了别人教给她的东西，并试图使课业成绩名列前茅，评论家阿兰·布鲁姆正是她的同学。虽说她并不欣赏他后来的作品，却和他拥有同样的对

---

* 德廉美修道院，拉伯雷《巨人传》里推行理想教育的乌托邦。

教学方法的信仰：他们两人都是由芝加哥的同一群人塑造成形的，所受的教育给他们都留下了终生印记，他们一直激烈地捍卫古典文学和哲学，推崇那些"无法回避的文本"，那些文本是所有受过教育的人在大学起初几年里都应当阅读的，它们是未来精神生活不可或缺的基础。

在芝加哥，她欣慰地与一些中学同学重逢了，其中有哈利，他在1948年夏天结束中学学业，现在已经开始上大学二年级了。哈利在洛杉矶时跟她住在同一条街上，他们在文学和音乐上的品位也多有类似。他向她推荐了一门德国文学的讨论课，在这门课上，教授用三学期制下的五个星期讲授《魔山》。她在三年前劝他——几乎是强迫他——读了托马斯·曼的这部小说，她把《魔山》看作西方文学的冠冕……接下来，他们花了数不清的夜晚轮流高声朗读他们最喜欢的段落，并且加以评论，不知不觉中，他们已经为在芝加哥大学各就各位做好了准备。

圣诞节假期他们又回到了洛杉矶，远离大学带来的智力刺激，他们很快就感到烦闷了。这时候哈利想出了一个意想不到的主意：去拜访那位伟人。一开始意想不到，是因为这两个学生把曼提升到了文学上帝的地位，而他们当时膜拜的其他神灵——亚里士多德、贺拉斯、柏拉图、康拉德——都死了，或者至少是退隐到了遥不可及的奥林匹斯山上。但是托马斯·曼的名字在电话号码簿上就能找到。他们藏在苏珊父母的房间里抽签：哈利赢了，拨了电话号码，始终无法真正相信电话另一头会有一个活人接起电话。当曼本人接了电话并邀请他们几天后去喝茶的时候，他们嘟哝着接受了邀请，也被自己的大胆给惊呆了。

在说好的那天，两个朋友由第三位同谋者（大概是彼得）陪同，把车停在作家家门外几步远的地方，在车里等待着约定时间的到来，他们觉得自己犯了骚扰罪，是不受欢迎的人，"因为敬畏而吓呆了"[28]，还怀疑自己无法与作家对话。当他们最终敲门时，是曼夫人来开的门，把他们领到丈夫身边——他正坐在客厅里，一只手按着狗。苏珊注意到了最微小的细节："米色的衣服，栗色的领带，白色的鞋子。"[29]曼把客人们从客厅带到了书房里，在那里他自愿回答他们的问题。他说话缓慢，他们在心里自问：这是他习惯的说话方式，还是因为他用英语表达时缺乏自信？在日记里，苏珊转述了曼关于他们所珍视的作品《魔山》所说的话，承认自己感到了幻灭：对她来说，小说主人公汉斯·卡斯托普象征的东西远比"为了自由、和平与民主，应该在战后重建世界的一代人"更多，而曼所做的概括——"我想要呈现欧洲在第一次世界大战前所面临的所有危机的总和"[30]——对她来说无论如何也不足以反映文本的魔力，不能解释阅读这本书时所感受到的魔咒。苏珊在页边写下了结论："作者本人的评论以其平庸而背叛了作品。"[31]

这番反思或许解释了为什么在唯一公开发表的自传性文本《朝圣》中，她将近四十年后回忆起这次拜访还倍感羞耻。"惨兮兮""像落入陷阱""陷入恐怖"，都是她描述当时状态的形容词，她的两个同谋拨了曼家电话号码时，似乎也违背了她的意愿。[32]对她来说，《魔山》的作者就好像阿诺德·勋伯格和伊戈尔·斯特拉文斯基[*]一样，是遥不可及的神灵，是不容洛杉矶山丘上的普通居民接近的。要感受到他们的存在，通过他们的作品就绰绰有余了。她不需要接触他们，不需要了解他们凡夫俗子的外壳。事实上，她预感到会幻灭，她下意识地知道作者不可能达到作品的水准。但她又感到好奇，

---

[*] 原文为阿瑟·斯特拉文斯基（Arthur Stravinsky），疑为作者笔误。

在作品之外，她还想要试着理解作者的生活：

> 我身处加冕的宫殿里，这个世界我想要置身其中，哪怕仅仅作为一个普通的公民。（我没有想到要告诉他我想成为作家，就像我不会想到要告诉他我在呼吸一样。）我就在那里，如果我应当在那里的话，作为仰慕者，而非作为想要进入他的种姓的觊觎者。[33]

　　她既因与她面对面的作家而感到幻灭，也为自己的贡献而感到不满，她只为对话增添了平庸的言论，在写下自己接受曼递给他们的香烟的经过时，她还在羞愧，她接过烟不是为了抽烟，而是——出自当时她作为仰慕者的恋物癖心理——想着过后可以作为这次见面的纪念品。[34] 三十年后，当时感到的尴尬仍然没有完全消失；但此时她已经成了作家，轮到她坐在书桌后的扶手椅上，她学会了要更加宽容，不仅是对颤抖着提出拙劣问题的大学生，也对那位疲惫但不乏善意的老作家。

　　和曼的对话中提到了若干位 20 世纪的作家，其中有马塞尔·普鲁斯特和詹姆斯·乔伊斯，苏珊把 1949 年 12 月的最后时光用于重读《一位青年艺术家的肖像》。同时，她也去听音乐会，还巡游了建筑师弗兰克·劳埃德·赖特的"阿兹特克风格"房子，赖特在洛杉矶实验性地兴建了"方格编织"式建筑——用混凝土打造的方块，装饰图案让人想起哥伦布发现新大陆以前的印第安图案——建筑风格让人想起阿兹特克人的神庙。至于她和家人之间的往来，她没有提及……

回到芝加哥以后，她说自己在1月初重返校园生活"如释重负"。我们不清楚她"如释重负"是出于哪种感情上的动机：是因为家庭气氛令人窒息，还是因为生活在洛杉矶郊区无事可做、令人烦闷无聊，又或者是因为在一座没有汽车就寸步难行的城市里只有依赖他人的善意才能出门？不管怎样，苏珊从火车上下来的时刻十分幸福，尽管因为又一次长途跋涉而倍感疲劳。

接下来的这个三学期同样能给予人智力上的刺激：一门施瓦布的必修课——"苏格拉底方法论的最佳体现，芝加哥版本""天才教师""如同触电"[35]，她在四十年后的一次采访中如此回忆——两门自由旁听的英语课，分别由R. S. 克兰和埃尔德·奥尔森讲授，这两位都才华横溢，声誉很高；还有一门社会经济学课，老师是梅纳德·克鲁格，她打算迟三周再上，因为"E. K. 布朗在相同钟点讲的关于《傲慢与偏见》的课程很棒"，她想上他的课。这份课表再现了这所大学里时间表有多么灵活。因为苏珊在入学考试后就已经免除了大部分课程，她可以自由地上很多课，按照她的兴趣和教授们的声誉来安排自己的大学课程。她又一次感到难以想象，还能有比这里更适合安放她好奇而又贪婪的求知欲的地方，在这里许多人满足于上完必修课程取得学位，她却闲逛了起来，绕起了远路，她害怕一切结束得太快。在这个三学期，她在伯克的课上有一篇关于康拉德的《胜利》的论文要写。芝加哥大学学制的又一独创性在于：与大部分大学相反，它坚持平时多布置书面作业——作业以促进学生多做研究工作为旨趣——这里的课程要求不多，期末考试卷子更爱出选择题……

虽说苏珊的精神在很大程度上被智性领域的问题占据，但她仍未完全摆脱性别认同的困扰，她在这个领域的探索也没有得到多少答案。1950 年 1 月初，她庆祝了自己的十七岁生日，在日记里写下了最近几个月里对自己的男性战利品所做的观察。她宛如临床术语般纯然冷静的描述没有激情，也看不出丝毫个人偏好：她没有坠入爱河，但得出结论说，这其中有"得到满足的很大可能性"。[36] 同一支笔还记下了，她命令自己远离"同性恋伙伴们的聚会"，她从中只看到了对精力的浪费，却很少能得到感情上的满足。

她看待自己的眼光也在发生变化。她不再把自己看作丑小鸭了，房间里的镜子映出一个漂亮的年轻姑娘，苗条挺拔，秀发如瀑，面部线条让她回想起她母亲，每次路过镜子时，她都不得不承认她的母亲也是一个美人。

她变得风度迷人，意识到自己具备致命的诱惑力，于是忽然害怕起自己会早逝。"啊，想到我会在盛年前就死去……"[37] 她写道，从曼利·霍普金斯那里借来了抒情语气与夸大其词……她从来没有这样想到死亡：尽管在智力上得到了满足，尽管对大学生活充满热情，她还是正在经历一场难以遏制的情感危机。3 月中旬，三学期制的冬学期结束的时候，她有一次在"绝望到极点"时写下了自述，她害怕自己的成绩不够令人满意，害怕奖学金无法再次申请成功，未来显得不够确定，她无法剪除自己过往的情事。春假她在纽约度过，尽管在 1 月时对自己做了承诺，她还是去找了哈丽雅特。在纽约，苏珊听说自己的母亲破产了，她生父留下并由她叔叔管理的补偿金由于后者的挪用而化为泡影。对她来说，这次挫折的后果很清楚："我妈妈可能要去工作，很可能还得把房子卖了。我下个三学期也要去打工，今年夏天和下个学年肯定都得去，除非能保住奖学金，否则我就无法回到芝加哥了。"[38]

令人好奇的是，在她的不安中混合了一种激奋，它来自她将会获得的充满悖论的自由：如果她保住了奖学金，并且能在上学的同时打工赚钱，这也就是说她再也不欠谁的了，她的行动完全获得了自由，她的命运全由自己掌握。她已经做好了计划：等她结束学业，她就要上船出发去欧洲！

她 4 月重新回到芝加哥时，就难以保持原来的乐观情绪了。她和哈丽雅特的关系远未令她感到满足，但又不可能一刀两断，她很难对未来有一个概念。自杀的念头不时掠过心间，距离仅仅两个月前的生之欲念已经相当遥远了。学业的结束已经近在眼前，这也没有带来情绪上的改善。还有八个月，到 12 月份她就能拿到学士学位，只剩下一篇毕业论文要写。她已经选定了题目：对《夜林》的解读，对朱娜·巴恩斯这部小说中颓废与衰退主题的探讨。最初的草稿之一写于 1950 年 5 月期间，在导言部分，她说明了自己这篇分析文章的目的所在：

> 朱娜·巴恩斯这部妙不可言的小说《夜林》尚少有人知，它出版于 1937 年，得到了我们这个时代最伟大的英国天主教诗人的庇护。目前为止对《夜林》的分析，除了艾略特先生雄辩的赞誉，其他的分析都不足以满足我们对如此道德化、如此艰涩的文本的期待。使《夜林》所展现的才华背后的灵感清晰地呈现出来，以及解析它晦涩的形式结构与主题，都是这篇论文的目的所在。[39]

自初版起，巴恩斯的这部小说就伴有英美双国籍诗人 T. S. 艾略特所写的一篇导言，他认为该作品受到伊丽莎白一世时期悲剧的影响。苏珊要驳斥这一断言，她眼中的菲利克斯和罗宾是直接出自若利斯-卡尔·于斯曼小说和王尔德作品的人物。对她来说，巴恩斯致敬的是世纪末的颓废，无论是小说的结构还是风格都是如此。

秋天提交论文时，她兴趣盎然地等待着两位论文审读者的意见。她的一位老师内德·罗森海姆向她泄露了阅卷的秘密，让她了解到伯克看到她的作品有多么激动。苏珊幸福得如同升天，她的第一个念头是可以借此对她的一个同学"E"复仇了，她认为他的学识不如自己，但他得益于一种她所不具备的"天生的能力"，从而处处领先自己。应该怎么理解"天生的能力"这一措辞呢？指的是某种表达上的天赋？或者是某种日常生活中的轻松自如？不管原因是什么，她很开心终于将了他一军。但她没能品味自己的胜利很久。在罗森海姆吐露秘密几天后，她得知自己的论文并没有获得一致通过，需要请第三位审读者裁决，以平衡前两位的观点：

> 我现在对我关于《夜林》的论文的情况了解得更加清楚了：在伯克读了以后（他在给罗森海姆的信里说这是"令人惊艳"的作品），论文又给了另一个审读者，一位古典文学教授，他对这篇论文完全看不入眼。伯克说了算，于是破天荒地请来了第三位审读者，另外一位古典文学教授，来阅读和裁决。他甚至更讨厌这篇论文！[40]

于是又问了第四个人的意见，此时华莱士·福利正在芝加哥大学访问，于是人们请教了他。福利是现代法国文学与意大利文学的专家，日后作为兰波的译者和旗手而声名鹊起。吉姆·莫里森是兰波作品的仰慕者，曾经向福利的译文致敬；反过来，福利的最后几部作品之一[41]探讨的正是沙勒维尔的诗人对这位音乐人的影响……此时，福利四十岁，是一位备受尊敬的大学教授，他和玛丽莲·梦露、阿娜伊斯·宁，还有圣-琼·佩斯等人的友情都家喻户晓，他对朱娜·巴恩斯的写作的态度显然要比许多同时代人更加开放。他对苏珊作品的赞许成了决定性的意见：她的论文通过了，她在学期末有了时间重读《马丁·伊登》和萨默赛特·毛姆的回忆录……

　　苏珊从此成了自己时间的主人，她决定自由旁听一门关于卡夫卡的讨论课，由一位社会学助教菲利普·里夫讲授。在一堂课结尾，年轻的助理教授拦住了她：她愿意和他共用晚餐吗？第二天又来了相同的邀约，她不知道是否该认真看待：

> 我们相遇的第二天，他就问我能不能嫁给他。我回答：
> "你肯定是开玩笑吧！""不，不，我是绝对认真的，"他对
> 我说，"我昨天晚上看见你的时候，就有一个声音对我说：
> '这就是你要娶的女人！'"我大笑了出来，因为迄今为止还
> 没有人管我叫"一个女人"。我还不知道发生了什么，就对
> 他说了"好吧"。[42]

　　这就是苏珊·桑塔格在 1951 年 1 月 3 日嫁给了菲利普·里夫的情况。这段婚姻成了传奇，因为他们成婚的迅速，因为苏珊投入这场崭新的历险时的决心，也因为围绕着这段婚姻的缄默。

　　上面引用的逸事是桑塔格难得一次对记者吐露的，而里夫对他的私人生活同样一直闭口不言。他是芝加哥人，在北城一个犹太家庭长大，他的家人在他出生前一年刚从立陶宛逃亡到了美国。他长期梦想着能写棒球报道，在芝加哥大学拿到学士文凭后，他就放弃了这个梦想，最终选择专修社会学。战争打断了他的学业——二十岁时，他在空军入了伍——他也从中受益，在还没拿到学位时就获得了助教的职位。所以他是在教书的时候拿到了学士与硕士学位，硕士论文写的是塞缪尔·泰勒·柯勒律治的知识分子观念。最后这

一点可能是个无关紧要的细节，但我在里夫相关的传记材料目录中读到这个细节时，它触动了我：在社会学系——而且是在芝加哥大学的社会学系——写一篇关于柯勒律治的论文并成功答辩，应当能证明他具备独立意识，不在乎流行趋势，这在学生中是不多见的品质。[43] 很可能正是这种对精神事业毫无保留的献身精神把苏珊和菲利普连接到了一起。尽管他们两人有很大差异，正如未来即将揭示的那样，他们还是有相同点的，比如智力上的严格要求和求知欲。

像往常一样，没有任何来自家人的反应记录在案。桑塔格在多次采访中提到，芝加哥大学的学生可没放弃对这桩婚姻做出评论。几周以后，当苏珊正集中注意力想要听老师在讲台上讲些什么的时候，她听到了两个坐在她前面的学生的对话："你听说了吗？里夫娶了一个十四岁的印第安女郎。"[44]

"印第安女郎"并不是十四岁，而是差六周才到十八岁，她比她嫁的人小了十岁。根据见证者们说，他们组成了出众的一对，菲利普严肃保守的外表和年轻女人的异国风情之美形成的对比，更突出了他们年龄上的差异。苏珊下定了决心，但她仍然对这一举措的理由有所疑虑。结婚一个月后她在日记里写道："我嫁给菲利普是完全清醒的+出于对我的自毁欲望的恐惧。"她是屈服于异性恋的海妖的歌声并以此自毁吗？是压抑了自己的一部分性欲，最终向社会的压力低了头吗？在结婚后四十年、离婚后三十年之时，她在采访中证实了菲利普是第一个和她谈得来的人[45]，她在他身上找到了第一个与她水平相当的对话者。他们无休无止地谈天："我们实际上二十四小时都在一起。我下课时他在门口等我。他想让我去听他的课。他跟着我直到卫生间门口。我也跟着他直到卫生间门口。"[46]

婚礼在洛杉矶谷举行，仪式是在伯班克办的，离住在谢尔曼奥克斯的桑塔格家只有几分钟路程。婚礼后在运动员小屋酒店还有一顿便饭，这是一家坐落在斯蒂迪奥城的酒店，整个好莱坞地区的人都喜欢在黄昏时来这里，在酒店气派的游泳池边喝上一杯。除去过分仓促，这不过是一次普通的婚礼。

苏珊在芝加哥的最后一个学期在她还没意识到时就过去了。她继续上课——特别是施瓦布的课，在课上她继续读柏拉图、亚里士多德和康德；也上麦基翁的课，这是她学徒期的加冕时刻。从此，她和菲利普一起生活在大学附近的一处公寓里。她多少也想到未来，更多的时候在想蜜月旅行：等到 1951 年 6 月 22 日，新婚夫妇将登上"伊丽莎白女王"号，前往欧洲，巴黎。归来后，他们将在波士顿郊区的剑桥安顿下来，菲利普在布兰迪斯大学找到了一份教书的工作，同时写完他的论文；届时，她可以在哈佛继续攻读硕士。

穿越大西洋并在哈佛继续学业的前景打消了她离开芝加哥时的忧伤。她觉得自己还没有穷尽学校的资源，但她离开时认为自己在有限的时间内已经利用好学校提供给自己的一切，做到了最好。回顾往昔，她觉得自己是所有教授都梦想有的那种学生："当然，我并不总和我的教授们意见一致。但我认为关键在于我学到了我所能学到的一切。我想要被老师们改变。我的兴趣不在于展示我比谁聪明，我感兴趣的是把我所能学到的一切都学到手。"47

作者注：

1. 《苏珊·桑塔格日记》，1951 年 2 月 13 日。（同前，p. 90。）
2. 根据苏珊·桑塔格所绘的一幅关于她房间的画所做的描述，UCLA档案。
3. 伯克利是当时唯一实行学期制的学校（该学制持续至今），而加州其他学校都采用三学期制。
4. 加州大学伯克利分校记录的抄件，UCLA档案。
5. 未出版手稿，UCLA档案。
6. 《重生》。（同前，p. 35。）
7. 同上。（p. 32.）
8. 同上。（p. 44.）
9. http://www.bnl.gov/bera/activities/globe/wahrhaftig_cox.htm.
10. 未出版的笔记，1949 年 3 月 19 日，UCLA档案。
11. 同上。
12. 《重生》。（同前，pp. 27 et 43。）
13. 《苏珊·桑塔格谈话录》。（同前，p. 121。）
14. 威廉·赫雷尔·马洛克，《卢克莱修谈生与死：莪默·伽亚谟的韵律》。（William Hurrell Mallock, *Lucretius on Life and Death : In the Meter of Omar Kayyam*, Ed. John Lane, 1900.）
15. 《奖励信》（*Letter of Award*），1949 年 5 月 24 日，UCLA档案。
16. 莫莉·麦奎德的采访，《贪读者》，1993 年。（Interview avec Molly Mc Quade, « A glutonous reader », 1993, p. 271.）
17. 《重生》。（同前，p. 61。）
18. 同上。（pp. 62-63.）
19. 日记原稿中她叫"蜜儿"（Mil），没有隐去名字，在日记里，苏珊·桑塔格用教名称呼她的朋友和相识，或者用她给他们起的名字。
20. 《苏珊·桑塔格日记》。（同前，pp. 71-72。）
21. 同上。（p. 67.）
22 同上。（p. 73.）
23. 同上。（pp. 73-74.）
24. 至少在研究者能查阅到的范围内如此。参见序言部分关于S. 桑塔格档案的笔记。

25　《重生》。（同前，pp. 52-53。）

26.　档案，UCLA档案。

27.　同上。

28.　《苏珊·桑塔格日记》。（同前，p. 81。）

29.　同上。

30.　同上。（p. 82.）

31.　同上。（p. 83.）

32.　《朝圣》。（同前，p. 38。）

33.　同上。（p. 53.）

34.　UCLA档案。

35.　《苏珊·桑塔格谈话录》。（p. 273.）

36.　未出版的日记，1950 年 1 月 19 日，UCLA档案。

37.　未出版的日记，« O that I might die before I must »，1950 年 1 月 26 日，UCLA档案。

38.　1950 年 3 月 23 日写给梅利尔的信，抄录在她的日记中。UCLA档案。

39.　UCLA档案。

40.　《苏珊·桑塔格日记》。（同前，p. 95。）

41.　即《兰波与吉姆·莫里森：作为诗人的反叛者》。（*Rimbaud and Jim Morrison : The Rebel as Poet,* Duke University Press, 1994.）

42.　琼·阿科切拉，《饥饿艺术家》。（同前，p. 72。）

43.　我在David Glenn关于菲利普·里夫的文章《"反文化"的先知》（« Prophet of the "anti-culture" »）中找到了许多传记性细节，该文登载于《高等教育论坛报》（*Chronicle of Higher Education*），2005 年 11 月 11 日，A14—A17 页。

44.　克里斯托弗·希钦斯，《桑塔格签名》，《名利场》，2000 年 3 月号。（Christopher Hitchens, « Signature Sontag », *Vanity Fair,* mars 2000, pp. 244-245.）

45.　莱斯利·加里斯，《苏珊·桑塔格邂逅罗曼司》。

46.　琼·阿科切拉，《饥饿艺术家》。（同前，p. 73。）

47.　《苏珊·桑塔格谈话录》。（同前，p. 276。）

婚姻故事

1951 年 9 月—1957 年 8 月

就像负责出版苏珊日记的编辑在注释里提到的那样，苏珊的 1952 年没有留下任何痕迹，1951 年她提笔也非常少。关于她在法国的蜜月，除了前面提到过的部分，就再也没有任何材料了。搬家也是在静默中完成的，菲利普在布兰迪斯大学就职，但我们难以确切地知道苏珊在 1951 年秋天都做了些什么。他们迁入波士顿郊区剑桥的新居，那是一座大房子，共有两层楼六个房间，有可居住的顶楼和一间地下室；房子坐落在昌西街上，和哈佛校园相隔几个街区。零星写就的片段见证她重新受到了写作的吸引，尽管她并不确切地知道写作的欲望会将她带往何方。一部长篇小说？若干短篇小说？一部家庭背景的小说？一篇讲述已婚女人的日常生活的短篇小说？她很快发现她的灵感在本质上是自传性的，浮现在纸上的词句就像是她的童年、她的一生的一面镜子，她不确定这是个好主意："我的困难之一当然是对自传体的恐惧，这是应当克服的。尤其是长篇小说，如果颠倒最微小的'天然的'细节都让我大惊小怪的话，那小说就不好写了。"[1]

档案里找到的短篇小说的片段都带有自传体色彩。《决定》——后来以《对话》为题继续——是一篇写于 1951 年 12 月与 1952 年 8

月之间的短篇小说，终未发表，写的是一对男女去附近中餐馆时在大街上争吵的场景。他们是结了婚的，但年轻女人还没有决定该用谁的姓：

> 我发现如果我保留继父的姓氏，那不过是标志了我的从属地位。采用我生父的姓，也是一样的……我想要讲一下我生父的姓是怎么回事；为什么我十二岁那年改了姓。当然，我从来没有见过他；但他一家人都庸俗得可怕，我没有理由相信他与他们不同……我对他的姓氏没有忠诚的理由。我母亲再婚时我就放弃了他的姓，不是她或者我的继父要求我改的。我想要一个新的姓氏，我过去的姓难听又异国气息太浓。[2]

这一切听上去都奇特地令人感到熟悉……苏珊在婚后保留了少女时期的姓氏，尽管她在几封信和手稿上签了"苏珊·里夫"，但她从未改用丈夫的姓。

另一篇创作于这个时期的短篇小说写的是：一个大学教员埋头于自己的研究，甚至没注意到他的妻子背着他与人出轨；他的女仆崇拜他，因为无法忍受他只是跟别人没有什么不同的普通男人，甚至给他下毒……在以前的短篇中出现过的妹妹露丝再次成为小说的人物之一；像是出于偶然，那位心不在焉的教员名叫约瑟夫·罗森布拉特。

不能按字面解读这些短篇小说，很显然苏珊毫无顾忌地挪用了她所处的环境，把年代和性格加以重新组合，用以探讨人与人的关系、人和知识的关系，当然还有人与爱情、人与权力的观念的关系。但这一次她还是不打算写自传体作品，她觉得自己的人生不够有趣，看起来恰恰相反。除了《朝圣》这个例外，她从未发表过明显是自传体的作品，但保留了与这一文体做若即若离的游戏的权利——也和她的读者做着若即若离的游戏——就像《中国旅行计划》[3] 以父亲的形象为中心，或者《一封信的场景》[4]。

这些最初的尝试带着日后风格与结构的印记，这一印记将出现在她的长篇小说里。上面提到的"无题的故事"分为三部分、三个视角，分别属于"丈夫""妻子"和"女仆"，以第三人称写就，保持了距离感，偶尔求助于对话。当她用力在打字机的键盘上敲击时，她仿佛用放大镜看着自己的人物，用冷静的目光检视着她笔下密闭的悲剧环境：这是和《在美国》的女性叙事者同样的目光，她站在窗口的角落里，解读着以海伦娜之名举办的晚宴上宾客之间的关系与冲突。

在这个短篇的草稿的附注中，苏珊勉励自己努力工作："最重要的是工作——这是唯一的脱身办法。一定量的作品能把我带往我想要去的地方，唯有如此了。"[5] 她希望在接下来的这个夏天不仅能完成这个短篇，还能写完一部小长篇。小长篇的情节还是以父母被子女背叛作为核心，故事发生在一个美国犹太中产阶级家庭里，母亲的再婚成为冲突的源头，两个女儿与继父关系不和。我们在第一章里引用过的场景——母亲就自己可能再婚的情况向长女征求意见——就是这个写作计划的一部分。尽管对自传体有种恐惧，她还是对小说梗概批注道："如果这个场景重要的话，我应当把它写得尽量和我经历过的一样。"[6]

迄今为止，苏珊从来没有对自己的出身感到忧虑，宗教在桑塔格一家的生活里似乎不扮演任何角色，她童年时代的罗森布拉特一家甚至对罗丝的圣诞树也加以宽容。忧虑是新近才开始的，这种自我意识的觉醒不仅仅是关于她的出身，关于她身边一群和她一样具有犹太教背景的人，也关于一种可以通过传统和思维方式辨认出来的身份；这种觉醒很可能是受到菲利普和哈佛的双重影响的结果。在芝加哥大学，还有哈佛和布兰迪斯大学，他们的同事中有很多欧洲人，是受到迫害、被迫从自己的祖国逃亡而来的。在他们当中自然有许多犹太知识分子，来自德国、奥地利、匈牙利等国最为知名的大学……菲利普在布兰迪斯大学任教于思想史系，这个系向亚伦·戈特维支、赫伯特·马尔库塞及其他人提供庇护，马尔库塞新近丧偶，他甚至在里夫-桑塔格家的顶楼上住了一段时间。正是通过在他们家厨房饭桌边展开的讨论，苏珊意识到了犹太人的大流散代表着什么，以及它在美国东海岸的知识分子生活中所占据的重要位置。

在前文提及的未发表的短篇《决定》中，年轻女人提到她希望即将降生的孩子跟自己姓，而非跟她丈夫姓。就像苏珊的小说人物一样，苏珊当时也怀孕了，她的儿子戴维*·里夫——他从菲利普的姓，他的教名不是来自以色列的王，而是取自米开朗琪罗的杰作[7]——出生于 1952 年 9 月 28 日。母子俩只相差十九岁，这一点总是让他们更加亲密。年轻女人完全没有把孩子当成负担，孩子时刻都是她惊喜和欢乐的源泉，她就近观察着他的成长，她注意到他的进步，她绞尽脑汁给他提供最能使他兴奋的环境。他们不仅年龄接近，苏珊还求助于她从前的保姆和家庭教师罗丝·麦克纳尔蒂，让后者帮忙照顾戴维："这是我和戴维如此相像的原因之一。我们拥有同一个母亲。"[8] 她知道不能指望自己的母亲扮演外祖母的角色，毕竟她仅仅作为自己的母亲也是无法依靠的。戴维十八个月大的时候，米尔德丽德到波士顿来看望他们，感叹道："他真可爱。苏珊，你知道我

---

*　苏珊·桑塔格的儿子与以色列王、米开朗琪罗的著名雕塑的英文名皆为David，后两者的英文名通译为"大卫"，桑塔格的儿子的英文名通译为"戴维"。——编注

不喜欢小孩。"⁹ 话没法说得更坦率了。对戴维来说，幸运的是，他的父母比起苏珊的母亲来，要更为注意孩子的需要与成长。苏珊带着她惯有的狂热激情投入为人母的人生历险当中，应当说，这有点出乎人们的意料，一方面她还很年轻，另一方面她强烈渴望能继续深造——这似乎并不是她把时间和精力奉献给新生儿的理想前提。但事实上，她看起来完全醉心于这个在她眼前一天天长大的生命，有时候还为自己在这个灵魂的形成过程中所具备的支配权而感到悚惧，她童年时代的回忆萦绕在她心头，她最经常感到惊奇的是她儿子的"勇气"。1952 年至 1958 年间的日记充满关于戴维的记录，关于他的进步、他的牙牙学语——"戴维知道石棺（sarcophage）与食管（oesophage）的不同"——日记中也没有忘记报告每次去公园的经历，或者在博物馆、餐馆与朋友的相遇。

　　像能料想到的那样，戴维在一群把他当作有思考能力的存在的成年人包围下，长成了一个早熟的孩子。他开始模仿他父母的对话〔据他母亲说，他在两岁的时候已经会打断一场讨论，站在房间中央，嘴里重复着"黑格尔（Hegel），贝果儿（bagel）"¹⁰〕，并能提出周围的成年人并不总能解答的问题。苏珊看到了教给他雄辩术入门知识的机会，并为能满足他的求知欲而感到极大的快乐。他只有四岁的时候，他们就在晚间祷告后一起辩论"灵魂问题"。几天后，他向罗丝解释"地狱"是什么，举了唐璜之死作为例子……接下来他试图理解的是上帝的概念，随后展开的对话是惊人的，不仅仅因为对话凸显了这个四岁孩子的早慧，也因为对话中他母亲所捍卫的观点：

　　　"……如果上帝没有创造世界呢？"我："那么我们就不
　　存在了。那就真的是很遗憾了，不是吗？"……我："《圣经》

里谈起上帝时好像在说一个人，因为这是我们唯一能想象
上帝的方式。但上帝并不真的是一个人。"他："那上帝是什
么？一片云彩吗？"我："他什么也不是。他是整个世界背后
的法则，是我们存在的基础，他无处不在。"他："真的吗，
无处不在？那他也在这个房间吗？"我："对，为什么不呢？
当然在了。"他："上帝是好的吗？"我："是的。"他："上帝是
最好的东西吗？"我："正是如此。晚安。"[11]

　　她是受到了向来虔诚的天主教徒罗丝的影响吗？又或者苏珊想
要遵从孩子的父系家族的信仰？里夫一家按时去犹太会堂，菲利普
能背诵成人礼仪式用到的希伯来语祷告文，但是对主祷文他只有粗
浅的了解，因为举行仪式的时候人们并不对他解释细节。[12]

　　迄今为止，没有任何迹象显示苏珊会信仰哪一位上帝。陪伴在
侧的菲利普，还有他们在剑桥交往的犹太知识分子们，让她对祖先
的信仰产生了好奇，这一点应当是没有疑问的。但从好奇到接受信
仰、遵守教规，这可是跨度很大的一步，这一步她还没有迈出。在
对上帝的全能做出担保后一个月，她就改口了。戴维向她坦白说，
他每次闭上眼睛都能看到耶稣在十字架上。这让她大为震惊："该是
祭出荷马的时候了，我对自己说。这是驱散个体化的病态宗教幻想
的最佳方式，是把这些幻想淹没在荷马普遍性的血泊里的时候了。
让他温柔的心灵变成异教徒……"[13]

　　苏珊并没有把她的日记变成育儿手记，她定时记录带戴维外出
和参加活动，当时菲利普和他的儿子之间没有任何不睦。菲利普在
布兰迪斯大学有课要教，有博士论文要写，还在灯塔出版社担任编
辑，很容易想象这些活动占据了他的绝大部分时间，他应当没有时
间留给他的家庭了。里夫获得了"助理教授"的职位，这在美国大学

体系里指的是全日制授课但没有正式教授头衔的教员。转正的要求之一是，他需要完成在芝加哥大学开始写的关于"弗洛伊德对政治哲学的贡献"[14]的论文。尽管菲利普的研究是社会学方向，他却选择了在政治哲学领域进一步做深入研究，这是对他少年时代做出过的承诺表示忠贞不渝，在十四岁的时候，他曾经想要拿起武器去和西班牙共和党人并肩作战。他的母亲，还有他自己过分年轻，都使他未能最终付诸行动，他是在一个犹太青年组织里最初接触到了马克思主义。他从来都没有入党，但是他对共产党的好感在1942年救了他的命：他被禁止在战争期间离开美国境内，他是作为一名空军将领的秘书在美国的基地服役的……

自从里夫最初与共产主义团体们打交道，他就把苏联政府奉行的斯大林主义和马克思主义的理论精髓区别开来，他对马克思主义理论充满激情，却坚决反对斯大林本人和其政策。在剑桥和布兰迪斯，他在这一领域能找到权威的对话者，首先就是亚伦·戈特维支和赫伯特·马尔库塞。他们两人都曾在海德格尔门下学习，然后加入了法兰克福学派，随后为了逃离希特勒统治而流亡美国，他们一个是经由巴黎逃亡而来的，另一个则经过瑞士。大学并不是这三个人之间的唯一纽带；菲利普被灯塔出版社招为编辑，这家出版社从19世纪中叶起就出版各领域内推动社会进步的著作。到了20世纪50年代初，灯塔出版社的众多作者中有詹姆斯·鲍德温、尤尔根·哈贝马斯；他们还攻克了那个时代的马克思主义者心目中的一大难关：出版既批评麦卡锡主义的猎巫运动又反对苏联式共产主义的著作。此外，出版社在1955年还出版了肯尼斯·克拉克的《偏见与你的孩子》，这份报告是布朗诉教育委员会案辩论的核心篇章，其间，美国最高法庭认可了家长们的抗议，这些家长认为在学校里实行种族隔离制度违反宪法，这对美国民权运动来说是决定性的一刻。

剑桥，灯塔出版社，布兰迪斯大学：菲利普和苏珊周围环绕着像他们一样热爱思考、辩论、分享见解的人。不管走到哪里，哪怕是孩子们的游乐场，他们遇到的都是大学生、教授、作家。菲利普陪儿子在广场上的小公园玩耍，他找不到比这更好的地方观察弗洛伊德对他这个时代的家庭的影响了：

> 在今天的美国，弗洛伊德在精神上的影响比任何一位现代思想家都要大得多。他统治了媒体、大学、节日里朋友之间的讨论，甚至中产阶级的沙池游戏，在那里孩子们的教育是焦虑的对话的唯一话题；他让数不清的夫妇用全新的眼光看待他们的婚姻，他的理论还被用来衡量他们的社会热情有几多热度。[15]

他不是唯一从社会学和政治学角度重新解读弗洛伊德作品的人。1955 年，当他正忙于编写灵感源于他博士论文的《弗洛伊德，道德论者的心灵》时，灯塔出版社出版了赫伯特·马尔库塞的《爱欲与文明，弗洛伊德的贡献》和莱昂内尔·特里林的《弗洛伊德与我们的文化危机》。

对菲利普·里夫来说，对弗洛伊德的研究是长达二十年的投入：博士论文，在 1953 年举行答辩，然后成书，最终在 20 世纪 60 年代初由麦克米伦出版社推出了十卷的作品集。但是写书对他来说并非易事：他经常面对着空白的页面发呆。苏珊记录了他们的一次谈话，菲利普试着对她描述自己的困扰，说尽管他在身体上已经准备好写作，已经坐到书桌前，手里拿着笔，但"写作的想法让他的头脑一片空白"。他把自己比作无法跨过起跑线的长跑者，并得出结论——他讽刺性地明白他写作的题材正是"压抑"概念之父——"我讨厌这种受到压抑的感觉"。[16] 苏珊对丈夫的苦恼的反应是冲向自己的打字机，用最快的速度敲下词句，不考虑文字是否连贯或者质量如何：唯有写作的身体行为才能证明我们始终具备写作的能力。苏珊埋头于学校的作业，很少为自己写作，说实话，她也把很大一部分自由时间奉献给了她丈夫的重要著作，《弗洛伊德，道德论者的心灵》。里夫重新把自己的作品放回历史与文学语境之中，他的目的在于越过弗洛伊德用博学建立起的屏障，向读者揭示他的精神分析理论的文学、艺术与哲学根源。"弗洛伊德迫切想要维持自己作为严肃科学家的形象，而不想被看作一个出于业余爱好在文明世界的心灵禁区四处探寻的探险家"，他在第一章里写，弗洛伊德这个"杂食"的读者"对自己的人文知识保守着秘密"。[17] 里夫猜想，"说弗洛伊德的思想来自一位科学家固执己见的个人研究，要比说他的思想来自博览群书，更容易让人接受"。[18] 他惊异于自己的发现，对西格蒙德·弗洛伊德的严于律己表示赞赏，不同于荣格的著作——后者仿佛是由"一座博学的魔山"喷涌而出——弗洛伊德懂得捍卫自己的理论，但并不通过肉眼可见的对"精神上的祖先"的旁征博引来支持自己的见解。

　　"魔山"这个形容当然是对托马斯·曼的标志性作品的戏指，是为了让读者回想起这两位精神分析学家背后的知识遗产，他们两人首先都是德国浪漫派作家及其后裔的传人。很自然就会在这个形容里看到苏珊的笔法……实际上，要从头追溯弗洛伊德的阅读之旅是赫拉克勒斯级别的伟业：一本书会牵扯出另一本书，德国文学不用说了；他还涉猎法国文学——从拉伯雷到左拉，乃至拉罗什富科和伏尔泰；此外，他为了乐趣读了大量英国文学 [19]，还有古希腊罗马的古典著作，或者干脆是他触手可及的任何书。里夫塑造了一个有着无穷好奇心的弗洛伊德形象，具有不可思议的天赋，能消化他所读的书的精髓并将其用于自己的著作中。

里夫自己也必须读或者重读很多书，广泛地对西方哲学与文学的传统进行探索。这不是他一个人完成的工作：苏珊读过他的书，为之做了研究，制作卡片，写了笔记，就像她丈夫在这部著作初版的致谢[20]中所写的那样，她"从来不吝惜精力"。这部著作的准备工作代表了那些把他们两人从初见时就联系到一起的事物，象征了他们共有的对知识非比寻常的渴求，正是这种渴求让苏珊在他们认识的第二天就说，她终于找到了一个与自己相同水平的对话者。他们的婚姻不久将遇到各种问题，但不能因此就忘记他们本来同气相连，或者忘记他们共同拥有的这种全方位的好奇心——苏珊是个兴趣广泛的人。四十年后，菲利普描述自己这部本该写成三部曲的作品时所说的话，几乎也可以用来完美地形容他前妻的作品："每一卷中，都能读到诗学、哲学、历史学、神学、音乐、心理学等各方面的分析，与艺术史及其他学科的关系……我最终的作品是全景式的。"[21]

1953 年秋天，苏珊准备好继续学业了。在剑桥，她唯一为难的是不知该选哪所大学，但她最后注册的是斯托斯的康涅狄格大学，该校离剑桥有一个半小时车程，她还在这所大学担任助教。选择背后的原因并不十分清楚，可能是助教的职位让她决定每周花一部分时间在康涅狄格州中心度过。她在这所公立大学的时光没有留下多少痕迹，只留下了一本考试用的笔记本，用来记笔记的。在经常去斯托斯的同时，她还在布兰迪斯大学自由旁听课程，尤其是亚伦·戈特维支的科学哲学课。第二个学期有一门关于康德的课，同时，在斯托斯，她还上一门关于马基雅维利的《君主论》和巴尔达萨雷·卡斯蒂廖内的《廷臣论》的文学课，她还对 T. S. 艾略特的诗歌与文艺复兴时期的英国戏剧进行了更进一步的研读。

在下学期开学后，她回到剑桥，成了哈佛大学哲学和宗教学专业的学生，从 1954 年秋天到 1958 年春天，攻读伦理学、心理学、德语、教会史、形而上学、历史与法律哲学课程……与芝加哥大学不同，哈佛要求学生每门课都写论文。她爱上了这种新的与教授们对话的方式："在读研期间，我发现了教学的一种新的维度：写长篇论文，你的老师用心阅读，写下评语。"[22]

在所修课程之外，她每个学期还负责一门本科大课附带的实践课，也就是说除了教书的时间，她还需要跟进这门课程，和学生们一起重读当年她在芝加哥大学读过的那些经典：亚里士多德、欧里庇得斯、莎士比亚、卢克莱修……当然还要改论文，还要批改平时测验、期中考试的考卷。

苏珊的课堂笔记和日记都反映出她总是置身富于刺激性的求知气氛之中。在校园内是这样，在校园外也一样，友人和同事按时出现在昌西街里夫一家厨房的餐桌旁。英语和国际关系专家特德·卡尔和他的妻子乔伊斯属于常客之列，住在里夫家顶楼的马尔库塞也是如此，还有戴维的教父内厄姆·盖茨尔和他的两个孩子，苏珊的同班同学，菲利普的学生：这个家几乎从来不会没人登门。

苏珊的时间表上没有空白：她早上经常早早就开始用功，一直到傍晚才结束，有些学期周六还有课。她练就了在各门课程、源源不断的工作、教学与家庭生活之间应付自如的本事。幸运的是，学校离家不过几个街区，而且有罗丝掌管家务，照顾戴维。她不是没有经历过心碎，如下面这件事——苏珊日记里最感人至深的逸事之一——所展示的：

今晚戴维坐在浴室的小梳妆台上，罗丝正在给他换衣服，准备送他上床。他说："怎么才能有两个丈夫？是在一个丈夫死了以后吗？"我回答："对的。如果一个丈夫死了，

只要愿意就可以再婚了。"对此他回击说："那么等爸爸死
了，我就可以娶你了。"我感到如此惊讶＋狂喜，只好回答：
"戴维，这是你对我说过的最温柔的话。"他看上去相当平
静，但我几乎要流泪了——一种反常的、世故的和反弗洛
伊德的怀疑，对罗茜在多大程度上从我这里窃取了戴维的
爱的焦虑，等等，这些都让我担心他有一天再也不会自发
地说出传统意义上孝顺和深情的话。[23]

　　有谁能比她更清楚保姆可以在孩子心中取代母亲？但"窃取"这
个词隐含的指责，马上就被昵称"罗茜"流露出来的温情所抵消了，
"罗茜"同时指代了今天帮助她养育孩子的人，和她童年时代的代理
母亲。

　　她经常想起自己的童年和少年时代，1957年初写了《童年笔记》，
文章前面有乔治·佩雷克式的"我记得"。为什么忽然开始这趟忆旧
之旅？是戴维的童年让她回想起来的吗？看着这个孩子长大应当让
她产生了重寻往昔的欲望，去掂量记忆的分量，把自己的记忆与她
正在为儿子建立起来的记忆相比？婚姻缓慢的解体让她后悔自己没有
好好度过少年时代与青春时代，而是把这些岁月都用于学习、读书、
婚姻和生育？甚至从来没有学过跳舞；她按照自己的意愿，后来回
到纽约后学会了跳舞，当时她已经离婚，做了单身母亲。幼年时期
的回忆与十四岁那年的回忆混合在一起，她与彼得·哈伊杜的第一
次调情，最初的暧昧情愫。这是为了驱除她创作虚构作品时所感受
到的自传体的诱惑吗？初稿只是一系列内部缺乏联系的笔记；在她
文件里找到的第二版则相反，是有结构的，这让人猜想苏珊可能打
算走得更远，可能想要写出一部类似上文提到过的《中国旅行计划》
风格的作品。

苏珊 1956 年底在戴维和罗丝陪伴下的纽约之行，可能和她这次怀念往事不无关系。三天内，她逛遍了她度过童年的这座城市，这座目睹她降生的城市。在这里她认识了她的祖父母——在《童年笔记》里用了不少篇幅提及他们——在这里她最后一次见到她的父亲，在这里她在罗丝的严格教养下长大。上一次来纽约时，也就是 1951 年春天，她与哈丽雅特重逢……这次旅行的原因没有人知道。苏珊和戴维在圣诞节两天后坐上了火车，抵达纽约后的第一个下午在大都会艺术博物馆看古代文物展，然后下榻第七大道的州长克林顿饭店——就在宾夕法尼亚车站对面。在夜幕刚刚降临的时候，罗丝来接戴维，把他带到法拉盛区自己的家里；而苏珊和马尔库塞一家及其他友人出去吃了一顿"龙虾晚餐"，看了《特洛伊罗斯与克瑞西达》的演出，并最后喝了一杯。第二天，母子俩和保姆去了自然历史博物馆，然后又去中央公园散步；在五十一大街用过午餐后，他们分头行动，罗丝和戴维去了法拉盛，苏珊回到冬园剧院，独自又看了一遍日场的《特洛伊罗斯与克瑞西达》。晚饭后，她紧接着又看了一场英国音乐剧——《怪人》——然后去了以诗人理查德·艾伯哈特的名义举办的宴会，在宴会上她认识了好几位纽约诗人：艾伦·金斯堡，一年后她还会在巴黎再度遇到他；琼·加里格，这位女诗人也定期移居国外；还有年轻的格雷戈里·科尔索，她睡前在他旅馆的酒吧跟他喝了一杯。第二天早上，闹钟在六点半响了：是时候回家了……

1957 年的时光在弗朗茨·卡夫卡作品的相伴下度过：苏珊醉心于这位作家，对这个人与他周围的环境感兴趣。在剑桥，她身边到处都是研究卡夫卡作品的专家，以及把他看作犹太文学与文化的象征的读者；这种文化已经被第二次世界大战永远吞噬了，消灭它的不仅仅是大屠杀，还有欧洲在战后的变化。她对犹太教的兴趣与日

俱增，所以研究起卡夫卡的作品不足为奇；但对她来说，作家始终
要大于象征。1953 年 1 月，她在剑桥著名的舍恩霍夫书店的书架上
找到了一卷这位布拉格作家的短篇小说集，读后激动得透不过气来：

> 我翻开了一卷卡夫卡短篇小说集，目光正好落在《变
> 形记》的一页上。这就像是兜头挨了一耳光，他文字的那
> 种绝对性，那种纯粹的现实，没有丝毫做作或者艰涩的东
> 西。我敬重他胜过其他任何作家！与他相比，乔伊斯显得
> 如此愚蠢，纪德则如此——是的——如此不温不火，托马
> 斯·曼显得空洞无物、字斟句酌。只有普鲁斯特和他令人
> 兴致盎然——几乎同样。但卡夫卡的魔力是关于现实的，
> 甚至他最无结构可言的文字也具备这种魔力，令人颤抖，
> 令人在深切的痛苦中把牙关咬紧。[24]

迄今为止她崇敬的文学之神们都走下了神坛，乔伊斯、纪德，
甚至托马斯·曼都比不上她这次的新发现，在此之后只有普鲁斯特
在她心目中还保留了地位。卡夫卡永远不会被取代：苏珊作为一个
来者不拒的读者，将来还会迷恋许多作家——一时兴起或者长期热
情不减，但《城堡》投下的阴影永远笼罩着她，每次重新涉足他的作
品，她都会在其中发现初次为之心折时的激情。

1957 年初，苏珊回顾的不仅仅是她的文学品位；她重新检视的
还有自己的生活，尤其是她与菲利普的关系。看起来，苏珊很快就
对她的婚姻的可行性产生了疑虑，即便不是在说出"我愿意"的那一
刻。我们想起了她在回应菲利普的迫切要求时的处境和她突如其来
的决定。她受到新的冒险的诱惑，想要参与一场不利于她自己的豪

赌，急于进入人生的下一个阶段，她把婚姻看作适应当时规范的一种方式，且可以借婚姻摆脱前一年春天压垮了她的那种孤独。"我结婚并不是出于压力，"她1978年对一个女记者说，"只是因为人总是要结婚的。遇到一个爱你的人，你就和他终生在一起了。为什么要孤身一人呢？这种生活是不人道的。我当时想的就是这些。"[25]《在美国》的女主人公玛琳娜在自己的提议下，把一生献给了一块她预感自己和伙伴们并不会适应的土地，她把自己的处境比作"……未来的新娘站在教堂中，未婚夫身边，她发现自己尽管真心爱这个她要嫁的男人，但这段婚姻不会长久，这就是个错误。在手上戴上结婚戒指以前，在嘴唇吐出'我愿意'以前，她就明白了这一点，但是她也发现抛却这种预感、继续举行婚礼要来得更加简单"。[26]当《在美国》的女性叙事者从旁观察着以玛琳娜名义举办的晚会时，她想象着要把玛琳娜塑造成新一代的多萝西娅·布鲁克，《米德尔马契》的女主人公。这让她突然回到了许多年前，她第一次阅读乔治·艾略特这部小说的时候："我当时刚刚十八岁，读到全书三分之一时，我泪流满面，因为我发现不仅我就是多萝西娅，而且几个月前我已经嫁给了卡苏朋先生。"[27]这么说的人是谁？是桑塔格，还是所谓的"叙事者"？

在《米德尔马契》中，多萝西娅·布鲁克是一个愿意把一生用于改善村子里穷人生活的年轻姑娘，她突然间发现自己接受了一个远比她年长的男人的求婚，她欣赏这个男人的才智与严厉的性情。乔治·艾略特将自己的女主人公的感情概括为："多萝西娅对自己说，卡苏朋先生是她遇到过的最妙趣横生的男人。"[28]——在其中，我们不难辨认出苏珊在谈到菲利普时所说的话的回音。一点也不令人奇怪，苏珊在这个为卡苏朋深邃的心灵着迷的年轻女人身上认出了自己的影子："多萝西娅的脸因为喜悦而涨红了，她抬起眼睛感激地望着演说者。这是一个能理解最高形式的内心生活的男人，一个跟他一起可以精神相通的男人；这个男人甚至还能用最广博的学识启迪她心中的原则，他的学识足以证明他信仰的一切都是正确的。"[29]

相隔了一个世纪，多萝西娅和苏珊都在寻找一个足以在精神生活中引领自己的男人。"在我们的生活中，将不会有任何庸俗的东西，"乔治·艾略特的女主人公说，"这就像嫁给帕斯卡。"[30] 感情和日常生活远不只是关于精神世界……

与多萝西娅相反，苏珊没好心的叔叔警告她这种婚姻的危险，就算有人插手给她提出劝告，她多半也会像艾略特的女主人公一样礼貌地听着，内心却固执己见。

五年后，她和菲利普之间的分歧进一步加深了，他们的婚姻生活也变成了不过是用长期的沉默分隔开的一系列争吵："争吵到头来毫无用处，除非我们准备有所行动——也就是说结束婚姻。于是，第一年过去以后，争吵过后我们不再和好了——我们满足于陷入愤怒的沉默之中，愤怒的沉默变成了普通的沉默，然后一切又从头开始。"[31] 婚姻对她来说就像是一场戏剧，相同的姿势，甚至相同的台词，都一再重复，无休无止。1957 年 1 月，她做了一个梦，梦见一匹抬起前腿的马把全部重量压在她肩膀上，她毫不费力地就把这个梦解读为："在这六年中，失去自由的感觉从未离开过我心头。"[32] 伴随着这种被监禁的感受，她还有一种失去了自我的感觉，她过分想把自己装进贤妻良母的模子里，结果迷失了道路。

直到 1953 年开学，她一直把自己感到孤立的原因归结为新发生的爱情、搬家，以及做了母亲。与菲利普在脑力上的蜜月延续了下去，对她在日记里称为"我们的智力带来的情欲礼物"[33] 的关系，她感到高兴，也对他吸引来的他们身边的朋友圈感到满意。但是自从重新回归外部世界，她就意识到自己是多么缺少自由，还有她生活中受到的种种束缚。以至有一天她放任自己受到诱惑：

> 我记得有一次，我想那是在 1956 年。我习惯于上完课以后马上回家，因为我有孩子和丈夫在家，为什么我会不想回家呢？但在这一天，出于这样或者那样的原因——可能是我和菲利普吵架了——我没有回家。我去了哈佛广场的电影院。大银幕上正在放映的电影是《昼夜摇滚》。我坐了下来，我当时二十三岁，心想："老天爷！这真是棒极了！这太精彩了！"在电影放完后，我慢慢地走回家。我想："我要告诉菲利普我看了这部片子吗？——这种给孩子们看的歌舞片，还觉得很好看，片子里有孩子们在街上跳舞。"然后我又想："不，我可不能跟他说这话。"[34]

在她的笔下，与菲利普缺少对话的场合越来越多。他生活在精神世界里，苏珊怀疑他不可能对任何其他事物发生兴趣，于是电影、音乐、摇滚乐、戏剧几乎都从她的生活里消失了。在菲利普的世界里没有流行文化的位置："我生活在一个完全精神化的世界里。没有一个我认识的人可以和我分享这些。我也不谈起这些。人们关于 20世纪 50 年代说了很多愚蠢的话，但是当时在对流行文化感兴趣的人和只涉足"大写的文化"的人之间，的确存在着一道鸿沟。我从来没有遇到过跟我一样对两者都感兴趣的人。"[35] 她记起自己第一次听到乡村音乐经典——约翰尼·雷的《哭泣》，她梦想在比尔·黑利和他的"彗星"乐队伴奏下跳舞；电影《昼夜摇滚》的题目正是来自他的同名歌曲，她曾经抛下为人妻母的责任，在一个下午看了这部电影……为了加入那些在舞厅的过道上伴着"一、二、三点钟，四点钟，摇滚／五、六、七点钟，八点钟，摇滚"的音乐起舞的人，她努力克制自己，她害怕万一被哪个同事看到。这是在 1956 年，她只有二十三岁，她后悔自己未能得到那些与"她的年龄"相符的乐趣。

这种对自由的渴望和她每次听菲利普抱怨时感到的恼怒叠加在一起，菲利普还在埋头撰写他关于弗洛伊德的著作，但也经常只是呆坐在空白的纸张面前。而她恰恰相反，只要一有时间，就疯狂地敲击着打字机键盘，用文字染黑了一页又一页纸，用他们参加的各种带机构抬头的信纸当作草稿纸，或者干脆用邀请学生与教授参加学术会议、讲座或者戏剧之夜的宣传单的反面……"从此以后，我脑子里出现什么东西我都要写下来。"[36] 她在日记里狂怒地写道。

他们之间的鸿沟越来越深，他们周围的人也开始发现，责备似乎落到了她的头上，说她"把自己装扮成像多萝西娅·布鲁克·卡苏朋那样的杀夫者的角色"。[37] 但是菲利普和卡苏朋相反，他只是受到白纸综合征的困扰，寡居对苏珊来说也是不可能的。离开吗？去其他地方深造对她来说似乎是个可以接受的借口。她申请了能让她去欧洲完成博士论文的奖学金，在等待回音时暗暗祈祷自己能有好运："要是我能得到去牛津的奖学金就好了！那样的话，至少我能知道我离开国内安乐的环境后是否还有价值。"[38] 她的考试成绩非常优秀——哈佛大学哲学系注册的十九个学生中她名列第一——接下来该写博士论文了。她选了保罗·蒂利希当导师，他是路德宗的思想家，在哈佛大学神学院教神学和哲学。她的论文题目——关于伦理学的形而上学前提的研究——反映了她对宗教与哲学之间的关系的兴趣，这种兴趣在她的日记里好几次展现出来，她主动记录下了与友人、同事进行的一些谈话，关于《圣经》的宗教基础，关于犹太教和犹太教在社会中的地位。她在上学时自然修过蒂利希的课程，但也修过雅各布·陶布斯的课，用哲学方法分析本体论与伦理学也让她极感兴趣。虽说她后来没有再回忆起她还是"半路出家的神学学生"的这个时期，这种兴趣却将影响她终生，就像她1994年给一个学生的信里写的（后者质疑了神学家卡尔·巴特作品的价值），"这些兴趣是我的一部分，也是指导我工作的原则的一部分"。[39]

1957年3月，当她正式获得硕士学位时，奇迹发生了：旨在激励女性继续学术生涯的美国大学妇女协会向她提供了一份去牛津大学哲学系深造一年的奖学金。苏珊得到了将近三千美元、一张去英国的船票，还有立即安排住宿和自由注册课程的承诺。她觉得自己就要展翅高飞，马上开始打听去英国的船。她修了当时驻留哈佛的牛津大学法学教授赫伯特·哈特的课程，在他的建议下，她赶忙写信给牛津大学萨默维尔学院的女院长，进一步询问课程的相关信息。

并不是所有人都能分享她的兴奋。3月末，她写下"菲利普是情感上的极权主义者"，甚至还有"一阵爆发的哭泣"。[40]"这次出行仍和以往一样"，几个月后，她在一篇对这次离别的虚构化记述中写道。[41]看起来菲利普本该和她同行，但是最终他还是宁可接受一笔斯坦福大学的奖学金，去旧金山南部。[42]他没有想到妻子情愿跟他和戴维分别一年，孤身一人出发去欧洲。但苏珊不动摇，"这已经成为定局，她可以用前程作为借口"。这个学年的最后几个月，他们在越来越紧张的气氛中度过，他们两个人都要离开，在这期间，戴维要怎样生活，这些问题浮出水面。

8月末，离别的钟声敲响了。车子挤满了人——菲利普、戴维、罗丝，还有作为家里一分子的狗，车带着他们一直到芝加哥。最后几个小时是缓慢的煎熬，每个人要么想把这几个钟头睡过去，要么忙于处理事务。罗丝熨衣服、做饭；菲利普试图睡觉；苏珊忙着照料自己的偏头疼，她在家里游荡，从这个房间走到那个房间。这一夜的最后，她在戴维身边躺下。早上的告别很快就结束了，菲利普急于上路，苏珊无法对这一切产生真实感。到最后，他们之间也没有谁真正做过解释，分开时也并不知道彼此间的关系会走向何方，他们试着忘记彼此间的争吵——苏珊在日记中提到了"辛酸的羞辱"，但也未能重新找回些许对彼此的柔情。对她来说，她的感情得到了平静，如果说她还没有下定决心永远分离，那她也无法想象有一天会重拾此刻正被自己抛向身后的生活。

在离开剑桥前，还有许多事要做：去图书馆还书，对研究弗洛伊德时的资料进行整理分类，写完手头正在写的书的某一章，和她还欠着作业的一位哲学系教授最后一次约见，收拾房间……这个清单还很长。她定期收到在路上的人的消息，他们已经平安抵达了里夫父母家，那只是他们长途旅行的第一站。在度过了充实的五天以后，她把准备在他们离开期间出租的房子的租约和钥匙交给了房地产事务所。当她登上去纽约的火车的时候，她终于意识到离别是真实发生的，她无法知道这将意味着未来会如何。

可能是出于这种忧虑不安，她才把在剑桥度过的最后几天还有去纽约的旅途都巨细无遗地记在日记里。迄今为止——以及将来——她的日记都是断断续续的，在从哈佛到牛津这过渡性的一个月里，她却开始规律性地记日记，叙述自己每天的生活，包括自己每餐吃了什么，有时候还记下自己穿什么衣服、什么时候睡觉，还有旅途中时感身体不适……

就这样，乘火车从波士顿到纽约的几个钟头，她用了好几段的篇幅才记录完毕。她向旅伴描述：

> 这是一列陈旧的火车，座位无法展开，上面覆盖着一层肮脏的宝蓝色丝绒。我在车厢的左侧坐下，上车以后我松了一口气，一直到普罗维登斯我都能够好好休息，旅程

的其余部分也没有像通常那样感觉不适。我睡了一会儿，
把大衣卷起来当作枕头。我读了报纸（《波士顿美国人报》），
报纸是向坐在过道对面的一位老者借来的。向另一个人借
来了一份 1 月的《纽约镜报》。一个大学老师模样的纽约人，
长得像杰伊·西尔弗曼，每次我望向他的方向时，他都盯
着我看。[43]

　　抵达中央车站后，她登上一辆出租车，把行李安置到旅馆，马
上又出门买贝尔托·布莱希特的《三分钱歌剧》的票，该剧在百合剧
院演出，罗蒂·兰雅自 1955 年起就在该剧院饰演剧中的珍妮。一旦
确定有座位，她就去克里斯托弗街上散步，寻找餐馆：她在附近一
家熟食店买的三明治没能填饱肚子，她最后在一家丹麦餐馆坐了下
来……这似乎是一则无关紧要的逸事，但是显示了苏珊赋予食物和
进食的重要性。她似乎经常处于饥饿状态，在找东西吃，在看有没
有到吃下一餐的钟点。此外，她还有一项怪癖：记下每一笔最小的
花费，记下每样东西的价钱。当然，这一年在国外度过，她必须省
吃俭用，但看起来她的这种习惯来自和菲利普的共同生活，菲利普
一向收紧钱袋，他们的很多争吵都是因为金钱问题。她为在旅馆前
台排队时遇到的一位教授及其妻子勾勒了一幅肖像，嘲笑了他们的
小肚鸡肠、他们狭隘的行事方式；这些描述看起来像是对她丈夫和
他的没见过世面的一种报复。[44] 她想要与众不同、趣味优雅，拒绝
和她正力图摆脱的小布尔乔亚的生活方式发生关系。
　　在剧院度过夜晚后，苏珊决定明天去现代艺术博物馆看巴勃
罗·毕加索的展览。之后，她还去看了未删减版的《天堂的孩子们》。
她试着给正在城里的陶布斯夫妇打电话，还打电话给彼得·哈伊
杜——他正在哥伦比亚大学读硕士，但她最后跟谁都没联系上。而

在这个夜晚，她从剧院出来时偶遇了奥斯瓦尔德·勒温特，[45] 她是在上一次纽约之行中认识他的，在理查德·艾伯哈特的生日宴会上。这一夜，她保留了令她欢欣鼓舞的自由，感到自己不欠任何人的，尽管未能与朋友们会面让她感到失望，她仍回味着自己的孤独。孤独没有持续很长时间，因为在第二天出发前的早上，彼得就出现在旅馆前台，带她去吃早餐，这期间他们进行了一次"非私人性质"的对话，她得出结论他并没有变——"他像往常一样局促不安"，她写道。不管怎么样，没有时间来诉说他们之间的情感了，时间在流逝，而她还要去坐船：

> 我飞快地回到旅馆，上楼冲了个澡，重新穿好衣服，合上箱子。现在是 11 点钟，我突然吓了一跳，意识到可能真的是 11 点半开船（跟波士顿的"纽芬兰"号的出发时间不一样）。我自己拖着箱子到了电梯，迅速要来账单，签了一张支票，登上了出租车。到码头的时候 11 点半了。正当我开始抱怨海上生活的艰苦时，我看到一艘巨型的远洋航轮悬挂着似乎是法国国旗的旗子从河上顺流而下——我恐慌起来，跳下出租车。这不是同一艘船，但看起来这些船是准时出发的，因为它们需要被牵引到合适的地方。我还有五分钟，这么做很傻。我不在乎——只要我不错过航班。在跳板的一头站着雅各布，他对我说，他已经等了一个小时了。我真的被感动了。谁会不被这种充满柔情的举动打动呢？我吻别了他，上了船——他继续向我做手势，直到船消失在地平线上。[46]

作者注：

1. UCLA档案。

2. 同上。

3. 收录于《我，及其他》。

4. 发表于《纽约客》，1986年8月18日。

5. UCLA档案。

6. 同上。

7. 芭芭拉·罗斯，《作家苏珊·桑塔格从绝症中重整旗鼓并初获商业成功》。

8. 琼·阿科切拉，《饥饿艺术家》。（同前，p. 72。）

9. 佐薇·赫勒，《与桑塔格面对面》。

10 琼·阿科切拉，《饥饿艺术家》。（同前，p. 72。）

11. 《重生》。（同前，p. 125。）

12. 关于菲利普·里夫一生的传记细节主要来自安东尼·A. W. 佐德万的著作《社会学与神圣之物：菲利普·里夫的文化理论入门》。（Antonius A. W. Zondervan, *Sociology and the Sacred : An Introduction to Philip Rieff's Theory of Culture*, University of Toronto Press, 2005.）

13. 《重生》。（同前，p. 137。）

14. 安东尼·佐德万，《社会学与神圣之物：菲利普·里夫的文化理论入门》。

15. 菲利普·里夫，《弗洛伊德：道德论者的心灵》。（Philip Rieff, *Freud, The Mind of the Moralist*, Viking Press, New York, 1959, p. XI.）

16. 《重生》。（同前，p. 136。）

17. 菲利普·里夫，《弗洛伊德：道德论者的心灵》。（同前，pp. 23-24。）

18. 同上。（p. 24.）

19. 同上。（p. 23.）

20. 同上。（p. XVI.）

21. 安东尼·佐德万，《社会学与神圣之物：菲利普·里夫的文化理论入门》。（同前，p. 22。）

22. 《苏珊·桑塔格谈话录》。（同前，p. 278。）

23. 《重生》。（同前，p. 123。）

24. 《重生》。（同前，p. 100。）

25. 塞尔玛·奥布莱恩，《苏珊·桑塔格特写》。（同前，p. 19。）

26. 《在美国》。（同前，p. 277。）

27. 同上。（p. 43.）

28. 乔治·艾略特，《米德尔马契》。（George Eliot, *Middlemarch*. Traduit par Sylvère Monod, coll. Folio, 2005, p. 41.）

29. 同上。（pp. 47-48.）

30. 同上。（p. 56.）

31. 《重生》。（同前，p. 112。）

32. 同上。（p. 132.）

33. 同上。（p. 108.）

34. 琼·阿科切拉，《饥饿艺术家》。（同前，p.73。）

35. 《苏珊·桑塔格谈话录》。（同前，p.115。）

36. 《重生》。（同前，p. 136。）

37. 同上。（p. 171.）

38. 同上。（p. 165.）

39. 给Paul Babbits的信，1994 年，UCLA档案。

40. 《重生》。（同前，p. 177。）

41. 同上。（p. 212.）

42. 罗伯特·D.麦克法登，《菲利普·里夫，社会学家和弗洛伊德学者，于八十三岁逝世》。（Robert D. McFadden, « Philip Rieff, Sociologist and Author on Freud, Dies at 83 ».http://www.nytimes.com/2006/07/04/us/04rieff.html.）

43. 未出版的日记，1957 年 9 月 3 日，UCLA档案。

44. 同上。

45. 他以"奥斯瓦尔德·勒温特"（Oswald DeWinter）的名字出现在苏珊·桑塔格的日记里。

46. 未出版的日记，1957 年 9 月 5 日，UCLA档案。

异乡人
1957 年 9 月——1958 年 8 月

苏珊没有延迟就上了"法兰德斯"号的甲板。她与另一个人共用船舱，还没打开行李，她就先去吃午餐了。和她同桌的有一个年轻的犹太姑娘——她有意识地在日记里记下了这个细节——这个姑娘是去巴黎学习法语的，还有两位"南方的小姐"，是去"环游欧洲"的。对话缺少话题，她集中注意力在端上来的饭菜上：船上的厨子就像这艘船一样，是来自法国的……在这最初的几天里，她又一次非常精确地把自己每餐吃了什么列了清单，包括她觉得不易消化和过分甜腻的甜点；记录下了穿的每一身衣服——她尽量打扮得与她想象中在跨大西洋远洋航轮上得体的穿着打扮一致；并且对起床、午睡、就寝的时间都做了记录。在这最初的几天里，她起得很迟，一直睡到午饭时间，午休时间也沉睡不醒，这种由晕船引起的发作性嗜睡症状时断时续，最后她从船上的药房买来茶苯海明，想要治愈自己。从第三天开始，她感觉好了些，决定更加努力，早上强制自己更早起床，更好地安排作息时间。她能进行的活动有限：她有时去图书馆停留，在那里读报纸，甚至连几天前的已经失去新鲜度的新闻也读；她很少错过一次电影放映，看了美国喜剧片《活力》和马塞尔·卡尔内的《我来的那个国家》；甚至带上船票去机房参观了一圈。甲板上也能有消遣，她从来看不厌波涛，终于到了第四天，她结识了一群年轻人，晚上终于可以和他们一起度过了。

她的船上日记就此中断了，直到9月17日抵达伦敦才重新拾起。她坚持每天给菲利普和戴维写信，在下船时寄出，她希望有新消息在等待着她。她到达时收到了一封来自她父母和朱迪斯的电报，祝她一路顺风：这是她和留在美洲大陆的他们之间的最后一次接触。[1]

到达英国后，苏珊先去了伦敦。在那里，她将要和简·德格拉会面——后者是特德·卡尔的助手，也是共产主义史和苏联政治方面的专家，此后在查塔姆皇家国际事务研究所做研究。在英国首都度过的起初几天里，苏珊经常独自漫步街头，重新徘徊在她和菲利普度蜜月时去过的处所——福伊尔书店、托特纳姆路——享受着无须顾虑就随便走进电影院的自由，她一边想象着倘若戴维置身在这些名胜和博物馆中会有什么样的言行，一边给他写了许多信。

她预备和简一起去意大利做短期旅行，牛津要等到10月才开学。9月21日，她们已经在米兰了，绕着大教堂广场散步，到圣玛利亚感恩修道院去看食堂墙上莱奥纳多·达·芬奇绘制的《最后的晚餐》。第二天，她们乘火车去佛罗伦萨，那是此行的终点。她们是一个六十岁的女人和一个二十四岁的女人互相做伴，这并非不让人想起亨利·詹姆斯笔下的女主人公们，她们为了完成自己的教育，在年长的女伴陪同下去意大利长途旅行，这些女伴通常是她们终身未嫁成了老小姐的表姐。就像露西·霍尼彻奇和夏洛特·巴特利特*——她们在一家膳宿公寓住下，公寓提供早晚餐，中间的白天

---

* 露西·霍尼彻奇（Lucy Honeychurch）和夏洛特·巴特利特（Charlotte Bartlett）都是福斯特《看得见风景的房间》中的人物，女主人公露西在老小姐夏洛特的陪伴下去意大利旅行。

时间她们则在城中自由漫游。但和她们著名的先辈们不同，简并没有足够的精力跟着苏珊到处转，所以苏珊经常是没有女伴，一人在城中游荡……她也绝不因此止步，在佛罗伦萨迥异于她所熟悉的纽约或伦敦等"现代"都市的美景面前感到目眩神迷：

> 佛罗伦萨美不胜收，完全停留在往昔，这是一座博物馆式的城市，它并非没有属于当下的一面（加大马力的小型摩托车，美国电影，成千上万的游客——美国人和德国人最多），但整座城市的壮观、稠密和美学上的同质性都使得那些现代元素——至少是其中属于意大利的部分——不显得触目，也不破坏景观。[2]

她既受益于这座城市的古代部分，也受益于其现代部分，飞速地逛着博物馆——她从不在游客中心耽搁——爬上百花圣母大教堂穹顶的台阶，在老桥上做梦，去圣十字教堂听弥撒，晚上则拉上经过休息恢复了体力的简去电影院，看爱情喜剧片《金玉盟》，此片由莱奥·麦卡雷导演，加里·格兰特和黛博拉·蔻儿主演……她旅伴的身体不适使她可以自由安排时间，不想出门的时候，她就躺在床上，或者深陷在膳宿公寓的扶手椅里阅读，或者每天定时写信给菲利普和戴维。

两个女人在此地居留的最后一天，去了菲耶索莱，这座小镇俯视着佛罗伦萨城，它的历史、风景和建筑都同样享有盛名。在游览过古罗马废墟并在小巷中漫游以后，她们来到犹太会堂，参加了庆祝犹太新年的活动。[3]

回到英国后，苏珊该去牛津报到了，她需要找地方住宿，熟悉大学的环境，并且选定修哪些课程。最初的时光都在跑房地产事务所和逛商店中度过：她在伍德斯托克街租下一间顶楼的公寓，[4] 她在屋里装点了买来的二手家具、床、台灯、桌子和椅子。在她记上课笔记的笔记簿的页边，她写下了一张安家所需的物品清单：桌布、电热炉、拖把、沙拉碗、书立……学期在 10 月 15 日开始：她最后注册了 J. L. 奥斯丁在基督圣体学院上的语言哲学课。她在哈佛听过他 1955 年来访时在"威廉·詹姆斯讲座"上的讲演，讲座内容后来结集成《如何以言行事》一书出版。我未发现她这个学期修过其他课程，一方面这令人惊异，因为她在哈佛和芝加哥大学旁听公共讲座与课程时一向多多益善，但另一方面，她到牛津来的首要目的是完成博士论文所需的研究，这就使得她首先需要大量时间待在图书馆里。

她适应了牛津人的习惯，出门都骑自行车；尽管一个月结束的时候她从人行道上狠狠地摔了下来，摔出了淤青，还做了噩梦，[5] 这让她严重怀疑自己骑车的水平。从图书馆到城里的书店不过几分钟路程，骑车从一个地方去另一个地方赴约非常方便。在上文提到过的笔记簿里，她有意识地记下了她遇到的各种人的名字，有时候在旁边注明国籍或者做标记，以此区分。大部分是美国人、加拿大人、澳大利亚人或者印度人，还有两个"英国犹太人"。[6] 她遇到这一小群人，既在课上也在课外、酒吧，或者在学生们组织的晚会上。在这种晚会上，她大出风头，她非常规的美貌再加上耀眼的才华吸引了许多人的目光。如果我们相信多萝西·格罗斯曼在自己以牛津读书时期为灵感的小说中为苏珊描绘的肖像，那么她在这些晚会上的酒量和她应付那些企图诱惑她的男人的手段，都给宾客们留下了深刻的印象：

您知道，我本来与斯科菲尔德约好一起吃饭，他为了解释自己的迟到，讲了一个故事，然后在路过兰道夫酒店时让我停下。看，就是这个女人！美国人！你所见识过的最有才智的女人，把我喝到了桌子底下。十一杯苏格兰威士忌，我认输了。怪不得他们把狄伦·托马斯都喝得醉死了。他们的脑袋就像铁炉子……"她说她叫桑塔格。""什么桑塔格？姓桑塔格，叫什么？""没别的了。就是桑塔格。"[7]

关于这个时期，桑塔格自己后来说："我以前从未允许自己如此年轻过。从前我是那么专注于自己的成长——这是我第一次真正享受学生生活，尽管我已经为人妻、为人母。"[8]

但牛津无法诱惑她，这里的气氛对她来说过于封闭，一切都与她迄今为止在哈佛和芝加哥大学所经历的太过相似。从11月起，她准备逃往巴黎：她决定在巴黎度寒假，以满足心愿，在这座城市中漫步，追寻瓦莱里、纪德、福楼拜和波德莱尔的足迹。[9]她四处搜寻信息，永远在同一本笔记簿上记下零星的法语单词、日常生活的短语，不忘加上定义和注释："奶油咖啡（Café crème）——餐后喝的加牛奶的咖啡／牛奶咖啡（café au lait），早餐喝的咖啡"；还有最常见种类的酒名，"一杯茴香酒（茴香酒在法国就像可口可乐在美国一样多）"；各种地址，去大学食堂领餐票的地址，或者"法国青年音乐协会"的地址，据说在那里可以拿到便宜的音乐会票；[10]以及位于"医学院路"[11]（原文如此）的科德利埃旅馆的早餐和午餐时间。巴黎，除了博物馆、电影院、文学圣地，还有哈丽雅特。哈丽雅特在巴黎住下来已经好几年了，晚间为英语日报《巴黎先驱论坛报》工作；白天则周旋于那些由外籍人士组成的巴黎名流中间。他们当中有艺术家、作家及各色各样的漂泊者，活动在圣日耳曼和圣米歇尔街区。

　　1957 年 12 月中旬，苏珊终于抵达巴黎，此刻梦幻变成现实，一切都触手可及：哈丽雅特及其代表的肉体之乐，令她和女友如鱼得水的国际大都市的波希米亚生活，任意行动的自由，远离大学的时间表，远离哈佛和牛津僵化的知识分子生活，远离家庭义务。在经历了长年的想象后，她终于坐到了咖啡馆的桌前，掏出了笔记本："咖啡馆的日常。下班以后，或者你想要写作或画画的时候，你就走到一家咖啡馆里，看有没有你认识的人。最好是和某个人一起，或者至少有过明确的约定……可以去几家不同的咖啡馆——平均数：每天晚上去四家。"[12]

　　她对神秘的圣日耳曼德佩区的最初印象并非最佳，当她把此地和她对纽约格林威治村的印象做对比时，结果对巴黎的这个著名街区很不利。在她眼中，格林威治人保持了自己的本来身份，大部分人认同于一种犹太知识分子或艺术家的气质；此外，还有一小部分是来自"芝加哥、西海岸、南部"的"外省人"，也不需要在街区的外来居民面前捍卫自己的领地，意大利人根据她的描述是"异国风情的，但是相当无害"。[13] 在圣日耳曼则不同，据她说，在这里，"美国人、意大利人、英国人、南美人、德国人"占多数，他们的差异性破坏了当地的和谐统一，而在布景深处出没的是"阿拉伯人，好闹事而且偷窃成性"。很明显，她是第一次接触一个复杂多样的城市里复杂多样的社区，在远离身份同一的安全环境后，苏珊不再清楚自己在寻找什么。她还没有准备好拥抱社会、文化、地理和政治上的多样性，由此展现出了她身上的外省本质。这有时候会惹恼她的同伴，同伴认为她没见过世面，有时甚至堪称幼稚，和周围发生的一切无法同步。

　　哈丽雅特对她的欢迎是有节制的：她刚刚和心爱的女友艾琳·福恩斯分手，没有兴致与苏珊重燃爱火——她们分离已达九年之久——但也害怕面对孤独。她既对自己感到不满，也恼火于同伴的不够成熟和不知趣。她最终接受了苏珊，但在她们接下来共同度过的八个月里，她既未能完全克服自己的沉默寡言，也未能完全忘却艾琳。不管怎样，她打算加入游戏，把苏珊介绍进自己的"波希米亚"小圈子。"波希米亚"是时常挂在哈丽雅特心头的一个词——她正是以此自我定义——也正是这个兼收并蓄的国际化小圈子的特色。实际上，他们当中大部分人来自英语国家，还有一个德国女人、一个古巴人和一个希腊人：赫塔·豪斯曼，德国人，女画家，她是尼古拉斯·德·斯塔埃尔和尤妮卡·佐恩的友人，在战争初期曾经和瓦尔特·本雅明的妹妹朵拉·本雅明、伊尔丝·宾、汉娜·阿伦特一起被囚禁在戈尔斯集中营；里卡尔多·比贡，他是古巴电影资料馆的建立者之一；画家瓦西利斯·塔基斯则已经在希腊和法国扬名。在来自英语国家的人当中，苏珊提到了亚历山大·特罗基，他以放荡的文字与他 20 世纪 50 年代初期在巴黎创办的文学期刊《梅林》而闻名；埃利奥特·斯坦，杂志《雅努斯》的主办者，后来成了《金融时报》和《村声》的驻巴黎的电影记者；还有塞缪尔·沃尔芬斯泰因，比她早十年从芝加哥大学毕业，是一个开始涉足文坛的数学家。

　　苏珊下定决心将自己领奖学金的第二年的大部分时光用在巴黎。1 月末，她又回到牛津待了一周，结清房租，告知导师们自己即将离开，并收拾了行李。她在日记里潦草地写下了一篇自传体作品，其中解释说："(牛津的)气氛与她在美国见识过的太过相似——大学里由野心引起的钩心斗角，还有它饶舌的一面。她厌倦了讲话，厌倦了书籍，厌倦了智力上的营生，厌倦了教授们百无禁忌的举止。"[14] 在提交给美国大学妇女协会的报告里，她明确解释了自己曾在牛津大学和索邦大学学习：如果我们相信她的日记和仍在世的同时代人的证言，那她的确在巴黎的这所大学注册了，为了享受学生的优惠，但没有注册任何课程。她的目标是与哈丽雅特生活在一起，直到这段关系的尽头；去电影院、剧院，去旅行，明确地说，就是想要享受她的自由，想要真正活得像个年轻人，活得尽可能地无忧无虑。

这并非总能心想事成。她无法永远假装自己独身、没有孩子：在大西洋彼岸，她有一个无法忘记的儿子，他有时会进入她的梦境。

> 昨天晚上梦见了戴维，他已经八岁左右了，非常漂亮，我跟他滔滔不绝地说话，毫无羞耻心地谈起我自己在感情上面临的绝境，就像妈妈从前跟我谈话那样——在我九岁、十岁、十一岁的时候……他表现得相当理解我。能向他解释，我感到一种极大的安宁。
>
> 我几乎从未梦见戴维，也没有时刻想念他。他只偶尔闯入我想象中的生活。当我和他在一起的时候，我全心全意地爱他，这种爱绝不含糊。当他远离我的时候，我只要知道他被照顾得很好，他就很快从我心头消失了。在我爱过的所有人当中，他作为爱的精神投射对象的成分最少，但他的真实性是最为强烈的。[15]

在档案中，我重新找到了一张照片底片——戴维在圣克鲁兹山上游玩——照片拍摄于1957年10月，无疑是菲利普寄来的，他定期给苏珊写信。1月3日，她独自庆祝了结婚纪念日。"七年了，"她写道，"这是很长的一瞬间，不是吗，我亲爱的？事实上，有一生那么长了。我给了你我的青春、我的软弱、我的希望。我带走了你的男子气概、你的自信、你的力量——但是没有（叹气）带走你的希望。"[16] 她叹气，因为两人的分离看起来越来越像是永久性的，数月以来她从他的信件中读到更多的是谴责，而非新的消息。她对丈夫的苦恼感到很陌生——尽管她自己就是他苦恼的很大一部分起因——在他说自己失去了布兰迪斯大学的教职时，她必须花点力气才能对他表示同情："P被布兰迪斯大学辞退了，我不知道该有什么感想。我感到宽慰，因为我没有和他在一起，不需要支持他，鼓舞他，安慰他……不必对他忍受的焦虑不安表现出同情……我感到一种轻微的恐惧，我看似如此确定的生活在我的脚下坍塌了——一切都在驱使我去做决定，去行动，在回去以后就离开他。"[17] 她去美国运通的柜台收取信件的时间越来越不规律——2月份，她说自己有两周没去取信。迄今为止，她一直强制自己定期跟他互通有无。但她开始厌恶写信，有些信她没写完，她把它们塞在大衣口袋里随身带着到处走，作为一种时时刻刻的自我谴责。[18]

　　然而，还有更严重的问题，她和哈丽雅特的关系远称不上完美。苏珊坠入了爱河，她对性生活和爱人的注意力都不知餍足。但她面对的是一个受过伤的女人，哈丽雅特的身心并没有从最近的关系破裂中恢复过来，与她分手的艾琳·福恩斯是一个古巴-美国混血儿，她们是1954年在加那利群岛相遇的。她没有与苏珊携手共度人生的想法，在苏珊到来几天后的日记里，她承认了自己宁愿独自生活："苏珊在这里。她长得多么美！但不幸的是，她身上有不少我不喜欢的地方：她唱歌的样子，就像一个小姑娘一样虚情假意；她跳舞的样子，故作性感，却缺乏韵律……她真的吸引我吗？我不认为真的是这样，可是话又说回来，她对我说她爱我，而我真的需要听到这句话！"[19] 在抱怨完以后，又出现了像重复的副歌一样的确认："就是我不爱她而已……"然而又一次，她对孤独的恐惧战胜了可怜的苏珊缺乏吸引力这件事。她不仅没有索默斯在女人身上所欣赏的任何品质，还有一个特点在她的伙伴眼中看来是巨大的缺陷：她"太"漂亮，不断地吸引男人和女人的目光，尽管她装作无动于衷，有时甚至显得厌恶，但哈丽雅特内心还是受到折磨，"病态的妒忌心开始发作了。所有人都想要她，既有男人也有女人，尽管我对她真的无动于衷，我嫉妒的条件反射仍然在发挥作用"。[20]

　　苏珊并不是傻子，但她被爱情弄得晕头转向，因此经常受伤。她的日记里记录下了这段关系的高潮（相当罕见）与低潮（非常多见），她定期批判自己的天真，自己的依赖性，批判自己无力抽身、无力提出分手、无力给自己受到的羞辱来一个了结。就这样，在她从牛津回来后的那几天，她们从格雷古瓦-德图尔街的宇宙大饭店搬了出来——那里离圣日耳曼德佩区只有几步路——搬到了沼泽区的普瓦图旅馆，那里是哈丽雅特和艾琳曾经共筑爱巢的地方：

　　　　我需要再说一次。一切都结束了。千真万确：并不是H不再爱我了——她从来就没有爱过我，而是她不再玩爱情的游戏了。她不爱我，我们却做了爱人。我们再也不是爱人了，自从我们在那个该死的旅馆房间里住下来。那个房间里爬满了艾琳的影子，关于艾琳的回忆。让我感到难受的是她开始厌恶我，而且不再认为有必要在我面前掩盖了。她公开表现得恶意满满……再也没有一句温情的话，没有紧紧的搂抱，没有握手，没有温柔的目光。一句话，她认为我们的关系是荒谬的，她不爱我，肉体上也不再渴求我。说真的，这的确很荒谬。[21]

　　两个女人互相争吵，然后又和好，再度分离——中间隔了还没有几个钟头，又重逢，各自都承认她们无力面对孤独。这一时期她们最出名的逸事，是一场动了手的口角，据说，在她们举办的一场晚会上，哈丽雅特一拳严重地打伤了苏珊的下巴。在场证人之一艾伦·金斯堡大着胆子问起打人者这么做的理由。答复引人深思：她不能忍受她的伙伴比她更加年轻漂亮……[22]

　　尽管哈丽雅特并不掩盖自己的种种情事——与男人们的——苏珊却不顾自己受到的怠慢而保持着忠贞，以她自己的方式寻找情感关系中的意义。她和菲利普过得并不幸福——数月以来，她决定不再与他共同生活的决心越来越坚定，她受够了他"软绵绵的奉承话"，他的缺乏激情，他过分的知识分子做派的头脑和他对夫妻欢好的缺乏兴趣。但她对哈丽雅特的动物本能也开始觉得不舒服，哈丽雅特的爱与拒绝同样激烈，苏珊每天都要轮流应对这两种态度，她想要保护这段关系中还能被保护的部分，也保护她自己身上尚未被损耗的东西。

　　幸而永远都有书籍陪伴，她对阅读的如饥似渴让她遇到什么就读什么，比如伊塔洛·斯韦沃的《泽诺的意识》，卡森·麦卡勒斯的《心是孤独的猎手》，纳撒尼尔·韦斯特的《鲍尔索·斯奈尔的梦幻生活》，以及不同笔调的埃玛·戈德曼的《过我自己的生活》*。除了出入圣日耳曼区的爵士酒吧——她直到最后都对这种消遣不太感兴趣，她还尽可能经常地去影院和剧院。她看经典的美国电影——查理·卓别林、马克斯兄弟，也看癫狂的片子——让·鲁什的《通灵仙师》，还看英格玛·伯格曼的《小丑之夜》（"一部瑞典电影。"她在日记里写道[23]）、皮埃尔·谢纳尔的《借口》。她什么都想看，一有机会就

---

*　此书法语版为《一个无政府主义者的叙事诗》（*L'Épopée d'une anarchiste*）。

溜进放映厅，甚至在放映已经开始后也会走进去，有时候甚至不知道里面正在放什么电影。她的戏剧口味同样兼收并蓄，从皮兰德娄、布莱希特、拉辛到热内都照看不误，她尤其喜爱当时的法国国家人民剧院院长让·维拉尔导演的戏。国家人民剧院新近搬到了夏乐宫。

哈丽雅特并不总陪她一起，她认识了另一个外籍居留者安妮特·米歇尔松（Annette Michelson）。米歇尔松比她大十岁，在纽约学过艺术史和哲学，然后在 20 世纪 50 年代初期定居巴黎。她是一些美国艺术杂志驻巴黎的通讯记者，也负责《巴黎先驱论坛报》的艺术评论栏目，她挂着许多头衔游走于巴黎艺术圈的名流中间，有时还拖上她的朋友们和她一起。在各种艺术领域中，米歇尔松尤其钟爱电影，这后来变成了她的专长。她们的对话促使苏珊对第七艺术的范畴和技巧做出更深的思考。电影技巧可以在对话之外创造出电影的意义。"影片开头那段无声的长镜头无疑是电影史上最有张力、最美的段落之一。"她在看过《小丑之夜》后写道。和米歇尔松一起的时候，她遇到了诺埃尔·伯奇，这又是一个狂热的电影爱好者，在法国研究电影，在 1958 年春天成了导演皮埃尔·卡斯特拍摄《美好年代》时的助理。这部电影的灵感来自阿尔贝托·莫拉维亚的一部小说，摄影棚内，饰演主要角色的就有洛莱·贝隆、弗朗索瓦丝·佩武、鲍里斯·维昂和让-克洛德·布里亚利。苏珊日后和伯奇在银幕上进行了对话，因为正是伯奇把她招来当了回电影的临时演员……

一场西蒙娜·德·波伏娃关于小说的未来的讲座，让苏珊终于有机会走进索邦大学的阶梯教室。1951 年《第二性》在美国推出英文译本时，她就读了这本书，后来她说，当时她马上就意识到了这本书的影响力。[24] 作为已婚少妇，她是无意识的女性主义者，就像后来她让别人注意到的那样：她没有按照那个时代的习俗改姓丈夫的姓，不打算放弃自己的学业，也不因为有了孩子就放弃职业生涯，继续参与知识分子的讨论，并不被菲利普或者他声名显赫的同事们吓倒……能遇到并就近观察这位令大部分西方知识分子敬畏的女性，自然是她不会错过的机会，虽然女性主义这时候还没有时髦到能登上下午的电视节目。事实上，这次是波伏娃和美国女小说家罗娜·贾菲的对话。贾菲刚刚在美国出版了她的第一部小说《冷暖群芳》，评论界的反应集中在小说的争议性素材上：四个刚从大学毕业的年轻姑娘到纽约来找工作。就像四年后出版的玛丽·麦卡锡的《她们》一样，贾菲的小说女主人公们试着在她们自己的雄心与社会、父母共同施加给她们的——仍然非常传统的——期待之间达成妥协，建立起自己的未来。小说中谈论性的口吻相当开放，对婚姻与家庭的理想不乏讥评，书一时洛阳纸贵。而且贾菲并没有陷入善恶二元论的窠臼：她并未忘记强调这些年轻女性身上的言行不一和自相矛盾，她们既想要革命又想要稳定，既想要出人头地又想要符合常规。

关于贾菲，她什么也没有提起；西蒙娜·德·波伏娃给她留下的印象，则是有所保留的："她身材单薄，态度紧绷绷的，头发乌黑，就她的年龄而言，她仍然非常美，但是她的嗓音令人不快，听上去太尖锐，说话太紧张，速度太快……"[25] 她的幻灭并未令她停止捍卫波伏娃对西方女性主义做出的贡献。二十年后，她还在法国《观点》杂志的采访中对让-路易·塞尔旺-施赖伯说，《第二性》在任何时代永远都是最佳女性主义读物，尽管一部分论述现在已经过时。[26]

2 月末，哈丽雅特放弃了在《巴黎先驱论坛报》的工作，重新开始在奥林匹亚出版社从事翻译，这家出版社以出版色情读物闻名。

吉罗迪亚[*]让她重译萨德侯爵的《朱斯蒂娜或美德的不幸》。这使她得以按照自己的节奏工作，并满足苏珊想要外出游玩的愿望。她们决定去西班牙和摩洛哥的丹吉尔，哈丽雅特的朋友艾尔弗雷德·切斯特[†]无疑对她们唱过这座城市的赞歌。在塞维利亚，她们坐在游廊上观看了圣周[‡]的仪式，这段经历让苏珊直冒冷汗。"第一头公牛在黄沙上倒下的时候，我的肠胃翻江倒海。"[27]她在日记里写道。在马德里，普拉多博物馆里博斯[§]的画、弗拉明戈舞表演给她留下了深刻印象；加的斯则以其简朴、洁净的滨海风光打动了她。她们从加的斯坐巴士去阿尔赫西拉斯，又坐渡轮穿过海峡到达丹吉尔，她们在城里的邮政大饭店住了几天，游览了城市，啜饮薄荷茶，到咖啡馆里听音乐。

旅途归来以后，苏珊记录下了旅行中的印象：如果说她因为能游览一部分西班牙风光并漫步在丹吉尔国际化又洋溢着风情的街头而感到开心，哈丽雅特的态度却让她感到辛酸。哈丽雅特从不掩饰自己的厌烦，周围人说的西班牙语不断让她回想起艾琳，回想起她们在加那利群岛的时光，她还无法适应苏珊在旁边不停做出评论："苏珊总是长篇大论地解释一些东西，快把我折磨疯了，这些东西需要有艾琳那样的眼睛和敏感度才看得清……她投身于她的论文当中，忙着做脚注，这都让我受不了。"[28]她在自己的日记中写道。从日记中看来，她不想孤身一人，这项弱点是她接受这段关系的唯一

---

* 莫里斯·吉罗迪亚（Maurice Girodias），法国出版商，奥林匹亚出版社的创办人。
† 艾尔弗雷德·切斯特（Alfred Chester），美国作家，著有长篇小说《精致的尸体》等。
‡ 圣周（la Semaine sainte），西班牙最大的传统节日，也是塞维利亚的文化名片之一，一般在三四月间举行，在活动中，教徒会手抬圣像纪念耶稣受难，奏乐游行。——编注
§ 博斯，荷兰画家，其作品主题多为罪恶与人类道德的沉沦。其三联画《人间乐园》是普拉多博物馆人气最高的展品之一。

原因。当然，苏珊并不是傻子，即使是在柔情似水的瞬间，她也能感觉到自己是被拒斥的，她试图理解为什么哈丽雅特如此鄙夷她，而她自己又是如何能忍受被如此对待。

对今天的读者来说，交叉阅读她们两人的私密日记是相当吸引人的，她们彼此的挫败感和缺乏安全感其实是相互映照的。对苏珊来说，日记不仅记录着她的日常行动与情感，更冶炼着她的思想，重新塑造她的日常生活，呈现她的抉择与逃脱。她并不把自己的文字看作应当秘而不宣的忏悔录，她认为日记早晚是会被他人读到的，这也许是她私自偷看哈丽雅特日记本后自我开脱的一种方式：

> 我今天读到了……H日记里写的关于我的话——一句对我的简短评论，既不公正，又缺少善意。她得出结论：虽然她并不真的爱我，但是我对她的激情是可以接受的，而且来得正是时候。天知道这多么令人痛苦，我感到愤怒，感到受人羞辱。我们很少能知道别人对我们的看法（或者不如说是他们自以为对我们抱有的看法）……我看了不打算让我看到的话，我有罪恶感吗？没有。日记或者笔记首要的（社会）功能之一恰恰是为了让他人偷窥的，让那些你在日记里说了关于他们的残酷的大实话的人（父母＆情人）偷窥的……[29]

哈丽雅特没有提到这件事，看起来她自己在回来后也有一些不慎的举动。她的苦恼是另外一种性质的：她不爱苏珊，和苏珊在一起只是出于对孤独的恐惧，因为她既没有勇气依照自己的欲望来行动，也不想花费力气对自己的伙伴据实相告。但有时候，事情不仅仅停留在书面侮辱的层面：在出发去西班牙前几天，她们又一次大打出手，整整一周苏珊脸上都带着她们争执造成的伤痕——额头当中的一道割伤。[30] 暴力和激情在她们不肯戒酒的情况下加剧了。她们都认为酒精可以给她们的夜晚和她们两人的关系带来刺激。这一切都解释了为什么她们的日记一周又一周看下来都是一长串抱怨、哀诉和责难。看起来苏珊根本写不出别的。在关于争吵的叙述中，有时还点缀着要写的故事梗概或者关于未来项目的思索，但说到底后者是很少见的。在 1958 年 1 月，苏珊开始动手写一个短篇：一个年轻女人为了去欧洲离开了自己的丈夫，在欧洲她遇到了另一个男人……从中很容易辨认出她自己的冒险故事，值得注意的是，她宁可采用符合常规的异性恋通奸情节，而不是陈说她自己当下更为复杂的处境。在写下最初几段的两次草稿以后，她放弃了这篇故事，这对她来说很可能又过分像自传了，和她自己正置身其中的生活过于接近。

因为和外界缺乏接触，她对自己和哈丽雅特的关系着了魔：她们出入咖啡馆和酒吧，在这些地方，她们遇到了苏珊刚到巴黎时认识的一些人物，这并不怎么让她感到愉快，尽管这些人有时是有用的，譬如山姆·沃尔芬斯坦连续几个月不在巴黎时，让她们借住在自己的公寓，这样比住在哈丽雅特新租的房间要更舒适一些。后者是一个"女仆间"，她们搬出旅馆后为了俭省住在那里。没有人当真能与她在学识上进行交流，她磕磕绊绊的法语也使得她无法与非英语国家的人进行严肃的对话。2 月，在一场向"二战"期间流亡美国的让·瓦尔[*]致敬的招待会上，她遇到了几个美国人，其中有乔治·德·桑蒂利亚纳，他在麻省理工学院教科学史；还有她在芝加哥大学的老同学阿兰·布鲁姆，她宣称他的陪伴是"令人倒胃口

---

[*] 让·瓦尔（Jean Wahl），法国哲学家，柏格森的学生，提倡存在主义哲学。

的"。[31] 布鲁姆在获得芝加哥大学的博士学位后来到巴黎，他不仅在学业上继续深造，还开始教书；他开始了与她相反的大学生涯，在某种程度上，他代表的正是她先离开剑桥后离开牛津时想要逃离的那种东西。

她想要跟什么人交往呢？她自己也不清楚。她与"外籍人士"，即那些美国名人也保持着距离，他们出入于奥德翁和圣日耳曼街区的几个咖啡馆。这些人有詹姆斯·鲍德温、威廉·巴勒斯、艾伦·金斯堡和格雷戈里·科尔索——她在纽约就遇到过他们，还有爱尔兰人萨缪尔·贝克特——她后来对他敬慕有加。他们在相同的地方逗留，但并不都在同样的时间段出现，他们内部的各种小团体也互不往来。事实上，只要阅读苏珊的日记，就能感受到她的巴黎岁月是孤独的。哈丽雅特是她的中心，经常是她的全部。这种共同密闭的处境解释了她们感情的恶化，解释了两人各自都表达了的挫败感。

她对法语粗浅的掌握，当然也构成了障碍。苏珊很清楚自己在芝加哥大学上的三个学期的法语课是远远不够的，于是开始专攻法语，她在笔记本上抄下一张又一张词汇表，注明词组和动词变位，可以想象她这样做应当是为了重复到完全记住为止……自从童年时代开始，她就懂得独自一人学习，力求自学成才，她把自己在图森的时候通过阅读一本本"现代文库"学习文学的方法又应用在学习法语上。她的单词表是有主题的，和她的阅读、交往与日常需要密切相关，显示出她是进行了系统化的学习的："陈述、争辩、推论、自相矛盾、自身、批评、异议、意指、意即、分析、颇有争议、受到非议、聪明点子、此外、定性。"[32]

没有坐在咖啡馆桌边埋头阅读或者学习词汇表的时候，她就漫步于她已经爱上了的巴黎。她在塞纳河边散步，并啧啧称叹："……埃菲尔铁塔在前方笔直耸立，一览无余——铁塔英雄般的高大黑影在美丽夜空下呈现出完美的轮廓，背后月光皎洁，白云翻涌。"[33] 就像她在一次对话中承认的那样，她认为巴黎是一座特别难于结识新交的城市，[34] 她越来越从被她称为"最令人愉悦的外在"[35] 中得到乐趣。几个月以后，她为自己制定了一套"天堂极乐般的"作息表，从此，她每次暂住在巴黎时都会遵守：

> 11 点在你的"女仆间"里醒来，在附近一间便宜咖啡馆用早餐，下午去"老海军"或者圣日耳曼大街上其他不那么时髦的咖啡馆，吃一个法棍三明治，然后离开，去电影资料馆看第一场电影（或者第二场、第三场），和朋友们去一家爵士乐酒吧，或者一家简直就是"名声可疑"的酒吧；待到凌晨三点以后，然后，如果你好好做过功课的话，就不会一个人上床睡觉了。[36]

局外人的角色于她很相宜。她似乎并不花费力气去了解自己周围发生了什么，了解法国人的日常生活，了解这个深陷殖民地冲突泥潭的国家——法国的政府正面临崩溃，甚至宪法也有垮台的风险。艾丽丝·卡普兰[*]在她书里关于桑塔格初次旅居巴黎的那一章中，分析了桑塔格为什么对席卷法国的政治风暴缺乏兴趣——第四共和国在垂死挣扎，阿尔及利亚战争上了所有报纸的大标题。艾丽丝也只能将其解释为她当时极端自我中心的心态，爱情上的不安定感和法语水平有限导致她局限在自我的世界之中。此外，最后一条理由也站不住脚，我们知道她有很多人际往来，首先哈丽雅特一直多多少

---

[*] 艾丽丝·卡普兰（Alice Kaplan），耶鲁大学法语系教授，2012 年出版了《在法国做梦》（*Dreaming in French*），书中讲述了杰奎琳·肯尼迪、苏珊·桑塔格、安吉拉·戴维斯等人的巴黎岁月。

少在为《巴黎先驱论坛报》工作，这家报纸就像任何在巴黎发行的日报一样把主要栏目都给了法国的时事新闻。然而苏珊的日记里没有出现任何对政治时局的指涉，哈丽雅特则记录了她们在 1958 年 5 月匆忙离开巴黎，极右翼政变爆发的可能性越来越大：

> 5 月 20 日，斯特拉斯堡
>
> 　　法国发生了危机。共和国面临倒台，受害于它自己的弱点，它自己的气量狭窄、沾沾自喜。人们纷纷逃离巴黎。他们担心"黑脚"（阿尔及利亚殖民地的法国人）会发动右翼政变。前一天晚上，西德尼·利奇紧张地向我们发出邀请："如果你们想看热闹的话，今天晚上来实验室里睡吧。"巴黎到处是各种小团体，在站岗，在准备战斗。今天晚上最好不待在这里，我亲爱的自由不羁的城市被萨特说的"下流胚"围攻，到处都是右派分子、伞兵和种族主义者。
>
> 　　这天晚上，在广场上空荡荡的大咖啡馆里，我们看见两个伞兵正在欢庆。他们买了一份巴黎报纸，对卖报人说了一句难听的话，用拳头敲着桌子，喊着："都会是我们的！"[37]

哈丽雅特和苏珊上路往东边走，打算尽可能远离传言要发生政变的首都的大骚乱：她们在巴黎的最后一夜是在圣-热纳维耶芙山上西德尼·利奇的化学实验室里度过的，她们在那里旁观了示威游行，并且感到安全。她们搭顺风车，首先到了斯特拉斯堡，接下来到了慕尼黑，"坐在一个反犹主义的荷兰人的车里"[38]，在慕尼黑，她们拜访了哈丽雅特的朋友娜娜，然后又在 6 月 7 日到了柏林。从柏林她们坐火车去了汉堡，当地一个朋友招待她们住下，这次停留又一次令哈丽雅特苦恼不堪，她羞于将自己的爱恋说出口，不仅饱受主人妻子在场的折磨，还要忍受主人对苏珊投去的爱慕的目光……

她们在 6 月中旬归来，又和哈丽雅特的妹妹一起去布列塔尼待了几天，然后又停留在巴黎处理事务。哈丽雅特在等一笔翻译的稿费，苏珊则在打点行装：她们准备去希腊待一个月，然后苏珊乘船去纽约。

7 月 13 日，她们到了雅典，在一家旅馆住下——她们怀疑这家旅馆做皮肉生意，但正像哈丽雅特所评论的："我们得其所哉，没有人会问问题。"[39] 旅馆位于市中心的浦西里区。"品味一座新城市就像品味一种新酒"，苏珊在日记里写道：她们俩是完美的游客，遍览希腊首都的一切废墟与古建筑——卫城、帕特农的大理石像、凯拉米克斯遗址，也毫不踌躇地去普拉卡区的酒吧里坐下，看男人们伴着布祖基琴的旋律翩翩起舞。苏珊想要写一个短篇——带有自传体色彩——"关于旅行中的陌生人"，以这座城市作为背景：

> 雅典街头成群的疯狂的美国胖女人，尘土飞扬的街道上到处是工地；夜间布祖基琴的乐声从小酒馆的花园里传来，一盘盘厚厚的酸奶伴以切开的西红柿和青豌豆，有松脂香味的红酒；车型庞大的凯迪拉克被用作出租车；中年男人们在公园里散步或者坐着，手上拨弄着他们的琥珀念珠；在街角卖烤玉米的商贩，就着露天火盆烤火；穿着紧身白裤子、系着黑色宽腰带的希腊水手；从卫城上看见草莓一样颜色的夕照落在雅典的群山后面；街头的老人们坐在秤边，称一次体重收取一个德拉克马……[40]

去雅典城外旅行时，她们去了德尔斐和伊兹拉岛，在岛上住了几天。如果说她们欣赏彼此的陪伴，她们的关系却一直都是不稳定的。哈丽雅特无法回应苏珊的爱情，而苏珊开始考虑怎样才能在没有这份爱的前提下照样生活，甚至在没有这个伙伴的前提下——"说到底，我想我没有H也还是能活的……"[41]

关于是否回到菲利普身边听他"软绵绵的奉承话"，[42]则从来不存在这样的疑问，她在给他的书信里无疑暗示了两人可能会分开，而他的回信则浸透了毒液："P（菲利普）给我寄来许多充满恨意、绝望且自我感觉良好的信。他谈到我的罪过、我的疯狂、我的愚蠢、我的容易自满。他对我说起戴维是如何受苦，如何哭泣，如何感觉孤单——而让戴维如此受苦的是我。"[43]但她已经下定决心，她不会屈服于感情勒索："我永远不会原谅他让戴维受罪，永远不会原谅他让我的宝贝在这一年里遭受到本可以避免的痛苦。但我没有感觉到负罪感。我很确定戴维受到的伤害并不太严重。我的宝贝，我娇嫩的小人儿，原谅我吧！我会补偿你的，我会把你带在身边，让你过得幸福：以恰当的方式，既不带占有欲，也不患得患失，更不会把你当作满足自己愿望的工具。"[44]

她已经下定决心，准备好回美国。8月13日，她和哈丽雅特到了巴黎，十天后，她启程前往加利福尼亚。哈丽雅特毫不遗憾地和她道了别，很高兴自己重获自由，可以和男人们寻欢……[45]至于苏珊，她已经定好计划：她将会离婚，和她的儿子一起再度穿越美国大陆（戴维现在在旧金山，里夫在加州大学伯克利分校终于找到了一份维持到明年的工作），然后定居纽约。对菲利普来说，事情还不明朗，妻子一下飞机就向他摊牌，他被吓了一跳。他做好准备与她斗争，首先是为了挽救他们的婚姻，发现苏珊根本不打算改变主意以后，他又想要保住儿子的监护权。在这件事上，他也失败了，法官暂时把戴维的监护权判给了他母亲，苏珊完全拒绝接受赡养费，这在那个时代是闻所未闻的，令她的律师和亲友们都大为震惊。菲利普咽下了苦果，他似乎在三十年后还没有从震惊中恢复过来，向记者坦白说："我向苏珊求婚是为了我们能生出优秀的孩子。我是个传统的男人。我认为婚姻是为了生儿育女，建立传统的家庭。我只是不能适应她想要的那种家庭生活。您看，世界上存在着家庭和反家庭。我想，我们的家庭恰恰属于后者。"[46]

后来，苏珊重新回想 1959 年春天和她关于离婚的决定，在一次采访中谈起了自己的看法："事实上，在牛津的这一年意味着婚姻的结束。"[47]比起牛津来，似乎是巴黎真正给她和丈夫的关系画上了句号。她和哈丽雅特的重修旧好、她在性事和知识上的探索都让她明白，自己是不可能满足于这样一种关系的，不管对象是菲利普还是其他人。她需要激情来点燃内心的长明之火，她需要大城市带来的刺激，需要有人能陪她冒险，共度她想要的那种人生。

许多年后，她在若干次对谈中重新回顾了自己的婚姻，坚持说她的丈夫没有多少可谴责的地方，他们的结合不是没有优点的，但她内心深处并不怀念已经放弃的生活，她更想要画出新的轨迹、踏上新的旅程。[48]事后看来，她把这看作一个机会，她有一个如此幼小的孩子，有过"做母亲的神奇体验"，[49]能够把儿子带在身边共度人生。她从来不承认她离开菲利普是因为另有所爱；并不是因为哈丽雅特约好与她在纽约再见。关于这一时期，她干脆概括说："那时，我是一个完全恪守一夫一妻制的妻子。"且不说这"轻微"的歪曲事实证明了无论她是否有情人，她都会离开丈夫，她在巴黎的逗留已经让她预先尝到了未来生活在纽约的滋味。

作者注：

1. 未出版的日记，1957 年 9 月 6 日，UCLA特别收藏。

2. 《重生》。（同前，pp. 197-198。）

3. 未出版的日记，1957 年 9 月 25 日周三，UCLA特别收藏。

4. 地址应当是牛津伍德斯托克街 179 号（179 Woodstock Road, Oxford ）。

5. 《重生》。（同前，p. 199。）

6. UCLA档案。

7. 朱迪思·格罗斯曼，《她自己的意愿》。（ Judith Grossman, *Her Own Terms*, Ed. Soho, New York, 1988, pp. 221-222. ）

8. 佐薇·赫勒，《与桑塔格面对面》。

9. 乔纳森·科特，《苏珊·桑塔格：滚石杂志采访》，1979 年 10 月 4 日，收入《苏珊·桑塔格谈话录》。（ Jonathan Cott, « Susan Sontag : *The Rolling Stone* Interview », 4 octobre 1979, repris dans *Conversations*, p. 134. ）

10. 《重生》。（同前，p. 198。）

11. UCLA档案。

12. 《重生》。（同前，p. 203。）

13. 同上。

14. 同上。（ p. 215. ）

15. 同上。

16. 同上。（ p. 217. ）

17. 同上。（ pp. 227-228. ）

18. 同上。（ p. 235. ）

19. 哈丽雅特·索默斯，《关于桑塔格的回忆：来自一位外籍人士的日记》，《布鲁克林铁道报》，2006 年 11 月 2 日。（ Harriet Sohmers Zwerling, « Memories of Sontag : From an Ex-Pat's Diary »,*The Brooklyn Rail*, 2 novembre 2006. ）

20. 同上。

21. 《重生》。（同前，p. 233。）

22. 爱德华·菲尔德，《会娶苏珊·桑塔格的男人》。（ Edward Field, *The Man Who Would Marry Susan Sontag*, éd. University of Wisconsin, 2005, pp. 160-161. ）

23. 《重生》。（同前，p. 217。）

24. 《苏珊·桑塔格谈话录》。（同前，p. 31。）

25. 《重生》。（同前，pp. 243-244。）

26. 《苏珊·桑塔格谈话录》。（同前，p. 155。）

27. 《重生》。（同前，p. 247。）

28. 哈丽雅特·索默斯，《关于桑塔格的回忆：来自一位外籍人士的日记》。

29. 《重生》。（同前，pp. 208-209。）

30. 同上。（p. 245.）

31. 同上。（p. 237.）

32. UCLA档案。

33. 《重生》。（同前，p. 225。）

34. 《苏珊·桑塔格谈话录》。（同前，p. 30。）

35. 《名叫巴黎的世界上的一个地方》，史蒂文·巴克莱编，迈尔斯·海曼绘制插画，苏珊·桑塔格作序。（*A Place in the World Called Paris*. Foreword by Susan Sontag, edited by Steven Barclay, illustrated by Miles Hyman, Chronicle books, San Francisco, 1994, p. XVIII.）

36. 同上。

37. 哈丽雅特·索默斯，《关于桑塔格的回忆：来自一位外籍人士的日记》。

38. 《重生》。（同前，p. 251。）

39. 哈丽雅特·索默斯，《关于桑塔格的回忆：来自一位外籍人士的日记》。

40. 《重生》。（同前，pp. 259-260。）

41. 同上。（p. 259.）

42. 同上。（p. 255.）

43. 同上。（p. 257.）

44. 同上。（p. 258.）

45. 哈丽雅特·索默斯，《关于桑塔格的回忆：来自一位外籍人士的日记》。

46. 迈克尔·丹东尼奥，《小戴维终于得到了幸福》，《时尚先生》杂志，1990 年 3 月。（Michael D'Antonio, "Little David Happy at Last", *Esquire*, mars 1990.）

47. 佐薇·赫勒，《与桑塔格面对面》。

48. 芭芭拉·罗斯，《作家苏珊·桑塔格从绝症中重整旗鼓并初获商业成功》。

49. 《苏珊·桑塔格谈话录》。（同前，p. 129。）

一位无处不在的知识分子
1958 年 9 月—1964 年 12 月

> 人们以为我是纽约人。但我二十六岁才来到纽约……
> 我来时的心态就像玛莎终于来到莫斯科。
> 我一直都想生活在纽约，我发现我的愿望终于能实现了。
> 我是被选为纽约人的，
> 是我自己选择做纽约人的。[1]

苏珊在 1959 年初带着儿子和两个行李箱在纽约下车时，无法不联想到她阅读过的小说中的主人公们，她就像他们一样，终于实现了生活在大城市的梦想。自二十岁起，她就期待着重新回到这座曾经目睹她出生的城市，她还没有与这座城市结清自己童年的债务。从十岁起，她就决心试试自己的运气，将来要投身写作与读书，过上精神化的生活。当她在 8 月的酷暑中昏昏欲睡着离开巴黎的时候，她知道除了法国首都，纽约是她唯一想生活其中的城市。她知道未来她还会回到巴黎，但她尚未做好准备。她首先需要建设，写作，创造。苏珊有种感觉：在纽约，她才会发现自己究竟是谁；会赢得做真正的自己的自由；然后将真正的自我呈现在世人面前。

这些话也许显得夸夸其谈，至少有些浮夸，但并不比她放下行李时脑海里想的更过分：她准备像巴尔扎克笔下的拉斯蒂涅*一样念出慷慨激昂的台词，"纽约，现在咱们俩来斗一斗吧"，几个月前她刚刚重读过这部小说。就像契诃夫笔下的三姐妹†一样，她期待着大城市能带来智力和艺术上的激烈竞争，而这是"外省"无法提供的。

在着手工作前，她首先需要找一间公寓住下，并给戴维找一处合适的学校。曼哈顿半岛西北部的街区，按照当地的行话叫作"上西区"，这里的优点是：既离哥伦比亚大学的图书馆很近——她一直打算写完她的博士论文，房租也负担得起；又通巴士和地铁，去城市的其他区域非常方便。他们在西区大道的一间公寓住了下来，位置在第74街和第75街之间；戴维在第82街的一家实验小学——新林肯学校注册了。[2]

剩下的就是生计问题了。菲利普多半还是给戴维付了学费的，但苏珊拒绝接受赡养费，所以必须自己筹措其他方面的费用。她一直希望能在大学教书，因此向附近的大学递交了助教职位的申请；考虑到她还未开始论文答辩，离获得博士学位更是尚有时日，这也是她唯一能期待的职位。与此同时，她还在联系出版界的人，希望能得到按件计酬的工作，或者一份编辑的工作。3月初，《评论》杂志雇她做编辑：这份杂志于1945年由埃利奥特·科恩创办，由美国犹太委员会资助，目的是保存美国犹太社群的文化与精神遗产。1958年，杂志由马丁·格林伯格和他的兄弟克莱芒特担任主编，他们接替了埃利奥特·科恩。科恩从1953年起患了严重的抑郁症，最终在1959年上半年去世。苏珊多半不费吹灰之力就融入了团队：杂

---

* 拉斯蒂涅是巴尔扎克小说中的主角，最早出现在《高老头》中，是该小说最主要的人物形象，他本是法国的外省落魄青年，为了实现自己的野心与抱负来到巴黎。——编注

† 三姐妹即契诃夫同名小说中的主角，她们向往莫斯科的美好生活，本章开篇引文中的玛莎即为三姐妹之一。——编注

志上无论是政治观点，还是事关犹太教和犹太复国主义的辩论，都
无非围绕着里夫一家在剑桥寓所的厨房里讨论过的话题。出现在杂
志的作者简介里的是一些与桑塔格夫妇在哈佛和布兰迪斯的友人们
在精神上相近的人物，他们的文章讨论了许多熟悉的议题：仅仅在
1959 年，就有冷战问题；关于以色列的未来和中东各方势力的斗
争的问题——当时还不管那叫作争端；后大屠杀时代的欧洲；美国
正在进行的废除种族隔离运动。索尔·贝娄给菲利普·罗斯的新作
（《再见，哥伦布》）写了评论，查尔斯·莱兹尼科夫[*]介绍 18 世纪的
犹太文献出版情况，雷·阿兰对戴高乐是否能控制其党徒表示质疑，
还有一位读者的来信旨在重新探讨 1958 年全民公决后的阿尔及利亚
问题。在《评论》杂志的办公室里，苏珊接触到很多来这里取校样的
作家和新闻记者，她对马丁·格林伯格抱有好感，他经常请她在下
班后和他一起外出赴会。就这样，她结识了纽约及其周边地区所有
有名的犹太知识分子与作家，阅读了他们的作品，并且零距离观察
了一家杂志的运转情况、其内部的压力与争论。自 1959 年 5 月埃
利奥特·科恩自杀后，《评论》就处于转型期：格林伯格兄弟次年就
让位给了诺曼·波德霍雷茨[†]，刊物在波德霍雷茨的领导下逐渐转变，
到了 20 世纪 70 年代初，已经成为新保守主义的阵地之一，但依旧
忠诚于它的犹太血缘。

　　从最初的几个月开始，苏珊就明白自己应当尽可能多结识一些
人，正是有赖于这张关系网，她日后才成为纽约艺术圈与文学圈的
中心人物。她晚上参加各种画展开幕式、晚餐会，还有宴会；邀请
她的人通常与她只是一面之交。没有关系：她的胃口几乎是无法满

---

[*]　查尔斯·莱兹尼科夫（Charles Reznikoff），美国诗人，俄国犹太移民后裔，代表
　　作有长诗《证词：美国（1885—1915）》等。

[†]　诺曼·波德霍雷茨（Norman Podhoretz），美国新保守主义知识分子，东欧犹太
　　移民后裔，从 1960 年起担任《评论》杂志主编长达三十五年。

足的，她从不踌躇，也结交了一些好朋友。在她新结识的友人当中，有一个比她大四岁的年轻瑞典雕塑家克拉斯·奥尔登堡，他即将与画家阿兰·卡普罗一道发起"偶发艺术"运动。

由克拉斯通知她演出的时间——这些表演没有固定的时间表——她成了偶发艺术演出的常客，定期出入东格林威治村举办此类演出的鲁本、贾德森和格林等画廊。她既是观众，又是"受虐者"——她在关于偶发艺术的文章里写道：折磨公众似乎是这类演出的目的所在。安迪·沃霍尔、罗伯特·劳申贝格*、贾斯珀·约翰斯†，甚至马塞尔·杜尚后继有人。杜尚是唯一有权利坐着的人，[3] 而其他人只能站着："我们可以要求观众浑身不适地站在一座摇摇欲坠的房子里，或者让他们为了平安站在升出水面数厘米的木板上而互相大打出手。"仅仅让观众感到不适，还远远不能让他们感到满足——演出通常持续十分钟到半小时不等——艺术家们甚至对直接袭击观众也不感到踌躇："用水喷洒观众，向他们投掷硬币，或者向他们喷粉状去污剂，害他们打喷嚏"，而音响震耳欲聋，经常令体质最好的人也昏头昏脑……换言之，这种向公众的挑衅是节目[4]的一部分，观众被拉入表演之内，按照苏珊的看法，他们变成了替罪羊，承受了这些画家-演员针对社会和艺术保守主义的怒火。[5] 在文章的结尾，她回忆说，这种把公众牵连在内的做法，是将阿尔托‡关于消除观众与演员之间的距离的信条付诸实践，将演出变成一只将观众和演员都包裹其中的蚕茧，从而产生一种全新的戏剧体验。

---

* 罗伯特·劳申贝格（Robert Rauschenberg），美国波普艺术家、雕塑家，以"结合画"（Combines）——将图片、绘画与实物拼贴在一起的艺术形式——而闻名。
† 贾斯珀·约翰斯（Jasper Johns），美国新达达主义画家、版画家，与劳申贝格是长期的恋人关系。
‡ 安托南·阿尔托（Antonin Artaud），法国演员、诗人、戏剧理论家，"残忍戏剧"理论发起人。——编注

　　乔纳斯·梅卡斯[*]的杂志《电影文化》帮助她熟悉了美国的先锋电影，她与安妮特·米歇尔松的对话就此得到延续——米歇尔松是美国先锋电影的参与者之一——她在巴黎的放映厅里的探索也得到了延续。在杂志起步后若干年，梅卡斯在 1962 年也拍摄了电影处女作；与格雷戈里·马科普洛斯[†]、斯坦·布拉哈格[‡]、雪莉·克拉克[§]，以及其他 19 名电影人创办了"电影制作人合作社"，通过这个组织他们得以推广和传播当代电影。多亏了格林威治村布里克街上一家影院的老板，合作社才成功开启了放映。苏珊长期以来一直是这家影院的常客，她不仅去那里看美国先锋电影，还看非面向大众的外国电影。

　　每个新交都带来更多的相识，几个月内，她就在 20 世纪 60 年代初那个兴奋沸腾着的艺术家与知识分子圈子里混成了熟面孔。她有意在先锋派圈子里最显眼之处抛头露面，从卡普罗的偶发艺术到沃霍尔著名的"工厂"——这种地下生活现在的曝光度已经越来越高。在"工厂"她又遇到了熟人，其中包括由艾伦·金斯堡陪同的格雷戈里·科尔索，他们几个月前还在巴黎见过面。她沐浴在这种"美国波希米亚"气氛中，既对此地心怀讽刺，又对巴黎怀有蔑视。她的新"朋友们"住在格林威治村，尽管他们的出身五花八门，但他

---

[*]　乔纳斯·梅卡斯（Jonas Mekas），立陶宛出生的美国电影人，《电影文化》杂志创办人，被称为"美国先锋电影的教父"。

[†]　格雷戈里·马科普洛斯（Gregory Markopoulos），美国实验电影人，《电影文化》的撰稿者。与乔纳斯·梅卡斯、斯坦·布拉哈格、雪莉·克拉克等人一起发起了新好莱坞电影运动。20 世纪 60 年代移居欧洲。

[‡]　斯坦·布拉哈格（Stan Brakhage），20 世纪最重要的、多产的实验电影人之一，以其非叙事性的电影而闻名，做过多种形式的电影实验，如手持摄影、快速切换、胶片刮痕、拼贴电影、多重曝光等。代表作有《水窗中的颤动婴儿》《翻绳作戏》《狗·星·人》《但丁四重奏》《现世欢乐的花园》等。

[§]　雪莉·克拉克（Shirley Clarke），美国独立电影人。导演电影有《环绕路桥》《杰森的画像》《奥内特：美国制造》《罗伯特·弗罗斯特》等。

们都有一种狂热的欲望，想要创造一种新的当代艺术，创造一种与众不同的生活风尚，由此改变思考模式，使人们接受他们新的生存方式。

1959 年 2 月，哈丽雅特写信给苏珊，让她帮自己拿主意要不要回到纽约，苏珊提议说可以让她借住在自己家里，哈丽雅特接受了邀请，暗示说如果局面搞得太复杂的话，她可以到别处去住。[6] 苏珊打消了她的疑虑，于是她在 1959 年夏天来临前从巴黎来到了苏珊在西区的公寓。哈丽雅特当即就开始活跃地参与她伙伴的夜生活，顺便还向苏珊介绍了自己的朋友们，特别是她的前女友艾琳；还有艾尔弗雷德·切斯特，他是一个富有的社会边缘人，当时也住在格林威治村，她和艾琳是分手之前在伊比萨岛认识的他。这三个女人很快变成了艾尔弗雷德指定的灵感仙女。这个小团体到任何地方都引人注目：三个女人中两人比普通人高大、美丽；而那个男人，他的着装唯独不能用低调来形容，喜欢头戴浮夸华丽的假发——他用假发来掩盖小时候接受放射治疗造成的秃顶。

这四人组的和睦无间被艾琳和苏珊之间萌芽的情感打破了。受伤的哈丽雅特认为这是终极的背叛，她决定从此弃绝女性的陪伴，尤其是要跟过去的伙伴们断绝关系。她很快在纽约郊区的一家公立学校找到一份美术教师的工作，嫁给了一个名叫路易·兹沃林的水手，1963 年生下了一个叫米罗的儿子。

艾琳生于 1930 年，十五岁时，她和母亲、妹妹从哈瓦那来到美国。两年后，她孤身一人在格林威治村住下，白天在一家生产军功章的工厂干活，晚上上舞蹈课和绘画课。她是心血来潮才去欧洲从事艺术工作的。在巴黎，她学习绘画；但萨缪尔·贝克特的《等待戈多》的一次演出震撼了她的身心，让她决定回到纽约，到戏剧圈子里碰碰运气。苏珊和艾琳相逢时都在自问：我是怎么走到这一步的? 该如何写作、演出、与他人结交? 写作这种行为对她们来说似乎既混沌不清, 又令人生畏, 即便对于苏珊来说也是如此, 尽管她已经发表过数篇评论, 写过数不清的论文与研究报告, 更不用说还参与撰写研究弗洛伊德的专著。最终还是多亏艾琳的激将法, 1961年春天, 她们才终于一起开始投身严肃的工作:

> 这就像是某种游戏。我们当时在格林威治村的一家咖啡馆里, 希望能遇到哪个朋友或者任何人, 来告诉我们哪里有晚会可以邀请我们……在这段时间里, 苏珊开始说她过得并不怎么开心, 因为她想着手写作, 但是没有时间, 也不知道该怎么开头。我的态度是积极乐观的, 我对她说: "现在就开始吗?"她回答说: "我知道, 我不会再拖了。"我跟她说: "那就写吧。现在就开始。我也一起写。"她对我说: "现在吗?"我回答: "就是现在, 来吧, 现在就写。我也写。"她对这个想法吃了一惊, 其实我也是。[7]

每当有哪个只有一面之交的人出现在她们的书桌旁, 邀请她们去参加晚会时, 艾琳就会加以拒绝: "真遗憾, 我们去不了。我们还有活要干。"一旦回到公寓里, 她们就面对面坐着。"她面前是一台打字机。我手里是笔和纸。"在苏珊狂热地打字的时候, 艾琳却感到有点赌不起了。为了寻找灵感, 她从书架上随机拿起一本书, 然后用"翻开的那页上的第一个词"开始写: 句子在页面上排列成行, 一会儿就有了第二页, 她发现她也是可以写作的……不久后, 以家书作为灵感, 她写了自己的第一部剧,《探戈的宫殿》。根据艾琳的见证, 正是在这段时间, 苏珊写下了她在纽约最早发表的文章之一。

在艾琳身边, 苏珊被驯服了, 她开始过上家庭生活, 品尝到日常生活的乐趣，她发现自己竟然在日记里记起意大利面酱汁的配方来——她的伴侣特别喜欢吃面——以及洋葱汤的配方。这可是后来承认只会用炉灶热现成饭菜的她啊。尽管两人之间有不少差异，她还是坠入了爱河，有那么一段时间，她也感到自己是被爱着的：

> 直到现在为止，我总觉得唯一能让我深入了解或者真心爱上的人，就是那些宛如另一个我的人，那些我可悲的自我的复制品。/（无论是在智力层面，还是在性的层面，我一直都有乱伦倾向。）现在，我认识并爱上了一个并不像我的人——比如，不是犹太人，不是纽约式知识分子——对亲密关系没有恐惧症。我总能意识到 I 是不同的，是缺少共同点的——这让我如释重负。[8]

这并不意味着就不会发生争吵，不会疑虑丛生：从 1960 年 2 月起，苏珊开始感觉到曾经驱使她离开菲利普的那一系列无法沟通的局面再度出现了，结果经常是她们抬高了嗓门，门一摔，艾琳回自己家了（她保留了自己在市中心的公寓），冷战再和好，然后又是一轮争吵。有些坏习惯苏珊一直没能改掉，像偷看别人的私密日记，这在过去已经给她和哈丽雅特带来了很多问题……

乍看起来，苏珊在纽约的生活没有什么地方能容下一个孩子。四十年后，在《纽约客》的一次采访中，她简明扼要地概括了当时的情况："戴维是在一堆大衣上长大的，举办晚会的时候，客人们的大衣就堆在床上。"[9] 因为没有办法找到人照看他，她就走到哪里都带着他。这方面有很多见证人，每个人都能讲出关于这个到达纽约时已八岁的小男孩的逸事，他在这一大群奇怪的人当中长大，他们都是他母亲的朋友、相识和熟人。他仍然是早熟的，苏珊就像从前给自己制作书单一样，又在笔记簿上给戴维制定书目，首先是儿童文学中的经典——他对儿童文学没有什么胃口，然后就是大写的文学了，《伊利亚特》《奥德赛》，甚至《战争与和平》，他十一岁时就开始读了，如果我们相信他的话，这给他留下了精神创伤，因为他当即意识到自己永远也不会写得像托尔斯泰那么好。[10]事实上，他不停地把自己跟周围的成年人进行比较，结果永远对他不利，就像他母亲所指出的："戴维不像我小时候那么早慧和富于创造力，这让他很在意。他把九岁的自己跟同样年龄的我对比；把十三岁的我跟今天的他对比。我对他说，他没有必要跟我一样聪明，他可以在其他方面得到满足。"[11]

　　他身处父母冲突的中心，这也无助于他茁壮成长。在分居的时候，他们决定以后戴维每年夏天都去加利福尼亚和父亲一起；这是考虑到他们之间相隔千里，其他探视方式都不可行。但相隔千里并不能阻止他们在书信和电话里争吵并互相威胁，菲利普始终想获得儿子的监护权，而苏珊绝不打算放弃。像我们能预料到的，这对戴维并非没有影响，他每次登上飞机往返于父母之间，都会感到生理不适。[12]如果父亲不总是想撺掇他反对母亲，那么他可能会好过些："我父亲让我左右为难。我有种感觉，他们想让我站队，想让我做出选择，而这对我来说是不可能的。让孩子处于这种境地是很可怕的。"[13]

　　苏珊与传统的母亲定位不符，她自己也清楚这一点，比如不会做饭——"我没为戴维做过饭，我只负责热现成的饭菜"，她后来说；也不是会去参加家长会的那种人。但她花很多时间跟他在一起，倾听他说话，在学识上哺育他。像她一样，戴维不爱运动，很快就在学校操场上被边缘化了，其他孩子不喜欢书呆子："我一直都想做成年人，甚至在八到十岁的时候，我就觉得自己仿佛被囚禁在孩童的身体里，还有——我对此不抱幻想——被囚禁在孩童的灵魂里。这并不奇怪，我怀疑我并不像一个'真正'的孩子（至少对其他孩子来说是这样，大人们要更好糊弄一些），我肯定没能做好童年这门功课。"[14] 最后这句话就如同出自他母亲之口，她就像他一样，从童年中没能得到什么乐趣……就像她一样，他饱尝童年之苦，只有在故事与书籍中才能得到慰藉："我母亲喜欢给我读布吕诺夫*的故事，我被非洲大草原上的优雅王国的图景迷住了，童年在这种时刻几乎是可以忍受的。"[15]

环境使得这对母子更加亲近，外加他们的性格和所受到的教育都非常相像，他们成了媒体盖章的一双，自苏珊声名鹊起以来，他们就总是一同出现在照片上。但是在 1959 年末，菲利普还不死心，想把他们分开，他又一次向法庭上诉，后果是灾难性的：他攻击自己的前妻，说她无法胜任母亲的角色，说她生活在对孩子健康成长有害的环境里，这等于是拐弯抹角地揭发了她和艾琳的同居关系，和她的同性恋身份。里夫赢了第一局，在庭审中获得了更进一步的探视权。一份当地的日报对此报道如下：

教授争取儿子监护权，获得第一轮胜利

菲利普·里夫，作家与社会学教授，昨天获得了每周一次探视九岁儿子的探视权和每周与儿子进行三次电话通话的权利。争取监护权的战役还在进行中。

里夫向最高法院法官欧文·麦吉温提交了要求探视儿

---

* 让·德·布吕诺夫（Jean de Brunhoff），法国儿童作家和插画家，代表作是"大象巴巴"系列。

子戴维的诉状。他的律师莫里斯·哈珀恩说，他的前妻苏珊·桑塔格·里夫自圣诞节起就没让他见过儿子。

麦吉温称这种行为是"令人难以置信的"，法院判决里夫有权在每周六 14 点至 17 点期间探视孩子，每周一、三、五上半夜可以与孩子通电话。

下一次庭审时间预定在 2 月 20 日。[16]

根据艾尔弗雷德·切斯特的叙述，苏珊和她的女友一同出席了庭审，化了妆，穿着连衣裙和锥子高跟鞋。对她们的友人来说，这是难得一见的景象——苏珊很少穿裙子，更难得化妆；对法官来说，这让对她们的控诉变得不足为据，他拒绝相信这样的美女会是女同性恋者……[17]

最后，菲利普不仅没能赢下官司，连他的探视权都重新缩减，在这期间，他接受了在费城的宾夕法尼亚大学的教授职位，离纽约更近了。在此处，他安家落户直到退休。1963 年，他和一位来自圣巴巴拉的女律师再婚。父子关系似乎在这一时期永远定型，在接下来的十余年里，戴维甚至拒绝和父亲见面。

在 20 世纪 60 年代初，苏珊经常把自己看作正享受着迟来的青春期的女人。她的心思摇摆不定，一方面她必须照顾儿子，满足他们两人的生活需求；另一方面她想要寻找乐子，想要成为她周围发生的一切的一分子，想要拥抱终于能够享受的生活。"终于"，是因为她仍然未能将婚姻期间的那种如同被囚禁的感觉抛在身后，仍然急于在进入成熟年龄前享受青春。尽管她深深地爱着儿子，有时候仍然会自我怀疑，是否真的想把他带在身边，在某些时刻，这种责任使她不堪重负："我等待着戴维长大，就像我曾经等待从学校毕业变成大人。这中间流逝的是我自己的生命啊！我曾经服过三种刑期：

我的童年、我的婚姻、我孩子的童年。我必须改变我的生活，才能真正活着，而不是等待有一天能真正活着。我或许应当抛弃戴维。"[18]

这种情绪没有持续下去，一旦她离开她的男孩几小时或者几天，就会对他思念不已。[19] 当时的纽约还不是现在的纽约，住在同一个街区的人彼此认识，邻居们互相施以援手：苏珊多次在古巴－美国社区里找到临时保姆，她是通过艾琳和这个社区产生联系的。这在三十年后戴维写第一本书时成了他的王牌，书名是《流放：迈阿密中心的古巴》："我想我一直都认识古巴人。我还是孩子的时候，一个人从纽约西区的学校回家，两个住在隔壁、打扮得很有格调的变性人对我的好心关爱（一种完全纯洁的关爱）给我带来了很大的安全感，他们总是能奇迹般出现，把我带到阿姆斯特丹大道上一家古巴餐馆，喝那种浓稠的热带奶昔——人们管它叫'巴蒂朵'（batidos）。"[20]

如果戴维对他的父母通过各自的律师传话来进行的争吵还有模糊印象，他应当也在场旁观了从 1960 年最初几个月开始他母亲和艾琳之间是如何争执不休的。这些争吵有时候是狂暴的。唇枪舌剑，摔门而去，闹到最后苏珊经常被独自留下，她的女友去了城里。她怀疑女友可能去找别的什么人了，她不知道这怀疑是否有道理。怨恨、嫉妒和爱恋，让她痛苦不堪。她折磨自己，质疑自己，指责自己，想要理解为什么艾琳这样的人也会觉得她令人难以忍受；在她看来，艾琳比她更稳重、成熟，也更能掌控情绪，所以也就更能掌控自己的人生。她确信自己在感情生活上是有障碍的，原因是她受到一种她称为"X"的因素的影响：这是一种强迫性与他人发生联系的感觉，力求取悦他人，只会做烂好人。她无法对他人说不，说谎的本领也远比她想的更强，因为她说的话总是别人想要听到的。"X"是用来概括所有这些弱点的，象征着她情感上的软弱性。追根溯源还是因为她与母亲的关系，她母亲以前从未在她的日记里占据如此重要的位置：她终于下定决心去做精神分析，希望能为解决自己的感情问题找到对策，这很可能让她更加想要追溯自己的出身与童年。

几个月下来，和艾琳分手变得越来越不可避免，1963年末的一天，艾琳终于夺门而去。她对苏珊的谴责和当初的哈丽雅特是一样的：占有欲太强——她们两人都不严守一夫一妻制，各自都有风流韵事；感情上具有依赖性，这让她们的日常生活变得活受罪。艾琳并不是没有犯错，但在苏珊的日记里——这是关于她们两人的关系我们掌握的唯一的重要证据——她经常把发生口角和冲突的起因归咎于自己。她的痛苦不仅源于她们的感情正在分崩离析，也来自她对孤独的恐惧，她不知道"怎么独自生活"。她有一种强迫性的被爱的需要，或者相信自己正被爱着的需要。尽管如此，说到底她仍然是清醒的，她明白自己有些时候的行为有自毁倾向："爱是表达称赞与偏爱的最高形式。但这并不是一种生存方式。"[21] 她曾经为她们两人的差异感到喜悦，现在却不得不承认太多的事情隔在她俩中间："这间公寓，我们两人的家；性欲；戴维；工作。"[22]

尽管戴维在母亲故世几个月后的一次采访中断言，他的童年远比看上去要"正常"，但《去迈阿密》中捎带一提的几句话让人感到当时的情况并不像他想要让人相信的那样单纯：

> 家的概念对我来说，既难以想象又魅力无穷。我不怀疑这种感情应当有一部分的传记因素，因为我不来自核心家庭，而是来自一个亚原子家庭。结果是，我一直对任何能吹嘘自己家子孙满堂、家庭和睦的人都存有无理性的嫉妒，并且马上就会对他们产生兴趣。我的大半辈子都在寻找一个能把我自己嫁接进去的家庭——就像一只寄居蟹在

寻找一艘能登上去的战舰。对我来说，更难解释的是，为
什么我习惯性地把这种欲望和那些无法融入的人联系在一
起: 同性恋者、外国人、流亡者。[23]

　　而苏珊对这段最初的纽约岁月的说法是: "我的感受有点像是在
假扮穷人，这对我来说是做了件好事——了解到世上的人都在做什
么——但我显然还是要带着这些经验回到我心目中的真正的人生。
我做的一切，都是为了我可以说'很好，我做过这件事了，我再也
不会害怕做这件事了'。"[24]

　　在这段最初的纽约岁月中，压倒一切的感受是她体验到了自由，
这种自由是她以前从未体会过的: 她的一举一动是自由的，她是自
己身体的主人(就像她的日记所显示的，在这方面，她也有了很大
的进展，而且做得越来越好)，她可以按照自己的准则自由抚养儿
子，或曰没有准则……在职业上，她还未拿准自己究竟想做什么。
1959 年开学后，她在萨拉·劳伦斯学院教哲学，该校位于曼哈顿以
北的布朗克斯维尔，去时要在中央车站搭火车，一直坐到纽约城市
学院。她继续为《评论》杂志工作的同时，也在尝试写作。正是在萨
拉·劳伦斯学院，她遇到了比她年长八岁的伊娃·柯里施，两人有
一段短暂的情人关系，但柯里施给她带来的更多是政治和政治活动
方面的洗礼。

　　她仍然没有重新开始写她的论文，因为缺乏时间，也因为缺少
动力: 她难以想象拿一篇哲学论文能做什么，更不用说还是关于一
个她难以定义的主题。太多事情在占据她的注意力、好奇心和她对
生活的欲望，这些都阻碍了她在学术上怀抱雄心，更不用说她还觉
得自己很难做好一个认真负责的教员: 她备课速度如飞; 上课经常
迟到，如果她没有干脆缺席的话……[25]

　　雅各布和苏珊·陶布斯夫妇也离开了哈佛大学，来到纽约定居。他们在哥伦比亚大学教书：在他们的居中调停之下，她在 1960 年秋天也被雇用了，这样她就不用回到萨拉·劳伦斯学院和城市学院了。她在学院（哥伦比亚大学下属的学校之一，哥伦比亚大学像大部分美国大学一样采用英国的制度，划分为各个"学院"，人们在不同的学院学习文学、历史、宗教等）的宗教学系教书，雅各布是她的顶头上司。她的第一堂课是给大一学生上古希腊古典文学阅读：读《伊利亚特》、埃斯库罗斯的悲剧、希罗多德和修昔底德的史书、柏拉图的对话录；他们甚至给她配备了一个助教。[26] 留下来的文件让人觉得，如果说她在萨拉·劳伦斯学院和城市学院没怎么认真对待过自己教的课，那么在哥伦比亚大学她可不是这样的。陶布斯夫妇在场，雅各布监督，想必都起到作用；整体的环境也会对她产生影响：哥伦比亚大学的精神与她在芝加哥大学体会过的十分相近，她重新生活在一群评论家、作家当中，他们的声誉与活动范围远远不限于大学。在那个时代，他们当中最为著名的应当是莱昂内尔·特里林，他在哥伦比亚大学设立了"人文主义巨著"课程，从 20 世纪 40 年代末起，他凭着自己的评论著作，更因给《巴黎评论》撰稿，成了纽约犹太知识分子中的领袖人物。在 20 世纪 60 年代初的学生与年轻教授中，有诗人约翰·霍兰德、评论家与女性主义者卡罗琳·埃尔布兰*（她 1967 年代表《纽约时报》采访过苏珊）、艾伦·金斯堡、保罗·古德曼，还有诗人理查德·霍华德——他后来成了她最亲密的朋友之一。

　　继古希腊古典文学后，苏珊轮流教过社会学、哲学、宗教史；从东方宗教、非洲宗教到《旧约》，从黑格尔到马克思，从尼采到弗

---

*　卡罗琳·埃尔布兰（Carolyn Heilbrun），女性主义学者、侦探小说家，哥伦比亚大学英语系第一个女性终身教授。

洛伊德，都在她的课程范围内。从档案中一份 1964 年 1 月由五名学生签字的文件来看，她深受学生喜爱："亲爱的桑塔格小姐，我们给您写这封信，为的是向您表达我们的感激之情，您的《旧约》课非常有趣和令人愉快。谢谢！"[27] 如果我们相信当时在哥伦比亚大学就读但并未上过她的课的菲利普·洛帕特*的证词，那这位年轻女性的影响力已经远远超出了她的课堂："没过多久，我就听说教员中有一位聪慧迷人得令人难以置信的女性……我有几个朋友上了她的宗教入门课，向我转述了她的一些妙不可言的想法：比如说，她建议他们去现代艺术博物馆看罗伯托·罗西里尼的电影回顾展。"[28] 如今，洛帕特已经成为作家和教师。当时，他在同学们的鼓动下，去敲了桑塔格教授办公室的门，跟她讨论自己的一篇虚构与自传体交织的短篇小说。他得到的劝告有点自相矛盾，但这件逸事的价值在于向我们展示实际行动中的苏珊——她在此处扮演的是她很少出演的写作课老师的角色：

> 她流露出一种自信，这在她是相当常见的，她热情而又才智过人。她看上去身形过分高大，让椅子都显得窄小，她的手臂和腿垂落下来，就好像椅子已经装不下了。我马上就能看出她并不喜欢这个短篇。她怎么可能喜欢呢？小说是用现实主义风格写的，充斥着过分笨重的心理描写，因为那个时期我读的是陀思妥耶夫斯基。过多的陀思妥耶夫斯基，只有陀思妥耶夫斯基。她宽大为怀地给了我一通夸奖，写作课教授们这样夸你往往是为了过渡到批评。她说我的小说有过多的不必要的细节，她为了向我解

---

* 菲利普·洛帕特（Philip Lopate），美国影评人、散文家。

释，还对我说起她也在写一个短篇，人物原型是她的朋友
艾琳（后来我才知道她说的是剧作家玛丽亚·艾琳·福恩
斯），她在小说里写了一个爱做意大利面的女人，因为艾琳
喜欢做意大利面。教训是我们不该忘记虚构和生活是截然
不同的，尤其重要的是，为了成就文学，我们应当改变外
在形式。[29]

1960年11月，约翰·F.肯尼迪当选美国总统，于1961年1月
接替艾森豪威尔成为这个正经历巨变的国家的元首。废除种族隔离
运动正进行得如火如荼，1964年，在肯尼迪被刺杀后几个月，他的
继任者林登·约翰逊有幸签署了民权法案，该法案宣布全体美国公
民不分种族一律平等。此外，冷战仍然处于高峰期，1961年8月，
民主德国政府建起了一堵高墙；这不仅在长达二十五年的时间里将
柏林一分为二，还成为东方与西方、共产主义与资本主义分庭抗礼
的象征。猪湾事件与CIA颠覆卡斯特罗政府未遂，都是这场美国人
对共产主义发动的战争中的又一个环节；继20世纪50年代初麦卡
锡的猎巫运动后，这场战争在1964年8月美国对越南宣战时达到了
顶峰。

从1963年8月的华盛顿大游行[*]到马丁·路德·金在林肯纪
念堂台阶上的著名演讲，从1963年11月22日肯尼迪遇刺，到尤
里·加加林成为第一个绕地球飞行的宇航员，所有这些事件苏珊在
日记里都未发一言。然而，哥伦比亚大学就像美国许多其他大学一

---

[*]　华盛顿大游行，即1963年8月争取黑人工作机会和自由权的"华盛顿工作与自
　　由游行"（March on Washington for Jobs and Freedom），逾二十万示威者参与，
　　马丁·路德·金在此活动中发表了著名的演讲《我有一个梦想》。——编注

样，是政治运动的重要摇篮之一。她参加示威游行，在请愿书上签名，她的名字经常出现在学生自办的报纸《哥伦比亚每日观察者》的报道中：例如在 1961 年 4 月反对民事保护演习的示威游行中，她在超过五百名学生与同事面前发言；1964 年 12 月，她在一份支持大学教职工工会权益的请愿书上签了字；而菲利普·洛帕特还记得在一场由"公平对待古巴"委员会组织的集会上见到过她，她还是和社会学家C. 赖特·米尔斯*一起。[30]

苏珊并不是不明白参与政治活动可能会导致她与学校行政当局，甚至与某些学生发生冲突。她做了这方面的噩梦：她梦见自己在课堂上出言批评美国，学生们还之以颜色，向她"投掷点了火的小纸团"，挑明了他们对她的非难，以及他们与"一个法西斯主义学生组织"的联系。在这个梦的第一部分，一个学生向学校当局告发了她，她在上述事件后向学校当局寻求帮助，但负责人变成了一个对她的诉苦无动于衷的老妇人……[31]

但学校行政人员对这个问题并没来得及表现出兴趣，因为苏珊在 1963—1964 学年末离开了哥伦比亚大学，尽管教师的职位颇多便利之处——时间表有利于业余写作，有暑假，而且工资开得很公道（她最后一学年的聘用信函里写明她十二个月的收入是七千美元，相当于今天的五万三千美元[32]）。她难以想象自己的学术生涯，而要保住当大学教师的各种好处，就必须重新开始写博士论文，并且把论文写完。如果说哲学、宗教史和文学从未像现在这样令她感兴趣，她可无法想象自己写学术文章和与人通信的样子。1966 年，她最后一次有兴致要把博士学位拿到手：在一封写给哈佛大学哲学系系主任的信里，她申请重新入学，并把她在 20 世纪 50 年代末修过的课

---

* 查尔斯·赖特·米尔斯（C. Wright Mills），美国社会学家，文化批判主义的代表人物之一，长期执教于哥伦比亚大学。

程计算在内，提出论文以让-保罗·萨特的美学观点为主题，导师是斯坦利·卡维尔[*]。[33] 我们不知道她的申请得到了怎样的回复：最终她把自己看作一名"还俗的大学教师"[34]，她还在伯克利上学的时候，就预感到从事这种职业的危险。[35]

　　成名后被各处授予荣誉博士头衔时，她头一份接受的就是来自哥伦比亚大学的，原因她在写给提名她的人的信里说了："我希望您知道这是我接受的第一个荣誉博士头衔。迄今为止，授予我荣誉博士的大学都是我从未与之产生过联系的。他们想要的无非是在领奖仪式上来一次免费演讲。哥伦比亚大学可不是这么回事。"[36] 1993 年 5 月 19 日，她在年度的学位授予典礼上身穿传统的博士礼服做了一次演讲……在此期间，她写的东西足以满足多个博士学位的要求，涉猎无比广泛，并且遵循了她在芝加哥大学、哈佛大学和哥伦比亚大学学到的严谨学术观，另外她在表达上的全然自由，又是停留在大学体系内部所无法实现的。

　　自从苏珊对写作的态度认真起来，她就将一切空闲时间用于写作，与艾琳面对而坐，打字机和黄色的记事簿近在手边——苏珊总是在打字前先草草地把自己最初喷涌的灵感用笔记录下来——她们不会互相打扰，除非是为了分享自己最得意的片段。[37] 苏珊抨击了自己的第一部小说[†]，认为这部小说首先是"一个令人愉悦的邪恶故事，展示了被统称为诺斯替教的多种宗教思想的遭际"[38]。如果说于斯曼在《逆流》中塑造的德泽森特这个人物明显是她的小说主人公希波莱特的原型之一，我们也能在她笔下的人物的思维中发现笛卡尔

---

[*]　斯坦利·卡维尔（Stanley Cavell），美国哲学家、哈佛大学教授，著有《看见的世界——关于电影本体论的思考》《言必所指？》等。

[†]　此处的小说指的就是《恩主》。——编注

主义的迹象和伏尔泰式的世界观，以及神话与宗教史的底色。[39] 小说笔法流畅，一段段读下去，越来越像是对一场憨第德*与笛卡尔之间的相逢的戏仿，第一章的题词就是"我梦故我在"。我们结识了希波莱特这个人物，他六十一岁，独居一室，年华老去，追忆起自己一生中各个标志性的阶段，记起自己的梦幻与雄心，最终踏上了一次介于幻想与现实之间的、回到过去的漫长旅程，让读者自己去分辨到底何为幻想、何为现实。"我变成了一个古怪的老人，我的疯狂纯洁无邪又富于慈悲。"他说。他的母亲在他五岁时就去世了，他和父亲与女家庭教师一起度过了孤寂的童年，然后在国内最好的大学学习哲学，发现了自己"对知识的饥渴"："我的求知欲令我就像一个饿得快死了的人，拿到三明治时，来不及揭掉保鲜膜就吞了下去。"[40] 一篇《关于某个无关紧要课题的不乏原创想法的文章》让他闻名于世，这篇文章就如同邀请函，让他遇到了他爱上的第一个女人。她比他年长，当时已婚，他将她拖入各种荒诞离奇的冒险之中。然而就像憨第德一样，他想趁着年轻去旅行，"踏上异国的土地，了解不同于本国的风土人情"。[41] 他旅行时起初孤身一人，后来则有人陪伴，他曾经远赴沙漠，后来定居于一座与巴黎非常相似的城市，尽管她从来没有道出这座城市的名字。这些旅行和反复出现的梦境混合在一起，长时间潜入无意识之中，强迫读者不断迷失在梦境与现实之间。与我们对这个业余艺术爱好者的想法相反，他把这看作人生目标："通过对梦境的认识，对智慧做不确定的探寻。"[42]

　　苏珊通过这部小说处女作，完成了她还在剑桥与里夫生活在一起时对自己发起的挑战：摆脱自传体写作。尽管希波莱特的某些性格特征并非不让人联想到某位桑塔格小姐——对知识的渴欲、对异

---

*　憨第德（Candide），伏尔泰同名小说《憨第德》（又译为《老实人》）的主要角色，他对莱布尼茨式的乐观主义充满怀疑。——编注

国语言与文化的兴趣、对旅行与哲学讨论的嗜好——但他本质上是不同的人，就像她自己强调过的那样："我不是独身，没有隐居，不是男性，没有上年纪，我也不是法国人。"[43] 她忠于自己心目中的"最佳形式"，即传记形式；她的小说建立在这样的观念的基础之上："自我进入世界，为的是自我认识。"[44]

至于影响了她的人和著作，除了上文提起的笛卡尔的《沉思录》与伏尔泰的《憨第德》，她还多次提到她在芝加哥大学时的老师肯尼斯·伯克。在伯克的小说《向更美好的人生》的序言里，她发现了（是下意识地发现的，她特别指明）《恩主》可以依照的典范："小说作为一组咏叹调，作为道德寓言。主人公的自我卖弄——伯克把他的小说主角称为主人公（protagonist）——如此天真地以自我为中心，没有读者能够抗拒与他自我认同。"[45]

人们将她的小说风格的生成归因于许多其他大师的影响。首先便是弗洛伊德——考虑到梦及其阐释在她小说叙事中所居的位置，这一联想几乎太过轻易。她也受到了"新小说"的影响，特别是罗伯-格里耶与娜塔莉·萨洛特（桑塔格在1963年就萨洛特的散文集的英译本《怀疑的时代》发表了一篇文章）。还有英格玛·伯格曼，她坚称自己在写《恩主》以前从未看过任何一部伯格曼的电影，这是不符合事实的：她的日记证实她至少在巴黎看过《不良少女莫妮卡》与《小丑之夜》。[46]

除了这些影响她的因素，同时代的读者还想要辨认出某些人物的原型。如果说就像她也强调过的那样，要将女小说家的形象与希波莱特联系起来是困难的，反过来要确认让-雅克这个人物的原型则容易得多——清贫的艺术家、哲学家，"主人公"的朋友，在小说中通篇出现——他就是作家让·热内。一个朋友向她提到这一点时，她主动承认了：

……对，我创造让-雅克这个人物时想的是热内……我是 20 世纪 50 年代末在巴黎初次与他相遇的，我后来仍然时不时见到他，1970 年他来纽约时，甚至在我的公寓里住了几周。这就是为什么热内对我来说并不是一个"当代美学神话"。他是我认识的熟人，在他的基础上我构建起了一个虚构人物……我需要补充一句，让-雅克只有一部分是以热内为灵感创作的。他的原型至少还有一半是我的一位密友，我们从那段巴黎岁月起就认识了，我遇到他是在 20 世纪 50 年代末，后来依旧来往密切。他是一个聪明过人的居留巴黎的美国人，名字叫作埃利奥特·斯坦。[47]

小说中经常出现与斯韦沃的《一生》，甚至与马查多·德·阿西斯的《布拉斯·库巴斯死后的回忆》呼应的地方：在讲述过往回忆的老者希波莱特身上，怎能不看到一位布拉斯·库巴斯的兄弟，在坟墓另一边回忆往事？她本人也震惊于自己的小说与阿西斯作品之间的诸多相似之处，她在法勒与斯特劳斯出版社的编辑塞西尔·亨姆利让她读了这本小说："我们第一次见面时，亨姆利就对我说：'我能看出您明显受到了《一个小赚一笔的人的墓志铭》（小说英文译本的意译书名）的影响。''一个什么的墓志铭？''您知道，就是马查多·德·阿西斯的那本书。'所以他借了我一册书，几天以后，我承认倘若时间倒流，我就是受到它的影响。"[48]

她是怎么遇到亨姆利的？苏珊为《恩主》画上句号的时候不过三十岁。她在纽约的文学圈与艺术圈尚未扬名立万，她可以拿出《评论》杂志的名片为自己招徕贵宾，而且她已经在她定期参加的晚会、展览开幕式，甚至偶发艺术演出中认识了出版界有头有脸的大人物。

她知道谁是罗杰·斯特劳斯和约翰·法勒，尽管她未曾被正式介绍
给他们二人——罗伯特·吉鲁这时候还未加入这家出版社，1964年
出版社才挂上了他们三个人的名字*。她尤其了解他们出版的作品，
其中包括她最迷恋的作家之一，朱娜·巴恩斯。法勒与斯特劳斯出
版社出现在最有可能出版《恩主》的出版社的名单上，其余还有兰登
书屋和兰登的明星编辑贾森·爱泼斯坦。从1961年春天开始，她在
胳膊底下夹着开头几章的手稿，一家家轮流造访出版社办公室。[49]
爱泼斯坦拒绝了手稿，但她作为一个天真却意志坚定的年轻女性，
仍然充满了自信，她把自己用细绳扎好的小小包裹留在了法勒与斯
特劳斯出版社的接待处：

> 当我写完一篇有出版价值的稿子时，我就直接送到某
> 个编辑那里。我制作了一张名单：法勒、斯特劳斯和吉鲁
> 出版社†在1962年是我的第一选择，因为他们出版过《朱
> 娜·巴恩斯读者指南》；第二选择是新方向出版社，但出
> 于某种原因，他们给我留下了不容易接近的印象；第三选
> 择是格罗夫出版社，因为他们出版了贝克特。这些都太扯
> 了！……我并不真正知道什么是文学经纪人。我只是把装
> 在纸盒里的《恩主》手稿留在了法勒、斯特劳斯和吉鲁出版
> 社。两周后，我接到了电话，他们给了我一份合同，答应
> 出版此书。[50]

关于这次奇遇有很多不同版本的说法，有的是苏珊亲口讲的，

---

*　该名字延续至今，即法勒、斯特劳斯和吉鲁出版社（Farrar, Straus & Giroux，简
　　称FSG）。——编注
†　本段落中关于法勒、斯特劳斯和吉鲁出版社的表述，原文如此。

有的是同时代的证人或者历史学家讲的，但到头来这些说法是互相吻合的：她的单纯与决心得到了回报，美国国内关注度最高的文学出版社之一迅速出版了她的作品。

就这样到了 1963 年 8 月末，在纽约所有的大书店里，读者们都能买到《恩主》，该书的书名为蓝色，印在奶油色的背景之上，书名下方是绿色的作者名字，封面装饰有黑白两色的风格化图案，一颗心置于一丛孔雀羽毛之上。封底是哈利·赫斯拍摄的一张苏珊·桑塔格的照片。"她像萧伯纳《错姻缘》中的女飞行员在跳伞时砸穿了温室的屋顶。"[51] 评论家卡罗琳·埃尔布兰说道。出版前两个月，样书被寄给三十余名评论家，附有群发的信函如下：

> 我们寄给您一本苏珊·桑塔格极具原创性的小说《恩主》的样书。像您知道的那样，推出一位年轻作者并非易事。如果您喜欢《恩主》，希望您能让我们知道。您的一句话就能为该书带来可观的助力。[52]

杜鲁门·卡波特、W. H. 奥登、J. P. 唐利维[*]、珍妮特·弗兰纳[†]、克里斯托弗·伊舍伍德、弗拉基米尔·纳博科夫、格蕾丝·佩利[‡]、戴尔莫·施瓦茨[§]和罗伯特·佩恩·沃伦都出现在这张收件人的名单上，另外还有二十几个人，其中评论家约翰·韦恩 9 月为《新共和》写了一篇评论文章。

---

[*] 詹姆斯·帕特里克·唐利维（J. P. Donleavy），爱尔兰裔美国小说家和剧作家，后加入爱尔兰国籍。代表作为曾经被禁的小说《姜饼人》。

[†] 珍妮特·弗兰纳（Janet Flanner），美国作家，1925—1975 年间长期担任《纽约客》驻巴黎通讯记者。

[‡] 格蕾丝·佩利（Grace Paley），美国短篇小说家、诗人与政治活动家。

[§] 戴尔莫·施瓦茨（Delmore Schwartz），美国诗人、短篇小说家与编辑。曾长期担任《党派评论》的编辑与《新共和》的诗歌编辑。

一份广告附页也被送到了各大报刊那里，上面印了当时几位"大"作家的评语：汉娜·阿伦特写下了她对作者能"用梦境和思绪编织一个真正的故事"的钦佩之情；伊丽莎白·哈德威克则对作者"用轻松的方式处理严肃的素材"的能力表示了赞叹；约翰·霍克斯和哈利·T.莫尔的意见停留于小说本身，从写作风格和素材中都发现了不少有价值之处，他们两人都强调作者富于想象力；而肯尼斯·伯克做出了总结性陈词——"一个妙不可言的故事。敏锐而又深刻。能给人带来真正的文学愉悦"。[53]

评论家们行动起来速度也很快。丹尼尔·斯特恩是最早做出反应的人之一，他在《纽约时报》的"图书"版面将这本书描述为一部富于幻想色彩的反小说（好几位评论家都重复了这句评语）。在他眼中，这种重塑小说类型的尝试是可行的，并且能给读者带来新的东西。然而，他下结论说，这次阅读体验是失败的，因为如果说"桑塔格小姐是一位有才智的作家，那么在她初次展翅飞翔时，就抛下了小说情节的包袱"，她在省略过去的时候未能用"具有同等或更重分量的材料或素材、观点"取而代之，而引入了"新存在主义的哲学风尚与艰涩的当代文学技巧"。简而言之，斯特恩认为读她的书是一次令人不适的精神交流。[54]

他不是第一个注意到《恩主》中的欧陆风情的——更确切地说是法国风情，约翰·韦恩在为《新共和》撰写的评论文章中甚至暗示这部小说更适合出现在法国书店的书架上，对韦恩来说，小说主角的趣味正在于他的欧陆化……[55]并不是所有人都对苏珊这位张扬的法国通感到不快。理查德·霍华德在《党派评论》上发表了自己的分析文章，他称之为小说的"国际化"，认为这是一种作者帮助读者理解自己思想的方式，停留在展示的层面而避免诠释，接受事物"本来面目而非它们表面的样子"。[56]他远未像斯特恩那样将这部小说归结为失败之作，而是在《恩主》中看到了转变小说艺术的可能性：

> 一本这样的书，它不是故事（要成为故事，至少要有
> 一个故事的假象），也不是一个譬喻（这里没有什么东西有
> 言外之意）：它是一个形象，是一个以记忆的形式出现的
> 隐喻。我怀疑作者需要这种尖酸刻薄的口吻（"对我来说，
> 甚至我本人的出生也意味着我的消解"），就像她需要国际
> 化风格的程式。这些就像是她的压舱物，为她的革命性努
> 力带来重心，她想要在没有"文化"作为中介的前提下，为
> 肉体生命的可能性制造出一个象征：雌雄同体的、放纵的、
> 古怪的、深沉的。[57]

霍华德在这里提到的小说革命，并不只有苏珊一个实践者。同时代有一些领先于她的人，例如约翰·巴思在 1960 年出版了他的第一部后现代小说《烟草经纪人》；约翰·霍克斯 1961 年出版的《柔软的椴树枝》。霍克斯除了为出版社写下用于《恩主》宣传的几句话，还拨冗亲自给小说作者写信，向她表达钦慕，并送上鼓励：

> 亲爱的桑塔格小姐：
>
> 我希望您能原谅我冒昧写下这封私人信件，为的是告
> 诉您我有多么欣赏《恩主》。罗伯特·佩恩·沃伦将《古舟
> 子咏》描述为一首属于"纯粹之想象力"的诗，在我看来，
> 这句话也同样适用于《恩主》，适用于任何其他当代虚构文
> 学。您对小说形式的全新理解，您非同寻常的严密结构与
> 极度的冷静淡漠，您以坚定和才华横溢的方式创造非理性
> 之美，小说中如扇面般展开的种种幽默创意，您小说中能

让人感受到的同情心，还有高于一切的，您对一种纯正语言的再发现——所有这些产生了一种神奇的效果。您对生活的了解——作为作家——显得真实得可怕。对我来说，《恩主》是杰出的成功，充满想象力，大胆地与读者嬉戏，既优雅又放肆无礼。您在创作上的努力给他人也带来养分，我从中既得到了巨大的乐趣，又受到了激励。我感觉自己读到了一位富有才华的创新者的散文作品，我为能体会到这种感受而感谢您。[58]

在档案文件中，我们还找到一封来自爱德华·达赫伯格[*]的信。他千里迢迢地表达了自己的敬慕（他当时人在马略卡岛），对桑塔格的散文艺术，对她的精湛笔触，都表达了赞赏，尽管《恩主》与他的成名作——文风露骨大胆的小说完全不同：

亲爱的桑塔格小姐：

您的书《恩主》到我手里已经有一段时间了，但是没有附上留言，于是我什么也没有做。我读了这本书，我敢说现在很少有人对于散文艺术能运用得如此自如。有些人研读贺拉斯和亚里士多德，为的是避过暗礁，然而他们的文笔依然荒唐可笑。不管您是否下过这种功夫，在您优雅又朴实无华的词句中却没有丝毫的矫揉造作。在经过这番较量以后，您应当能写出一本奇迹般美好的书。也许您的下一部小说会涉及您更多的亲身经历。我们特别禁止自己去写的是我们真正的经历，那些作为我们切身经历和个人经

---

[*] 爱德华·达赫伯格（Edward Dahlberg），美国小说家，"一战"后旅居巴黎。著有长篇小说《因为我们是肉体》等。

验的事件。

　　您还是个年轻姑娘，而且才华横溢：千万不要为了一碗扁豆粥就卖掉您的灵魂。我想要说的是，如果您变得利欲熏心、急功近利，那么一夜成名是非常容易的事。我希望您能花更长的时间去理解人生，并且善用您令我如此倾倒的文笔。[59]

　　法勒与斯特劳斯出版社的人做了一切能做的，来推广几乎不为人知的新人作者的小说，然而纽约的文人圈子为之群起激动的是他们出版的另一本书，玛丽·麦卡锡最新的一部小说《她们》。小说写的是1933年，八个年轻女孩刚刚从顶尖的瓦萨学院毕业，开始踏入成人世界。玛丽·麦卡锡在纽约的文学界与政治界都是名流。她的第一本小说《她所结识的人》在1942年初出版时曾经引起轩然大波，许多人对她在《党派评论》《国家》杂志，还有最近在《纽约书评》上发表的评论文章敬畏有加。

　　玛丽·麦卡锡就像她笔下的女主人公们一样，是在瓦萨学院接受的教育。因为父母早逝，她的童年与青春期过得相当艰辛，像《她们》的核心人物凯一样，她独自通过了记者生涯初期的考验；年纪轻轻就和一个尚未成名的演员结了婚；她也当过剧作家，不过就像凯一样中途放弃了。1938年，她嫁给了比她年长十五岁的著名文学评论家埃德蒙·威尔逊，他们两人组成了文学圈中最令人瞩目的一对，一直到1946年离异为止。1961年，她在波兰参加会议时终于遇到了她将与之白头偕老的男人：职业外交官詹姆斯·韦斯特，他在青年时代也曾以笔耕为业，遇到玛丽时他已完全放弃了自己的文学雄心，他一直都是一位模范读者，也对她的小说成就仰慕备至。

在《她们》出版的时候，这对夫妇已经在巴黎永久定居下来，韦斯特接受了联合国经济合作与发展组织（OCDE）秘书长的职位。玛丽定期回到纽约，1963年在洛威尔夫妇家里，她认识了一个新近来到纽约的年轻女子，其为人处世的态度，让她联想到自己刚出道时。苏珊在她看来差不多就是二十年前她自己的翻版，[60] 但她也并不掩饰自己没有在苏珊身上看到什么远大前途，无论是激情还是才华，她提醒她的同时代人："她在我面前并没有说出什么有价值的话……" [61] 苏珊则记录下了她们的初遇："玛丽·麦卡锡的微笑，灰白的头发，红蓝两色经典式样的套裙。她就是《她们》。她对她的丈夫态度非常和蔼。" [62] 年轻女人有一丝居高临下，她并不是在评价敌人——麦卡锡永远都不会是她的敌人——而是在评价对手，她知道自己会被对方用陈旧的尺度加以衡量。

　　8月份《恩主》出版时，苏珊已经最终确信自己未来命中注定要坐在打字机后面，写出一部部长篇小说——她已经想好了下一部要写什么——还要写很多评论，用来支付日常开支。1961年，她给学生办的报纸《哥伦比亚每日观察者》和杂志《第二次降临》（由哥伦比亚大学的校友们创办）写了不少书评与影评，自《仙人掌快报》和《拱廊》以来，她是第一次提笔写报刊评论。从她还在好莱坞的匹克威克书店及隔壁的报刊亭流连的时代起，她的雄心壮志就是要在一家"大"刊物上发表文章。在她眼中，当年她买过一本的《党派评论》就是这种刊物的代表："她一个如今在《洛杉矶时报》当记者的朋友讲了这个故事。当年她告诉他，她带了一本《党派评论》回家，但是看不懂。她于是得出了一个有点像悖论的结论：既然看不懂，那这些人谈论的一定是非常重要的东西，她发誓总有一天要将其解码。" [63]
　　十五年后，当她已经有了学术门径去跟进由这家杂志传出的辩论之音，她变得特别欣赏这家杂志的某些撰稿人——大部分是犹太裔的社会主义者。在她的眼里，他们代表了纽约精神，莱昂内尔·特里林、玛丽·麦卡锡、汉娜·阿伦特等人都是这种精神的体现。她也没有忘记自己十四岁时的誓言。历史见证了这场会面。在一次晚会上，她与杂志的创始人之一威廉·菲利普斯面对面，她向他提出了一个问题，这个问题长期以来烧灼着她的嘴唇："怎样才能为《党派评论》撰稿？"菲利普斯针锋相对地回应："得先提出请求。"苏珊的回答毫不迟疑："那么我提出请求。"[64]

　　关于这次相遇的说法大同小异，可以确定的是，年轻女人的胆识成了说服编辑的一张王牌。在发表了自己用来"试镜"的作品以后（那是一篇对艾萨克·巴什维斯·辛格小说的分析文章，这部小说是辛格未署名无酬出版的），杂志给她分配了一个剧评人的位置，在玛丽·麦卡锡搬去巴黎前，这个岗位原本属于麦卡锡。苏珊感觉面上无光，她闹起了叛逆脾气，写了两篇评论，"关于阿瑟·米勒、詹姆斯·鲍德温和爱德华·阿尔比的戏剧"："我说这些演出很糟糕，我想要表现出我有灵气的一面，这让我自我厌恶。在第二篇剧评后，我对菲利普斯说我不想继续了。"其实在她的第一篇评论里，她尖刻抨击了 1964 年春天在纽约上演的许多戏剧，其中就有阿瑟·米勒和尤金·奥尼尔剧作的最新制作版本。为了让读者明白文本和导演水平有多么差劲，她似乎唯恐找不到足够严厉的言辞。她对业界整体水平的不满化作尖锐的批评："美国舞台剧被一种非比寻常、不可抑制的狂热支配着，那就是智力上的简单化。每个灵感都可以被简化为一种俗套，而俗套的功能正在于阉割灵感。"[65] 唯一在她眼中有可取之处的是萨缪尔·贝克特的一出 18 分钟的戏 *Play*，由阿兰·施耐德导演。[66] 在 1964 年冬天的专栏中，她用来聊慰寂寥的则是一出布莱希特的戏，在笼罩着纽约戏剧界的庸常气氛中，只有这出戏是突

出的。这一次，这种庸常是以爱德华·阿尔比和约翰·奥斯本的戏剧为代表的……[67]

　　宽大为怀的菲利普斯并不想跟纽约及其周边的大部分剧作家与剧院经理失和，他把苏珊从戏剧杀手的角色中解放了出来，提议她从此可以写她真正想写的文章。

　　"读者有必要存在吗?"这是她在为《党派评论》写的第一篇文章的标题中提出的问题，评论的是娜塔莉·萨洛特的散文集《怀疑的时代》，这位女小说家在书中重新思索了"新小说"的定义。[68] 在同名散文里，萨洛特展示了作者与读者、读者与小说内容的关系的变化，还有她所捍卫的这种新的小说形式——能让读者与作者拉近距离，进入散文的"岩浆流"之中。[69] 这些散文引发了苏珊对阅读、对书籍的本质的思考。如果说她赞同现实主义只是小说过去经历的一个阶段，对于萨洛特将心理分析手法逐出小说大门的观点，她却并不认可："小说家们努力想要把经验中未成形、被稀释了的深刻之处转化为某种坚实的东西，赋予其计划性，然后将这种有固定形状、肉感的东西给予所有人，我不理解她为什么会对此表示轻蔑。它并不像从前那样时兴，这是不消说的。但我不能赞同完全没有去做的必要。"[70]

　　她总结说，萨洛特所捍卫的小说观念是极度精英化的，如果按照萨洛特的逻辑走到底，书将变成世上仅此一本的艺术品，存在只是为了成为收藏家的财产……在加以嘲弄前，桑塔格承认自己对新小说的兴趣并不大，她告诉她的美国读者，一支由"可读性很差的重要小说"组成的大军正从法国涌现，"读起来相当艰涩，几乎完全是令人恼火的"……[71]

言外之意很清楚：她的读者从此明白了，不仅她对萨洛特、罗伯-格里耶及其同侪的小说兴趣缺乏，而且他们尤其不应该在任何情况下将她的小说与这场法国文学运动联系起来。重读一遍她的这篇文章后，我们明显可以看出这篇文章首先是一篇警示，是写给那些可能会把《恩主》，甚至这时还在构思之中的《死亡匣子》解读成"新小说"之副产品的人看的。这篇文章被收入《作品在说话》的美国版，法语版却没有收录：是被认为过于保守了吗？娜塔莉·萨洛特和玛格丽特·杜拉斯正在双双登上 20 世纪下半叶最伟大法国作家的神坛，她对萨洛特小说的批判是否被认为过分直接了呢？法语版里对此没有做出注释，这于是成了不解之谜。

1964 年以一次出人意料的致敬开启：面向"聪明的年轻女士"的杂志《小姐》，每年都会选出之前十二个月里在不同领域中声名鹊起的十名年轻女性。在"作家"栏中，登载的是桑塔格的照片：她倚在身后的护壁板上，身穿深色衣服，长发披肩，神态轻松，微露笑容。读者们读到，《小姐》描述她"为 1963 年最富想象力的专栏之一撰稿"，是"博学多识的评论文章的作者"，她的阅读量堪称广博，而且在全国最好的几家学府受过教育。在短短的一段介绍语里，还提到了她的儿子，她对电影的痴迷，她说电影"就像洗土耳其浴一样令人放松——我需要做的只有进入与抽离"[72]。

与她并列的还有一位女设计师，第一位进入太空的女性、宇航员瓦伦蒂娜·捷列什科娃，一位从小学女教师起家的教育界企业家，有史以来最年轻的女议员，女演员利拉·奈杜*，一位女体操运动员，

---

* 利拉·奈杜（Leela Naidu），印度女影星，1954 年的印度小姐，1963 年主演了詹姆斯·伊沃里的英语影片《房主》。

歌剧女歌唱家莱莉·格里斯特*，一位做到了行业最顶端的女会计师，还有歌手兼演员芭芭拉·史翠珊。

近两年来就预言她会成名的那些人可以自诩有眼光了：几乎每周都有她的文章、照片、采访见诸报端，城中的晚宴上流传着她的名字，邀请函雪花般飞来，苏珊·桑塔格正当红。就职业角度而言，1963 年对她来说是转折性的一年，她的小说处女作由纽约最具权威的出版社之一出版——罗杰·斯特劳斯会说可以去掉"之一"这两个字；在《党派评论》的目录里拥有一席之地，在其他杂志上也发表了不少文章，特别是在未来前途远大的《纽约书评》†上。这份半月刊是由《哈泼斯杂志》的前任主编罗伯特·西尔弗斯和芭芭拉·爱泼斯坦共同创办的。苏珊正在成为她有志成为的那种作家。她的私生活却远远没有顺着类似的抛物线前进……与艾琳分手已经无可避免，她独自带着戴维，经历了一连串再无下文的露水情缘，她开始怀疑自己的感情生活是否有未来。幸而成功和越来越多的应酬缓解了她在这方面的沉重心情。

1964 年春天的那个学期是她待在哥伦比亚大学的最后一个学期。接下来的一个学年，新泽西州的罗格斯大学邀请她做"驻校作家"，同期的驻校作家还有弗雷德里克·赛德尔，他的处女作《最终答案》引发的丑闻让他一夜成名；还有苏格兰作家缪丽尔·斯帕克，她刚刚凭着《布罗迪小姐的青春》初尝成功滋味。桑塔格还要负责上几堂文学讨论课，并负责指导英语系学生阅读和提供咨询。但这些约束都微不足道，完美适合她新一阶段的人生，也给她留下了

---

* 莱莉·格里斯特（Reri Grist），美国花腔女高音，她是最早一批享有国际声誉的美国黑人歌剧演唱家之一。

† 《纽约书评》创办于 1963 年。

用于写作的时间。尽管她的随笔和评论文章开始小有名气，她更希望能通过小说扬名立万。着手写作一部新长篇的同时，她在《时尚芭莎》和《哈泼斯杂志》上发表了两个短篇，一个是《机器人》，[73] 后来收入合集《我，及其他》；另一个是《痛苦之人》，[74] 从来没有收入文集。前一篇是关于一个男人的命运的幽默反思，他想摆脱自己作为丈夫、父亲和职员的角色限制，创造了一个能替代自己行使各种职能（一项职能也不缺）的机器人，他自己则退居幕后过起了悠闲的日子。计划进行得非常完美，直到有一天——数年之后——机器人爱上了"他的"女秘书：为了避免灾祸发生，主人公必须创造出第二个机器人来替代第一个……他成功了，机器人 2 号和主人公的妻子生育了第三个孩子；而机器人 1 号跟"爱情小姐"过上了美满的生活，上了大学，而且有了孩子。尽管两个机器人捅了不少娄子，但它们的创造者还是梦想成真，摆脱了一切束缚和义务，成了一个幸福的无业游民，大街就是他的王国……小说反思了日常生活对自由的剥夺，反思了我们想要逃脱社会管控的欲望，反思了我们对各种符合社会常规的乐趣的厌倦。这篇故事与《痛苦之人》并非毫无关系，《痛苦之人》思考的是被忽视的精神苦恼可能引发的肉体痛苦，小说主人公必须让自己从雄心与社会灌输给自己的自我期待中解放出来，才能接受自我和拥抱生活。苏珊在这两个短篇里所探讨的主题还将在她的下一部长篇里出现，但在这两个短篇中，她尝试以不同的口吻与角度写作：《痛苦之人》用的是非个人化、保持距离的第三人称；《机器人》则让我们深入她的马基雅维利主义者式主角的内心。

　　尽管她雄心勃勃地想成为小说家，却是一篇随笔令她的名字家喻户晓：1964 年《党派评论》的秋季号上刊出了她的《关于"坎普"的札记》，法语译名是 Le Style Camp（坎普风格）。与通常的说法相反，苏珊并没有发明"坎普"这个词，而是给了它新的生命……这个词源于法语se camper（摆姿态），在这里可以理解为"搔首弄姿"和"奇装异服、女里女气"，坎普风格与刻奇[*]类似，自带一种反讽与距离。根据桑塔格给出的定义，"坎普在本质上是自然之敌……倾向于人工技巧与浮夸……在有教养的小圈子里拥有自己的秘密编码，也就是内部通行证"。[75] 这篇评论里说的圈子包括安迪·沃霍尔的小团体，以及电影人兼作家约翰·沃特斯的小圈子。沃霍尔 1965 年用一部题为《坎普》的电影回应了她的"札记"，再加上克里斯托弗·伊舍伍德 1954 年出版的长篇小说《夜的世界》，这些都构成了对坎普的致敬。

　　苏珊断言，坎普是一种"感受力"。为了给自己随笔的原创形式辩护——58 条编了号的笔记，她解释说"为了在字里行间把握这种感受力，我们应当采用更为灵巧的形式"。[76] 她把自己的文章题献给独一无二的坎普大师奥斯卡·王尔德，将他最著名的警句之一作为座右铭，"要么自己成为一件艺术品，要么就在身上穿戴一件艺术品"。坎普是一种存在方式，"将世界看作一个美学现象"[77] 的存在方式，坎普的特质同样可以赋予物品："电影、家具、服装、流行歌曲、小说、人、建筑，都可能是坎普式的……"[78] 在她眼中，法国的作家和电影人中最能代表坎普的是让·科克托，他既有华丽夸张的个人风格，也有矫揉造作的美学观。最后，坎普是模棱两可的胜利，是人工技巧的胜利，也是反讽的胜利，"这是一种自己把自己当回事的艺术，却完全不能被严肃看待，因为它总是'过了头'"。这些笔记对桑塔格来说也是捍卫她深埋于心的另外一种观点的机会，那就是必须给流行文化一个位置，让文化不再仅仅是精英化的观念：

---

[*]　刻奇（kitsch）本是德语词，指的是一类艺术，它们是对既有风格的一种拙劣模仿；在宽泛的意义上，刻奇也指那些做作或粗俗的艺术，或具有同类特质的商业制品。——编注

"……在高级文化（无论是喜剧还是悲剧的）及其伟大人物享有的庄严名望之侧，我们也应当给另外一些富有创造性的感受力留出它们应得的位置。"[79] 她寻求制定那些适用于所有艺术作品的评价标准：

> 一件作品是好的，并不是因为它的完成度，而是因为它清晰地再现了人类境况的某些特殊方面，和某种特定的人类经验——因为总的来说，作者是知道如何运用特定的形式去表达自己的感受力的。[80]

最后一部分笔记是关于坎普最为人所知的一面的，也就是它与同性恋文化的趋同性。苏珊对此表示肯定，同时提请读者不应当混淆"坎普趣味与同性恋趣味"。[81] 她用反讽的方式结束了她的随笔："关于坎普的最后一句：它是美的，正因为它是丑的！……"[82]

《关于"坎普"的札记》在各种意义上都是一石激起千层浪的作品。首先，在同性恋艺术家的圈子里——这主要是在纽约——他们看到一个在 1964 年底前还籍籍无名的年轻女人给他们的美学归了类、下了定义，认为她还没有达到足够的高度来揭示"真相"，或者以发言人自诩，甚至想要充当一个并不如此自我定义的社群的火炬手；特别是出于政治原因，在当时的美国，同性恋还是犯罪行为。其次，纽约自由主义艺术家与知识分子群体，尤其是他们当中的犹太人（苏珊在文章中的原话是"犹太人和同性恋者在当下的都市文化中是创造力最为杰出的少数群体"[83]）认为，这是在属于他们"自己人"的刊物上发表了一篇支持流行文化的宣言，也是对他们精英化品位的讥刺——她在文章中直言这是附庸风雅……在可能更无关紧要的层面上，她造成了随笔风格的变革，远离学院派保持距离的风格，而是采取一种更加个人化的口吻，用一再重复的"我"来确认自身的观点。

　　这篇文章大获成功，《时代》以《趣味》为标题转载了其中的几段，将苏珊塑造为"不可小觑的人物"，在好坏两重意思上都是如此。托马斯·梅钦 1965 年 3 月在《纽约时报杂志》上发表的一篇文章概括了她的文章所引领的风气："今年冬天，纽约各大沙龙最中意的游戏就是分门别类，什么是坎普的，什么不是。"他将创造这种现象的人称为"一位无处不在的知识分子，来自哥伦比亚大学的作家，电视节目嘉宾和哲学教授"。[84] 传奇正在诞生。苏珊触动了纽约知识分子体系的一根中枢神经，她敢于将迄今为止从未会合的不同领域联系到一起，抨击一部分人的附庸风雅，激起另一部分人做出反应，然后充当仲裁者的角色。至少给人的印象是这样的。她似乎是第一个对她引发的评论界风暴感到惊奇的人。如果说人们给予她的高度注意并未让她感觉不悦——远非如此，那么她也并不是始终感到轻松适意。她手足无措，不知道该如何反应，很快就意识到应当控制自己的形象，一周又一周，她的肖像在各大报刊上满天飞。

　　这年秋天，她再也数不清人们求她光临多少晚会——他们迫切地、多次地恳请她。在晚会上度过的时间可以被用来衡量她成功的程度。安迪·沃霍尔本人就谈了自己的看法。他在出席自己刚刚招募到《村声》杂志旗下的艺术评论家戴维·布尔东所举办的晚会时，意外地看到了这个年轻女人：

　　　　当我看到苏珊·桑塔格的时候，我问戴维他是怎么请
　　到她的，因为她被公认为本年度最耀眼的知识界新星……
　　我没有跟她说话，但是我在我坐的地方看着她。她妩媚动

人，一头浓黑的直发垂到肩膀上，眼睛又大又黑，穿着也
很入时。[85]

　　布尔东警告沃霍尔，她并不欣赏他的画作，但沃霍尔已经习惯
于知识分子们小瞧自己，远远没有因此气馁，他决定请她为自己的
默片"试镜"。这些默片是他在自己的工作坊"工厂"里制作的，以
静态图片为主。桑塔格同意了，她至少做了两次模特。一次她是中
长发，修剪整齐的刘海给她带来一种知性严肃的气质，她展露笑容，
仿佛觉得这次经历相当有趣。在第二组照片中，她身穿深色衣裳，
戴着太阳眼镜，姿态更加讲究，这次，她的笑容不够自然，显得有
些阴郁。在这种"试镜"式的拍摄中，沃霍尔想要穿透他的模特们
的本质，用摄像机的棱镜更深地洞察他们的个性：苏珊的试镜展示
出的是一个在某些时刻充满自信的年轻女性，她想要挑衅，想要出
语惊人；而在另外一些时刻，她顽皮的目光又让她稚嫩的青春展露
无遗。
　　她在未来的岁月中将会精通这门艺术，精通于掌控自己的形象、
自己的文字、自己的写作方式，还有自己的情感生活。写作是她心
目中理想人生的核心，她想要做一个旅人，她将会想办法尽可能久
地待在欧洲；她想要过一种严肃的人生，"严肃"这个形容词一再在
她的日记中出现。1964年末的她，事业蒸蒸日上，内心却暗怀与艾
琳分手的伤痛；未来几年中她将荣誉加身，从此再不会默默无闻。

作者注：

1. 《苏珊·桑塔格谈话录》。（同前，p. 134。）

2. 苏西·汉森，《与里夫相遇》，《观察家》，2005 年 5 月 2 日。（Suzy Hansen, « Rieff Encounter », *The Observer*, 2 mai 2005.）

3. 克拉斯·奥尔登堡的采访，《这些偶发艺术发生了什么?》，《纽约时报》，2012 年 2 月 2 日。（Entretien de Claes Oldenburg, «What Happened at Those Happenings ? », *New York Times*, 2 février 2012.）

4. 《偶发艺术》，《反对阐释》。（«Happenings », *Against Interpretation*, p. 265.）我们也可查阅米尔德里德·L. 格里姆彻，《偶发艺术：纽约，1958 年至 1963 年》。（Mildred L. Glimcher, *Happenings: New York, 1958-1963*, The Monacelli Press, 2012.）

5. 同上。（p. 274.）

6. 哈丽雅特·索默斯的未出版信件，1959 年 2 月 2 日，UCLA 档案。

7. 《玛丽亚·艾琳·福恩斯向玛丽亚·M. 德尔加多谈起自己四十年的剧场生涯》，见于《规划人生：对玛丽亚·艾琳·福恩斯的剧场艺术的思考》。（"Maria Irene Fornes discusses forty years in theatre with Maria M. Delgado", in *Conducting a Life. Reflections on the Theatre of Maria Irene Fornes*, édité par Maria M. Delgado et Caridad Svich, éd. Smith and Kraus, 1999, pp. 255-256.）

8. 《重生》。（同前，pp. 274-275。）

9. 琼·阿科切拉，《饥饿艺术家》。（同前，p. 73。）

10. 迈克尔·丹东尼奥，《小戴维终于得到了幸福》。（同前，p. 132。）

11. 《苏珊·桑塔格日记》第 II 卷。（同前，pp. 190-191。）

12. 迈克尔·丹东尼奥，《小戴维终于得到了幸福》。

13. 同上。

14. 《在我们还非常年轻的时候》，《华盛顿邮报》，1990 年 5 月 13 日。（«When We Were Very Young », *The Washington Post*, 13 mai 1990, p. 15.）

15. 同上。

16. 苏珊在她文件中保存的剪报，UCLA 档案。无法知晓这篇报道来自哪家报纸。

17. 爱德华·菲尔德，《会娶苏珊·桑塔格的男人》。（同前，p. 162。）

18. 《重生》。（同前，p. 370。）

19. 《重生》。（同前，p. 379。）

20. 戴维·里夫，《去迈阿密：新美国的流亡者、游客和难民》。（David Rieff, *Going to Miami: Exiles, Tourists and Refugees in the New America*, Ed. Little, Brown and Company, Boston, 1987, p. 39.）

21. 《重生》。（同前，p. 381。）

22. 同上。（p. 300.）

23. 戴维·里夫，《去迈阿密：新美国的流亡者、游客和难民》。（同前，p. 91。）

24. 琼·阿科切拉，《饥饿艺术家》。（同前，p. 74。）

25. 《重生》。（同前，p. 314。）

26. 未出版的Henry Bookout的来信，1960年9月29日，UCLA档案。

27. UCLA档案。

28. 菲利普·洛帕特，《关于桑塔格的笔记》。（Philip Lopate, *Notes on Sontag*, pp. 37-38.）

29. 同上。（p.39.）

30. 同上。（p.37.）

31. 《重生》。（同前，pp. 378-379。）

32. 1963年4月15日的信件，UCLA档案。

33. 给Roger Albritton的信，1966年5月14日，UCLA档案。

34. 《巴黎评论：访谈录》。（同前，p. 459。）

35. 《重生》第二章中的引文。（同前，pp. 52-53。）

36. 给帕特里夏·比尔菲尔特的信，1993年2月26日，UCLA档案。

37. 爱德华·菲尔德，《会娶苏珊·桑塔格的男人》。（同前，p. 163。）

38. 《巴黎评论：访谈录》。（同前，p. 436。）

39. 未出版的日记，1966年1月8日，UCLA档案。

40. 《恩主》。（*Le Bienfaiteur*, p. 13.）

41. 同上。（p. 19.）

42. 同上。（p. 180.）

43. 《巴黎评论：访谈录》。（同前，p. 440。）

44. 未出版的日记，1964年底至1965年初，UCLA档案。

45. 《巴黎评论：访谈录》。（同前，pp. 440-441。）这些话令人回想起伯克曾将他小说的章节比作一组十四行诗[《向更美好的人生》（*Towards a Better*

Life, p. XIII)〕。

46. 《重生》。(同前，p. 217。)

47. 未出版的给 Chip（Samuel）Delany 的信，1994 年 6 月 24 日，UCLA 档案。

48. 《死后立传：以马查多·德·阿西斯为例》，《重点所在》。(同前，p. 64。)

49. 《重生》。(同前，p. 340。)（1961 年 6 月中旬）

50. 查尔斯·鲁阿斯，《苏珊·桑塔格：过去、现在与未来》，《纽约时报》，1982 年 10 月 24 日。(Charles Ruas, « Susan Sontag : past, present and future », *New York Times*, 24 octobre 1982.)

51. 卡罗琳·埃尔布兰，《说到苏珊·桑塔格》，《纽约时报》，1967 年 8 月 27 日。(Carolyn Heilbrun, « Speaking of Susan Sontag », *New York Times*, 27 août 1967.)

52. FSG 出版社档案，纽约公共图书馆。

53. 出自德怀特·加德纳的《来读我：美国图书广告百年经典》中翻印的启事。(Annonce reproduite dans *Read Me. A Century of Classic American Book Advertisement* par Dwight Gardner, Harper Collins, 2009.)

54. 丹尼尔·斯特恩，《恩主》，《纽约时报·书评周刊》，1963 年 9 月 8 日。(Daniel Stern, "The Benefactor", *New York Times Book Review*, 8 septembre 1963.)

55. 约翰·韦恩，《自我之歌，1963》，《新共和》，1963 年 9 月 21 日。(John Wain, «Song of Myself, 1963 », *New Republic*, 21 septembre 1963, p. 26.)

56. 理查德·霍华德，《两个第一次》，《党派评论》，1964 年夏。(Richard Howard, « Two First », *Partisan Review*, été 1964, p. 457.)

57. 同上。(p. 458.)

58. 未出版的约翰·霍克斯的来信，1963 年 9 月 2 日，UCLA 档案。

59. 未出版的爱德华·达赫伯格的来信，1964 年 1 月 22 日，UCLA 档案。

60. 弗朗西丝·基尔南，《玛丽的本来面目：玛丽·麦卡锡的一生》。(Frances Kiernan, *Seeing Mary Plain. A life of Mary McCarthy*. Ed. W.W.Norton & Company, New York 2000, p. 537.)

61. 同上。

62. 《重生》。(同前，p. 360。)

63. 引自富兰克林·福尔，《超级明星苏珊》。

64. 同上。

65. 苏珊·桑塔格，《去剧院（和影院）》，《党派评论》，1964 年春。(Susan Sontag, « Going to Theater (and the Movies) », *Partisan Review*, printemps 1964, pp. 289-290.)

66. 同上。(p. 293.)

67. 苏珊·桑塔格，《去剧院》，《党派评论》，1964 年冬。(Susan Sontag, «Going to Theater », *Partisan Review*, hiver 1964, pp. 95-102.)

68. 苏珊·桑塔格，《读者有必要存在吗？》，《党派评论》，1963 年夏。(S. Sontag, "Is the reader necessary ?", *Partisan Review*, été 1963, pp. 260-268.)

69. 娜塔莉·萨洛特，《怀疑的时代》。(Nathalie Sarraute, *L'Ère du soupçon*, éd. de La Pléiade, p. 1586.)

70. 苏珊·桑塔格，《读者有必要存在吗？》。(同前，p. 266。)

71. 同上。(pp. 262-263.)

72. 《小姐》，1964 年 1 月。(*Mademoiselle*, janvier 1964, p. 74.)

73. 苏珊·桑塔格，"The Dummy"，《时尚芭莎》，1963 年 9 月。

74. 苏珊·桑塔格，"Man with a Pain"，《哈波斯杂志》，1964 年 4 月。

75. 《作品在说话》。(*L'oeuvre parle*, p. 421.)

76. 同上。(p. 423.)

77. 同上。(p. 424.)

78. 同上。

79. 同上。(pp. 440-441.)

80. 同上。(p. 441.)

81. 同上。(p. 446.)

82. 同上。(p. 450.)

83. 同上。(p. 447.)

84. 托马斯·梅钦，《不是好品位，也不是坏品位——而是坎普》，《纽约时报杂志》，1965 年 3 月 21 日。(Thomas Meehan, « Not Good Taste, Not Bad Taste – It's Camp », *New York Times Magazine*, 21 mars 1965, p. 30.)

85. 安迪·沃霍尔、帕特·哈克特著，《波普主义：沃霍尔的六十年代》。(*Popism. The Warhol Sixties*, par Andy Warhol et Pat Hackett, Harcourt, New York, 1980, pp. 111-112.)

对一切皆感兴趣之人
1965 年 1 月—1968 年 7 月

　　媒体机器开动了……1965 年 1 月，苏珊上了英国电视台，接受乔纳森·米勒的《检测仪》节目采访，和其他人一起讨论安迪·沃霍尔拍摄的短片。米勒介绍说她是"全美国最有才华的女性"，[1] 为了让传奇更加完美无缺，她上电视节目时戴了墨镜，在英国电视观众眼中呈现出无可挑剔（以及漫画化）的纽约知识分子形象。好在她的容貌和口才（大体按照这个次序）令人心醉神迷，整个伦敦都为她倾倒："在今日伦敦优雅的、洋溢书香的晚会上，所有那些会给'文化乡愁'之类的词打上看不见的引号的人，现在都会在前面加上一句绝妙的辩白，'如苏珊·桑塔格所言'。"[2] 一位评论家在《观察者》杂志上热情洋溢地报道，在文章接下来的部分，他用一些"名言选辑"来说明自己的意图，根据他的说法，这些话"对于阐明桑塔格式的艺术理念是至关紧要的，在道德意义上是相关的"。[3] 这是因为苏珊越来越被看作一位对当代先锋艺术感兴趣的艺术评论家。这种艺术正风行一时，这是她和她的读者都看在眼里的。1965 年 1 月，她发表了关于"偶发艺术"的文章，这是一篇关于她过去十年对这种艺术实践的见闻的概述。这一次，她将它的发展变化也纳入论述，偶发艺术一开始对她造成的惊奇效果此时已经渐渐淡去。自观看克拉斯·奥尔登堡和阿兰·卡普罗最初的演出以来，苏珊就对艺术、对绘画感兴趣，她到处出入画廊，还拜访那些在画廊展出作品的艺术家。1959 年，她遇到了雕塑家保罗·泰克并与之为友，而他又带她出入各种晚会，带她结识更多友人，其中就有他的摄影师情人彼得·哈贾尔——他拍摄的桑塔格肖像成了她下一部著作《反对阐释》的封面；还有画家贾斯珀·约翰斯。友谊、爱情、研究，所有这些都混合在一起，而对于苏珊来说，基调总是情感上的孤独。她很难埋葬与艾琳有关的过往；她的反应就像哈丽雅特一样，我们可能还记得，哈丽雅特在遭遇来自苏珊和艾琳的双重背叛后，就断然投向男性的怀抱。苏珊也如此，只不过她选择的男人跟她一样，对自身的性向感到迷茫；或者说，他们跟她一样受到两种性别的诱惑，也像她一样，最终是自身的性别而非异性更吸引他们。如果说她对泰克的友情要比欲望更强烈，她与贾斯珀·约翰斯的关系则要更严肃一些。数年前，约翰斯与罗伯特·劳申贝格分了手，他在劳申贝格身边度过了创造、绘画的七年，正是这段时间的作品使他成名。从此，他轮流居住在纽约河滨大道的工作室兼公寓与他在北卡罗来纳州埃迪斯托海滩的住宅。苏珊时不时去和他会合，在他那里，她明显获得了灵感，也有时间思考、写作，特别是对着四壁上悬挂的画冥想。约翰斯是一位收藏家，他喜欢被自己中意的画作包围，无论这些画是出自他自己还是他人之手。苏珊在做笔记，观察工作中的画家——"JJ（贾斯珀·约翰斯）现在允许自己把库宁*风格的白色涂在玫瑰色旁边——只有那么一抹"[4]；并思索着流行艺术想要说的是什么，以及对事物的再现如何并非事物本身——"约翰斯的旗并不是旗，保罗（·泰克）的肉并不是肉"[5]。虽说她不怎么欣赏安

---

* 威廉·德·库宁（Willem De Kooning），荷兰籍美国抽象表现主义画家。

迪·沃霍尔的油画，她对约翰斯的画却情有独钟，特别是《旗》系列，《旗》在艺术圈造成的爆炸性影响可以与她关于坎普的文章引起的反响相媲美，一夜之间就改变了人们看待约翰斯的眼光。他们有相同的工作理念，同样相信创造行为的严肃性，而且他们都不排斥夜游神的生活方式。

人们有时候会看到他们两人一起出席时髦的晚会，就像一张在纽约私人夜总会"画室"拍摄的照片见证的那般：照片上，他们手牵着手，面带微笑，沉浸在两人间的谈话中。如果说苏珊很早就把贾斯珀出入的艺术家圈子变成了自己生活的一部分，反之却不必然成立："我那时候时不时跟她去参加晚间的文学聚会，跟莱昂内尔·特里林之类的人一起。她似乎觉得有我在场能让所有人兴味盎然，但我觉得他们并不能理解，我身上据说令人感兴趣的部分究竟在何方。"[6]

约翰斯的陪伴是令人振奋的，他在工作，她也在工作。她还在观察他，从中汲取灵感，用来创作一个"相当沉默寡言、粗暴易怒"的画家的故事。她还发现"对绘画的事，我稍微没那么无知"，[7]其间，她还涉足评论领域，给《图书周刊》写了两部美术著作的书评。一部是关于波普艺术，另一部关于20世纪美国绘画。这两部著作都未获得她的好评，但她抓住这个机会提出了她对波普艺术的定义，"是一种视觉体验，一种探索，如果您接受这种定义的话，一种以最严格、最精确的观看方式进行的探索"[8]；又对约翰斯的《旗》或者沃霍尔的《坎贝尔牌汤罐头》中的形式主义加以阐述。她写道，尽管存在着优秀的艺术评论家，如马克斯·科兹洛夫、迈克尔·弗里德、迈耶·夏皮罗或她的朋友安妮特·米歇尔松，这一领域中出版的大部分著作仍然写得相当拙劣，她为这一点感到惋惜，因为"当我们对艺术进行写作、评论时，我们不能仅仅满足于观看艺术和品味艺术，我们还应该写得优美"。[9]

就像苏珊把贾斯珀拖进她的圈子里（尽管并非总能成功），贾斯珀也把她介绍给了自己的朋友们，特别是那两位尤为亲密的友人，结为伴侣的约翰·凯奇与默斯·坎宁汉。苏珊变成了坎宁汉编导的舞蹈演出的狂热追捧者，而凯奇既令她着迷又给她带来启示。虽说她与贾斯珀的恋情未能持久，她与这三个男人却一直保持了密切的关系。1990年，他们还邀请她参与他们为庆祝和伦敦的安东尼·道菲画廊合作而创作的致敬作品，作品标题是《飞机上的舞者》。她为此撰写的文本题为《对我感情的纪念》，直接指涉了弗兰克·奥哈拉的诗歌，她也借用了奥哈拉诗歌的形式，[10] 这种简单的联想把她的读者带回二十年前，带回20世纪60年代美学与艺术大爆炸的中心，唤起了对那个时代的探索与对亡人的回忆。她重现了当年欢乐、戏谑的气氛，这种气氛也主导了他们几个人的重聚，多年后，他们终于又能一起游憩与工作。她把他们三人描述为"世俗的三位一体——餐刀、汤匙与餐叉"，用这种方式定义他们三人的无数次合作，以求将他们三人置于同一个场景（此处，凯奇和约翰斯喜欢采摘的蘑菇无疑会被端上餐桌），并以这种方式思索他们的相似与差异。

倘若说与这位画家的亲密关系注定不会有将来，苏珊仍然清楚他对自己的影响："贾斯珀在我身上引起震荡——去年，在我的人生中重新涌现了智性的冲动，这本来是不可能发生的，如果艾琳还在我身边的话。"[11] 这种冲动呈现为许多文章和书评的发表，一次纽约图书馆协会召开大会期间所做的演讲，还有对从前发表的各种文本进行的修正——这些文本结集为她接下来的第一部评论集《反对阐释》。1965年6月，她在罗格斯大学担任的"闲职"[12] 到期了，她下定决心：如果她在接下来的岁月中继续短期在大学供职，那么她今后就要以写作谋生——在报刊上发表散文与随笔，应邀举办讲座，参与大规模文化活动，或者制作电影与戏剧。除了这些收入，还有写作计划与著作的预付款，当然还有她的版税。版税并不是从一开始就可观的，为了支付房租或意外开销，她将来经常不得不一次又一次地索要预付款……

《恩主》模棱两可的成功并没有冷却罗杰·斯特劳斯的热情，他信任自己的作者，支持她，为她在评论领域取得的成功感到欢喜——如何才能让她的名字众人皆知，除了通过那些所有人都在谈论的文章？他辛勤地追踪着她的作品在国外的销量，不仅是她的小说，还有她的文章。他亲自向报刊推荐这些文章，并向作家本人保证她会获得一笔不菲的收入，尽管这时她还算不上遐迩闻名。

从这种角度来看，苏珊与罗杰·斯特劳斯的关系，让人想起从前编辑同时是作者的会计、经纪人、心腹与精神支柱的那个时代。从罗杰同意出版苏珊的作品时起，他就很好奇这位年轻女子在这个男性主宰的行业中能有何作为；要驻扎在纽约知识分子的战壕中，除了雄心与毅力，还需要诸多其他品质。斯特劳斯凭着他的出身与婚姻，与纽约城中所有具备影响力的犹太或非犹太商人、知识分子都有伙伴关系，而且他与大部分和她有合作关系的报刊上的作者要么相识，要么称兄道弟，或者资助过他们在编辑出版领域的冒险活动。他在自己纽约家中所设的晚宴——夏天则在他位于纽约城郊帕切斯村的住宅举办——也是非正式地推销自家作者作品及介绍他们相互认识的场合。从 1962 年起，苏珊成为这些晚宴中的常客，在那里，她成了一颗明星，经常反叛已经建立的秩序，拒绝在晚餐后就退避去跟女人做伴，而是在讨论中牢牢占据一席之地：在这位名编辑位于第 70 大道的家里，风俗习惯总是变动不居的。

罗杰迅速发现苏珊对外国文学的了解非常有利于他的出版社发展。他掌握的语种相当有限，这使他无法阅读从外国编辑朋友处获赠的书，也无法浏览各种书目。苏珊被提到出版社的"编辑顾问"行列中，[13] 定期对购买版权事宜做出建议，例如 1963 年，她就建议出版社买下了瓦尔特·本雅明全部作品的版权；当时，本雅明的作品还未获得今日的盛名。她的建议并非总能带来相同的成功。在出版社需要她从看中的两本书——翁贝托·埃科的《玫瑰的名字》和萨尔瓦托雷·萨塔[*]的《审判日》——中仅仅选择一本的时候，她力推《审判日》，理由是这本书销量会更好。我们都知道埃科的这部小说后来在世界范围内取得了怎样的成功，而萨塔的作品尽管受到评论家们的推崇，却从未成为畅销书……

与艾琳分手后，苏珊搬离西区大道的公寓，住到了格林威治村。从此，她钟爱的那些酒吧和餐馆离她只有一步之遥了，夜间出行变得更加方便，轻轻松松就可以在布里克街的酒吧坐下来写作，心里清楚过一会儿多半就会有一位友人过来坐在自己身边。

她住在华盛顿广场 82 号，华盛顿广场近在咫尺，这里被公认为格林威治村的中心。从她的公寓步行到位于工会广场 19 号的FSG出版社的办公室只需要几分钟，同样步行可及的还有罗杰最喜欢的餐厅、工会广场咖啡馆。他喜欢在那家餐厅请他的作者和朋友们吃午饭，永远在同一间雅座（38 号桌）落座。

她与儿子同住的三居室公寓只配备了斯巴达式的简易家具（一位来采访她的女记者在文中建议尽量不要在她家的沙发椅上坐下，因为弹簧都露了出来），只有藏书引人入胜："给人这样一种印象：她拥有她整个一生读过的所有书。狭窄的过道与狭小的客厅都摆满了书柜，书柜也装不下的书四处漫溢。"[14] 没有被书架挡住的墙上则挂满了苏珊收藏的镶了框的电影剧照，据那名女记者所说，这给内

---

[*]　萨尔瓦托雷·萨塔（Salvatore Satta），意大利法学家、作家。小说代表作为《审判日》。

部装饰带来了一种显著的"波希米亚"气息。这是第一篇提到她的藏书的采访：在未来一系列不同的纽约公寓里，她都会自豪地展示她坐拥的群书，引她的采访者们估算她（夺人眼球）的藏书数量，促使他们把藏书看作她自身的一部分，看作她灵魂的一面镜子。

　　一天中的大部分时间，华盛顿广场 82 号的公寓里都回荡着她打字机的咔嗒咔嗒声：她忙于修订评论集和以往的文章，她脑海中一部新小说的最开头几章正在成形，用来书写的纸张是从来也不缺的。正是在这一时期，她养成了服用地塞米尔药片的习惯，这是一种安非他命类兴奋剂，服用一定剂量的效果类似于吸食可卡因，有利于她夜以继日地工作：不断完善同一个观点，或者赶稿。[15] 这些毒品虽然当年流行一时，但仍然是很难购得的处方药。有可能是苏珊让她已经看了几个月的心理医生黛安娜·凯梅尼给她开地塞米尔处方的。在与艾琳的关系末期，她极度消沉，她以前经历过这样的情绪低潮期（在芝加哥的第一年春天，大概还有在剑桥镇的最后几年，然后是在牛津），但如果我们相信她在日记里时不时透露的讯息，这次的低潮症状更加强烈。"早上是最难过的"，她在 1965 年 7 月写道，然后又翻过几页，"如果把期望降到最低，我就不会受伤"，在"苦痛"这个词有规律地出现的同时，她白纸黑字地承认自己产生了自杀的念头："我只知道一件事：如果不是我还有戴维的话，我去年早就自杀了。"[16]

　　在凯梅尼的每次诊疗过程中，苏珊尝试着去理解跟艾琳一起时是什么让她落到那步田地的，当时她既过分顺从，又过于苛求，既嫉妒心重、爱发号施令，又低三下四、丧失自我；这一切丝毫不出意料地令人回想起她和母亲的关系。她的日记是她尝试解读自己的每段人际关系的地方，她追溯童年与青春期已被遗忘的某些事件，希望能够发现如今的苦恼埋藏在往昔的根苗。对于读者来说——以及对于传记作者！——这是澄清某些疑云的好机会。我们从她的日记里发现了她对水的恐惧的起因，是她六七岁洗澡时发生的一次事故；我们也更好地理解了米尔德丽德的心理，她有些时候似乎是把她女儿置于反过来要行使母职的艰难境地——苏珊甚至一度想象这是她继承了外祖母的教名的缘故；还有她和妹妹的难以相处，她一直以来将妹妹视为可有可无的人，看作一个有待管教的洋娃娃，这方面我们也多少有过了解。很难判断她在多大程度上认为这些分析是具备现实意义的，但可以确定的是，她依赖她的精神分析师对她的扶持，后者帮助她走出抑郁的阴云，这些阴云经常在她脑海中倏忽来去，将她的生活变得黯淡无光。

　　除了黛安娜·凯梅尼，旅行也可以带来慰藉，她逃往欧洲，那是她的生命重心，在那里，她总能重新站稳脚跟。1965 年 6 月 2 日，苏珊收拾行李，目的地巴黎，在那里，她将巡游一整个夏天。她先是在伦敦度过数日，其间，国际笔会总秘书长的副手基思·博茨福德邀她共用午餐，座上客还有艾丽丝·默多克。博茨福德当时负责主办国际笔会将于南斯拉夫举行的最新一次大会，这次会议，苏珊也在被邀请之列。她利用这次在伦敦的短暂停留出席了劳伦斯·奥利弗的《奥赛罗》演出，还观看了备受尊崇的约翰·奥斯本的最新剧作《不能接受的证据》，她在《时尚》杂志上写道，这是"他迄今为止最薄弱之作"。[17] 她发现这位被誉为拯救了英国戏剧的作家并不能达到哈罗德·品特的高度，他的对话并不能发生作用，到最后，观众——这里指的是苏珊自己——也难以对主人公的绝望产生同情，主人公在她看来"浮于表面，有暴露癖，支离破碎"。[18] 自苏珊在《党派评论》上发表她最早的评论以来，可以说这是苏珊第一次与戏剧重逢。

回到巴黎后，旧友与旧习都重新回到了她的生活之中，这些人都已经在巴黎定居很久了，像诺埃尔·伯奇、安妮特·米歇尔松（她将会在苏珊的纽约公寓中度夏）、埃利奥特·斯坦；也有新结识的友人，像旅居国外的作家赫伯特·洛特曼，他是罗杰的朋友，也是FSG出版社的文学星探。她整日都在电影资料馆和咖啡馆消磨时光，经常在咖啡馆坐到深夜，或是在旅馆房间里陪伴她的打字机直到夜深。

7月初，她前往前南斯拉夫（今斯洛文尼亚境内）的布莱德，全程报道国际笔会的年会，全部费用由《党派评论》支付，她强调，这很像是一次物美价廉的假期，而且能满足她的"好奇心"。这是她第一次进入这个组织的内部（二十年后她成了它的美国分会的会长），在当时，她对它的存在合理性将信将疑。1965年年会的部分主题是东西方的相会，并第一次接受了苏联旁听者，笔会给自己树立的使命是让那些作家能够与同行相识，并且能在南斯拉夫社会主义共和国的中心地带尽可能自由地谈论各种问题。在大会召开的几天前——这并不是巧合——一名年轻的大学教师宣告获释，他是在发表了一份分析报告后入狱的，这份报告被判定为对斯大林时代及苏联缓慢的去斯大林化过程大不敬。虽说这番宣告让所有人都松了一口气，但它并未让人忘却那些在铁幕另一边被囚禁的作家与知识分子，或者在苏联周边的社会主义国家中对言论自由的损害。

就像苏珊在文章一开头就承认的那样，她没有出席几次会议。对国际笔会她有一种固有印象，这是个纽约上流社会老年贵妇的俱乐部，她们乐于花不必要的大价钱，就为了在听一位小有名气的作家大谈"现代小说是否已走得太远"[19]之类重要问题的同时啜饮香茗或者品尝餐点……然而在布莱德，尽管看到一条走廊上挤满了这一类争抢签名和纪念品的女士，她却发现了这个组织的另一面：它在政治上的重要性，它在为作家和知识分子们维持一个国际共同体的事业中所扮演的角色，还有在这种聚会中体现出来的博爱精神。

> 这种精神或许混合了好奇心与有意识的把握分寸——还有惊奇，惊奇并欣慰于双方能够交谈；而且什么可怕或者不愉快的事情也没有发生。我们当中的大部分人是被洗脑了的——被我们的政府，被我们的偏见，或者被我们自己的聪明世故。[20]

要等到跟那些冒着被囚禁、拷打或驱逐出境的风险，只为了写所应写的人，在酒吧一直交谈到凌晨四点后，她才真正认识到他们过着一种怎样的生活。她了解到在远离伦敦、巴黎，更不用说纽约的地方，国际笔会的成员过的并不是只有喝茶或者请客吃饭的生活，他们的生活中还有斗争，而国际笔会组织可以支持他们、捍卫他们，尽管无法真正保护他们。

尽管这不是一个能进行高水准文学交流的场合，她终究还是意识到了大会的效用，还有国际笔会组织本身的效用，并寄希望于布莱德大会上新当选的会长阿瑟·米勒能推动笔会的美国分会及纽约分会进行改革。米勒对自己职务的规划则超越了这种地方性的考虑，他认为保证亚非地区作家在笔会中占据更高比例才是优先所在，必须把笔会从欧洲中心主义中解放出来，向全世界开放，这样才能最终配得上它的"国际"之名。这番宣言令苏珊疑虑，从中她只看到米勒的政治手腕，她认为这远离了她所捍卫的文学观念："说老实话，当下在亚洲与非洲有什么像样的写作？我们要把作家的定义扩大到什么程度？"然后她继续写道："有一点是真的，欧洲作家能对亚非作家讲的东西，要比欧美作家与拉美作家从自己作品中领悟到的更模糊，其中关于文学本身的具体内容更少。"[21] 以上言论还不仅止于亚非作家，她还建议精简成员名单，去除那些"已经枯萎或者过于细小的分支"，拒不承认这些分支在未来也可能证明它们的文学价值，简言之，就如她在文章结尾引用的箴言清晰说明的那样，她欢欣鼓舞于"一个结构更贵族化的国际笔会"正在建成……[22] 她的态度无可否认是居高临下的，正如同她美利坚中心主义的精神生活一般，肯分配给周边其他大陆的只有残羹冷炙，当然，除了欧洲这个例外。正如上文所见，苏珊此时尚未公开对政治发生兴趣，尽管她不久就将加入反越战的行列——她仍然是以一种相当纽约式的姿态去反战的，她后来终于意识到并承认自己多大程度上已经不在舒适区，而是踏入了陌生的领域。这些火药味的观点与她在其他作品中的持论形成强烈的对比，在她的整个写作生涯中都为她招致不少论敌与冷遇，也向那些攻击她僵硬的知识分子标准的人敞开了大门。尽管如此，她在此处所表达的观点大致也是她混迹其中并被看作自己人的纽约知识界的观点，证据是《党派评论》一向以严厉著称的编辑们在读到她这篇文章的最后两段时，并未大跌眼镜。

从布莱德回来后，苏珊在巴黎又待了一个月，几乎天天跑电影资料馆或者拉丁区影院，杂乱无序地看了好多电影，其中有《瑟堡的雨伞》《阿尔法城》《已婚女人》《费城故事》、让·雷诺阿的《包法利夫人》《大幻影》等。她在图书馆里乱逛，储备了莫里斯·布朗肖、罗兰·巴特、阿兰·罗伯-格里耶、乔治·巴塔耶，还有皮埃尔·路易、让·勒韦齐等人的文本。按照她的习惯，她的阅读一向兼收并蓄；但也是为了培植正在她脑海中如花绽放的小说灵感。倘若说是评论文章和随笔维持了她的生计，那么她的雄心始终都在小说写作。

8月中旬，她去科西嘉岛待了十天，然后住在阿维尼翁，再后来又去了马赛，从那里，她乘船去了丹吉尔。艾尔弗雷德·切斯特正在此地等候她，他自从逃离纽约后，就在保罗·鲍尔斯和简·鲍尔斯夫妇家附近定居下来，继续寻找一处既不会谴责他吸食毒品，又不会谴责他的同性恋者身份的安全港湾。他仍继续写作，此时刚刚完成他的小说《精致的尸体》。

抵达丹吉尔的第二天，苏珊写信给罗杰·斯特劳斯，向他提供自己的最新邮寄地址——也就是切斯特的地址——并向他说明自己这次旅行的正当性："您知道我们是很好的朋友；更确切地说，我喜欢他，而且他是如此聪明（我认识的最聪明的人之一）迷人，又极度不老实。这是怎样的友谊！"[23] 她继续写下去，既是为了让她的编辑放心，也是为了让自己安心："但我很确定他会把我的邮件转交给我。"斯特劳斯对切斯特毫无兴趣，对他的作品也一样。相反，苏珊则一直捍卫这位作家，尽管她无法忽略他的迫害妄想倾向和喜怒无常，对他这个人无法不心怀疑虑。切斯特1964年出版了一部短篇小说集，被《纽约时报》的一名评论家踩到了泥里，理由是构成这部集子的作品没有遵循短篇小说文体的黄金定律。评论家对作者的同性恋身份更是毫不掩饰自己的厌恶，苏珊在这个时候跳出来替他挡枪。[24] 很大程度上，正是苏珊写的那封《致编辑的信》使她重新赢得了切斯特的敬重（此时他已离开纽约，跟许多朋友闹了别扭），并促使他邀请她去丹吉尔做客。

她是个小心谨慎的人，所以还是宁可在明萨酒店租一间房，这是一幢建于20世纪30年代的气派堂皇的摩尔式建筑，对旅客们而言，在这座港口城市的中心，它不啻为一处沙漠绿洲。邀请遭拒的切斯特被得罪了——而且看到她下榻在过去和今天一直被认为堪称这座城市的皇宫的一家豪华酒店——他的态度变得很冷淡：很快他就得出结论，苏珊来这里其实是为了勾引他的摩洛哥男友德里斯，他的行为举止在有些时候变得蛮不讲理，甚至气势汹汹。他这时候已经摘掉他那顶著名的假发，因为害怕中毒，从来不在外面吃饭，还想象自己家已经遭到窃听。为了摆脱毒品，他改吸德里斯给他提供的大麻烟。

鲍尔斯夫妇和他们的小圈子则表现得更为亲切：简和保罗周围聚集了一群艺术家与来自讲英语国家的作家，他们选择摩洛哥作为避难所，为的是追求同性恋的生活，满足对毒品的欲求，或者干脆就是想要生活在别处。这些人当中，有艾伦·安森，他在雅典和这座摩洛哥城市之间来来去去；有艾拉·科恩及他当时的女友罗莎琳德，科恩也是一位诗人，他创建了登载与驱魔术相关的文章和垮掉派作品的文学杂志GNAOUA；有布里翁·吉森；还有亚历克·沃（伊夫林·沃的哥哥）。印度大麻烟在这个圈子的社交生活中占据了重要的位置，所有人都定期一吸，甚至每天都吸，这又是一项苏珊无法与他们共享的兴趣爱好。她说印度大麻烟与她服用的地塞米尔相反，不是在大脑中"将各种角度磨得更尖锐"，而是让大脑变得恍惚，"让你分心，或者忘记一分钟前别人对你说了什么，无法跟上他们正在讲的故事或者笑话，对别人更难以做出反应"。[25] 在这个被她描述为"国际化同性恋风格"的小圈子里，她有一种"迷失在沙朗通疯人院"的感觉，这种感觉她一点也不喜欢，正如她在给罗杰·斯特劳斯的信里所说的：

　　丹吉尔，自从我抵达此地，就开始了一次十分令人沮丧的经历。这座城市对我来说就像是某种给疯子的保留地带或者疯子们的殖民地，他们要么并不知道自己已经疯

了，要么可能到这里来就是为了更加自由自在地发疯，不
用像在其他地方那样压抑自我。我说的当然是那些流亡作
家，像艾尔弗雷德·切斯特、保罗·鲍尔斯与简·鲍尔斯
这样的人——不是摩洛哥人，尽管与他们交流的方法也相
当奇特。[26]

她躲避在明萨酒店，成功恢复了写作，并利用酒店的安静环境
读完了那本她好不容易从作者切斯特手里夺下来的小说。读完之后，
对作者的保留意见并未阻止她捍卫这部作品的价值，她极力向斯特
劳斯推荐出版（但斯特劳斯很不满意切斯特已经把书稿寄给了其他
地方）：

我认为就技巧而言，这部书是极有趣味的，值得花力
气加以出版。我承认，考虑到那种基佬气的华丽文风，这
可能有点冒险。但作者做了两件让我发生兴趣的事：一是
不用单个的主人公（用一种拼贴或人物蒙太奇的方式，但
实际上是同一个人），再就是废除了时态，却没有像巴勒
斯那样牺牲叙事时序。但也许我的看法更像个学院派作家，
而不像一名"读者"。[27]

罗杰没有被她说服，最后是西蒙与舒斯特出版社在 1967 年出版
了《精致的尸体》，由编辑贾森·爱泼斯坦拍板。

切斯特被摩洛哥驱逐出境——他的迫害妄想症到了危险的程
度——他比苏珊晚几个月回到纽约，还突发奇想向她求婚……《精
致的尸体》的出版成了压垮苏珊与切斯特友谊的最后一根稻草。他
要她为这本书的美国版写几个字，那种放在书封面上的传统宣传语，

类似于由编辑邀约的一种预先评论文。遭到拒绝后，切斯特给他的编辑寄了一段文字，来自桑塔格登在《纽约时报》上的《致编辑的信：看哪，歌利亚》。负责此书的理查德·克鲁格直接采用了这段引文，没有费心去获得原作者的批准。他倒了霉：苏珊要求撤回这段文字，威胁如果直接发售就法庭上见，对克鲁格反复重申她"不想跟艾尔弗雷德这个人或者他的作品有任何关系"。[28] 关于他们之前的一次争吵，切斯特写道："没有必要大光其火，既然我们总会重归于好。"[29] 他搞错了，这次再也不会重归于好。

　　9月中旬回到纽约时，苏珊幸福不已，如她在给罗杰的信里说的，就好像终于把所有的疯子与瘾君子都抛到了脑后……[30] 与刚刚从父亲那里度夏回来的戴维重逢，也让她欣慰备至。她的第一部评论集《反对阐释》的样书正在等待她，将于1966年1月由FSG出版社出版；此外，还有文章要写，有书要读，当然，还有电影要看。童年时代被母亲、姨妈带去看了几场电影，然后又在图森和洛杉矶独自去影院，自那时起，苏珊就对电影满怀激情。就像她对《小姐》杂志的采访记者说的，只要她能够抽身，无论是在巴黎，还是在纽约，她每天都会"溜"到影厅的黑暗中一两次，全神贯注地观看经典老片或者时髦新片，美国片或者外国片，并不真正计较是什么类型。她的日记中星星点点都是关于她看过的电影、要看的电影和要重看的电影的记载。如果说她不怎么喜欢戏剧评论，恰恰相反，她对写作与电影相关的内容可一点也不反感。她的电影口味是相当兼容并蓄的。从20世纪四五十年代的美国喜剧片，到欧洲的艺术电影，乃至日本电影——她对小津安二郎及他那一代影人怀有偏爱，譬如成濑巳喜男，还有实验电影，她几乎是有什么看什么。在巴黎，她最喜欢的去处是电影资料馆；在纽约，她在曼哈顿上下漫步，出入格林威治村的影院，观看现代艺术博物馆的电影放映，还出现在她自

己街区的影院……第 88 大道和百老汇交界处的纽约客影院是她出
没的巢穴之一，这是一家艺术影院，由一对情侣丹和托比·塔尔博
特开办，放映数不清的美国和外国影片。苏珊获得了这家影院颁发
的唯一媒体通票，因为她在他们刚开门几天后就登门了——那是在
1960 年 3 月——托比·塔尔博特记得，她当时还带着七岁的戴维，
穿着一身牛仔服。[31] 考虑到她此时还未发表过任何影评，她敢要求
这种特权大约是有些胆量的。她的第一篇影评直到 1961 年才在《哥
伦比亚每日观察者》[32] 上发表，其中有部分内容写到了安东尼奥尼、
维斯康蒂和费里尼。不管怎样，激情总是比理智显得更有道理，而
苏珊这么干也是出于实用主义目的：敢冒险者方有收获，每次都付
费的话，有限的预算无法保证她每周去好几次影院，更不用说每天
都去了……

　　在这次惊人的灵机一动之后，苏珊变成了这里的常客，永远坐
在影厅第二排，她在观众意见簿上留下了各种反映建议："《瑞典女
王》（嘉宝），《操行零分》（让·维果），罗西里尼的《德意志零年》；
还有"帕尼奥尔的《磨坊书简》，冯·施特罗海姆的《凯莉女王》与露
易丝·布鲁克斯的《欧洲小姐》*，维斯康蒂的《战国妖姬》与《大地在
波动》，托德·布朗宁的《畸形人》，卡尔·西奥多·德莱叶的《复仇
之日》与《圣女贞德蒙难记》《大饭店》《黑桃皇后》《天堂的孩子们》，
以及《收获》"。[33] 这张单子，令人回想起苏珊在笔记本里抄录的那
些影片名单，完美地反映了她兼收并蓄的电影口味，这份兼收并蓄
日后也将体现在她的文章中。如此这般，在分析过戈达尔和阿兰·雷
乃的作品之后，她又在 1965 年 10 月的《评论》杂志上批判起了科幻

---

* 原文误作"《凯莉女王》，冯·施特罗海姆与露易丝·布鲁克斯拍摄的《欧洲小
　姐》"。实际上，《凯莉女王》（*Queen Kelly*）是冯·施特罗海姆与葛洛丽亚·斯
　旺森合作的，这部未完成的默片的片段后来出现在《日落大道》中。

电影。《对灾难的想象》，这篇文章三个月后又被收入《反对阐释》，不仅体现了她多样化的电影趣味，还让她重新确认了自己的信条，那就是在"大写的文化"与流行文化之间不加区分。把这篇文章发表在相当严肃、书卷气的《评论》上，给她带来一种狡黠的乐趣，这没有逃过她的很多读者，尤其是她的敌人的法眼……

她的文章为她带来的可不仅仅是敌人，有些时候竟造成无法料想的效果。1965 年 11 月底，苏珊在信箱里发现了一个"内含神秘的纸片"的包裹：寄件人的姓名则只字未提。又过了几天，一封厚厚的信才解开这个谜，这次寄来的是一部剧本和一张署名约瑟夫·康奈尔的便条。她忍俊不禁，回了信。两人的交流最终促使这位艺术家在来年 1 月对她进行了一次即兴拜访："在苏珊·桑塔格要出门的时候逮到了她"，他在 1966 年 1 月 19 日的日记中写道。[34]

他是被苏珊发表在《图书周刊》上的一篇关于《超现实主义史》的文章吸引的，这部莫里斯·纳多的著作刚刚被翻译成英文出版。[35] 康奈尔自认为与超现实主义者及其美学有亲缘关系，他和苏珊一样对布勒东的作品有极大兴趣，为了纪念他们的相遇，他送给她一幅自己所画的题为《安德烈·布勒东》的拼贴画。他赠送的礼物远不止于此。她到他位于乌托邦林荫大道的家中拜访时，他建议她一同欣赏他收藏的电影剧照，并自由拿走她喜欢的照片：她从中取走了上百幅，大部分是 1924 年上映的电影《贪婪》中的埃里克·冯·施特罗海姆的剧照。在接下来的四个月中，他创作了三幅拼贴画：其中两幅的灵感来源于苏珊印在《恩主》书衣上的肖像照——一幅他题名为《简略者》，另一幅则是《无题》；第三幅是用文字拼贴而成，题为《老妇》，其中她的名字是从报纸上剪下来的，贴在画面最中间。这类作品中她保留了三幅：《简略者》、布勒东拼贴画和《茶壶》，以及其他约瑟夫·康奈尔认为值得保留的物品——他的迷恋一般只能持续六个月，然后就转向其他令他感兴趣的人。与他疏远，苏珊并未感到不满，这位创作者终究令她感到不适，她承认他身上的天才，但不太知道该如何控制心中的诡异感：

> 蒙他邀请是一种荣幸。他在场的时候，我肯定不是轻松或者自在的，但为什么我就应当感觉轻松自在呢？这几乎谈不上抱怨吧。他是一个复杂、优雅的人，在他身上，想象力以一种相当独特的方式运转着。我们走向他是为了窥见他的世界。[36]

康奈尔仔细地阅读了 1966 年 1 月初出版的《反对阐释》，此时适逢作者的三十三岁生日。该书收录了 26 篇发表于 1961—1965 年间的随笔与评论。大部分文章重新修订过；有的还加以扩充，或者直截了当地说就是在书评的基础上重写——结果是原本评论的书变成了一条脚注。她并不打算编一本合集，而是要展现一段追求知识的旅程，宣扬一种思想、一种美学观点："我想要揭示与阐明那些支撑着我的种种特定判断与趣味的理论假定。尽管我的目的并不是在艺术或者现代性的问题上表现一种'立场'，但一种整体上的立场似乎还是显现出来，越发迫切地想要亮明自身，无论我评论的作品是什么。"[37] 这些文章出现在集子中的顺序并不是无关紧要的：全书五章，其中四章是汇集的评论文章——关于曾对作者本人思想产生过影响的艺术家或其作品；第一章则由《反对阐释》和《论风格》组成，这是两篇给全书定下基调的作品，对作者的美学观念进行了总结。

第一篇文章原本发表在 1964 年 12 月的《常青评论》上，这是一篇旨在反对当下的阐释模式、提倡回归阅读作品的乐趣本身的宣言，呼唤"那个理论尚不存在的纯真时代"[38] 的重临，那时"内容"还不是需要研究的一种"艺术作品的特殊要素"。[39]阐释者被她看作附着在作品或文本之上的"大群的蚂蟥",她谴责他们"改动了原意",[40]在作品和读者之间制造了一道屏障,读者不再能够享有观看和阅读的简单乐趣。她举出贝克特和卡夫卡作为例子,宣称他们的作品"覆盖上了随着时间积累的一层层的阐释",[41]以至再也不可能有不带先见之明的、单纯的阅读。评论家当然要为这样的现状负责,但他们不是唯一的责任人:在苏珊看来,有些作者是自愿参与这场阐释运动的,在这些被她谴责为"过分殷勤"的作者当中,有托马斯·曼这样的文学神祇,她指责他亲自在作品中提供关于自己作品的阐释。[42]

为什么会有这种对阐释的不惜代价的需要呢?据桑塔格说,这是因为我们需要得到保证:"……阐释变成了一种偏见,使人对艺术作品一叶障目不见泰山。在真正的艺术面前,我们容易感到紧张不安。把作品降格为它的内容并对这内容加以阐释后,作品就被我们驯化了。多亏有了阐释,艺术才变得可以控制,可以随我们的意愿而变形。"[43]与此相反,她希望评论家能帮助读者或观众"重新发现我们的感官的用途","我们应当",她写道,"学会更好地观看,更好地倾听,更好地感知"。[44]她呼吁批评参与到"唤醒感官"[45]中来(英语文本走得更远,暗示应当将人的感知能力情色化,"一种艺术的色情学"[46]),这种尝试将会取代传统的经典诠释学方法。

她在下一篇文章中延续了这方面的思考,这一次她回到了风格与内容的对立的话题,这种对立不能完全混同于与之相当接近的形式与内容的对立。风格,而非内容,才是艺术作品的源头,某些作品即便将道德判断——伴随后者的是对内容的唯一阐释——撇在一边,也能被观看或阅读。她举出以下例子,为了给人留下深刻印象:

莱妮·里芬施塔尔《意志的胜利》与《奥林匹亚》片中

泛滥的纳粹宣传并不能阻止我们将其看作电影杰作。我们从中既看到了纳粹宣传，也看到了其他东西，舍弃这些东西会给我们带来损害。在受纳粹启发的艺术作品中，里芬施塔尔的这两部影片是独特的个例，它们超越了单纯对事件进行宣传与报道的角度，而描摹出了事件中智性的复杂流动、动作的优雅美丽。我们看到了一个不同于希特勒的希特勒，一场不同于 1936 年奥运会的 1936 年奥运会，心中怀着惊奇之情，又无法完全挥去某种不适之感。导演里芬施塔尔的天才使得"内容"在形式之美面前退散消失，尽管她原本的意图并非如此。[47]

不用说，这几行字并不是不受注意的，评论家们也很快对其进行了阐释(！)，用作品内容来评判其作者，无视语境与形式。这是在艾希曼审判三年之后，那场审判在当时吸引了全美国——特别是纽约知识分子——的注意，汉娜·阿伦特对审判的报道先是发表在《纽约客》上，然后又结集成册。在这个时候，她的争辩是难以站住脚的，没有人做好了把美学与宣传看作两回事的准备。

评论集以最后一篇随笔作为结束——《一种文化与新感受力》。在该文中，她捍卫了文学与艺术领域的文化，认为就像科学文化一样，它正处于进化之中，随着时代而变形，并不像许多人想的那样是一成不变的。在艺术中，它不是进步而是发展的问题，苏珊向"迷失的人文主义者"[48]保证，"艺术在我们的时代已经变成一种新的工具，作用于个体或群体意识，创造出各种全新形式的感受力"。[49]而在这些新的感受力中，"精英文化"与"大众文化"之间的距离已经被弥合，[50]存在于科学与艺术之间的"断层"也得到填补，多亏了这种新的感受力，"一架机器的美，一道数学题解法的优雅，贾斯珀·约翰斯一幅画或戈达尔一部电影的品格，以及披头士乐队的音乐与个性中的美，现在对人们来说都可以接受了"。[51]

瑟伊出版社 1968 年推出的法语版本取名《作品在说话》，并没有将《反对阐释》逐字逐句翻译成法语，尽管并不缺少版权的标注。原版中的某些文本消失了，出于某些并没有在任何出版说明或作者按语中阐明的原因。而我们知道对于那些她懂的语言的版本，苏珊经常参与翻译工作：删去的有关于西蒙娜·薇依、阿尔贝·加缪、乔治·卢卡奇、娜塔莉·萨洛特、罗尔夫·霍赫胡特的剧作《代表》、当代戏剧、电影与小说关系、宗教在文学中的位置及杰克·史密斯极具争议性的电影《淫奴》等内容的文章，还有诺曼·布朗的《生与死的对抗》的书评。此外，有的文章被删节（如献给米歇尔·莱里斯的文章，还有关于让-保罗·萨特的《圣热内》的文章）；但书里新加入了两篇文章，一是《威廉·巴勒斯与小说》，后来从未收入过美国版的《反对阐释》，如今出现在新版文集的附录中；[52] 一是《色情想象》，后来收入 1969 年在美国出版的《激进意志的样式》，这部著作从未译成法文。尽管我们可以斗胆猜测，在 1967—1968 年这个时期，编辑与作者本人可能认为这部作品需要加以"改编"才能让法国公众接受（德语版和瑞典语版也有类似的改动，尽管具体删节部分有所不同；西班牙语版的译本则完全遵照原著），但在今天看来仍然耐人寻味，像《反对阐释》这样一部不仅在美国，在欧洲知识界的历史上也具备里程碑意义的作品，它的文本完整性居然没有得到恢复。最后一点不同：虽然美国版是题献给保罗·泰克的，法语版的题词页上出现的却是埃利奥特·斯坦。我们可以解释说，这是因为斯坦和苏珊的友谊，是与巴黎这座城市及他们一起在巴黎度过的时光联系在一起的，也可能是因为《作品在说话》出版时桑塔格

与泰克正在闹别扭；但最初的接受献词者，在这一版的任何地方都
没有出现，这未免显得耐人寻味。这条献词在 1988 年泰克因艾滋病
去世后，尤其具备了一重全新的象征意义。综上，笔者在此处分别
标明法语版和美国版的出处，也保留它们各自原来的书名。

《反对阐释》最早的书评之一发表在 1966 年 1 月 23 日《纽约时
报》上。作者本杰明·德莫特热情洋溢，文章一开头就描绘了一幅
苏珊的肖像画，既不乏幽默感，又揭示出了：苏珊所代表的是什么，
她又得到了怎样的评价——此处是正面的评价，只不过更多是受到
她的同侪而非公众的欢迎。

> 女士犹豫了。她迷恋"至上女声"组合，对坎普也是
> 无所不知。她出席有分量的偶发艺术的活动，看质量最佳
> 的先锋电影。她喜欢披散一头凌乱秀发，使用激烈的言辞
> （"我可受不了我写的东西""我可受不了全知全能型的作
> 者"等）。她嘲笑已经功成名就的作家（查尔斯·斯诺、阿
> 瑟·米勒），迷恋那些无人问津的杂志上的王者（热内、雷
> 乃、阿尔托，所有那一帮麻烦家伙）。她对任何愿意听她说
> 话的人大谈自己的知识分子想法，她对批评问题的影射就
> 像是纸巾，她的思考方式就像是伤了风的鼻子（"我有种印
> 象，我并没有真正自己解决问题……我所遇到的问题，更
> 多是我穷尽了它们"）。[53]

如果说他有时觉得作品就整体而言缺乏原创性，所探讨的主题
也有新瓶装旧酒之嫌——这更像是一部"历史"，他写道，而非一次
发现之旅，他仍然且尤其对评论的文笔倾心。对他来说，这才是桑

塔格真正的原创性所在，她有一种与众不同的声音："作品中时刻存
在着这个观察者自己的化身。《反对阐释》中的'我'并不是一个令
人厌烦的、中性的简单称谓语。他很清楚是要来提供答案的，这些
答案针对的是几个对文化史学者来说至关重要的问题——譬如：是
谁需要新艺术，又为什么需要？"他表现得倾慕备至，最后总结道：
"桑塔格小姐写出了一部文采卓越、富于灵性的著作。它神奇地生
机勃勃；并且居然是一本美国人写的书，这真是不可思议。"[54]

　　并不是所有人都抱有德莫特这样的热情，理查德·弗里德曼登
载在声望很高的《凯尼恩评论》上的文章——这是苏珊少女时代读
过的杂志——就丝毫谈不上口吻温和了。他跟德莫特的共同点是：
将更多的注意力放在女作者而非文本上，更关心笔调与文风而非内
容。旁人本会以为文章开头是为了吸引尚未读过此书之人而做的一
番简洁概述，但弗里德曼一上来就开始攻击苏珊在他眼中的过度媒
体化：

　　　　桑塔格小姐最近登在《时尚》杂志上的整页照片，象征
　　了她成为她自命的"新感受力"偶像之一，对任何正直的人
　　来说，这实在有点烦心。因为她的评论结集给人留下的压
　　倒性印象是：她过分在意要遵守女性杂志的编辑策略。[55]

　　为了让读者能理解他是在跟怎样一位鹰身女妖打交道，他进一
步细细勾勒这幅肖像，特别点明这位作家在他看来接近于"歇斯底
里"，她的分析是"生硬粗暴的"，她不仅满足于墨守成规，还装模
作样，"把她能想到的所有人的名字都引用一遍"。至于作者的笔调
与风格，远远不能使他忘记她的其他品质，却更让他确信了自己对
她的评判意见：

这其中包括了……如此耸人听闻的宣言，如："比起经典诠释学来，我们更需要一种艺术情色学。"事实上，这本书里灾难性的表述俯拾即是。一些接近于自造的词["过量加入"（superadded）、"可孤立的"（isolable）、"元情感"（meta-emotion）、"强身作用"（tonicity）]与初中生的黑话（"突破防线""希望能够"、用"引"字代替引文标注）混在一起。[56]

这两篇文章代表了两种截然相反的观点，都刊登在受人尊敬的——也受苏珊尊敬——刊物上，从中我们可以了解到该书出版后引起的两极化的反应。《反对阐释》比《恩主》更好读——弗里德曼在其他场合提到过，《恩主》是一本"阴郁、凄凉的小说"——它是一部植根于自20世纪30年代起已经牢固建树起来的批评传统的评论集。这种批评传统就是所谓"纽约知识分子"的批评传统，由苏珊已经数次与之结盟的莱昂内尔·特里林或者玛丽·麦卡锡那样的人组成。她就像他们一样，以其欧化和亲法倾向而令一部分同时代人抵触，她的一夜成名和她就自己关心的话题的娓娓而谈招致了一些猜疑的目光，尤其是来自那些无法接受她这样一个年轻女子也能具备成熟的智性头脑的人。她兼收并蓄的口味对她是不利的：缺少专攻领域令人怀疑她的严肃性，而她对流行文化的兴趣被理解为一种嘲弄同行的方式，甚至被当作一种亵渎，一种对真正文化的冒犯。

到了1996年，在《反对阐释》的西班牙语再版的序言中，苏珊写下了一句话作为题词："我对作家的定义：对一切皆感兴趣之人。"[57]她无疑是想起了1959年在纽约下车的那个年轻姑娘，想起了那个时代她的天真无邪与她怀抱的幻想，而露出微笑："我一直都有五花八门的兴趣，所以对我来说，对作家的使命有如此构想是很自然的。这样的一种激情在大都市里比在外省更有用武之地，会想到这一点也是合情合理的，更不用说大都市里还有那些我最终遨游其中的杰出学府。我唯一的发现是，再也没有像我这样的人了。"[58]她下定决心要与反智主义及文化虚荣心做斗争，并建立起一座捍卫自身观点的讲坛，鼓吹一种关于文学艺术的新视野，但并不是所有人都打算侧耳倾听。有些人完全无法欣赏这个"贩卖品位者"，对这名竟想在已经排好座次的文坛呼风唤雨的新秀抱着怀疑态度。她在一定程度上也给他们提供了理由，考虑到她总是有新的东西要大加赞美，她频繁表现出的热情洋溢大概也让他们感到不安，作品本该留给时间去检验的。三十年后她明白了，并不是所有人都像她一样是个"欧洲迷"[59]；且不说对大众而言，挑战还没有英语译本的著作实在太困难了。

　　还有她对让-吕克·戈达尔或阿兰·雷乃电影的分析，她关于娜塔莉·萨洛特、米歇尔·莱里斯，甚或让·热内和克洛德·列维-斯特劳斯的讲座，大都被认为是失败的；或者更糟，引起其他评论家的不满，他们无法阅读法语原版，只能依靠手头少量的英译本。到了 1996 年，这中间终于有了足以让读者对她重新审视的时间距离，他们从此将她看作被历史验证了的先知……

　　苏珊凭借随笔扬了名，并被看作引领潮流之人，她终于明白了自己想做什么和不想做什么。从此，她的"尝试"在她看来都植根于"迷人而稳固的安全的象牙塔"[60]之外的世界，她的成功也给了她投身最心爱计划的权利：写一部新的小说。《反对阐释》大开本出版一年后，她为新出的口袋本作序时，已经开始以小说家的口气落笔了：

"对我来说，随笔已经达到了目的。我现在用全新的眼光去看待世界。我对自己作为小说家的工作构想，发生了翻天覆地的改变。"[61]她赋予这些随笔净化的功用，认为它们是一种"智性上的安慰"，[62]她感到自己彻底探讨了某些长期萦绕她心头的问题，尽管她还未寻到所有的答案，但至少穷尽了自己的思考能力。1966年，苏珊应邀为《今日伟大思想》撰写"文学"方面的出版说明，她借此机会厘清了她心目中的小说理念。人们要求她写的是一篇鉴赏文，对过去一年（1965年）中的出版物进行回顾，按照逻辑，这就必然导向对文学现状发表意见，特别是对小说，既然她本人对诗歌或戏剧都未曾涉足。她想写一篇让-保罗·萨特的《什么是文学？》那种类型的随笔，对最近若干年来文学的发展走向及其对未来的影响进行分析。[63]她马上就开始谈论1965年出版的诸多小说的本质，集中精力批判那些代表20世纪60年代本不该出现在文学中的陈腐之物的作品，然后是那些能让人管窥到这一体裁的未来的作品。受到她青睐的作品区别于她口中的"档案式小说"。那是一种很自然地被她跟19世纪自然主义联系到一起的观念，在20世纪下半叶已经过时，无法与某些小说家和评论家宣讲的"重绘现实"[64]的必要性相呼应。她坚守自己文章中关于风格的论调，鼓吹对形式的回归——对"追寻一种优秀的形式"的回归。她写道，因为这些，"当我写作《反对阐释》的时候，最令我感兴趣的新一代美国小说家是巴勒斯。在我看来，限定在美国文学之内，他是唯一粉碎了僵化的现实主义偏见的作家"。[65]这里谈到的是写《裸体午餐》《新星快车》，还有刚刚出版的《柔软机器》的那个巴勒斯。其作品给人留下深刻印象的，不仅仅是它们的内容，更是它们的结构，与这一时代的其他小说迥然有别。大概因为苏珊同样对电影醉心，她强调巴勒斯与"新小说"作家们在作品中都使用了"摄像机运动的技巧和电影特有的节奏"，[66]还特别对这位美国小说家在《巴黎评论》上发表的"理论"表示了兴趣，根据这种理论，"我们所谓的现实不过是一部电影。我管这种类型的电影叫作：传记电影"。[67] 这种手法在《裸体午餐》中已经清晰可见，她在这部小说上逗留不去，因其谵妄梦境式的风格和电影手法带来的流动性而心醉神迷：

> ……叙事的表面结构，对场所和人物性格的描述，都在日常表象的雾气中渐渐朦胧起来，从中浮现出事物、场所、动作的怪异的剪影，此外，还有关于疾病、麻醉剂和人类行为的精深笔记。[68]

如此便造成了一种混沌的印象，就像她所指出的"情节之不存在是显然的"，"然而存在着一种叙事：他用断断续续的线条描绘着，以无穷变幻与重复的方式"。[69]

考虑到巴勒斯的叙事线条还称不上断断续续，苏珊对《裸体午餐》结构的描述只可能是她对自己正在写作的小说的一种构想。她禁止自己在随笔中"提出小说家的纲领"，她说，自己与娜塔莉·萨洛特、阿兰·罗伯-格里耶相反，他们将评论写作当作一种理论实验室，提出的理论接下来就可以应用到作品中。然而，一方面，要分离二者是困难的——她自己也说过她的观念是建立在她作为读者的经验之上的，不正是这种经验滋养着她的写作吗？而另一方面，无论她意识到与否，在她的虚构作品文本中，她着手将自己作为评论家的心得付诸实践。最恰当的例子莫过于她1965年夏发表在《党派评论》上的短篇小说，[70] 英语原名《意愿与道路》(*The Will and the Way*)，翻译成法文后为《美国魂》(*Les Mânes de l'Amérique*)，受到克洛索夫斯基、巴塔耶、波利娜·雷阿日、萨德及"色情文学作者们"[71]

的启发，这是她 1967 年在随笔《色情想象》中提出定义的一种文体。

她的小说是向纳撒尼尔·韦斯特的《寂寞芳心小姐》的一次致敬，他是她的洛杉矶同乡。她聚焦于"扁脸小姐"这个人物（Miss Flatface，翻译成法语是 visage plat），这个女人抛夫弃子只为了追随一个名叫"下流先生"（Mr. Obscenity）的男人，小说从未写明他到底是皮条客还是妓院老板，但他的确统治着一个酒精、赌博、性大行其道的地方。这构成了一篇讽刺文学的布景，苏珊由此涉及了 20 世纪 60 年代中期困扰着美国的种种问题，进行了一次解决"美国困境"[72] 的尝试。当扁脸小姐在浴室里满足一位黑人"来宾"的欲望时——他的名字叫作"诚实的亚伯"*——房间里所有的水龙头都被一面"星条旗"遮蔽着，她开始思考民权问题："由于我们一次又一次地在报纸上看到他们在游行，或者在他们的陋巷中投掷铺路石，我们产生了恐惧。他们看上去如此人多势众。但如果我们跟他们一对一，从近处看着他们的话，他们就没那么让人害怕了。她想，他们应当按照他们的意思得到各种权利。"[73] 这个代表了完美的家庭主母形象的女人曾维持着一栋郊区独栋别墅的日常运转，苏珊却将她写成了一名埃塞尔·罗森堡†式的女性主义者，将小说的漫画化推向了极致。但最令她感兴趣的还是观察这个人物如何看待性别问题和卖淫问题。在终于逃出下流先生的妓院以后，扁脸小姐成了一名纽约妓女，此处苏珊想起的是她自己的人生，从她对"性欲方面的基督教式压抑"的戏仿中透露出来，她想要研究"传统家庭观念的激烈变化，政治震荡与社会局势的不断进化及两性各自扮演的角色"。[74]《美国魂》是一篇社会批判文学，同时也让她对自己反现实主义小说的立场重

---

* "诚实的亚伯"（Honest Abe），是民间对总统亚伯拉罕·林肯的昵称。

† 埃塞尔·罗森堡（Ethel Rosenberg），美国公民，她和丈夫在冷战期间因向 KGB 泄露核秘密被处以死刑。——编注

新树立了信心。她通过探索过分执着的性欲主题为色情文学做出了
贡献，而根据她的想法，过分执着的性欲与其他执念是十分相似的，
譬如宗教方面的执念。[75] 她将扁脸小姐置于萨德侯爵的小说女主人
公们的行列中，在自己的小说与波利娜·雷阿日的《O娘的故事》之
间建立起平行关系，在《O娘的故事》中，她读到的可不仅仅是情色
与色情，还有许多文学上的优点，它的结构也远不仅仅是一副用来
让作者在其上附加种种色情场景的骨架，而是出自名家之手的小说
才能具备的。就像她关于杰克·史密斯的短片《淫奴》的随笔一样，
在文章最开头几行她就提到了某些场景的露骨性质，她对此的辩护
与她对色情电影、色情文学的描绘令评论家们很看不惯，他们攻击
她是在追求耸人听闻、吸引眼球的表达效果，这些作品在他们看来
只是对纯粹性幻想甚至兽性的表达。随着时间流逝，苏珊大致说来
是更有道理的一方：如果说史密斯的电影仅仅是丰富多彩的美国同
性恋与跨性别文化史中的一条脚注，巴塔耶、露易丝·德·维尔莫
兰*和萨德的小说可是在文学史上赢得了自己的位置，今天人们谈论
这些人的时候，使用的措辞也与苏珊当年的随笔十分类似。

　　1966 年有一个美妙的开端：得益于《反对阐释》带来的关注与
几项奖金，她得以将新闻工作暂时搁置，专心创作下一部小说。这
一年，她从洛克菲勒、英格拉姆·梅里尔和古根海姆几个基金会收
到了奖金，1965 年底还获得了乔治·波尔克评论奖，这是一个颁发
给新闻记者的奖项，实际领奖推迟到了 1966 年春天。她的夏季又一
次在欧洲度过，这一次陪同她的是戴维。伦敦仍是她的第一站，在
那里，她会见了一些经纪人与编辑，罗杰·斯特劳斯订下这些约会，

---

* 露易丝·德·维尔莫兰（Louise de Vilmorin），法国作家、女演员。她也是路
　易·马勒的《情人们》等电影的编剧。

为的是确保她的著作在欧洲发行。在中途停靠巴黎后，母子俩又出发前往捷克斯洛伐克，因为苏珊被邀请参加第十五届卡罗维发利电影节（西波希米亚地区的温泉疗养地，在历史上以卡尔斯巴德这个名字名闻遐迩）。参赛的有二十六部电影和二十四个国家，从苏联到古巴都参与了竞赛，不用说还有欧美国家，这真正是一场影迷心目中的美梦。获邀的嘉宾还有阿兰·雷乃、卡洛·庞蒂和让-保罗·拉佩诺*，拉佩诺这年凭借其电影《城堡之恋》与执导了《官僚之死》的古巴导演托马斯·古铁雷兹·阿莱†共同获得电影节的评审团特别奖。对苏珊来说，这是一个近距离接触电影世界的机会，可以深入银幕的另一侧进行探索，与导演们平起平坐，还能名正言顺地在电影院里从早泡到晚。她显然不会放弃这个机会，趁此发现了捷克电影的新世界，同时品味着文学改编电影《故梦》‡的先锋趣味。她还见证了雷乃的电影《战争终了》大获成功，这部电影因其对佛朗哥政权的批判，在西班牙政府的要求下退出了戛纳电影节，在卡罗维发利也遭遇了同样的命运。然而影片最终作为非参赛片上映了，不仅导演，影片编剧豪尔赫·森普伦§也出席了放映。在评论家和电影节观众一致对影片报以热烈好评后，评审团向该片颁发了一项"特别奖"，绕过了电影节官方，向那位马德里独裁者扮了一个大大的鬼脸。

---

* 　让-保罗·拉佩诺（Jean-Paul Rappeneau），法国导演，生于 1932 年，执导过《大鼻子情圣》《屋顶上的轻骑兵》等电影。

† 　托马斯·古铁雷兹·阿莱（Tomás Gutiérrez Alea），古巴著名导演，代表作有《草莓与巧克力》等。

‡ 　1967 年由让-加布里埃尔·艾比柯寇导演的法国电影，改编自 20 世纪初法国作家阿兰·富尼耶的诗意小说《高个子摩尔纳》（Le Grand Meaulnes），2006 年重拍，译名为《美丽约定》。

§ 　豪尔赫·森普伦（Jorge Semprún），西班牙作家、演员、电影编剧。在佛朗哥政权下流亡法国，一度加入西班牙共产党。长期用法语写作。"二战"期间因参加抵抗运动被关押在布痕瓦尔德集中营。1968 年、1970 年分别凭借《战争终了》《Z》两次获得奥斯卡最佳编剧提名。1988—1991 年间出任西班牙文化部长。《战争终了》在一定程度上取材于他自身的经历。

从卡罗维发利，桑塔格和戴维·里夫母子又去了布拉格，打算当一回游客，充分享受深受苏珊喜爱的"老欧洲"的魅力，特别是要欣赏捷克首都的独特建筑风格，并在半个世纪前卡夫卡曾漫步的街道上好好游逛一番。她发现与戴维一起旅行既令人受益匪浅——由她来带领他开眼看世界——又会制造额外的紧张情绪。她感到孤独寂寞，她的儿子有时候会成为她邂逅他人的障碍，她还发现在沮丧情绪中她会待他不公，向他发送种种前后矛盾的信号："我把他当作同伴，当作孩子，当作秘书，当作负担，依次轮流。这对他来说应当非常令人困惑。"[76]

因为要陪伴儿子，她的世界迅速收缩为一个尚未性觉醒的胆怯的青春期少年的世界那般大小，进行一些假模假式的小大人对话，这让她倍感孤独，并且感到被困在一个不适合自己的角色当中。戴维并没有真正地"陪伴她"，她不能与他共谈自己的烦恼和疑虑，必须尽可能保持一副母性的坚强面孔。有他在身边，她被剥夺了她如此珍视的私人时光，无法工作，无法幻想，时刻要肩负起责任。在布拉格的一个上午，她能够独自度过几分钟的快乐呼之欲出：

> 用这几分钟，我在大使酒店的大堂写下了这些字——坐在铺了洁白桌布的桌旁，门向一个晴朗的星期日上午敞开着，刚刚吃完一顿丰盛的早餐（两个水煮蛋、布拉格火腿、一个蜂蜜小面包、咖啡），独自一人，独自一人（戴维还在楼上睡觉）——观察着大堂里、露天茶座上和街上来来去去的人影。这是自夏天开始以来我第一次在瞬间体验到幸福。

她后来又加上了几行字："我在此。宁静，完整，是成年人。"[77]

在出发去伦敦的几周前，苏珊接受了《时尚》杂志的采访，这篇采访实际上包含了数页母子二人分列左右的肖像照，她身穿无袖白裙，堪称庄重睿智，他则在约翰·列侬式鸭舌帽的帽舌底下露出快乐的目光，身穿人字纹毛衣和开领衬衣，显得比他的实际年龄更成熟。记者将他们描述为"一个低调而又惹眼的组合。他们颠覆了既有观念。他们引发惊奇"，并把戴维写成一个几乎和旁人没什么两样的少年，除了几处细节：

苏珊·桑塔格的儿子戴维，就像她本人一样，只靠自己的头脑思考。他十三岁半，在纽约的法语中学学习。从头上的约翰·列侬式帽子到脚踏的切尔西皮靴，他都敏锐地把握了他这个时代的时尚，他的头发按照学校的要求保持合适长度，在一个带点滚石乐队味道的五人男子组合里弹电吉他，而且热爱电影。尽管如此，他也爱博览群书（特别是关于那些不太知名的战争的书：义和团运动、阿尔比派十字军）。为了攒钱买一个效果好的吉他扩音器，他以一美元的时薪替一个大学生写关于美国印第安人的论文。戴维就像他的母亲，有一种能使人一坐下来就张嘴结舌问"什么？"的才华。戴维："我喜欢30年代的抒情性电影。""什么？""你知道，就是那种古怪又令人感动的电影。""什么？""特别是凯·弗朗西斯*演的电影。""什么？"[78]

---

* 凯·弗朗西斯（Kay Francis），20世纪30年代好莱坞知名女星，曾出演的角色包括《天堂里的烦恼》里的女二号。

　　记者明显被这个年轻男孩的成熟与自信震撼了，下结论说："桑塔格母子，他们看上去合作无间，无论是关于各自独立的道路，还是各自不同的声音，如果说他们现在还不在一个水平上，那么也有头脑的诱惑力作为根基。"[79] 1968 年 7 月，这次轮到读者在《时尚先生》杂志上追踪他们关系的变化了。戴维快十六岁了，这次他被描述为"几乎称得上漂亮"，消瘦苍白，嘴上无毛。他也参与了一部分采访，在最终决定离场之前，一直坐在母亲的脚边，[80] 走前先向苏珊借了五美元……这个形象与他的年龄更相称了，尽管记者仍然认为有必要写明，他分析起哲学来连在哈佛大学班上也无人能够匹敌。[81]

　　这些双人的肖像式采访很明显出自记者的安排，目的似乎在于推销一位知识女性可以同时为人母的形象，将她表现得更为可亲，此处"可亲"要从字面上理解：有孩子陪在身边更能显示出她人性化、日常的一面，迥异于某些评论家笔下她文人气甚至精英气的形象。至于苏珊为何同意暴露自己儿子的隐私，就更难以解释一些，这些采访文章对他产生的影响也难以确知。另外一期《时尚先生》登有成年后的戴维·里夫的肖像，将他描述为一个"时髦的左翼金童"那样的被宠坏了的孩子，用他自己的话说，就是"生在哈佛大学，养在安迪·沃霍尔的工厂"，[82] 然而就像他反复说过的那样，他的童年时代终究不能算是幸福的。他从来没有透露自己心灵深处的想法，但我们可以猜想到，童年时代缺乏稳定性，父母的离异与争吵，母亲无论身边有没有他几乎永远在搬家，这些都够受的。

　　1966 年的这个夏天，似乎是戴维第一次拒绝到父亲家度夏。虽说陪伴母亲到处漫游也有令人愉快的时刻，还给了他探索欧洲的机会，但他也经常感到烦恼，他经常是交通工具上唯一的儿童，还必须在她写作的时候自己照顾自己。她也做出了努力，组织了若干游览和远足。他们从布拉格回到巴黎，苏珊打算把在这里的大部分时间都花费在打字机旁。等待着他们的是"乔"——全名是约瑟夫·蔡金。这年夏天，他在伦敦跟皇家莎士比亚公司的导演彼得·布鲁克一道工作。蔡金 1963 年在纽约创建了实验剧团"露天剧场"，苏珊定期去观看他们的演出，有时在台下，有时去后台，她从中满足了自己日益增长的对阿尔托戏剧理论与实践的兴趣，蔡金最初就是在根据这套理论创立的朱利安·贝克的"生活剧团"作为演员出道的。她在讨论"偶发艺术"时提到了阿尔托的《剧场及其复象》，就像这位法国戏剧家提倡的那样，在偶发艺术中，将舞台与公众分隔开的"第四堵墙"消失了，它创造出了一个新的空间，其中演员与观众的互动变成了戏剧作品不可分割的一部分。贝克、格洛托夫斯基、蔡金和布鲁克都支持这种观点，力求消除戏剧空间中的阻隔，无论这些阻隔存在于现实中还是文本中。他们采用的文本通常是对经典的"改编"，比如《蛇》，这部剧是对《圣经》文本的重新诠释，由蔡金在纽约搬上舞台。

在双偶咖啡馆的露天座位上与乔重逢时，苏珊才意识到自己的"绝望"，意识到正在蚕食自己的孤独，不再有关于自己痴迷的话题的漫谈，这在心中造成空洞，这种漫谈只有那些了解她、与她读过一样的书、能让她说知心话的对话者才能开启。还有，她轻易就被说服来伦敦观看彼得·布鲁克创作的回应越战事件的戏剧，先在美国首演，如今又在英国重排。她在伦敦停留的时间正值耶日·格洛托夫斯基访英，他是波兰罗兹市"十三排剧院"的导演，此时已经以其实验戏剧而遐迩闻名。于是苏珊度过了充满戏剧的十天，这十天里，她看到了会移动的尸体，听到了会抑扬变化的声音，学会了如何领导和约束演员，了解了该如何通过噪音和动作令人物变得鲜活。这项工作在她看来越来越与她作为小说家所做的事情并无二致。

8 月中旬，她又回到巴黎，这次她变换了活动地点，在赫伯

特·洛特曼陪同下去了一个名叫新庭的小城，这里正在拍摄《我略
知她一二》*。她在日记里兴味盎然地描述了这位美国评论家与让-吕
克·戈达尔之间的对话："记者+吸血鬼洛特曼问：'这部电影讲的
是什么？'（戈达尔）答：'我不知道。'问：'它讲了什么吗？'答：'没
有。'问：'您的电影的主题通常是什么？'答：'这要您来告诉我。'"[83]
这可是苏珊，她从戈达尔刚出道时就开始关注他的作品了。从 1960
年上映的《筋疲力尽》开始，他就与其他影人如阿兰·雷乃一起被冠
以"新浪潮"之名，在苏珊心中，这部处女作引起了独一无二的共
鸣：我们还记得简·塞伯格所扮演的片中人物的部分灵感来自哈丽
雅特及其在《巴黎先驱论坛报》†工作时的生活。1964 年，她发表了
一篇关于《随心所欲》‡的电影评论，就十七个电影片段进行分析，而
这部影片本身一共有十二幕。她等于提前回答了洛特曼提出的问题，
解释了在"这部电影叙事作品"[84]中戈达尔是如何实践让·科克托的
电影信条"展现而非说明"的：影片完全摆脱了因果律，排斥心理分
析，以一种全新的方式将文字与影像联系在一起，以求表现"存在
的严肃性质"。[85]苏珊将戈达尔归类为"形式主义者"，和阿兰·雷
乃一道；而雷乃在其他地方受到过《随心所欲》的启发，特别是他的
《穆里埃尔》更是从中借取了数条叙事线，比如两部电影的女主人公
都偶尔求助于卖淫来排解心中的苦闷。但相对于《去年在马里昂巴
德》的创作者而言，这位女评论家更偏爱戈达尔，戈达尔尽管显得
形式主义，却也能创造出"令人感动和兴奋"[86]的作品，同时雷乃的
电影则被她谴责为"缺乏活力或直接的表现力"，"无法像真正的伟

---

* 《我略知她一二》，戈达尔 1967 年电影，运用了打破第四堵墙等先锋手法。
† 此处原文为"国际先驱论坛报"（l'International Herald Tribune），疑为作者笔误。——编注
‡ 《随心所欲》，戈达尔 1962 年电影。

大艺术那样，抵达思想或情感的极限"。[87]

在两次电影上映和两次远足之间——埃利奥特带他们进行了一次巴黎第16区建筑之旅——她想继续写《死亡匣子》*，但进展在她看来太慢。而且她需要拒绝不断出现的活动邀约。从FSG出版社的办公室发来各种各样的请求，会议的、讲座的、专栏文章的，最后一种是她拒绝次数最多的，能从中获取的数百美元对现在的她来说远不如时间珍贵。但说"不"并不总是件容易事，她的选择也并非仅仅出于财务考虑：她需要在声誉、未来计划和曝光度之间取得平衡。于是，当在斯德哥尔摩举办的"艺术与技术节"向她发出邀请，与会者还有罗伯特·劳申贝格、约翰·凯奇、马歇尔·麦克卢汉及其他一些画家与艺术家，为的是让他们与劳申贝格进行一次"画配文"的合作，她便拒绝了这次邀请（以及装在信封里的一笔数额可观的报酬），因为她知道这只会进一步强化她一直想要淡化的那种形象："这不正是那种超时髦的场合——我加上劳申贝格——注定要成为《生活》或《时代》周刊上一篇报道的题材，并且进一步巩固我"圈内才女"的形象，让我变成一个新的玛丽·麦卡锡，变成麦克卢汉主义与坎普的女王？而这些都是我一心想让人遗忘的。"[88] 在同一周里，她还拒绝了《时尚先生》杂志的编辑哈罗德·海斯，后者约她写电影专栏：她对这份杂志没什么好感，她害怕每月交一次稿会过分限制她的自由，也怕一旦接受，她会被拿来跟其他人比较，诸如评论家兼哲学家德怀特·麦克唐纳……[89]

然而，她知道自己的经济状况是不稳定的，若仅靠下一笔奖金和数篇文章的版税生活，还有她偶尔同意做的讲座的收入。她和罗

---

*　原文使用的是《死亡匣子》的法文译名《最后求援》（*Dernier Recours*）。以下不另注。

杰的通信中关于这个话题的讨论俯拾即是，他总是想劝说她多接受一些邀约，而她则报告自己正在创作的小说的进展，以此来哄他开心。这位编辑一般都随她去，因为他对她有信心，也因为他下不了狠心强迫她做事，尽管他内心深处知道，就像通常一样，他需要扮演的是银行家的角色："我跟坎迪拿一块棉花糖打赌你不会接下《时尚先生》的专栏，而我真的很开心我赢了这次赌约，因为我跟你观点一致，那就是你不急着用钱，小说才是要紧事，考虑到你想要呈现出的新形象及你的其他正当利益，现在这样就足够了——他如是说，带着一种与周一上午的心境相宜的保护者的口气。"⁹⁰

8月底，母子俩登上火车，这次目的地是昂蒂布，为的是让戴维畅游法国南部，从蔚蓝海岸到内陆地带、城堡要塞，以及摩纳哥及其附近的峭壁。这次长途游历又继之以穿越意大利北部之旅，他们将去参加威尼斯电影节，这一年的评委包括米歇尔·比托尔*和尤里斯·伊文思，评审团主席是乔治·巴萨尼†，这一年的评审团最后把金狮奖颁发给了《阿尔及尔之战》的导演吉洛·彭泰科沃。苏珊对威尼斯的爱毕生不衰，很少有哪一年她不来这里度过几天或者几周的——后来她在这里拍摄了她的最后一部电影——总是住在相同的酒店：格瑞缇酒店、卢娜酒店、欧罗巴酒店，有时则住在达涅利酒店。从第一次拜访这座城市起，她就理解了它的脆弱之美，她说它是"所有漂泊在外的有文化修养的外国人都梦想埋骨于斯的那种城市"。⁹¹

重新回到巴黎度过数日后，苏珊和戴维于9月21日飞抵纽约。他们一个需要回去上学，另一个需要奋力笔耕，完成那部她未能写

---

* 米歇尔·比托尔（Michel Butor），法国新小说作家。代表作有长篇小说《变》《时情化忆》等。

† 乔治·巴萨尼（Giorgio Bassani），意大利作家、演员、编剧。由德西卡导演，根据他的长篇小说改编的电影《费尼兹花园》获得1972年奥斯卡最佳外语片奖与1971年柏林电影节金熊奖。

完的小说。

　　要概括《死亡匣子》的情节是容易的，但同时又很难还原它的复杂性：小说用五百页叙述了达尔顿·哈伦（又名迪迪）的一次公务旅行，他刚刚从离婚的打击中恢复过来，且有自杀倾向。这次旅行他决定乘坐火车，这样可以消磨时间，也不会撞见同事。出发两小时后，火车在隧道中骤然停止：迪迪感到不耐烦，在铁轨上下了车，遇到了一名铁路工人，他觉得自己与他发生了争执，以后者的死亡告终。他重新登上火车后，向坐在同一车厢的年轻盲女海丝特告知了实情，她毫不犹豫地说他只是做了一个梦。她把他拖到洗手间，在那里他们做了爱。这次历险不可避免地成了迪迪生活的中心，成了他活下去的理由。海丝特出远门是为了抓住最后一次机会做手术，成功的话有可能复明。他把全部空闲的时间都花在了她身上，为了跟她见面四处奔波。这些私会结束以后，他又为了跟她待在一起请了长假。爱情的成功并没让他忘记自己的"罪恶"。从最初的几天起，他就焦虑不安地在所有报纸上搜寻，最后发现确实有一名工人死于"意外"。他对于这个说法不满意，想要自行调查，甚至找到了死者的遗孀，但无法发现任何犯罪迹象……

　　海丝特手术失败后，他们决定一同回到纽约并成婚。这段结合留下了执念的印痕，既有他们各自的执念，也有他们对彼此的执念，这逐渐转变为一种密闭式的毁灭性关系，唯一的解脱只有死亡。死亡由迪迪一手导演，死前他们回到了他假定的罪行的发生地点，他们最初也是在那里相逢。

　　自杀、与纯粹肉欲相对的恋情、人类生命的相对价值——可能被杀之人的生命相对于有自杀倾向的主人公的生命——这些因素是小说的核心，生命和死亡之间的界限就像现实和梦幻的界限一样模糊难辨。苏珊尽管重拾了对她来说相当熟悉的主题——在《死亡匣子》与《恩主》、迪迪与希波莱特之间存在着一种明显的亲缘关系——却做出了形式意义上的革新。小说的大段叙述并无休止，但其中的档案、评论、引文都如同某种意义上的注释，具备一种与正文不同的性质，在视觉上创造出了对叙事流的中断。有时是为了提供信息，比如"专业术语与显微镜使用基础课程"[92]；有时是观察笔记，比如迪迪在打量海丝特房间时注意到的，"医院配备的一切设施都趋向同一种颜色"[93]；还有当地日报对铁路工人之死的报道，根据记者的说法，他是在修理铁轨时被特快列车"撞死"的……[94]

迪迪是理查德·霍华德的童年绰号，他在无意中成为引燃她写作《死亡匣子》的灵感的那粒火花。他们共同的朋友，诗人约翰·霍兰德，有一天晚上在对话中向苏珊透露了这个她不了解的细节：

> "迪迪？""对。""怎么写？""我不清楚，我猜应当是 D-i-d-d-y 吧。"这段时间我满脑子都是《死亡匣子》。我请约翰不要介意，我不能再待下去了。我必须回去，我有个长途电话要接。我半夜十二点半冲回家，开始写《死亡匣子》第一部分，关于迪迪及其人生，他的自杀企图——一直写到早晨六点……[95]

这本书最初的反响——来自她的朋友们——是令人鼓舞的。理查德·霍华德——起初并不知道自己是此书的灵感来源——认为它是一部成功之作，欣赏它"鲜明的创新能力"，从中看到"一本不易读、对现实介入性强、极具原创性的书"，[96] 他还预言它会大获好评。他的来信令她感到放心：他是苏珊在假期旅行前才认识的（她在法兰西堡收到的这封信），她向他坦承了心中的疑虑，谈到了自己对这部新小说即将出版感到的焦灼。她的不安情绪部分是因为她觉得人们将更多地依据她的形象而非她的文字去评判她。然而围绕着小说出版出现的种种迹象都是鼓舞人心的，特别是《文学协会》杂志宣布将它列入向订户推荐的小说名单，这等于提前保证了数千本样书的预售。当然，就像霍华德不忘提醒她的一样，罗杰·斯特劳斯及其出版社无条件的支持，在公开场合会表现为一场重要的宣传攻坚战，他们也会给评论家、文学经纪人和国外的编辑以私人名义寄去推荐信。

小说于 1967 年 8 月出版时，评论家们事实上已经做好了准备要口诛笔伐。第一批评论文章出现得飞快，如果说就像她之前的书一样，评论文章可以分为两个类型——要么喜爱，要么憎恶——那么这次也证明了苏珊的想法明显是有道理的：对于她的公众形象的看法会影响到她的同行们如何看待她的作品，而一部分同行更中意扮演评论家角色的她，对她的虚构写作毫无兴趣。在这后一类人中，《时代》文学增刊的评论家玛丽戈尔德·约翰逊概括了她的众多同人的想法[97]："桑塔格小姐不幸（作为小说家）因她高人一等、严肃庄重而又能言善辩（作为评论家）的作风而闻名。我们对她期望很高，在小说中遍寻她的特点——特别是实验性的写作技巧、旁征博引的指涉与对当今美国文化现状的敏锐感知。"[98]

然而，《死亡匣子》没能回应这种期望；它也未能完成传统小说的任务——娱乐读者。于是，约翰逊下结论说："只有那些继续把她看作现代文化的大祭司的人，才会欢天喜地地等待她的下一本大部头小说。"

"令人厌烦"[99] "无聊"[100]，都是一再被用来形容迪迪的历险的词，它们也出现在本杰明·德莫特的笔下，而一年前他曾经捍卫过《反对阐释》。这次"背叛"——苏珊把德莫特看作已经被争取到自己这边的人——对她打击很大，正如丹尼斯·多诺休在《纽约书评》上的居高临下："桑塔格小姐的小说又是另一回事。她不是一个下笔自如的作家，至少肯定不是一个文思如泉涌的小说家。她是不屈不挠的，用意志来指导需要想象的写作。她的作品读起来像是虚构情境里的杰出想法；这些想法带有她的个人印记，只按照她的意图发展。"[101]

最后，在她受到的谴责中，还有一项是屈服于新小说的影响，娜塔莉·萨洛特和阿兰·罗伯-格里耶是最常被提到的名字，人们谴责她自命为"乔伊斯、普鲁斯特和卡夫卡的继承人"，"身为美国犹太作家却想要超越自身，脱美入欧"。[102] 说了上面这些话的戈尔·维达尔在向她的博览群书脱帽致敬后，又将他的讽刺漫画继续勾勒下去：

> 桑塔格小姐身上冒冒失失地散发出许多其他作家的气息，她就像某些食用敌人尸块的部落野人一样，相信通过这样做就能奇迹般地获得高贵死者们的美德与能力。这些部落成员很可能确实通过食人行为得到了心理上的强大感，但在文学中，只有歌德和艾略特这个级别的作家才能够随心所欲、若无其事地从他人作品中汲取养料，用来滋长自己的才能。[103]

但戈尔·维达尔与多诺休及他的同道们不同，他提醒他的读者，他从内心深处认为桑塔格作为小说家是有前途的：如果她懂得"摆脱文学的影响"，她有一天会成为一位伟大的美国作家……

《死亡匣子》，或者不如说作为小说家的苏珊·桑塔格，还是得到了几位评论家好友的回护。《评论》杂志的特德·索罗塔洛夫写道，他努力想要越过那模糊了他视野的偏见的屏障，为的是充分揭示作者的意图，尽管他必须承认，这部小说并不像他事先想的那样别具一格或者卓有成效。[104]英国《新政治家》杂志的专栏作家表现得更加热情一些，认为小说与苏珊的批评理论完全趣味一致，并从中看到，"本书是对丧失了真正道德准则的衰败社会中一名没落的布尔乔亚的描摹，这无论对谁来说都足够令人感到满意"。[105]

　　她在1967年5月的最后一天离开纽约时，一个评论家也没有现身。就像上一年一样，她的夏日在巡游中度过。她先到米兰，然后乘火车前往佩萨罗，这座城市位于里米尼以南，是亚得里亚海滨一处洗海水浴的胜地。五日度假期间她拜访了乌尔比诺，然后又往另一个方向乘上火车，这次去巴黎。十天后，她到了伦敦，有六天下榻于伯纳斯饭店。然后又是巴黎，从那里乘坐巴黎—莫斯科专列，在柏林下车。在此度过十天后，她又前往罗马，途经慕尼黑。她从罗马去了北边的斯波莱托，那里正在举办两个世界艺术节，表演音乐、舞蹈、诗歌和当代戏剧，耶日·格洛托夫斯基前一年就在这个艺术节上演出了戏剧。三天后，她回到罗马，又住了五天，这次重新出发去巴黎，到巴黎后，她又马上坐上了通向伦敦的列车。

　　以上的行程是从苏珊的笔记本里摘录的，她有时会在笔记本首页写下这样一份旅行概要。这张行程单堪称样本，展示了作家在不用被日常上学的戴维束缚在纽约时是怎样生活的。她在地名之外，又加上了交通工具的种类，一连串的旅馆——不仅记录了名字，还经常伴以她被分配的房间号，有时还有旅伴名字的缩写字母。

　　1967年7月底，她在伦敦，从那儿重返巴黎，之后又于8月初乘飞机飞往马提尼克岛。她的频繁旅行并没有让她淡忘纽约的小圈子，或者在读了《死亡匣子》某些评论文章后感受到的羞辱。她对理查德·霍华德敞开心扉，霍华德则试图为评论家们的态度辩护，至少也要让她重新审视：

在任何情况下，这都不是你理解中的那样的一个耳光。自然，《泰晤士》文章开头那种夸夸其谈的口气，是很令人不快的；但在德莫特面对你的方式中有一定的严肃性，面对你和你的小说，所以你不能因为他不看好你作为小说家的前途就对他轻蔑或者反感排斥：这肯定不是针对你个人的攻击，也不是态度上的大转弯。[106]

他提醒她，现在她已经是引人嫉恨的"名人"了，她最微乎其微的一个动作或者一行字都会被置于放大镜下检视，不会有人宽大为怀……这是一种艰难但也令人艳羡的处境，她的成功是有保证的，前提是她要继续工作，不要太介意别人的评论……他把她的处境与本杰明·迪斯累利相比较，他在当选首相后对那些来祝贺他的人说"我只是爬到了百尺竿头"，意在强调他处境的险恶，以及不能在功劳簿上酣睡的必要性。考虑到苏珊的生长环境，人们不太可能像攻击迪斯累利那样攻击她的犹太出身，但霍华德的警告并非完全没有这方面的潜台词。[107]

苏珊在法兰西堡重新遇到了伊娃·柯里施，起初她是在自己的纽约岁月早期认识伊娃的，当时她在萨拉·劳伦斯学院教书。柯里施是出生在维也纳的犹太人，十四岁时为躲避纳粹迫害和家人一同来到美国。和苏珊一样，她是离过婚的人——离过两次，第一任丈夫是一名托洛茨基主义活动家，第二任是画家格特·伯利纳，她跟他生了个男孩。从此以后，她就只对女人钟情了。在从事过多种职业后——其中包括社会工作者——柯里施从 20 世纪 60 年代初开始教授比较文学和性别研究课程。这两个女人的关系不具备像苏珊和艾琳，甚或哈丽雅特之间那样的激情，伊娃通常扮演导师的角色，她是苏珊不停变动的世界中的一块磐石。与她之前的伙伴关系都以断交而告终的经验不同，伊娃成了她长期的友人，她们之间的情爱关系并没有破坏最初把她联结在一起的友谊，而这方面的风险一直是苏珊无法规避的，她甚至在日记中将此列为自己的"缺陷"[108]……在分手后很久，她们仍然继续见面，伊娃经常从她那里收到赠书，其中题写着充满爱意的献词。[109]

正是这位女友的迟延不决促使苏珊重新思考自己的爱情生活，她与母亲复杂的关系始终是压在她心头的重负，影响着她为人处世的方式。伊娃当时正准备和"琼"分手，琼是一个曾给她带来自信心和安全感的女人，告诉她怎样才能不因自己生而为人感到恐惧，怎样才能更多地介入世界，将不安和恐怖都抛在身后。苏珊对琼并无妒意，但她羡慕琼在她的女友身边扮演的角色。她发现尽管有黛安娜·凯梅尼的治疗成果和自己的努力，她仍然未能成功驱除这种在她的感情生活中追逐着她的失败感，甚至在友情关系中也是如此。她把自己看作"吸血鬼-食人者"[110]，从一个又一个人身上"榨取生命力"、才华和灵感，然后又逃离，从来没让任何情人或者伴侣进入她个人的"体系"。此外，她知道自己会为了被爱而卑躬屈膝，她跟艾琳一起时就是这种态度，这就跟与母亲的关系一样，只不过她曾经是孩子，现在变成了情人：通常自信心十足，有时也忍气吞声。她也很快联想到了朱迪斯，她是缺少爱的妹妹，是米尔德丽德-苏珊联盟的受害者，她们之间的关系暧昧不明，她们的角色也经常调换。

她在脑海中一遍又一遍循环让·科克托的告诫，"无论其他人谴责你什么，你都要继续：因为这就是你"——理查德·霍华德在上文提到的那封8月底的来信中复述了这句话——就这样在9月初抵达了威尼斯。她在这里跟从秘鲁过来的戴维重逢了，趁着电影节还没开始，她带着他游览乌尔比诺地区，欣赏皮耶罗·德拉·弗朗切斯卡在阿雷佐的壁画。1966年她还仅仅是电影节的观众，到1967年她已经是评委了，这一年的评审团主席是阿尔贝托·莫拉维亚，成员中还有评论家、法国社会学家莫兰的夫人维奥莱特·莫兰，德国影人埃尔温·莱泽尔和苏联人罗斯季斯拉夫·朱里涅夫，还有作家胡安·戈伊蒂索洛[*]和卡洛斯·富恩特斯。在参赛影片中，有接下来将会获得这一年的金狮奖的路易·布努埃尔的《白日美人》、罗贝尔·布列松的《穆谢特》、戈达尔的《中国姑娘》、帕索里尼的《俄狄浦斯王》、卢奇诺·维斯康蒂的《局外人》，还有克里斯蒂安·德·夏隆日的《沉默的旅行》和小林正树的《夺命剑》。

对苏珊来说，电影节是一个能使她对电影的激情得到满足的场合，还能借此结识演员、导演和制片人，同时这也是一个宛若封圣的时刻：欧洲的现存秩序承认了她工作的重要性，或许甚至还承认了她的政治地位。威尼斯电影节1967年邀请苏珊，如果不是一次政治宣言，至少也是一次美学宣言，是确保有一位美国朋友在场的做法，也是把一位评论家接纳到布列松、戈达尔和帕索里尼成长变化的那个世界中来。

如果理查德·霍华德几周前说过的话还需要证明，这也是一项补充性证据：她已经成为西方知识分子世界中的名人，邀请纷至沓来……就像卡罗琳·埃尔布兰在对桑塔格的侧写中提请读者注意的那样——那篇文章发布于同月底的《纽约时报》"图书"版——谁也不会说自己不知道苏珊·桑塔格是谁：

　　所有人都知道她是谁。甚至租车给她的人在看到她的

---

[*]　胡安·戈伊蒂索洛（Juan Goytisolo），西班牙著名作家。曾因反对佛朗哥统治长期定居巴黎和摩洛哥，热爱阿拉伯文化。代表作有小说"叛国三部曲"、《几无一地不流亡》等。国内仅译有他的早期长篇小说《变戏法》。

名字时都不禁要抬头看她一眼。不需要读过她写的书，也不需要听说过《党派评论》。日常的媒体像《时尚》《时代》《生活》《大西洋月刊》，自会齐心协力细心打理她的形象：她写作，她聪慧得令人不可思议又貌美得令人难忘，优雅得足以征服美国，迷人得足以令整个美国为之倾倒。苏珊·桑塔格显而易见是"圈内人"了。与她相遇，写关于她的话题，租给她汽车，都是稍微接近她的方式。[111]

认识她再也不需要读过她的作品，她的玉照在杂志上排列得琳琅满目，不久还成了明信片的布景，[112] 其余时间她则在一日之间变身为电视记者，譬如，在英国电视台上向观众介绍西格拉姆大厦，这是一座由建筑师路德维希·密斯·凡德罗和菲利普·约翰逊在 1956 年建成的摩天大楼，坐落在公园大道上，位于曼哈顿区的中心。[113] 电视观众大概从此就记住了这个年轻女人光辉夺目的形象，她开着敞篷轿车经过公园大道，在步入一座玻璃宫殿般的华厦时摘下了她的墨镜，她乘上电梯，电梯向高处滑行而去，"就像情夫的手抚上穿着丝袜的小腿"，对谈的嘉宾们跟随着她，席间约翰逊和桑塔格谈起波普艺术、坎普风格、建筑、哲学……[114]

埃尔布兰是个实际的人，她看出只要把苏珊·桑塔格的名字放到文章或者电视节目的标题上，以供阅读或观就足够了。无论作为作家还是知识分子，苏珊都成了现象级的人物，她最微小的行为和动作都被大众杂志充分地报道，例如《时尚先生》《小姐》，甚至《时尚》。她的作品当然也被放到显微镜下审视，评论家们不是为了从文字中发现她的天才或者才智，而是为了寻找盔甲上的缝隙，他们首先要谴责的就是她的名气，是她已经变成"艺术界的香奈儿"这一事实，这句尖酸刻薄的评论是玛丽·埃尔曼在一篇特写文章中写下的，从文章的题目就能看出其成色:《轰动一时的苏珊·桑塔格》。[115] 对于埃尔曼和很多其他人而言，苏珊能名震一时靠的既是她的文采也是她的容貌，不光如此，她还不顾严重后果，用大部分读者都觉得不知所云的种种欧洲文化指涉污染了美国文化: 尽管"桑塔格小姐用美国英语写作，但她甚少提及美国或英语作家"，"她的命题总是有一种既欧式又一言九鼎的腔调"，还有"她作为评论家的腔调经常像一个兜售时尚的人"。[116] 埃尔曼下结论说，评论家桑塔格的基本目的是要"给艺术做前额叶白质切除术*"……[117]

　　埃尔布兰看到的苏珊和那个在与理查德·霍华德的来往信函中表现得脆弱不安的苏珊迥然不同，她觉得与自己面对面的是一位"知道自己会付出什么代价的女性(尽管她没有读过用小号字体印刷的说明条款)，并且知道这代价不至于将她毁掉"。她还向苏珊保证，《死亡匣子》将不仅仅被当作一本书，还将被当作一个现象去看待，她在自己的书评中也是这样写的。在埃尔布兰眼里，苏珊仿佛在说: 无论如何，她都会继续前行，包括重返哈佛，打算在那里最终完成博士学位，不是为了教书，而是为了巩固自己作为评论家的合法性，也为了赚取金钱用于小说写作和旅游，这样她只需要在大学开开讲座和研究生讨论课就足够贴补家用。她的博士论文课题是: 新一代法国哲学家……"我将在接下来一年中完成。这就像打毛线时漏过了一针: 你必须倒回去重新钩"[118]，她在同年稍早些的另一篇采访中的说法验证了这一点。

　　重回校园想必并不那么容易，特别是她很容易感到得不偿失: 如果她在巴黎，就要把自己闭锁在图书馆里，服从论文导师的指导，把迄今为止构成她生活的一切都抛诸脑后，不用说还有戴维的教育

---

* 前额叶白质切除术最初用于治疗精神分裂症等病症患者，有令患者变温驯的效果。——编注

问题——这听上去不怎么现实。如果说文凭在她眼中还没有丧失魔力，那么缺少一纸文凭也从没使她无人问津，她作为知识分子的权威性并未因此变得容易质疑。实际操作上的困难和她本人对重新回到学院那个模子里的意愿不足最终占了上风，苏珊再也没有重新回到校园。

　　9 月中旬苏珊回到纽约后，在诺拉·艾芙隆所做的另一篇采访中——此人正在成长为名记者与名编剧——记录下了桑塔格-里夫组合的新一轮搬家。[119] 他们离开了格林威治村和那里狭小的三居室公寓，搬入之前贾斯珀·约翰斯所居的一处河滨大道公寓的顶楼。苏珊想要更宽敞的住处已经有一段时间了，早在 1966 年 2 月，斯特劳斯就派自己的房产经纪人寻找一处"四居室含浴室，房租两百美元内"[120] 的房子，最好位于格林威治村高地。如此罕见的宝物并未出现，苏珊也就放弃了继续寻觅。但当贾斯珀建议她重新入住他位于河滨大道与第 106 街拐角上的那套可以俯瞰哈得孙河、宽敞的顶楼公寓时，她毫不犹豫地答应了。[121] 画家本人则住在著名的"切尔西旅馆"——这里从 19 世纪末到 2011 年为止，招待过数不清的艺术家、作家、音乐家——他在等待自己在格林威治村西部休斯敦街的工作室兼住宅翻新完毕。苏珊的访客从此都会受到一名门房兼门卫的迎候，公寓布置简单，仅有的内部装饰就是满墙的书和唱片，因此显得更宽广无边了。如果她在家中接待过的那些记者的说法可信，她甚至需要抽签来决定带走哪些曾装饰过她旧公寓的演员照片：只有嘉宝、W. C. 菲尔兹和狄伦从这次搬家中幸存了下来。这个细节可能仅仅说明了她美学趣味上的改变，或者只是出于懒惰（不想花时间把华盛顿广场的公寓墙上装点着的数百幅照片一一取下来）。但在读过她日记中的一段话后，这个细节呈现出另外一种含义。这段话写于搬家两三个月前她在法兰西堡时："我墙上有几百幅电影剧照。这些人也住进了这荒芜的宇宙。这些是我的'朋友'，我对自己说……照片令我感到愉悦，因为想起它们的时候，我就意识到世界上不光有丑陋、乏味的人，还有美丽的人存在：他们代表着我梦想企及的那神圣的一小群人之光辉快乐的一面。"这些照片被她描述为她的"团队"，她是否决定不再让"团队"陪在身边，不再需要这种"支援"了呢？作为一种迫使自己苦修的方式，照片留下的空白空间就如同某种修道院，最终与她的写作欲望形成了完美的对照？[122]

正如《反对阐释》出版时刊载的那些评论文章透露的那样，纽约文化圈因苏珊而分裂成了两派：一派仰慕她，想要跻身于她的友人之列；一派则对她感到深深的不快。不快的根源在于她的一夜成名，特别是苏珊从1965年起享受到的明星待遇。对她的敌人们来说，她触目皆是，报纸、杂志、电视、广播，似乎没有地方她不在被报道、播出、登载，她永远有话要说，那些关心艺术、文学，甚至政界消息的人期待她的话，就像是期待神谕。泰奥多尔·索罗塔洛夫在上文引用过的那篇文章开头概述过这种现象："……几乎每个评论家都感到自己有必要发表意见：桑塔格小姐究竟是女英雄呢，还是文化界的恶魔？是掌管着真正的地下先锋艺术、可爱勇敢的密涅瓦女神呢，抑或仅仅是一个弄虚作假者，效法的是最新一波法国现代主义、东格林威治村的波普艺术或者最伟大幻想的其他什么时髦形式？"[123]虽然索罗塔洛夫属于对她的写作表示赞赏的那一派，他也承认她的地位在某种程度上是令他恼怒的："她作为评论家的地位，成功地让她显得既务实又骇人听闻：她的腔调之令人恼怒，与她那些书的护封令人懊恼的方式是类似的——护封上那些摆拍的照片，引人侧目，又依稀令人不安——既诱惑，又令人心生反感。"[124]

别人质疑的是她的名人身份：对于许多她的诋毁者来说，很难将苏珊一蹴而就的名气跟她作为一位严肃评论家的身份联系到一起。在这个男性主宰的环境中，她的女性身份对她也没有什么帮助，无人可以参照，也没有人可堪对比。纽约文化圈中极少数女性的存在大都被她们身边的男性身影掩蔽了：戴安娜·特里林，莱昂内尔·特里林的夫人；芭芭拉·爱泼斯坦，贾森·爱泼斯坦的夫人；又或者伊丽莎白·哈德威克，罗伯特·洛威尔的夫人。所有这些女人都过着独立于她们丈夫的精神生活，但将她们放置于她们那个时代的知识界的棋盘上会更好理解。苏珊没有丈夫，并不真正属于任何圈子，她孑然一身、毫无牵累，她的兼收并蓄既体现在她作为知识分子的品位上，也体现在她交友的趣味上，这让人几乎完全没法给她贴上标签。只有一个人物可能适合拿来跟她做比较，那就是玛丽·麦卡锡，她们两人看似具备一些共同的观点和兴趣点——1968 年在越南问题上到了形同论敌的程度——考虑到她们的年龄差（二十一岁，整整一代人），她是完美的"继承人"，正适合接过一位女性（若非女性主义）评论家手中的火炬，在文学意义上和政治参与度上都是如此。苏珊在纽约最初找到的工作就是《评论》杂志的编辑。《评论》杂志的主编诺曼·波德霍雷茨从他得天独厚的观察位置一直关注着她的成名经过。对他而言，这场辩论已经一锤定音：

> 她的才华解释了她的声名卓著，但她一夜成名的程度只能归因于当前文化中存在的一个空缺。这个位置（对她来说，这是根据她无可置疑的权威授予的，她最初写下的文字并未刻意追求这种地位，却为她赢得了它）就是美国文学中的"黑美人"之位，是 20 世纪三四十年代由玛丽·麦卡锡创立的。但麦卡锡小姐已经不再占据这个位置

了，最近她已经晋升为更神圣的"伟大女性"，作为一种对她多年来劳苦功高的补偿。新一任黑美人理应像她一样，博学多才，相貌标致，下笔如飞，同时属于评论界与小说界，还颇有几分刻毒。我并无意暗示自己对桑塔格小姐的作品有任何先见之明，也不是想暗示她以玛丽·麦卡锡为精神偶像。恰恰相反，尽管她与青年时代的玛丽·麦卡锡有种神秘的相似之处，还都有一头浓密的黑发，她的文风和她的关注所在却与后者截然不同。如果不是如此的话，或者如果她是刻意盘算过要产生玛丽·麦卡锡第二的效果（就像二十来个已经被退货的候选者一样），没有人会对桑塔格小姐的作品感兴趣；她也不会具备足够的权威性。其实仅仅是因为，在她进入圈子的时候，公众对一个新的黑美人的需求是存在的，而她如此明显是为这个位置量身打造的，于是所有人都自发决定要给她这个角色了。[125]

在这番解释的开场白部分，波德霍雷茨将苏珊置于历史语境中，根据他的说法，她属于通常被称为"纽约知识分子"的第三代。这是一个非正式的团体——倘若被问及，这个团体的成员都会激烈否认自己属于任何小圈子[126]，团体由作家、哲学家、政治理论家、大学教授组成，其中大部分人是犹太人和左翼分子，在 20 世纪 50 年代，他们主宰着美国国内的思想斗争。不仅仅是波德霍雷茨一个人这么认为；《评论》杂志的长期撰稿人欧文·豪，在波德霍雷茨撰文一年后，也在这份杂志上发表了一篇长达二十多页的文章，追溯了纽约知识分子自 20 世纪 30 年代直到 1968 年的历史。豪提到一个"知识阶层"，它代表着"一个国家的智识"或"良知"，旨在提防"美国文化的国际化"，在美国读者与俄国政治、法国思想和欧洲文学之间担任中间人的角色。[127] 根据这位评论家的说法，他们的任务是通过若干杂志完成的，其中有标志性的《党派评论》，或者通过他们的学术散文——如果我们相信豪的话，这是一种经他们之手改革过的文体。他断言，"纽约知识分子"创造了一种"新的敏感性"，桑塔格的著作就属于这个范畴，他从未"……见过如此无忧无虑的兼容并蓄主义"，[128] 但他也不打算放弃在其他地方对这一点进行攻击：

> 一位像苏珊·桑塔格这样的评论家能熟练运用雄辩术和在精神生活中积累起来的知识，以达到将这种新的敏感性打扮成乐趣渊薮的目的，超越了阐释的狭隘跨度，因此看起来似乎也超越了凡事需要做出判断的狭隘性。她提出的理论仅仅是一些长期以来我们所熟知或者已经遗忘的美学观念经过巧妙装扮的版本；在她自己的评论写作中，她阐释起来，劲头像个疯子，折射出一种全非享乐主义、轻佻与肉感的形象：所有这些都无法困扰她的崇拜者们，因为一位高雅文学的代言人是能让那些放弃或者从未受过学院教育的人增强自信心的。[129]

苏珊的文章，只不过是在糊弄俗人？豪看起来是这么想的，他把她的崇拜者看作没受过什么教育的傻瓜……他对"新的敏感性"的观念，他对兼容并蓄的知识的轻蔑，还有他对大写的文化的眷恋，都很难掩饰他内心对象牙塔倒塌的恐惧。迄今为止，正是象牙塔保护着他在文章开头提及的"知识阶层"，而他自己也是这个阶层的一分子。流行文化对他来说没什么用处，他觉得桑塔格那种评论文章荒谬绝伦，根据他的说法，她有一篇文章甚至回过头来开始谈论"披头士乐队的伦理学……"。[130]

　　这才是真正伤人的地方：他属于纽约知识分子的第二代，无法接受这群后来人提出的形象重塑。也不仅仅是流行文化或者精英文化的问题：此时正逢"新左派"兴起，这是一场旨在捍卫左翼政党的传统地位的运动——他们促进工人加入工会，反对社会不平等与基本的歧视，保卫和平与国家独立——这些都是照搬战前马克思主义的做法，特别是要在他们的信仰与苏联的信仰之间划清界限。他们也加入了一些新出现的斗争，像争取同性恋者的权利、反对种族隔离、推动去殖民化，并创立了新的运动，如嬉皮士潮流。简言之，美国如同欧洲，正逢一个风起云涌的时代，而这个时代的诗人——苏珊正是其中一员——并不总能受人赏识。

　　她的文学同行们也没有消停，无论是他们的厌女症，还是他们的轻蔑……在一篇《威斯康星文学评论》杂志的采访中，约翰·巴斯甚至公开怀疑苏珊这个人是否存在，他提出这样一个想法："(《恩主》)封面上有一个迷人的女郎"，只不过是用来招徕读者的。

> 　　我从未听说过苏珊·桑塔格这个人，直到她的编辑给我寄了她的小说——《恩主》，要求我写一篇书评，我对这位编辑说，我不相信她真的存在。我没有特意放过这本书。她的文笔就像中世纪法国的车轮那样嘎吱转动。她的文笔就像卡尔·荣格幻想自己是憨第德。这听上去可令人兴奋了，不是吗？书的护封上有一个迷人的女郎，还有一条按语，说她在哥伦比亚大学教哲学和神学。别相信这话。苏珊·桑塔格并不存在。[131]

　　在回答小说体裁是否会继续国际化这个问题时，他再度动用笔锋，丝毫不赏识她对新小说的捍卫与她的法国崇拜："她有点像是法国人，那种假法国人；或者说她可能是，如果她真的存在。"[132] 几个月后，她寄来一封信，向他证实护封上的照片确实是她本人，这次巴斯用文雅的措辞写了复信，为她的确实存在而表达欢欣……[133]

在 1967 年苏珊同意接受的诸多采访中，她吐露说她已经"写好了第三部小说的五十页、第四部小说的七十五页，还有第五部小说正在酝酿中"。但这发生在她表示自己将退出公共生活后——一切都为小说让路，此时，她已经抛弃小说二十五年。她宣告的第三部小说直到 1992 年才问世，其中的部分章节 1967 年就已发表。气馁了？有可能是。这也不是第一次。她在芝加哥的第一年春天就经历过间歇性的抑郁。当时，她对自己的感情生活不甚满足，对人生的方向也有不确定感。现在，她重新体会到了当时的情绪，与艾琳分手的痛苦更使其加剧，尽管她有了新的恋情，但旧的痛苦挥之不去——她甚至在日记里暗示，她跟演员沃伦·比蒂有过一段[134]。她在工作上的成功有时候并不能弥补不断受到批评与攻击给她带来的痛苦。所有这些都加重了她的健康负担，有一段时间，她甚至觉得自己生了肿瘤：恐慌中，她问一位朋友自己能不能给他生个孩子——"不然就太晚了"。[135] 结果是虚惊一场，一切又恢复原样，但她的不安全感是显然的，时常需要保证收入稳定也加重了这种感受。她写的书虽然也能带来一点钱，特别是通过卖出国外版权，但并不能保证生活：1968 年 2 月，《恩主》共卖掉一千八百册（此时已出版五年）；《反对阐释》是一万册多一点；刚出版六个月的《死亡匣子》在书店投放了差不多一万三千册，在书店退回剩下的书之前，计算销量还为时过早。也是在这一年，各出版社向她支付了 2260 美元的版税，并同意预先支付 1000 美元。[136]

《恩主》在国外出版商那里销路不坏：英国版于 1964 年上市，

接着是 1965 年的意大利语译本与法语译本，德语译本是 1966 年，尼德兰语和瑞典语译本是 1968 年，这还没算上美国和英国的再版口袋本。《反对阐释》的命运也差不多，各种译本甚至涌现得更快。在 1969 年末之前，意大利语、法语、瑞典语、尼德兰语和西班牙语的译本都已经在销售之中。这都有赖于苏珊在纽约之外不断增长的声誉，也多亏了罗杰·斯特劳斯在欧洲出版业同行那里的广泛人脉。

　　但自她停止教书以来，她的收入很大程度上依赖于在报刊上发表文章与书评，无论是《党派评论》《纽约时报》《评论》，还是芝加哥、华盛顿各地报纸的文学增刊。这份名单还需要加上纽约文化圈新来乍到的《纽约书评》，它由罗伯特·西尔弗斯、芭芭拉·爱泼斯坦、亚瑟·惠特尼·埃尔斯沃思和伊丽莎白·哈德威克创办。罗伯特·西尔弗斯先前是《哈泼斯杂志》和《巴黎评论》的主编，曾在朝鲜战争期间驻扎巴黎，他借此机会完成了在索邦大学和巴黎政治学院的学业。亚瑟·惠特尼·埃尔斯沃思曾经主管《大西洋月刊》的编辑工作。芭芭拉·爱泼斯坦是兰登书屋副总裁贾森·爱泼斯坦的夫人。还有伊丽莎白·哈德威克，她是小说家、散文家，也是诗人罗伯特·洛威尔的夫人，正是她启发了这本杂志建筑于其上的准则。在 1959 年刊登于《哈泼斯杂志》的《文学评论的衰落》一文中，哈威克呼吁编辑们摆脱这个时代的文学出版物中盛行的麻木与怠惰（甚至将文学评论比作"一潭淤泥"），[137] 号召他们重归一种内容与形式都力求诚挚的文学批评。她的态度略微有些居高临下，认为"外省"报刊不妨继续保留他们"适应性强""死气沉沉，爱做表面文章"的评论家的文章，但又断言："对于大都市的名刊物来说，不同寻常的、难于取悦的、长篇大论的、不肯妥协的、特别是能引人入胜的作者理应拥有市场。"[138] 这四位同人以《泰晤士报文学增刊》为榜样，决心投身创办一份半月刊的冒险。1962 年冬天至 1963 年初的一次新闻业罢工给他们带来了机遇，此时各种文学增刊的出版都停滞了，正适合促销一本新杂志。团队很快便各就各位，四处约稿，第一期目录上荟萃了当下最受人瞩目的作家与评论家的姓名，其中有内森·格莱泽、保罗·古德曼、欧文·豪、阿尔弗雷德·卡赞、德怀特·麦克唐纳、诺曼·梅勒、玛丽·麦卡锡、苏珊·桑塔格、威廉·斯泰伦、戈尔·维达尔和罗伯特·佩恩·沃伦。编辑们一上来就亮出了旗帜：

> 这期《纽约书评》并不打算论及本季出版的所有图书，甚或其中较重要者。对于那些既无雄心大志，成品又庸俗不堪的书，我们不会在它们身上浪费时间或者版面，偶尔提到也是为了揭露欺世盗名之作，戳破其虚高的声誉。[139]

　　杂志第一期卖了四万三千册，这次试刊的结果可谓不容置辩，杂志从此开始定期出刊。1963—1964 年，苏珊在这份杂志上发表了六篇文章或书评，讨论西蒙娜·薇依、阿尔贝·加缪（这一期她出现在了杂志封面上）、米歇尔·莱里斯、欧仁·尤内斯库、克洛德·列维-斯特劳斯等人的作品，这些文章后来收入《反对阐释》。在这些文章之外，还有一篇对《果戈理之妻》的评论，这是意大利作家托马索·兰多尔菲*的短篇小说集，被她评价为"淡漠""矜持"，这给了她又一次机会，批评美国作家们"辞藻浮夸到了不讲究的程度"，他们未能表现出欧洲和拉美文学中如此常见的叙事"才

---

* 托马索·兰多尔菲（Tommaso Landolfi），意大利小说家、诗人、俄国文学翻译家。他的短篇小说代表作《果戈理之妻》虚构了一个作家果戈理娶橡皮充气娃娃为妻并最后"杀妻"的故事。

智"……[140] 但她也不像她的同行们想要说服别人相信的那样偏心，对欧洲作家出言讥刺时，她也是毫不犹豫的。1964年7月初，她对尤内斯库的《笔记与反笔记》喷射怒火，从中她只看到了一连串的陈词滥调与思想上的缺乏原创性，这促使她重新审视他的戏剧作品，认为其远劣于贝尔托·布莱希特或让·热内的剧作，并得出结论：尤内斯库在其作品中表现出来的"精神上的自满"使他的作品"到头来只剩下最不值一提的庸常"。

在1964年攻击这位已被尊为荒谬派戏剧大师的人物，想必是需要几分勇气的，他的剧作还在全世界不断上演呢：神殿的卫兵们可能会大发雷霆，将评论家桑塔格就此放逐。很难搞清楚是不是真的发生了这样的事，但苏珊的名字从此就从《纽约书评》的目录上消失了，直到1972年才再度出现。这段长时间的缺席没有得到任何解释，她也没有提过其中缘由，除了1968年她和安迪·科普坎德在河内的时候，曾经表达过两人对这份杂志的共同怀念。

在文学之外，政治越来越吞没她的身心，这是多少令那些熟悉她的人吃惊的：她对1958年巴黎街头发生在她窗户底下的骚动并没看过一眼，对约翰·F.肯尼迪在1963年11月22日被刺杀也没写过一行字，对马丁·路德·金在1968年4月4日被刺杀也是如此；然而1967年她却公开加入反对越战的运动。在1964年到1968年的四年中，她把很大一部分精力投入反越斗争中。纽约、华盛顿的示威游行中都能看到她的身影，她在一封又一封请愿书上签名，回答调查问卷，参加圆桌会议、"时事宣讲会"。总而言之，她无处不在，不是讨论越战或者战争，就是讨论美国的外交政策，她总能主导对话，将她的采访上升到政治纲领的高度。她不仅仅满足于批判正在进行的这场战争，在她看来，她的国家之出兵越南，只不过是被她命名为"帝国主义"的冰山露出水面的那部分，这座冰山注定要挡住社会主义巨轮的前进方向，而社会主义在她看来仍然是有很大价值的。我们还记得，在哈佛大学时，苏珊在政治上逐渐成熟，当时她置身于一群大学教员与知识分子中间，这些人想要承认在马克思主义与斯大林主义、在反资本主义的理想与他们希望赫鲁晓夫能加以改革的现实之间存在着差异。苏联军队 1958 年入侵匈牙利在一定程度上扼杀了这种希望，包括苏珊在内的某些人从此便将目光投向古巴或者朝鲜的未来，认为这是一个事关自决权、自主选择权与社会主义的问题，如果选择社会主义的确是这些国家的愿望的话。最重要的是，他们不能接受一个国家将某种经济观与文化观强加于其他国家，而这个国家还是他们自己的祖国美国，在这个老牌帝国都已被迫承认殖民地独立的时代，对他们来说，这就是另一种形式的新殖民主义。

在奠边府战役法国战败与 1954 年日内瓦协议签订之后，越南被 17 度纬线一分为二：北边是胡志明领导下的越南民主共和国，南边是吴庭艳领导的越南共和国。最后一批法军在 1956 年撤离越南南方，取而代之的是一群美国顾问，他们的任务是组建越南南方军队，以抵挡迟早会发生的来自越南北方的袭击。然而武装冲突是从越南南方内部爆发的，对手是越南南方民族解放阵线招募的游击队，简称"越共"，背后支持者是越南北方的"越盟"。

冷战达到了最高潮，其代表是 1961 年柏林墙的建立，将这座城市一分为二，在物质上标志了东方与西方的隔绝，而反卡斯特罗行动在猪湾的失败带来的耻辱仍然令美国人难以忘怀。另外，对于 1960 年当选总统的约翰·F. 肯尼迪的部分顾问来说，防备可能发生的越南北方的入侵成为头号要务。对肯尼迪而言，吴庭艳需要自己终结他境内的游击战，美国人仅限于提供后勤上的援助，不惜一切代价避免出兵越南。但到了 1963 年 11 月，风向变了：11 月 2 日，吴庭艳在一次由美国人支持的政变中被推翻并被杀死；22 日，约翰·F. 肯尼迪自己也在达拉斯被刺身亡。根据宪法对此种情况的规定，副总统林登·约翰逊成了国家首脑。与肯尼迪相反，他相信一次大规模武装入侵能解决问题，而他此时也有了执行自己决策的权限。1963—1968 年间，他在越南增兵三十倍，把原本的援助变成一次入侵。

她所见到的战争升级与对外的侵略政策，已经促使数不清的美国人敲响警钟，动员起来。从最开始，就能从关于示威游行的报告中读到苏珊的名字，其中又以哥伦比亚大学校园中的游行最为猛烈，甚至她这个鼓动学生采取行动的年轻教员事后也做了噩梦。她的签名也出现在请愿书的末尾，以及随着反战运动发展而不断加印的小册子中。还有，按照她的习惯，在事关文学或政治时，她向来是直言不讳的。她最尖锐的言辞出现在 1966 年的《党派评论》上，当时她在答复一份由该刊物编辑寄给固定撰稿人的问卷调查，这时《反对阐释》已出版六个月了。"围绕着美国人的生活的发展方向产生了许多焦虑（原文如此）。事实上，有充分的理由感到忧虑，美国是否正在走向一次道德与政治上的双重危机。"问卷写道。苏珊评论，原文采用的间接肯定法，显然是要让撰稿人反思总统应负的责任，以及政府在越战及更多问题上所做出的决定，比如如何控制通货膨胀、贫困问题、政府成员与这个国家的精英知识分子（此处暗示的是《党派评论》的撰稿人）之间的交流不畅、是否废除种族隔离，当然还有外交政策问题。

从第一句话起，桑塔格就毫无保留地表明自己的态度："我们对于这个国家的一切感受，都是或者理应受到我们对美国力量大小的认知的影响：美国是这个星球上的超级帝国，用它金刚式的巨掌攫住了人类及其历史性的未来。"[141] 她的批判是全方位、多角度的："首先，美国的力量大得异乎寻常。然而美国人的生活方式对于人类发展的可能性来说就如同一记耳光；各种电器、汽车、电视与高楼都构成了对美国空间的污染，刺激着感官，令我们当中的大部分人神经衰弱，把我们当中最杰出的人也变成了反常的精神上的运动员和激烈的精神超脱实践者。"[142]

她提醒读者，这个国家是建立在种族灭绝基础上的，随后又由一群缺少文化的移民实施了"最为暴虐的奴隶制"，在一个"充满种族主义激情的国家"[143] 里，这些移民创设了各种法律，用以巩固统治阶级即白人的权力：

> 白人是人类历史的毒瘤：是白人，也仅仅是白人这一个种族——它的意识形态与它的发明——就根除了它每一处所到之地的自主文明，它毁坏了这个星球的生态平衡，现在甚至威胁到整个生命的存在。跟"浮士德式"的西方人相比，蒙古部落的铁蹄威胁也不那么可怕了。西方人带着他们的理想主义，他们辉煌的艺术，他们对知识的探求，他们以进步之名耗尽资源的举措，已经制造了如此大的恐怖，将来还要有更大的恐怖。[144]

这番话不用说被美国或其他国家的各大媒体都拿来当了一回头条，并且在很久以后都与她的名字联系在一起。

苏珊对美国政治，以及正在向电视消费社会转变的美国社会有着深切的不满，如上文所引——她将自己用于抗议的精力集中在越南问题上。1966年2月，她参加了一场在纽约市政厅举办的"时事宣讲会",这是一场汇聚了演员、作家和新闻记者的集会,每一个人都被邀请来表达自己的想法,与公众分享他们的信念和他们所了解的情况。苏珊的讲话再度表达了她对越南北方的人民所遭受的命运的义愤,她对自己的国家及其领导人所实行的政策的憎恶,她对高度军事化的未来的恐惧。对于这些情感而言,没有任何言辞是足够激烈的:

> 一个拥有高尚人民的小国,二十年来受到内战的蹂躏,在自诩为正当的枪林弹雨下奄奄一息——以自由之名!攻击它的国家比它更富有,更荒唐地武装到牙齿;还是世界第一强国。美国已经变成一个罪恶的、恶魔般的国家,因骄傲自大而膨胀,被财富压得走不动路,受怪物般的虚荣心驱使,自以为能操纵整个世界的命运,甚至整个生命的存在,只为它自身的利益与官样文章服务。[145]

在英国人塞西尔·伍尔夫和约翰·巴格利寄来调查问卷时,她又重复了这同一段话,这份问卷模仿的是1937年W. H. 奥登、路易·阿拉贡、斯蒂芬·斯彭德和南希·库纳德寄给250名英国作家的问卷,当时的目的是汇集他们对西班牙战争的意见,事后汇集成《作家们对西班牙战争表明立场》一书出版。此处,则要回答以下问题:"您支持还是反对美国出兵越南?根据您的想法,越战该如何收场?"[146] 259名作家回复了问卷。他们当中有汉娜·阿伦特、詹姆斯·鲍德温、约翰·伯格、威廉·巴勒斯、莱斯利·菲德勒、保罗·古德曼、阿瑟·米勒、艾丽丝·默多克、艾伦·金斯堡、哈罗德·品特及W. H. 奥登本人,以上不过是引用了部分名字。其中还有三个法国人:罗歇·佩尔菲特、西蒙娜·德·波伏娃和娜塔莉·萨洛特。这些人是苏珊在给《党派评论》的供稿中称为"国际大团结"[147]的259名代表，就像她一样，属于那些有时间和能力去思考的人，那些能够用话语去斗争并且跟她共用一个论坛的人。苏珊不会受骗上当，她深知有一批反军国主义、信仰马克思主义的知识精英跟她的想法是一样的，现在需要的是说服美国人中的大多数，让他们认识到这场战争的不义与无益。

苏珊谈话，写作，游行，她自己也承认，战争占据了她越来越多的精力。在《死亡匣子》中，迪迪在看电视上的晚间新闻，屏幕上被运送回国的士兵的尸体的影像逐渐与他自以为犯下的罪行中的尸体重叠在一起，那些人如今仅仅是装在运尸袋中的冰冷的躯体。在他看来，他们的死亡就如同他的罪行一般，可悲而可怕：

> ……一个大兵死了，高大的躯体横陈在担架上，从头到脚盖着一块质地粗糙的防雨布或者被单，被匆忙地塞进一架直升机腹中，那架直升机行将起飞，正停在远方的某块水稻田里，机身颤动，螺旋桨闪闪发光，发动机在轰鸣。对死亡的恐惧，对做好准备放弃残生之前就被夺去生命的恐惧。而他迪迪就对一个人干了这样的事。[148]

1967年12月5日，苏珊和其他263名示威游行者一起被逮捕了，他们当时在曼哈顿南端白厅街的征兵中心前抗议新一批兵员的入伍。那是在早晨（征兵中心早上五点半开门，示威游行者们很早就到了那里），她被带到附近的司法宫，警方在那里设了一处流动派出所，以容纳数量激增的罪犯……被指控的罪名被草拟和记录在案后，所有人都获得假释，当场释放，只待1968年1月初被传唤出庭。除了苏珊，"罪犯"中还有艾伦·金斯堡与著名的斯波克博士，许多大学教员与新闻记者。就像《纽约时报》的记者强调的那样，被征召人员的入伍工作并没有受到扰乱。与示威游行者们的反对情绪相反，记者报道，那天早晨，一名年轻新兵做了这样的宿命论发言："总有人要去打仗的。如果需要我去越南，我就去。"[149]

有一句话是苏珊乐意接受的：在接下来的那个春天里，她受到越南民主共和国和平委员会的邀请前往河内，去亲眼见识这个国家的北方，那里是一场革命的中心，也是一场战争的战场。她接受了邀请。在她之前，已经有人去了越南，其中有像哈里森·索尔兹伯里之类的新闻记者。1966年初，他在《纽约时报》上发表了自己的旅行报告。还有斯托顿·林德和汤姆·海登之类的活动分子，他们写了一本叫《彼方》的书。也有像玛丽·麦卡锡那样的同情革命事业的作家。加起来总共有五十多个美国人，[150] 以及几个外国人，例如法国人菲利普·德维莱尔和让·拉库蒂尔。

1967年，玛丽·麦卡锡破例获得签证，以《纽约书评》记者身份前往西贡。美国政府极不主张本国侨民去越南旅行，但无法阻止西贡当局接纳一切想来越南的外国人。这位小说家从越南之行中带回来一篇长长的报道，记录了美国军队的暴行与这场战争的徒劳无益，毫不客气地宣布能发生的最坏的事情就是美国人赢得战争。但玛丽·麦卡锡对她的成果并不完全感到满意：她还有一部分故事没有写出来，那就是越南北方的人民所捍卫的革命事业和被美国军队妖魔化的越共的故事。于是，她才刚回来就又着手策划起了第二次越南之行，但这一次要去的是北方，西方访客除非持有越南北方当局的明文邀请信，否则是禁止进入的。就像两个月后的苏珊一样，她是由越南民主共和国和平委员会出面邀请的。

从纽约前往河内是一次漫长又复杂的旅行：苏珊先乘机飞往巴黎，然后再飞往柬埔寨，中转站包括罗马、特拉维夫、新德里和曼谷。在金边，她与这次旅程的两位旅伴会合了——记者安德鲁·科普坎德和目前全天候为反战运动工作的数学教授罗伯特·格林布拉特。在柬埔寨首都度过的四天中，他们借"差旅"之便游览娱乐，直到飞往万象的航班抵达，他们在万象还需等待四天，国际管制委员会（ICC）的班机才会到来。这是一个国际干预机构，负责输送难得一见的访客，并保证日内瓦协议的领土划分规定得到执行。

他们在由边境城市改造成军队驻防地的万象遇阻，于是接受了玛丽·麦卡锡的劝告，与当地法国中学的一名年轻英语老师佩里·斯蒂格利茨取得联络，此人很乐意看在与那位女小说家的友情分上接待他们。他应当很快就泄了气，因为（如果我们相信他的叙述），苏珊表现得居高临下、傲慢无礼，而且对他的好客之情毫无感激，当她在谈话中意识到主人并非越南北方人民斗争的拥护者而是反对者时，这种态度就更明显了。[151] 老挝当时忍受着河内政府的监管，这种状况在接下来的几年中只会愈演愈烈。尽管苏珊在自己的叙述中并未提过这个夜晚，科普坎德在写给《新政治家》的稿子里却有所提及："在湄公河畔一座有些加州牧场气息的房子里，人们谈论着美帝国主义在亚洲之残酷的不可避免的计划，与这对话相伴的是一席不坏的欧陆式晚餐（由一名男仆上菜，他是越南难民）、巴洛克音乐、琼·贝兹，以及照片上两位老挝王室成员的温顺笑容。"[152] 苏珊见缝插针，讥讽地评论，巴洛克音乐现在很大程度上已经过时了……[153]

1968 年 5 月 3 日抵达河内后，他们这个小小的代表团下榻在统一宫，它在法国殖民时期叫作"大都会饭店"，在胡志明当政后成了专门接待外国代表团和记者的宾馆。从第二天起，四名导游负责带领他们"周游"各处，去了解越南北方当局觉得适合展示给"美国友人们"的现实。上述标了双引号的词语是苏珊·桑塔格直接从导游口中记录下来的。在两餐之间（他们吃得相当丰盛，考虑到这个国家的贫困，他们马上开始感到不适），他们见到了政府官员、教授、作家，前往参观了医院、学校、工厂，先是在河内附近的田野中漫步，然后又离开首都做数日之旅：来到群山脚下，沿着 17 度纬线和非军事区擦肩而过。

苏珊对这次旅行的叙述在多重意义上都是耐人寻味的。出发时她是不打算写作的：她不是要完成任务，她去那边只是为了自己为之战斗的事业，是好奇心促使她接受了邀请，但在窃喜于能得到这样一个免费的观察机会后，她又为自己内心留下的空洞而感到恐慌，因为她无法向自己证明自己去那边是正当的，担心自己到头来不过是一个看热闹的，一个吃白食的。从越南回来后，她才最终下定决心要写这篇文章，1968 年在美国发表，1969 年译成法文，题为《河内行纪》。她的日记中留下了大量笔记，使编辑工作变得容易了，令人奇怪的是，这些注释倒不像已出版的叙述那样私密化。这些笔记都是不加评论的事实，有时是从一篇采访、介绍或者时间表中摘录的几个字，还有成页的科普坎德的文字摘录——他有一天将自己的笔记本借给了她。叙述中提到了她抵达后的身体不适，她的思乡病，她对全然不同的事物的恐惧，她的缺少参照物，她对这块“异国土地”上的“杂乱无章”[154] 的厌恶，“面对一种对我来说陌生的文化，在其中，我可能会迷失自我”。[155] 她是第一个惊奇于自己反应的人，尽管她以为自己已经为这次旅行做好了准备：

四年来，我一直念念不忘越南人，对我国政府强加于他们的种种非人道折磨悲愤不已。现在我真的来到了这块土地：我一到，人们就用鲜花、礼物淹没了我，向我敬茶、发表欢迎演说，所有这些都表现出一种我认为过度了的深

情厚谊。一切都让我感到仿佛在一万五千公里以外，我反
而更能与这场战争同在。我身在河内，而一切都让人不可
理解，几乎令人恼怒，远甚于我所期待的。[156]

在首都的街道上，她想要辨认出从前在新闻图片、电视上看到
过的地点与场景，将她脑海中的图像与眼前的现实结合在一起。除
了他们会见过的官员，她跟其余的越南人接近于零交流，陪同他们
的导游也无法向她提供个人化的看法以丰富她的视野，更不用说安
慰她的心烦意乱了。不会说当地语言令她感觉孤立，仿佛重又化作
孩童，不得不用最基础的英语跟遇到的人交流；受到别人制订的时
间表的限制；还有一种在受到尊敬与殷勤关注的外表下，其实时刻
被监视的不愉快印象。

科普坎德和桑塔格发现很难从导游那里争取到独自离开旅馆外
出的权利，即便只是在同一个街区里溜达一下。给出的理由是为了
他们的安全，这很快就被他们驳倒了：3 月末，空袭就结束了，河
内在他们看来是个外国人可以放心散步的城市。安德鲁和苏珊两人
最后都争取到了逃离旅馆的权利，在街道上蹀步，做种种邂逅，不
再受到他们那四名导游的控制。然而，这些邂逅也同样拘谨、"端
着"，[157] 她如此形容：苏珊很难接受越南人的谦卑态度，他们缺乏
侵略性与反抗精神，这有时被她理解为顺从或者听天由命，或者是
对她的排斥，不想和她讲真心话。有时候她觉得自己就像在"一个
恪守道德的童话世界"中活动，她的对话者满足于事物的表象，并
不探究超出他们的现状、他们的政府或美国政府的动机的东西。而
她恰恰相反，目标在于挑衅，在于将她的对话者推到安全区外，给
她认为消极被动的人当头一棒："于是，我们的提问经常变成一种蠢
行，变成对他们的一种失礼，而他们答复时总是对我们报以谦恭有

礼的态度，这种态度是不会说谎的，也报以无穷的耐心，有时这种
耐心仿佛是麻木。"[158]

　　数日后，她的心烦意乱并没有消失，恰恰相反，"越南北方的
异国情调令我窘迫"[159]，她写道，感到垂头丧气。她对越南北方制
度的正当性产生了质疑，特别是她自己究竟能否在这样一种体制下
生活："尽管我相信这种社会制度的必要性，只有这种社会制度才
能服务于世界上大部分居民的生活福祉，因此我召唤它的来临，但
我无法想象在这样的社会里，我的个人生活怎么会不被强制变得贫
瘠。"[160]虽然越南的革命领导人将人民的扫盲工作看作头等大事，但
相反，在越南几乎完全没有时间和手段能让人过上智力与艺术的生
活，更不用说，人们在这个排斥变化与交流的国家里会感到何等孤
立。对苏珊来说，"智力与审美上的乐趣"[161]遭到剥夺无异于痛苦折
磨，她才离开纽约和巴黎不过半个月，仅仅想起摇滚演唱会或者每
半个月读一次《纽约书评》的日子，就足以令她满怀乡愁了……她
是现实的，得出结论：适合自己做的可能只剩下"加入沙龙革命家
的行列，做一个安坐在安乐椅上的布尔乔亚知识分子，对革命的了
解仅限于自己的想象"。[162]

　　她归来后最终写成的记录反映了她的疑虑与认识，她采用的极
度私人化的语气，令她的读者们大为惊奇，就好像她要展露的是自
己私密的思绪，完全不担忧读者会对此有何感想。这篇文章 12 月发
表在《时尚先生》杂志上，同一时间由 FSG 出版社出版，迅速就被翻
译成了多种语言，瑟伊出版社在 1969 年 3 月推出了法译本。人们
对这篇文章着迷，当然是因为它涉及时事，涉及一场并非只有美国
人才关心的战争，而且正好及时回答了公众对越南北方的种种疑问。
情况开始变得明朗，尽管双方力量悬殊，美国战胜看起来却不那么
十拿九稳，许多人开始质疑这场战争的合理性。桑塔格在文中展现

了一个英勇的民族——他们言辞审慎，行动果决，她帮助西方读者更好地理解了谁才是"敌人"，"敌人"的动机又是什么。

在《时尚先生》杂志刊载苏珊全文的几个月前，《纽约书评》登出了玛丽·麦卡锡的河内游记，后者同样在 1968 年末以前出版成书，这给了记者们一个将两人的名字公开联系到一起的机会。

《纽约书评》的弗朗西丝·菲茨杰拉德惊异于这两种观点的差异性，麦卡锡做这次旅行似乎是为了回应自己心中的疑虑并平息罪恶感，桑塔格则展现出了想要理解越南北方人民内心的真诚愿望。[163] 根据这名记者的看法，苏珊与那位女小说家相反，她没有借助自己对东欧共产主义国家的知识去了解越南北方，她的观点显得更为开放。她所审视的更多是美国人对战争的认识，而非战争本身，原本计划中的观察手记最终变成了一次内省之旅。[164]

尽管比起麦卡锡，菲茨杰拉德对桑塔格的尝试更加抱有好感，但她在文章中尤其赞美的是这两位女性的勇气，她们不仅奔赴现场，还进行写作，将自己的所见所闻和胸中疑惑都诉之于公众。她写下以下文字时想必是夸大其词的："直至玛丽·麦卡锡和苏珊·桑塔格赴河内，美国还没有新闻记者敢于挑战这一题材。"[165] 其实其他人的文章也已经见诸报端，就拿安德鲁·科普坎德举例子吧，他从越南归来后就在《新政治家》上登出了长文《来自河内的爱：美国人眼中的国家之敌》。然而，菲茨杰拉德有一点是有道理的，她说以前访问越南的大都是活动分子，而非作家：苏珊在旅馆查阅了留言簿，从中抄录了一些这类人的名字，其中有汤姆·海登、犹太拉比亚瑟·瓦斯科、杰克·纽菲尔德、彼得·伯恩——伯恩有一段时间担任驻越美军的心理诊疗工作——甚至还有诺姆·乔姆斯基。

反响不仅仅来自记者。安迪·科普坎德读了《河内行纪》的校样，认为写得比麦卡锡的《河内》更加优越，原因是："你做到了她未能做到的事情：将关于身份认知的情感与'斗争'联系在一起，同时说出了你的遭遇。"[166] 到了 12 月中旬，麦卡锡本人也表达了自己的看法。她似乎因为这次巧合而忍俊不禁，将这样的概率比作一次科学监测下的事件，并注意到了两人之间的差异（例如她对越南人更有亲近感，她说这可能是因为她看重"以礼相待"），但苏珊更私人化的写作需要勇气，她向这种勇气致以敬意："肯定会有人因为您写了苏珊·桑塔格而没有写学校、医院等而指责您。但您是对的，我认为您做得比我更正确，因为您比我走得更远，也不觉得这样说有什么不妥：'这本书是关于我的。'"为了保证对方能充分理解她的想法，她的书简以重复下面这句话结束："我喜欢您的书。"[167]

虽然她参加各种反越战示威游行与"时事宣讲会"未能逃过联邦调查局（FBI）的监视，但联邦调查局真正对她产生浓厚兴趣是因为她的越南之行。华盛顿总部不仅汇总了纽约分局收集的资料（联邦调查局在美国各大城市都有分支），还要求签发护照的部门提供关于她这次旅行及其路线的更详尽的信息。华盛顿档案库保存下来的报告中有纽约分局提交的一份概要——提及她 1967 年 12 月曾被捕，1966 年 2 月参与"时事宣讲会"，还有她那些为逃避兵役者签署的请愿书——还有一份她历年申请护照的完备记录（当年宝贵的通行证有效期只有三年，现在是十年了，旅行路线必须在申请中加以详细说明）。最后，这份档案还被分类，对她的审查结果显示："（桑塔格）其活动暂不足以说明继续调查或采取其他行动的必要性。"[168]

《河内行纪》在 12 月的出版，成了新一篇报告中的内容，但联邦调查局跟上一次得出了相同的结论："对目标的活动情况的审查表

明她的（FBI）安全指数没有提高，或根据现行标准保留A等级。"同
样，"不推荐进行任何调查，因其尚未卷入颠覆国家的行动，且为国
内知名作家"。[169] 登载于数月前的一期《纽约时报》上的一张照片也
被加入了档案。

　　6月初刚从河内回来，苏珊就开始整理笔记，给最终成形的文
字加上一层私人化的色彩，这不仅仅是一篇对她的探索的记述，还
是一次"内心之旅"，"一次与我内心的局限性所做的面对面的交
锋"。[170] 在这种内省的核心，是她对自己的美国人身份的质问："旅
行中的美国人发现了他的自我的复杂性：这足以概括我的发现。对
我而言，至少还剩下这个：我是美国人！我为什么在这里？"[171] 后一
个问题的答案有一部分可以在她一年前发表的一篇文章中找到，当
时，她最后的结论是："美国在越南发动的战争令我生平第一次为我
是美国人而感到羞耻。"[172] 正是为了追溯这种羞耻感的源头，她才去
了河内。

作者注：

1. 斯坦利·雷诺兹，《做梦》，《新政治家》，1968 年 4 月 28 日。(Stanley Reynolds, « Dreaming », *New Statesman*, 28 avril 1968, p. 555.)

2. 艾伦·布赖恩，《苏珊·桑塔格的世界》，《观察者》，1965 年 1 月 22 日。(Alan Brien, « The World of Susan Sontag », *Spectator*, 22 janvier 1965, pp. 97-98.)

3. 同上。

4. 《苏珊·桑塔格日记》第 II 卷。(同前，p. 101。)

5. 同上。(p. 103.)

6. 贾斯珀·约翰斯，见卡尔文·汤姆金斯著《艺术家们的生活》。(Jasper Johns, in Calvin Thomkins, *Lives of The Artists*, Holt, 2010, p. 181.)

7. 《苏珊·桑塔格日记》第 II 卷。(同前，p. 105。)

8. 苏珊·桑塔格，《非写作与艺术场景》，收录于《新艺术：批评选集》。(Susan Sontag, « Non Writing and the Art Scene », repris dans *The New Art. A Critical Anthology*, éditée par Gregory Battcock, Dutton, 1966, p. 156.)

9. 同上。(p.160.)

10. 1967 年，纽约现代艺术博物馆出版了一部向弗兰克·奥哈拉致敬的同名作品，奥哈拉于前一年 7 月在火岛死于一场沙滩车车祸。包括贾斯珀·约翰斯在内的友人们为此书绘制了插图。

11. 《苏珊·桑塔格日记》第 II 卷。(同前，p. 192。)

12. 比阿特丽斯·伯格采访，《苏珊·桑塔格，知识分子们的宠儿》，《华盛顿邮报》，1967 年 1 月 8 日。(Dans « Susan Sontag, Intellectuals' Darling », une interview par Beatrice Berg, *Washington Post*, 8 janvier 1967, p. F3.)

13. 罗杰·斯特劳斯的谈话，见鲍里斯·卡奇卡采访，《温室：美国最著名出版社 FSG 的生存艺术与艺术生存》。(Roger Straus, propos rapportés par Boris Kachka dans *Hothouse. The Art of Survival and the Survival of Art at America's Most Celebrated Publishing House*, Farrar Straus & Giroux, Simon & Schuster, 2013, p. 148.)

14. 比阿特丽斯·伯格，《苏珊·桑塔格，知识分子们的宠儿》。

15. 《苏珊·桑塔格日记》第 II 卷。(同前，p. 104。)

16. 同上。(p. 114.)

17. 苏珊·桑塔格，《戏剧》，《时尚》，1965 年 8 月 15 日。(Susan Sontag, «Theatre », *Vogue*, 15 août 1965, p. 51.)

18. 同上。(p. 52.)

19. 苏珊·桑塔格，《来自南斯拉夫的报告》，收录于《作家与政治：一名〈党派评论〉读者》。(Susan Sontag, « Yugoslav Report », repris dans *Writers and Politics : A Partisan Review Reader*, édité par E. Kurzweil & William Phillips, éd. Routledge, 1983, p. 261.)

20. 同上。

21. 同上。(pp. 267-268.)

22. 同上。(p. 268.)

23. 给罗杰·斯特劳斯的信，1965 年 8 月底，FSG出版社档案，纽约公共图书馆。

24. 苏珊·桑塔格，《致编辑的信：看哪，歌利亚》，《纽约时报·书评周刊》，1964 年 5 月 31 日。(Susan Sontag, « Letters to the Editor : Behold Goliath », *New York Times Book Review*, 31 mai 1964, p. 18.)

25. 《苏珊·桑塔格日记》第Ⅱ卷。(p. 129.)

26. 给罗杰·斯特劳斯的信，1965 年 9 月 2 日，FSG出版社档案，纽约公共图书馆。

27. 给罗杰·斯特劳斯的信，1965 年 9 月 12 日，FSG出版社档案，纽约公共图书馆。

28. 给理查德·克鲁格的信，1967 年 2 月 1 日，FSG出版社档案，纽约公共图书馆。

29. 艾尔弗雷德·切斯特的来信，无日期 [1965 年秋]，UCLA档案。

30. 给罗杰·斯特劳斯的信，1965 年 9 月 12 日，FSG出版社档案，纽约公共图书馆。

31. 托比·塔尔博特，《纽约客影院及在影院度过的一生中的其他场景》。(Toby Talbot, *The New Yorker Theater and Other Scenes from a Life at the Movies*, Columbia University Press, 2009, p. 33.)

32. 苏珊·桑塔格，《关于安东尼奥尼及其他的笔记》，《哥伦比亚每日观察者》，1961 年 10 月 27 日。(S. Sontag, « Some Notes on Antonioni and Others », *Columbia Daily Spectator*, 27 octobre 1961, pp. 3-5.)

33. 同上。(pp. 51-52.)《收获》是一部 1936 年的奥地利电影，由戈萨·冯·波尔瓦利导演。《黑桃皇后》(1949 年)是普希金短篇小说的美国改编片,导演是梭罗德·迪金森。《大饭店》是 1932 年埃德蒙·古尔丁导演、葛丽泰·嘉宝主演的影片。

34. 约瑟夫·康奈尔,《心灵剧场: 日记、书信与档案选》。(*Joseph Cornell's Theater of the Mind. Selected Diaries, Letters and Files*. Edited with an introduction by Mary Ann Caws, Thames & Hudson, 1993, p. 330.)

35. 苏珊·桑塔格,《颜料盒里的世界末日》,《华盛顿邮报·每周图书》,1965 年 11 月 21 日。[Susan Sontag, « Apocalypse in a Paint Box », *Book Week (Washington Post)*, 21 novembre 1965.]

36. 黛博拉·所罗门,《乌托邦大道: 约瑟夫·康奈尔的人生与作品》。(Deborah Solomon, *Utopia Parkway. The Life and Work of Joseph Cornell*, MFA Publications, 1997, p. 315.)

37. 《反对阐释》。(同前, p. X。)

38. 《作品在说话》。(同前, p. 13。)

39. 同上。(p. 14.)

40. 同上。(p. 16.)

41. 同上。(p. 20.)

42. 同上。(p. 19.)

43. 同上。

44. 同上。(p. 29.)

45. 同上。(p. 30.)

46. 《反对阐释》。(同前, p. 14。)

47. 《作品在说话》。(同前, pp. 49-50。)

48. 同上。(p. 463.)

49. 同上。(pp. 456-457.)

50. 同上。(p. 467.)

51. 同上。(p. 470.)

52. 苏珊·桑塔格,《二十世纪六七十年代散文》。(S. Sontag, *Essays of the 1960s & 70s*, éd. Library of America, 2013.)

53. 本杰明·德莫特,《反对阐释》,《纽约时报》,1966 年 1 月 23 日。(Benjamin Demott, "Against Interpretation", *The New York Times*, 23 janvier 1966.)

54. 本杰明·德莫特，《反对阐释》。

55. 理查德·弗里德曼，《苏珊·桑塔格的〈反对阐释〉》，《凯尼恩评论》，第 28 卷，1966 年 11 月第 5 期。（Richard Freedman, « Against Interpretation by Susan Sontag », *The Kenyon Review*, vol. 28, n° 5, novembre 1966, p. 709.）

56. 同上。（p. 710.）

57. 《反对阐释》。（同前，p. 307。）

58. 同上。（pp. 307-308.）

59. 同上。（p. 309.）

60. 同上。（p. 310.）

61. 同上。

62. 同上。

63. 苏珊·桑塔格，《文学》，《今日伟大思想》，1966 年。这篇文章的一部分重写后收录于《作品在说话》，题为《威廉·巴勒斯与小说》。

64. 《作品在说话》。（同前，p. 135。）

65. 《苏珊·桑塔格谈话录》。（同前，p. 36。）

66. 《作品在说话》。（同前，p. 147。）

67. 同上。（p. 148.）巴勒斯的相关言论见《巴黎评论：访谈录》。（同前，p. 75。）

68. 《作品在说话》。（同前，p. 143。）

69. 同上。（p. 144.）

70. 《党派评论》，1965 年夏第 32 期。（同前，pp. 373-396。）

71. 同上。（p. 341.）

72. 《我，及其他》。（同前，p. 74。）

73. 同上。

74. 《作品在说话》。（同前，p. 345。）

75. 同上。（p. 361.）

76. 未出版日记，1966 年 7 月 19 日，UCLA 档案。

77. 《苏珊·桑塔格日记》第 II 卷。（同前，p. 206。）

78. 《桑塔格及其子》，《时尚》，1966 年 6 月 1 日。（« Sontag & Son », *Vogue*, 1ᵉʳ juin 1966, p. 96.）

79. 同上。

80. 詹姆斯·托贝克，《无论你想让苏珊有何想法，她都会坚持己见》，《时尚先生》杂志，1968年7月。(James Toback, « Whatever you'd like Susan to think, she doesn't », *Esquire*, juillet 1968, p. 59.)

81. 同上。(p. 60.)

82. 迈克尔·丹东尼奥，《小戴维终于得到了幸福》。(同前，p. 131。)

83. 《苏珊·桑塔格日记》第II卷。(同前，p. 225。)

84. 《作品在说话》。(同前，p. 297。)

85. 同上。(p. 302.)

86. 同上。(p. 290.)

87. 同上。

88. 给罗杰·斯特劳斯的信，1966年8月8日，FSG出版社档案，纽约公共图书馆。

89. 给罗杰·斯特劳斯的信，1966年8月11日，FSG出版社档案，纽约公共图书馆。

90. 罗杰·斯特劳斯的来信，1966年8月15日，FSG出版社档案，纽约公共图书馆。

91. 节选自电影《没有向导的旅程》(*Visite guidée*) 台词。

92. 《最后求援》。(*Dernier recours*, p. 71.)

93. 同上。(p. 152.)

94. 同上。(pp. 104-106.)

95. 《苏珊·桑塔格日记》第II卷。(同前，p. 373。)

96. 理查德·霍华德的来信，1967年8月4日，UCLA档案。

97. 艾略特·弗里蒙特–史密斯在他写给1967年8月18日《纽约时报》的文章中也表达了类似的观点。

98. 玛丽戈尔德·约翰逊，《迪迪？》，《泰晤士报文学增刊》，1968年4月25日。(Marigold Johnson, « Diddy ? », *Times Literary Supplement*, 25 avril 1968, p. 441.)

99. 本杰明·德莫特，《迪迪，或他没干？》，《纽约时报》，1967年8月27日。(Benjamin DeMott, "Diddy Or Didn't He", *New York Times*, 27 août 1967, p. BR1.)

100. 艾略特·弗里蒙特–史密斯，《迪迪干了，或是他干的？》，《纽约时报》，1967年8月18日。(Eliot Fremont-Smith « Diddy Did It – Or Did He ? », *New York Times*, 18 août 1967, p. 31.)

101. 丹尼斯·多诺休，《赌金全赢》，《纽约书评》，1967 年 9 月 28 日。(Denis Donoghue, "Sweepstakes", *New York Review of Books*, 28 septembre 1967.)

102. 戈尔·维达尔，《桑塔格小姐的第二部小说》，《图书世界》，1967 年 9 月 10 日，收录于《沉船默思录》。(Gore Vidal, « Miss Sontag's Second New Novel », *Bookworld*, 10 septembre 1967, repris dans *Reflections Upon a Sinking Ship*, Little, Brown and Company, 1969, p. 44.)

103. 同上。(p. 47.)

104. 收录于泰奥多尔·索罗塔洛夫，《灼热真空与其他 60 年代作品》。(Repris dans Theodore Solotaroff, *The Red Hot Vacuum and Other Pieces on the Writing of the Sixties*, Atheneum, 1970, p. 262.)

105. 斯坦利·雷诺兹，《做梦》。(同前，p. 556。)

106. 理查德·霍华德来信，1967 年 8 月 29 日，UCLA档案。

107. 同上。

108. 未出版日记，1964 年 9 月 3 日，UCLA档案。

109. 这些签名本中有几本已经出售，见http://www.glennhorowitz.com/dobkin/aids_and_its_metaphors。

110. 《苏珊·桑塔格日记》第II卷。(同前，p. 230。)

111. 卡罗琳·埃尔布兰，《说到苏珊·桑塔格》。

112. 罗伯特·博耶斯的对话录，由 S. Kolhatkar在《关于坎普的桑塔格笔记》中转述，《观察家》，2005 年 1 月 10 日。(Propos de Robert Boyers rapportés par S. Kolhatkar dans « Notes on Camp Sontag », *The Observer*, 10 janvier 2005.)

113. 视频可见：http://www.youtube.com/watch?v=UirwUtTCfLY。

114. 这篇对谈被收录数次，特别是在查尔斯·詹克斯的文章《新近的美国建筑：坎普-非坎普》中，见《建筑中的现代主义运动》。(Charles Jencks, «Recent American Architecture : Camp – Non Camp », *Modern Mouvements in Architecture*, Anchor Press, 1973, pp. 184-237.)

115. 《艺术界的香奈儿》，《大西洋月刊》，1966 年 9 月。(« Chanel des arts », *The Atlantic Monthly*, septembre 1966, pp. 59-63.)

116. 同上。(p. 59.)

117. 同上。(p. 61.)

118. 比阿特丽斯·伯格，《苏珊·桑塔格，知识分子们的宠儿》[同样的信心在斯坦利·雷诺兹1968年1月1日发表在《新政治家》上的文章中再度出现（p. 555）]。

119. 诺拉·艾芙隆，《甚至评论家也无法选择她自己的听众》，《纽约邮报》，1967年9月23日周六，杂志版第一页。(Nora Ephron, « Not Even a Critic Can Choose Her Audience », *New York Post*, samedi 23 septembre 1967.)

120. 罗杰·斯特劳斯的来信，1966年2月7日，FSG出版社档案，纽约公共图书馆。

121. 《波普主义：沃霍尔的六十年代》。(同前，p. 274。)

122. 詹姆斯·托贝克，《无论你想让苏珊有何想法，她都会坚持己见》。

123. 泰奥多尔·索罗塔洛夫，《诠释苏珊·桑塔格》，《灼热真空与其他60年代作品》。(T. Solotaroff, « Interpreting Susan Sontag », p.261.)

124. 同上。

125. 诺曼·波德霍雷茨，《成事在人》。(Norman Podhoretz, *Making it*, Random House, 1967, pp. 154-155.)

126. 欧文·豪，《纽约知识分子》，《评论》，1968年10月。(Irving Howe, « The New York Intellectuals », *Commentary*, octobre 1968, p. 29.)

127. 同上。

128. 同上。(p. 36.)

129. 同上。(p. 49.)

130. 同上。(p. 36.)

131. 约翰·J. 恩克，《约翰·巴斯，一篇采访》，《威斯康星当代文学研究》，第6卷，1965年冬春号第1期。(John J. Enck, « John Barth, an Interview », *Wisconsin Studies in Contemporary Literature*, vol. 6, n°1 [hiver-printemps, 1965], p. 4.)

132. 同上。(p. 5.)

133. 约翰·巴斯的来信，1966年3月24日，UCLA档案。

134. 研究纽约名人的专家厄尔·威尔逊(Earl Wilson)在1967年9月底发表的一篇文章中也着重指出了这一点。威尔逊在一家加入行业工会的媒体的专栏上撰文，这就意味着专栏文章会登载在美国的多家日报上。我查阅的是《密尔沃基前哨报》(*Milwaukee Sentinel*) 1967年9月26日第13页的那篇。

135. 保罗·泰克的来信，1987年1月15日，UCLA档案。

136. 账单明目，1968 年 2 月 9 日，FSG出版社档案，纽约公共图书馆。

137. 伊丽莎白·哈威克，《文学评论的衰落》，《哈泼斯杂志》，1959 年 1 月。
（Elizabeth Hardwick, "The Decline of Book Reviewing », *Harper's Magazine*,
octobre 1959, p. 139.）

138. 同上。（p. 143.）

139. 菲利普·诺比尔，《知识分子的空中广告：文学界的权术与〈纽约书评〉》。
（Philip Nobile, *Intellectual Skywriting. Literary Politics & the New York
Review of Books*, Ed. Charterhouse, 1974, p. 21.）

140. 苏珊·桑塔格，《果戈理之孙》，《纽约书评》，1964 年 1 月 23 日。（S.
Sontag, « Gogol's Grandson », *The New York Review of Books*, 23 janvier 1964.）

141. 苏珊·桑塔格，《美国怎么啦（1966）》，收录于《激进意志的样式》。（S.
Sontag, «What's happening in America (1966)», dans *Style of Radical Will*, p. 194.）

142. 同上。

143. 同上。（p. 198.）

144. 同上。（p. 203.）

145. 路易斯·梅纳什与罗纳德·拉多什编，《时事宣讲会：美国的报告、观点、
文 献》。（*Teach-Ins : U.S.A. Reports, Opinions, Documents*. Édité par Louis
Menashe et Ronald Radosh, éd. Frederick Praedger, 1967, p. 346.）

146. 塞西尔·伍尔夫与约翰·巴格利编，《作家们对越战表明立场》。（*Authors
Take Sides on Vietnam*, édité par Cecil Woolf et John Bagguley, éd. Peter
Owen, Londres, 1967, p. VII.）

147. 同上。（p. 198.）

148. 《最后求援》。（同前，p. 79。）

149. 此次事件 1967 年 12 月 6 日被《纽约时报》报道，题为《264 人在抗议征
兵中被捕》(« 264 Seized Here in Draft Protest »)，作者为Homer Bigart。

150. 安德鲁·科普坎德，《来自河内的爱》，刊于《新政治家》1968 年 5 月 31
日，收入《三十年战争：一位激进主义记者的阵地与歧途》。（Andrew
Kopkind, « From Hanoi with Love », originellement publié dans le *New
Statesman* le 31 mai 1968, repris dans *The Thirty Years' Wars. Dispatches and
Diversions of a Radical Journalist 1965-1994*, éd. Verso, 1995, p. 121.）

151. 佩里·斯蒂格利茨，《在一个小王国中》。（Perry Stieglitz, *In a Little Kingdom*,

éd. Sharpe, 1990, pp. 159-160.）

152. 安德鲁·科普坎德,《来自河内的爱》。（同前, p. 121。）

153. 佩里·斯蒂格利茨,《在一个小王国中》。（同前, p. 160。）

154.《河内行纪》。（p. 11.）

155. 同上。（p. 9.）

156. 同上。（p. 11.）

157. 同上。（p. 47.）

158. 同上。（p. 39.）

159. 同上。（pp. 39-40.）

160. 同上。（p. 41.）

161. 同上。

162. 同上。（p.42.）

163. 弗朗西丝·菲茨杰拉德,《一个值得去一趟的好地方》,《纽约书评》, 1969 年 3 月 13 日。（Frances Fitzgerald, « A Nice Place to Visit », *The New York Review of Books*, 13 mars, 1969.）

164. 同上。

165. 同上。

166. 安德鲁·科普坎德的来信, 1968 年 11 月 22 日, UCLA档案。

167. 玛丽·麦卡锡的来信, 1968 年 12 月 16 日, UCLA档案。

168. 苏珊·桑塔格, FBI档案, 1968 年 8 月 13 日的报告。

169. 同上。

170.《河内行纪》。（同前, pp. 119-120。）

171. 同上。（pp. 50-51.）

172.《作家们对越战表明立场》。（同前, p. 46。）

她的电影征程

1968 年 7 月 —1974 年

我经常离开这座城市。但我总是会回来。[1]

很长一段时间以来，苏珊·桑塔格一直受到电影的诱惑。她是个贪心不足的观众，在近几年出席的各大电影节中又结识了许多导演，她关于电影的文章也在业内流传甚广。正如我们所见，她主要受到法国电影的影响，只须举几个例子，如戈达尔、雷乃、雷诺阿；还有来自意大利的影响，安东尼奥尼的《奇遇》经常出现在她笔下；也有来自美国的影响，科幻片、20 世纪 40 年代的喜剧片、实验电影和肯尼思·安格的短片；影响她的还有瑞典人，伯格曼在她心目中的电影神殿里占有一个特别的位置。她最近的影评之一就是献给他和他的影片《假面》的，在其中，她看到了自己对于语言力量的恐惧，影片的多种主题都与她想在《死亡匣子》中探讨的东西相当接近。

1968 年 4 月，出发去越南前，桑塔格去了一趟斯德哥尔摩，目的是会见格兰·林德格伦并与他商讨自己的电影拍摄计划。她等待机会已经有一段时间了，或者不如说她是在等待一个能让实现她脑内想法所需的资金到位的制片人。林德格伦就是她需要的人。是他主动提出要跟她见面的，当时他在瑞典报纸上看到了她一篇采访的转载，采访中她表达了想拍一部虚构电影的愿望。[2] 1966 年，他领导下的制片公司"山德鲁斯"制作了两部法国影片——戈达尔的《男性，女性》和阿涅斯·瓦尔达的《创造物》，尽管大部分带有该公司印记的电影是瑞典本土电影，但公司领导者及其团队证明了即便是一家尚不知名的发行商也能跟同时代的佼佼者相抗衡。苏珊被打动了，部分是因为他身上那种直截了当的自信心——她还没有拍过电影，没有指导过演员，也从未写过剧本。而她的制作人的自信态度则来自瑞典的社会民主党政府为鼓励文化产出设立的各种机构。

她一点也不浪费时间。从这初次旅行开始，她就开始琢磨选角，通过林德格伦，她联系到了年轻女演员阿格妮塔·埃克曼尔——她在学校里学习戏剧艺术的同时已经参与了数部电影的拍摄，同时还作为模特被雇。在离开斯德哥尔摩去为越南之行做准备之时，苏珊已经成竹在胸，她现在有了一份合同、一个女演员，还有能很快回来拍摄的前景。

刚从河内归来，旅行中的印象也已经记录在案，她就又收拾行李前往欧洲。先是伦敦、巴黎；然后去罗马说服意大利人阿德里娅娜·阿斯蒂跟她一同去瑞典拍电影；最后到了阿姆斯特丹，为的是《恩主》尼德兰语译本的出版。自 1963 年出版以来，这部小说已经被译成了法语、德语、意大利语、瑞典语，英语版也推出了口袋本，但销售数字仍然不算可观。于是罗杰·斯特劳斯建议苏珊去一趟阿姆斯特丹，他心里清楚，光是采访和广播电视中的曝光并不足以促进这本书的营销，因为尽管她每次的出版或电影制作活动都能引起评论界的兴趣，但大众意义上的销量并未跟进。

　　1968 年 7 月末，她终于在斯德哥尔摩的旅馆房间里安顿下来，她松了一口气。接下来，第一个任务就是写电影剧本，但剧本还全无眉目，只有一个题目，《食人族二重奏》，翻译成法语是Duo pour cannibals。她写了两个版本，第一版是按分镜来的，是一种视觉上的结构，因为对她来说："当一部电影准备诞生于世时，它是以画面来呈现的。对话是后来的事。电影的创意诞生于一种特定的影像节奏，某个特定种类的影像。例如，我看到两个人在桌边以某种方式互相凝视。这样就诞生了一部电影。电影的诞生并不是因为某个人物开口说话了。"[3]

　　第二版剧本是同一时间写的，1969 年由FSG出版社出版，是供演员使用的剧本。电影本身在某种意义上得算是第三个版本——计划的七十五组镜头中有十一组在实际拍摄时被删掉了，因为苏珊将片长不超过 95 分钟作为一项挑战（她没能做到，全片时长最后到了104 分钟）。[4]

　　到了 9 月份，剧本杀青，影片的四个主要演员苏珊已经有了两个。还缺两个男演员，以及一个拍摄团队。低预算不会阻碍她找到职业人士合作，这是格兰·林德格伦向她保证的。和摄影导演拉斯·斯万贝里合作的是一个年轻的团队，热情洋溢，习惯于集体工作。他们当中的不少人已经在其他平台上合作过了，特别是当时的瑞典青年导演之一约纳斯·科尔内尔，他刚刚完成他的电影处女作《亲吻和拥抱》，由他的妻子扮演片中主角，而她不是别人，正是阿格妮塔·埃克曼尔。

　　在山德鲁斯制片公司周围的熟人中，她最终挑选出了最后几名演员：《食人族二重奏》两个最重要的男性角色，一个给了拉斯·埃克堡，伯格曼 1953 年发现了他，让他出演《不良少女莫妮卡》里哈利·伦德这个角色，他 1958 年又出现在《面孔》中；另一个角色给了格斯塔·埃克曼，他的父亲哈塞·埃克曼经常出演伯格曼的作品，自己也导演过几部电影。女演员方面，除了埃克曼尔，阿德里娅娜·阿斯蒂出演了另一个主要女性角色。严格来说，她是苏珊的同龄人，自 1960 年出道以来演过三部电影：卢奇诺·维斯康蒂的《洛可兄弟》、保罗·帕索里尼的《乞丐》和贝尔纳多·贝托鲁奇的《革命前夕》，而贝托鲁奇成了她的丈夫。影人苏珊的所有愿望都得到了满足：一个足智多谋的制片人、一个职业化的团队和一批一流演员。

　　影片的配置是极为俭省的。在平台上对峙的两对情侣，周围只有三个配角：这种密闭环境使影片更深切地属于那个被苏珊描述为"影像戏剧"的瑞典电影传统，"两到六个人物之间关系的压缩性故事，所有人都陷入情感危机之中"。[5] 故事可以说相当简单。亚瑟·鲍尔，一个日渐老去的政治难民，她解释说，原型是"我相当熟悉的两三个在'二战'后实际主宰了美国学院世界的欧洲移民"，[6] 他想要整理自己的文献库，为此需要雇用一个专属秘书，秘书叫作托马，不仅听说过他，还对他的著作仰慕备至。鲍尔有一个妻子，叫弗兰西斯卡，她似乎为一种未说明名称的精神疾病所苦，需要日常照料，托马很快就被拉来帮忙，越来越多的时间被他花在了照顾弗兰西斯卡或者说给弗兰西斯卡添乱上，结果自然越来越没有时间给鲍尔的文件分类了。与此同时，他的女友英格丽不耐烦起来，她一点也不喜欢他为了保住自己的工作，不光白天，连晚上也必须跟那对夫妇一起度过。最终她决定亲自去看看这三人组发生了什么情况，这次轮到她被这对食人族一样的夫妇吸收、"吞食"了，他们需要观众来旁观这场人际关系的戏剧，而他们已经通过不断的实践提升了自己的导演技艺。气氛很快变得令人窒息，甚至在英格丽来到这座房子前就已如此，人物之间的关系暧昧不明，电影观众也被拖入这场"室内剧"，剧终时并没有任何受害者——自杀未遂的人（亚瑟与弗兰西斯卡）被救活，托马和英格丽乘坐一辆可奇奈尔版甲壳虫车逃跑（这毕竟还是 20 世纪 60 年代！），年轻姑娘单手灵活地驾驶汽车，背景音乐是德沃夏克……

在《世界报》记者问及苏珊的拍摄意图时，她解释，对她来说《食人族二重奏》首先是一部政治电影"，"这一点是我要坚决主张的：这是一部关于法西斯主义，关于法西斯主义的心理学的电影。如果有过电影先例的话，那就是弗里茨·朗创造的'马布斯博士'这个人物。片中那对思想进步的年轻情侣落入他的掌握，这种情节并不是由我发明的：我认识不少进步青年，他们在政治思想上相当先进，在心理上却又十分幼稚"。[7] 话题回到年轻情侣上来，她对一名《快报》的记者透露，她想要探询伴侣关系的本质、伴侣内心的种种联系，还有数对情侣之间的关系，对此她解释："在《食人族》中，一对年轻情侣在心理上被另一对更加年长的情侣所吞吃。也许是虐恋意味的关系……这种关系中既有残忍，也有同情，以及因为心理障碍而无法发展的情感……"[8]

但一部电影不仅仅是一个故事，还是需要导演处理的图像、声音和片中人，这项工作跟写作几乎没什么联系可言，在这位作家拍电影的那些年，有很多采访她的记者，她也是这么提醒他们的。对于他们的问题，她的答复可以概括为下面这段话：

> 拍电影是一种特权，也是一种享受特权的生活。拍电影需在琐事上耗尽心力，这导致各种焦虑、争执、幽闭恐惧、精疲力竭，也会滋生狂喜。拍电影，就是一部分时间被与你一同工作的人的慷慨善意触及内心，剩下的时间则感觉被他们误解、抛弃和背叛。拍电影，就是抓住正在飞

翔的灵感。拍电影，就是搞砸事情，并且知道应当被谴责
的人往往就是你自己。拍电影，就是盲目的本能，就是斤
斤计较的计算，就是畅通无阻的前进，就是醒着做梦，就
是固执、慈悲，就是必要时虚张声势，并且敢于冒风险。[9]

是迥异于写作时的孤身一人的集体劳动，是"一旦开动了就不
能下车"的"特快列车"，[10] 拍电影就是这样的。不存在什么举起摄
影机就像举起钢笔：为了尽量缩减预算，就不能浪费时间；不存在
三思而后行，在拍摄结束前就没有休息时间。就像她给罗杰·斯特
劳斯的信里说的，每一天都很漫长：早上五点钟起床，难得半夜前
上床睡觉，每周七天，没有休息日，没有一刻属于她自己。那是一
段令人沉醉的经历，然而据她自己承认，也是身心俱疲的……[11]

在剧本出版时的序言中，她对拍摄工作的描述之简明扼要，也
反映出了实践时的这种效率与精确性："拍摄于 10—11 月间，在斯
德哥尔摩及其周边进行，为期六周。我们有三十四天的拍摄时间。
影片用 35 毫米的黑白胶片拍摄。使用一台阿莱弗莱克斯摄影机；全
部对话和大部分音效是直接用一台纳格拉录音机录制的。"[12]

11 月初，拍摄工作告一段落，她回到了纽约——剪辑工作要到
1969 年初才开始——与戴维重逢，戴维 8 月份去斯德哥尔摩看过她
一次，他这年的夏天是在阿富汗和伊朗度过的，但需要重新回来上
学。现在他已经差不多能自己一个人生活了，罗杰·斯特劳斯负责
留心盯着他，向他提供必要的资金，同时保障桑塔格的家庭生计，
包括付账单和收邮件。

苏珊下一部集子《激进意志的样式》的校样正等着她，她的《河

内行纪：敌营手记》也要在 12 月的《时尚先生》杂志上刊载，同时由FSG出版社印刷成书，在加拿大则由双日出版社出版，然后重新收入《激进意志的样式》。

　　继越南之后，《时尚先生》杂志在 1968 年 12 月派苏珊前往古巴。这不是她第一次踏足那个岛屿。1960 年时，就在独裁者富尔亨西奥·巴蒂斯塔刚刚被推翻、菲德尔·卡斯特罗及其战友上台后不久，她去古巴待了三个月，大概是在艾琳的家人和朋友们陪同下。对艾琳来说，自她 1944 年背井离乡以来，政权的更迭第一次给了她回归故乡的机会。如果说这次旅居留下的仅有痕迹是她在采访中若干次零星的暗指，[13] 那么现在当她在哈瓦那上岸时，肯定想起了那时候的事。这次旅行是由活动家汤姆·海登安排的，他因在 1968 年芝加哥的民主大会上组织反越战游行示威而享有盛誉，多年来在各种学生组织中为争取民主与民权而积极活动。旅行的目的是去接触古巴人，并看看革命十年后那里变成了什么样子。

　　对于想去古巴的旅客来说，墨西哥是必经的一站，因为美国切断了所有直通卡斯特罗之岛的空中航线。不管怎样，苏珊借助这个机会得以与同行的戴维一起游览墨西哥的都城，还结识了罗杰·斯特劳斯的友人——富有的艺术资助者与收藏家莱昂和露丝·达维多夫夫妇。她以后定期来一趟墨西哥的都城，来这里参加会议、造访友人——其中有她不离不弃的老友卡洛斯·富恩特斯，她在墨西哥也拥有了忠诚的读者群。

　　但就眼下来说，目的地是古巴。甫一抵达，古巴公民的充沛精力与政治热情，以及所有人付出的不息努力，就给她留下了深刻的印象：

或许，一个来到古巴的观察者注意到的第一件事就是那种蓬勃旺盛的精力。精神仍在，就像在革命的整个十年内所有人都心情激动、夜不能寐——他们谈话，工作，一整周都彻夜不睡。还有古巴人说话的那种方式，以及他们不可思议的成就与生产力，有时候感觉好像整个国家都服用了一种能提高速度的灵药，而且已经持续十年。[14]

她并未掩饰当地的贫困、革命政权对它的敌人的残酷，她在未正式出面辩解的前提下尝试对其进行解释："访问古巴的美国人或许对于其社会内部的反抗力量都过于热衷了，而系统性地低估了这个社会的集体进步。"[15] 12 月 31 日晚，苏珊和戴维在哈瓦那的革命广场上与一百万古巴人一起聆听菲德尔·卡斯特罗的演讲，并庆祝这场成功抵抗了美帝国主义的胜利，这在当时的他们眼中，还是一场人性化的社会主义取得的胜利。

尽管一些开始怀疑卡斯特罗主义的知识分子提出了警告——像来母子俩住的国家旅馆做秘密拜访的诗人埃韦尔托·帕迪利亚，他们仍然被卡斯特罗的古巴征服了。同样，尽管她提到了曾经支持革命的帕迪利亚如今却因在诗集中公开批评现有政权而遭受种种压力，她最后仍然保证说："没有古巴作家进过监狱，或者正在狱中，或被禁止发表作品。"[16] 现在，我们知道这种情况并不长久：帕迪利亚本人在 1971 年春被捕，"三十八天内"，诗人承认了自己的反革命罪。这次逮捕标志着众多欧美知识分子与古巴革命理想的分道扬镳，其中有六十余人联名签署了一封致卡斯特罗的公开信，请求他将诗人释放：苏珊也签了名，比邻的签名还有让-保罗·萨特和阿尔贝托·莫拉维亚。帕迪利亚获释了，而古巴政府——以卡斯特罗的名义——对知识分子们的插手干预表示了抗议，说这些人一点也没有理解他的意图和他不灭的革命热忱。[17] 1980 年，禁止诗人离开祖国的禁令终于废除时，诗人离开古巴前往纽约，他的家人早在卡斯特罗上台时就移民到那里了。

回到 1968 年的这个圣诞节，令她尤为感动的是古巴人表现出来的那种国际大家庭的意识，这个"一贫如洗的加勒比小岛"的首都活得好像自己是位于世界关系网中心的一个国际大都市。她将这种意识归因于古巴公民从未怀疑过自己国家的影响力，从未怀疑过自己肩负历史使命，负有教谕世人的重任，他们对知识的渴求是无穷尽的。苏珊同样也惊奇于对越南的指涉无处不在，越南英雄们的名字装点着学校与医院墙壁上的最显眼位置，而胡志明的革命精神为卡斯特罗的长篇演讲提供了养分。当然，她无法不将这两次经历加以比较，两次旅行只有数月间隔：在越南北方之行后，古巴对她来说更像是一个建立共和国的理想处所，能让公民们得到不同于斯大林主义的、真正的社会主义体验。[18]

严格来说，关于这次旅居，她很少或者几乎完全没有发表过言论：她提到自己参加了几次"菲德尔"主持的开幕典礼。从她对哈瓦那街道的描述中，我们能感受到她曾经在那些街道上久久地漫步。同时她也久久思索着美国左翼能从古巴的意外成功中学到什么东西，古巴革命只用了十五天，在她眼里是值得留心学习的榜样。但就像许多游客一样——无论是否由官方派遣，她只能看到别人愿意给她看的东西。胡安·戈伊蒂索洛在同一时期去过古巴三次，他说只有到了 1967 年的第三次旅行，他才开始产生怀疑，因为一位异议分子、诗人维尔吉利奥·皮涅拉来寻求他的保护，向他讲述了政府特别针对同性恋的迫害。[19] 在桑塔格呼吁美国左翼人士留意在古巴发生了什么，并从中获得教训或者至少是教诲的时候，她与克里斯·马克及阿涅斯·瓦尔达重新站到了一起，这两人贡献了关于古巴的纪录片——1961 年的《是！古巴》和 1963 年的《向古巴人民致意》——为的是给法国左翼人士上一堂课。[20] 就像他们一样，她对不和谐的声音充耳不闻：1965 年，吉耶摩·卡布列·因凡特在古巴驻布鲁塞尔大使任上决定流亡；1966 年，古巴国家芭蕾舞团的十名舞者在法国巡演时申请政治避难；更不用说这两次事件都上了各大报纸的头版头条，与此同时，承认古巴岛上存在劳改营的人证也日益增多。

如果说她 1971 年才初次公开批评卡斯特罗政府，那么要等到 20 世纪 80 年代初，她才改变原有的政治立场，那是在一次支持波兰团结工会运动的集会中。那一天，她在发言中对苏联提出批评意见，那时她已经习惯于听到这一类令人心痛的发言……要等到 1984 年，她才在戈伊蒂索洛的榜样下，在内斯托尔·阿尔门德罗斯拍摄的纪录片《失当行为》中接受采访，承认在古巴确实有针对同性恋者的迫害存在，并将其看作卡斯特罗的男性沙文主义和尚武思想的一种必然结果。耐人寻味的是——与戈伊蒂索洛相反——她并没有矢口否认自己之前的盲目认同，也没有否定自己在古巴体验到的东西。[21] 到 2000 年，有了更长的一段时间距离，这次她重新反思了自己在 20 世纪 60 年代的政治立场，带着某种对当年理想主义心态的宽容。

古巴之旅当然并没有逃过美国特工机构的注意。题为"苏珊·桑塔格"的档案重启 [22]，并被补全了。作家寄给美国国务院请求批准的申请信在档案中被引用："我作为职业记者受《时尚先生》杂志派遣前往。《时尚先生》准备支付我在古巴居留期间的一切支出。我的地址将是：美国人之家转交，哈瓦那，古巴。"然后是一封《时尚先生》杂志的证明信，证实她确实是受聘前往，且会负担她的支出。最后是美国国务院的复信："依照您的申请，您的护照在往返古巴期间有效。"档案仍然内容不多，除了日期及戴维与她同行，我们从中只发现他们带了两个行李箱，"各重 22 公斤"，箱子带有ICAP的地址，即古巴人民友好协会。返程时上述行李箱各重 30 公斤，想必是装满了书和她积攒的资料……

　　苏珊第二次在斯德哥尔摩停留的经历和第一次大不相同。这次有两个月，1969 年 2—3 月，她把自己关在供山德鲁斯公司使用的剪辑室里，陪伴她的是剪辑师乌尔夫·达林和他的后期制作团队。这项工作想必比拍摄本身更加令人疲惫，不仅不能跟丢她的剧本主线，还需要不断做出抉择——就像上文提到的那样，最终剪掉了十一组镜头——特别要处理的问题是：材料都在那儿了，只能通过剪辑加以提升，没有重拍哪个场景的可能。在研究了贝托鲁奇的电影后，她注意到这位电影人通过建立起每一个镜头的自洽性，可观地缩减了剪辑工作。[23] 学到了这一手技巧，再加上她的原剧本就事无巨细一概加以说明，她成功做到了在拍摄中就"通过摄像机进行剪辑"，[24] 有效地将意想不到的情况和剪辑时间缩减到最少。3 月末，《食人族二重奏》的第一版成片送到了工作室。格兰·林德格伦组织了一场放映，他在拍摄与剪辑期间都不在："他一个人看了电影，一个周六的上午十点，在山德鲁斯制片公司空荡荡的地下室里。我在这次审阅开始后十分钟才到，接下来的一个半小时中一直在走廊上来回踱步。"从放映厅里出来后，他的评论很简短：他喜欢这部电影，明年他会邀请她再拍一部电影，条件相同。握了苏珊的手后，他就离开了办公室：一切能说的都说了。

　　苏珊为《壁垒》杂志的读者撰写她的《瑞典来信》[25] 时，已经在斯德哥尔摩度过了夏末和整个秋天。她知道她在任何其他地方都得不到格兰·林德格伦向她提供的东西：一个她能自由编写、创造并摄制自己的电影的空间，而她在此之前从未写过剧本，也未操纵过摄像机。这位制片人不光给她提供了公寓、团队、演员，更重要的是，给了她完全的自主权。但她并不总能适应"瑞典生活方式"："在这个北方国度里，我感到严重水土不服"，1972 年，她对《世界报》的记者说。[26] 尽管有拍摄工作限制下的严格时间表，苏珊仍然找借口去这里参加一场饭店晚会，到那里听一场演唱会，比如 1968 年 9 月，她就去了大门乐队、杰斐逊飞机乐队、特里·瑞德和萨伏伊·布朗在瑞典皇家音乐厅的同台演唱会——这可真是不容错过的一景，这座音乐厅庄严的墙壁听过的巴赫可比摇滚乐要多多了。[27] 这些外出机会使她得以近距离观察瑞典人的生活，而观察结果使她陷入沉思。她将他们与她见过的其他欧洲人相比，自然也跟美国人做比较，感到很难理解自己看到的东西，特别是他们对讨论和对抗的恐惧，他们的孤僻厌世，还有他们感情上的克制，这对她来说无异于冷漠……虽说她能理解他们对时间的重视——冬天过于严酷，太阳难得一见，夏天又如此短暂——她对关于烈酒的"神话"及其在人际关系中所扮演的角色却感到惊异：酒精能解除自我压抑的作用当然所有人——无论国籍——都知道，但苏珊在斯德哥尔摩听到有人说"永远不要在一个人几杯酒下肚前就对他下判断"时是真的大吃一惊……而所指这个人还是她自己：[28] "毫不夸张地说，甚至仅仅喝一杯也会成为一个信号，周围的人声称，你正在变成一个不同的人：变得更热情，更轻率，甚至还有一点攻击性。"[29]

瑞典在她看来就像是西德和日本的混合体——"这实在是一个有异国情调的国家。它就是欧洲的日本"，[30] 她在一篇采访里说——这个混合体也有一部分像美国，作为一个发达、"先进"的国家，拥有一切更多是物质而非精神上的享受，作为福利国家，负责维持国民的平静心境，其开放程度正与其民主的名声相匹配。事实上，她发现自己置身于一个更喜欢离群索居的国家，以她美国人的眼光来看，这个国家的国民很少敞开自己的家门，或者更糟，以她加利福尼亚人的眼光来看，他们的谨慎克制近乎冷淡轻蔑。她的自我表达一向随心所欲，也日常生活在这种氛围中，但这放在斯德哥尔摩就显得行为古怪，有时候甚至显得过分刻意，仿佛有暴露癖。读过她的书的人都明白，她在这个条条框框的社会中感到自己如同囚徒。斯德哥尔摩，这个她唯一去过的瑞典城市，未免过分井井有条，过分平静无波，缺少消遣、餐馆和俱乐部：一圈下来，很快就逛完了。城中居民最重大的消遣就是出城，去大自然中重新获得灵感，在那里品味着在她看来如此受瑞典人珍视的孤独。

所以，尽管她欣赏这个国家的种种矛盾之处——比如在这个国家，人们不需要结婚就可以作为伴侣同居、养育子女，而不至于遭到道德家们的怒斥；在这个国家，民主的原则真正成为诚实正直的政府的基石——然而她还是害怕成为"瑞典电影人"。[31] 不过，在拍了两部电影后，她只得在一次采访中承认，这些电影还是受到创作它们时周围环境的强烈影响："我不会说我导演的是瑞典电影。但我拍的电影拥有一种强烈的瑞典元素，它们在天性中就具备这种东西……从一开始，这两部电影就具有某种瑞典的情感氛围，正如一个外国人所能体会到的那样。"她又加上一句："这两部电影的不少元素本不会存在，如果它们不是为瑞典人创作出来的，并且是在瑞典的环境中构思的。"[32]

1969 年春，《激进意志的样式》出版了，这本散文集收录了之前两年内她在杂志上登载过的文章，只有 1966 年刊于《党派评论》的《美国怎么啦？》在时间上更早。这篇文章与《河内行纪》给此书带来了一种《反对阐释》所没有的政治意味，而这受到了评论家们的赏识，甚至其中敌意最深的人也是如此。《河内行纪》在刊于《时尚先生》杂志不久后就单独出版了，但与她笔下最受人期待的文章相比，比如关于戈达尔电影的随笔，甚至《静默之美学》，她还是需要再多一些新闻记者的才华。总的来说，评论家们态度不算太积极：他们的印象是，这是一部拼凑而成的作品，编辑将作者最新发表的一批文章汇集到一起来消费她的名气，而这种鼓噪是围绕着她的个性和言论制造出来的。这种指责中想必有一部分是事实：苏珊著作的销量达不到她自己和斯特劳斯的期望，不断推出新作是一种占据地盘的方式，这样才能不掉出新闻标题。

《激进意志的样式》在笔者看来是一个更成熟、更沉着的苏珊写下的作品，她写作时更沉得住气了，一个接一个地解决萦绕在她心头的疑问，这使这本书比上一本更加个人化。除了上面提到过的两篇政治性文本自成一章，此书还收入了其他六篇长文，分为两章，其中第二章是关于电影的，包括一篇很长的戈达尔研究、一篇关于"戏剧与电影"的思考，还有一篇对伯格曼的电影《假面》的分析。第一章则汇集了两篇文章。第一篇是关于色情想象的，叫《静默之美学》，是关于艺术本质、关于静默在创作中的位置的某种形式的沉思录，她重新提起了对贾斯珀·约翰斯和约翰·凯奇的作品的感受。在第二篇文章《反思齐奥朗》中，她分析了尼采和齐奥朗哲学思想的相似与不同，结论是盎格鲁-撒克逊世界里唯一能跟齐奥朗相比的"哲学家"正是约翰·凯奇，尽管他们对世界的看法大不相同。

就像往常一样，这本书遭遇了评论家们的抨击。《华盛顿邮报》的理查德·弗里德曼无疑是其中最为刻毒的，这次对她的作品最严厉的文章之一便出自他手。他不光一上来就宣称这本书的三分之一是"腐烂不堪的"，而且指控她在《静默之美学》中抄袭了罗兰·巴特的《零度写作》，最后关于《河内行纪》，他拒绝把玛丽·麦卡锡和桑塔格加以比较——两人的排名要按照这个前后顺序——"就像写作与敲击打字机的区别"。攻击是全方位、多角度的；只有关于电影和政治的文章在他那里逃过一劫，在他看来，作家在这些方面是"令人感兴趣的"，因为她"放弃了一切自负态度，不在自己的论说中塞满各种她能想起来的人名，也不再仿佛是从乌尔都语翻译过来那样费力地写作，于是变成了一个不乏魅力的批评家，甚至有时候不失辛辣"。[33]

弗里德曼是弗农·扬的信徒——扬长期在《哈得孙评论》杂志上轮班撰文——他不是称《激进意志的样式》中的想法"过分简单"，就是指责作者"误入歧途"（在齐奥朗的问题上），还嘲笑她对她的越南东道主的"轻信"。趁此机会，他将最后挥出的一爪对准了《食人族二重奏》，他认为它"死气沉沉"……[34] 其他评论家攻击性相对没有这么强烈，他们提到她跟欧洲思想家们的"爱情故事"[35]——这通常不被看作什么好事——并将更多时间花费在作品的第二部分上，他们从中发现或重新发现了一个喜欢参与政治的苏珊·桑塔格，她能揭露"白人"是"人类历史的毒瘤"[36]，并为越南北方人民唱一曲赞歌，她所做的种种反思诱使我们重新考虑政治问题、重新看待祖国与爱国主义的观念，并为了国家利益回归到一种激进思想中去。[37]

除了《河内行纪》，法国读者只能读到此书中的三篇文章，两篇来自译本《作品在说话》，即在前一个章节中探讨过的《色情想象》和《戏剧与电影》，而《"自省"：反思齐奥朗》则出现在《土星照命》中。《激进意志的样式》从未被完整翻译成法语。

她对评论家们的反应并非无动于衷，但这次没有那么受触动了：她的电影征程刚刚开始，她的电影胶片还装在肩头斜挎的背包中，接下来她还需要在各大电影节展示它、捍卫它，面对影院经理和选片负责人。毋庸置疑的是，她作为散文家获得的声名及作为小说家相对黯淡一些的声名，都给她打开了很多扇大门。1969 年 5 月，影片进入了戛纳电影节的非竞赛单元，当时非竞赛单元刚刚创立，名额大约有十五位导演。这一年的评审团主席是卢奇诺·维斯康蒂（阿德里娅娜·阿斯蒂出演的第一部电影正是他拍摄的），主竞赛单元中有侯麦的《慕德家一夜》、丹尼斯·霍珀的电影处女作《逍遥骑士》、路易·马勒的《加尔各答》、安杰伊·瓦伊达的喜剧片《狩猎苍蝇》，和最后夺得金棕榈奖的英国人林赛·安德森的《如果……》。评审团大奖颁发给了科斯塔-加夫拉斯的《Z》，影帝则由该片的主演让-路易·特兰蒂尼昂摘得。这届电影节的气氛相当特别：1968 年的电影节因为“事变”取消了，很多电影都以这样那样的方式指涉了 1968 年，这一年的标志性事件不光有学生暴动、罢工和各种各样的示威游行；这也是苏联在整个东欧重新树立起威权的一年，1968 年 8 月苏军入侵了布拉格。苏珊在卡罗维发利电影节见证了一切对外开放的希望都已经被埋葬，边境线越来越重兵把守，而思想、影像与艺术变得甚至比人口更加难以流动。政治与言论自由——《Z》正是对希腊军政府独裁统治的揭露——是当时最受欢迎的题材。《食人族二重奏》并无明显的政治意图，当然，通过亚瑟·鲍尔这个移民自无名东欧国家的人物也传递了政治的声音，还有影片中的各处暗指，像托马和英格丽床头悬挂的罗伯特·肯尼迪的照片（他在数周后的 1968 年 6 月 6 日被刺身亡）。

　　这是桑塔格第一次跻身于导演之列参加电影节，不是作为评审团成员，亦非观众，不过为了跟《食人族二重奏》的观众有相同的体验，她坐在影厅中，观看了两场自己的电影的放映，留心观察周围人的反应。五个月后，这个自称从未重读过自己已出版的书的人，不禁惊奇地注意到，她可能已经看过自己的电影一百遍以上了。[38]

自从与艾琳分手后，苏珊只与别人发生过间歇性的恋爱关系，有些甚至算不上真正的恋爱，只能算是萍水相逢，这种关系唯一的结果就是她更加激烈地感受到了自己在感情上的孤独。她感到自己在这些关系中表现得更成熟了，在她看来，她似乎成功地与自己以往恋爱中必然会出现的模式一刀两断了：每次新的邂逅总是令希望占据她的身心，她在那些用"新鲜与宽容的目光"看着她的人面前总是让人"惊叹不已"，然后很快幻觉就破碎了，她能看到的只有她面前这个人的"局限性"，随之开始了对她来说漫长痛苦的冷却期，心中知道分手可不是她的强项。她既吸引男人也吸引女人，但找不到理想的伴侣……只有在朋友们身边，她才能获得稳定与慰藉，而她的朋友大部分是男性。更确切地说，大部分是男同性恋者，在这些人身边，她等于是"去性别的"，他们的陪伴"不会带来风险或威胁"。悖论的是，她最后觉得是他们让她重新学到了何为"女性"，从她心头抹去了一直"毒害"着她与女性性别关系的、她母亲的幽灵："只要她想要……就足以使我产生排斥。如果她喜欢某样东西，我就会厌恶。这将一切包括在内，男人、香水、漂亮家具、雅致的穿着、化妆品、做工精致或者装饰繁复的物件、纤细的轮廓、曲线、鲜花、色彩、出入美容院、度假晒日光浴！"这张单子继续罗列，还包括打桥牌和看电视，但她的结论是："感谢上帝，我母亲既不喜欢孩子，也不喜欢美食，还不喜欢电影、书籍和做学问！"[39]

围在她身边的男人都有谁？首先有理查德·霍华德，她与他的友谊加强了他们之间本就相当强烈的精神联系。自1958年以来，霍华德将苏珊阅读并为之写过书评的许多法国作者的书译成了英文，从莱里斯到罗兰·巴特，还有纪德、齐奥朗，甚至罗伯-格里耶。其次有保罗·泰克（她跟他翻脸了，因为他拒绝当她第二个孩子的生身父亲），《反对阐释》是题献给他的，20 世纪 80 年代初，他们就和好如初了。还有斯蒂芬·科赫，他俩是在 1965 年他给《安条克》杂志写了《恩主》的评论后认识的：桑塔格被他吸引，将他纳入自己的羽翼之下，把他介绍给自己认识的编辑、纽约各大杂志的主编，后来更是自愿扮演起了导师的角色。还有母子俩的心腹密友、实验性的"露天剧院"的演员与领导者蔡金，他在 20 世纪 60 年代末至 70 年代初属于苏珊交往最密切的友人之列：无论是情感上的挫折，还是对健康的焦虑、对戴维的担忧，苏珊在他面前什么也不掩饰，并且把《激进意志的样式》题献给了他，正如我们之前看到的，这是她公开向朋友表达敬意的方式。这些男人给她带来的是一种安全感；在他们身边，她不需要在性事上证明自己，她可以做自己，她可以与他们分享，而不用担心被背叛、被取代……

在戛纳电影节后，苏珊回纽约待了几周，然后重新踏上通往欧洲之路。意想不到的事在巴黎等候着她：她坠入了爱河。她是在什么场合遇到卡洛塔·德尔·佩佐？一次招待会，一次晚宴？这不重要，爱情已经发生了，她急切地告诉了伊娃和乔·蔡金这个消息，但要求他们绝对保密。她重新发现了自跟艾琳分手以来久已忘却的种种情绪与情感，她的身体感受到了这种新生的激情的作用，在一封写给乔·蔡金的信里——他身在丹麦——她说自己"筋疲力尽""天旋地转""头昏脑涨"，就好像这次新的冒险颠覆了她的世界。她爱着，也感到自己是被爱着的，尽管她已经不再相信爱情。[40]

就这样，她先去了伦敦，为下届纽约电影节踏访各处影院，完成取景任务，接下来在米兰与卡洛塔重聚了一周，然后卡洛塔去伊斯基亚岛探望生病的母亲，她则去罗马等候她的情人。她写道，她仍然感到天旋地转：就如同这个夏天，她和卡洛塔共度的日子由一

系列在不同旅馆与城市的不断重聚组成，只要她们各自的时间表
允许。

卡洛塔 1928 年出生于那不勒斯，她是一个历史悠久的贵族世
家的后裔，业余也做模特和演员，她在大银幕上最引人注目的一次
出场是在 1963 年的合拍片《罗戈帕格》*中帕索里尼的短片《软奶酪》
（因为这段短片，整部电影遭到查禁，删掉帕索里尼的部分后才得以
发行上映）。实际上，卡洛塔最出名的，还是她活跃的那不勒斯夜生
活，还有她对摩托车和赛车的热衷……这样一个人物看似离文学、
政治、电影有十万八千里远，而这些东西构成了苏珊的生活与兴趣
的核心。但无论如何，这都是一次一见钟情，至少在作家看来如此。
对卡洛塔来说，事情可能更复杂一些。吸引她的是苏珊周身的成功
光环，是苏珊身上的"力量"（此处的引号代表的是这个词的暧昧性
质，考虑到这种力量要么经常只存在于表面，要么也难以经得起恋
爱中的各种不测风云），还有苏珊多种多样的兴趣与活动。对苏珊而
言，她刚刚离开在一起多年的比阿特丽斯，这次分手增加了新恋情
的复杂性，因为上述那位比阿特丽斯并不接受分手。这种局面，苏
珊跟哈丽雅特、伊娃已经经历过，将来也还要重复多次经历……
　　在此期间，苏珊一个人待在罗马，舒舒服服地安顿在旅馆里，
她趁着相对凉爽的天气工作和写信。继乔和伊娃后，她又向罗杰·斯
特劳斯吐露心事："生活是复杂的（什么时候不是了？），但也美好。"[41]
卡洛塔的母亲身体康复了，她去伊斯基亚岛上与卡洛塔重聚了十天，
然后重新出发去巴黎，再到伦敦与戴维碰头，这个夏天有一段时间

---

*　该片由罗西里尼、戈达尔、帕索里尼、格雷戈雷蒂四人分别导演的短片组成，
　　片名即四位导演姓氏的第一个音节（Ro. Go. Pa. G.）。因帕索里尼拍摄的部分被
　　控亵渎基督，他被判四个月监禁。

他是在非洲度过的。

《食人族二重奏》预定参加1969年9月的第七届纽约电影节。电影节主席是评论家理查德·劳德，总监是艾莫斯·沃吉尔，这也是一位评论家，同时是电影人、影迷俱乐部"第十六影院"的创建者，俱乐部旨在捍卫欧洲电影与实验电影。纽约电影节一向有支持作者电影的名声。自1967年以来，苏珊就和亚瑟·奈特、安德鲁·萨里斯等人一起担任电影节的选片委员，所以《食人族二重奏》在纽约电影节自然有位置。这一年参与电影节的还有年轻法国导演阿涅斯·瓦尔达的第五部影片《狮子、爱、谎言》。她除了这五部电影长片，还执导了许多短片：1963年关于卡斯特罗革命的《向古巴人民致意》；1967年参与纪录片《远离越南》；1968年拍摄的《黑豹党》，记录了在奥克兰举行的一次要求释放美国黑人领袖休伊·牛顿的政治集会。瓦尔达和桑塔格可以说有很多共同点，从政治战斗性到对电影的挚爱，她们两人在电视节目《三号摄影机》的摄影棚重逢，采访她们的是兼任《新闻周刊》评论家的杰克·克罗尔，这也就不令人吃惊了。

克罗尔迅速介绍了一遍两部电影的情节，作为节目开头，然后强调了两部电影——在他看来——的共同点，也就是它们的政治性与怪诞特质，还有一点就是它们都是——还是在他看来——十年前拍不出来的片子。瓦尔达反驳了怪诞这个说法，但也承认，《狮子、爱、谎言》这部拍摄于1968年6月洛杉矶的影片，在记录三个脾气古怪的准演员的同居生活的同时，确实有某种"坎普"的东西；苏珊则坚持对她来说非常宝贵的一个概念，那就是很难在表演和存在之间、在做演员和仅仅活出生活本相之间划清界限。最后，采访者又对最后一项巧合加以强调：她们两人的情况是法国人在美国拍片，而美国人却在欧洲拍片。节目中播出的片花更突出了她们两人着眼点的可观差异：《狮子、爱、谎言》的色彩及其刻奇感与《食人族二重奏》朴素的黑白电影美学形成了鲜明的对比……[42] 入围这次电影节的三位女导演，她们就占据了两席（第三位不是别人，正是玛格丽特·杜拉斯，她带来了自己的电影处女作《毁灭，她说》），这跟这次电视节目的安排想必不是毫无关系的……无论原因为何，四十年后重看这次辩论仍然能感受到其中的魅力，从中可以看到，她们捍卫的不仅仅是自己的电影，也是一种未来，那是作者电影的未来，也是手持摄影机的女人们的未来。

苏珊自愿配合采访与对谈的游戏规则，各大报刊的专栏上充斥着关于这部电影的构思与拍摄的逸事。评论界对这部电影保持了一种更为模棱两可的态度。莫莉·哈斯凯尔——她是另一位颇具影响力的影评人安德鲁·萨里斯的妻子——在《村声》上写了一篇审慎的影评，结论是本片作为处女作完全是具备可取之处的："《食人族二重奏》终究是一部朴素克制得令人钦佩的电影。桑塔格小姐并不认为有必要把各种想法都塞进这部片子，就像它是她的最后一部片子那样，而这构成了一个好的征兆。"[43]

在《纽约时报》上，文森特·坎比对这部他看了第二遍的影片也做出了良好的反响。他指出《食人族二重奏》是一部"惊人的成熟与克制的影片，出自一个先前仅有的与电影相关经历就是对电影进行思索的人之手"。[44] 在纽约，他怀着某种欣慰重看了一遍这部电影，那是在好不容易看完《快乐的知识》*之后。桑塔格的作品在他看来明

---

* 《快乐的知识》，戈达尔 1969 年电影。

显不像戈达尔那部电影一样"艰涩",他说这其实是因为"它本身就是一部喜剧片,组成影片的一幕幕场景中,有些会让你回想起某些(政治上的,心理上的)事件,又从来不会把这些事件在影片中实际表现出来"。然而这种单纯在他看来也有它的反面:他不建议看这部电影两遍。[45]

数日后,在同一家日报上,罗伯特·格林斯庞的评论更加不留情面:"这部电影失败了——应当看到,仅仅是某些场景的力度与敏感性并不足以使它成功——这场失败是因为自身视角的局限性,与一味着重于营造一个不可解的谜,以至这个谜变得令人厌烦,却没有减少神秘性。"[46]对苏珊来说,幸运的是,《纽约时报》的读者并没有盲目听从他们的评论家的劝告,其中有一人甚至不惜写信给报纸抗议这宣判过于草率,并给出了自己对影片"意义"的诠释——格林斯庞甚至说它"毫无意义可言"——坚持认为影片中存在政治类比,纯洁的青年人面对"权力的诱惑"[47]取得了最终的胜利。

到了10月份,电影在纽约卡内基音乐厅上映了,上映时间持续数周。但它的电影节生涯尚未结束。10月中旬,它参加了伦敦电影节;10月25日,参加旧金山电影节,入围的是"新锐导演"单元,一如在戛纳。一个幸运的巧合,她的芝加哥大学校友迈克·尼科尔斯*与西德尼·吕美特、米洛斯·福尔曼一起光临了这次电影节。在表演与导演一途,苏珊就是由迈克带入门的。在《食人族二重奏》上映时的一次采访中,她提到了这种师承关系,她说,她从中学到了很多有用的东西:"我敬佩他能让别人按照他的想法去做,但又不让他们感觉被强制。我也是这样做的。"[48]

这个时期很快过去了:电影与公众见了面,而她坠入了爱河。

---

* 迈克·尼科尔斯(Mike Nichols),好莱坞导演,德国犹太移民。代表作有《谁害怕弗吉尼亚·伍尔夫?》《毕业生》等,其中《毕业生》获得奥斯卡最佳导演奖。

一旦能够脱身，她就去欧洲与卡洛塔重会。1969 年 10 月底的几天
中，这两个女人在威尼斯重逢了。从那里，苏珊回到纽约，邮箱里
苏珊·陶布斯的第一部小说正等待着她。她是雅各布·陶布斯的妻
子——或者不如说现在是前妻了，离婚后继续在哥伦比亚大学宗教
学系教书，不过她有一段时间丢下了在大学的工作，转向小说创作。
如果说《离婚》的笔调带有浓烈的自传体色彩，小说呈现的却是一次
幻觉之旅，一个女人带着两个孩子穿越欧洲（陶布斯夫妇自己也有
两个孩子，伊森和塔尼娅，他们比戴维年纪更小），既是为了追寻，
也是为了逃离，既希冀着丈夫与父亲的回归，又寻求着摆脱他的影
响之后的平衡。尽管故事的大量篇幅发生在巴黎，其立足点仍在纽
约，而女主人公——像女作者一样是匈牙利裔——将她的孤独时
光主要花费在追忆童年与父母上，她的梦幻偶尔被前夫的孩子们的
来访打断。可以猜出，全书反映的是作者写作时经历的抑郁症的反
复发作。正是由于抑郁症，1969 年 11 月 6 日，就在《离婚》面世几
天后，苏珊·陶布斯自杀了：她的姿态令人回想起二十八年前的弗
吉尼亚·伍尔夫，穿着整齐地走入大西洋冰冷刺骨的海水中，就此
溺水身亡。这场死亡，这场缺席，对桑塔格而言，是无以言喻的震
惊，可与她父亲的死相提并论："1938 年——爸爸，遥不可及，不可
理解；1969 年——苏珊，跟我同名，我的替身（原文如此），同样
不可理解。"[49]"不可理解"：对她来说，这些死者是无法被"吸收"、
无法被驯化的，要理解他们死亡的现实，存在着一种生理上的不可
能性。然而，通过苏珊·陶布斯，死亡变得可触及：在朋友去世后，
是她采取了所有必要的措施，并照管了与她关系亲近的死者的儿子，
所有这些事情都让她意识到了这样抽身而去在母性方面会留下多少
牵累。[50]一旦告别这种具体事务，她就重新陷入恐惧之中，既害怕
死亡，也害怕自杀的诱惑。于是，为了安心，也为了在自己和这场

悲剧之间隔开一段 "科学性" 的距离，她制作了一张关于历史上的
著名女性及其死因的单子，并不明确地知道自己打算从中得出什么
结论。可以写一篇关于死亡与女性的随笔，她有一段时间甚至玩味
起了这个想法：这个项目只进行到做了若干笔记，这些笔记可以在
她的日记中找到。然而她终于逃避到写作之中，既表达自己的悲痛，
也用写作来复活自己的朋友。苏珊·陶布斯是在她构思下一部电影
《卡尔兄弟》的剧本时去世的。就像在《食人族二重奏》中一样，该
片中也有一个人物是等待起死回生的候选者。尽管与《食人族二重
奏》中在托马欣慰的目光下活过来的鲍尔和弗兰西斯卡相反，《卡尔
兄弟》中的莉娜没有死而复生："因为苏珊死了。她（莉娜）死亡的方
式——还有她在凯伦梦中的复活——灵感都来自这种痛苦。" [51] 最
终是在一个短篇《心问》中，桑塔格探究了自己内心的情感，重新体
会了自己与苏珊·陶布斯的友情，试图找出她自杀的意义所在，并
用虚构的方式来回应《离婚》的半虚构半现实。她始终夹在对自传体
写法的欲求与排斥之间难以抉择，她创造了 "朱莉娅" 这个人物和一
个既是作者又是前者的模范挚友的女性叙事者，两人相遇时分别是
二十三岁和十九岁，一同在大学攻读。出于虚构的需要，雅各布·陶
布斯变成一个跟黑手党走得很近的餐馆老板。朱莉娅的父亲就像她
原型的父亲一般，是一个有名气的精神分析学家，朱莉娅也像她的
原型一样深受抑郁症和厌食症所苦，没有绝对必要时不肯出门。在
叙事者无法登门拜访时，她是用电话与叙事者交谈的。在她们的对
话中，她竭力掩盖自己的状况："喂，你过得怎么样？不怎么样。但
是你笑了。" [52] 这则短篇的主要情节经常被叙事者对多丽丝的生活的
想象打断，后者是一个根据朱莉娅的女仆想象出来的人物。小说很
快复制出了很多不同年龄段的多丽丝，她让她们在曼哈顿区从北走
到南，成为一篇对黑人女性遭受剥夺的人生的日常记录，其中体现

出的苦难与韧性正好与朱莉娅的绝望形成对比，这个享受特权的白人女性却轻易地沦入绝望之中。我不确定这是不是苏珊·桑塔格通过这两条平行的叙事线想要传达的信息，但读者不会错过其中的反讽意味。最终谁在乎这些呢？叙事者痛苦不已，因为与她有着共同的雄心、苦恼、希望的朋友结束了自己的生命：

> 星期三下午，我对朱莉娅说，如果她自杀，那可就太蠢了。她表示同意。两天后，她再次走出家门，并且自杀了，向我证明她不在乎干下蠢事。[53]

生活及各种约定并没给苏珊留下多少时间来平息自己的悲伤。又一次古巴之旅，当然又要途经墨西哥，然后是米兰和卡洛塔，再是伦敦，索尼娅·奥威尔*为她举行了一场庆祝会，回到纽约迎接1970年的新年，一个新的十年来临，去巴黎过生日，最后又回到她在河滨大道的公寓之中。

桑塔格重新开始定期记日记——经常是写在笔记本的封一和扉页上——为的是制订一份在该笔记本使用时期内她旅行所到之处的地名索引单子。这种记录方式让我们这些读者和见证人了解到她是处于一种怎样的经常性漂泊状态之中，她既钟爱这种生活状态，同时又感到忧虑，这种漂流生活最终令她头晕目眩："我从我的流放地（欧洲）被流放（到美国）。"[54]

1970年2月写下这句话时，她已经精疲力竭，特别是被一种新的爱情苦恼折磨得几乎崩溃，又一次不知道自己身处何地。她最近一次在巴黎的居留是在年初，以一次与卡洛塔的大吵大闹告终，卡

---

* 奥威尔的第二任妻子，也是小说《1984》女主角的原型。——编注

洛塔在最后一刻忽然不肯像事前说好的那样陪她去纽约，对她的感情与未来都感到犹豫不决。严格来说，这不算是一次分手，但确实也让她们两人共同的未来再度蒙上疑云。回来以后，苏珊一个人待在公寓里，一页又一页地填满了她的日记本，努力试图理解事情的前后经过，转述她与所有人的对话，想要就这次新公之于众的灾难做一份总结。她把自己的爱情冒险解读为若干个"分期"，先是欲望和希望期；在第二期，激情则带来与"被爱的感受"相关的种种痛苦，这些痛苦发生的前景是在不久的将来两人会共同生活；她现在开始进入第三期。在第三期，她明白了这些希望永远不可能真正实现，如果她还想留住卡洛塔，应当从此"遵守游戏规则"："我应当给她自由，让她想跟我一起的时候就来，不然就走。我应当学会利用这种状况赋予我的自由，并充分享受。"[55] 她应当约束一切占有欲，尊重对方的独立，不要求对方做出承诺，在欣赏和期待一起度过时光的同时，让对方看到自己远离她、没有她也能活，并且活得很好。"她在我身上看到的是一个兴趣广泛、成功与强势的人，吸引她的也是这一点。"她写道。卡洛塔爱上的是那个公众形象。但在私下里，在亲密相处时，苏珊是个完全不同的人，随时愿意为爱牺牲一切、为对方的利益放弃自我。听她倾吐心事的朋友伊娃又一次向她解释，她这种极端的态度会让人感到害怕，让人想要逃走。[56]

一部电影已经竣工，下一部尚未开始，这段时间她发表的文字寥寥——1970年给大英百科全书拟了关于原始艺术的词条，给一本关于古巴政治宣传画的著作写了序言。罗杰·斯特劳斯又一次在填充"桑塔格牌"钱箱时遇上了困难。他还决定出版《食人族二重奏》的剧本，这是手头唯一一长度足以成书的稿子。我们可能还记得剧本最初是用英语写成的，为了方便拍摄翻译成瑞典语。电影在斯德哥尔摩上映时，剧本的译本就一并在瑞典出版了，FSG出版社立即推出了英语版，前面附加一篇作者回忆影片构思与拍摄过程的序言。这次出版满足了罗杰两项迫切需求：一是让苏珊的作品有了完整版，二是做出尝试，即使不是为了通过卖书来产生收入——此项收入相当微薄——至少也是为了让出版社花费在他心爱的作者身上的金钱不至于师出无名。因为苏珊的财务状况可没有蒸蒸日上。她写的东西不多，可供报刊发表的更少，而这是她收入的大头。她经常不在美国境内，很难开办讲座或讨论班，而她作为电影人的活动也没有真正牟利……急于为此找到解决方案的人是罗杰，如前文所述，也是他管理着她的作者账户，不仅如此，还在她出门时负责支付日常账单。在苏珊拒绝了发表文章的提议后，他又建议她出售自己的文件。这种做法在法国不太常见——法国一般是自愿捐赠，或者储存起来以待增值——在美国却相当风行，作家们分期或者一次性把自己一生的文件出售给有兴趣建立自己的手稿收藏档案的图书馆。如果说有些时候是作家本人出面联系大学图书馆的话，更多情况下是由"探子们"出面联系，比如著名的卡尔顿·莱克，奥斯汀大学令人惊叹的法国当代文学档案收藏就出自他的手笔，这些人联系作家或其亲属，并整箱整箱地买下草稿、手稿、有文字批注的藏书，等等。

罗杰·斯特劳斯经过勘察，很快找到了两所可能对此感兴趣的大学：波士顿大学和霍夫斯特拉大学。后者是位于长岛的一所小型学院，已经拥有剧作家哈罗德·品特的档案，与英国妇女参政运动相关的文献收藏；还有零散的手稿，从约瑟夫·康拉德到威廉·巴特勒·叶芝都有。在波士顿大学，图书馆的收藏更加完备，特别是《党派评论》的档案，苏珊的文件可以构成它饶有趣味的补充部分。不清楚霍夫斯特拉大学最终提供了多大的数目，但波士顿大学的谈判金额是从五千美元起跳的，最后抬到了一万美元。[57] 交易未能完成：苏珊还没有做好准备,《卡尔兄弟》正等待着她,她将会找到其他办法解决困境。

自 1969 年 9 月起,苏珊就开始创作她下一部电影的脚本。她起初认为这次写起来会比《食人族二重奏》更容易,我们可能还记得后者她在两个月内就写成了两稿。她将遇到的某些困难归因于自己的阅历:她现在已经有了自觉,哪些用摄像机拍得出来、哪些拍不出来,这可能跟人们想象中会妨碍她创作的理由相反。然而这次她得到了协助:弗洛伦丝·马尔罗这年秋天住在纽约,同意做她的剧本的读者兼电影顾问,弗洛伦丝正是与她有交情的阿兰·雷乃的妻子。弗洛伦丝是她严格意义上的同龄人——她们年龄只差两个月——她从 1961 年弗朗索瓦·特吕弗《祖与占》的片场开始了助理导演的生涯。1966 年她第一次与雷乃合作,雷乃当时在拍《战争终了》,苏珊在卡罗维发利电影节为这部电影辩护过。1969 年,导演与他的助理导演结了婚,他们在纽约定居了五年,一直希望能拍成一部关于萨德侯爵的电影,[58] 前后换了几个不同的项目。这正是能让弗洛伦丝和苏珊关系亲密起来的机会,这年秋天,她们每天都有几个钟头在一起工作,美国人甚至说她快要不会说母语了,法语横亘在两个朋友之间……

到了 12 月,剧本的第一稿终于完成了。1970 年 1 月,她在瑞典度过了两周,用这段时间选择团队成员——基本来说是上一次用过的人——做了些取景工作,并成功劝说伯格曼的御用女演员之一贡内尔·林德布卢姆接受了片中两个女性角色之一。在回来的路上,她中途停留在巴黎,为的是与她预想中适合卡尔这个角色的洛朗·特兹弗见面。令她大为惊奇的是,正在外省巡演的特兹弗当即同意了与她合作,根本就没问薪酬,甚至也不知道电影的题材。[59]

她放了心,回到纽约并重新着手写剧本的第二稿。她自然是用英语写的，这次她打算用自己的母语拍摄。这对瑞典演员们来说算不上是障碍，她选来扮演女二号的演员热纳维耶芙·帕日也能正确地说英语："我决心要利用我的这种特殊地位——我是一个美国导演，跟一家主要是双语的发行公司合作，在一个英语是第二官方语言的国家里。在要求演员们用英语念台词的时候，我知道我是在限制他们的发挥，让他们反而不那么轻松自如。但我想让他们带着这个障碍去表演。"[60] 至于特兹弗，他需要在发音上记住自己角色的少数几句台词，因为他对英语或者瑞典语都全无概念……

《综艺》杂志在对飞越大西洋的乘客名单精挑细选之后，抄录了一份 1970 年 5 月组成"戛纳大迁移"的部分人员的名单，苏珊的名字也赫然在目。[61] 1970 年的电影节主席由危地马拉作家米格尔·安赫尔·阿斯图里亚斯担任，开幕影片是克洛德·索泰的《生活琐事》。美国人——罗伯特·奥特曼的《陆军野战医院》荣获最高奖——和意大利人大放光芒，日本人和苏联人则掉出了选片名单：一些人提出，后者可能是因政治原因而缺席，而前者是出于经济考虑；另一些人则援引电影节的总监罗贝尔·法布尔·勒布雷特的说法，他拒绝再展览"斯拉夫戏剧和洒了玫瑰露的日本武士片"。[62] 关于弥漫在戛纳的气氛，报告了罗贝尔言论的记者描绘了一幅世界末日般的图景：一万人拥上戛纳的十字大道街头，一千名记者像他一样前来观看影片——特别是——还为了观察戛纳特有的生物群，这些人随波逐流，从一个放映厅游荡到另一个放映厅，从接待处游荡到记者招待会，最后在颁奖之夜一窝蜂挤进电影宫……总之，他的长篇报道极度吹毛求疵，且经常是讽刺漫画式的笔法，但能让读者沉浸在追逐时髦与对电影的挚爱并存的气氛之中。对苏珊而言，可能两者兼而有之：夜以继日，欣赏来自世界各地的电影和它们接近于无穷无尽的可能性；还有结识导演、演员的机遇，特别是——她脑海中带着不少电影拍摄计划——还能认识制片人。

在戛纳电影节后，她重返瑞典，是时候确定拍摄的最后细节并结束选角工作了。6月中旬，她在那不勒斯和卡洛塔重逢。后者正陪侍在垂死的父亲床侧。苏珊和来跟她会合的戴维一起，观察着这幕宛如出自兰多尔菲小说的神圣场景，德尔·佩佐家的宅邸仿佛变成了戏剧舞台：正室与情妇、医生、公证人，一个关系隔阂的大家庭的各路远亲近邻，都在这里狭路相逢。[63] 母子俩借此机会在那不勒斯街头漫步，沐浴着初夏仍然和煦的阳光，一起津津有味地度过了这几天。戴维刚刚中学毕业，下一阶段该上大学了，但他打算暂时先去非洲度夏。苏珊要去的则是瑞典，她要在那里待到《卡尔兄弟》拍摄完毕。

于是，7月初，她回到了斯德哥尔摩，在老城区中心的一间公寓住下，准备迎接拍摄工作。六名演员齐聚摄影棚，分别饰演这出亲密室内剧的六个角色：除了出演卡尔的洛朗·特兹弗、出演凯伦·桑德勒的热纳维耶芙·帕日和出演凯伦的朋友莉娜的贡内尔·林德布卢姆，还有出演凯伦的丈夫彼得的托尔斯滕·瓦伦德，这对夫妇的女儿安娜则由年幼的佩妮拉·阿尔菲尔特扮演，最后还有科夫·赫杰姆，他尤以出演1963年波·维德伯格拍摄的《乌鸦住宅区》中的安德斯这个角色而闻名，他在这里演的是马丁·埃里克森，莉娜的前夫。

就像《食人族二重奏》一样，《卡尔兄弟》（法语译名是《双子》）也是一部密闭剧，只不过这次的物理界限不再是一座房子的四堵墙，而是一座岛屿的蜿蜒海岸线，马丁和他亲如兄弟的友人卡尔就住在这座岛上。莉娜在她的朋友凯伦相伴下前来造访，凯伦是从她的丈夫和自闭症女儿身边逃离的。过去沉重地压在每个人物的心头，而卡尔的过去是各种对话和各个人物行动的核心——他曾是舞者，如今退隐，在长期抑郁症缠身之后几乎一言不发，马丁将此看作自己的责任。也是卡尔在片尾奇迹般地撮合了母女俩，尽管他未能完成他想要的奇迹：复活莉娜。我们目睹了莉娜的自杀（她是投水自尽的），其灵感直接来自苏珊·陶布斯之死，就像凯伦的那些梦直接反映了桑塔格在朋友死后的经历（以及她感受到的负罪感）。

　　9月，一名《纽约时报》的记者在片场待了数日，并用电影剧本的形式——包括对镜头运动的各种指示、对室内装饰的描述——描绘了一幅苏珊作为电影人的肖像，也是她作为母亲的肖像，因为从文章最初的几行开始，利蒂西娅·肯特的镜头就不时地分心去关注她与戴维重逢时的景象，戴维看起来是在动身去非洲的前一天意外抵达此地的："他们两个人，桑塔格和戴维，都神情忧郁，长得很美。目光落在她身上。她比照片上更苗条，更修长，但同样神秘。她乌黑的直发如瀑，行动起来就像一个年轻的印第安武士。她穿着牛仔裤和白色篮球鞋。"[64] 这一天拍摄的是发生在帕日与赫杰姆（莉娜与马丁）之间的一个场景，赫杰姆感觉自己丧失了作为演员的身份，必须用非母语的英语自我表达给他带来了障碍。桑塔格陪他坐下，帮他温习台词，让他先听一遍，然后重复。这个情景说明了拍摄中遇到的困难之一，苏珊对此有心理准备，也打算将之转化为优势：这个"障碍"可以转变为一张形式上的王牌，原音音轨里会留下各种口音、犹豫的停顿、错误的发音，还有发音的缺乏自然。[65] 实际上，在拍摄中，这种做法是无效的，因为那个时代的技术和她所掌握的有限设备——一台35毫米摄影机，一台纳格拉录音机，跟拍《食人族二重奏》的时候一样——让她担心原音音轨甚至难以听清楚，或者不断被各种室外杂音打断，因为这部电影完全是在室外拍摄的。还有，即便最后没有发生这种情况，她取得了可以使用的原音音轨，她还是遵照自己最初的想法，在剪辑时把演员们叫回来从头到尾配了一遍音。

等到利蒂西娅·肯特的文章在 1970 年 10 月中旬登报的时候，电影的拍摄工作已经结束：拍摄持续了四十六天，苏珊每天晚上剪辑好白天拍摄的样片，在最后拍摄时几乎就已经有了影片的第一版。后期录音和配音在那年的秋天开始做，作曲家托比约·伦德奎斯特负责给影片配乐。到了 12 月底，《卡尔兄弟》拍摄完毕。

1971 年 1 月，《食人族二重奏》定下来的那套程序重新来了一遍。格兰·林德格伦坚持独自观看第一次放映，而苏珊在门外踱来踱去。林德格伦出门时围绕片子对她说了几句好话，问她打算什么时候回法国，与她握了手，没有提到下一次合作和下一部片子的问题。苏珊等着他提出来：几个月以来，她一直听到风传，说山德鲁斯公司不会再制作电影了。她作为"瑞典电影人"的生涯就此正式结束，这一页是翻过去了。[66]

林德格伦的做法是有道理的：1971 年 2 月，苏珊离开斯德哥尔摩前往巴黎。与卡洛塔分手以后，纽约对她来说显得如此难以面对，她宁可逃匿到没有人认识她的法国首都，在那里读书，泡电影院，直到餍足为止。从巴黎，她写信给罗杰·斯特劳斯，让他寄来她的西蒙娜·德·波伏娃小说[67]：自十二年前在索邦大学阶梯教室里听过这位作家的讲座以来，她几乎无日不幻想着将其第一部小说《女宾》改编成电影。她以极为低廉的价格从波伏娃手里买到了改编权，马上着手工作。苏珊立即遗忘了科幻电影及自己的其他拍摄计划，伴着打字机足不出户，她面临的挑战是要把小说的五百页压缩成 1 小时 20 分钟的电影。这一挑战不仅是技术上和叙事上的，也是个人化的：格扎维埃尔的故事并非没有让她想起自己最近与卡洛塔的关系破裂，无论是书中的三人同居与分享关系，还是面对背叛时的苦痛。这次潜心创作似乎起到了治疗作用："有没有可能我应当感谢西蒙娜·德·波伏娃给我带来了第二次解放？我读《第二性》是在二十年前了。昨夜，我读了《女宾》……我不再哀叹自己的命运，也稍微不那么鄙视自己。我变得稍微不那么抱有希望——心头也感觉更加轻松。我现在可以笑我自己了，轻轻地。"[68]

写完剧本，她就去巴黎街头取景，想要寻觅 1938 年至 1939 年《女宾》时代的这座城市在今天留下的痕迹：比如一个一直保留了当年模样的地铁站口——她在这个位于第 20 区佩勒波尔街与冈贝塔林荫大道街角的地铁站前驻足；以及各种道具——报纸、烟盒；一家环境让人联想到战前的咖啡馆（她想象着德国犹太难民们坐在桌边的场景）。在从蒙巴纳斯到东方车站的路上，她路过美丽城，一边踩点，一边在脑海中建立起一支团队，设想掌镜的人是她的古巴朋友内斯托尔·阿尔门德罗斯，而扮演配角的演员们有饰演热尔贝的克洛德·布拉瑟，饰演伊丽莎白的朱迪斯·马格里。至于她打算让谁出演书中著名的三人组，皮埃尔、弗朗索瓦丝和格扎维埃尔，她的笔记没有显示。1971 年夏天，分镜头剧本已经完成，有一百一十六组镜头，片长约 80 分钟，最多不超过 90 分钟。[69]

无论是巧合，还是事出有因，这次重温波伏娃作品后，苏珊在某种程度上重新受到了女性主义的感染。按照她自己的说法，她这些年来忙于生活与创造，都没有想过女性主义的问题，在实现雄心的过程中也很少受到女性身份的阻碍："我与男性保持的关系，在我看来，除了少数例外，是友善的、不会带来困扰的"，她在回忆大学时期及作家与记者生涯初期时写道。"我意识到自己是个例外，但我没有遇到过特殊的困难。我把我具备的优势看作我应得的",她继续写道,认为这样活着甚至是容易的,"没有表面上那么矛盾,一个'解放了的'女人生活在一个大部分女人没有得到解放的文明社会里;这几乎是令人尴尬的,尽管这并不代表处境艰难。只要具有某种才华,特别是还有开朗的性格或者仅仅是不爱问问题,就能避免(就像我那样)一个想要保持独立的女人最开始可能遇上的阻力与嘲笑。"

为了继续探讨这种处境制造的悖论,她又补充说,"说实话,身为女性可能会在职业层面上给她带来某些优势:她将来会更明了这一点"[70],并将自己的处境比作那些成功越过种族界限的黑人,他们上升到一个基本完全属于白人的世界,就像"解放了的"女性一样,他们变成了象征性的抵押物,用来让一个社会的良心得到安宁。

如果我们重新审视她迄今为止的人生历程,就会透过这番言论更好地理解苏珊。她在未曾自我发觉时就是女性主义者了,就像她自己说的,她在结婚时拒绝改姓夫姓,在家有幼儿的情况下仍决定继续学业,在离婚时拒绝接受赡养费,她在过去和现在一直都是作为一个有意识要保持自己的个人自由与自由意志的人在行动。尽管偶尔会变成自身激情的奴隶,但她在创作中始终保持着清醒与独立,说实话,她从来没有问过自己,她的性别是否允许她做这些事。在童年时代,她就梦想自己会获得诺贝尔奖,就像让她爱不释手的传记里的玛丽·居里那样;到了青春期,她想象自己取代托马斯·曼坐在书桌旁,因为她说"我活在这个时代,从来没有想过:身为女人会给我在这个'世界'上实现雄心带来障碍"。[71]

然而她很难忽略一点:她的外貌及她的性别,都有助于她在一个即便不能说全由男性构成，至少也可以说罕有女性涉足的环境里步步高升，比如在《评论》《党派评论》的杂志社，抑或是FSG出版社。她到处引起轰动，她的存在很少不引人注意。她天然就成了难以定义的"客体"，不停被拿来跟她的前辈们做比较：如果不是"新黛安娜·特里林"，或者美国的艾丽丝·默多克、美国的西蒙娜·德·波伏娃，那就是"新玛丽·麦卡锡"。[72] 此处使用的条件式句子表明：她们之间的差异是鲜明触目的，评论家们无论对她这个人和她这个作家抱有何等看法，最终都不得不承认很难把苏珊·桑塔格放进某个现成的格子里。不管人们是怎么想她的，她都自成一类……

还有，尽管记者绝不会想到要在报道里提及一位男性小说家或散文家的体貌特征，关于苏珊的文章却罕有不以一幅她的全身肖像开头的。即使是像卡罗琳·埃尔布兰这样的青年女性主义者，也克制不住要与读者分享自己的心醉神迷，在文章里缀满了"晦暗的美貌""美人，句号"的字样，提到她"忧郁的姿态"，令人联想起在时尚杂志的封面与文学、政治杂志的目录里能读到的东西。[73]

然而，如果说埃尔布兰在提及苏珊的外貌时尚不失含蓄，雅克·多尼奥尔-瓦尔克罗兹这样的法国评论家可就并非如此了。他在1972年10月刊于《快报》的关于《食人族二重奏》的文章里开门见山地写道："她个子很高，皮肤颜色很深，是个美人，同时既具备滔滔不绝的口才，又有一种富于自制的敏感性。"[74] 所有人都感到有必要描述她的穿着、姿态与手势，就像安·加斯佩里指出的，[75] 这种审视不仅停留在她的外表，还延伸到她的日常起居、她如何照料儿子、她的内在：她真的是个"妙笔生花也水性杨花的放荡女人"？是"妇女解放的狂热信徒"，还是睿智的女性知识分子（然而女性知识分子这一族类本身就足以让人警惕了）？总而言之，这些问题与描写是绝不会出现在 20 世纪 60 年代末 70 年代初一篇关于让-保罗·萨特、诺曼·波德霍雷茨或者莱昂内尔·特里林的文章里的……

　　然而，记者们并不是唯一的罪人，如果存在罪人的话——苏珊自愿加入这场游戏，赌注是曝光度：能否吸引更多人读她的作品，吸引更多看客。为此，使用任何武器几乎都是许可的。当然也可以归罪于她的编辑，他出于同样的目的，一次又一次让她登上时尚杂志的封面，在著名摄影师面前摆姿势拍照，利用一切机会传播她的影像。

　　桑塔格对此并非无动于衷，但也长期置若罔闻，就像她在上文说过的，她并不把自己的处境看作特殊。于是，在利蒂西娅·肯特关于《卡尔兄弟》的拍摄工作向她提问时，她给出了乐观的答复，将自己置于一群女性影人的行列之中："在一个不需要提这种问题的国家工作是幸福的。就整体而言，我认为这不算是个问题。当然，歧视仍然会出现，但禁忌已经不复存在。在这一点上，不像当管弦乐团的女指挥那么难。这方面，是真的在进步了。从默片时代开始就有女导演了。现在则有卡瓦尼*、希蒂洛娃†、克拉克‡、瓦尔达、扎特林§……"肯特又加上了一个名字："还有桑塔格。"[76]

　　尽管苏珊在涉及她个人的问题上对女性成为特例并不十分敏感，但她不会去掩饰女性日常遭遇的阻力与风险，这让她加倍珍惜瑞典

---

* 莉莉安娜·卡瓦尼（Liliana Cavani），意大利导演，代表作有《夜间守门人》等。

† 维拉·希蒂洛娃（Věra Chytilová），导演、编剧、演员，20 世纪 60 年代捷克"新浪潮"的旗手式人物，代表作有《野雏菊》。——编注

‡ 雪莉·克拉克。

§ 梅·扎特林（Mai Zetterling），瑞典导演、演员。曾出演伯格曼《黑暗中的音乐》的女主角，作为演员，长期活跃于英国影视界。20 世纪 60 年代开始执导电影，其作品多次获得金棕榈、金狮奖提名。

所提供的舒适，不仅是在职业环境上，如前文所述，在社会环境上也是如此："我无法向你描述，这带来了怎样的欣慰，怎样的身心解放，生活在一座女性哪怕孤身一人，也能在白天黑夜任何时间出门散步的城市，并且几乎从来不会被盯着看，更不会被男人搭讪或者尾随，除非她想让男人这么做。这是我迄今为止从未在伦敦享受过的自由。"[77]

这问题的政治层面仍然值得关注。如果有人直接向苏珊提问，她就毫不犹豫地回答："我一直是女性主义者。"1971 年 4 月，她正是顶着这个头衔回到纽约，被邀请参加一场在纽约市政厅举行的辩论会，辩论会由"思想剧场"组织，剧场当时的主管是雪莉·布劳顿。她发现自己站到了诺曼·梅勒的讲坛上——梅勒当时刚在《哈泼斯杂志》上发表了《性的囚徒》，[78] 周围环绕着四位女性，分别是：吉尔·约翰斯顿，女性主义运动积极分子、女同性恋者、《村声》记者；杰奎琳·塞瓦略斯，当时是全国妇女组织纽约分会会长；黛安娜·特里林，文学评论家、梅勒的朋友；还有杰梅茵·格里尔，她的著作《女太监》刚刚在英国出版，正要在美国上市。尽管票价不菲——1971 年的二十五美元，相当于 2017 年的一百五十美元，大厅仍然挤得水泄不通。辩论会现场录了像，1979 年被剪辑为一部题为《该死的，这是市政厅》的纪录片，导演是克里斯·海盖迪什和 D. A. 彭尼贝克。[79]

梅勒既是仪式的主持人，负责介绍各位嘉宾，又要承受来自观众的言辞攻击（经常是极度激烈的，因为他既象征了文学权威、知识界的大男子主义，又是个老练的好色之徒）。他勉力招架：他到场是为了跟他的女性嘉宾们打擂台，同时又要回应她们和在场观众的问题。现场气氛喧哗骚乱，嘉宾的表现经常是意想不到的。如果说杰奎琳·塞瓦略斯做了关于全国妇女组织和 1971 年女性主义斗争的发言并不令人意外，那后两者就更振奋人心了：杰梅茵·格里尔提到了女性艺术受到的来自男性的影响，以及女性艺术家在男性塑造的传统之外生存的压力；约翰斯顿的演讲本身就是一次表演，最后以一段两个女性情人之间的芭蕾收尾，目的在于证明所有女人内心深处都是同性恋者。梅勒在这场热情洋溢的发言之后已经难以控制现场。比同伴们更年长、更沉静的黛安娜·特里林的发言相比之下有些苍白无力……随着讨论在大厅里展开，有些前排观众也参与进来：雪莉·布劳顿邀请她们到场，在她们要提问时递上话筒。她们当中有女性主义文学批评先驱贝蒂·弗里丹，她 1963 年出版了著作《被蒙蔽的女性》（1964 年由伊薇特·鲁迪翻译成法语）、小说家辛西娅·奥兹克、小说家与评论家伊丽莎白·哈德威克，还有苏珊·桑塔格。

　　这最后一位的问题是关于梅勒发言中的一处细节的：她指责他居高临下，指出他总在"评论家"或"作家"这些头衔前面加上"女士"二字。他介绍特里林时称她为"女士评论家"，格里尔则变成了"女士作家"。她明白这一点并且强调，梅勒就万万不会想到管他的男性同行叫"绅士作家"，或者干脆是"男性作家"（不过，她说自己相对更能接受"女性作家"这种叫法）。梅勒想要通过对那两位被他如此失礼地加以称呼的女性大唱赞歌来脱身，然而他的一句自我辩护为他招来了嘘声（整场聚会一直嘘声不绝）："事实是，文学评论并不是一项女性像男性一样长时间以来从事的活动。"在这次对话过去好多年后，苏珊又回到了这个想法上来，特别是在"92Y 街"（纽约市一处举办过许多次作家见面会的场所，她也定期在那里出入，作为观众、协调者或被采访者）的一次晚会上，她再次表示，如果要把瓦尔特·惠特曼称为"男性作家"或者把艾米莉·狄金森称作"女性作家"，那会是非常奇怪的……[80] 她从来没有接受过这种称号。

但就像记者利蒂西娅·肯特指出的那样，她不敢冒这个风险贸然选择一个称呼：很长一段时间内，人们就称她为"桑塔格"。[81]

在梅勒发表于《哈泼斯杂志》的文章中，他采用了跟他走上讲坛时同样的含讥带讽，甚至有时略带愤世嫉俗的口气，证明了他对于女性主义文学远远不是毫无了解的。他读过杰梅茵·格里尔、瓦莱丽·索拉纳斯、贝蒂·弗里丹、凯特·米利特、玛丽·埃尔曼的文章，还有不少相对不那么知名的作者的作品，也读过油印的宣言、登载在内部流通的杂志上的文章；他跟格洛丽亚·斯滕海姆共进过午餐，还重读了亨利·米勒和劳伦斯的作品（为了保持平衡）。他花费时间去从她们的角度思考，思考她们的著作与文章提出的种种问题，以及应当怎样对这些问题加以回应。悖论的是——至少在这些打定主意要寻找替罪羊的女性主义者看来——他通过这篇随笔加入了战争，加入了支持女性解放的一方。他让《哈泼斯杂志》的读者读到了他们绝对不会自行寻找的文本，他们对此也愿意思考，因为这可是诺曼·梅勒介绍给他们的：他是否会对文学上的男性气概产生怀疑，转而支持"割睾丸者"[*]的事业呢？

他和苏珊经常会碰面，他们一起参加过很多次反对美国出兵越南的抗议，他们的名字在《党派评论》的书页上紧挨着出现，在市政厅（这不是第一次了）一起参加过反战主题的"时事宣讲会"，也出现在相同的示威游行行列里。他们的政治观点相当接近，在纽约的文学圈里也拥有类似的地位，介于局外人和明星之间，在身后留下一股特别受晚宴和时尚杂志欢迎的硫黄味。他们从未成为密友，就这样度过了几十年，既在杰奎琳·奥纳西斯[†]的宴席上相遇，也将他

---

[*]　"割睾丸者"（coupeuses de couilles），对女性主义者的蔑称。

[†]　杰奎琳·奥纳西斯，即杰奎琳·肯尼迪·奥纳西斯，1968 年肯尼迪遗孀嫁给了"希腊船王"奥纳西斯。——编注

们的时间和才华献给人道主义或文化事业，还相继担任了两届国际笔会主席。[82]

　　1971 年 4 月底,《卡尔兄弟》在瑞典上映了，反响相当冷淡。尽管它入选了戛纳电影节只有十五个导演名额的非竞赛单元，但只有《综艺》的乔治·莫斯科维茨肯费心说上两句。一个月后，片子在巴黎夏乐宫参与了展映，被她的忠实信徒路易·马尔科莱尔赞为一部关于传奇性的杰作，"与时下流行的政治电影形成逆流"。[83] 但就像后者在文章结尾预言的那样，还需要再等一年半，该片才仅仅在一家巴黎影院——第七区的"宝塔"影院——登上院线。评论家们终于开始大面积地有反响了。某些人认为，与苏珊的上一部电影相比，其与伯格曼电影的亲缘关系这次表现得更加明显；另一部分人则指出这两位电影人的差异还是很大的，即使不提以下区别：前者对黑白片的钟爱与后者的彩色瑞典密闭剧特色。根据雅克·西斯利耶的观点，桑塔格的电影并没有提出那位大师那样的"宏大的形而上学问题"，而是"关于谨慎地加以暗示的心魔，关于令人感到受困的、模糊朦胧的环境，令人想要戳穿其中的秘密，就好像在幻想故事里那样"，[84]《战斗报》的亨利·沙皮耶则将桑塔格看作"现代灵魂的昆虫学家"。[85]

　　克洛德·莫里亚克则提到了电影的法语译名的含义:《卡尔兄弟》被翻译成《双子》，给电影带来了一种不同的阐释。从卡尔和马丁的关系，过渡到卡尔-安娜的关系，他们因为都有自闭症状、都从世界上隐退、都回到童年状态，而成了一对双生子（卡尔行动和受人对待的方式都像孩子），当他们两人被一堵声音和情感都无法穿越的墙跟其他人分开的时候，他们之间的交流方式也像是双生子。无可怀疑的是，法国评论界为洛朗·特兹弗的出场着迷，认为他在扮演沉默的智者时比平时更加令人感动与惊奇。

纽约的评论家们第一次看到这部电影是在 1972 年夏天（影片先是 1971 年秋在旧金山电影节首映），他们表现得比斯德哥尔摩的同行们更加宽容，他们从桑塔格的电影风格中看到了一种"进步"，[86]尽管腔调仍然过于文艺。对不比瑞典演员更眼熟的法国演员们，他们则不那么袒护，有些人毫不迟疑地批评了热纳维耶芙·帕日的演技，将她视为演员阵容中最弱的一环。[87]

在此期间，苏珊在戛纳，在马杰斯蒂克酒店住了下来，想要就她的下一个降落地点、下一个项目是什么做出决定。她有了关于一部新电影的想法，打算 6 月份在巴黎写好剧本，然后再回纽约，没太想好在纽约要做什么。她在最后一刻取消了受邀去伦敦做的讲座，感到有心无力，尽管讲座的酬金足以供她进行两个月的旅行。总体而言，她感到消沉，而她的忧虑并不仅仅来自自身处境。一封从马杰斯蒂克酒店写给留在纽约的乔·蔡金的信，透露了她因儿子而感到的不安。[88]自从戴维决定不再和父亲一起度夏以来，他就在每年夏天进行长途旅行。最初去的是南美，从他十四岁起，然后如上文所述，苏珊在瑞典度夏天时，他去的是非洲，中途有数次在欧洲中转，有时有母亲相伴，有时独自一人。1970 年 6 月，他中学毕业。他被阿默斯特学院录取了，学院坐落在马萨诸塞州中心的同名城镇。在非洲度过夏天后，他拐了个大弯到斯德哥尔摩，如上所述，跟母亲在《卡尔兄弟》的片场重逢，母亲骄傲地对那天在摄影棚的记者强调，他"在去大学的路上，上的是阿默斯特"。[89]苏珊没有遵循一代代美国家长的传统，既没有陪他去学校，也没有帮他搬入学生宿舍：进入大学是孩子们"离巢"的时刻，是跨入成人生活的第一步……所有这些对戴维来说想必都并无意义可言，他多年以来过的已经是相当独立的生活了。

在阿默斯特学院，戴维在教员中又一次遇到了社会学家诺曼·伯恩鲍姆，他还是孩子时就在哈佛认识他了，伯恩鲍姆将他纳入了自己的羽翼之下；他还遇到了同样是社会学家的本杰明·德莫特，等到戴维自己开始写作的时候，德莫特的作品肯定会给他带来启示。但学校不适合戴维，1971 年春天第二学期末尾，他决定暂时休学，在此期间看看自己究竟适合干点什么。

最后是在库埃纳瓦卡，在伊万·伊利奇创建的教学研究中心，他暂时找到了属于自己的位置。苏珊数年前就在纽约遇到过伊利奇，彼时，她立即受到了这个哲学家与非常规意义上的天主教神甫的吸引。他的第一个职位是在华盛顿高地的一个教区，在那里，他曾为当地的波多黎各社区发声。接下来，他被任命为波多黎各天主教大学附属神学院的院长，负责开设一所供派驻拉丁美洲的美国天主教神甫使用的培训中心。但与纽约上级的纠纷迫使他离开了波多黎各。他并没有因此放弃自己的使命，但他把自己的培训中心搬到了一个更热情好客，尤其还远离纽约和教会最保守的信徒群的地方。在墨西哥的库埃纳瓦卡，他终于找到了适宜的环境：城市热情好客，有一所大学，当地人的生活懂得节制，当地的主教对他建立让未来的拉丁美洲神甫"去扬基化"的教学中心的主张感兴趣。就这样，国际文献委员会（Cidoc）诞生了，当时正值肯尼迪政府建立"美洲进步联盟"，教皇约翰二十三世为了缓解拉丁美洲大陆的神甫数量不足，要求美国天主教会将所有人手派往拉美。对伊利奇和他的许多拉美同行来说，这些互相关联的政策只有一个目的：确保北美对这些地区及其政府的控制。正是因为要与帝国主义斗争，他们才建立了国际文献委员会。不久后，伊利奇因为与约翰二十三世公开发生冲突而被驱逐出了教会。不管怎样，国际文献委员会经历了所有这些政治震荡而依然屹立不倒，并始终忠于它最初的使命，接纳了很多赴拉丁美洲任职的神甫，变成了一所会议中心、一座自由的大学。作家、知识分子、哲学家都被邀请到这里来开办讲座和研讨课。

1971 年，戴维还在准备前往库埃纳瓦卡的时候，《一个没有学校的社会》出版了，这本书是伊利奇为通过退学抵制教育制度的做法所做的辩护词，提倡一种自由、自然的儿童教育。这些都是苏珊的儿子在接下来的三年中要遵从的教训，通过经验，通过接受私人授课（在这个领域他比别人有优势），通过观察加以学习。伊利奇尤为坚持的一点：一定要掌握第二门外语，在他看来，这样就可以有更宽广的知识渠道（国际文献委员会就是围绕着一个大量使用西班牙语进行教学的学制建立的）。于是，在墨西哥，戴维进一步掌握了西班牙语，对他来说，这是除了母语英语和长期接受授课学习的法语之外的第三门语言。

1970 年初，苏珊日记里记录的与伊利奇的对话，都围绕着学校、教育观念和现行教育制度下学生的消极被动性而展开。这回轮到她将学校系统描述为一种强制性的工具，所有美国人都应当援引宪法反对它：自由的学制是由宪法第一修正案规定的，废除考试则是第五修正案规定的，最后废止教学内容标准化还可以依据反垄断法……苏珊不仅仅是在说笑，她过去已经表达过对西方现行教育制度整体上的有效性的怀疑。在与伊利奇的这次对话后，过了一段时间，她重新开始思考这个问题，明确提出要"消灭十二至十六岁入学制度"："在生物学和心理层面上，这是一个过于好动的时期，不适合关在屋里，强迫性地整天坐着不动。"⁹⁰

通过社群生活，孩子们将得以"摆脱他们的父母"，将时间用于劳动与体育运动，同时还能探索自己的身体与性别。在十六至十八岁的两年人文教育之后，年轻人接受职业培训，到二十一岁时就可以投入社会生活了。所有人在五十至五十四岁都要进行四年对"缺失领域"的学习,这样就有可能获得必要的知识,用来转换职业方向。这样一种学制的效用能长期持续,而不仅仅局限在青年时代,其目标在于将个体塑造得与其自我更加协调一致,并实现一个更开放的社会,被"固化"的垄断寡头控制人生的风险也更小:"这项对具体入学年龄的简单改变可以做到:(a)减少青少年的愤懑、反常、烦恼、神经官能症,(b)修正从五十岁开始几乎不可避免的心理与思想上的固化过程——比如在政治上变得越来越保守,口味上也发生倒退。"[91]

有意思的是,我们能注意到她似乎规避了知识精英教育的想法,因为关于这套学制的想法,肯定源自她对自己直到中学毕业为止所受到的教育的失望,想必还有她对戴维的经历的失望——他像母亲一样智力早熟,但这套学制并没有给她十三到十六岁时专注的文学与哲学探索留出空间。如果强迫年少的苏珊过社群生活,从事体力劳动,而非享受甜美而孤独的时光,她自己会有怎样的反应呢?如果她不能去国内最好的两所大学,而是要为社会生活做准备,她又会选择什么职业呢?

在日记里,她对戴维决定休学保持了沉默。她最初的不安情绪在给罗杰·斯特劳斯的一封信里流露了出来,日期是 1971 年 2 月底[92]:戴维情绪低落,对自己所做的事毫无兴趣,也没有规划,没有职业上的想法。到了那个学期末,这个少年宣布他不打算再回阿默斯特学院了,这时她像以往一样,转向乔·蔡金求助,希望他能有时间在年轻人出发去墨西哥前去看看他,确定他的精神状况是否还好。预定的出发日期是 6 月 1 日。[93] 几个月后,她亲自拜访库埃纳瓦卡时,才会再见到自己的儿子。

苏珊在戛纳时经历的抑郁情绪很快就云消雾散了,被一次新的邂逅带来的兴奋所取代。她在戛纳重新遇到了妮科尔·斯黛芬，一位数年来经常与她在各大电影节擦肩而过的女制片人——妮科尔制作了《毁灭，她说》，该片与《食人族二重奏》同期在纽约上映。这两位女性不仅都深爱着电影，对于生活也都拥有非同常人的精力与渴望。那些戛纳的美妙夜晚在巴黎继续延续，此时苏珊下榻于圣日耳曼大街的麦迪逊宾馆，于是，新一段爱情故事就此开始。这让她忘却了那些心情抑郁的时刻，也消除了因与卡洛塔的分手而遭受的苦恼的最后几缕痕迹。至于卡洛塔，她自 2 月底就受到持有与使用毒品的指控，而在坐牢，6 月中旬因证据不足获释。然而，想必很大程度上是因为妮科尔带来了新的希望，苏珊并不急于去罗马，即便她知道自己的心病并未完全治愈……[94]

妮科尔出生于 1924 年，[95] 比苏珊年长九岁，她是詹姆斯·德·罗斯柴尔德的女儿，在不仅仅是享受特权的环境中长大，这种环境的不同寻常之处既在于金钱方面，也在于文化与政治方面。她十二岁时，就协助母亲给西班牙难民分发救济汤；十八岁时，为了躲避挺进的德国军队，她跟母亲、妹妹莫妮克一起步行翻越了比利牛斯山。在西班牙被监禁一段时间后，她们最终抵达目的地伦敦，与"自由法国"的军事力量会合，这两姐妹马上加入了这个组织。[96] 妮科尔是在伦敦认识的露西·奥布拉克，后者被她的青春与坚定决心打动，后来这样描述她，"对我来说，她就是忠于自由与博爱的典范"，并下结论说，"为了这一理想，她肯冒任何风险。"[97]1944 年 6 月，她加入了一支跟随诺曼底登陆部队的医疗支队，跟随盟军前进的步伐，她终于重返巴黎，传说——根据埃德加多·科扎林斯基的说法——她在戴高乐将军的车队里驾驶一辆吉普车进入了首都。

战争结束了，妮科尔重新过上被她舍弃的原有的生活：1942 年，她本来在戛纳上戏剧课程，怀抱着当演员、从事电影工作的雄心。

于是，1946 年得到接触让-皮埃尔·梅尔维尔的机会时，她就提出要当他的助理导演。这位电影人被"她纯洁的侧影与清澈的眼睛"迷住了，发觉她"非常适合侄女的角色"。[98] 就这样，妮科尔在他正在筹备的维尔高《海的沉默》的改编电影中出演了一个主要角色，然后饰演了根据让·科克托剧作改编的《可怕的孩子》里保护欲强又蛇蝎心肠的姐姐伊丽莎白。她又演了几个更次要的角色，尤其值得一提的是，在乔治·弗朗叙执导的短片中扮演玛丽·居里，[99] 这是一个必定会让桑塔格感到满意的角色。一场严重的车祸迫使她放弃了演员生涯。她于是转向幕后，投身制片工作，致力于为他人的工作带来便利，有时也主动开创项目，或者激发他人的创作。

就这样，她制作了两部题材与她自己人生的关键时期相呼应的电影：1963 年弗雷德里克·罗西夫关于西班牙战争的《牺牲在马德里》；1965 年让-克洛德·拉佩诺的《城堡之恋》——这是一部以占领时期和抵抗运动为背景的讽刺喜剧。1969 年，多亏了她的帮助，玛格丽特·杜拉斯才拍成了《毁灭，她说》，这是这位女作家独立执导的第一部电影，于当年秋天在纽约电影节上映，与《食人族二重奏》同期。苏珊结识妮科尔时，妮科尔已经全身心投入那个占据她接下来二十年人生的大项目：将《追忆逝水年华》改编成电影，为此她游说了许许多多导演都未能成功，其中包括勒内·克莱芒、卢奇诺·维斯康蒂（同意执导后又在最后一刻退出了）、弗朗索瓦·特吕弗、阿兰·雷乃，甚至彼得·布鲁克。她最终跟沃尔克·施隆多夫一起完成了她的项目，制作了 1984 年的《斯万的爱情》。[100]

苏珊向乔·蔡金写信报告她与妮科尔的邂逅时采用的语汇，与三年前她描述与卡洛塔恋情开始时几乎毫无二致：忽然复苏的爱情将她从忧郁心情、从上一次分手后陷入的"无边的苦海"中解放了出来。然而，就像跟伊娃、跟卡洛塔的情况一样，上一任女友的阴影仍然笼罩着新的爱情冒险。妮科尔跟另一个女人共同度过了十六年，根据苏珊的说法，[101] 那个女人充满激情，嫉妒心重，不肯承认她们的关系已经结束。这一次，她决定采取达观的态度：接受生活给予自己的东西，而非盼望能过上只属于自己的生活。这是否更通情达理呢？换句话说，爱一个人且被爱，却并不一定要跟这个人度过日常的每时每刻，这也是可能的，可以做到保持某种独立性，并不完全依赖这个人。

　　自与妮科尔相遇以来，苏珊尽可能长时间待在巴黎，也总是从巴黎出发外出云游。1972 年 1 月 1 日，她去了摩洛哥，从阿加迪尔走到塔鲁丹特，然后是墨西哥，她受到伊利奇的邀请去做一次讲座，可以趁此跟戴维一起待几天。她抵达墨西哥时是 1 月 8 日，先是做了一次远达瓜达拉哈拉的徒步旅行，在瓜纳华托的圣塞西莉亚过了一夜，然后重新折回，经过一个半小时的车程轻松回到了库埃纳瓦卡。自第一次古巴之旅在墨西哥中途停留后，她在墨西哥认识的人越来越多。在这次居留期间，她结识了画家鲁菲诺·塔马约；到富恩特斯家赴宴，席间还有许多导演，包括墨西哥人阿图罗·利普斯坦和路易·马勒，马勒路过这里是为了宣传自己的新片《好奇心》。她在墨西哥大学政治学系也举办了讲座，题目是"女性主义和妇女解放"。也是在那里，法裔墨西哥混血女作家、记者埃莱娜·波尼亚托夫斯卡采访了她，话题自然是女性主义，但也涉及她的生活现状。于是，回到了这个问题："为什么要住在巴黎?"苏珊的回答是："因为这个地方相当幽静，适于沉思。"波尼亚托夫斯卡追问下去，向她提出了相反的问题，想要知道她为什么不住在美国。苏珊承认说："我在美国也可以过得很好，但我喜欢让日子难过一点……为了继续成长，为了自我发展，为了让我变得更加明智。"简而言之，她下结论说，这是为了让她避免陷入一种惯性的思考方式，避免在思维上"自我固化"：用另一种语言、在另一种文化中生活，这是一封强迫灵魂不停对自身做出质疑的挑战书。她是受到所爱的人的羁绊这一点则没有提及……[102]

　　1972 年 2 月底回到巴黎后，苏珊在某种程度上算是"在自己置办家具的房子里"住了下来。迄今为止，她一直利用别人闲置的公寓来解决住宿问题——特别是雷乃夫妇的公寓，因为他们一直待在纽约——但现在既然她的爱情已经开花结果，她就接受了妮科尔的邀请。妮科尔在巴黎的住所是著名的戈尔德施密特-罗斯柴尔德别馆前部的一座小楼，位于第 16 区的养雉场街 33 号。从此，苏珊每次在巴黎停留都避居此处，住在车库楼上的一间工作室。她说："我是在巴黎写下的这几行字，在一间狭小的房间里，坐在一张小小的桌子旁，坐在一张柳条编的扶手椅上，我所坐的窗前对着花园，我背后是一张行军床和一个床头柜；地上和桌子堆满了手稿、笔记本和两三本口袋本图书。"[103] 她在这里获得了宁静，有了独处的机会，这种孤独与她想在纽约体验的孤独不同，纽约有太多社交与职业上的诱惑了。

　　她的两部电影的剧本出版后几乎没有什么读者，苏珊的生活全靠她偶尔写的文章维持，还有FSG出版社支付的预付款。她的编辑们是慷慨大方的，期望她的下一部小说能大卖，这样就能重新装满钱袋。斯特劳斯四处奔走，不仅为她寻找委托工作，还保证她的书能不断得到翻译。不幸的是，尽管她身在法国，随时能协助推出图书，法国读者却对她的作品不怎么感兴趣。她将这种淡漠态度归因于她的法国出版商瑟伊出版社对她缺少支持。在她的编辑、英美文学领域专家莫妮克·纳唐 1970 年去世后，这种情况就更为加剧了，她生前曾认为苏珊是新一代作家中值得培养的一位……

伽利玛出版社有一段时间考虑过出版这两个剧本的译本，但在研究过她先前几本书的销量后放弃了这个想法。事情到了这种程度：1974 年苏珊从瑟伊出版社收到了一封信，通知她为了减少库存，要把一定数量的她的书送去销毁。[104] 在两年内（1972—1973）《恩主》只卖出了 27 本，《死亡匣子》一本未卖，《河内行纪》卖出了 38 本。

她计划写一本小说，灵感来自一次晚宴上阿尔托的编辑保莉·泰弗南讲述的一则逸事：一对德国夫妇想要在加拉帕戈斯群岛重建伊甸园的故事。[105] 这个想法只停留在于日记本上做了若干笔记的阶段……她读书，去电影院，但无法"训练自己""保持状态"。灵感就是不来。罗杰·斯特劳斯建议她写一本关于电影的沉思录，形式可以是一篇由她也住在巴黎的友人诺埃尔·伯奇主持的长篇对谈。这次还是一样，计划哑了火，编辑对她能证明预付款合理所抱有的希望又一次破灭了。苏珊制订了一张各种计划的清单，但没有一个计划能成形，特别是她的下一部小说只有一个题目。《里卡尔多·托雷斯的诱惑》从来没有问世……

笔者在上文提到过与保莉·泰弗南同席的那次晚宴：苏珊长期以来就对安托南·阿尔托的作品抱有浓厚兴趣，在《反对阐释》中，其受《剧场及其复象》理论的影响挥之不去。已经有两年了，她在为FSG出版社筹备一部他的作品选集，一开始预定是本一百多页的小册子，最终扩充到了近六百页。她这次遇到的是阿尔托生命最后几年的见证人，也是迄今为止他全集的编辑，这次相遇给了她重温阿尔托文本的契机，还有了更宽广的择选空间。她养雉场街寓所的书桌上堆满了阿尔托全集已经出版的若干卷（1972 年第九卷刚刚出

版，第十卷 1974 年出版，第十一卷 1976 年出版，FSG 出版社的版
本也是在这一年面世的）；还有那本薄薄的英文版《剧场及其复象》，
1958 年由格罗夫出版社出版，苏珊读了又读。她还写了一篇对阿尔
托的著作进行思索的长篇文章——在她眼中，他的著作对于 20 世
纪 60 年代以来的戏剧观念有着至关重要的影响——文章还涉及他
的一生，他一生中大部分时间都是在幽居中度过的，闭门谢世，与
世隔绝；也关于他的写作对于阐明他的评论与艺术视野的必要性。
她对这个拒绝将精神与肉体分开的人心醉神迷，用她的话说，这在
他身上引起了一种"无法治愈的意识的苦痛"。[106] 她对这种杂交式的
写作感到敬佩，它无法被归类为某一种文体，一切都想要探索，有
时他在同一篇文本中就做过如此尝试，将书信、评论、梦幻气氛的
叙事并置，这种写作是"为了宣泄一种无法预测的流动，这种流动
有着震撼人心的能量"，此时"认知应当与读者的感受一起爆发出
来"。[107] 她用较长篇幅叙述了阿尔托在超现实主义圈子内的经历，
他的退出，他作为导演、诗人的生涯，他在写作还有毒品上的种种
实验，最后总结说他接触世界的方式是诺斯替教派式的。她认为这
解释了：他对肉体的摒弃和他对无以名状之物的探寻及他视肉体为
令人憎恶之物，同时他认为精神应当引领这场寻找智慧之旅，直至
走向疯狂——因为对他来说，情况就是如此。

　　在对阿尔托的分析中，桑塔格不加掩饰的，是阿尔托有时相当
难读。许多评论家虽然援引他，但从来没有读过他的书。他的观点
构成了 20 世纪后半叶戏剧发展的核心，从"偶发艺术"到彼得·布
鲁克导演的戏剧，所有人都受到他的戏剧演出理论的影响。《走近阿
尔托》于 1973 年 5 月首发在《纽约客》上；然后又作为阿尔托文选
的前言——与斯特劳斯期望的相反，阿尔托文选直到 1976 年才出
版；最后又收录到 1980 年《土星照命》的英国版之中。

阿尔托作品的译文出版有海伦·韦弗的品质保证，她是FSG出版社的资深员工，理查德·霍华德的朋友和门徒，而唐·埃里克·莱文协助编写文本的注释。苏珊就像自己的书被译成法语时一样，参与到翻译中去，一遍遍地重读，与海伦交流观点，并不总是赞成译者所选择的词句，结果是手稿的"某些页面就好像被 20 世纪 40 年代的战争撕裂的欧洲，或者阿尔托内心幻想中的战场景象"，韦弗这样回忆道。[108] 最后是韦弗按照合同规定拍了板……

所以旅行并不是对工作的中断，而是受到特别欢迎的中场休息。1972 年 4 月底，妮科尔和苏珊出发前往西西里岛：陶尔米纳、卡塔尼亚、巴勒莫。她们中途短暂在养雉场街停留，然后又登上飞机飞往昂蒂布角和戛纳。戛纳之后，6 月份，是爱尔兰的科克岛；然后在多维尔待了三天；7 月回到巴黎；在威尼斯度过五日；最后又回到巴黎。

8 月中旬，苏珊终于通过《先驱论坛报》国际版知晓了纽约的新闻。实际上，她尽管自称与美国保持着距离，那个"所有遥远国度里离我最近的国家"，但她还是暗自观察着那里都发生了什么，尤其是现在她每天都能读到英语报纸。她庆幸于不用直接经历总统选举引起的骚动（民主党又输了选举，尼克松连任了），不用忍受关于美军对越南持续空袭的狂轰滥炸式的媒体报道，并对伍迪·艾伦电影的走红感到好笑……"漠不关心"大概是最合适的形容词。然而，她无法对一位友人的死亡无动于衷，正是通过《先驱论坛报》，她读到了保罗·古德曼辞世的消息。

她忽然间被抛回十八年前，一个纽约的周末——她当时还是哈佛大学的学生——她跟着一位男性朋友去参加古德曼家的晚会，认识了保罗。四年后，在类似情况下的又一次相遇，他并没有给她留下好印象：在她看来，那位哲学家像是个以自我为中心的人，与她在读他的书时想象的作者没有什么相干，而那个想象出来的人是她非常看重的。于是，她尽量避免与他见面，却又继续贪婪地阅读着他的书。"没有哪位美国作家这样激起过我的好奇心，只要他写了任何东西，我都尽可能一口气读完。"她写道，又补充说这种热情不仅仅是他们拥有共同观点所能解释的，更是因为他的"声音"的真实性，其特点是一种在她看来相当迷人的"信心与笨拙的混合"，因为这种声音是"能被感知到的他的才智、他的诗意"的体现。[109]古德曼是社会学家、新左翼的活跃成员，也是"哲学家、诗人、和平主义者、心理学家、作家、无政府主义者、双性恋者、一代人的代言人"。他在1960年凭借《成长于荒谬》成名，这是一部关于美国年轻一代的幻灭现象的详细研究作品，质疑了"美国梦"的概念本身。就像苏珊在这篇致敬中提到的，人们也谴责他的这种兼容并蓄的精神、他的"万金油"的一面、他的这种精神活力的分散性。他的朋友们更喜欢看到他全神贯注地投入社会学研究，而不是在文学专栏或者鼓吹性自由的政治活动刊物上发现他的名字。可以理解，这在很多人看来是缺陷；在桑塔格看来，却是举世无双的才华的表现。她回应那些"不知好歹的人"，他"所谓的涉猎广泛与他的天才混合在一起"。[110]在她眼中，古德曼同时是萨特和科克托（她是在巴黎写下这几行文字的），虽然没有"前者杰出的理论才华"，也没有"像后者那样抵达真实想象力的晦涩而疯狂的源泉"，但他也有他们"从未具备的天赋：一种对生活的复杂性的大胆的认识，一种无限的、注重细节的道德上的苛求"。[111]正是他这个兼容并蓄的榜样，给了她随心所欲的自由，去写、去实现她脑海中的东西："一小群尚健在或者已经不在人世的作家为我确立了写作这一行业的标准，他们的作品也成为我衡量自己的作品的尺度。他是那一小群作家中的一位。"[112]
她重拾上文的对比，在她看来，他是可以放入自己私人先贤祠里的
唯一美国作家，与许多欧洲作家并列。尽管她想要在自己新的巴黎
寓所中不留藏书，古德曼的著作却还是开辟出了一条路，因为就像
她在致敬中坦白的，"二十二年来，我住过的任何公寓，他几乎所有
的作品从未缺席"。[113]

9 月份，她终于回到了旧巢，河滨大道的公寓已经被她抛舍了
如此之久，一直都是罗杰在照料。他负责付账单，每月寄走房租的
支票（1972 年，每月是 570.40 美元，相当于 2017 年的 3200 美元多
一点），收发信件。他一直按期代苏珊接收各种邀请函——邀请她
开办讲座、讲课、参加电影节。她越来越懒于到场，除非缺少收入。
这也让她与斯特劳斯的关系变得紧张。她希望有一天她作为电影人
参加的活动能为她带来新的受众，但她的电影观众仍然局限在小圈
子内，发行量仍然不能更小。虽然评论界有了反响，但她的权力有
限，无法让电影停留在影院的广告招贴上很久。在利蒂西娅·肯特
拜访《卡尔兄弟》的片场时，她也提出了电影缺少观众这个问题：苏
珊当然希望自己的电影能在公众那里取得更大的成功，但她并未因
此准备好做出妥协。[114]就像写书时一样，她追随自己的想法，寻找
机会将其实现，然后毫不懊悔地交给观众或读者去判断效果如何。
她希望也能对自己著作的待遇同样无动于衷。然而，除了像我们已
经看到的《死亡匣子》的情况，对她的作品的评论，可能比她肯表
露出来的要伤她更深。她也在 1971 年的一次采访中表示，一个总
想着成功的艺术家注定要失败，不过对公众漠不关心的艺术家也是
"不负责任"的艺术家。[115]这是一种她很难保持的艰难的平衡：无论
是她的电影，还是小说，都未能获得大众意义上的真正的成功；而
她作为散文家的活跃——自相矛盾的是，这又是她极力想要淡化

的——总能不同程度地为她带来金钱。

1972 年春，一种新杂志问世了：《女士》，由格洛丽亚·斯滕海姆创办并主编。她是一位经常在美国媒体上出现的女性主义者。《女士》想要满足那些人——和上文所述的辩论中的苏珊一样，对英语和法语中的"小姐/夫人"（Miss / Mrs., Mademoiselle / Madame）称呼持反对态度的人——的需求。这些称呼从一开始就将女性放在她与男性的关系中去展示，男性却相反，笼统的"先生"并不会透露出他们的婚姻状况。"女士"（Ms.或Miz）代表了介于两者之间的可能性，女性可以只作为她自己、只为她自己存在。从第一期开始，杂志编辑团队就掀起轩然大波，刊载了一篇题为《我们堕过胎》的请愿书，附有 53 名女性的签名，其中有女作家诺拉·艾芙隆、凯·博伊尔、阿娜伊丝·宁、格蕾丝·佩利，当然还有格洛丽亚·斯滕海姆她自己，以及女性电影人雪莉·克拉克和苏珊·桑塔格。[116] 就像一年前登载在《新观察家》上的由西蒙娜·德·波伏娃草拟的《343 宣言》一样，[117] 这篇宣言以所有做过地下堕胎手术的女性团结一致的名义签署，意在揭露那些非自愿怀孕的女性遭遇的不公。

在美国，就像在法国一样，一次这样的"自白"是能让人入狱的。她们中的任何一个人都没有感到恐慌，堕胎 1975 年在法国就合法化了，美国的情况则更加复杂：1973 年，最高法庭在著名的罗伊诉韦德案中果断站到了支持自由堕胎的一边，并规定了医学与司法上的界限，但每个州仍可自由行使裁判权，结果是美国境内出现了终止妊娠机会的严重不平等。

对于苏珊来说，就像对许多其他签名者而言一样，在请愿书上签名只是一个表示团结一致的姿态。在菲利普·里夫的一名学生兼友人撰写的长篇致敬文中提到，桑塔格婚内曾经二度怀孕，但决定终止妊娠，她的丈夫接受了这个决定，尽管这违背了他的本心。[118]
因此，既是因为自身经历也是基于信念，她将女性自由支配自己身体的权利牢记在心，就像她对杂志《自由》解释的那样——后者是由一群拉美的马克思主义反政府分子在巴黎出版的杂志，邀请她关于女性主义与妇女解放问题谈一谈自己的信念与思考。

《自由》接触了她和其他五位女性作家、哲学家、政治家，其中包括西蒙娜·德·波伏娃和意大利共产党议员罗萨纳·罗珊达，向她们提出了十个问题，作为她们思考的框架。苏珊的答复长达二十多页：她心中毫不怀疑合适的时刻已经来到。就像废除奴隶制和民权运动一样，妇女解放在她看来是"历史的必然"。[119]

在整篇文章中，她一直将女性的状况与奴隶的状况类比，将非裔美国人争取民权的斗争与女权得到承认类比。将这两者进行比较的当然不止她一人。在1964年，正式埋葬了种族隔离与种族歧视的法律的伴随条款中，也禁止了职业歧视，无论是基于谋职者的种族、宗教信仰，还是性别。对桑塔格而言，职业平等的问题是最为关键的，她将其看作妇女处境演变的中心点。"没有工作，她们就永远无法打碎男性加诸她们的枷锁。"[120]她写道。她们就会永远被局限于"被殖民者"的身份，这是她多次使用的又一个类比。金钱就是权力，能自食其力的女性才能将命运掌握在自己手里，才能摆脱男性控制，走自己的路。这不仅仅是私人观点：妇女就业可以改变政府的进程，最终还能改变历史。她甚至将法西斯主义与父权制联系起来，意图指出"法西斯主义远远不只是一种政治上的谬误，偶然在两次大战之间的欧洲取得了压倒性地位；与此相反，它代表的是现代国家的真实、正常的本性"。[121]其间，她还提醒说，她的这些话远远不能算是原创性的，而是对弗吉尼亚·伍尔夫《三个基尼》的回应——

这是伍尔夫唯一真正的政治性著作，其中也有类似的论调。实际上，自 1938 年开始，伍尔夫就预言了第二次世界大战的爆发，并将战争的责任归咎于男性，以及女性的教育程度不足，后者的诸多后果之一是将女性局限在无法参与政治生活的水平，无法向政府施加和平主义的影响。

　　在桑塔格看来，在西方世界，没有任何一种形式的政府对出现一个能实现两性平等的社会是乐见其成的。甚至瑞典在她眼中也不满足必要的条件，它的改革只能通向"表面的改变"，[122] 而与马克思主义者们经常声称的相反，那些社会主义国家——从苏联到古巴——干得也并不比它们的资本主义对应物们要好些。但她并非先天的悲观主义者，她预言不出二十年，境况就会发生足够的改变，使女性最终得以"（通过避孕药的自由售卖和堕胎的合法化）实现同工同酬和支配自己的身体"。[123] 如果说第二条在大部分西方国家都已成真（然而甚至在四十年后仍然存在例外，特别是在美国的某几个州），第一条仍然是个善良的愿望：美国总统贝拉克·奥巴马在 2014 年重申了他关于反对薪酬不平等的承诺，在法国及其他欧洲国家，同样的承诺也在 1996 年创立"同工同酬日"后得到重申，在每年一度的 4 月 8 日，这种不平等都至少会得到讨论……

　　提出的问题里也有性解放：同样地，她的本能告诉她，这方面的解放要依靠经济地位的改变。在社会眼中的平等，意味着能力被平等审视，女性不再被物化，取得与男性平等的地位，获得过上属于自己的性生活的权利，无论她性向为何。与吉尔·约翰斯顿相反，与其说苏珊认为所有女人都是女同性恋者，毋宁说她认为所有人类都是双性恋者，她为了同性恋得到社会承认而斗争，目标是同性恋能在一个"真正的双性恋"的环境里跟异性恋"同样受人尊敬"。[124] 每个人都应当为自己的地盘斗争，这大概是没有疑问的。四十年后，

292   智性与激情：苏珊·桑塔格传

同性恋的"受人尊敬"终于得以实现，无论是在加利福尼亚、大不列颠，还是在法国。

在发布重大宣言之外，对苏珊而言，女性主义者的斗争也存在并且尤其存在于"细节"之中；所以她结婚时拒绝按照美国的习惯改换夫姓。如果这样，出生时的本名就会被抹去，不留一丝痕迹。她也为了女性能从"（将她们）物化的、对自己外貌的苛刻焦虑中解脱出来"而奋斗。[125] 在伊丽莎白·哈德威克 1972 年为她而作的特写中，哈德威克坚持认为她在那封公开信以前就是女性主义者了，"从摇篮里开始，就是女性主义者"。[126]

在回复《自由》的调查问卷之时，同年秋天，她在发表于《星期六评论》的《衰老的双重标准》（法译《衰老：两套砝码，两种尺度》）中，用长篇幅揭露了男性和女性面对衰老、面对与自身肉体的关系时的不平等。她的论证并不新鲜，从《克莱芙王妃》和更晚近的巴尔扎克开始，人们就知道一个三十岁的女人已经不再有未来，而同样年龄的男人则只算是刚到盛年。对 1972 年来说，尚属新奇或者革命性的，是把外貌问题和经济解放混在一起，要求让女性有机会得到跟男性一样的职业上的"满足感"，这样她们就可以用自己是否事业有成，而非是否身材玲珑有致来衡量自己的成功。[127] 还有社会生活与性生活上的成功不该由婚姻状况及其标志决定，比如把"夫人"看得比"小姐"更高贵些，到了一定年龄阶段，"小姐"就变成了滞销货的代名词。[128] 桑塔格简明扼要地列举了 20 世纪 70 年代初社会上涉及与自己身体关系的一切两性区别待遇现象，以及这些社会常规是怎样使女性处于必须时刻关注自己是否出现衰老迹象的境地，并且把自己的绝大部分时间用在尽可能地消除这种迹象上。

然而，这次就像以往一样，苏珊拒绝将女性视为受害者，而是认为她们经常是同谋，因为不肯跟社会也就是男性的高压政策唱反调而自作自受。她说，她们有进行抵制的手段，可以说"不"，可以与社会常规背道而驰，活出属于自己的人生："女性有其他选择。她们可以追求智慧，而非仅仅追求美丽；可以让自己能力高强，而非仅仅做到让自己有用而已；可以追求强大，而非仅仅追求优雅；可以雄心勃勃，只为自己……"她总结说："女性应当容许自己的容颜显露出她所经历过的岁月。女性应当吐露真实。"[129]

在 1975 年为《时尚》杂志撰写的两篇文章里，她又重拾这一主题。第一篇对历史上美的概念和它新近的演变做出分析。[130]第二篇更加具有论战性，哀叹美已经沦为一种用来摆布女性的权力工具，成了一个让她们心甘情愿被困其中的圈套："可以肯定的是，美是权力的一种形式。而且理应如此。令人悲叹的是，这成了女性被鼓励去追求的唯一一种权力。这种权力总是通过与男性的关系来获得。这不是引起爱慕的权力。这是一种自我否定的权力。因为这种权力并不是可以自由选择的——至少，对女性来说不是——如果想要放弃这种权力，就会招致来自社会的谴责。"[131]

权利的问题是关键所在：在上文引述的各种不同文本中，这是苏珊一再重提的。20 世纪 70 年代围绕是否批准《平等权利修正案》展开的辩论证明了这一点，这是一部宣告男女平权的美国宪法修正案。尽管这样一部修正案的价值更多是象征性的，而非实际意义上的（就像苏珊提醒的那样，并不是因为有一部保证黑人在日常生活中与白人享有平等权利的法律，所以女人也应当拥有一部类似的法律），它遭遇的反对竟然极为激烈。四十年后，美国的 50 个州仍然只有 21 个通过了这部修正案，因此它始终未能写入宪法。桑塔格重新回到了她曾在《关于妇女解放的思索》中探讨过的何为女性的概念上来，总结说唯一能获得某种意义上的平等的方式就是放弃"男性"与"女性"的观念，将男人与女人仅仅看作"人"。[132]她的文章在那

年秋末发表于《自由》，很快就被翻译成法语，刊登在《现代》12 月
号上。

　　尽管参与种种政治活动，桑塔格到此为止仍被看作一位并不会
给她本国的国家安全带来多大危害的名人……她在联邦调查局的档
案的最后几页的日期落款是 1972 年 3 月 6 日，结论是不需要把桑塔
格加入 ADEX，一份刚刚由 FBI 创制的"对国家安全构成威胁"的人
物索引。写报告的人甚至不建议继续调查她的案件："任何对此人的
讯问预计都不可能发现她有作家身份以外的活动。考虑到她仅具最
低限度的政治活动和她作为作家的地位，试图约谈她，可能会令政
府为难，就算她肯合作，这也是从中获得的信息所无法抵偿的。"[133]

　　她接下来的旅行也没有让他们改变看法……同年春天，中国政
府邀请她加入一个由新闻记者和政治活动家组成的访华代表团。本
来预计在 8 月 25 日出发，后来推迟到了 1972 年 10 月，然后又延迟
到 1973 年 2 月，最后日子终于定在了 1 月 12 日。从 7 月份开始，
她就想写点关于中国的什么，但直到出发前，她才决定，关于这次
旅行，不要正式写任何东西，不要再重复一次在越南的经历："我不
能再写一次'当东方遇到西方'了，我不是新闻记者，也不是讲故事
的人（原文为法语，raconteur）。"[134]

　　我们还记得她的父母，杰克·罗森布拉特和米尔德丽德·罗森
布拉特，怀上苏珊时他们正住在天津，只是因为她母亲对中医疗法
不放心，她才出生在了纽约。为了让预备班的同学们觉得自己有意
思，苏珊说了谎——她说这是平生头一回——吹嘘自己是在中国出
生的。实际上，尽管父母在她出生后又在那边继续住了四年，她却

从未踏上过中国的土地。于是，在受到邀请、参与一次新闻采风之旅时，她接受了，想要呼吸一下她父母曾呼吸了许多年的空气。

在等待出发期间，她决定强制自己完成一个个人项目，写一篇介于虚构与回忆之间的文本，在往昔的影像中漫游，完成一幅"拼贴画"，就像她在日记中和给罗杰·斯特劳斯的信中多次写到的那样。她说一篇这样的"东西"可以"将虚构小说、散文、散文诗和自传的程式混合在一起"。[135] 几天后，她又对自己试图做出的描述加以补充，可以写成音乐上的赋格曲、与自我的对话，后者最终大概可以归类于"短篇小说"卖出去……

在养雉场街她（相对）孤独一人的房间里，她"试着想要更清晰地听到（她）自己的声音，发现（她）真正的所思所感"，[136] 是去中国的邀请允许她确立了这种声音，就像按下了她的"机枪"的扳机，其实就是她的打字机，创造出让她的声音"更加美国化"的文本。"因为，"她解释，"我终于直接经手／触及了自传性的素材。"她先前的写作，表现出的是她的"欧化的声音［'翻译腔'（原文如此）］……与此相关的基本事实是我以此替换了——取代了——我当时在写的东西"。[137]

《中国旅行计划》无法被归类，它是苏珊平生写过的最感人也最私密的文本之一，不仅在于它的内容，也在于它的形式。当她幻想自己跨过深圳河上连接中国香港与中国内地的罗湖桥，她扪心自问的是这次旅行提供的机会，是她选择扮演的"考古学家"的角色，她正深深陷入回忆与愿望之中。她并不确切地知道应当使用什么方法：她是否应当采访自己的母亲，向其提出那些一直萦绕心头的问题——她的双亲在她出生以前的生活，她的人生最开始的五年，她父亲和这个国家的关系？在不会说中文的情况下，如何才能理解中国与中国人？长期以来，她一直随身带着一张单子，上面写着她在死前要干的三件事：第三件事是学会中文（这张著名的单子上的前两件事是登上马特峰和学会弹羽管键琴）。[138] 她做了一些研究，得到了友人们的协助，比如有翻译才能，还对占星术感兴趣的海伦·韦弗，韦弗向苏珊出生的医院询问了她呱呱落地的准确时间——早晨 6 点 12 分——这让她判断出苏珊是"摩羯座主导，水星上升"……[139]

《中国旅行计划》是一篇带有乔治·佩雷克风格的文本，它探讨作者被孕育（字面意义上）的过程、对回忆现象的认知，以及这种回忆和过去对现在写作的影响，借此对文本自身的诞生提出了疑问。叠句般的片段构成了它的节奏，提醒读者和作者自己，她还没有去过中国，她也不了解中国，但她必须进行这次旅行，这样才能更好地了解她的父母，弄清楚这种"在出生前与中国的关系"[140] 对她的人生造成了什么影响，并且更好地了解自身。在这次"神秘的旅行"[141] 中，她就是尤利西斯，迷失在回忆的暗礁中，现实中的目的地在她唤醒的幻想面前显得黯然失色。而"计划"实现了它自身："或许我会在离开中国前就开始写我的中国之旅。"[142] 实际上，她想过永远不要去中国，那样这次邀请就永远不会化为现实，与其做一个"搜集毛泽东思想与'文化大革命'资料"的三十九岁知识分子，她宁可"像一个四岁小女孩一样表达自己的想法"，就这样来重建"她的"中国。她还写道："当我 1 月去那边的时候，将会是这个三十九岁的女人在做这次旅行；那个四岁的小姑娘却不敢去，这令我感到惊奇。这是因为她心中一块石头终于落了地吗？不——想必她永远都不会去的——因为真正的中国对她来说永远跟她的中国无关。"[143]

　　中国政府并不承担此行的所有费用，其余部分由《女士》和FSG
出版社以两千五百美元预付款（相当于 2017 年的一万四千美元）的
形式支付，条件是"这个三十九岁的女人"回来时要带来一篇报道和
一本书，按照她的越南见闻录的格式。苏珊于 1973 年 1 月 12 日乘
机飞向西海岸，第一个中转站是旧金山，在圣弗朗西斯（这座城市
的豪华酒店之一），她跟母亲通了电话，并打电话给妮科尔"庆祝"
生日，然后飞越太平洋。旅行团成员在抵达香港前就集合了：有六
名记者——《亚特兰大宪章报》的雷吉·墨菲，《底特律自由新闻》
的小马克·埃思里奇，《芝加哥保卫者报》的埃塞尔·佩恩，《阿肯
色州公报》的詹姆斯·鲍威尔，科普利新闻社的爱德华·A. 尼兰，
罗代尔出版社的罗伯特·罗伊尔；以及政治活动家与慈善家菲利
普·斯特恩，加上桑塔格，一共八人。[144] 在香港，旅行团没有耽搁：
他们直接从机场被驱车送往火车站，从那里前往广州，而这已经是
他们接下来要做的铁路旅行中最短的一次了。实际上，由于气候上
的不确定因素，在冬季，火车被认为比飞机更加安全可靠。但因为
距离太远，旅行团要连续三十六小时被关在一间火车车厢里，他们
的消遣只剩下不断地采访同行的六名翻译兼导游。

　　1949 年后，美国和中国断绝了外交关系，直到 1971 年，美国
人都无法再去中国。通过体育联谊的迂回路线，邦交正常化过程启
动了：美国乒乓球队被邀请去中国比赛；不久后，联合国承认了中
华人民共和国，给予了它联合国安理会的席位。1972 年 2 月，理查
德·尼克松成为第一位访问天安门的美国总统。然而要等到 1979 年
卡特总统任期内，两国的外交关系才得以完全恢复。

　　在此期间，包括苏珊在内的这个小团体被邀请去参观工厂、农
庄与学校，会见地方代表，对养活喂饱了七亿人民的新中国政府表
达钦佩之情。这次旅行呈现出了与桑塔格其他出行的共同点：目的

在于向美国人展示正在进行的革命的合理性与合法性，对象是支持越南和平的知名记者和知识分子们。

他们回来后，埃塞尔·佩恩，一位言辞尖锐的黑人女记者，在最古老的美国非裔日报之一《芝加哥保卫者报》上发表了一篇关于他们的旅行的专栏文章。在第一栏，她介绍了自己归属的这个优秀团体，表达了对他们相遇并共同生活了三周后还都健在的庆祝之情，尽管他们的脾气彼此大不相同……旅行团的"主席"被她指派给了詹姆斯·鲍威尔，而苏珊对她来说是"副主席"："以她活跃的头脑，她成为团队中的挑战者。"[145]

埃塞尔·佩恩贡献了他们这次旅行最令人印象深刻的瞬间：为了防寒，她穿上了一件豹纹的假裘皮大衣，这在上海街头成了引起轰动的一景，路上行人无不驻足观看。于是，她的同伴们想出主意，要把她当作非洲显贵来对待，声音响亮、口齿清晰地向"布隆迪女王"[146]致以敬礼……

从这次旅行中，苏珊带回了一些笔记，关于她的见闻——叙述按不同阶段进行——她注意到几乎没有遇到什么令人惊奇的事：她料想到会参观医院、工地、工厂和学校，或许还有劳改营，某一处知识分子接受"再教育"的"五七干校"。她对"统一的文化"[147]抱有兴趣，在停留在天津的那段时间里做了洋洋洒洒的笔记，在那里，她似乎没有去寻找她父母当年居住过的地方的痕迹。

桑塔格半认真地考虑过写一篇关于"文化大革命"的文章，但她几乎马上就放弃了这个想法。她怀疑就像在河内一样，人们几乎不会让她单独出去游逛，她也无法在未设警戒的场合下与人会面。这自然是在她的访问期间被证实了的。

后来，苏珊没有跟团体一起踏上归途：她拐了个弯去河内，在那里，人们正等待着亨利·基辛格的来访，此时《巴黎协议》已经签订，协议对越南人来说，不仅标志着战争的结束，也承诺了美方的撤军与从争端中的退出。

桑塔格抵达纽约前的最后一个中转站是火奴鲁鲁：她的母亲与继父在旧金山郊区的圣马特奥县待了数年后，如今一直住在火奴鲁鲁。他们追随朱迪斯的脚步；朱迪斯在就学于加州大学伯克利分校后，于 1966 年结了婚，与丈夫、女儿珍妮弗在夏威夷定居。自 20 世纪 60 年代初以来，她与他们的联系就是断断续续的，经常是在受到职业上的邀请时才借机联系。1965 年被邀请去旧金山参加实验电影展映时，她与戴维在圣马特奥暂作停留，这次拜访如此受人瞩目，她甚至上了两次当地报纸的报道……[148] 因为内森和米尔德丽德很为女儿自豪，而且他们当上了当地的市政官员，在宣扬她的成功时是毫不犹豫的。在夏威夷也是一样，他们搬家一年后，《火奴鲁鲁广告商报》用好多栏的长篇幅报道了这对夫妇和他们的女儿，配图不仅有苏珊的照片，还有内森和米尔德丽德俯身阅读一本巨大的剪报簿的照片，剪报簿上贴的都是他们特意收集的关于他们女儿的报纸文章。[149]

这并不是说他们之间的关系变得更简单、轻松了。桑塔格在 1972 年 1 月还写道，她跟母亲已经一年没有联系了，她不仅不给母亲写信，甚至连拆开母亲的来信都办不到。[150] 是不是她刚刚写完的自传体文章让她深深潜入了父母的过去与自己的童年时代，于是终于引发了这次归乡呢？有可能，或者仅仅是机会使然，她的旅行难得有机会带她经过西部。就像以往一样，她在登上从旧金山飞往香港的飞机前给母亲打了电话，然后她就来了，重归家庭的怀抱，在那里度过了数日。

1973 年 2 月回到纽约后，她很快就启程去巴黎，妮科尔在那里等待着她，还有她四壁空空的工作室、她工作用的桌子、她的打字机与一个新的工作项目。

从 1972 年 11 月初到 1973 年 1 月底，纽约现代艺术博物馆举行了一次黛安·阿勃丝的作品回顾展，而桑塔格就像成千上万的纽约人一样前去观展，好奇自己能否对黛安如此独特的作品有一个整体的概念。阿勃丝首先是以她关于侏儒、巨人、跨性别者等的摄影作品而闻名的，这些人因身体形貌而沦为社会边缘者，她展现的是一种赤裸裸不加修饰的影像，因而看过她的摄影作品的人经常会说她擅长的是"怪物与临界状态"，正如桑塔格描述的那样。

正是在看过这个"令人消沉"的展览后，她与芭芭拉·爱泼斯坦进行了一次关于阿勃丝的艺术的长时间对谈，爱泼斯坦和罗伯特·西尔弗斯都是《纽约书评》的编辑。对谈中涉及了她在这个话题上更为暧昧难明的感情，以及摄影之于她这个一向喜欢收集照片并在自己周围到处张贴照片的人代表的是什么。爱泼斯坦为桑塔格很久没有在《纽约书评》上出现感到遗憾，提议她关于这个主题写一篇论文投给这份半月刊。苏珊同意了，提出文章要反映她们的讨论内容：若干关于摄影艺术的自然段，还有关于阿勃丝的作品的思索。[151]就这样，她写出了她最广为人知、拥有最多读者的批评著作之一《论摄影》的前六篇文章。

与芭芭拉·爱泼斯坦一开始构想的相反，她收到的开头几页稿子并不是关于阿勃丝的，而是仅仅（！）关于标题中的"摄影"本身。
说好的"若干自然段"很快超过二十五页，桑塔格试图同时既定义什
么是摄影的对象与摄影活动，又追溯摄影艺术的演变，探讨它对当
下世界的影响。这一举动是雄心勃勃的，要处理的材料是海量的，
如果不是像她写下这些篇章时那样满怀热情，对任何批评家来说，
这都是不可能驾驭的。

　　长期以来，桑塔格对配图报道有着强烈的兴趣，电影剧照总是
装饰着她居住的公寓或单间的墙壁。她熟知阿尔弗雷德·斯蒂格利
茨、威基、沃克·埃文斯、爱德华·斯泰肯的作品——关于斯泰肯
的附注是，他在 20 世纪 60 年代初期组织了"人类一家"摄影展，这
次展览汇集了所有常见的 20 世纪人文主义摄影大家——或许还有
理查德·埃夫登，他后来在 2000 年为她拍摄了一幅令人过目难忘
的肖像照。除了美国摄影师，当然还有法国人，特别是她认识的亨
利·卡蒂埃-布列松，他同样给她拍摄过肖像照，她把他的《决定性
瞬间》读了又读，这是关于摄影这一媒介的关键性研究文本，也论
及人们对摄影的认识所引起的反响。就像她对瓦尔特·本雅明关于
这一题材的更著名作品所做的指涉（特别是他的《摄影小史》和《机
械复制时代的艺术作品》），或者甚至是罗兰·巴特大师的《明室》。

　　于是，在阅读第一篇文章（以《在柏拉图的洞穴里》为题收入书
中）时，人们能再一次体会到那个泡在图书馆里的苏珊的感受，她
整篇整篇生吞活剥地读着关于摄影的影像、技巧与艺术的文献，并
通过杂志连载的形式，在 1973—1977 年间向她的读者交出了一份
关于摄影主题的内容丰富的长篇沉思录。

　　"写摄影，就是写这个世界。"她在法译本的序言里写道。这个
公式很好地总结了她的第一篇文章，在其中她不断提到她对摄影等
同于将某物据为己有的感想，在摄影与世界的这种特殊关系中，世

界的被拍摄的"片段"变成了"现实的缩影，无论什么人都可以制作或者据为己有"。[152] 在纵览摄影这一媒介的历史及技巧时，她追忆了自己对摄影认识的几个不同阶段，她对摄影的激情是如何增长，还有她对摄影的怀疑又是如何滋生的。部分来自它营造的幻觉：它"变成了能唤醒生命、带来参与感的最基本的实践手段之一"[153]。还有部分来自它所行使的暴力——"任何对摄影器材的使用都隐含着侵略意味"，[154] 拍摄别人的照片就是"侵犯这些人"，摄影器材就是"捕食工具"[155]；更不用说摄影题材反映的暴力了。她第一次接触到新闻摄影的强大力量，是在圣莫妮卡找到的一本杂志上读到（也是看到）一篇关于贝尔根-贝尔森集中营与达豪集中营的报道，当时她只有十二岁。这是一种面对"绝对恐怖"时产生的"负面的神启"，她永远不会忘记那些印在她记忆中的照片："从此，我目睹的任何照片或现实都无法让我产生同样尖锐、深刻与即时的感受。"[156] 这对她的影响，严重到了她把看到照片之前与之后的人生截然分开的程度："当我看着这些照片，某种东西破碎了。某种极限被触及了，不仅仅是恐怖的极限；我感到自己沉浸在哀恸中，受到伤害，无法治愈，但我的一部分情感已经开始僵化：这是某种东西的消亡；我无法停止洒落的泪水才刚刚开始。"[157]

摄影，就是揭示，就是显露——苏珊在她的第二篇文章中继续写道——摄影也是在"赋予重要性"，[158] 将人们通常看也不看的东西的形象加诸他们。阿勃丝属于那一类摄影师，他们展示一张脸、一个形象给那些本不会留心去看的人，但苏珊更偏爱两次世界大战期间和20世纪50年代的人文主义摄影师们的作品中所表现的普通人，他们被隐藏在集市的帐篷下，或者光线黯淡的房屋深处。与沃克·埃文斯的"乐观人文主义"或者爱德华·斯泰肯相反，桑塔格尝试在阿勃丝的"怪物们"当中找到欣赏这位摄影师并为之辩护的理由。但在内心深处，她并不喜爱阿勃丝。桑塔格无法让自己确信，那些风格令人不安的摄影作品所获得的成功不仅仅是由于其作者的戏剧化的早逝（她在四十八岁时自杀，在纽约现代艺术博物馆那场展览开幕后只活了一年多）及她对耸人听闻题材的探索。[159]

她谴责阿勃丝明显缺乏同情心，特别指出阿勃丝与斯泰肯相反，斯泰肯想通过自己的展览来显示人类是一个大家庭，阿勃丝则强调"另一个世界"[160]，强调异常，最终在其作品中呈现出了"资本主义国家艺术的最显著趋势之一：消灭或者至少是消减道德和感官上的厌恶……将恐怖之物的门槛降得更低"。[161]她得出结论："这些照片给人的印象是，同情是一种不恰当的反应。重要的是不能大惊小怪，是面对无法承受的惨象还能镇定以对。"[162]苏珊2003年重新回到同情心与拍摄暴行影像这个论题上来，在她生前出版的最后一本书《论他人的痛苦》中，她表示这种态度、这种姿态是她不能够忍受的。

人们有时候谴责她不理解艺术家的手法，或者她的角度过于咬文嚼字，但她这篇文章最受批评的还是其中一个无关紧要的细节：从头到尾没有提及黛安·阿勃丝在1966年为《时尚先生》杂志拍摄过一幅她和戴维的双人肖像照。在那个时期，这位摄影师已经放弃商业摄影生涯，但破例接受了这次委托。最后，照片没用来给那篇题为《家庭会谈》的文章做配图；而那篇文章中配有各种名人由他们的青春期子女陪伴在旁的照片。桑塔格没对那张照片发表过评论，在摄影师死后，它也没有再印刷过。"无论阿勃丝拍的是谁的照片，都会成为一件盛事。"[163]桑塔格在随笔中写道。她把自己也包括在内吗？这一半是开玩笑。考虑到她在此处赋予这位艺术家的重要性和她解构其意图时所花费的力气，这种"遗忘"便具有了一种特殊的意义，很难不让人想到，她既不愿意让人注意到她以前与这位女摄影师发生的联系，也不想强调阿勃丝的名气，而这是可能会让读者改变观点的。

《摄影》1973 年 10 月发表，《怪人秀》则于同年 11 月发表。两篇补充性的文章刊载于次年，分别在 1974 年 4 月与 11 月。这两篇文章是《拍摄美国》（即《忧伤的物件》）和《摄影：美容》（即《视域的英雄主义》）。桑塔格继续进行历史性分析，论及摄影与绘画的关系、摄影艺术的概念。仅仅这四篇文章，加起来就有一百五十页：显然，苏珊在这里已经有了她下一部评论集的材料。但种种情况导致构成《论摄影》的最后两篇文章直到 1977 年春天才面世，这本书则在同年秋天才出版。

因为中国之行屡屡变动时间，她本来定于 1 月要去大学做的一次访问被推迟到了 4 月初。1973 年 4 月 9 日—10 日，苏珊来到了新罕布什尔州的达特茅斯学院，举行为时两日的见面会与讲座，这属于一个叫"驻校女性学者"的项目，主题是她作为电影人的经历。这两天过得相当紧张，她必须把原定在五天内的活动尽可能地塞进去：与文学专业的学生们的午餐会，在社会学系的女性主题讲座，谈在中国和越南经历的晚会，这些是第一天的内容。次日，她参加了一堂关于"文学的介入"主题的研讨课，与达特茅斯学院电影协会的成员们共进午餐，然后是一场《卡尔兄弟》的放映，接着是讨论环节。[164] 正是在这次访问中，她认识了卡米尔·帕利亚，这是一位佛蒙特州本宁顿学院的年轻女教授，长期以来对她的文章推崇备至，这次是专程赶来听她的讲座的。[165]

从达特茅斯大学获得津贴后，桑塔格匆忙搭上飞往巴黎的航班。她需要"像开机关枪"一样地打几页字。实际上，在不巧接受了一位美国律师的为其写电影脚本的委托，特别是接受了他的五千美元以后，她又欣然放下这项工作，转而去写迄今为止一直萦绕她心头的一则短篇小说。（这次历险留下的仅有的痕迹是，罗杰·斯特劳斯写下的几行怒气冲冲的话，因为安抚客户并归还五千美元预付款的难题落到了他身上。需要注意的是，《女宾》的电影改编也遭遇了类似的命运，似乎是因为妮科尔的劝告：她是否更希望桑塔格完成自己的著作，而非为别人的作品忙活呢？或者她作为制片人能看出这样一部电影注定入不敷出？不管怎样，这部剧本留在了抽屉里。）

她的新计划是重新拾起 1965 年写的一份稿子，将其修改成一篇简洁地命名为《宝贝》的短篇小说。在那个时期，她希望能写一部长篇小说，小说的"场景"将会如下："家长关于神童的记录——像记日记或者航行日志"。[166]

这个短篇实际上是一段发生在医生与父母之间的很长的对话，这对夫妇是来咨询关于令他们担忧的孩子"宝贝"的相关事宜的。这是个神童，他就像个怪物，虽然只有五岁，但会随着环境不同而改变年龄，他吞噬身边所有的人，首先从他的父母开始。他们的孩子让他们感到恐惧与着迷，他们又无法控制他，于是决定请求帮助。故事发生在 20 世纪 60 年代的洛杉矶，"宝贝"表现出的种种早熟的迹象都可以在苏珊自己身上观察到，后来又出现在戴维身上：他无休无止地读书，具有无法满足的好奇心，他受到科学吸引，又逃课去电影院，做什么事情都只凭自己的脑子。尽管总体来说他的各种活动都是为了学习，为了提高自己的修养，但他也有典型的青春期的行为：经常逃学，收集色情杂志，带女孩们到家里，甚至把纳粹徽章藏在抽屉里，在自己房间的墙上张贴了一面南方邦联军旗帜。这些都是他"叛逆"的标志。在这些之外，他最爱的菜肴是配以菠菜的羊肋排，他坐在高脚椅上吃着这道菜……

荒谬，古怪，时而带有悲剧色彩，这个短篇以一位走投无路的母亲的诉说，在我们眼前逐渐成形。苏珊以此消遣，并感到兴奋："我想要否定与谴责整个世界"，敲打她的打字机就像使用一件武器，用它为自己复仇，她经历了那么多自感无力继续进行小说创作的时日与年月。她要把"炸弹包裹"[167]寄给世界，各种各样不同形式的包裹，内容不拘，有时是经过深思熟虑选择的自传体题材。她已经不再是1953年那个拒绝个人叙事的"便利"的年轻姑娘了。她的写作风格已经建立，短篇小说的体裁也允许她放任自己去做实验，去"探索新路"[168]，去创建某种不同的文体形式并且使之成形："问题的解决方法——一则写不出来的故事——就是问题本身……不要试图掩盖或者去掉限制这个故事的东西，而是要充分利用这种局限性本身。要有力地阐明与批判这种局限性。"

然而，坚持写短篇，有时候对她来说是很困难的。"《宝贝》变成了一个怪物，这就是为什么它还没有在你面前屈膝。"她在给罗杰·斯特劳斯的信里写道，劝他要耐心。她十年前就已经写好了二十五页，现在简直停不下来。最后，这篇"对父母的猛烈控诉与对儿童状况的哀叹"宣告完成，在7月初被寄往纽约。

1973年5月，正当她热情高涨地写《宝贝》的时候，系列纪录片《一种关注》的导演让-克洛德·贝尔热雷为了做一个关于印度的电视节目，邀请苏珊采访英迪拉·甘地。于是6月她到德里度过了数日，在这位身为一国总理的女性身边，这个国家如此独特的发展道路令她着迷。她们对话的要点是关于印度经济的快速增长及其对这个国家——仍然非常传统、奉行有千年历史的宗教信条——造成的影响。在关于人口的发展与教育的两个问题之间，桑塔格成功地塞进了她关心的话题，比如印度的电影工业和印度对外国电影的引进。甘地夫人维护了政府的立场——是政府负责批准电影发行——并批评了美国大片的内容，强调一旦电影影像印入观众脑海，就很难再与这种形式的帝国主义进行斗争了。她还谈到了印度电影制作的活力，但他们在海外尚未取得成功。苏珊当然会提起萨蒂亚吉特·雷伊，承认他大概是印度电影人中的一个例外……[169]

当然，她也克制不住要问对方，女性当上国家首脑是否改变了人们对这一角色的认知，是否让他们意识到女性也具备足以领导国家的才智。英迪拉·甘地的回答和苏珊自己那篇关于女性主义演变史与女性状况的文章的结论惊人地相似："当上总理不说明任何事情，这只说明我是一个例外。"[170]

节目本身是一连串历史文献的剪辑，有当代印度的影像；有英迪拉·甘地的机位固定的镜头，她在回答苏珊的问题。不幸的是，除了极个别的几秒，我们听不到女总理及她的采访者的说话声，完全被译员的声音覆盖了；甘地夫人的对话者也完全没有出现在屏幕上，这造成的效果相当古怪，被采访者更像是在回答电视观众提出的问题，而非在与对面的女人交谈。

在巴黎度过夏天并去威尼斯双年展转了一圈后（1973年威尼斯没有电影节），苏珊在9月初回到纽约。从那里，她出发去做巡回讲座，先到了位于安娜堡的密歇根大学，她受邀在"女性：一生的挑战"学术研讨会上发言。然后是佛蒙特州的本宁顿学院，卡米尔·帕利亚在那里等候着她，帕利亚在达特茅斯学院听过桑塔格的讲座，并邀请她到自己执教的本宁顿学院来场座谈。这一次没有赚到：她讲座的费用大大超过了学校通常的支付水平，而寻找折中办法的过程并不轻松，因为并不是所有帕利亚的同事都相信邀请她的必要性。最后，多亏了本宁顿学院的年轻院长才凑到了钱，而苏珊不顾会引起罗杰·斯特劳斯的不快，同意降低收费标准。这是一次接下来将会让东道主帕利亚懊悔的协议，她把讲座的失败归因于这次的协议未能让任何人满意。[171] 当1973年10月4日桑塔格终于在佛蒙特州本宁顿落地时，她已经因为这次旅行中航班一再延误而烦恼不堪，因为这段时间的高强度旅行而精疲力竭，最后还因为这次她已经不想做的讲座而感到恼火。这样的处境，今后还将一再出现：她接受这些邀约是因为它们能带来收入，但她的心思经常不在要做的讲座上；她心情矛盾，因为她必须屈尊从事这一类活动，才能在财务上让自己保持收支平衡。

由于航班晚点两小时，日程表被打乱了，主宾双方只好匆忙去城里的餐馆吃晚餐。然而吃饭时，苏珊拒绝赶时间，所以这一小群人出现在举办讲座的大厅里的时候，他们已经迟到了一个小时。大厅里已经坐满了不耐烦的人：在帕利亚一番简短介绍后（后来她本人说，整顿晚餐期间，她都在用酒精浇灭自己的焦虑，所以实在回想不起来当时自己说了些什么），桑塔格没有按照约定做关于自己作品的讲座，而是开始读自己刚刚写完的一个短篇——在场的人都没有提到小说的题目是什么，不过她刚刚把《宝贝》寄给了罗杰，所以她选择的大概是这一篇。观众睡着了一半，有人在她读完后提了几个关于小说形式的问题，然后带着失望离开了礼堂。负责为当地日报写关于这一晚的报告的女学生在结论部分尽可能含蓄地表达了这种幻灭情绪："来了很多人，但反响并不完全是良好的，也许是因为她只没完没了地强调一段主观经历，却并未做出形式上的、分析性的介绍。其他人则很高兴，他们了解她是怎样构建那些他们读过的小说或者看过的电影的。"[172] 对于帕利亚，不幸的是，在作品朗读之后，这一晚尚未结束：还有举办招待会的考验，招待会设在著名小说家伯纳德·马拉默德家中，他在本宁顿学院教书，并且从一开始就反对让桑塔格来校访问……情况更加恶化了，马拉默德毫不掩饰自己对这位嘉宾的轻蔑，而嘉宾也以牙还牙，感到自己受了莫大的侮辱。

当卡米尔·帕利亚终于陪着苏珊来到学院院长家，请苏珊在那里过夜时，她不得不承认自己的失望，甚至到了否定桑塔格的文章的程度——那些文章曾经受她推崇，并成为她自己的评论写作的基石。因为苏珊·桑塔格并未清醒地认识到，她的东道主正期盼着这次访问不仅能带来一次好的讲座，还能让自己位列门墙，正式成为桑塔格的门徒。

直至今日，帕利亚都以"新一代的桑塔格"的形象招摇，比起她的偶像来，她的优势是，她是一名"货真价实的"大学老师，而按照她的说法，桑塔格自从远离大学校园以后就丧失了思维上的严谨性。她们的矛盾在 20 世纪 80 年代人尽皆知，帕利亚在一次电视直播中尽情宣泄了自己的不满。

与 9 月份回来时的想法相反，苏珊并没有在纽约度过这年的秋天。在 1990 年为电影资料馆撰写的一篇致敬文中，苏珊将她能有拍第三部电影的想法归功于妮科尔·斯黛芬："那是在 1973 年 10 月，赎罪日战争*刚刚爆发。我在纽约，妮科尔从巴黎打电话问我：'你想不想明天带上一个小型的团队去以色列拍电影，你一直想拍的电影，关于战争和以色列人对战争的反应？'"

《应许之地》是对这个问题的答复。几天内苏珊身边就被安排好了人手，她搭上飞机飞往巴黎，然后整个团队启程去耶路撒冷。资金筹措和制作由妮科尔负责，团队包括一名摄影师、一名录音师，

---

* 赎罪日战争，即第四次中东战争，埃及与叙利亚分别攻击六年前被以色列占领的西奈半岛和戈兰高地，试图夺回失去的土地。——编注

还有戴维，他来是为了当字幕监制。设备也相当简陋：一台用来录音的纳格拉录音机，一台阿莱弗莱克斯摄影机和一个三脚架。在如此这般武装好以后，团队先是在耶路撒冷老城的街道上穿行，看起来他们是在随意拍摄街景，拍摄忙于日常生计的人群、在哭墙边祷告的犹太人与基督徒，录下钟声和附近一家清真寺通过扩音器传到远方的祷告声，或者一次在超市里的漫步。如果不是从影片一开始桑塔格就把她的观众带到了西奈半岛的沙漠中，让镜头停留在卡车残骸、坦克和被遗弃的干尸上，远处军队的车队正在运来更多援兵，我们就会相信战争根本不存在。没有做出解释或者评论的画外音，只有音效的叠加，日常的吵闹与战争的喧嚣。两篇很长的采访在整部影片中交缠，一篇采访的是新闻记者约拉姆·卡尼尤克，另一篇采访的是核物理学家尤瓦尔·尼尔曼。

1948 年，卡尼尤克曾在战斗中负伤，他属于建立了以色列国的那一代人，但很快就与国家制度中隐含的宗教意识形态分道扬镳了。他在镜头面前揭露了这个国家对巴勒斯坦人的不公，形容说这是一个没有出路的悲剧——"我们是有道理的，他们也是有道理的"，他说——以色列社会的剧变看起来也让卡尼尤克深感不安，曾经的社会主义乌托邦如今变成了一个与美国有不少共同点的消费社会。

尤瓦尔·尼尔曼在影片拍摄时是特拉维夫大学的校长，他的立场有所不同：他强调了叙利亚和埃及对犹太国的仇恨，引用这两个国家的学校教科书中的片段，他看不到这两个民族和解的可能性或者和平解决争端的办法，他甚至声称巴勒斯坦人是阿拉伯人中"最聪明"的，因为他们和邻居犹太人交往最多……尼尔曼先是同时从事科学家与军人的职业（他也参加过 1948 年战争，但继续留在了军队里），然后在 20 世纪 70 年代末创建了自己的政党，拒绝遵从利库德集团承认的戴维营协议[*]的政策。

　　清真寺上的一弯新月，贝都因人[†]的营地，这些一贫如洗的牧羊人及其家人的影像——他们仅有的财产就是羊群——以及巴勒斯坦和以色列边境上某个过境点一辆正在被检查的巴士上的乘客。在这部 87 分钟的电影中，阿拉伯人的出现不过瞬间，让人对影片的视角不可能产生怀疑。战争及其受害者，日常生活，都是透过以色列人的视角去看的。尽管片中存在捍卫巴勒斯坦人的声音，但电影人并未让他们发出自己的声音。这就让观众的欲望得不到满足：这部电影没有明显的立场，变成了一连串用细弱的叙事线穿起来的影像。我们可以相信，这正是桑塔格追求的效果之一。她说这部电影同时是一首诗、一篇随笔和一曲哀歌，她想要"展示的是一次行动，而非一种状况"，展现"一道心理风景——同时也是现实风景与政治风景"。¹⁷³ 在剪辑时，她集中精力在那些能让人联想到战争、那些诉说着遗弃与死亡的影像上。与追求独家新闻的记者相反，她对那些与事变进程相关的东西弃之不顾。她是否想象自己是在把恩斯特·弗里德里希纸上的"向战争宣战"（弗里德里希 1924 年出版的摄影集的题目）^{‡174} 拍摄成电影，镜头在受害者们身上逗留不去，有时是沙漠中的一具具干尸，有时是出殡行列中悲泣的亲族，从而允许她的观众得到一次"典型的现代的"体验，从中"见证发生在另一个国度里的灾难"？¹⁷⁵

---

[*]　戴维营协议由埃及、以色列在美国斡旋之下于 1978 年签署。时任以色列总理的贝京是利库德集团出身，在该协议中，以色列在西奈半岛问题上做出了让步，承诺逐步撤军。——编注

[†]　贝都因人，阿拉伯人的一支，常年在西亚和北非荒原地带游牧。——编注

[‡]　恩斯特·弗里德里希（Ernst Friedrich），德国和平主义与无政府主义活动家，《向战争宣战》是他以"一战"恐怖景象为主题的摄影集。他于 1925 年在柏林建立了反战博物馆，该博物馆 1933 年在纳粹上台后被摧毁。

　　有五周时间，苏珊是这样度过的：在一辆小型巴士上，在多少算得上舒适的旅馆房间里。在战地那些漫长日子之后，她终于得到了片刻的睡眠。在这之后，苏珊又把夜晚的一部分时间用于创作事后的电影脚本——依据脚本才能进行剪辑，然后团队重新前往巴黎。筹措到了资金的妮科尔在那里等候着他们，而苏珊着手进行剪辑。

　　在短暂去纽约和意大利旅行以后，她们在妮科尔位于阿拉蒙的乡下住宅中度过了 1973 年底的时光，这是一个距离维莱-科特雷两公里远的小村子。苏珊当然带上了她的打字机，因为就像她正在写的短篇小说《旧怨重提》里说的："不幸的是，我从来不会不带上（打字机）就去乡下。我总是有一大堆进度落后了的工作要做。"[176]

　　四十一岁生日伊始，苏珊迎接的是很大程度上从财务危机中解放出来的一年。洛克菲勒基金会授予她一笔两万三千美元的奖金（相当于今天的十万美元），条件是她写完——根据申请书的条款——关于亚洲的文章。实际上，《中国旅行计划》跟先前出版的《河内行纪》，是她目前及将来写下的关于亚洲仅有的文章。

　　她最关心的是完成《应许之地》。她给这部纪录片收了尾，夏天，它同时在法美两国登上院线。剪辑与混音在 2 月 6 日结束，接下来的一周里，她和妮科尔到瑞士的克莱恩-蒙塔纳*做了数日的休憩。

　　这个月底，她重新登机飞往纽约，从那里开始了新一轮她已经开始痛恨的校园巡回讲座，这一次她跑遍了东西海岸。第一阶段是西海岸，去洛杉矶的南加利福尼亚大学，参加一个艺术电影节。人们请她做开幕致辞——她的题目是《表演艺术的当代革命》——还请她参与一场关于《食人族二重奏》的圆桌会议，这部电影在这次电

———————
*　该地海拔 1500 米，可以望到苏珊想要攀登的马特峰。——编注

影节也放映了。数日后，她在东海岸的宾夕法尼亚州又重复了一遍
这个流程，这次先是在穆伦堡学院，然后在布卢姆斯堡大学。

回到巴黎后，她重新开始写作。《宝贝》2 月刊登在《花花公子》
上：她对稿费感到满意，比其他杂志要高得多，但她还是下不了
决心打开这本刊物，[177] 而且她始终无法克服她的短篇小说被《纽约
客》退稿时的失望感。嚼舌根的人说主编威廉·肖恩多次退稿是因
为他觉得她的短篇小说写得无聊……这种说法并没有佐证。实际上
她的短篇写得太长，超过了四十页，到了可以独立成册的程度，不
光《宝贝》，《旧怨重提》和《杰基尔医生》也是如此，这两篇是她在
1974 年春天写的。《纽约客》是以刊载篇幅较长的小说而闻名的，但
这几篇已经严重超出了《纽约客》稿件的平均长度。这个技术上的不
便之处，和她对纽约文化圈的疏远，都让罗杰·斯特劳斯很难找到
地方发表她的短篇小说。这一系列短篇小说中的第一篇——《中国
旅行计划》，也遭到了肖恩的退稿，然后《花花公子》也拒绝刊登，
最后在 1973 年 4 月发表在《大西洋月刊》上。

无论如何，这位女作家仍在坚持。她热爱这种文体，它允许
她克服自身的空虚感，她将其看作一种能让自己的手指和精神都活
跃起来的方式，为投身下一部长篇小说的写作而热身。于是，她在
1973 年 7 月完成《宝贝》以后，在日记中写道："我也许应当再写两
年的短篇小说——写个十五或者二十篇——彻底做好准备，探索新
的道路，然后再动手写第三部长篇小说。"[178]

此外，在《宝贝》之后，于 1974 年秋天发表的《杰基尔医生》，
是一篇对著名的变身怪医杰基尔与海德关系的现代新编；《旧怨重
提》则是关于一个"组织"的讽刺文学，这个组织的运转方式受到犹
太人大流散的启发。这篇小说中，女性叙事者的大段独白列举了她
的各种抱怨，同时讲述了她在这个"组织"内部做译员的生涯，这个

职业不仅让她能够对"组织领导者"的各种发言做出分析，还让她通过翻译"组织"创建者们的文献了解到他们的故事。在整篇故事中，各种自传性质的事实和历史事实互相嵌接了起来：前者有她的童年回忆，与菲利普·里夫（在这里重新命名为克兰斯顿）的相遇，她的写作欲望；后者则以第二次世界大战与犹太人大屠杀为中心，尽管从未直接点明。

从这些小说中传出来的声音属于一位不知不觉中在向更加传统的小说形式靠拢的作家。她接受叙事应该结构清晰的观念，有时甚至遵守线性叙事，经常使用第一人称，并且允许自己使用自传体手法，无论是写实还是虚构。在远离"新小说"及其文体实验的同时，她确实成功缔造出了一种属于自己的风格，我们将会在她今后写作的两部长篇小说中辨认出这种风格。她达到了她的目标，甚至走得比那更远：她后来写的若干短篇变成了这一体裁的经典之作。

到了1974年春，她似乎无法长时间待在同一个地方了。她又一次从巴黎出发去纽约，再从纽约前往西海岸的加州大学伯克利分校举办讲座。然后，她跟评论家约翰·伯格、摄影师康奈尔·卡帕*一起参加了一个关于艺术与摄影的圆桌会议，这是一年一度在阿斯彭举办的国际设计大会框架内的活动。从那里，她又绕了一个弯去墨西哥看戴维，中途经过夏威夷看望父母，再次路过加州大学伯克利分校，然后重新回到纽约，最后是巴黎和欧洲，她在那里度过了整个夏天。

1974年初夏，《应许之地》在法国与美国上映了，但观众比苏珊

---

* 康奈尔·卡帕（Cornell Capa），传奇摄影师罗伯特·卡帕之弟，亦为摄影师，在20世纪60年代曾担任玛格南图片社社长。

那些剧情长片还要更加稀稀拉拉。保险起见，只排了很少的几个厅，这可能是出于政治原因，但更多是出于商业考虑，我们可以看出这部影片是被当作纪录片看待的。讽刺的是，尽管卡尼尤克在摄制中声称以色列是一个言论自由的民主国家，这部电影在以色列却被禁了。根据相关人士和若干专家的意见，这倒不是因为桑塔格可能会给巴勒斯坦人带来更多支持，而大概是因为在影片的最后一刻钟内，她拍摄了一名以色列医生在罹患创伤后应激障碍的士兵身上进行诊疗实验的情景……

尽管有些评论家把《应许之地》的美学风格与苏联的"真实电影"相比，特别是吉加·维尔托夫的《热情》——维尔托夫第一次在片中录制环境音效，[179] 但大部分人并未敏锐察觉作者想要达到的"诗歌"效果。影像的显现是"意料之中的"[180]——这指的是部分沙漠取景和关于阿拉伯人的陈词滥调——而很多人希望桑塔格能拿出一种更鲜明的态度。如果说美国出生的以色列评论家爱德华·格罗斯曼在她身上看到了一位"感到挫败的爱国者"，并为她未公开采取在纽约左翼圈子内风行的亲巴勒斯坦立场而感到惊喜不已，[181] 那么其他人则为她不肯表明立场而恼怒。[182] 那些了解 21 世纪初的苏珊·桑塔格的人则不会对此感到惊讶：尽管很明显她并不赞同以色列在占领区实行的政策，但她也很难做到公开谴责犹太国。当她获得耶路撒冷奖并令巴勒斯坦人权益的支持者们大为恼火的时候，她在领奖致辞——她在这篇致辞中反思了个体的责任与作家的责任孰轻孰重——中加入了一处关于"二战"沦陷时期的指涉："这里不可能实现和平，只要犹太人社群不停止在占领区建立定居点——除非用最快的速度拆除这些定居点并撤出驻扎在那里的负责保护定居者的军队。"[183]

这部电影 2010 年重映时获得重生，一年后又推出了 DVD。尽管如今看待片中影像的眼光已经略微有所不同——1974 年的时事见闻，2010—2011 年就是历史见证了——但人们对桑塔格立场的理解并无变化，或者不如说记者们现在能更轻松、更公开地谈论她面对这些事件时明显的暧昧立场，还有她的影片的叙事其实是以犹太社区为核心的。[184]

这种暧昧态度不只表现在政治问题上，从她的童年开始就露出了端倪。1947 年，在她十五岁时，她承认自己既不相信上帝，也不相信死后的世界。[185]在母亲去世后，戴维重申了她从来没有信仰过宗教，宗教在她的生活中没有扮演任何角色。[186]她从未遵守教规，这是毋庸置疑的。我们还记得她年幼时，在去纽约之前，全家人在周五晚上聚在一起，庆祝安息日的开始，而她的爱尔兰保姆罗丝赢得了和孩子们一起打扮圣诞树的权利。直到她第一次去欧洲旅行，她才在佛罗伦萨第一次走进了一间犹太礼拜堂。2003 年，作家乔纳森·萨福兰·弗尔*恳请她参与他正在计划写的一本关于"哈加达"†的书，但她拒绝了邀请，解释说她从来没有庆祝过犹太教的逾越节，对传统也毫无了解。她自称是"犹太人（大流散）"的一员，然后又补充说，这让她感到高兴，但她属于"百分百世俗化"[187]的类型。尽管如此，如何从哲学角度看待宗教问题，曾长时间地令她感兴趣。先是在哈佛大学，然后是在哥伦比亚大学，她都不仅去听由宗教学专家讲授的历史课与哲学课，还给大学一年级的学生讲此类课程。回到她自称属于犹太人"大流散"一分子这个话题上来，她经常把整个犹太社群拿来做比较：就像在《河内行纪》中，她把越南人民的殉道者气概与沉默寡言与犹太人相比，[188]而她在《关于"坎普"

---

*　乔纳森·萨福兰·弗尔（Jonathan Safran Foer），美国当代青年作家。他的小说《特别响，非常近》2011 年改编为电影。

†　哈加达，犹太教法典中的传说与逸事。

的札记》中也毫不迟疑地表态说"犹太人和同性恋构成了当前城市文化中最引人注目的少数族群创作者"。[189] 她现在写的两个短篇都重新涉及了这一题材：在其中一篇《旧怨重提》中，她的做法可以被读解为对犹太人移居美国经历的隐晦的描绘，而另一篇则在其中一个场景里让杰基尔医生在河滨大道（她本人居住的街道）上未加抵抗地目击了一出暴力袭击事件，被袭击者是一个"白发苍苍的老人……很可能是位学者，德国犹太移民，在哥伦比亚大学教书"，袭击者则是"另一名男性，年纪很轻，身材相当矮小，身穿黑色皮夹克"。[190]小说里并没有东西能让人联想到这是一出反犹暴力事件，除了对受害者的出场描述及施暴者那可疑的、毫无必要的狂暴行为……

　　档案中的最后一样东西，是在 1975 年，伯特·布里顿向她提出想把她的"自画像"也加入他已经享有盛名的收藏之中：在他给她的一张长方形纸上，苏珊引用了孔夫子的话——"为仁由己"——画了一颗大卫之星，签名并署了日期（1975 年 4 月）。画一颗大卫之星来代替自己的形象？很难忽略这个举动中的象征意义：桑塔格不放弃任何能强调自己身份的机会。[191]

　　苏珊 7 月末在那不勒斯和爱琴海群岛中的帕纳雷阿岛与利帕里岛度过，然后及时赶回纽约，见证水门事件后理查德·尼克松辞职直接引起的政坛动荡。这次辞职宣告了美国历史的一个时代的结束，这是一个后肯尼迪的时代、越战的时代，对苏珊而言，也是参政与斗争的时代。看到这位总统倒台而欢欣鼓舞的同时，她对接替尼克松、继任的副总统杰拉尔德·福特也并无幻想可言。她仅仅希望国内政策与国外政策能有更大的透明度。她并不感到吃惊，她一直认为美国政府以"老大哥"自居，她通过亲身经历知道电话窃听是联邦探员们的武器之一。[192]

河滨大道的公寓恢复了一部分旧日的风采：戴维回到家中，开始研究重新上学的可能性，母子俩重新开始出门散步，身旁经常有戴维领养的爱斯基摩犬努努，还有受到他们热情接待的过路友人。[193]

桑塔格有很多工作要做。继《拍摄美国》于4月发表之后，《摄影：美容》在11月也刊登了，同时《杰基尔医生》和《旧怨重提》也在秋天刊载了。尽管她还要趁势写完构成《论摄影》的第五篇文章《摄影对自身的探寻》，她还是停了下来，飞快地写成了《迷人的法西斯主义》。这是关于两部新近出版的著作的长篇书评，这是两件她想要在审判中提出的"物证"，受审的是那些屈服于希特勒政权的诱惑力的人。[194] "证物1号"是《最后的努巴人》，这是一部德国女性电影人莱妮·里芬施塔尔的摄影集，摄于她在南苏丹的努巴人部落中居住之时。里芬施塔尔的目标是和这个直至20世纪70年代初尚未接触到西方文明的民族一起生活。鉴于这位摄影师的身份，这种人类学的方法在有些人看来无异于偷窥；对很多人来说，这种手段更是可疑的：她一举成名是靠为纳粹德国拍摄了大量宣传影片，作为希特勒的亲信，她自战争结束后就一直陷入沉寂，法庭禁止她重执导筒。于是，现在她转向了摄影，她关于努巴人的图片报道是她最早出版的摄影集。《最后的努巴人》的英译本晚于德国版一年，于1974年在美国出版，马上就大获成功。这部摄影集展示的是一个永恒的非洲，一种浪漫化的视野。她对这些人的态度最起码也是屈尊俯就的，里芬施塔尔热衷于拍摄这些男人与女人的肖像照，从近处特写他们刺青的身体，赞美他们的"纯洁"与"质朴"，他们以一种最为自然的态度接纳这位摄影师进入了他们的社区。

在1966年收入《反对阐释》的随笔《论风格》中，桑塔格辩护说，在进行任何批评之前，形式和美学必须被纳入考虑，她认为不能仅仅从内容出发就否定作品。她为此举出的例子是《意志的胜利》

和《奥林匹亚》，这两部里芬施塔尔的电影被看作对希特勒及其政治理念的颂歌。这位女性评论家下结论说"内容……在形式之美面前黯然失色"，"艺术作品，只要还有称为艺术作品的资格，就不可能为某种事业服务，无论艺术家的意图为何"。[195] 她继续列出了一张可以作为例子的名单，其中包括荷马、莎士比亚和让·热内……

八年过去了，她现在抱有的并不是一模一样的观点。首先，在这本摄影集的序言中，撰文者对作者与希特勒的密友关系避而不谈，并且美化了作者作为电影人的履历，这令桑塔格勃然大怒。她于是致力于一步步追述里芬施塔尔作为艺术家的生涯，从早期在默片里饰演的角色，到那些一举成就了也毁掉了其声誉的影片。桑塔格想要论证的是，里芬施塔尔在拍摄那些纪录片时不可能不受益于纳粹最高领导人的保护与协助，她在一些由国家组织的官方大会中也放映了这些影片。

尽管怀疑撰写序言的就是摄影师本人，但她注意到企图为里芬施塔尔恢复名誉并抹杀历史的人越来越多了，因为"文化的轮子转动了"，现在对很多人来说，这其中的利害关系并不重要。[196] 现在更重要的是，涉事的艺术家还是一个女人，"如果要牺牲掉这唯一拍出了受到全世界称赞的电影的女性，那对于女性主义者们来说会是非常遗憾的"；可以从"美"的角度来看待她的作品，"美"这种价值在评论家们那里可是大有市场的，[197]《电影手册》的记者和《村声》的约翰·梅卡斯就是这类评论家……然而，尽管桑塔格并未质疑里芬施塔尔的才华或者其作品的趣味性，她在文章中仍然反复强调了里芬施塔尔对纳粹精神毫不动摇的忠诚及其思想的逻辑所在。与其他为里芬施塔尔的摄影处女作撰写评论的人不同，她在这项新的事业中看到的并不是转折点，而是里芬施塔尔旧日生涯的延续，其思想仍然是关于形体的完美、对性欲的节制、种族与文化的纯洁性，以及保护这种纯洁性不受外部影响（在这里应当理解为有害的影响）。简而言之，对苏珊来说，摄影师所做的不过是"将她在纳粹电影中的理想略做调整"，她的结论有一部分是出于对未来的恐惧："现在这种对莱妮·里芬施塔尔的去纳粹化处理和将她颂扬为侍奉美的顽强不屈的女祭司的做法……都不是什么好兆头，如果我们还想在自己身上保留分辨法西斯倾向的能力的话。"[198]

第二件证物是一本题为《党卫军标志》的口袋本，作者是某个叫杰克·皮亚的人，这是一本纳粹徽章、制服与典礼武器的图片合集。苏珊在这部书中看到的是"性幻想宝典"[199]（她顺带提到了封面设计特意做得让人联想起色情杂志——装饰条遮盖住了模特的关键部位；在这里，遮住的则是卐字标志），这令人想起党卫军在西方已经变成"一种对无拘无束的性冒险的指涉"。"长靴、皮革、锁链、铁十字架勋章，穿戴在闪闪发亮的肉体上，卐字标志，"她补充说，"已经跟屠夫的钩子与重型摩托一起变成了色情狂肯付大价钱的室内装饰。"考虑到性压抑是希特勒思想的要点之一，这当然是一种历史层面的曲解，但又与施虐-受虐狂的心理完美吻合，他们占有了这些标志与象征，并且将它们代表的戏剧性据为己有。

虽然桑塔格在文章的第二部分再度批判了这个时代的庸俗化，历史的转向导致遗忘，但关于这个问题，她在文章最后并没有得出任何结论，甚至她自己在文章最后也转向了对施虐-受虐心理及其起源的分析，最终忽略了这两篇文章所提出的关于纳粹主义与道德伦理的问题。她尽管身为大流散后的犹太人的一员，却并未表露个人立场，多年以来，她一直对自己继承的传统与自己在犹太人大流散中所处的位置抱有质疑。这是否因为，就像她借《旧怨重提》的女性叙事者之口所说的，"成为烈士的风险……从来（对她而言）就不是实实在在的，因为（她）生活在一个迄今为止尚未受到这种罪恶诱惑的国家"[200]，所以她并不认为自己有权利为这种苦难报复或者以它为借口，这种苦难从来就不是她的，也不是她的家人的？

桑塔格 1974 年底待在纽约，12 月，《时尚》杂志的编辑请苏珊和戴维在一篇由他们两人合写的文章中回答"是否有理由乐观看待1975 年"这个问题。

尽管母子俩强调了种种政治上的谬误与学术上的前后矛盾，但美国在他们看来始终是一个充满希望的国家，"很可能是这个星球上最自由的国度"，他们用来衡量这种自由的尺度是"政治、性向、性欲等取向上的"少数人群能得到多少出路。在他们看来，这个社会"对那些不同于主流的观念与人、对个人的怪癖与做出真正选择的权利"[201]抱有一种最大程度的宽容。而在这些社会福利当中，不令人意外的是，他们特别加以强调的是"最近十年是这样一个时期，在人类历史上还是头一次，有很大一部分女性（而女性代表的是一半的人类）终于拥有了独立自主的人生"。[202]

然而，母子俩并未放弃那条作为他们出发点的公理：大环境的悲观主义是一种审慎的乐观主义……他或者她大概都不准备放弃自己对美国政治的（严厉）批判立场，或者整个世界的政治状况，最终给读者留下了一种世界末日即将来临的印象，或者至少是读者所了解的那个世界很可能会终结，甚至必然会终结。[203]

作者注：

1. 苏珊·桑塔格，《我，及其他》。（同前，p. 63。）

2. 路易·马尔科莱尔，《人生是永恒的剧场》，《世界报》，1972 年 10 月 16 日。（ Louis Marcorelles, « La vie est un spectacle permanent », *Le Monde*, 16 octobre 1972. ）

3. 《苏珊·桑塔格：我会不会分析自己的电影？不！过去、现在、未来都不会。我不是批评家……》，《瑞典电影》杂志，1971 年第 2 期。（ « Susan Sontag : Si j'analyse mes propres films ? Mais non ! Ni avant, ni pendant, ni après. Je ne suis pas un critique…», *Cinéma en Suède*, n° 2, 1971, p. 21. ）

4. 苏珊·桑塔格，《食人族二重奏》，《题记》。（ S. Sontag, *Duet for Cannibals*, « Note », Farrar, Strauss & Giroux, 1969, s.p. ）

5. 《苏珊·桑塔格：我会不会分析自己的电影？不！过去、现在、未来都不会。我不是批评家……》。（同前，p. 18。）

6. 路易·马尔科莱尔，《人生是永恒的剧场》。

7. 同上。

8. 雅克·多尼奥尔－瓦尔克罗兹，《情侣吞食情侣》，《快报》，1972 年 10 月 16 日——22 日。（ Jacques Doniol-Valcroze, « Couple cherche couple pour le manger », *L'Express*, 16-22 octobre 1972. ）

9. 《苏珊·桑塔格谈拍电影的感受》，《时尚》，1974 年 7 月。（ « Susan Sontag tells how it feels to make a movie », *Vogue*, juillet 1974, p. 84. ）

10. 同上。

11. 给罗杰·斯特劳斯的信，1968 年 11 月 9 日，FSG出版社档案，纽约公共图书馆。

12. 《食人族二重奏》。

13. 特别是在玛丽安·亚历山大编的《切·格瓦拉万岁！向厄内斯托·"切"·格瓦拉致敬》中（ *Viva Che! Contributions in tribute to Ernesto 'Che' Guevara*, édité par Marianne Alexandre, éd. Dutton, 1968, p. 114 ）；也可参看《苏珊·桑塔格日记》第II卷。（同前，p. 272。）

14. 苏珊·桑塔格，《浅谈（我们）热爱古巴革命的正确方式》，《壁垒》杂志，1969 年 4 月。[S. Sontag, « Some Thoughts on the Right Way (for us) to

Love the Cuban Revolution », *Ramparts*, avril 1969, p. 10.]

15. 苏珊·桑塔格,《浅谈（我们）热爱古巴革命的正确方式》。(同前, p. 18。)
16. 同上。
17. 《华盛顿邮报》, 1971 年 5 月 27 日, A31 页。
18. 理查德·伯恩斯坦,《苏珊·桑塔格：形象与本人》,《纽约时报》, 1989 年 1 月 26 日。(Richard Bernstein, « Susan Sontag, as Image and as Herself », *New York Times*, 26 janvier 1989.)
19. 胡安·戈伊蒂索洛在内斯托尔·阿尔门德罗斯 1984 年导演的电影《失当行为》中的证词。
20. 苏珊·桑塔格,《浅谈（我们）热爱古巴革命的正确方式》。(同前, p. 18。)
21. 苏珊·桑塔格在《失当行为》中的证词。
22. 苏珊·桑塔格, FBI 档案, 1969 年 2 月 25 日的报告。
23. 《苏珊·桑塔格日记》第 II 卷。(同前, p. 285。)
24. 《食人族二重奏》。
25. 苏珊·桑塔格,《瑞典来信》,《壁垒》杂志, 1969 年 7 月号。(« lettre de Suède », *Ramparts*, juillet 1969, pp. 23-38.)
26. 路易·马尔科莱尔,《人生是永恒的剧场》。
27. 发生在 1968 年 9 月 20 日。
28. 苏珊·桑塔格,《瑞典来信》。(同前, p. 26。)
29. 同上。(p. 28.)
30. 雅克·多尼奥尔-瓦尔克罗兹,《情侣吞食情侣》。
31. 苏珊·桑塔格,《瑞典来信》。(同前, p. 23。)
32. 《苏珊·桑塔格：我会不会分析自己的电影？不！过去、现在、未来都不会。我不是批评家……》。
33. 理查德·弗里德曼,《就像在无比严肃的鸡尾酒会上聊天》,《华盛顿邮报》, 1969 年 4 月 20 日。(Richard Freedman, "Like talk at a terribly serious cocktail party", *The Washington Post*, 20 avril 1969, p. 274.)
34. 弗农·扬的全文中遍布这些形容词（以及更多）:《社会主义坎普：激进的妄想》,《哈得孙评论》, 1969 年秋。(Vernon Young, « Socialist Camp : a Style of Radical Wistfulness», *The Hudson Review*, automne 1969, pp. 513-520.)
35. 马丁·多兹沃思,《识字的好处》,《邂逅》杂志, 1970 年 6 月。(Martin

Dodsworth, «Uses of Literacy », *Encounter*, juin 1970, p. 75.)

36. 《激进意志的样式》。(同前, p. 203。)

37. 埃米尔·卡普亚的《忠诚的时代》特别强调了这一点，载于《星期六评论》，1969 年 5 月 3 日。(Emile Capouya, « Age of Allegiance », *Saturday Review*, 3 mai 1969, p. 29.)

38. 梅尔·古索的报道，《食人族二重奏》，《印度时报》，1969 年 10 月 11 日。(Mel Gussow, «Duet for Cannibals», *The Times of India*, 11 octobre 1969, p. 6.)

39. 《苏珊·桑塔格日记》第II卷。(同前, p. 242。)

40. 给乔·蔡金的信，无日期，蔡金档案，肯特州立大学档案收藏。

41. 给罗杰·斯特劳斯的信，1969 年 8 月 5 日，FSG出版社档案，纽约公共图书馆。

42. 美国公共电视台 (PBS) 的纪录片。这个节目可以在PBS的网络上找到。

43. 莫莉·哈斯凯尔，《电影：食人族二重奏》，《村声》，1969 年 10 月 30 日。(Molly Haskell, « Film : Duet for Cannibals », *Village Voice*, 30 octobre 1969.)

44. 文森特·坎比，《戛纳之歌：所有骚动都去了哪里?》，《纽约时报》，1969 年 5 月 25 日。(Vincent Canby, «Cannes Song : Where Have all the Riots Gone ? », *New York Times*, 25 mai 1969, D1, p. 20.)

45. 文森特·坎比，《纯真，不再》，《纽约时报》，1969 年 10 月 5 日。(Vincent Canby, « Innocent, no Longer », *New York Times*, 5 octobre 1969, D1, p. 20.)

46. 罗杰·格林斯庞，《苏珊·桑塔格的〈食人族二重奏〉，电影节报道》，《纽约时报》，1969 年 9 月 25 日。(Roger Greenspun, « Susan Sontag's *Duet for Cannibals*, at Festival », *New York Times*, 25 septembre 1969, p. 51.)

47. 艾伦·罗斯，《关于食人族》，《纽约时报》，1969 年 12 月 14 日。(Ellen Rose, « On Cannibals », *New York Times*, 14 décembre 1969, p. D19.)

48. 梅尔·古索，《苏珊桑塔格谈电影摄制》，《纽约时报》，1969 年 10 月 3 日。(Mel Gussow, « Susan Sontag Talks about Filmmaking », *New York Times*, 3 octobre 1969, p. 36.)

49. 在《苏珊·桑塔格日记》的法译本中 (1972 年 7 月 21 日, 第 374 页)，"不可理解" (unassimilable) 被翻译成"无法接受" (irrecevable)，这种更书面化的用词在笔者看来，违背了英文要表达痛彻肺腑的原意。

50. 给乔·蔡金的信，1969 年 12 月 29 日，蔡金档案，肯特州立大学档案收藏。

51. 《苏珊·桑塔格日记》，1972 年 7 月 21 日。(同前，p. 374。)

52. 《心问》，《我，及其他》。(同前，p. 61。)这个短篇首发在《美国评论》(*American Review*) 1973 年 9 月第 18 期，后由克莱尔·马尔鲁(Claire Malroux)翻译成法语，载于 1975 年 9 月 5 日的《新文学》(*Les Lettres nouvelles*)，题为《探问》(« Enquête »)。

53. 同上。(p. 64.)

54. 《苏珊·桑塔格日记》第 II 卷，1970 年 2 月 17 日。(同前，p. 305。)

55. 同上。(p. 293.)

56. 同上。(p. 296.)

57. 给罗杰·斯特劳斯的信，1970 年 6 月 25 日，FSG 出版社档案，纽约公共图书馆。

58. http://www.cinematheque.fr/uk/museum-and-collections/actualite-collections/actualite-patrimoniale/reperages-photographies-resnais.html.

59. 苏珊·桑塔格，《卡尔兄弟》。(S. Sontag, *Brother Carl*, Noonday, 1974, p. IX.)

60. 同上。(p. XI.)

61. 《戛纳大迁移》，《综艺》，1966 年 5 月 6 日。(« Big Cannes Exodus », *Variety*, 6 mai 1966, p. 4.)

62. 雷克斯·里德，《我如何去了戛纳并度日如年》，《洛杉矶时报》，1970 年 6 月 21 日。(Reed, Rex, «How I went to the Cannes film festival and hated every minute of it », *Los Angeles Times*, 21 juin 1970, p. 32.)

63. 给罗杰·斯特劳斯的信，1970 年 6 月 25 日，FSG 出版社档案，纽约公共图书馆。

64. 利蒂西娅·肯特，《苏珊·桑塔格为何拍电影?》，《纽约时报》，1970 年 10 月 11 日。(Leticia Kent, « What Makes Susan Sontag Make Movies ? », *New York Times*, 11 octobre 1970.)

65. 苏珊·桑塔格，《卡尔兄弟》。(同前，p. XI。)

66. 同上。(p. VII.)

67. 给罗杰·斯特劳斯的信，1971 年 2 月 25 日，纽约公共图书馆档案。

68. 《苏珊·桑塔格日记》第 II 卷。(同前，p. 351。)

69. 关于《女宾》改编的笔记，UCLA 档案。

70. 苏珊·桑塔格，《关于妇女解放的思考(问卷答复)》，《现代》杂志，1972

年 12 月第 29 期。(S. Sontag, «Réflexions sur la libération des femmes», *Les Temps Modernes*, traduit par Gérard Durand, n°29, décembre 1972, pp. 942-943.)

71. 同上。(p. 942.)

72. 卡罗琳·埃尔布兰，《说到苏珊·桑塔格》。

73. 同上。

74. 雅克·多尼奥尔－瓦尔克罗兹，《情侣吞食情侣》。

75. 安·加斯佩里，《苏珊·桑塔格，或拍摄斗争电影的冒险》。

76. 利蒂西娅·肯特，《苏珊·桑塔格为何拍电影?》。

77. 苏珊·桑塔格，《瑞典来信》。(同前，p. 29。)

78. 发表于 1971 年 3 月。

79. 视频可以在线观看：https://www.youtube.com/watch?v=tXM6KuD8ZNI
（2014 年 4 月的链接），或购买 DVD：*Town Bloody Hall*，1979 年，88 分钟。

80. 《苏珊·桑塔格在 92Y》(«Susan Sontag at 92Y»)，1992 年 4 月 16 日，
https://soundcloud.com/brainpicker/the-project-of-literature（2014 年 4 月链接）。

81. 利蒂西娅·肯特，《苏珊·桑塔格发话了》，《纽约时报》。(Leticia Kent, «Susan Sontag Speaks up », *op. cit.*, p. 86.)

82. PEN 是"诗人、散文家、小说家"(Poets, Essayists, Novelists) 的首字母缩写。

83. 路易·马尔科莱尔，《夏乐官影展的 15 名导演》，《世界报》，1971 年 6 月 11 日。(Louis Marcorelles, « La Quinzaine des Réalisateurs au Palais de Chaillot », *Le Monde*, 11 juin 1971.)

84. 雅克·西斯利耶，《双子》，《世界报》，1973 年 1 月 27 日。[Jacques Siclier, « Brother Carl (Les Gémeaux) », *Le Monde*, 27 janvier 1973.]

85. 亨利·沙皮耶，《双子》，《战斗报》，1973 年 1 月 24 日。(Henri Chapier, « Les Gémeaux », *Combat*, 24 janvier 1973.)

86. 乔治·莫斯科维茨的文章特别强调了这一点，《综艺》，1971 年 5 月 19 日。(p. 26.)

87. 罗杰·格林斯庞，《银幕：〈卡尔兄弟〉》，《纽约时报》，1972 年 8 月 12 日。(Roger Greenspun, « Screen : *Brother Carl*», *New York Times*, 12 août 1972, p. 18.)

88. 给乔·蔡金的信，1971 年 5 月 18 日，蔡金档案，肯特州立大学收藏。

89.　利蒂西娅·肯特,《苏珊·桑塔格为何拍电影?》。

90.　《苏珊·桑塔格日记》第 II 卷。(同前, p. 395。)

91.　同上。(p. 396.)

92.　给罗杰·斯特劳斯的信, 1971 年 2 月 25 日, FSG 出版社档案, 纽约公共
　　图书馆。

93.　给乔·蔡金的信, 1971 年 5 月 18 日, 蔡金档案, 肯特州立大学收藏。

94.　给乔·蔡金的信, 1971 年 6 月 26 日, 蔡金档案, 肯特州立大学收藏。

95.　见http://www1.rothschildarchive.org/genealogy/。

96.　莫妮克·德·罗斯柴尔德在她的书《如果我记性好……》里追述了她们逃
　　脱与加入抵抗运动的过程。(Monique de Rothschild, *Si j'ai bonne mémoire...*,
　　éditions Monelle Hayot, 2001.)

97.　苏珊·桑塔格,《致敬》, 收录于多米尼克·派尼主编《妮科尔·斯黛芬》。
　　(S. Sontag, «Hommage», dans *Nicole Stéphane*, sous la direction de Dominique
　　Païni, éd. de la Cinémathèque française, 1999.)

98.　瑞·诺盖拉,《让-皮埃尔·梅尔维尔谈电影》。(Rui Nogueira, *Le Cinéma
　　selon Jean-Pierre Melville*, Seghers, 1974.)

99.　乔治·弗朗叙,《居里先生与夫人》(*Monsieur et Madame Curie*), 短片拍
　　摄于 1953 年, 1956 年上映 (片中妮科尔·斯黛芬不仅扮演了玛丽·居里,
　　还为这位女科学家的日记片段配了画外音)。

100.　参见妮科尔·斯黛芬和 Peter Kravanja 的对谈, 见《维斯康蒂, 普鲁斯特的
　　读者》。(*Visconti, lecteur de Proust*, éd. Portaparole, 2004, pp. 55-60.)

101.　从苏珊·桑塔格给乔·蔡金的一封信中摘出的细节, 1971 年 6 月 26 日,
　　蔡金档案, 肯特州立大学收藏。

102.　埃莱娜·波尼亚托夫斯卡,《我想做一个更明智的人, 但这是自讨苦吃》,
　　《每日新闻报》, 2004 年 12 月 30 日。(E. Poniatowska, « Quiero ser mas
　　sabia, por eso me hago las cosas difficiles », *La Jornada*, 30 décembre 2004.)

103.　苏珊·桑塔格,《论保罗·古德曼》,《土星照命》。(S. Sontag, « A propos
　　de Paul Goodman », *Sous le signe de Saturne*, p. 11.)

104.　瑟伊出版社的来信, 1974 年 7 月 19 日, FSG 出版社档案, 纽约公共图书馆。

105.　有趣的是, 最近出现了一部纪录片,《加拉帕戈斯群岛事件》(*L'Affaire
　　des Galápagos*), 导演是 Dayna Goldfine 和 Dan Geller (2014 年春上映)。

106. 苏珊·桑塔格,《走近阿尔托》,《纽约客》, 1973 年 5 月 19 日。(S. Sontag, « Approaching Artaud », *New Yorker*, 19 mai 1973, p. 41.)

107. 同上。(p. 42.)

108. 海伦·韦弗,《觉醒者：关于凯鲁亚克与 20 世纪 50 年代的回忆录》。(Helen Weaver, *The Awakener. A Memoir of Kerouac and the Fifties*, City Light Books, 2009, p.166.)

109. 苏珊·桑塔格,《土星照命》。(同前, pp. 14-15。)

110. 同上。(p. 18.)

111. 同上。

112. 同上。(pp. 18-19.)

113. 同上。(p. 20.)

114. 利蒂西娅·肯特,《苏珊·桑塔格为何拍电影?》。

115. 利蒂西娅·肯特,《苏珊·桑塔格发话了》。(同前, p. 132。)

116. 请愿书的文本由艺术史学家芭芭拉·李·D. 戴蒙斯坦 (Barbara Lee D. Diamonstein) 签署。《我们堕过胎》,《女士》, 1972 年春。(« We had an abortion », *Ms*, printemps 1972, pp. 34-35.)

117.《新观察家》, 1971 年 4 月 5 日, 第 334 期。

118. 乔纳森·B. 因伯,《菲利普·里夫：一段个人回忆》,《社会》杂志第 44 卷, 2006 年 11—12 月号第 1 期。(Jonathan B. Imber, « Philip Rieff : A Personal Remembrance », *Society*, vol. 44, n° 1, novembre-décembre 2006, p. 75.)

119. 苏珊·桑塔格,《关于妇女解放的思考 (问卷答复)》。(同前, p. 910。)

120. 同上。(p. 918.)

121. 同上。(p. 924.)

122. 同上。(p. 912.)

123. 同上。(p. 915.)

124. 同上。(p. 921.)

125. 同上。(p. 933.)

126. 伊丽莎白·哈德威克,《认识桑塔格》,《时尚》, 1978 年 6 月。(Elizabeth Hardwick, « Knowing Sontag », *Vogue*, juin 1978, p. 185.)

127. 苏珊·桑塔格,《衰老的双重标准》,《星期六评论》, 1972 年 9 月 23 日。(Susan Sontag, « The Double Standard of Aging », *The Saturday Review*, 23

septembre 1972, p. 31.）

128. 苏珊·桑塔格,《衰老的双重标准》。(同前，p. 32。)

129. 同上。(p. 38.）

130. 苏珊·桑塔格,《美：下一步将如何改变?》,《时尚》, 1975 年 5 月。(S. Sontag,«Beauty : How Will It Change Next ?», *Vogue*, mai 1975, pp.116-117, 174.）

131. 苏珊·桑塔格,《女性之美：是贬低，还是力量源泉?》,《时尚》, 1975 年 4 月。(S. Sontag, « A Woman's Beauty : Put-Down Or Power Source ? », *Vogue*, avril 1975, p. 119.）

132. 苏珊·桑塔格,《女性：平权是否可能?》,《时尚》, 1976 年 7 月。(S. Sontag, «Women : Can Rights be Equal ? », *Vogue*, juillet 1976, p. 101.）

133. 苏珊·桑塔格, FBI 档案, 1972 年 3 月 6 日的报告。

134.《苏珊·桑塔格日记》第 II 卷。

135. 给罗杰·斯特劳斯的信, 1972 年 10 月 23 日，FSG 出版社档案，纽约公共图书馆。

136.《土星照命》。(同前，p. 20。)

137.《苏珊·桑塔格日记》第 II 卷。(同前，pp. 400-401。)

138. 苏珊·桑塔格,《中国旅行计划》。(同前，p. 25。)

139. 海伦·韦弗的便笺，无确定日期，UCLA 档案。

140. 苏珊·桑塔格,《中国旅行计划》。(同前，p. 13。)

141. 同上。(p. 36.）

142. 同上。(p. 39.）

143.《苏珊·桑塔格日记》第 II 卷。(同前，p. 401。)

144. 他们的启程成了《纽约时报》1973 年 1 月 16 日一篇短文的内容。

145. 埃塞尔·佩恩,《所以这就是中国》,《芝加哥保卫者报》, 1973 年 2 月 17 日。(Ethel Payne, « So This Is China », *Chicago Defender*, 17 février 1973.）

146. 埃塞尔·佩恩,《所以这就是中国》,《芝加哥保卫者报》,1973 年 3 月 3 日。

147.《苏珊·桑塔格日记》第 II 卷。(同前，p. 393。)

148.《时报》, 1965 年 2 月 12 日、16 日。[*The Times* (San Mateo, California), 12 et 16 février 1965.]

149. 吉恩·亨特尔,《苏珊·桑塔格，一个不同寻常的女儿》,《火奴鲁鲁广告商报》, 1971 年 7 月 12 日。(Gene Hunter, « Susan Sontag, a very special

daughter », *Honolulu Advertiser*, 12 juillet 1971.)

150.《苏珊·桑塔格日记》第Ⅱ卷。(同前，p. 359。)

151.《巴黎评论：访谈录》。

152.《论摄影》。(同前，p. 17。)

153. 同上。(p. 25.)

154. 同上。(p. 21.)

155. 同上。(p. 30.)

156. 同上。(p. 37.)

157. 同上。(p. 38.)

158. 同上。(p. 49.)

159. 同上。(p. 62.)

160. 同上。(p. 56.)

161. 同上。(p. 65.)

162. 同上。(p. 66.)

163. 同上。(p. 58.)

164.《苏珊·桑塔格在为时两日的项目中》，《本宁顿旗报》，1973 年 3 月 30 日。
(« Susan Sontag in two days of programs », *Bennington Banner*, 30 mars 1973.)

165. 卡米尔·帕利亚，《妖妇淫娃》。(Camille Paglia, *Vamps & Tramps*, Vintage
Books, 1994, pp. 348-349.)

166.《苏珊·桑塔格日记》第Ⅱ卷。(同前，p. 83。)

167. 同上。(p. 400.)

168. 同上。

169. 见《一种关注，英迪拉·甘地》(*Un certain regard*)，让-克洛德·贝尔热
雷导演，1974 年 8 月 31 日播出。

170. 苏珊·桑塔格，《〈滚石〉杂志采访合集》。(S. Sontag, *The Complete
Rolling Stone Interview*, pp. 68-69.)

171. 卡米尔·帕利亚，《妖妇淫娃》。(同前，p. 349。)

172. 安娜·夏皮罗，《苏珊·桑塔格在本宁顿》，《本宁顿旗报》，1973 年 10 月
11 日。(Anna Shapiro, « Susan Sontag at Bennington », *Bennington Banner*,
11 octobre 1973, p. 4.)

173.《苏珊·桑塔格谈拍电影的感受》。(同前，p. 118。)

174. 桑塔格在《关于他人的痛苦》中提到了这个项目。(pp. 22-23.)

175. 同上。(p. 26.)

176.《我，及其他》。(同前，p. 142。)

177. 给罗杰·斯特劳斯的信，1974 年 2 月 6 日，FSG 出版社档案，纽约公共图书馆。

178.《苏珊·桑塔格日记》第 II 卷。(同前，p. 400。)

179. 持此论者以 Jonathan Rosenbaum 为最，可见 http://www.jonathanrosenbaum. net/2011/01/promised-lands/。

180. 乔伊·古尔德·博尤姆，《导演宝座上的女性》，《华尔街日报》，1974 年 7 月 8 日。(Joy Gould Boyum, «Women in the Director's Chair », W*all Street Journal*, 8 juillet 1974.)

181. 爱德华·格罗斯曼，《苏珊·桑塔格的以色列》，《评论》，1974 年 10 月。(Edward Grossman, «Susan Sontag's Israel», *Commentary*, octobre 1974, p. 79.)

182. 吉恩·西斯克尔，《更多女性电影》，《芝加哥论坛报》，1973 年 9 月 13 日。(Gene Siskel, « A few more femme films », *Chicago Tribune*, 13 septembre 1973, p. B10.)

183.《同时》。(同前，p. 191。)

184. 迈克尔·阿特金森，《选集中的桑塔格的〈应许之地〉》，《村声》，2010 年 2 月 2 日。(Michael Atkinson, « Sontag's Promised Lands at Anthology », *The Village Voice*, mardi 2 février 2010.)

185.《苏珊·桑塔格日记》，1947 年 11 月 23 日。

186. 苏西·汉森，《与里夫相遇》。

187. 给乔纳森·萨福兰·弗尔的电子邮件，2003 年 5 月 27 日，桑塔格档案，UCLA。

188.《河内行纪》。(同前，p. 79。)

189.《作品在说话》。(同前，p. 447。)

190.《我，及其他》。(同前，p. 259。)

191. 伯特·布里顿，《自画像：画自己之书》。(Burt Britton, *Self-portrait. Book People Picture Themselves*, Editions Random House, 1976, p. 135.)

192. 苏珊·桑塔格对此的声明刊登在 *Ex-*, 1974 年第 3 期。

193. 对此可以参照史蒂夫·沃瑟曼的见证，《我脑海中的声音》，2013 年 10 月

11 日。（Steve Wasserman, « The Voice in My Head », Yale Books *Unbound*, 11 octobre 2013.）该文亦可见耶鲁大学出版社的博客，http://blog.yalebooks. com/2013/10/11/the-voice-in-my-head-steve-wasserman-on-susan-sontag/。

194.《迷人的法西斯主义》1975 年 2 月 6 日发表于《纽约书评》，并被收入《土星照命》。（同前，pp. 91-130。）

195.《论风格》，《作品在说话》。（同前，p. 50。）

196.《迷人的法西斯主义》，《土星照命》。（同前，p. 104。）

197. 同上。（p. 105.）

198. 同上。（p. 120.）

199. 同上。（p. 124.）

200.《我，及其他》。（同前，p. 139。）

201. 苏珊·桑塔格与戴维·里夫，《关于乐观主义的笔记》，《时尚》，1975 年 1 月。（S. Sontag & D. Rieff, « Notes on Optimism », *Vogue*, janvier 1975, p. 148.）

202. 同上。

203. 同上。（p. 154.）

诠解自我

1975 年—1980 年

> 我是一个职业性的陌生人。[1]

1975 年初，她又在法国了，这次住在卡马尔格，然后去了巴黎，在那里写作，想要完成她关于摄影的系列随笔，同时构思下一部小说。2 月，关于德国电影人莱妮·里芬施塔尔作品的分析《迷人的法西斯主义》终于在《纽约书评》上刊出。这篇文章的核心是艺术家的政治介入问题，还有这种介入会导致艺术家的作品受到怎样的评判：里芬施塔尔首先是凭借她那些颂扬纳粹政党的电影为人所知。这篇文章的后续反应让人仿佛回到 20 世纪 60 年代《关于"坎普"的札记》及其他收入《反对阐释》的文章发表后引起的激烈论战。在他发表于《纽约时报》[2] 的回应《迷人的法西斯主义》的文章开头，记者希尔顿·克雷默引用了《论风格》的一段话，苏珊当时举出里芬施塔尔的电影作为例子，用来为形式高于内容辩护。他的意图是着重指出她最新的文章的态度发生了大转弯。克雷默对桑塔格所表现出来的盲目和恍如完全失忆感到迷惑，无论她是否有清醒认识，她都在抹去自己从前的观点，这些观点曾经在评论界为她建树起持久的声名。"一个人可以因为一种观点出名并被歌颂，然后因为相反的观点再出名一轮吗?"这是克雷默提出的问题。

不过整体而言，他还是对桑塔格的思维方式表示了赞同，甚至希望通过这篇及她的其他类似路线的文章的效应，一场关于艺术形式甚或关于艺术本身的讨论能够展开。阿德里安娜·里奇*可不这么宽宏大度，她在这篇文章发表一个月后也参与了评论，反驳了这被桑塔格塞进某个自然段里的一句短短的恶意的话："如果要牺牲掉这唯一一拍出了受到全世界称赞的电影的女性，那对于女性主义者们来说会是非常遗憾的。"[3]里奇是女性主义诗人与散文家，她的人生历程与桑塔格颇具相似之处——同样嫁给一位哈佛大学教授，生育三个子女，后来离婚，并公开承认了自己的同性恋取向——她知道自己的抗议不会毫无反响。她在自己的回应文章的前两个自然段成功地反驳了苏珊对女性主义阵营的上述指控，然后借此机会开始对苏珊的作品发表评论，特别是《第三世界的妇女》，苏珊在答复《自由》杂志的问卷时用的就是这个题目，全文用英语发表在《党派评论》上。诗人就像她代表的众多女性一样，在开始读桑塔格的这篇文章时满怀希望，想要从中读到桑塔格对女性主义原则的肯定，将其作为一种公开的信仰皈依，令女性主义话语得到新生，就像她不久前的一些文章令人预感到的那样。但这种希望破灭了，她解释说："很多女性在读到这篇文章之前已经开始对桑塔格的新作另眼相看，想要从中读到对女性主义价值观的深刻思考与探讨……大家仅仅是出于好奇，想看到这位女性的精神世界是如何与一种更深刻的复杂性互相融合，因为情感上的洞见而变得更加明晰，然而这篇文章实际上却不是这样。"[4]

《纽约书评》接下来在阿德里安娜·里奇的信之后又刊出了苏珊

---

*　阿德里安娜·里奇（Adrienne Rich），美国著名女诗人。著有诗集《潜入沉船》《二十一首恋歌》，非虚构作品《女人所生：作为体验与成规的母性》等。

的回应，开头先是评价这位同行的文章太"抬举"（flattering）她了，也太"严苛"（censorious）了，然后逐条反驳了里奇的论点，最后的结论部分针对的是在她看来这次批判的核心所在：她作为女性主义者的政治介入。对桑塔格而言，这个问题的形式有所不同：她在里奇的信中觉察到了一种"反智主义"，这曾经是，现在仍然是某种女性主义辩论方式的标志。正是这种态度促使她与女权运动保持了一定距离："我不认为我是这种女权运动的一分子，它崇尚一种过时且危险的、理性（"对才智的锻炼"）与感性（感性的现实）的二元对立。对我来说，恰恰是这种对才智的规范性效用的平庸贬低（这种效用不可避免地要承认道德诉求的多元性，它赋予权利与激情，导致踌躇与超脱），才是法西斯主义的根源之一——这就是我想在关于里芬施塔尔的辩论中阐述的东西。"[5] 苏珊对这次论战并不感到愉快，特别是因为担心自己的回应会给她带来一些不受欢迎的"朋友"，那些人看到她与里奇兵戎相见只会兴高采烈，里奇作为"激进的女同性恋者"在某些圈子里是被人看不惯的……按照这次稿件发表后她所收到的工作邀约来判断，她是无法欺骗自己的：甚至连在铜版纸上印着"艺术与休闲"字样的保守派杂志都来向她约稿了，请她谈一谈"妇女解放运动之影响美国大众文化演变二三事"……[6]

然而在幕后，阿德里安娜·里奇做了体面的补救，她提议两人在远离《纽约书评》专栏的地方见面："我很确定我们能处得比现在更好。我很想见您一面，在《纽约书评》版面以外的世界。实际上，尽管这么想大概已经太迟了，我还是希望当初我没有把信寄给杂志社，而是先直接给您本人写信，探讨存在于我们之间的真实、鲜明的观点差异。说不定我们现在这么做还来得及。"[7] 苏珊从巴黎回信表示同意。历史没有记载这次会面后来是否成真[8]：她们两人有许多共同的朋友，其中有莉莉·恩格勒，苏珊与她在纽约是邻居，并且经常在相同的刊物合作，所有这些都使她们碰面的机会大大增加。

　　然而"里芬施塔尔"这一节还没有结束。9月，出现了最后一次对她的批判，这次是来自大卫·欣顿，一位研究两次世界大战之间德国电影的专家，他正在酝酿一部关于里芬施塔尔的专著。[9]他谴责桑塔格没有注明资料出处，导致很多不准确与失实的信息四下流传，在他看来，这在很大程度上使她的分析无效了。文章的语气尖酸刻薄，是那种教授纠正学生在初步研究中的不严谨之处时勃然大怒的语气……就像回应先前出现的批评一样，桑塔格对此的回应是温和的。她承认了自己的错误，但反驳了她的随笔需要重新被质疑的观点，因为对她来说，"在事实与观点之间存在着差异"[10]：任何被纠正的事实细节都无法推翻她所捍卫的观点，因为"事实"是里芬施塔尔的电影构成了纳粹宣传的武器库的一部分，而且导演本人同意且参与其中。这次的文章和论战一直持续到1976年，与FSG等出版社有广泛联系的、移居巴黎的美国文学经纪人米歇尔·拉波特，代表克里斯蒂安·布尔古瓦出版社向苏珊提出一个建议：出版一本小册子，把她的原文和里奇、欣顿的信件还有她的回复都收进去。这事最后没有成，但这是她与这家出版社的初次接触，后来她最终离开瑟伊出版社，克里斯蒂安·布尔古瓦就成了她的法国出版社。[11]

　　短暂在罗马住了一个时期后，桑塔格在阿拉蒙村妮科尔处住了几天，然后重新来到巴黎，最后在同一个月月底回到纽约。在那里等着她完成的是其他的采访、若干次的出差；最重要的还是她关于摄影的文集的出版，这引起了很多人的兴趣，因为这些文章还没有全部写完。在与记者们的访谈中，她保留了悬念。1974年11月底，她在杂志上发表了第五篇关于摄影的随笔，并宣布文集的出版。罗杰重新谈了之前关于中国游记的合同，修改后的合同得以给她留出充分考虑新项目进展的时间。根据她的计划，要完成这部集子，"只"剩下两篇文章要写了。

尽管距离完成目标只有一步之遥，她仍然抱有疑虑。她没法不赞同克雷默的观点——她的某些文字跟她以前的立场前后矛盾，她没有办法装作无视这一点。她已经被记者描述为"活着的传奇"，她从未如此处于聚光灯下，说出的最微不足道的一句话也会被审视，被剖析，当然还会被公开评论。对这些显而易见的自相矛盾持默认态度，不是一个行得通的选择，她觉得有必要解释："并不是我改变了观点。改变的是客观条件。"是哪些"客观条件"？首先，由于被封禁或无法查阅的档案重新开放，历史学家关于第二次世界大战有了新的发现，"社会主义"或"共产主义"国家在政治上也发生了演变。对桑塔格而言，20 世纪 70 年代和 80 年代是发生思想转变的年代，是与理想决裂的年代，无论是卡斯特罗主义、越南北方人，还是苏联式的理想。这些在她这个时期的文章中留下了许多痕迹。还存在同样多的她"自相矛盾"的证据，这让她的批评者们狂喜不已，他们将各种新奇的指称加诸她身上，其中有"女才子"——此处指的是她对欧洲（或者不如说是法国）知识分子邯郸学步；"好管闲事的墙头草""好为人师"……美国大学学院派知识分子在这方面的鄙视之情简直没有限度，而且这么多年以来，他们当中只有很少几位艺术家是敢于同时跨大西洋两岸参加活动的。还有，苏珊在描述弗朗西斯·培根的处境时大概是带着欣羡之情的，这位画家迄今为止一直懂得如何让自己不受批评家们的怒火伤害："培根在一定程度上被免去了必须做出选择的压力，不必在传说中的旧欧洲的价值观与新世界的价值观之间做出选择（也就是文化修养与精力勃发的对立，看书认字与天真无知的对立）。"[12]

她忍受了新一轮的抑郁症的发作，写作和集中注意力变得艰难，她对自己的感情生活与友谊关系都感到不满意。她再度表态说，妮科尔是她生活中不变的磐石，是她生命维持系统中的"宝石"，然而最能让她活下去的动力仍然并且永远都是戴维，她筑起保护自己的城墙靠的是"平淡的、母性的友谊"，友谊可以为她免去那些危害甚烈的感情动荡。但透过她所使用的这些形容词，我们能够看出，现在这种生活完全不能激起她的热情，特别是她身边亲近的人。她提到自己重新开始"腰酸背痛"，发现自己已经把"人生变成了一间工作室"，[13] 忙于完成一个又一个工作项目。她胸中的焦虑让她失去了行动能力，她无法忍受一个人待在家里、一个人出门，忽然开始害怕死亡，害怕绝望终将驱使她走向自杀，就像她的友人黛安·阿勃丝一样，她不久前还写了关于阿勃丝的文章。尽管妮科尔是她的宇宙的中心，她们的关系却似乎遭遇了危机，苏珊抱怨说不再有性生活，觉得过去的幽灵又回来追逐自己，例如"可悲的、破碎的"[14]卡洛塔，坚持不放弃要得到她的爱。甚至书籍也不能填补她心中的空虚。她重读了卡夫卡的日记与歌德的《亲和力》，生平第一次读了玛丽·雪莱的《弗兰肯斯坦》，却没能得到她想象中的安慰……写作是一种痛苦的必要，她强迫自己写作，首先是经济原因，也因为尽管感到痛苦，她仍然从内心深处感到多亏了这种自我约束，她才能够在需要得到拯救的时候拯救自己。"写作是一种保健"，她在一次去齐奥朗家吃晚餐后写道，是保持生活状态的健康，与沮丧、抑郁、虚无的诱惑力进行斗争。

她同时在做好几样不同的事情：写用以糊口的文章，比如上面提到的那篇为《时尚》杂志撰写的专栏文章；针对纽约大都会博物馆1975年3月举办的一场弗朗西斯·培根回顾展的文章；[15] 一篇关于瓦尔特·本雅明的随笔；还有她为《纽约书评》供稿的那一系列关于摄影的文章。不过这最后一个项目是受到合同约束的：罗杰又一次不得不再耐心一点，因为约定的交稿日 1975 年 1 月 1 日已经没有办法遵守了。

苏珊 1 月份去过卡马尔格，整个春天都在巴黎、纽约和罗马之间来来回回。到了夏天，她感觉到的业已存在的危机更加明显了：6 月 1 日到 8 月 28 日之间，她去了尼斯、昂蒂布、圣让－卡－弗尔拉、摩纳哥、科西嘉角、马辛纳乔*、巴斯蒂亚、费拉约港、厄尔巴岛、卡普拉亚岛†、圣雷莫、甘冈、莱扎尔德里厄、泽西岛、潘波尔、甘冈（再次来到）、图尔努、布雷斯地区的布尔、图耶尔、霞慕尼、圣文森特、默热沃、南蒂阿、布鲁、韦泽莱、里斯本……6 月初及 7 月中旬这两个时间段，她在各地的小住被在巴黎更长时间的停留中断；然后 8 月的很长一段时间也住在巴黎……这样的旅程足够让人头晕目眩。这样就有了现成的借口：因为频繁外出旅行，很难甚至完全不可能写作。当然，这谁也骗不了，首先就骗不了她自己：苏珊频繁旅行，是因为她无法写作，而且无法接受自己失去了灵感，于是必须逃避。

1975 年 8 月 28 日，她终于重返纽约。除了几次要做的讲座，她下定了决心不再外出，一定要写完她的手稿，还有她到处欠下的文债。但接下来数年，她的人生航向被一件出乎意料的大事改变了。苏珊已经遇到"肿瘤""癌症"这些词两次了：一次在 1967 年底，是虚假警报；但 1971 年初时要更加严重，她做了一次手术。几周以来，她感觉到自己一边的胸部有一个异常的肿块。然而她犹豫不决，不敢去做检查，需要戴维竭尽全力劝说她——他威胁说如果她不去，他就不回普林斯顿大学上学了——她才下决心去咨询医生。诊断的结果与她的期望相反。做了深度检查后，医生证实她已经乳腺癌晚

---

* 马辛纳乔，位于科西嘉角东端。

† 卡普拉亚岛，托斯卡纳群岛岛屿之一，邻近厄尔巴岛。

期（第四期），至少有 17 处淋巴结已经被癌细胞感染，必须切除。[16]
纽约最大的医院之一、纪念斯隆-凯特林癌症中心的医生威廉·卡
汉立刻收治了她，愿意为她安排手术和术后调养。对他来说，就美
国这个阶段的医学实践而言，已经几乎没有什么生存的希望，他希
望的仅仅是通过手术能尽可能延长病人的生命。这还是医生不直接
与病人谈论病情的时代，在涉及生命危险的时候就谈得更少了。所
以威廉·卡汉直接交流的对象是戴维，建议他不要告诉他母亲病情
的严重程度，并让她尽可能舒适地度过生命的最后时光。但苏珊当
然会为最微小的细节抓着戴维不放，对这种说法不以为然：她想要
知情，并且斗争到最后一刻。卡汉预计她还有两年好活，这一诊断
与克利夫兰诊所的专家们观点是一致的，该诊所如名所示位于俄亥
俄州克利夫兰市，以尖端水平的医学研究而闻名。

　　她 10 月 28 日接受了彻底的乳房切除手术，并切除了被感染的淋
巴结和周围的肌肉，然后面临的就是治疗的问题。她在纪念斯隆-凯
特林癌症中心做（所谓"安慰性的"）化疗的同时，也在进行调查和
自学。起初，她不愿跟任何人谈论这件事，想要掘地三尺躲起来，
直到这场风暴过去。但很快她就发现这种态度是行不通的，因为就
像当时很多美国人一样，她没有医疗保险（直到 2014 年，这种状况
才改变，美国实现了全民医疗保险）。不用说，她也失去了支付天文
数字的医疗账单所必需的收入……朋友们敲响了警钟。斯特劳斯重
新给图书馆馆长们写信，重新提出要出售她的档案文件，从中看到
了尽快筹得一笔可观款项的希望——他希望如此。[17] 在苏珊出院后
数日，他跟她一起仔细检查了她所有的作品的翻译合同，希望能从
中找到被遗漏的收入来源。《纽约书评》的主编罗伯特·西尔弗斯也
以他的名义发起了捐款。他的募捐信不仅是写给朋友们的，也写给
所有可能施以援手的人，资助艺术的富翁、编辑、各种协会：

呼吁

　　我们帮助苏珊·桑塔格筹集资金。她证实自己在 1975
年 10 月被诊断为乳腺癌晚期，在纪念斯隆-凯特林医院接
受了乳房切除手术。她现在在接受化疗与免疫治疗。如此
昂贵和令人情绪低落的疗法至少要持续一年。她在外国生
活了很长时间，没有医疗保险。她需要一笔紧急款项，不
仅是为了支付医疗费用，也为了填补经常性的支出，并供
养她还在上大学的儿子。

　　给苏珊的捐款是经过减税的。捐款不能直接写苏珊的
名字，而是要捐给"另一家剧院有限公司"。

　　签名者中，除了西尔弗斯，还有唐纳德·巴塞尔姆、乔·蔡金、
芭芭拉·爱泼斯坦、马克西姆·格罗夫斯基、伊丽莎白·哈德威克、
阿瑟·米勒、威廉·菲利普斯、黛安娜·特里林，当然还有罗杰。

　　她的一部分朋友动员起来筹集款项的同时，另一部分人比如妮
科尔仍然拒绝放弃希望。她最后向在巴黎地区博比尼市的法国穆斯
林医院（今天的阿维森纳医院）行医的吕西安·伊斯拉埃尔教授寻求
帮助，向他描述了苏珊的病况，寄去了X光片和片子的分析作为参
考。这位癌症专家的答复几乎让人重新燃起了希望："我不认为您的
病况已经无可救药了。"他写道。不需要苏珊开口，他就答应接手她
的治疗。但事情并不这么简单。还需要斯隆-凯特林癌症中心的医
生们也同意采用伊斯拉埃尔提出的疗法，而这种疗法是他们迄今为
止一直拒绝的，他们认为化疗手段过于激烈了，因此冒的风险也太
大。病人却认为已经不能犹豫了：在肯定会死与有可能不死之间，

她选择后者，她已经做好准备排除万难也要争取到自己想要的治疗。来自纽约知识界的诸多声援想必起到了效用，奇迹发生了，协议达成了，伊斯拉埃尔远程指导进行化疗，他的化疗方案是极其痛苦的，按照负责实施的斯隆-凯特林的医生们的看法，是"过于激进"[18]了，违背了他们的意愿。

吕西安·伊斯拉埃尔刚开始治疗桑塔格时，他已经出版了关于癌症及其疗法与人们对癌症的认识的最早的法语专著之一[19]（如果不是当时唯一的一本）。在这本书中，他详细列出了各种新的诊断方法与现有或尚在实验中的治疗方法。他对这种病症在病人及医生身上激发的情感都有十分感兴趣，根据在病患环境中的观察，他得出结论：我们对癌症的看法反映出了整个社会的问题。一开始，他将癌症与梅毒对比——梅毒病人感到自己是在为某种罪付出代价——而癌症，它的"恶魔化……既是公众的作为，也是医生的"。[20]在他看来，这种态度同样导致癌症专家失去信誉，这一专业在20世纪70年代初还没有得到足够的承认。他质疑全科医生的权威，认为他们没有早点劝病人去做咨询，在甚至没有研究过某种疗法的可行性时就宣称病人已经"没救了"。他声称在20世纪70年代初，法国的肿瘤学研究已经落后了二十年，只在很少的场合才按照治疗手册行事。肿瘤学专业的第一个教授职位1973年才诞生。对这一专业来说，十分必要的多学科协作，在这个国家是很难被接受的，因为在法国不光是医学领域，大部分学科领域的界限通常都是不可逾越的。伊斯拉埃尔对自己的同行和负责监管的上级的批评都很严厉，他举例证明："我不知道医学中还有什么其他领域，在治疗的理论可能性与日常实践之间是落差如此之大的。"[21]病人尽管在癌症中心得到专家们的治疗，但仍然需要面对下意识认为自己不可能治愈的心理阻力，就像弗洛伊德在他的著作中描述的："癌症患者相信自己已经无药可救"，因为"西方人打内心深处相信癌症是一种绝症。他从中看到了魔鬼的手段，这是一种无法得到宽恕的病痛，他从内心深处痛恨自己患上癌症，不然的话，他本可以长生不老。这种现象不归我来解读，我也解读不了，但这一点很明显，举个例子说，不然怎么才能解释在癌症病人和严重心血管疾病病人的心态之间的巨大差异呢？心血管疾病有时会死人，癌症有时会治愈。但这两种疾病无论在群体还是在个人意识中，都没有被同等看待"。[22]

根据多位见证者的说法，桑塔格看起来尽一切努力忍受住了治疗的痛苦，从医院出来就去剧院，令所有人都敬畏不已。尽管有些人，比如齐奥朗，并没有对她的坚毅感到过分吃惊。"您生来就不是为了退却的，"他给她写的信里说，"这一点是最重要的。这是天赋，理应得到最大程度的发挥，我全心全意地相信您能够做到。在这种情况下，应当实行一种在各方面都与道家学说相反的生活方式……睿智是一回事，斗争又是另一回事。而对您来说，应该战斗。我对您内心的精神力量充满信心。"[23]

她想要相信自己的生活并没有被打乱，她可以像对待工作预约一样对待医院预约，朋友们经常陪她去医院。斯蒂芬·科赫有次在做活组织检查的前一天晚上陪着她，他回忆说她躺在医院床上还在给彼得·哈贾尔一本摄影集的序言打草稿，哈贾尔在那个时候是保罗·泰克的伴侣。"我们单独在一起，她对我说：'啊！我忘了一件事！彼得的序言！给我拿纸来。'于是我给她拿来了纸，还拿来一本杂志让她垫着，好在床上写。她膝盖并拢，开始写字，大约二十五分钟就写好了序言。我取走那张纸叠好，她叫我把上面的内容用打字机打出来交给彼得。"[24]

然而一切并不是这么简单，她经历了一些气馁与反复的时刻。她在 1975 年 12 月初重新住进了医院，而且她当然也不可能完全免受化疗常见副作用的影响，如疲乏、恶心、头发脱落。她用大麻来缓解恶心，这在今天已经是寻常的疗法，但在当时既罕见又违法，她后来对大麻疗法称颂不已，总是劝告朋友或者那些写信请教她的癌症患者服用大麻。

虽然大麻对于抑制疼痛有一定的效果，但这和她所经历的压倒性的发自肺腑的恐惧相比不值一提："恐慌。动物性的恐怖。我的反应相当原始，比如在最开始的几个月，我只能开着灯睡。我害怕黑暗。你真的会有这样一种印象，就好像在盯着黑洞看。"[25] 她一点也不能适应自己作为病人的新角色。她不知道该采取何种态度，甚至有时为自己处于这种境地而感到尴尬："生病就像是一种严重的不慎。一种到了荒谬程度的自我中心。我现在回家了。但我怎样才能继续呢？再也不能像从前一样了。自从有了生病这个错误想法以后，我就发现自己才思枯竭了。我不愿意想自己生病这件事。我也不愿意想任何其他事。"[26]

她呼叫亲密朋友们来搭救自己，但朋友的名单是经过仔细挑选的。没有谁比失败主义者更叫她恼火，这种人既不相信她的治疗会有效果，也不相信她有病情好转的希望。比如保罗·泰克就认为她的病已经好不了了，觉得她不可能有救了，于是劝她认命，还劝她听梵蒂冈电台；那些沉默寡言的人也让她恼火，这种人总是把坏消息传得最远。她选择远离那些会喋喋不休地谈论厄运的人，更喜欢跟那些会支持她进行斗争的人在一起，像戴维、鲍勃·西尔弗斯、罗杰、妮科尔。妮科尔定期离开巴黎，每次走前都在冰箱里装满食物，预先备好几餐的量，然后再乘上飞机飞往另一个目的地。甚至连卡洛塔也从罗马来了，卷起了一阵旋风，深情而又徒劳地想让自己变得有用……

矛盾的是，她反而比以往更加频繁地周游各地了。桑塔格每个月至少去一次巴黎，去一次纽约，在这两段时间之间还经常住在意大利和美国的朋友们家里。她几乎从来不待在自己家里，这是有必要的，因为她的治疗处于监督之下，这要求她同时向法国穆斯林医院和斯隆-凯特林癌症中心咨询，另外，她不回家也是因为她不想自己一个人。

1976 年春，苏珊在继续治疗的同时，慢慢恢复了活力。她做的第一件事是向她生病期间积攒起来的信件发起猛攻。她承受不了独自面对这个任务的压力，又一次多亏了她的朋友、《纽约书评》主编罗伯特·西尔弗斯，他派去了一个在杂志社工作的年轻姑娘给她帮忙。西格丽德·努涅斯*当时二十五岁，刚刚在哥伦比亚大学获得创意写作学位，她还不知道该拿自己的人生派什么用场。目前她的工作是助理编辑，同时继续住在大学附近自己的学生公寓里。从第一天开始，她就坐在了苏珊房间里那台"巨大的IBM电动打字机"面前，苏珊口述，她打字。她们的工作经常被来电打断，等房间重新恢复安静后，对工作感到厌烦的女作家总是能找到一种活动作为保留的消遣：吃午饭，采购，一起讨论西格丽德的未来……每周有数个钟头，这个年轻女孩在河滨大道 340 号度过，这是她人生中最明朗的时光，她遇到了戴维——他只在非去上课不可的时候去普林斯顿，这也是决定性的时光。这两个年轻人相爱了，开始了情侣关系，桑塔格为之感到喜悦，很快西格丽德就跟这母子俩成了一个三人小团体，他们相当处得来，1976 年秋天，她甚至跟他们住到了一起。桑塔格再也不用担心秘书的问题了。努涅斯重新开始写作，她时不时把自己写的短篇小说拿给苏珊看，事实证明苏珊是一位出色的导

---

* 西格丽德·努涅斯（Sigrid Nunez），美国当代作家，曾凭借小说《我的朋友阿波罗》获得了 2018 年的美国国家图书奖。——编注

师。努涅斯说，桑塔格是个"天生的教育家"，跟她讨论问题最后永远会得到"一张阅读书单"，她"想要与整个世界分享自己的激情"，"想要看到人们在面对她所爱的、给她带来过巨大幸福的事物时，脸上浮现出同样的感动"。[27] 跟西格丽德在一起，她能够尽情享受快乐：这个年轻姑娘不仅有文学天赋，还充满好奇心，她在才智上仍然可以被塑造，也不过分叛逆。她长时间忍受着至少是嘲笑、有时甚至是轻蔑的评语也不发牢骚，像"你怎么会从来没有……"，省略号部分可任意插入"吃过寿司""看过这部歌剧或者电影""读过这本书"，等等。发生在桑塔格和前来探望她的玛丽亚·艾琳·福恩斯之间的一段对话可以充分概括这种时刻，这段对话显然是为了让努涅斯长长见识："'跟西格丽德说说我遇见你的时候是什么样子。来，说呀！''完全是个傻瓜。'福恩斯回答。苏珊大笑了起来：'这就是我想让你理解的：你还是有希望的。'"[28]

因为桑塔格的淋巴系统受到了癌症的严重损害，她在乳房切除手术后的一年内又经历了多次手术，有些手术是为了做检查，其他手术则是为了切除受到影响的腺体。在某一次这类手术后，她感到需要换换空气，最好是去一个比纽约更炎热的地方，就在 1976 年秋末出发。她最终选中的是新奥尔良：西格丽德从来没有去过那里，苏珊和戴维则爱死了那个地方，而且他们在当地有很多朋友。对这次远行，努涅斯留下了许多回忆，关于可口的美食，关于像她想象中一样令人惊叹不已的法国街区，住满了荒唐怪诞但是令人心生好感的人……三人小团体即兴参加了一场假面舞会，在密西西比河的沼泽地散步，让自己在笼罩着整个城市的节日气氛中随波逐流。[29]

尽管桑塔格的生活恢复了正常的表象，她的疗程也不那么紧张了，她的作品也终于问世，可就在这时候，她发现妮科尔的人生里出现了另一个女人。笔者在档案中发现了一份苏珊写的电报草稿，日记大致记在 1977 年春天："你不用为说谎感到苦恼／不用为打电话感到发愁／我已经不再感兴趣了／祝你改编普鲁斯特好运，问候你和安娜。"在上文提到的那些次要手术之一过后，妮科尔到纽约来探望她：两个女人一如寻常又争吵了起来，根据苏珊的说法，妮科尔"逃走了"，她当时就有预感，她的伴侣生活中另有他人，只是不肯对她承认。她几个月后写信给她的"情敌"安娜，信的寄出日期是 1977 年 8 月，向她保证自己已经退出竞争，在任何情况下都不会构成"三角恋关系"，或者挡安娜的道：她最想要的是不再感到痛苦，不再分居，以及尽可能地恢复心境的平静安详。[30] 7 月中旬，在"妮科尔来电的最后一击"之后，她在日记里吐露，自己"已经接受了，这不好过，这不好过"。[31]

就像跟艾琳，甚至像跟卡洛塔分手后一样，她跟妮科尔成了毕生的朋友。看起来，分手虽然痛苦，但并没有切断将她们联结在一起的友情，没有切断她们之间的复杂关系。卡洛塔在被拒绝、被疏远以后，仍然会在她表现出最轻微的苦恼迹象时马上回应，而桑塔格的日记里充满与艾琳共进午餐的记载，不用说还有其他人——虽然是短期的爱侣，却也是永久的朋友，比如伊娃·柯里施。

桑塔格 1977 年的日记以一则来自布罗茨基的劝告开场："如果你想要别人引用你的话，那就不要引用别人……"[32] 在接下来的很多页上，这个俄国人的名字定期出现，看起来在"妮科尔来电的最后一击"（日记中这句话全部是大写字母）发生后不久，她就开始发展跟他的关系了。西格丽德·努涅斯作为幸运的见证者，概述了他们间的关系，以及布罗茨基是一位什么样的情人："他的头顶光秃，他的牙齿脱落，他的肚皮隆起，他天天衣衫不整，从不打理，但这并未阻止苏珊在他身上发现一种极为浪漫的魅力。"努涅斯报告说，她"为他发狂了"，[33] 甚至肯原谅他的粗俗无礼、厌女症与恐同倾向……然而，他的主要品质看起来还是幽默感、慷慨大方与"天生的温柔多情"。[34] 在苏珊和约瑟夫保持情人关系的这几个月里，两对情侣定期一起出去逛街：戴维当时有一辆车，他开车带他们去唐人街的菜馆（桑塔格母子更喜欢寿司和日本料理，但对布罗茨基来说，什么都比不上一顿美味的中国大餐），当然，还开车带他们去电影院。

后来在谈及自己与苏珊的相逢时，约瑟夫·布罗茨基的说法总是非常简略："如果要说起命运和时势让我在俄国以外结识的那些人，那么，首先要提的是奥登，然后还有斯蒂芬·斯彭德、苏珊·桑塔格、德里克·沃尔科特、切斯瓦夫·米沃什和以赛亚·伯林。这些是职业和文学因素让我遇到的人。"[35] 布罗茨基 1940 年生于列宁格勒，他是犹太人，也是职业诗人，他喜欢这样定义自己。他因为"寄生虫"罪名而受到迫害，多亏在 1972 年拿到了以色列签证，他才离开了故国。他奔向自由的旅途中停留的第一站是维也纳，然后因为他对圣地耶路撒冷并没有什么特殊的感情，所以就去了美国。已经熟读他的诗歌的 W. H. 奥登欢迎了他，向他提供了最初的人脉，从而使他在一开始就觅得一个在密歇根大学的教职；在纽约附近的数所大学辗转度过了许多个学期后，他终于在马萨诸塞州的曼荷莲女子学院获得了教授席位。1977 年，他在 FSG 出版社的园地里找到了自己的位置，从而不仅与苏珊，也与他的朋友德里克·沃尔科特及一大群来自各界、令人印象深刻的当代诗人和作家成为同道。除了苏珊欣赏的诗歌，他也写散文，对他的散文，她是有保留意见的，但根据努涅斯的说法，她觉得对他难于启齿："一方面她把讲真话看作自己的职责，另一方面，她又担心他的反应。她最终打定主意，认为他不会对此有正面反应。她把批评意见抛诸脑后，只挑些夸奖的话说。"然而，因为"这让她良心不安"，她想要说服西格丽德来传达她的保留意见，后者显然拒绝了……[36] 1983 年，桑塔格犯下了登峰造极的伪证罪，写下了一篇对诗人们的评论作品的白纸黑字的赞歌，因为"从布洛克到布罗茨基，几乎所有伟大的俄罗斯诗人都写得一手优秀的诗意散文"。[37]

布罗茨基在 1982 年接受《巴黎评论》的斯文·伯克茨采访时说的话似乎是真心实意的，他特别为散文家、知识分子身份的桑塔格唱了一曲赞歌："她是最优秀的灵魂。在大西洋两岸都是。因为在所有其他人认为讨论已经结束的地方，对她来说，问题才刚刚开始。在现代文学中我想不到有什么其他东西可以与她散文中的灵魂的音乐相媲美的。"[38]

从 1977 年初开始，苏珊重新开始了由吕西安·伊斯拉埃尔指导的治疗：若干口服的化疗周期，间以定期的体检。这次的疗程不那么严苛，她赢得了更多的活动自由，也省下了更多可以用于工作的精力。定于这年秋天出版的《论摄影》还需要最后一番打磨，而且她已经投入新一篇随笔的写作中去，这次的题目是她最近的经历，也就是疾病。工作邀约不断到来，而她感到自己更有能力接受它们了。于是，在 6 月底，戴维和西格丽德陪伴苏珊去了旧金山，参加加州大学伯克利分校的作家座谈。[39] 西格丽德还从未踏上过西海岸，她跟戴维一起四处游玩，同时桑塔格则在谈论自己关于小说未来的思考，在座者不乏像唐纳德·巴塞尔姆、伊丽莎白·哈德威克这样的友人，主持人则是当时正在加州大学伯克利分校教书的莱昂纳德·迈克尔斯。

对这对年轻情侣来说，不巧的是，苏珊更喜欢陪他们一起游逛，而非回应这一地区的熟人的召唤前去探亲访友……于是不胜其苦的西格丽德在一个周末坐上飞机重新飞回纽约，而母子俩继续西行，前去拜访住在夏威夷的父母／外祖父母。[40]

　　1977年秋天，布罗茨基和桑塔格形影不离。9月，他们肩并肩坐在位于波士顿贝肯山住宅区的圣公会教堂里的横排长椅上，向诗人罗伯特·洛威尔致以最后的敬意，洛威尔死于心脏病突发，时年六十岁。[41] 对布罗茨基来说，这是在向最早与奥登一道向他伸出援手的人之一告别，当时他刚刚被驱逐出苏联。对桑塔格而言，这想必是一个与老朋友伊丽莎白·哈德威克重聚的机会，她是洛威尔的前妻。FSG出版社的全体作者都到场了，作者当中，除了布罗茨基、桑塔格和哈德威克，我们还能辨认出诗人德里克·沃尔科特与伊丽莎白·毕肖普的名字。

　　离开波士顿后，这对情侣又去了威尼斯，为的是参加一次以异议分子为主题的双年展特展。这次展览自公布以来，就引起了很大的争议，无论是在东方还是西方。苏联当然提出了激烈的抗议，而很多西方的知识分子与新闻记者也反对将双年展"政治化"。双年展的主席则认为，"文化界不能对越来越多从东方国家来此寻求避难的知识分子无动于衷"，这些知识分子躲避的是迫害与审查。因此，在为期一个月的两次展览中——展出了来自铁幕以东国家的艺术家的作品和地下出版的文学书籍——他们还组织了电影放映和圆桌会议。约瑟夫·布罗茨基在12月初参与了一场辩论会："在铁幕以东的国家，文学意味着什么？"[42] 桑塔格陪他前去，为的是出席双年展，但大概也是为了去威尼斯待几天。就像我们之前了解的那样，在纵览各大城市风景名胜的她看来，威尼斯总督宫*在她心目中的万神殿中

_____

* 总督宫是一座哥特式建筑，它曾是威尼斯共和国最高行政机关与法院所在，亦是威尼斯总督的住处，如今已经成为威尼斯的旅游名胜。——编注

占有一个特别的位置，她从来不会放弃在那里逗留的机会。在早餐
与午餐之间，在晚餐之前或之后，在两次约见或者两次座谈之间，
她总会漫无目的地在街上游荡，让自己迷失在大街小巷的迷宫里，
探访教堂，凝望潟湖，在小舟与水上巴士的喧嚣声中摇来荡去，倾
听城市之声："潮湿的石头的味道。下着雨。水声汩汩，冲刷着沿岸
的街道。水上巴士启航时发出的汽笛低吟。薄雾。足音。七艘贡多
拉*像漆黑的乌鸦摇摇晃晃，慵懒地停泊在狭窄的运河之中。"[43]

　　会议过程则未能带给她多少启发。她感到失望，因为实际上并
没有辩论，甚至也没有真正意义上的圆桌对谈："只有交流——还是
在没有做好内部协调的情况下：在演讲者讲完以后，复印的讲义才
发到听众手里。"[44]布罗茨基的发言成了丑闻，很多人觉得他是在为
审查制度辩护。桑塔格兴趣盎然地在日记里复述了发言内容："审查
对作家来说是件好事。有三点原因。一，它以阅读为中心将整个国
家团结（重新团结）了起来。二，它为作家设置了界限，设置了用
来克服的障碍。三，它增强了语言作为隐喻的力量（审查越是严厉，
作品就变得越像寓言）。"[45]

　　到场支持的意大利人不多，共产党下达了抵制展览的指示，而
其他派别的知识分子也希望谨慎行事，以免断绝自己获得铁幕以东
国家签证的机会。桑塔格激烈批判了这种态度，她指出那些生活在
西方的人往往有种给发生在东方的事情"找借口"的倾向。当然，她
的看法在此处与一桩欧洲历史事实——美国人很难理解该事实——
相抵触：第二次世界大战期间，在经历了斯大林与希特勒结盟的艰
难开端后，欧洲各国的共产党人不仅站在了抵抗运动一边，还在某
些地区领导了抵抗运动，这为他们赢得了人们的敬意，直至 20 世

---

*　贡多拉，一种有着上千年历史的威尼斯传统小舟，一般为黑色平底造型。——
编注

纪 70 年代，这种敬意仍未能全然退却。而桑塔格的立场也不是那么容易定义的：尽管苏联式的社会主义令她不满，她也并不准备全盘否定 20 世纪 50 年代以来她在自己支持的古巴和越南等国家的经历，这些国家仍然被她看作第三世界国家发展的样板。通过与布罗茨基及其友人们的交往，她开始重新审视自己的立场。[46]

　　他们刚下飞机，阿尔贝托·莫拉维亚就无视一切禁令前来迎接，晚宴席间有克洛德·罗伊及其夫人洛莱·贝隆相伴，这一瞬间他们回想起了夏天的末尾与威尼斯电影节。在座的作家中，有一位名叫哲尔吉·康拉德[*]的匈牙利异议分子，当时轮流居住在柏林和美国。尚不清楚康拉德和桑塔格以前是否见过面，但这次他引起了她的好奇心。她不仅发现他的相貌与她在哥伦比亚大学时的老师雅各布·陶布斯惊人地相似，而且知道了他在苏珊·陶布斯死前的那年夏天曾经是她的情人，那段时间苏珊·陶布斯住在布达佩斯。

　　这次在威尼斯停留期间最令人难忘的时刻，是桑塔格跟布罗茨基一起拜访了埃兹拉·庞德的遗孀奥尔加·拉奇[†]。庞德从 1924 年开始在意大利定居，与法西斯主义者关系密切，通过主持电台节目来表示对他们的支持，他在节目中抨击盟军的立场，并维护墨索里尼及希特勒的政策。"二战"胜利后，他先是被监禁在比萨，然后被关在华盛顿的一所精神病院里，获释后他重新回到意大利生活。他最终和奥尔加定居在威尼斯，她几十年来一直是他的情妇。庞德逝世于 1972 年 10 月，下葬在威尼斯的圣米凯莱公墓，这座墓园专门埋葬流亡者与威尼斯这座城市的恋人，后来布罗茨基本人 1996 年也被

---

[*]　哲尔吉·康拉德（György Konrád），匈牙利作家。国内出版有他的回忆录《客居己乡：一段匈牙利生活》。

[†]　奥尔加·拉奇（Olga Rudge），美国小提琴演奏家，诗人庞德的遗孀。

埋葬在这里，附近还埋葬着他的同胞斯特拉文斯基与佳吉列夫。

苏珊和约瑟夫两人各自给出了自己版本的对这次拜访的描述。这次拜访很有那么一点特别，他们拜访的女人仿佛一直专心致志地活在关于她著名情人的回忆之中，周围的摆设都纪念着他的荣耀。布罗茨基讲述道："庞德家的房子不大，一共两层楼：一楼是客厅和厨房，还有一道扶梯，这层楼大概就只有这两个房间，更上面一层——是庞德的书房。客厅很小，像是山精的洞穴。房子给人留下这种印象：它就像是山中之王居住的巢穴。这是因为当你穿过客厅时看到的第一样东西就是一座戈蒂耶-布尔泽斯卡*雕刻的庞德的大理石胸像。这座胸像肌肉虬结，被直接放在地板上，这使它看上去显得比例失调……胸像只比奥尔加·拉奇本人矮一点点，她正在给我们端上糕点和茶。"[47]

在对话中，奥尔加继续维护那位已故作家的法西斯主义观点，坚持认为他其实对犹太人很友好，强调他的教名"埃兹拉"就是一个犹太名字。最后两位访客要离开的时候，她还不忘在门槛上声明："'我就像那古舟子。'约瑟夫和我已经穿上大衣，结果还是在门槛上站了一刻钟，听她说啊说啊，一直没有停顿。'这首诗说的是什么？啊对，关于一只死鸟的什么故事。'这句退场台词，她肯定已经用过无数次了。"[48]

"她跟约瑟夫·布罗茨基的情史很短暂。"她这个人生时期的主要见证人西格丽德·努涅斯说。桑塔格的日记里没有提到过分手的事，但从 1978 年初开始，也就是他们从威尼斯回来之后又过了几周，这位诗人就很少在日记里出现了。这与布罗茨基做了开胸的心

---

* 戈蒂耶-布尔泽斯卡（Gaudier-Brzeska），法国雕塑家。

脏手术有关——他有心脏方面的问题，1976 年第一次心脏病发作；
与在罗杰家的一次晚会上遇到的人有关；又或者那是在城里的一次
晚餐期间，在接近那年年底的时候，他们经历了分手后最初的痛
苦……依据努涅斯的说法，"布罗茨基总是不肯平和分手。他甚至
表现得令人反感"。再加上同时期桑塔格的这句评论（按照她的说法，
是"奇怪的"评论）："我似乎命中注定总是遇到聪明但令人反感的男
人和愚蠢的女人。"[49] 我们很难不赞同努涅斯的观点，她对女作家过
去爱过和以后将要爱上的女人表示欣赏，说她们既不缺少才华，也
不缺少创造力……

　　她是无法把布罗茨基彻底从生活中抹掉的，他们的职业生涯关
系过于错综复杂地纠缠在一起：他们拥有同一个编辑；是很多相同
的组织的成员；不止一次出席同一个学术论坛。1990 年，布罗茨基
娶了自己的一个女学生——玛丽亚·索扎尼，两人育有一个女儿。
如果我们相信流言，[50] 在此期间，苏珊投入了记者、作家皮特·哈
米尔的怀抱寻求安慰，当时他与杰姬·奥纳西斯的情人关系比他写
的文章更教他出名。

　　疾病及一次接一次破裂的恋情，都促使她又一次质疑自己最看
重的是什么，自己到底想要从人生中得到什么。在几个月后与乔纳
森·科特的对谈中，她重新表达了生活与工作只能二选一的想法，
这种想法在 1975 年她抑郁症发作时已经出现过，但这次表达得更加
明确："到了某个阶段，就需要在生活与工作之间做出选择。"[51] 看起
来，她最后接受了自己的命运就是"工作"，她真正想要的就是写出
这部她本以为已经没有机会写的作品，她与癌症的斗争更提醒她已
经没有时间可以浪费："要当一个第一流的作家，这也许是我唯一的
机会了，也是最后的机会。"为此，她得出结论："为了写作，永远不

要嫌太孤独。孤独能让人看得更透。"[52]

　　《论摄影》于 1977 年 10 月出版，尽管已经分手，这本书的题词仍然是"献给妮科尔·斯黛芬"。这本书的主要部分是在妮科尔身边写成的，她也是跟妮科尔一起讨论自己的想法的，所以扉页上的题词理应献给她。这些文章的写作过程相当艰辛，一部分是因为疾病，但也尤其是因为面对随笔这种体裁，她感到有心无力，她在不同的采访中都提到了这一点。她经常感到自己"像个不走运的魔法师学徒"，不断将自己的作品叠加到已有的著作之上，文本相互牵扯，导致"写作越来越难"，"写好越来越难"。[53]有好几回，她都一再强调，有的时候，她需要六个月才能写完一篇随笔，写完六篇则用了五年。至于这个项目本身，她多次重复说，她并不打算写一篇说教式的摄影史，而只是想提供一个"政治性"的看待问题的角度："这实在是一篇很长的政治随笔。与其说是关于艺术，不如说它是一部篇幅很长的关于我们这个消费社会的研究，它也关于我们的经验，关于正威胁着我们这个世界的消费主义带来的种种畸变。这是非常激进的，整本书的态度都是很严肃的。"[54]这部著作出版时附有一篇《引语选粹》，大约有四十页，为她读的书做了汇编，证明了她下了怎样的研究功夫。其中，除了关于摄影或评论的文章，还有许多文学与哲学文献。

　　人们对她的作品期待已久——假若电影剧本的出版不计在内，这是她自 1969 年《激进意志的样式》以来的第一本书——评论界就等着这一天了。文章和采访纷至沓来，其中许多都向这部介绍摄影艺术的作品表达了敬意。例如威廉·加斯就坚持指出，这本书更多是一部关于摄影的"沉思录"而非"论著"，并且强调女作家在书中提出的都是原创性的问题，这整体而言是一部里程碑式的著作。[55]

有许多评论家也持此观点，但显然并不是所有人都观点一致。有些人责备她对摄影技巧缺乏了解，另一些人则责备她谈论摄影师的时候口气居高临下，而摄影师们经常对她的文章表现出敌意，因她的一概而论而感到愤怒，也无法接受居然有人对他们指手画脚。简而言之，论战引起了怒火，但书反而大卖，这不仅得感谢这些争论，还有以下原因：摄影艺术正是热门话题；摄影展越来越多，更多的著作出版了，在更广阔的公众那里获得了成功。

　　为了抵挡那些评论家谴责她科学知识不足，并说服读者相信自己的诚意，桑塔格转移了辩论重点："实际上，我发现自己所写的更多是关于现代性，关于当下我们存在的方式，而非关于摄影。选择摄影这个题材是一种切入当代的情感与思想潮流的方式。关于摄影写作，就像是在关于整个世界写作。"[56] 她多次重复了这一论调，将自己的作品与瓦尔特·本雅明比较，她不仅经常援引他的《摄影小史》，还援引《机械复制时代的艺术作品》。她在数不清的采访中一次又一次保证说，她不是也不打算扮演什么摄影专家，她写的也不是一本评论摄影的书，恰恰相反，她想要写的是一本外行视角的书，她的目的是探讨摄影在当代生活中的位置，还有我们与各种不同状态的图像的关系。

　　尽管围绕着这本书展开的讨论并未显现出她将获得喘息的迹象，1978 年春天，却传来了一个再好不过的消息：《论摄影》将获得享有盛名的美国国家书评奖，获奖栏目是"评论"。这是桑塔格获得的第一个官方奖项，意味着她的作品在大众那里站稳了脚跟。作为一个经常嘲弄高雅文化的人，她本可以被满足感淹没的，但如果考虑到她过去的失望——对于那些反响不好或根本没有引起反响的书，对于她无法摆脱的人们对她只写过一篇随笔的"一招鲜"印象（在读者看来，她要么只写过《反对阐释》，要么只写过《关于"坎普"的札

记》）——那么获得这样的大奖就是一次胜利，几乎还是一次战胜了
自我的胜利：她终于写出了很多人能够并且想要阅读的文章。

采访变得越来越多。在向记者们透露自己不爱说话的几分钟后，
她就开始坦率地侃侃而谈，想要他们相信这是违背她初衷的。于是，
在一名主攻音乐领域的记者维克多·博克里斯的采访中，她远离了
摄影话题，坦白谈起了她服用药物的事："我使用毒品是为了写作，
它与花草茶作用相反。有时候，当我灵感完全衰竭时，我小剂量使
用一次，为的是重新打开思路。"[57] 就像她在 20 世纪 60 年代已经
试验过的那样，毒品使她能在连续二十几个小时里"不需要吃东西、
睡眠或者上厕所，也不需要跟别人讲话"，如果这正好是赶不上交稿
期限的灾难时光……然而也有几点不便，"这会让你变得缺乏批评精
神，对自己写的东西有一点过分容易感到满意"，[58] 这听上去像是过
于健谈了。就这样，她还表示让-保罗·萨特毕生都在服用安非他命
的情况下写作，他作品的长度也验证了这一点，比如八百页的《圣
热内》。还有马尔罗的《想象的博物馆》或者《灵薄狱之镜》……[59]

博克里斯经常采访的是流行或者朋克音乐人，而非纽约知识分
子圈的作家，围绕着这种对话他表现得更加自然，对话中提到了雷
蒙斯乐队——桑塔格甚至在这次采访前后就去过一次他们的演唱会，
以及滚石乐队；还有女作家承认自己没有勇气去听现场的朋克音乐，
她觉得自己年纪太大了，但她关心朋克音乐，也会在自己家里听。[60]
正是对朋克文化现象的兴趣，促使她接受了这位记者的晚餐邀约，
他介绍她认识了音乐人理查德·希尔，他和自己的乐队"类空虚"制
作的第一张专辑《空白一代》在六个月前刚刚发售。

共进晚餐是在采访数周后，三位赴宴者围坐在博克里斯家壁炉
的熊熊炉火边，远离了屋外 2 月末那呼啸的暴风雪。席间他们谈论

最多的是文学：希尔是桑塔格的忠实读者，而她最后对音乐人心中的文学世界变得比对音乐更感兴趣——关于歌曲背后的灵感所在，或是他最近如何构思电影。[61] 尽管桑塔格对博克里斯表现出来的耐心——纵容——令希尔感到不快，他当时觉得博克里斯浮夸又令人不耐烦，但希尔回忆起来仍然认为那是"魔法般的几个小时"，"舒适地坐着，喃喃低语，发笑，在那间五六层楼高的小公寓里，下面整个城市浸入沉沉夜色，装饰着银光闪闪的弧线，那是马路的柏油碎石路面被路灯、车灯和广告招牌的光晕所照亮。街上没有一个人，只有信号灯的操作装置咔嗒作响"。[62] 宴会的主人不是那种会放过写一篇好文章的机会的人，他邀请摄影师罗伯塔·贝利在晚饭后来喝一杯，并永恒记录下这个夜晚……于是，除了记者叙述的对话，留给我们的还有贝利的照片，照片里女作家和歌手笑着，对镜头扮着鬼脸，就像是在嘲笑人的孩子。

1978 年 4 月，《论摄影》的营销活动将她带到了加利福尼亚。参加采访，出席书店的活动。她把戴维也拖了过来，他们在两场与新闻记者的碰面之间跑了出去，到诺顿·西蒙博物馆逛了一圈，"为了去看戈雅的画"[63]，她说，他们也去看了华兹塔，这些塔是由一位意大利移民建造的，此人堪称当地的邮差薛瓦勒*，他使用的建筑材料是从他工作的工地上拾取的。

他们现在漫步的这个洛杉矶，与桑塔格 20 世纪 40 年代末离开的那座城市已经没什么共同之处了。她尽管已经不再是那个"山谷来的女孩"，而是一位住在贝弗利山酒店里的成功作家，但还是对这

---

* 一个名叫费迪南·薛瓦勒（Ferdinand Cheval）的法国邮差于 1879—1912 年间独自在法国德龙省的奥特里韦村（Hauterives）附近建造了一座石头城堡，又称"薛瓦勒的理想宫"，像华兹塔一样，现已成为著名文化遗产。

座自己长大的城市保有一份依恋，这里有被她列为忠实朋友的人，比如新闻记者史蒂夫·沃瑟曼，当时是《洛杉矶时报》图书增刊的主编。

　　在她从贾斯珀·约翰斯那里"继承"了河滨大道公寓的十年后，租约到期了，而房东没有提出续约：显然，桑塔格必须另寻住处并搬家。她的心碎不仅仅是因为失去了这间可以欣赏河滨风景并任自己思绪漫游的顶层高级公寓，更多还是因为这让她不得不远离这个她已经习惯了在其中生活的街区，失去了那些她有自己的专属座位的餐馆——在那些地方，侍者预先就知道她要点什么菜……不消说，她在找新住处的时候没什么热情。一名记者正好在国家书评奖颁奖仪式那天来采访她，他风趣地讲述了自己陪着女作家母子找了一下午房子的经历："在看过了格林威治村的好几处公寓后，母子俩在斯特兰德书店驻足停留。桑塔格决定不吃午饭了。'我是个书虫，'她承认说，'我买罕见的珍藏本就像其他女人购买萨克斯百货公司的时装……这让我在买书的时候更精神振奋了。'"记者继续讲述，在那天下午四点钟，她包里已经多了六本书，却没找到房子，也没写获奖感言……[64]

　　她最终在 4 月份搬到了第 17 街的一处复式公寓，该处位于切尔西区一座典型的纽约大楼里，这座褐石楼房的历史能追溯到 19 世纪中期。她的王国中心是她的书房，就像她对另一位在她搬家后不久就来拜访她的评论家解释的那样，这很方便地取代了电视机。[65]她很高兴能向《纽约时报》的记者角谷美智子展示自己的新疆域，而记者则向读者做了一番详尽的描述："她书房里的八千册藏书按照年代顺序整齐排列，从古埃及人、古希腊人一路到法西斯主义与共产主义，涵盖了哲学、文学、历史等学科，墙上则装饰着属于流行艺术传统的物件，像葛丽泰·嘉宝、加里·库珀和弗雷德·阿斯泰尔*的照片，还有一张巨大的波普艺术海报，上面的图案是一台打字机。唱片收藏从瓦格纳到披头士乐队、从舒伯特到帕蒂·史密斯全都有。在苏珊·桑塔格的书桌上，我们能看到五位她敬仰的作家的照片，大概是她在家中时的缪斯：马塞尔·普鲁斯特、奥斯卡·王尔德、西蒙娜·薇依、弗吉尼亚·伍尔夫和批评家瓦尔特·本雅明。"[66]

这里勾勒出的这幅图景并非不让人联想起桑塔格本人笔下埃利亚斯·卡内蒂†的书房，她写的关于这位作家的文章发表于 1980 年 9 月："卡内蒂拥有的藏书不够丰富、广博，但确实足够兼收并蓄。"她心头大概记挂着自己的藏书，又继续写道："它更多是将一种执念化为实体，而这种执念最理想的形式是把书装进自己的脑袋。真正的藏书无非是一套记忆系统。"[67]

在搬离河滨大道时，与西格丽德的期望相反，戴维选择继续与母亲同住，这个决定也是他们分手的原因之一。在这个年轻女人看来，戴维不愿为拯救他们的情侣关系而与母亲保持充分的距离是那么不可思议。然而，母子俩的关系远非一直融洽无间，如果我们能相信一直在绝佳位置观察的西格丽德的话："在寻找新公寓中度过的这几个月里，戴维和苏珊正经历着一个格外难熬的时期；有时，他们甚至根本不跟彼此说话。"[68]

在多次向戴维提出一起搬离家庭公寓后，西格丽德最终独自做了决定，这被桑塔格理解为一种背叛行为，特别是戴维马上责备她，

---

*　加里·库珀和弗雷德·阿斯泰尔均为美国演员和制片人。——编注

†　埃利亚斯·卡内蒂（Elias Canetti），英国籍德语作家、诺贝尔文学奖得主，著有《群众与权力》《人的疆域》等。——编注

说是她导致了西格丽德的离开。"如果他因为你的离开而不肯原谅我呢?"据说她在西格丽德向她宣布自己要离去的那天这样问西格丽德。[69] 年轻姑娘走了,母子俩面面相觑,作家自己也承认陷入了窘境,她本该意识到他们之间需要一个第三者来维持和平或者某种表面的平衡……[70]

　　1978 年,戴维即将完成普林斯顿大学的学业时,从斯特劳斯处收到了一份FSG出版社编辑的工作邀约。他写作已经有一段时间了,而罗杰帮助他在杂志上发表了几个短篇小说。第一篇是《令人悲伤的礼物》,这是一篇对夏洛克·福尔摩斯和他忠实的华生的幻想式再现作品,1975 年刊登在《小姐》杂志上。第二篇的题目不能更罗兰·巴特了,叫作《文本的乐趣》,1978 年春天发表在《巴黎评论》上。里夫在文中为一个由两大势力统治的世界的存在合理性做了辩护,一派来自东方,在一个统一的信条指引下行动;另一派的大本营是休斯敦,在那里,现代性的力量导致人类历史被抹去。

　　儿子接受斯特劳斯的提议时,桑塔格内心感到幻灭,在她看来,这样的工作是低于他的能力水准的:在他磨砺文笔的时期,她更愿意由自己来接济他。戴维的看法有所不同,尽管他还不确定自己接下来想做什么。FSG出版社办公室里的日子并不坏,考虑到该出版社的指路明灯之一就是你的母亲,出版社的老板之一把你当亲生儿子看待,你热爱书籍,并且你现在终于有了决定如何出版它们的权力。在人们"分配"给他的作者当中,有他的母亲、菲利普·罗斯、马里奥·巴尔加斯·略萨、约瑟夫·布罗茨基及他们家的友人卡洛斯·富恩特斯。对于这个年轻人在纽约出版界的一飞冲天,所有人都未能以友善的目光去看待。还不到三十岁,他已经取得了最重要出版社的名誉出版人的地位(相当于"高级编辑"),这家出版社的重要地位不在于它的经济分量，而在于它在知识领域的分量。他很快就被认定为傲慢自大：凭着显著地比一般人更广博的学问，以及比一般美国人更强的语言能力，他主宰着谈话方向，他还有着说话不拐弯抹角的名声。在保守主义者大卫·霍罗威茨激烈讥评母子俩的"左翼"立场时，戴维抓住这个机会与他在电视节目中进行了一场徒劳的对话，为的是向他吐唾沫——字面意义上的——当面向他表示自己的鄙视。在身高和年龄上都不占优势的霍罗威茨——他矮二十厘米，年长十五岁，当时没有反唇相讥，而是等待机会，数月以后，他才在一篇文章里悄悄塞进了字斟句酌的几句话，关于里夫对他母亲仿佛患有幼稚病般的依赖……

与《论摄影》相反，《疾病的隐喻》完成得很快。一句句、一行行就好像自行站立起来，因为在她笔下成形以前，它们就已经由她活过、思索过了，而对苏珊·桑塔格来说，写一个与她的日常生活"有关联"的题材是更容易的。[71] 她不仅"掌握"着她的题材，而且感觉到这本书将是有用的："《疾病的隐喻》和我写的与越战相关的文章，也许是我人生中仅有的两次，我知道自己写的东西不仅真实而且有用，能在当时就给人们带来帮助，以有实际用途的方式。"[72]

尽管她自我辩解从未把写作看作心理治疗，[73] 但她承认在那个时期，《疾病的隐喻》的写作可能起到了类似的作用："这部作品起源于我患癌症的经历。那就像是挨了一记耳光。它并不是自传性质的，但写它确实又起到了宣泄作用。就像是把癌症转换成了一种智性上的历险，从灾难中也能得出某种积极的东西。"[74] 在文章的开场白部分，她定义了自己面临的使命："我的意图不在于身体疾病本身，而在于它作为象征或隐喻的用途。然而，疾病并不是一个隐喻，看待它最诚实的态度——也是作为病人最健康的心态，就是尽量清除这种隐喻的影响，并抵制它带来的毒害。"[75]

她的目标是让病人或作为潜在病人的每个人都从"隐喻及其奴役"中获得解放，让疾病"去神秘化"，简而言之就是让疾病复归原位：它仅仅是身体的机能障碍，也应该被如此对待。为了能更好地理解相对新近的关于癌症的言说，桑塔格重新回溯 19 世纪和 20 世纪初关于肺结核的言说并加以分析。如果说癌症是"一种阴险潜伏且毫不容情的入侵"，病人就像是身处战争之中的士兵，随时可能落败，那么肺结核就是"拒不让步又反复无常的"，让人像"失恋"般痛苦，最终赋予病人一种"浪漫的性质"。[76] 对肺结核的浪漫化观感是与阶级的先决条件相伴的：这是"贫穷与匮乏的疾病"，与营养不良、艰辛的生活条件联系在一起。与此相反，癌症是"一种布尔乔亚生活的疾病"，与之关联的是缺乏节制与暴饮暴食。而这些病人的死亡方式正与吞噬他们的疾病的形象相符："肺结核病人凋零时是美的，有灵魂的；癌症病人则备受煎熬，任何从疾病中超脱的可能性，都是此路不通，只能任由自己被剧烈疼痛与恐惧带来的耻辱感蹂躏。"[77]

尽管桑塔格从未提及自己的个人经历——仅止于她父亲的死，我们应当还记得他就是死于结核病——她任凭自己旁征博引那些受害于肺结核的艺术家、作家、音乐家的名字，以及文学作品中对肺结核的表现。除了大量引用卡夫卡的日记，她还提及济慈的书信，史蒂文森*、D. H. 劳伦斯和凯瑟琳·曼斯菲尔德的作品，当然还有托马斯·曼的《魔山》（现在被她不怎么客气地评价为"对肺结核神话的迟来的且装腔作势的评说"[78]）。

癌症并未受益于同样级别的文学待遇：仅有几个例子描绘了这

---

* 　此处指英国小说家、《金银岛》作者罗伯特·路易斯·史蒂文森。——编注

种疾病带来的折磨，它们来自一部托马斯·沃尔夫*的长篇小说，或者一部伯格曼的电影。癌症被比作一场战争，病人是出发去参加"圣战"的士兵，通常会输掉"这场性命攸关的游戏"。[79] 从病理学上的事实，一路言及日常俗语中使用的隐喻，她指出"为了阐明某种现象而把它比作癌症，就是在煽动暴力。在政治言说中使用癌症隐喻，就是在鼓吹宿命论，将'严厉'措施正当化，并强化了一种广为传播的观点，即这种疾病必然是致命的"。[80] 带着某种自嘲，她回忆起不久以前她自己还这样宣称过："白人是人类历史的毒瘤。"[81]

在九个章节中，桑塔格如此描述公众对这两种疾病的印象，为主张废除这些隐喻（特别是那些围绕着癌症的隐喻，肺结核则作为历史性的参考）而展开辩论，也主张建立一种关于疾病的更加务实的观念：一种对病患及其亲友的更加全面的了解，从而能与医疗团队展开更佳的对话。在回到关于这种疾病的现实中时，她得出了带有乐观色彩的结论，也可以理解为一种个人的祝愿："我预言，甚至早在癌症的隐喻如此有说服力地反映出的诸多问题得到解决以前，这种隐喻就会过时。"[82]

就像她的大部分随笔一样，这篇文章在 1978 年 1 月—2 月发表在《纽约书评》上，另外，在同年 6 月底作为单册出版时，就不需要再打广告了。此书引起的反响依旧是不冷不热的，评论家们尤其谴责作者通过文学与艺术的棱镜观察时"偏袒"肺结核症的立场，而她在关于癌症的追述部分却摒弃了任何隐喻的选项。根据他们的看法，隐喻才是她随笔中的胜利者，不仅隐喻的存在确保了肺结核的浪漫地位，隐喻的缺席也仅仅是进一步加强了癌症的邪恶特质。

---

* 托马斯·沃尔夫（Thomas Wolfe），20 世纪的美国小说家，著有《天使，望故乡》。——编注

在评论界的反响之外，《疾病的隐喻》标志着桑塔格与作为一个整体的新闻记者、与读者的关系的转折点。她随后收到了一个满满当当的邮包，来信包括各种自白和关于她所受治疗的问题，而她本来并不是以耐心著称的人——正是为此，她才雇用了努涅斯——这次她却拿出时间回复了每一封信，文字既简明扼要又有同情心，毫不犹豫地在信中附上某位医生的地址或者某篇能提供信息的文章的出处。至于记者们，他们觉得自己终于有权利公开谈论她的疾病了。从此以后很长一段时间，很少有关于她的文章不笼罩在她与癌症"斗争"的阴影中，人物特写文章就更不用说，通常是反复使用与滥用那些她本想要消灭的隐喻……

1978 年 5 月初，苏珊独自乘飞机飞往西班牙。在马德里与托莱多度过数日后，她前往巴黎，从那里继续远行，先到苏黎世，后到慕尼黑——此时，《论摄影》的德译本刚刚出版。5 月底，她又去了威尼斯，然后才踏上归途。巴黎、伦敦、纽约，每个地方她都只待了几天，就再度出门远游，这次前往的是亚特兰大、芝加哥、纽约、巴黎、罗马，然后又是巴黎，最后回到纽约，8 月中旬到 12 月中旬，就几乎再也没有出过远门。

但与去年夏天相反，当时她四处漫游完全是为自己搁笔不写寻找借口，这次她乘着自己新近获得的成功的东风，旅行中也不忘写作。这次她写的还是随笔，其中一篇是献给瓦尔特·本雅明的，她借此机会阅读了这位德国哲学家的传记性作品，这些作品新近才出版英译本。它们并未让她对这一体裁产生好感，对此她继续思考，同时着手准备出版自己一些最为私人的文章。回到本雅明的传记性作品，她甚至为这些作品得到出版而感到遗憾，因为读了这些叙述文字，她觉得他"更没那么杰出、没那么神秘"了，[83] 虽然还不至于在她眼中失去威信；她知道他已经属于自己定义的第二梯队作家（这个标准是她为给同时代人分类而制定的）：第一梯队是在国家范围内成名；第二梯队拥有国际声誉；第三梯队跻身于西方文化经典。至于她自己？"我属于第一梯队，"她写道，"即将被第二梯队接纳——但我把自己放在第三梯队里。"[84]

因此 1978 年 8 月底，她回到纽约，这次她要为一本新书辩护，而这是这一年里的第二次了。《我，及其他》出版于这年秋天，由最近十年内撰写的八个中短篇构成，所有短篇在此书出版前都在杂志上发表过。所以除了最近写成并置于小说集末尾的一篇，满怀期待的读者们有了熟识她中短篇小说新风格的机会。叙事经常是梦幻性的，每篇的核心在于身份问题或如何生活，或者更确切地说，是关于已经到达临界点后要如何继续生活——有时到达的是终点，像《心问》中主人公无力阻止女友的自杀；有时仅仅是一个转折点、一个新的出发点，像《旧怨重提》里的译者抵达的那样。集子一头一尾的两个短篇，《中国旅行计划》和《没有向导的旅行》具有更明显的自传色彩，是对一种自省欲望的回应，这种欲望在她的文字中越来越显明。继青年时代对自传体写作意向表示激烈排斥之后，桑塔格现在开始更加心甘情愿地接受至少是将现实与虚构混合的做法，她做的实验越来越像自传体了。而她也不再掩饰。1981 年，她在波士顿学院做了一次讲演，被她相当简洁地命名为"我，及其他"，内容是关于这种新的写作形式："这部中短篇小说集，共有八篇，对我来说是一种体验。六篇是用第一人称写的，其中一篇，《宝贝》，是第一人称复数，这是第一次。"[85] 四年后，在受到费城的坦普尔大学邀请时——这次参加的是一次研讨会——她再次使用了这部小说集的名字，副标题是"自传与小说"。[86] 研讨会的描述是："对文学中第一人称使用的探索，并对真实或虚构的自传体写作特别加以注意。咏叹调与宣叙调。第一人称与第三人称的区别；复数的第一人称：一种虚假的第三者。忏悔录、个人表达与其他虚假线索。"接下来，她列出一张名单，关于是哪些文本与类型给了她灵感，这给人以相当明确的印象：圣·奥古斯丁的《忏悔录》、清少纳言的《枕草子》、蒙田的随笔、让-雅克·卢梭的《忏悔录》、本杰明·富兰克林的自传、华兹华斯的《序曲》、梭罗的《瓦尔登湖》、陀思妥耶夫斯基的《地下室手记》、乔治·桑的《我的一生》、里尔克的《马尔特手记》，还有弗吉尼亚·伍尔夫和罗伯特·瓦尔泽的文本，以及伊丽莎白·哈德威克的《无眠夜》。以极为符合逻辑又不假装谦逊的方式，她在这一系列经典之作后又加上了自己的作品——"苏珊·桑塔格的《我，及其他》"。

　　评论界的反响整体上是积极的。虽然每个人都有自己偏好的某个或者某些短篇，但很多人都对这些小说感到惊奇，它们与《恩主》或者《死亡匣子》并无多少共同之处，他们一致认为《没有向导的旅行》具备一种出人意料的现代性。根据《纽约时报》评论家阿纳托尔·布罗雅德的看法，这个放在集子末的短篇是桑塔格作为小说作者的"压轴表演"，而他对她可不是一直这么颂扬备至的。把这部集子从头读到尾，他认为水平在逐渐"改观"，用他的话说，这部集子就像是"给一个残破的世界的小说写作课程"。[87]

　　《我，及其他》出版于一个高产的时期，这部集子得以面世似乎不仅是为了再"做"一本书，更是为了对一种更加私密的灵感加以肯定，为了保证在小说文体中找到一个锚点，远离随笔文体的专制。在苏珊的日记中，在 1978 年 11 月 17 日斯特劳斯家举办新书发布晚会数日后，她写道："我尽量让自己不再继续写随笔。我忽略随笔和小说之间的界限（一种教条）。在小说中，我能做在随笔中所能做的一切，反过来却并非如此。"[88]

　　现在她似乎找到了一条新路，但又面临着另一个需要解决的个人问题：如何克服她对孤独的恐惧？这个问题一再出现，周而复始，她马上就要四十六岁了，却并不比二十年前更能解答这个问题。自与哈丽雅特交往以来，她懂得了孤独对她是必要的，她需要时间用于思考与写作。她说，拒绝独处就意味着"对自己说谎"："我匆匆付诸行动——我为获得结果而争论——我的智力是肤浅的。我孤身一人时感受到的抑郁状态只不过是表层。我可以超越这些，只要我不开始恐慌。让我自己陷下去——让事情自行发生。倾听那些话语。"[89]

　　尽管感到孤独，她却又是炙手可热的：到处都争相邀请她，包括电视节目。1978年11月24日，她再次被邀请上《迪克·卡维特秀》（她上一次出现在这个电视节目上还是在6月）。这个节目是1968年由迪克·卡维特创立的，在桑塔格上节目的那个时代，它是在PBS公共电视台播出的。在半小时的采访中，主持人只要愿意，就有权利提出哪怕最失礼的问题。谈话相当自然顺畅地围绕着最近出版的新书，然后转向了更加私人的方向。卡维特提出了一个令他不吐不快的问题："苏珊，请允许我向您提出一个不审慎的问题，但请您放心。为什么像您这样有过癌症经历的人还会继续抽烟？"他搞错了：屡败屡战后，她最终成功戒了烟。另外，那些"在家办公"的人，"特别是作家"，似乎要比其他人更难戒烟……她很难解释这样一种自毁行为：任何有智商的人都理解尼古丁真实存在的危害。根据她的说法，在今天，抽烟的乐趣已经不比以往了，因为再也没有人能天真无知地沉浸在这种乐趣中，而无视一切警告。

　　桑塔格很少表现得像个恪守教条的人，传教的热忱不在她的习惯之内。然而在这里，恐惧与说服他人、说服自己的必要性，促使她展开了宣传攻势。不要忘记她刚刚出版了一本关于疾病的书：她需要将自己宣扬的东西付诸实践。这不是说《疾病的隐喻》是一本关于禁烟的小册子，而是她借此机会触及整个人类健康学的话题，并且坚决地站在生命的一边，站在为争取未来的治疗方法的一边。为何既捍卫这一切，而又公开投身危险之中，一口接一口地抽烟呢？要指出下面这一点是很有趣的。在联邦调查局已经确定她对国家不构成任何危险的时候，各大烟草公司反而开始警惕地密切关注她：相关公司的市场部的档案文件里贴满了《疾病的隐喻》的报道剪报，以及关于她在广播与电视节目中发表的言论的报道。[90] 与联邦调查局的结论相反，美国烟草公司的说客们似乎将她看作心腹大患之一……

　　这一年的末尾，她回到了意大利。冬日的威尼斯"清空了一切色彩"，桑塔格散步时沉浸于她的疑问与忧郁。迄今为止，她的对抗方式是多多旅行，让自己始终在路上，因为她的公寓对她来说太空荡荡了，没有她的朋友们，没有戴维的朋友们，也没有戴维自己。在一阵想要遗忘自身疾病最终却只让她疲惫不堪、几乎并未感到更多满足的社交狂热之中，她接受了各种各样的邀请，午餐，晚餐，外出，不管是什么借口，只要不一个人待着就好。她意识到了自己的软弱，开始痛斥自己，试着改正自己的行为。她的日记里时时出现自我教训的话语和必须遵守的行为准则：

　　　　我每天早上最晚 8 点起床。

　　　　（我一周可以违反这条规则一次。）

　　　　我只与罗杰一起吃早餐。

　　　　（"我不在户外吃午饭。"我每十五天可以违反这条规则一次。）

　　我每天都要在笔记本上写作。

　　（模范：利希滕贝格的《格言集》。）

　　我要告诉人不要在早上给我打电话，不然我就不接。

　　我尽力只在晚上阅读。

　　（我读得太多了——这是一种逃避写作的方式。）

　　我一周只回复一次信件。（星期五！——不管怎么说
我该去医院了。）[91]

　　这张单子是 1977 年写成的，在与 V. S. 奈保尔共进午餐与阅读
鲍里斯·艾肯鲍姆所著的托尔斯泰传记之后：与这些在她看来更加
严于律己和献身艺术的作家"往来"，她得出结论，自己的"目无纪
律"严重需要改正……

　　不止她一人感受到了这种必要性。她在 20 世纪 80 年代定期见
面的作家乔伊斯·卡罗尔·欧茨对此直言不讳，后者写道："……我
感到惊愕，对于你挥霍自己精力的方式……看起来如此，因为我不
可能真正了解。无论如何，我不该多管闲事。"欧茨继续写道："你
似乎过着一种不可思议的生活，充满了各种迷人的消遣。"在她作家
的眼睛看来，社交应酬在其最好之时也只不过"令人分心"，更多是
"一种必要的惩罚"，一切应当以作品为优先："你写的那些书，你字
斟句酌的那些页，日复一日，不仅仅是一种手段，让你用来定义你
最深切、最永久的自我，你还可能借此让其他人通过艺术达到超脱
与圆满。我们谈到过这个，对此，你（就像我一样）可以贡献出至关
重要的力量。所以，浪费一整天的时间，你就不仅犯下了一项会损
害你自己的严重的罪，还让你自己丧失了某些珍贵作品才具备的不
可见的、普遍的群体性。"[92]

　　事实上苏珊的工作劲头是突发性的，可以为了写完一篇文章把

自己关在旅馆房间里三四天：正是这样，在 1979 年 3 月，五个星期里她先后去了巴黎、柏林、慕尼黑和罗马，然后在中央公园附近的纳瓦洛旅馆的 2502 号房间里安顿下来，开始"闭门造车"，为的是战胜这种她感到自己写不出东西的时刻。[93] 在家里，她是很难克制自己不分心的。西格丽德·努涅斯，就如同她后来的助手们一样，多次在自己的散文中讲起她们如何一起在家里闭门不出，比如说，为了回复信件，然后过了几分钟，桑塔格就决定出门吃午饭，散步，或者仅仅是为了找她聊天，结果离要完成的工作越来越远……她的理想是每天都能写作，就像她一生中在日记里不断定期自勉的那样。事实却是，她通常在压力之下、独处之时才能好好工作。

重新恢复了健康，苏珊可以去更多更远的地方了。带着重新焕发的活力，她出发去做一次次长期的旅行，其中有几次去的还是她从未踏上过的土地。1979 年 4 月 14 日，她在成田机场落地，受邀去东京的美国文化中心开办讲座。听众中有唐纳德·里奇，一位 1947 年就移居日本的影评人。从此以后，每次旅行他们都会见面，里奇成了她与日本的中介，这个国家在她心中占据了一个独特的位置。一直以来，她就对这个国家的电影具有一种突出的兴趣——小津安二郎是她心中的宗师，她也喜爱这个国家的美食，随着岁月流逝、访问次数增加，她发现自己对日本文化越来越产生亲近之感。

1979 年春末，瑟伊出版社推出《论摄影》和《疾病的隐喻》的法译本，在巴黎评论界引发了前所未有的对桑塔格作品的兴趣。事先说好的是，苏珊要在 6 月抵达巴黎，亲自做作品的推广工作。另外，在 5 月底，评论家米歇尔·布罗多作为先遣队被派到纽约对这位作家进行独家采访。会面在她家中进行，她的藏书、照片与挂画环绕四周。重读这些年来桑塔格接受的采访，我们很快就会发现，她喜欢在自己的书房里接见记者，既能介绍自己的工作，又能自导自演。布罗多没有忘记表达惊叹，采访的开头就是对这个"修道院式"的空间的描述，"书一直堆到天花板"。他提到了她最近在书店销售上获得的成功，提醒她：在法国她不仅被拿来跟玛丽·麦卡锡做比较，还被比作西蒙娜·德·波伏娃。但从桑塔格的反应来看，这种比较并未取悦她："不，不，千万别来这种陈词滥调！我太有抱负了，我不能接受这个。我的上一部中短篇小说集已经卖了两万五千册，而且我正在写我的第三部长篇。"布罗多承认这是一种"便捷的标签"，要简单概括桑塔格多元化的作品是很困难的，但他趁此机会向读者提供了对这位女士性格的一瞥："从她说话时那急躁、说服力强且时常显得不容置辩的口气来看，可以猜出她不是那种容易交朋友的人。"[94] 尽管她公开表达了自己对法国的爱，这篇采访却并不会帮助她在法国找到盟友。在布罗多暗讽"我们国家的知识分子阶层过分畏首畏尾地寻求自我刺激"，所以无法认可桑塔格作品的价值之后，桑塔格则补充并肯定了"法国人是欧洲最缺乏好奇心的民族"，所以法国的学术活动在国外仅与巴特、福柯、列维-施特劳斯等几个名字联系在一起。当记者提出拉康的名字时，她尖锐地反驳道："拉康？也只有您还相信他了吧？这就像在杰瑞·刘易斯*身上寻找天才一样。他的思想大概就和维克多·库赞†的思想蒸发得一样快。"[95] 布罗多似乎远未被这些活动摇勇气，他继续向她表达自己古怪的敬意，但也特别注意到"当她毫无疑义地宣称'知识分子的责任是说真话'时，令人不禁自问这到底是出于理性抑或天真"。[96]

　　这篇采访令读者迷惑：很难理解法国记者的立场是什么。究竟

---

* 　杰瑞·刘易斯（Jerry Lewis），好莱坞喜剧明星。

† 　维克多·库赞（Victor Cousin），法国哲学家、教育改革家，著有《论真美善》等。

是仰慕这位评论家与作家呢——他强调那两部作品是一流的，都是各自领域的先驱之作，它们是他来此采访的理由——还是对这个美国女人恼火呢？她发表各种辛辣的见解，毫无保留，最终因自负而显得荒谬。

在米歇尔·布罗多的这篇文章见报十五天后，卡特琳·达维德代表《新观察家》与桑塔格进行了对谈。她记录的言论并不更加客气，恰恰相反，桑塔格对法国知识界与知识分子的抨击甚至更加尖刻。在被问及雷吉斯·德布雷的新作——揭露了法国知识分子需要更快、更频繁地推出新书才能保持自己的地位——时，桑塔格毫不犹豫地与这种"每六个月产出一本新书"的作者的"平庸作风"划清界限，进而吹捧写作的缓慢与"精雕细琢以求作品的不朽"。她似乎并未在自己的言论中发现任何讽刺之处：她同时在推广两本书，以在美国的出版时间而论，这还是她三年里的第三本书。接下来她对美国大学教育制度唱了一曲赞歌，吹嘘这一制度才是这种自愿选择的缓慢写作的奥秘，它给创作者们提供了一个鼓励艺术与创作的终身环境，允许他们花更多时间在作品上。如果了解桑塔格自己与美国大学教育制度发生的冲突及她一直以来为了保持边缘性而非身陷其中所做的斗争，她此时为这一制度勾勒的肖像真令人吃惊。"在美国，"她解释说，"这甚至是受到推崇的。大部分创作者在这种美妙的大学文化网络中工作，其中有剧院人士、诗人、画家……美国大学没有那种学院气，不像法国大学那样自我封闭。如果您乐意见识的话，一所堪萨斯城附近的大学，就好像一家里昂郊区的文化宫一样。"在这番对美国大学的描述与辩护之后，她对法国知识分子发起了攻击，无论是在电视台工作的，还是当编辑的，甚至做记者的——这种类型混淆显然是为了便于统一定义了法国学术生活的"一切帮派，一切团体"，更不用说还有那些页面都被朋友们无休无止地互相吹捧染黑了的文学杂志……简而言之，她总结，"法国人被友谊与忠诚腐化了"，与此相反的是"在美国，声誉是建立在一种离群的、不可腐蚀的态度之上的"，人们有一种"认为作家应当孤高、粗野、不向任何人求助的理想"。

受到《原样》杂志团队的中伤后——这是文章中唯一指名道姓的攻击——她意识到自己的言论可能显得极端化："我炮轰了巴黎的学术界，但这是出于一种幻灭的强烈的爱。"巴黎及法国已经在她眼中失去旧日的光环，因为在她看来，"法国是一个传统过于强大的国家，所以在现代化方面就未免水泼不进"，而且"法国文化的妄自尊大"也并不合理，"你们永远只会有雪儿薇·瓦丹*……"，她对女记者说。对方无法对她提出任何像样的驳论，只能暗示说："法国人向来更喜欢出口而非进口……"桑塔格正好就此展开新一轮的进攻："但说实话，问题正在于不再有东西可供出口。现在的法国文化几乎等于零……当今法国的任何东西在国外都无足轻重。"将目光重新投向大西洋彼岸，她举出纽约作为例子，这座城市展开双臂拥抱外国人，很快就接纳了他们，改变了他们，就像纳博科夫，只用了写一部长篇小说的时间就变成了"美国作家"……她解释说，这是一种在第二次世界大战中养成的习惯——如果我们相信她的说法，当时美国人张开双臂欢迎被纳粹势力驱逐的欧洲难民。又一次，就跟上次的采访一样，读者会震惊于这种突如其来的对美国的维护、对历史的幼稚看法，还有她对一切与法国相关的事物出人意料的敌意。这还是1973年对埃莱娜·波尼亚托夫斯卡说她想尽可能久地待在莫里哀的国度的那个女人吗？当时她说，自己想待在法国，是因为她不喜欢过轻松容易的生活，想要活在另一种语言的世界里，在她自

---

* 雪儿薇·瓦丹（Sylvie Vartan），20世纪60年代法国少女偶像歌手，以与法国摇滚巨星约翰·哈里戴结婚而闻名。

己与美国之间保持距离。她对米歇尔·布罗多说的——她在近期内没有自相矛盾——是另一套措辞："我是个相当具有美国气质的人，但从来没有多么喜欢美国人，我更喜欢在远距离之外活得像个美国人。"[97] 应当将此理解为法国已经不是她想作为美国人生活的那个异乡了吗？还是说这是出于一种更加私人化的情感，与她最近的关系破裂，以及她与《原样》团队为代表的新一代法国青年知识分子缺乏交流有关？可以肯定的是，她与法国及其学术世界的关系随着时间在改变，她今后将会比过去表现得更加挑剔。

1979 年 6 月 8 日，她上了电视节目《诘问》，在座的还有数位摄影师，马克·里布、罗贝尔·杜瓦诺、赫尔穆特·纽顿、汉斯·西尔维斯特和正要在法国出版一部摄影史的编辑克洛德·诺里。节目的第一部分是关于《论摄影》的，这令贝尔纳·皮沃[*]特别感兴趣。她面对着坐在对面的摄影家（皮沃把她的座位安排在自己身旁，把节目变成了一个职业人士与他们面对面的舞台），想要捍卫她的观点，她明白自己的书是从一个只观赏摄影作品却从不自己拍照的人的角度写的。在摄影师中，杜瓦诺是第一个发话的：他面带讽刺的微笑，承认自己只读了九十页，而且只记住了第五十五页上的一个小细节：桑塔格转述了黛安·阿勃丝的话，据说她"一直以来受够了被保护"。杜瓦诺说自己对此着迷，一位拍摄了许多"怪物"照片的女性居然会说这样的话。我们还记得苏珊对阿勃丝的作品保持沉默，所以很难相信杜瓦诺选择这个例子是出于偶然，或者单纯是出于个人兴趣。此时，马克·里布从中周旋，强调尽管这位女评论家看法悲观，但她懂得如何重新激发关于摄影艺术的讨论。皮沃对于

---

[*] 贝尔纳·皮沃（Bernard Pivot），收视率很高的法国文化类电视节目《诘问》（1975—1990）的创立者与主持人，因其电视节目对法国文学的贡献入选龚古尔文学奖评选委员会。

在座者的反应有点吃惊，明显对他们的保留意见感到不愉快。他试图解释，《论摄影》不是一本小册子，而是一篇随笔作品，是它所在领域的先驱之作，还没有任何人就这个题材进行这样的写作。对这种说法，克洛德·诺里马上就加以反驳，引用了多年以来数不清的文章，他自己正是用这些文章编写那部他今晚来此推广的摄影史著作的。至于赫尔穆特·纽顿，他承认想要阅读此书的英文版（尽管在巴黎度过了二十五年，他仍然无法用法语流畅阅读），但没读下去。桑塔格于是指责他想要维护摄影师作为原始人的神话，即摄影师唯一的表达方式就是摄影机。奇特的是，她最后下结论说摄影师不算是知识分子，"当然"除了亨利·卡蒂埃-布列松，她本人是认识他的。这感想实在不幸，考虑到上这个节目的都是同时代最伟大的摄影师，这只能使她与职业摄影师之间的鸿沟变得更深。然而这场争论并不像以往那样活跃（回想一下《诘问》节目中那一场场令人难忘的唇枪舌剑），所有人都在努力保持彬彬有礼。除了皮沃，桑塔格的论点几乎得不到任何人的支持，在笔者看来，节目结束以后也不太可能会有电视观众争先购买她的书。

埃尔韦·吉贝尔在为《世界报》写的关于这次节目的报道中，称贝尔纳·皮沃犯了一个错误，"急躁，太急躁了"，没有给他的这位女嘉宾留出自我表达的空间："苏珊·桑塔格的书提出的任何问题都没有得到展开或探讨，最终她只是人在那儿，展露着她高贵的侧影与她的微笑。还没有读过此书的人能意识到这些喋喋不休的空话在多大程度上歪曲而非帮助人了解一本书。"[98]

吉贝尔一直为《世界报》写作，是一位为《论摄影》大唱赞歌的评论家。[99] 他是唯一指出此书题目在翻译中失去了本义的人，书名《论摄影》（On Photography）在法语中翻译成了《摄影》（La Photographie），而非直译为"Sur la photographie"。他强调这个译名不仅仅会产生语义学上的歧义，而且会使读者误以为这本书是关于摄影这种媒介的历史，而非一部个人随笔——关于她个人对摄影的力量高度敏锐的感受，关于影像在现代生活中的位置，关于我们日常生活中图像数量的激增引起的后果。1983年，此书作为口袋本系列之一重印时，原书名得以重译。

如果说法国评论界一直对桑塔格的作品表示出兴趣，相反，她却在巴黎屡屡表现出对法国文化的不忠，后来，她又在意大利受到了极其热烈的欢迎。她每年都在意大利度过数日或者数周，无论有没有电影节，都按照惯例去一趟威尼斯，再去罗马做一次短期旅行，或者去岛上待一周。当然还有卡洛塔，但这不是唯一的原因，而且这个原因在她们分手后已经不复存在。另外还有友人们，像在《食人族二重奏》里扮演了一个主要角色的阿德里娅娜·阿斯蒂。多亏阿斯蒂从中牵线，1979年夏天，桑塔格被邀请去都灵执导皮兰德娄作于1929年的戏剧《如你所愿》。她还从来没有在剧院工作过，虽然对剧院她是如此熟悉：我们还记得，在20世纪60年代，她经常出席蔡金在纽约、威尔逊在英国的彩排，她还对波兰人格洛托夫斯基的戏剧革新颇有兴趣。

就像在瑞典一样，她将要指导外国演员，他们用一种她并不熟悉的语言表演，无论怎样，她都准备好要进行这次历险。尤其是因为这个剧本还涉及她心爱的各种主题，就像她对作家兼新闻记者列昂纳多·夏夏解释的那样："我想要理解这个文本，因为它在语言上表现出某种疯狂：所有角色都连续不断地讲话，就像得了一种语言上的歇斯底里症。"[100]

　　《如你所愿》讲的是一个女人——"奇怪"*（这是她在剧中的名字）——的故事。她生活在柏林，对于她来到这座城市之前的人生已经完全不记得了。一位意大利摄影师以为她是某个与他同村的女人，那个女人有着贵族血统，在第一次世界大战期间失踪，当时士兵抢掠了她与丈夫在意大利的别墅。她被安排与丈夫重逢——她的丈夫叫她露西亚，将她带回她原来的家里，希望熟悉的环境能令她的记忆复苏。结果她发现，尽管她丈夫声称对她旧情犹在，但他证明她仍在人世其实是出于私利——为了保住别墅和维持原来的生活。这个"奇怪女人"的前任情人来到德国，想重新赢得她的欢心，事情变得越发复杂，他相信另一个女人才是真正的露西亚，另一个女人不仅失忆，还患有紧张症，最近十年都生活在疯人院里。

　　就像部分灵感来自皮兰德娄剧作的让·阿努伊的《没有行李的旅人》，这部剧作的悬疑与趣味在于，对一段过去，是选择担负还是告别；对某种身份，是选择接受还是放弃。

　　1979年10月，这部剧在都灵最古老的剧院上演，从评论家那里得到了不冷不热的评价，他们觉得桑塔格作为导演的选择和阿德里娅娜·阿斯蒂的演技都不是很有说服力。桑塔格对夏夏吐露，自己"想要尝试某种既抽象又极端的东西。我想要找借口沉浸在情感与情节剧中不能自拔；没有必要强行遏制这些东西。但与此同时，将它们以抽象、风格化的方式而非写实的方式表现出来，也是很重要的"。[101] 意大利评论家还没有准备好接受这种导演风格，有些人断言这是一种极端的象征主义，而阿德里娅娜·阿斯蒂表现得过于情节剧了，她的表演更多是令人想起滑稽剧或者维多利亚时代戏剧，而非皮兰德娄的剧作……[102] 不管怎样，大概也是因为有阿德里娅

---

* 　此处原文为étrange（奇怪的；古怪），该词与étranger（外国的；外国人）形似。

娜·阿斯蒂和苏珊·桑塔格的双重光环，这至少确保了一种猎奇意味的成功，[103] 她导演的这部剧一年后又在佛罗伦萨上演了。

这年初秋，《如你所愿》先是在罗马进行彩排，然后在都灵上演。接下来，桑塔格要去的则是德国：1979 年 11 月 9 日，她获得了由美因茨科学与文学院颁发的威廉·海姆勋章。她是该奖项的第二位得主，该奖在 2001 年停办，其间曾颁发给来自各个国度的作家，像奥克塔维奥·帕斯、乔治·曼加内利、哲尔吉·康拉德，甚至菲利普·雅各泰*。就像我们在前文提到意大利工作项目时已经阐明的那样，巴黎并不是桑塔格唯一的锚点，她在德国着陆的次数越来越多，一开始每次都是为了自己作品的翻译事务；然后从 1989 年开始，则是因为对柏林墙倒塌后得到解放的创作活力产生兴趣。

只有在法国，人们才对评论家的话感兴趣：《滚石》1979 年 10 月刊登了乔纳森·科特所做的长篇专访，他是桑塔格长期以来的熟人。他们 1978 年 6 月在巴黎重逢，11 月又在纽约见面，进行了大约一百三十页的对谈，其中略超过三分之一的部分登载在杂志上。对于读者来说，幸运的是科特保存了访谈录音，其中有几段很长的访谈在今天已经成书出版。[104] 于是我们得到了这篇断断续续进行然而内容完备的对谈，对话双方虽谈不上亲密，但也认识了很长一段时间。他们的初识可以追溯到桑塔格在哥伦比亚大学教书的年代，当时科特是负责校报《哥伦比亚每日观察者》的学生，而桑塔格大量为校报撰稿。这位记者很久以来一直想找理由和她坐下来谈一谈她的人生轨迹，对此，他掩饰不住自己的景仰之情：在如此之短的时间内就出版了三本书，其中第三本《我，及其他》在美国马上就要问

---

* 菲利普·雅各泰（Philippe Jaccottet），诗人、翻译家。著有《夜晚的消息》《在冬日光线里》《朝圣者的碗钵》等。

世，这给他提供了梦寐以求的机会。考虑到对谈的长度，我们很容易想象出，它所涉及的主题在很大程度上是超出了时事通讯的要求的，科特的目标在于促使这位女作家做出总结并展望自己的未来。今天，像我这样的读者无法不注意到一个巧合——这次访谈正好发生在她职业生涯的中点。当然，无论是科特还是桑塔格，在当时都不可能意识到：二十六年前，正逢《恩主》出版；二十五年后，她与世长辞。

与此同时，采访是在 1978 年 6 月至 1979 年 10 月之间进行并发表的，所以此次访谈重拾了苏珊在与卡特琳·达维德、米歇尔·布罗多的对谈中涉及的许多元素。矛盾的是，她也在这一场合重新表明了她对法国、法国文化与巴黎的依恋。福楼拜、纪德（他大概是她第一个提到的）、波德莱尔、瓦莱里、普鲁斯特、科克托等人的话语与作品一直伴随着她，就像她初次在图森书店那积满灰尘的书架上或者好莱坞的旧书摊上读到他们翻译成英语的文本时一样。她对她心中的经典之作忠贞不渝，最终，就像她自己也承认的那样，法语是她唯一真正能流利使用的外国语言。[105] 她在与埃莱娜·波尼亚托夫斯卡、米歇尔·布罗多的谈话中都提到过自己需要保持必要的距离。这次，她重新对科特提起，她重申："我想待在一个美国之外的地方。"[106]

1979 年 12 月 13 日，苏珊重新成为法国银屏上的明星，这次是独自一人作为让-路易·塞尔旺-施赖伯的嘉宾，出现在一小时节目《问卷》上。《世界报》在数日前刊出的节目预告中介绍了这位女作家，没有忘记点明"巴黎知识分子们已经被激怒，因为她不把他们当回事"。[107] 塞尔旺-施赖伯想要平息争论，他将自己的嘉宾介绍成一位"思想上的侨民"，她的作品包罗万象，她的好奇心无穷无尽。

他的腔调是随和通融的，他提到了女性主义、左翼的未来、苏联式社会主义、法国政治、美国的立场等话题，简而言之，这是一场完全没有与卡特琳·达维德对谈时那种生硬粗暴之感的讨论。另外，她还承认现在无法放心接受采访，因为她回答人们向她提出的问题时太"天真"，按照她的话说，就是给人以"评判"别人的印象，这当然只会给她带来敌人。

从这次对谈中，实在是看不出有什么可以"激怒"法国知识分子的，但她之前的失言并不会因此被遗忘。法国记者们没有因为她的话而感到不快——或者即便如此也没有表露出来；美国评论家可不一样，特别是史蒂夫·莱特，他在《要点》杂志上写了一篇关于"桑塔格现象"的长篇分析，很大一部分内容就是基于这次采访。莱特一上来就攻击道："她的采访是一篇令人印象深刻的材料：如此的大杂烩，混合了含糊不清、躲躲闪闪和令人迷惑的骄傲自满，她正是一幅大西洋两岸知识阶层所发生的显著堕落的肖像画。"[108] 他谴责桑塔格评价美国的情况时缺乏必要的距离，面对法国知识分子又充满傲慢，自命为居于"高尚人士"之列的方式过于直白——"高尚人士"不寻求一夜成名，对他们来说，"名望"的意义仅仅是与"庸常"押韵。他说，她自居于普通人之上，让人相信这是她作为美国作家的境况赋予她的权利，也就是受到一种近于完美的制度的保护……但她在攻击法国知识分子对公共生活的参与之时，却忘记提到她自己十五余年来定期出现在《人物》《女士》甚至《滚石》等杂志的头版，而这是莱特无法原谅的。对于她断言"我们可无法想象一个（美国版的）贝尔纳-亨利·莱维*"，他毫不犹豫地回应："倘若我们能够

---

*　贝尔纳-亨利·莱维（Bernard-Henri Lévy），生于阿尔及利亚的法国籍西班牙裔犹太人，享誉欧美的作家、记者、哲学家、导演，他才华横溢、相貌英俊，但争议不断。——编注

想象，那不正好一丝不差就是她吗！"[109] 这里举的几个例子已经足以让人想象莱特是如何沿着这个方向写下去，重述桑塔格的原话，然后按照他心目中真实的美国知识界的情况去反驳，想要重建一幅关于这方面的更加全面平衡的图景。他提醒，她当初在纽约圈子里出名靠的是向读者介绍戈达尔、巴特、阿尔托、热内，甚至布列松，她似乎停留在那个时代，而与此同时，新一代的法国哲学家与思想家正在美洲大陆上扬名立万，领头的就是某位雅克·德里达。莱特列举并驳斥了她的"前后矛盾之处"以后，又回到桑塔格在采访中提出的最后一个论点上来：美国知识界的国际化有赖于美国在第二次世界大战中欢迎移民的政策。一方面他指出，这种欢迎政策并非像她想让《新观察家》读者相信的那样广泛与热情——想想那些签证被拒绝的人，那些只能前往墨西哥而非纽约的人，等等；另一方面他也提醒，还有很多这一类移民无法忍受美国大学体制的保守主义作风，一旦有可能，就马上回了欧洲，如贝尔托·布莱希特、阿多诺、马克斯·霍克海默，还有更多，更不用说那些最终被麦卡锡主义驱逐或者丢人现眼地被迫退休的人。那些留下的人也被塞进模子里，实实在在地变成了"美国人"，以及这个词意味的一切。

巴黎、威尼斯、纽约，这一年的开端与结束很是相似。她接受了诸多邀请，其中之一是在密歇根州。4月，是波士顿学院的年度巡游，这是桑塔格连续第五年来这里了。她在由耶稣会神父弗朗西斯·斯维尼主办的"关于人文主义"系列讲座中做了发言，斯维尼领导这座学院并主导它的学术生活。苏珊第一次被邀请来这里是在1975年，当时[110] 的演讲题目是"世界的美学观"，尝试对"艺术"进行定义并将其置于现代世界之中。[111] 继这次发言之后，桑塔格在接下来的八年中的每个学年都回到这里（根据斯维尼神父本人的说法，直到她变得"过于昂贵"为止）。1977年4月，她做的是一场关于"疾病的性质"的报告,当时她刚写完《疾病的隐喻》,而在同一年的 12 月,她谈论的是摄影的美学。1980 年 4 月,她致力于讨论的则是时间与历史性时间的概念,这是一个萦绕在她心头的题目。就像她对来听讲的人吐露的那样,她打算就这个题目写一篇随笔。一年年过去,演讲的内容随她的写作道路的蜿蜒曲折而转移:她对波士顿学院的听众及已经成为友人的斯维尼表现出一种特别的温情,她乐意和他讨论自己的新观点,他的世界观也与她自己的相吻合。她尊敬这位耶稣会士与哲学家,而他也尊敬这个用他的话说"有一种对人类经验进行阐明与分类的天赋"[112] 的女人。

在两次会议之间,桑塔格为写一篇关于埃利亚斯·卡内蒂的文章而冥思苦想,这篇文章直到 9 月才面世。她还写了一篇《我想起了罗兰·巴特》,向 1980 年 3 月 26 日在事故中逝世的大师致敬。同时,她又写了关于西贝尔伯格的《希特勒:一部德国电影》的影评。她贪婪地阅读着,按照她的习惯。对这个习惯,她长期以来是有所警惕的。她发现这种贪欲已经不仅仅是为了求知和求解,甚至也不再仅仅是为了追求乐趣:"阅读占去了过多的份额。我成了瘾君子——我需要解毒……阅读是一种写作的替代品。无怪乎近来我如此焦虑。"[113] 自从桑塔格学会认字,也就是说从稚龄开始,阅读对她来说既是逃避尘世喧嚣——以及她的家庭——的完美避难所,又是一扇通向宇宙的窗子,她已经等不及要去探索了。在满足自己无穷无尽的好奇心的同时,她有了一个可以藏身甚至可以筑起高墙的"处所"。在她与爱德华·赫希为《巴黎评论》所做的对谈中,她将小说阅读定义为一种"创造内在"的行为:只要坐拥书城,她就不再需要任何东西,尤其是不再需要任何人。她由此变得自足,灵与肉都同样得到滋养:"我阅读的时候,我总有种仿佛正在进食的感觉。

而阅读的欲望（等等）就像是一种可怕的、贪婪的饥饿。于是我经常尝试同时读两三本书。"[114] 用阅读代替写作，这就是危险所在：这年春天，她陷入了"一种无症状的抑郁消沉，在随笔写作方面"，[115] 她需要克服那些已经印好的书页的召唤，才能写出自己的……

一次全新的旅行总是受人欢迎的消遣！1980 年 5 月，苏珊·桑塔格受邀与诗人约翰·阿什贝利、作家乔伊斯·卡罗尔·欧茨及其丈夫雷蒙德·史密斯一起去华沙参加一次学术会议。这是她第一次踏足她祖先的国度波兰。除了首都，他们还去了克拉科夫，不过对苏珊的口味来说过于保守了，而且她不忘强调克拉科夫是教皇约翰-保罗二世的领地，在他的名字还叫作卡罗尔·沃伊蒂瓦的时候。她对华沙的第一印象谈不上最佳：煤炭作为燃料无处不在，散发出"20 世纪 50 年代英国城市的气味"。[116] 就像每次旅行一样，她打算把旅行印象记录下来，但这个计划没了下文，只留下日记中的只言片语："一篇关于波兰的随笔：从对波兰平原的描述开始，一个没有自然国境的国家。然后引用（维托尔德·）贡布罗维奇（《一种证明》）：一个注定卑微的国家（民族）。"[117] 在当场接受《政治》杂志女记者采访时，她回忆了自己阅读过的波兰文学。在尚在人世的作家中，她特别提及了诗人兹比格涅夫·赫贝特；小说家耶日·安杰耶夫斯基——他因其长篇小说《灰烬与钻石》被安杰伊·瓦伊达改编成电影而闻名于世；还有斯坦尼斯拉夫·莱姆——他的长篇小说《索拉里斯星》曾被安德烈·塔可夫斯基搬上银幕。在已经过世的作家中，她向剧作家斯坦尼斯拉夫·维特凯维奇、诗人亚当·密茨凯维奇、《你往何处去》的作者亨利克·显克微支等人表达了敬意，特别是犹太作家布鲁诺·舒尔茨、先锋作家维托尔德·贡布罗维奇和诗人切斯瓦夫·米沃什。她的对话者惊异于她竟如此熟稔波兰文学，这是其万万没有想到的。对此，她解释说，尽管受限于只能阅读译本，但"我对波兰非常感兴趣。我一直如此"。她补充说，这种兴趣不仅仅局限于文学，她也很欣赏波兰音乐。[118]

经过反思——这是她抵达波兰以前从未有过的——她发现，因为她的血统，她与这个属于她祖先的国度的关系本可以是不同的："我应当承认，直到现在我来到这里为止，我都没有真正想过我本来会是一个波兰人，生活在波兰。"这促使她立下了一个誓言："我愿再次来到这里，下次独自一人，而不是跟着一个作家代表团。"[119]

这次去铁幕另一边的数日参观游览最终结出了不少果实。乔伊斯·卡罗尔·欧茨创作了一个短篇《我的华沙：1980》，在其中她设置了一个女性知识分子的角色——朱迪斯·霍恩。此外，小说中出现了她的同伴卡尔·瓦尔泽，还有诗人罗伯特·萨金特。在这些名字背后，不难认出约翰·阿什贝利是那位诗人，而苏珊·桑塔格是霍恩。欧茨如此描述道："了不起的朱迪斯·霍恩，受人艳羡，频频被拍照：今天她穿了一身黑色麂皮的连体裤，上面装饰了许多道拉链，腹部一道，大腿和两边膝盖各一道，横一道，竖一道。长靴和手套都是山羊皮的。（华沙 5 月很冷。）她惹人注目，态度轻松自如到了放肆的程度。"[120]

在这番描述之后，叙事者问了自己一个关于霍恩的女性气质的问题，强调了她身上各种女性的装饰——珠宝、华服、秀发，这些都仅仅更加烘托出这种女性气质的令人生疑之处——她的面部轮廓和不化妆都让人确信其中没有任何女性的特征。身为纽约知识分子中最杰出者，已有数篇随笔译文在波兰广为人知，朱迪斯·霍恩确实不会对自己产生的公众效应有所怀疑，她在华沙穿行时就像在一个已经被自己征服的国家行走。或者不如说重新征服。欧茨长篇大论地分析了这位女性知识分子身上的犹太特征，从她的头发到她的

"来自《圣经》"的教名。这种执着是奇特的，因为就像叙事者在别处暗示过的，霍恩一直声称她对自己的血统毫不关心……

她由卡尔·瓦尔泽（注意这个姓氏的讽刺性，它肯定不至于不让人想起那位著名的瑞士德语作家，罗伯特·瓦尔泽）陪伴在侧，他被认为是记者，可能还是她的情人，这两人之间的关系在他们的旅伴们看来并不分明，同样地，旅伴们也觉得很难真正搞清楚朱迪斯·霍恩的性取向。

小说一路追踪着旅行途中的各种变故。这位女明星的怒气日渐增长，尽管她举世闻名，却无法让自己被人理解，语言的障碍明显无法逾越，她想要学会并记住几个波兰语单词的努力如蚍蜉撼树。她排斥当地主流的天主教文化，嫉妒自己的男性同伴——他与她相反，很容易就融入了欢迎他们的各个团体之中。

欧茨笔下勾勒的这幅不怎么客气的肖像画反映出了 20 世纪 80 年代初对桑塔格的一种观念：作为作家，她已经跻身名流，态度如同一位巨星；在最好的情况下，她只是让接近或迎接她的人感到好笑，但通常情况下则令他们恼火。

约翰·阿什贝利从这次旅行中得到灵感而作的一首诗，直接影射了一次与桑塔格的谈话，当时他在抱怨不得不出席一场华沙歌剧院的演出。对他的怨言，她当时可能是简单地回答道："当然我们必须去。就算这很乏味，但最后也可能有意思。"还有《简短的答复》这首诗的最后几行也向这位女作家的"明智"表达了敬意：

> 你旅途顺利？噢我没能坚持
> 你看，我折成两半，就像本体的
> 一场梦的边缘……
> 为何要让世事更加艰难

当世事已然如此？因为倘若它乏味的方式

有所不同，那也算是种趣味。

那就是我的发言。

十五年后，桑塔格为《在美国》撰写序言时，才把在这次旅行中
撷取的印象付诸笔端。

纽约，巴黎，纽约。在特立尼达和多巴哥群岛上的每个岛屿都
度过了几天。夏天带来了旅行，带来了与大西洋两岸的朋友们共进
的晚餐。她强迫自己写作。"每天一行*。"她在日记中写道。她的雄
心壮志是"每日两页"。除了在这之前的几个月里，她还拿不准自己
是否能够写作；此外，她知道自己想要什么：写一本长篇小说，并
且在读者那里获得跟她的上一个短篇《没有向导的旅行》同样程度的
成功。

她的下一本书是近十年来的随笔的合集。出版于1980年秋天
的《土星照命》，在苏珊心中，是她的天鹅之歌，是她向随笔世界的
告别。在这本书的美国版中，能读到她献给阿尔托的长篇文章，曾
作为1976年出版的阿尔托文选的序言；还有关于保罗·古德曼、莱
妮·里芬施塔尔、汉斯-于尔根·西贝尔伯格、瓦尔特·本雅明、
埃利亚斯·卡内蒂的文章；以及一篇为不久前逝世的罗兰·巴特所
写的致敬文章。在法语版中，与阿尔托相关的随笔被一篇关于齐奥
朗的文章取代了，这篇文章在1969年曾被收入英语版的《激进意志
的样式》，还从未完整翻译成法语。

---

* 原文为拉丁语。

美国版只是一本简单的合订文集，收录了刊登在《纽约书评》上的最新一批随笔。桑塔格几乎只在那里独家发表文章。这看上去可能是一种纯商业行为（一本补充性质的书，出版是为了让罗杰·斯特劳斯支付的许多次预付款显得合理），但对于桑塔格来说，这本书是一个整体，是一个表现独特性的机会。这些随笔或是"安魂曲"，或是"致敬"，对她来说，也是"乔装改扮的自画像"，[121] 是她映照自身的哈哈镜，帮助她勾勒出她在自己心中的形象。对评论家角谷美智子，她吐露："我想要说出真相。我当然知道，我总会受到那些能让我想起自身经历的人的吸引。"[122]

所以她认为自己就像瓦尔特·本雅明一样"土星照命"（文集的题目取自这位德国哲学家的一篇文章）。这幅肖像画是有说服力的："既然土星的气质是迟滞的、容易犹豫不决的，有时候就需要以刀剑开路，有时候刀剑最终对准的是自己。土星气质的标志是对自我的敏锐洞察力与毫不留情：永远无法获得自我。自我是一篇文本，它需要被破解。（所以这是一种跟知识分子相宜的气质。）自我是一项工程，是需要被构建的东西……构建自我与作品的过程总是过于缓慢。人总是滞后于其自我。"[123]

事实是通过这本书，她看起来终于偿清了自己的滞后性：《土星照命》总结了七年来她紧张的写作经历，战胜了疾病造成的种种困难。某种意义上，这是对癌症的复仇，癌症迫使她"与死亡的关系更进一步"。"死亡对你来说变得相当真实可触了，"她解释说，"你再也无法过以前那种无忧无虑的生活。这真的能让人明白优先原则，而我打算按照它生活，这是当真的。"[124] 她积累起来的作品是对她的生之欲望的证明，也是她要说的话还没有说完的证明。我们要记得，20 世纪 70 年代初对她来说，标志着一个灵感枯竭的时期，或者更确切地说是一个迷失方向的时期。桑塔格放弃了随笔，她构思的长篇小说的雏形又尚未成形，而她其他的艺术试验都受众寥寥。然而在五年之中，从1975年到1980年，她出版了四部作品，编辑了一部文集（阿尔托的），保持着在期刊与杂志上稳定的发表势头。当然，最重要的是，成功与认可终于在前方等待着她，她的书变得畅销，被人广为阅读。

自1979年8月末开始，她隐居波奇思，住在罗杰·斯特劳斯家的乡下别墅里，打算对附录再做一番精雕细刻，并且修订文集中出现的引文。封面的图像是她亲自选择的，从《反对阐释》开始，她就获得了这一特权：一幅从亚历山大·冯·洪堡的旅行记中选出的版画插图，画的是特内里费岛的龙树，两个人在旁观看，第三个人正借助梯子攀登这棵巨树。桑塔格从中读出一个隐喻，既关于写作，也关于她的艺术创作对生活本身的影响："我的幻想是我必须登上那梯子（在我的脑海中——在写作的地带），而在地上的人是戴维和斯特劳斯（我的编辑），他们向我挥手致意：'再见！祝好运！别忘了回来！'因为总有回不来的风险。"[125] 由瑟伊出版社推出的第一版法译本也采用了同样的封面。

书中某些随笔是仅仅数月前发表在《纽约书评》上的。也就是说，在记者们的记忆中，它们仍然鲜活，他们整体上都对这本书表现出了欣赏的态度，尽管也重提了他们对桑塔格的旧怨，特别是关于题材的选择。比如《纽约时报》的赫伯特·米特冈指出，纵览附录，此书提到的作家、电影人与哲学家没有或者说几乎没有大众意义上知名的，这种多样性让米特冈认为桑塔格是"文艺复兴式全才"的现代版本。此言所涉及的人答复："这不是一个很有效的形容。我想有很多作家的兴趣都像我一样广泛。这在欧洲是很常见的，但在美国就很少有作家涉足多种多样的活动了。契诃夫为了更好地了解监狱的情况去了库页岛。当今有很多问题可让作家关心的，不需要追溯到文艺复兴时期。"当记者最后问她，是否存在一两个主题能将她所有的活动都包括在内，她眉头也不皱地回答："文学与社会——难道还有别的吗？"[126]

《纽约书评》的弗兰克·克默德指出，在他看来，她对"外国哲人们"再度产生兴趣，但经过翻译后"alien"（外国）这个词就无法体现出它含义中"外国"与"外星"的双关性了。《纽约时报》的大卫·布罗米奇与他有类似的感想。根据布罗米奇的看法，桑塔格仍然且始终是一种属于欧洲的、少有人知的文化的不知疲倦的歌颂者，在他看来，这使她犯了几个评价上的错误。于是，他谴责她——而不止他一人——看上去并不知道自己的受众到底是哪些人，后果是出版时引文经常没有详加说明，而是只用暗指，以为读者对这个课题预先都有所了解，有时候她又忽然下决心阐明几个显得相当基础的问题……[127] 而且因为他们还记得这些文章原始发表时的样子，有些记者对每页脚注的消失表示遗憾，脚注能让读者了解桑塔格所完成的评论著作中提到的作品及其标准尺度。

有赖于《论摄影》大获成功后所取得的卓著声名，桑塔格变得越来越炙手可热。她向来迫切的财务需求促使她接下人们发来的各种邀请，从讲演、学术会议，到朗读会。还有各种文化机构定期恳请她允许它们把她的名字加到自己的管理委员会当中。她态度慎重，很少介入，心里明白在这种事上付出的时间多，获得的回报却少。但当人们提议她加入纽约人文学院管理委员会时，她满怀热情地接受了。学院 1977 年由社会学家理查德·桑内特创立，很快就成为这座城市的知识分子谈论的对象。每月数次，来自全世界的作家、哲学家与大学教员等聚集举办圆桌会议，例如豪尔赫·路易斯·博尔赫斯、切斯瓦夫·米沃什、伊塔洛·卡尔维诺，甚至米歇尔·福柯。学院受益于纽约大学的强力支持，还有一些有影响力的纽约人士的热情帮助，桑塔格就是一例，在学院的早年岁月中她经常在那里现身。如果相信将这类活动看作"令人愉悦的浪费时间的方式"的乔伊斯·卡罗尔·欧茨的说法，[128] 那她出现的次数太多了……对于苏珊而言，这是她的生活重心，是一个每周她能去会见朋友、合作者，并发起唇枪舌剑的地方，在这里，她可以扮演东道主的角色。FSG出版社也不乏代表人，罗杰·斯特劳斯本人也是管理委员会的一员，并列席于主要捐赠人之列，布罗茨基的友人德里克·沃尔科特也加入了他们的行列。桑内特在招揽所有这些人之后，决定合作搞一份期刊来记录他们的活动，而戴维·里夫成了期刊的主编。很快，这所学院，特别是苏珊，成了人际网的中心，不仅促进了成员内部的学术交流，还能为需要救急的人提供保障。实际上，成员们参与活动是免费的，但随着时间推移，人们把临时的管理职位给予那些新抵达的政治难民知识分子，从而成为他们在定居国找到更稳定工作以前的一块跳板。

————————

作者注：

1. 未出版的日记，1980 年 10 月 27 日，UCLA档案。

2. 出版于 1975 年 2 月 9 日。

3. 《土星照命》。(同前，p. 105。)

4. 阿德里安娜·里奇，苏珊·桑塔格的回复，《女性主义与法西斯主义：一次争论》，《纽约书评》，1975 年 3 月 20 日。(Adrienne Rich, reply by Susan Sontag, «Feminism and Fascism : An Exchange», *The New York Review of Books.*)

5. 同上。

6. 《纽约时报·艺术与休闲》助理编辑沃尔特·古德曼来信，1975 年 3 月 14 日，UCLA档案。

7. 阿德里安娜·里奇的来信，1975 年 3 月 6 日，UCLA档案。

8. 给阿德里安娜·里奇的信，1975 年 3 月 17 日，UCLA档案。

9. 《莱妮·里芬斯塔尔的电影》。(*The Films of Leni Riefenstahl*, Scarecrow Press, 1re édition, 1978.)

10. D. B. 欣顿与苏珊·桑塔格，《关于莱妮·里芬斯塔尔的争论》，《纽约书评》，1975 年 9 月 18 日。(D. B. Hinton & S. Sontag, « An Exchange on Leni Riefenstahl », *The New York Review of Books.*)

11. 米歇尔·拉波特的来信，1976 年 1 月 21 日，UCLA档案。

12. 苏珊·桑塔格，《弗朗西斯·培根："关于身受痛苦"》，《时尚》，1975 年 3 月。(S. Sontag, « Francis Bacon : "about being in pain" », *Vogue*, mars 1975, p. 136.)

13. 《苏珊·桑塔格日记》第Ⅱ卷。(同前，p. 428。)

14. 同上。(p. 429.)

15. 即苏珊·桑塔格，《弗朗西斯·培根："关于身受痛苦"》。

16. 戴维·里夫，《死海搏击：母亲桑塔格最后的岁月》。(同前，p. 31。)

17. 罗杰·斯特劳斯的来信，1975 年 10 月 29 日，FSG出版社档案，纽约公共图书馆收藏。

18. 给戴维森夫人的信，1993 年 10 月 18 日，UCLA档案。

19. 该著作即吕西安·伊斯拉埃尔教授的《今日癌症》。(Pr. Lucien Israël, *Le Cancer aujourd'hui*, Grasset, 1976.)

20. 吕西安·伊斯拉埃尔，《今日癌症》。（同前，p. 15。）

21. 同上。(p. 241.)

22. 同上。(pp. 244-245.)

23. E. M. 齐奥朗的来信，1975 年 11 月 20 日，UCLA档案。

24. 马修·莱夫海特，《斯蒂芬·科赫谈彼得·哈贾尔："如果你是凡高，你就得有你自己的提奥"》，《城市艺术》，2013 年 10 月 15 日。（Matthew Leifeit, « Stephen Koch on Peter Hujar : "If you're Vincent, you've got to have your Theo" », *Art F City*, 15 octobre 2013. ）

25. 《苏珊·桑塔格发现癌症危机给生活带来了强烈冲击》，《纽约时报》，1978 年 1 月 30 日。（« Susan Sontag Found Crisis of Cancer Added a Fierce Intensity to Life », *New York Times*, 30 janvier 1978. ）

26. 未出版日记，UCLA档案。

27. 西格丽德·努涅斯，《永远的苏珊：回忆桑塔格》。（Sigrid Nunez, *Sempre Susan. Souvenirs sur Sontag*. Ed. 13ᵉNote, traduit par Ariane Bataille, 2012, p. 48. ）

28. 同上。(p. 58.)

29. 同上。(pp. 58-59.)

30. 1977 年 8 月 8 日的信，UCLA档案。

31. 《苏珊·桑塔格日记》第II卷。（同前，p. 471。）

32. 同上。(p. 458.)

33. 西格丽德·努涅斯，《永远的苏珊：回忆桑塔格》。（同前，p. 28。）

34. 同上。(p. 29.)

35. 所罗门·伏尔科夫，《约瑟夫·布罗茨基谈话录》。（Solomon Volkov, *Conversations with Joseph Brodsky*, The Free Press, 1998, p. 168. ）

36. 西格丽德·努涅斯，《永远的苏珊：回忆桑塔格》。（同前，p. 30。）

37. 《重点所在》。（同前，p. 18。）

38. 斯文·伯克茨，《采访约瑟夫·布罗茨基》，《巴黎评论》，1982 年春第 83 期。（Sven Birkerts, « Interview. Joseph Brodsky », *Paris Review*, n° 83, printemps 1982. ）

39. 《标准时报》（*The Times Standard*），1977 年 5 月 22 日。(p. 12.)

40. 西格丽德·努涅斯，《永远的苏珊：回忆桑塔格》。（同前，pp. 83-84。）

41. 《洛威尔下葬在家族墓地》，《新闻守护神》，1977 年 9 月 17 日。(« Lowell Buried in Family Plot », *News-Palladium*, 17 septembre 1977, p. 12.)

42. 卡洛·里帕·迪·梅纳，《双年展新闻》，《纽约书评》，1977 年 9 月 15 日。(Carlo Ripa di Meana, « News from the Biennale », *New York Review of Books*, 15 septembre 1977.)

43. 《苏珊·桑塔格日记》第II卷。(同前，p. 484。)

44. 同上。(p. 481.)

45. 同上。(pp. 481-482.)

46. 关于这个话题，有兴趣的人可以阅读她与居伊·斯卡佩塔的对谈，见《原样》杂志第 76 期，收入《苏珊·桑塔格谈话录》。(entretien avec Guy Scarpetta dans *Tel Quel*, n° 76, repris dans *Conversations* et notamment les pages 97-98.)

47. 所罗门·伏尔科夫，《约瑟夫·布罗茨基谈话录》。(同前，p. 194。)

48. 《苏珊·桑塔格日记》第II卷。(同前，p. 491。)

49. 西格丽德·努涅斯，《永远的苏珊：回忆桑塔格》。(同前，p. 45。)

50. 罗宾·亚当·斯隆，《汉密尔约会的可不止杰姬一个人》，《圣伯纳迪诺郡太阳报》，1978 年 2 月 8 日。(Robin Adam Sloan, « Hamill not dating Jackie exclusively », *The San Bernadino County Sun*, 8 février 1978, p. 48.)

51. 乔纳森·科特，《苏珊·桑塔格：滚石杂志采访》。(同前，p. 109。)

52. 《苏珊·桑塔格日记》第II卷。(同前，p. 471。)

53. 《巴黎评论：访谈录》。(同前，p. 450。)

54. 《苏珊·桑塔格谈话录》。(同前，p. 96。)

55. 威廉·加斯，《一种不同的艺术》，《纽约时报》，1977 年 12 月 18 日。(William Gass, « A Different Kind of Art », *New York Times*, 18 décembre 1977.)

56. 查尔斯·西蒙斯，《桑塔格发言》，《纽约时报·书评周刊》，1977 年 12 月 18 日。(Charles Simmons, « Sontag Talking », *New York Times Book Review*, 18 décembre 1977.)

57. 维克多·博克里斯，《苏珊·桑塔格：流行哲学界的黑女郎》，《垮掉的朋克》。(Victor Bockris, « Susan Sontag : The Dark Lady of Pop Philosophy », in *Beat Punks*, Da Capo Press, New York, 2000, p. 77.)

58. 维克多·博克里斯,《苏珊·桑塔格:流行哲学界的黑女郎》。(同前,p. 78。)

59. 萨特和马尔罗都确实曾是安非他命的著名使用者(以及其他兴奋剂)。

60. 维克多·博克里斯,《苏珊·桑塔格:流行哲学界的黑女郎》。(同前,pp. 79-80。)

61. 维克多·博克里斯,《苏珊·桑塔格遇到理查德·希尔》。(V. Bockris, «Susan Sontag Meets Richard Hell», *op. cit.*, pp. 191-205.)

62. 理查德·希尔,《自传:我梦见我是个十分干净的流浪汉》。(Richard Hell, *I Dreamed I Was a Very Clean Tramp. An Autobiography*, Editions Ecco, 2013, p. 245.)

63. 塞尔玛·奥布莱恩,《苏珊·桑塔格特写》。

64. 芭芭拉·罗斯,《作家苏珊·桑塔格从绝症中重整旗鼓并初获商业成功》。

65. 赫伯特·米特冈,《出版活动:兼收并蓄的苏珊·桑塔格》,《纽约时报》,1980 年 10 月 10 日。(Herbert Mitgang, «Publishing : The Eclectic Susan Sontag», *New York Times*, 10 octobre 1980.)

66. 角谷美智子,《对苏珊·桑塔格来说,60 年代的幻觉已经消散》,《纽约时报》,1980 年 11 月 11 日。(Michiko Kakutani, «For Susan Sontag, the Illusions of the 60's Have Been Dissipated», *New York Times*, 11 novembre 1980.)

67. 《土星照命》。(同前,p. 182。)

68. 西格丽德·努涅斯,《永远的苏珊:回忆桑塔格》。(同前,p. 87。)

69. 同上。(p. 85.)

70. 同上。(p. 81.)

71. 乔纳森·科特,《苏珊·桑塔格:滚石杂志采访》。(同前,p. 4。)

72. 同上。(p. 5.)

73. 艾米莉·格林豪斯引用,《我们能真正了解桑塔格吗?》,《纽约客》,2012 年 4 月 25 日。(Citée par Emily Greenhouse, «Can We Ever Know Sontag ?», *New Yorker*, 25 avril 2012.)

74. 芭芭拉·罗斯,《作家苏珊·桑塔格从绝症中重整旗鼓并初获商业成功》。

75. 《疾病的隐喻》。(同前,p. 11。)

76. 同上。(pp. 13, 33 & 41.)

77. 《疾病的隐喻》。（同前，pp. 25-28。）

78. 同上。（p. 50.）

79. 同上。（pp. 79 & 68.）

80. 同上。（p. 109.）

81. 同上。（p. 110.）

82. 同上。（p. 113.）

83. 《苏珊·桑塔格日记》第II卷。（同前，p. 502。）

84. 同上。（p. 506.）

85. 波士顿学院，1981 年 4 月 9 日，UCLA档案。

86. 研讨会，1985 年春，坦普尔大学，未出版笔记，UCLA档案。

87. 阿纳托尔·布罗雅德，《激进敏感性的样式》，《纽约时报》，1978 年 11 月 11 日。（Anatole Broyard, « Styles of Radical Sensibility », *New York Times*, 11 novembre 1978, p. 21. ）

88. 《苏珊·桑塔格日记》第II卷。（同前，p. 519。）

89. 同上。（p. 522.）

90. 其中许多文件都保存在旧金山加利福尼亚大学档案馆中，包括迪克·卡维特的展览报告。

91. 《苏珊·桑塔格日记》第II卷。（同前，pp. 461-462。）

92. 乔伊斯·卡罗尔·欧茨的来信，1981 年 3 月 2 日，UCLA档案。

93. 未出版日记，1979 年 3 月 10 日，UCLA档案。

94. 米歇尔·布罗多，《与桑塔格共进早餐》，《快报》，1979 年 6 月 9 日。（Michel Braudeau, « Petit déjeuner chez Sontag », *L'Express*, 9 juin 1979, p. 28. ）

95. 同上。（p. 29.）

96. 同上。（p. 30.）

97. 同上。（pp. 28-29.）

98. 埃尔韦·吉贝尔，《苏珊·桑塔格……及其他》，《世界报》，1979 年 6 月 11 日。（Hervé Guibert, « Susan Sontag…et les autres », *Le Monde*, 11 juin 1979. ）

99. 埃尔韦·吉贝尔，《词语对影像》，《世界报》，1979 年 6 月 11 日。（Hervé Guibert, « Des mots contre l'image », *Le Monde*, 11 juin 1979. ）

100.《苏珊·桑塔格谈话录》。(同前，p. 138。)

101. 同上。(p. 140.)

102. 这些话可以集中在意大利《新闻报》(*La Stampa*) 1979 年 10 月 29 日(p.19)、1979 年 10 月 29 日 (p.21) 的文章中找到，以及艾伦·布洛克的《皮兰德娄在佛罗伦萨：1980—1981》，载于《意大利研究学会通讯》，1981 年 11 月。(Alan Bullock, « Pirandello in Florence 1980-1981 », dans *Bulletin of the Society for Italian Studies*, novembre 1981, pp. 4-9.)

103. 珍妮弗·斯通，《欲望之外》，《英国皮兰德娄学会年鉴》。(Jennifer Stone, « Beyond Desire », *The Yearbook of the British Pirandello Society*, p. 35.)

104. 乔纳森·科特，《苏珊·桑塔格：滚石杂志采访》。

105. 同上。(p. 128.)

106. 同上。

107.《与苏珊·桑塔格面对面，问卷，TF1 台 12 月 13 日周四 22 点 25 分》，《世界报》，1979 年 12 月 10 日。(« Face à face avec Susan Sontag, Questionnaire, jeudi 13 décembre TF1, 22h25 », *Le Monde*, 10 décembre 1979.)

108. 史蒂夫·莱特，《解体的噪声：对苏珊·桑塔格的答复》，《要点》，第 9 卷，1980 年第 1 期。(Steve Light, « The Noise of Decomposition : Response to Susan Sontag », *SubStance*, vol. 9, n° 1, 1980, p. 86.)

109. 同上。(p. 88.)

110. 1975 年 10 月 2 日。

111. 玛丽·克林格，《苏珊·桑塔格在波士顿学院》，《高地》，1975 年 10 月 6 日第 6 期。(Mary Klinger, « Susan Sontag at BC », *The Heights*, 6 octobre 1975.)

112. 詹姆斯·达林·亨利，《苏珊·桑塔格和人文主义系列讲座》，2012 年 10 月，约翰·J. 伯恩斯图书馆博客。(James Daryn Henry, « Susan Sontag and the Humanities Series », 15 octobre 2012, John J. Burns Library's Blog.)

113.《苏珊·桑塔格日记》第 II 卷。(同前，p. 550。)

114. 同上。(p. 243.)

115.《巴黎评论：访谈录》。(同前，p. 445。)

116.《苏珊·桑塔格日记》第 II 卷。(同前，p. 570。)

117.《苏珊·桑塔格日记》第 II 卷。（同前，p. 572。）

118.《苏珊·桑塔格谈话录》。（同前，p. 174。）

119. 同上。

120. 乔伊斯·卡罗尔·欧茨，《最后的时日：小说集》。（Joyce Carol Oates, *Last Days. Stories*, Dutton Inc, New York, 1984, p. 139. ）

121.《巴黎评论：访谈录》。（同前，p. 445。）

122. 角谷美智子，《对苏珊·桑塔格来说，60 年代的幻觉已经消散》。

123.《土星照命》。（同前，p. 33。）

124. 角谷美智子，《对苏珊·桑塔格来说，60 年代的幻觉已经消散》。

125. 给 Enrique Krauze 的信，2002 年 10 月 30 日，UCLA 档案。

126. 赫伯特·米特冈，《出版活动：兼收并蓄的苏珊·桑塔格》。

127. 大卫·布罗米奇，《广大且危险的题目》，《纽约时报》，1980 年 11 月 23 日。（David Bromwich, « Large and Dangerous Subjects », *New York Times*, 23 novembre 1980. ）

128. 乔伊斯·卡罗尔·欧茨的来信，1981 年 3 月 2 日，UCLA 档案。

转 向
1981 年——1989 年

> 我只对文学感兴趣，如果我有足够的精力和意愿可以
> 贡献，我只想要创作一部这样的作品，
> 它能成为文学世界不可分割的一部分。[1]

"这些年是疑虑重重的岁月吗（最近十年，或者更多）？"苏珊在 1 月底写道，并总结说，"这样更好，不然接下来会继续下去，或许会更糟。"她想要尽可能客观地观察自己：她应当承认不确定——甚至"从来不"——什么是自己想要的，而对于这一事实，她接受别人给她的一切："我不提建议。我不尝试大动作。"她的梦想？在伦敦导一部戏、一部歌剧，在德国导一部电影……看起来她与其说是大胆投入，不如说是躲避起来，犹豫不决，无力控制自己的命运。"那位征服者哪里去了？"[2]这是她向那另一个正握着笔的自我提出的问题。

金钱的问题继续困扰着她。尽管她最新的几本书卖得很好，但版税不足以维持生计。因此她需要继续举办讲座，或者在各处接受教职，每年教学数周。就这样，她在纽约社会研究新学院第一个学期开了两门课。新学院可被比作一所高等研究院，接收的都是较为年长的学生，教员们在制定新异的教学大纲方面也享有较大的自由。

因此这是桑塔格的理想工作地点，她不需要被模式化，可以自由选择课目。然而两个月过后，她只得承认事实：她一向声称喜爱的教学，占用的是一种她更乐意奉献给创作的精力。[3] 她因此谢绝了对她每年定期教学一学期的邀请，尽管这份工作带来的财务收入与医疗保险堪称可观；由此她重新获得了自由之身。

邀约仍持续不断，无论是邀请她举办演讲、讲座，还是官方出行。4 月中旬，中美艺术交流中心邀请她参加一个艺术家代表团，去与中国同行会面，意在创造交流合作的机会。她向来对中国好奇，于是接受了邀请，与摄影师康奈尔·卡帕、作曲家周文中*（当时还是该中心的领导者）、编舞阿尔温·尼古拉斯、电影人罗伯特·扬一道前往。

4 月 19 日，她在北京落地，正好赶上第一次官方晚宴，饭后则在夜间的紫禁城中散步。这次旅行在她看来与以往的社会主义国家之旅不同：没有参观工厂或者模范村，而是安排了游览博物馆、名胜古迹，以及与作家、艺术家会面。另外，她还注意到这次有更大的行动自由。她可以从团体游中抽身，与新闻学教授卡罗琳·维克曼度过一整天，维克曼来自加州大学伯克利分校，在北京大学教了好几年书。苏珊追踪她整个白天的活动，从她儿子上的幼儿园到她上课的课堂，这种 20 世纪 80 年代初中国的视角令苏珊大感兴趣，在她看来，较之上一次的 1973 年之行，这次出行发生了很大变化。

代表团从北京去了上海，其间停留在洛阳与杭州，途中游览了寺庙、宝塔，拜访了艺术家工作室。在上海（"今天，我取回了我的护照与我的个人观点"，她在日记里欣慰地写道），桑塔格踏上了回

---

* 周文中，英文名 Chou Wen-chung，美籍华裔作曲家，任教于哥伦比亚大学三十余年。代表作有管弦乐曲《花月正春风》《花落知多少》，清唱剧《思凡》等。

美国的归程。

她在美国只待了几天，就又在 5 月中旬飞往巴黎，再从巴黎出
发，参加几乎每年必去的戛纳电影节。在那里，她是嘉宾观众，既
因其评论作品而闻名，名字又常被人和妮科尔联系在一起。竞赛单
元的片子中有安杰伊·瓦伊达的《铁人》——讲述格但斯克码头上的
社会与政治斗争，安德烈·祖拉斯基的《着魔》，迈克尔·西米诺的
《天堂之门》，克劳德·勒卢什的《战火浮生录》，以及贝纳尔多·贝
托鲁奇的《一个可笑人物的悲剧》。非竞赛单元有耶日·斯科利莫夫
斯基的《举起手来!》——该片 1967 年上映时在波兰被禁，加入新
的引子部分后在戛纳重映，还有鲍勃·拉菲尔森的《邮差总按两次
铃》。因为无法在戛纳看遍每部电影，她在回到巴黎后才观看了弗
朗西斯科·罗西的《三兄弟》与詹姆斯·伊沃里的《四重奏》——两
部都在电影节期间放映过；以及这一年上映的几部其他电影，比如
侯麦的《飞行员的妻子》，赖纳·维尔纳·法斯宾德的《莉莉玛莲》。

戛纳、巴黎，都是跟她与妮科尔的关系密切联系在一起的地
点。她们一起前去电影节并返程，苏珊作为友人在养雉场街度过了
数日。从 1981 年 6 月初的几天开始，她在都灵街的一间公寓安顿下
来，位于克里希广场与圣拉扎尔火车站之间，由一位友人为她租下，
租期一个月。她想要"独自一人感受巴黎，证明巴黎不仅仅是妮科
尔"。[4]在她保存下来的私密日记片段中，最经常出现的几个词是"恐
惧""无力"与"孤独"。在她与妮科尔分手前后出现的抑郁情绪并
未消失："我感到——我不知道应当怎么确切描述——多余，不合
时宜，而且（就像五年来我的感觉一样）像个已经死了的人。我是在
表演我还活着，表演当一个作家。我不知道自己该置身何处。我既
没有精神，也没有希望。"

独自在巴黎的这个月是一种重新发现自我、重新在作家生涯中立足的尝试。事实上，她的思索又一次围着写作打转，或者说围绕着写作在她日常生活中的缺席："现在开始写吧，谦逊地、秘密地。我现在写出的任何东西都不可能比一个字都不写还要坏——比这还要坏，焦虑的记录，永远是以片段的形式，以及单子和笔记、一连串我无法制订完的东西。"[5]

5月，出发去巴黎和戛纳之前，她参与了《时尚》杂志的"我们时代的伟大欧洲作家"评选活动。她选择了伊塔洛·卡尔维诺，[6]她仰慕他作为故事讲述者的才华，欣赏他最新一部被翻译成英文的长篇小说《如果在冬夜，一个旅人》。在她看来，这是给这位意大利作家——通过其长篇小说与幻想文学进行——的文学沉思的加冕。

作为文章的按语，一段短小的关于这位评论家的生平介绍称她"正在创作第三部长篇小说"，并未提及更多细节。在档案文件中，我们发现了一部新手稿的痕迹，桑塔格在笔记和数次采访中对此做过暗示，但好像没有更进一步。考虑到她的家族历史，和她对来自苏联及其卫星国的难民的兴趣，她认为"这作为我的题材是符合逻辑的：流亡美国的人们"。"我认识，"她补充说，"德国犹太人，现在则是东欧人与拉丁美洲人。"她想要探索"流亡的哀情，流亡的诗人"，其中当然有"约瑟夫（·布罗茨基），用一个帝国交换了另一个"。情节的核心，是"一段失落的爱情"。简而言之，这是"一部关于欢笑、关于遗忘的书，从此方的视角讲述"。除了布罗茨基，仿若完美的流亡者化身的齐奥朗也是她的原型之一，还有诗人弗拉季斯拉夫·科霍达舍维奇，他于20世纪20年代初期从圣彼得堡流亡柏林、布拉格，最终于1939年在巴黎逝世。她从后者的一部集子借用了作品题目——《欧洲之夜》，另一个她看中的题目则是《西方的半边》。[7]

但就像她注意到的，她很难集中注意力写作，不光有教学任务，各种推荐与邀请都不少。尽管通常来说酬金都不太高，这些活动有时却能带来机遇，令她能实现自己心心念念的计划。就这样，在 1981 年的春天，一位意大利女制片人接触了桑塔格，提议她参加由女性导演的四部短片构成的一个项目，导演们可以在自行选择的意大利城市中拍摄。预期的导演有伊迪丝·布鲁克，在战争末期移民意大利的匈牙利女作家与电影人，用电影再现 D. H. 劳伦斯及其妻子住在撒丁岛的日子；意大利人焦万娜·加利亚尔多，描绘伊丽莎白·巴雷特·勃朗宁在佛罗伦萨的人生肖像；玛格丽特·杜拉斯，《奥蕾莉娅·斯坦纳（罗马）》；[8] 还有桑塔格，带来的是《威尼斯书简》。很快，这个构想的发起人焦万内拉·赞诺尼就与意大利国家电视台建立了联系，她不仅确保资金到位，还保障影片的最初传播途径。在这四部短片中，只有布鲁克——《哪个撒丁岛？》——与桑塔格的成片最终问世。

在作家与制片人的通信中，有一封长信，其中她详述了自己的设想："我计划的一小时电影既不是故事片也不是纪录片，而是属于一个中间类型。电影-散文？电影-诗？虚构纪录片？"

这个题目并不是"字面意义上的"城市威尼斯，她写道，而是"围绕着威尼斯建立的想象之城"，趣味在于通过一个外国人的眼光观看这座城市。这不是一部自传体电影——"这是一部虚构的纪录片，一篇幻想出来的报告"——她甚至承认影片中的"我"可能一掠而过："声音是我的，但又不是我的"[9]，就像收录在《我，及其他》中的短篇小说《没有向导的旅行》里的"我"那样一带而过。这篇小说正是电影剧本的灵感来源。三个声音合而为一，赋予文本实体：一对情侣的声音，还有女性叙事者的画外音。

拍摄工作在 1982 年秋天进行，女性角色由露辛达·蔡尔兹出演，男性角色则由意大利演员克劳迪奥·卡西内利出演，画外音由安娜·诺加拉担当。在这些影像的中心，威尼斯才是真正的明星。桑塔格拍摄这座城市时明显怀着一种强烈的欢乐，突出表现了构成这座城市之美的种种建筑细节，展示了它的各个侧面，从居民的日常生活，到游客潮——用各种语言的大合唱将这座城市变成巴别塔。如果说摄影机关注圣马可广场的美妙图像、运河、潟湖的话，它也没有遗漏聚成一堆等待被收走的垃圾桶，桥下载满旅游纪念品小玩意的手推车，还有破坏了墙壁与柱子的涂鸦。在这片风景中，"她"与"他"在变化着，恋人们仿佛在追寻，在重逢，又在重新失散。就像在短篇小说中一样，这次对威尼斯的满怀爱意的探索之旅也是一次怀旧之旅，掩在潟湖与秋雨的雾霭之中。

　　女电影人对影像的质量、对每一帧的取景和场面调度，给予了与前几部电影同样的关注。导演风格与《应许之地》接近，而主题——一对未来不确定的情侣——与《食人族二重奏》并非谈不上相似。然而，阿德里娅娜·阿斯蒂对桑塔格并没有露辛达·蔡尔兹那样的影响力：在观众看来，摄影机后的女人很显然想要向这位女演员与舞者致敬，镜头一大半时间都固定在她身上。她起舞，她走开，她坐下，她在布景中一动不动，而布景的存在仿佛只为衬托她纤细修长的剪影，她雕像般的面部轮廓。男性角色不过是陪衬，负责配戏，而我们——就像女电影人本人一样——感兴趣的是他的身体，是他向"她"投去的目光。

　　1982年初，桑塔格没有按照她签署的合约里规定的那样在巴黎，而是在罗马结束了纪录片的拍摄工作，影片接下来在意大利电视上播放。1983年秋天，影片配了英文字幕在纽约放映，评论家加里·印第安纳当时在影厅之中："苏珊·桑塔格的最新电影既不是关于旅行的纪录片，也不是完全经过乔装改扮的故事片，而是对无可挽回之物的放大的沉思。"[10] 他继续说，影片同时是喜剧与哀歌，他喜欢那段在雨季穿过威尼斯的航程，穿过这座被水淹没的城市，各种音乐组成了观众在电影中听到的第四个"声音"。从中，他终于发现了"一种远远不像桑塔格其他视觉作品中的冷嘲那般令人绝望的幽默感，以及一种美感，它以更轻松的方式，将意外获得的素材变为己有"。[11]

很容易想象，如果有不同的时机，苏珊可能会溜到摄影机前面，放弃摇动摄影机手柄的工作，取代卡西内利与蔡尔兹配戏。对苏珊来说，在威尼斯拍摄露辛达是梦想变成了现实。露辛达有幸登上了"名单"——那是苏珊在人生最后阶段制订的，名单上都是她认为自己真正爱过的人。露辛达作为第六名出现，排在哈丽雅特、菲利普、艾琳、伊娃、妮科尔之后。对蔡尔兹的精湛技艺与不受一切过往成就束缚的自信气质，苏珊都感到着迷；她的步态，以及她在编舞中体现自身美学的方式，都让苏珊觉得自己找到了理想的合作伙伴。蔡尔兹在当时是最受人瞩目的编舞之一，她的作品登上了全世界的舞台，这种声誉再加上上述种种品质，都不可能不让桑塔格感到欣悦。

她对舞蹈的兴趣并非始于她与露辛达的相遇，而是要上溯到她刚刚来到纽约的那些岁月，她是在20世纪60年代初期发现芭蕾与现代舞的。"在20世纪60年代初，我开始经常看城市芭蕾舞团的演出，那是璀璨的明星辈出的二十年时光，其中苏珊娜·法雷尔是我心目中的女王"[12]，她在1983年乔治·巴兰钦[*]去世两个月后她写的致敬文章中如此说，该文发表在《名利场》上。

---

[*]　乔治·巴兰钦（George Balanchine），生于圣彼得堡的美国舞蹈家、编导，编舞作品包括《堂吉诃德》（1965），曾为音乐剧《保持警惕》（*On Your Toes*，1936）创作《十号大街上的杀戮》。——编注

一场芭蕾对她来说，就是一场不断更新的历险。对于反复观看同一部舞剧，她从来不会感到犹豫，有时在同一周里也会看不止一场。她爱的不仅仅是演出本身，也是与它相关的一切。地点，幕间休息的各种仪式，常客，还有对舞者的崇拜："幕间休息时，我与其他常客一起，在纳德尔曼*创作的巨大的盐瓶与胡椒瓶雕塑中间散步，没完没了地讨论着舞者们。我甚至在若干心理斗争后，采取了那些最无条件狂热的粉丝的习惯做法，用名字直呼他们心目中的神明，即便从来没有跟他们见过面：一直称呼的都是苏珊娜、彼得、卡琳、雅克、肖恩、巴特……但永远不变的是巴兰钦先生。"[13]

"芭蕾舞迷"，[14] 她心怀构想，想要写一部受到伊莎多拉·邓肯†人生事迹启发的长篇小说，希望能在小说中展示这些男人和女人所经历的严酷生活与他们非比寻常的自律精神："舞蹈较之其他表演艺术要求一种更强的奉献精神，甚至与任何体育运动相比，也是如此。而任何舞者的日常生活都是一种斗争，与疲乏、压力、自然的身体极限及旧伤造成的极限进行的全天候斗争。"通过种种努力，痛苦被艺术转变成一种"在任何方面都显得毫无拘束、毫不费力的力量，每一秒钟都完全是自己的主宰"。[15]

就像这一时期的许多长篇小说写作计划一样，这个计划也被弃置了，但桑塔格在评论方面沿着这个方向继续努力。她受到作家林肯·柯尔斯坦的启发，柯尔斯坦终其一生都在对舞蹈生涯进行记述，他也是纽约城市芭蕾舞团团长与美国芭蕾学校的校长。另外一个启发了她的人是评论家埃德温·登比。登比的文字是最早让她"能严

---

* 埃利·纳德尔曼（Elie Nadelman），美籍波兰裔雕塑家。1914 年移民纽约，"二战"后自杀。

† 伊莎多拉·邓肯（Isadora Duncan），美国舞蹈家，被称为"现代舞之母"。

肃对待的对舞蹈的描述，而非对某人观看舞蹈得到的乐趣的描述。
登比写出的是舞台上那些身体真正在做的事情"。[16]用她的话说，
"关于舞蹈的文字的质量发生了戏剧性的变化——在我看来是成熟
了——当人们开始用富于表现力并且精确的方式描写身体"[17]。从
阅读中，她得到了让她想要应用到自己的写作中的教训："真正的舞
蹈评论，准确地说，始于作家能给出关于舞台上那些身体真正在做
的事情的精确描述。"[18]

　　将评论家与恋人的心情结合在一起，她写出了一篇日期注明为
1983年的关于《可见之光》的文章。这部20世纪80年代的标志性
作品是露辛达·蔡尔兹、作曲家约翰·亚当斯与建筑师弗兰克·盖
里之间的合作，盖里负责设计舞台装置。这部剧是由洛杉矶现代艺
术博物馆赞助的，在博物馆中持续表演，时间为1983年9月1日
到9月29日。对桑塔格而言，这篇文章是用白纸黑字向她的伴侣表
达敬意的机会，并且可以强调后者已然漫长的职业生涯中的种种创
新与成功。[19]文章是以词汇表的形式构思的，同时介绍了女舞蹈家
职业生涯中的高光时刻：字母"A"代表《可见之光》；"E"代表《海
滩上的爱因斯坦》(Einstein on the Beach)，这是一部由罗伯特·威尔
逊导演的"歌剧"，蔡尔兹在菲利普·格拉斯的音乐基础上重新将其
改编为《舞蹈》（在字母"D"下介绍）；字母"R"代表《相对平静》
(Relative Calm)，这是另一部威尔逊与作曲家乔恩·吉布森的合作作
品。文章回顾了蔡尔兹的成长历程——先和她主要的老师默斯·坎
宁汉一起，还有她出道的舞团"贾德森舞蹈剧场"。关于主宰蔡尔兹
的舞蹈艺术的美学理念是如何演变的，桑塔格的论述特别热情洋溢：
几何学意义，一种精炼的、极简主义的美学观，她在舞台上勾勒出
空间的方式，为了实现一种理应"活泼、戏谑与欢快"[20]的舞蹈。

在日常生活中，她们的共同点是她们的艺术激情，愿意为工作项目付出全部的精神，还有对法国的爱，蔡尔兹对法国有着一种特别的亲近之感。自从《海滩上的爱因斯坦》1976 年在阿维尼翁演出以后，她就经常被邀请去法国登台。自 1981 年开始，她的舞剧至少每年一次在法国舞台上演出。[21]

她们同样是在纽约的艺术与学术精英圈子里一路走来，任何舞台都向她们敞开，无论就"舞台"这个词的字面意义还是引申义而言，她们都是占据舞台前沿的人。只这一点——苏珊想要不惜一切代价对她们的关系保密，露辛达很难接受。露辛达尽管态度审慎，但并不掩饰自己的性向，她是女性与同性恋者，她从不装作自己是另外的什么人。

这是一种在桑塔格的恋情关系中经常出现的谴责。她从来没有公开承认过自己的恋情，有时还把她的若干伴侣隐藏在阴影之中。因此，伊娃·柯里施做证说自己在陪同她出席公开活动场合时感到被忽视。[22] 而桑塔格跟她的最后一任伴侣之间则仅仅涉及"亲密的友谊"，形容词"亲密"前面经常饰以一个"非常"，来说明她们的关系……

1981 年初夏，苏珊·桑塔格前往科隆，这次是受到当地享有盛名的舞蹈节的主管的邀请。他希望她能出席皮娜·鲍什的新剧《1980》的演出，这出戏不仅颠覆了编舞的规则，也颠覆了戏剧的规则。鲍什和她的舞团以伍珀塔尔为活动基地，她的舞蹈剧场今天就坐落在这里，它同时也是这座城市的歌剧-芭蕾剧院。20 世纪 70 年代末，她制作了她最初的几部"芭蕾"（很快她就管它们叫芭蕾戏剧或者戏剧芭蕾了），特别值得一提的是 1978 年的《穆勒咖啡馆》。桑塔格在科隆初次观看《1980》是一部丰富的作品，演出长达四小时，编舞在其中展现了自己特别钟爱的主题：性别之间的关系，现代生活中的张力，忧愁，失落，生者的循环。尤其令桑塔格感兴趣的是这些主题中的第一种：根据她的看法，鲍什以一种全然新颖的方式处理了男女两性之间的关系，譬如说，就跟露辛达·蔡尔兹的表现方式形成对比。蔡尔兹像许多现代舞蹈家一样，更倾向于表现单一性别。与之相反的是，鲍什给予了两种性别清晰不同的身份，有时甚至显得夸大，这就使得探讨两性之间现存的紧张关系成为可能，从而为性别关系的辩论添砖加瓦。

鲍什的舞蹈艺术既像舞蹈，又像戏剧（就像她指出的那样，甚至更像戏剧一些），这令桑塔格着迷。在这些编舞作品中，极端突出的当代性令人回想起德国表现主义的最佳作品，与芭蕾的"俄罗斯传统"（按照桑塔格的说法，这一传统就是舞蹈从头到尾不间断，有管弦乐团伴奏）毫无关系，与蔡尔兹或坎宁汉的当代美国舞剧也不相关。她将其定义为一种新的德国传统，更接近于哑剧与舞台剧，用鲍什自己的话说就是"舞-剧"，剧中的音乐不过是传统芭蕾的一种遥远回响。

桑塔格在她的《皮娜入门》中提出的正是这种原创性的概念，《皮娜入门》是由乔利恩·温赫斯特为英国电视台第四频道执导的"电视散文"*。这部纪录片 1984 年 7 月 26 日在英国播出，在美国则是 1986 年 8 月 11 日播出，作为一场向皮娜·鲍什致敬的晚间节目的第一部分，第二部分是一部从《1980》制作开始拍摄的电影。两部片子在《纽约时报》的评论家看来都不敢恭维。在评论家眼中，纪录片是一部"用心之作"，但缺乏——她强调，是作为原创作品——"一种美学和情感上的介入"，她希望桑塔格能多展开一下关于舞蹈

---

* 糅合关于皮娜·鲍什和伍珀塔尔剧院的文章的纪录片，穿插作家苏珊·桑塔格的叙述和鲍什几部作品的摘录。——编注

和鲍什的艺术的某些观点，而非局限于列举一张各种所谓"特质"的名单。不消说，她还厌恶"讲排场的"背景音乐……[23]

纵观接下来的两年里发生的事件，她已出版的日记的第 2 卷（1964—1980）的最后一句话就像是一句预言，她写道："那是长达两百年的激情的终结。"[24] 实际上，事变在加速：尽管有戈尔巴乔夫的改革，苏联内部的分歧仍在扩大，来自内部的抗议活动声势越发浩大，来自外部的更甚。过去屈服于莫斯科桎梏之下的许多民族现在都在酝酿反抗，走在最前列的就是发起了团结工会运动的波兰，它收回权益的要求受到了普遍的支持。这些政治动荡又引起议论纷纷，许多在西方民主国家自视为"左翼"的人感到疑虑重重。这其中就有桑塔格，她对古巴和越南的好感众所周知。她在 1982 年 2 月初却有了一次公开的转向，这在纽约的沙龙与报界引起了广泛议论。

一切是从 2 月 1 日的夜里开始的，她当时是约瑟夫·布罗茨基与波兰诗人斯坦尼斯拉夫·巴兰恰克之间对谈的主持者。巴兰恰克在 20 世纪 70 年代末是波兰最早的反政府组织之一"保卫工人委员会"的创建者。巴兰恰克因其政治活动失去了在波兹南大学的教职，但因为收到哈佛大学的邀请得以踏上流亡之路。这晚，两人回忆了自己的经历，所受的迫害，坐牢，在写作中汲取的力量，而故国当局是如何想要迫使他们沉默。他们无法不引用他们的前辈切斯瓦夫·米沃什的话，米沃什从这些难民抵达美国开始就告诉他们不要怀有任何希望，用一句预言性的"欢迎你们开始三十年的流放"迎接他们……然而对桑塔格来说，这些都不是新闻了，除了她对布罗茨基经历的熟知，她在纽约人文学院看到过各种各样的难民来了又去，对他们的人生经历也很了解，她明显地表露出了不赞同。根据一位出席晚会的记者说，她表现得相当有敌意，对巴兰恰克显得居高临

下，甚至怀有轻蔑，她甚至记不住他的教名。[25] 如果说她从此相信
了苏联的压迫行为（在布罗茨基的说服之下，此外，大概还受到他
们最近在旅行中观看的威尼斯双年展的影响），她却无法仅仅因为
对波兰这个国家及其代表的事物的怀旧之情就谴责波兰的国家体制。
不要忘记在不到两年前，她还去过华沙，认为完全可以自己判断华
沙政府是否严酷和尊重自由。

　　我们可以想象，两位作家想努力让她睁开眼睛，结果显然让她
更进入抵抗姿态。从这场辩论的第一分钟开始，她就自我辩护说她
没有犯他们谴责她的"认识上的谬误"，这是因为他们预先知道她对
某些国家的支持态度和有些时候的溢美之词，她解释说这不是出于
政治上的盲目性，而是出于"对老式国家体制的怀念"，过去，"艺
术家们"在这种体制中是有自己的位置的。她提醒他们，她从来没
有支持过苏联的国家体制，她还曾经在其他场合说过它"过于老派"
了。[26] 为了对这些政治问题下结论，她断言军事管制倒真的可能在
美国施行，在表面的自由下，审查也是真实存在的：简言之，雅鲁
泽尔斯基将军*不是唯一使用这些手段的人……[27] 终于，在这个夜晚，
诗歌重新占了上风，但记者们（大概还有布罗茨基）还没来得及忘却
她的言论，五天后，她就站上了另外一个讲坛，这次是一个向新生
的团结工会表达支持的晚会。这次出席的有美国工会的领导人们、
作家们——布罗茨基因此又成为其中一员，身旁还有艾伦·金斯堡、
戈尔·维达尔、库尔特·冯内古特、卡洛斯·富恩特斯和E. L. 多克

---

* 沃依切赫·雅鲁泽尔斯基（Wojciech Jaruzelski），20世纪80年代波兰领导人。
1981年任波兰统一工人党中央委员会第一书记，为遏制团结工会活动，宣布波
兰实施军事管制，全国戒严，持续时间近三年。1988年出任波兰总统，1990年
下台。

托罗[*]；以及波兰政治活动家，其中有米罗斯拉夫·霍耶茨基，他是
当时还在狱中的莱赫·瓦文萨的亲密伙伴，也是团结工会运动的代
表。桑塔格又一次发言，这次以激烈的语气毫不含糊地谴责了苏联
式共产主义政体。按照这个时代知识分子的伟大传统，她的开场白
是自我批评，首先就是要洗清自己的名誉，把自己包括在群体之内，
直到让自己彻底销匿在含糊不清、无法辨识的"我们"之中。

在她"政治"生涯中的第二次，桑塔格说出了惊人之语，此话
一路辗转至各编辑之手，将来也会永远跟她的名字联系在一起。她
第一次做这样的声明还是 1966 年，在反越战斗争的年代，当时她说
"白人是人类的毒瘤"。

听众是否注意到她发言的结尾不得而知：她呼吁他们"放弃腐
化与过时的修辞"，向正在斗争的波兰人民表达毫无保留的支持……

反响是立竿见影的，看到她如此激烈地转换了立场，人们当然
会感到惊讶，这次转向让像《新共和》的记者理查德·格雷尼尔那样
五天前才出席过她与布罗茨基、巴兰恰克的晚会的人感到尤其猝不
及防与出乎意料。包括格雷尼尔在内的其他人谴责她对政治问题缺
乏了解，列举她在发言中犯的各种年代与术语上的错误。很多人在
听到她使用"长着人脸"这一形容时都感到愤怒，这句话最初的出处
是捷克人亚历山大·杜布切克——"长着人脸的社会主义"——他
在苏联入侵布拉格前几个月说的。格雷尼尔甚至走得更远，指责
她毫无廉耻，宛如一个政治盲，对现实只有"薄弱"的了解，甚至
还争辩，她那仅有的一点点了解还是透过法国知识分子与电影人的
棱镜看到的："桑塔格以为我们都是一部让-吕克·戈达尔电影里的
人物，以为在这部杰出、残酷、持本体论的电影结束以后，灯光会

---

[*] E. L. 多克托罗（E. L. Doctorow），美国当代著名作家，生于纽约犹太人家庭，代
     表作有小说《欢迎来到艰难时代》。——编注

重新亮起，她可以穿上大衣走回家去。但其实并没有家，也没有大衣。"[28] 如果说其他人在关于桑塔格的话题上没有这么咄咄逼人，《新共和》记者的表达则更有才气，且对自己的理论抱有信心，很多人表达的其实也是同样的看法，只是更加平淡，没有那么尖锐。

如果说在笔会俱乐部组织的晚会上，她的态度还比较令人吃惊，这一次她的言论就远远没有那么令人震惊了。甚至在遇到布罗茨基以前，她就已经提到自己怀疑对某些共产主义国家或以苏联为榜样的国家的理想化是否有正当依据。最初的疑虑是在她最后一次从古巴旅行归来后产生的，当时她与古巴同性恋社群的艺术家有了接触。从 20 世纪 70 年代初开始，她就时不时对自己从前敬仰的东西持保留态度。她的签名越来越常出现在一些请愿书的末端，呼吁释放因政见入狱的男男女女。

那些经常阅读她的书的人可能会记起《迷人的法西斯主义》中的一段话，她将法西斯艺术与苏联式共产主义艺术做了对照，认为两者的共同点是"对巨型纪念建筑与群众团结在英雄周围的场面的趣味"，[29] 以及一种特质是"自我克制、被向同一个方向引导的力量或军事化的精确动作"[30] 的美学。这篇文章发表于 1975 年 2 月，读者可能还记得，在当时它曾令某些《纽约书评》的读者感到惊骇，但引起的讨论并没有延伸到沙龙的门槛之外。

1981 年春天，桑塔格所属的纽约人文学院发起了一系列关于共产主义的讨论课，她和埃德蒙·怀特、阿里耶·奈尔、埃韦尔托·帕迪利亚，还有戴维一起参与活动，其中帕迪利亚终于在 1980 年获准离开古巴。根据学院的日历，这位作家在 4 月时还进行了个人发言，谈的是她在中国的旅行经历。在 12 月的同一次会议上，在波兰宣布进入紧急状态的两天前，曾经在桑塔格随团出行华沙时担任导游和翻译的新闻记者亚雷克·安德斯，受邀做了关于"波兰的文学与政治"的发言。他一夜之间就作为潜在的反政府分子出了名，没法坐上回程飞机回波兰。在纽约桑塔格家，他一直等到妻子和女儿拿到雅鲁泽尔斯基政府签发的签证来跟他团聚。

1982 年 2 月，在市政厅这次重逢的数日后，艺术家埃娃·库雷卢克在学院发表了讲话。她来到波士顿是为了给她的第一次美国展览（1981 年 12 月 11 日举办）揭幕，这正是华沙宣布军事管制的前夜。在她母亲警告了她如果再踏上波兰国土会遭到怎样的迫害后，她发现自己从索罗斯基金会获得一笔资助金，获准担任三个月的纽约人文学院的研究员；在下一个学年中又得以延期，留出的喘息时间，使她在等待回归波兰期间更顺利地在美国艺术界展开活动。她最终在 1989 年夏天回到波兰。

也就是说，桑塔格的"转向"并不像报界说的那样突然，她与来自东欧国家特别是波兰的作家、艺术家的关系近来得到了强化，这在一定程度上解释了她的想法新发生的变化。真正显得不同以往的是她对这种新想法的公开表达，她仿佛心血来潮觉得如果不这样的话，别人判断她的态度将依据那次笔会俱乐部举办的晚会上她的沉默……

在人群全都散去以后，这次在市政厅晚会上的演讲的效果还将持续很久很久。虽说当时大厅里已经人满为患，但那些无法到场、想要通过阅读发言要点和报纸消息来追踪这场辩论的人更多。众多记者当然也在大厅里现身了，其中某些人手里还拿着录音机。回到编辑部后，他们便忙碌地抄录起自己记下的妙语，有时甚至是一整段一整段地照抄。于是《苏荷新闻》在第二天就登出了桑塔格的发言，编辑部的速度一点都不含糊。她把这家报纸告上了法庭，理由是它"盗用"和"扭曲"了她的言论，她的最后两段话被删去了。她还控告这家报纸导致她失去了一笔重要的收入，因为按照她的说法，《纽约时报》不敢再登出她这篇文章，令她不仅被剥夺了更广泛的受众，想必还损失了一笔数额无法忽视的稿费。这次法律行动令不止一个人为之吃惊：桑塔格寻求法律支持来针对一家标榜政治战斗性的本地日报，这可不符合她通常被分派的形象。在讲坛上发表的政治演说是被视为属于公共领域的，不属于版权法的范畴，桑塔格的起诉看上去就像在企图限制新闻自由。当关于此事的种种评论还在不胫而走之时，《苏荷新闻》却已经有一段时间赶不上趟了，在市政厅集会一个月后，它就关门大吉，作家也就放弃了对它的诉讼。这场曼哈顿暴风雨令许多记者感到不是滋味，至少从此，他们对苏珊·桑塔格的作品没法保持始终友好的态度了。

尽管她保证下一次对这篇文章的刊出会很好地展现她对重新评判西方国家左派的呼吁，并且摒除迄今为止主宰了左派话语的"过时与腐化的修辞"，[31] 这次她却自己动手删掉了一段不那么受欢迎——甚至包括某些朋友都不是很能接受——的话。她提出了一个问题：《读者文摘》和《国家》哪一家媒体的读者对铁幕另一边发生的事情更加了解。围绕着这个被视为挑衅的问题——按照她的观点，是修辞性的——前前后后浪费了许多笔墨，尤其是《国家》的记者和撰稿人在这份杂志的页面上纷纷为自己辩护，当然这并没有让她免于攻击。在《共产主义与左翼》的标题之下，首先是对桑塔格发言的转载，以她的官方版本（在这期间，登载在2月14日的《洛杉矶时报》上）[32] 为准，并加了一篇编者按语——清晰明白地强调了在这个版本中哪些话被删去或者被改写并引用了原话；接下来是七个与这家周刊关系密切的人做的评述。所有人无一例外，其中包括桑塔格去河内时的旅伴安德鲁·科普坎德，都谴责她缺乏历史性视野，想向她证明他们从来没有被苏联的制度欺骗，而是一直都在杂志上宣扬民主原则，布拉格之春时的捷克人是按照这些原则行动的，今天团结工会旗帜下的波兰人也一样。他们拒不承认只有保守派才有权评论，认为民主派也有批评苏联体制及其在民主派行列中的代言人的权利。又一次，人们对她与法国的关系表示了谴责，其中一位撰稿人丹尼尔·辛格是居留在法国的波兰流亡者，他甚至（以法语）管她叫一位"新哲人"（nouvelle philosophe）。

《国家》的编辑们把最后发言权留给了这位女作家，她的"回复权"给这部"档案"画上了句号。她不掩饰自己的愤怒，向同行直接呼吁时也毫不迟疑：对欢欣于看到同行者的行列得到壮大的里根主义者黛安娜·特里林，她回复说"谢谢但是不必"；她将科普坎德贬低到"70年代著名迪斯科专家"之列，并且笼统地谈论了她的言论引起的"回应的质量不佳"。两篇"礼貌周全且考虑周到"的发言逃过了她的震怒：一篇是阿里耶·奈尔的，他是美国民权联盟的前任会长；另一篇是记者、作家克里斯托弗·希钦斯的。两篇都特别指出了——彬彬有礼地——桑塔格发言中的若干不足之处，但实质上是在为她寻找理由，指出一种左翼的反苏联立场既不能也不该与里根式立场相互混淆。

丹尼尔·辛格挪用了当时流行的一种形容说法，指责桑塔格是"拜倒在巴黎脚下"，这样的指责远远算不上稀奇。在20世纪60年代，人们谴责桑塔格想要当一名"新小说"流派作家，在今天则责备她盲目跟随法国左派，特别是像《原样》杂志这样的团体，从罗兰·巴特到菲利普·索莱尔斯等知识分子在这份杂志上都留下了与她类似的政治轨迹。

在《泰晤士报文学增刊》1984 年 6 月号上，她旧事重提，写了《对旅行的反思》，文中她混合了对 18—19 世纪"异国风情"探险记的分析与 20 世纪的政治性质游记的分析。其实，她提醒说，如果说政治游记在 20 世纪 60 年代大行其道，那么在 20 世纪 30 年代，已经有各种作家和知识分子的代表团前往苏联见证那里发生了什么。目标是"寻找理想的祖国，寻找'普遍意义上的革命'"。[33] 她对那些在共产主义国家身上发现了新伊甸园的理想主义者特别表达了意见，乐园在这些国家尚未被消费社会摧毁，她说这种情况"部分正是由于无法解决的经济问题造成的"……[34]

文章的确是充满讽刺意味的，但也对她自身的行为进行了批判：她回忆起她进行过几次这样的旅行，在同意做这些"教育意义"的旅行时，她就参与了这些国家政府的宣传活动。[35] 而她最终不想再写旅行归来的印象记了，强调说这些游记总是彼此相似，记录的几乎完全是一模一样的旅行路线，某些人例如西蒙娜·德·波伏娃对此表现出的是一种她感到难以解释的单纯无知。在某位作家出于偶然偏离了这一路线的时候，读者们就会大呼叛徒，指责他们表现出了，用那个时代的话说，"肤浅"的反对倾向。

桑塔格昂首挺胸地走出了这些论战，对自己遭到的大部分批评公开表示了轻蔑与厌恶，根据她的看法，这些批评更多是针对她的名气，而非针对她的言论，对于她的言论，只怕他们有时要比自己肯承认地更加认同。媒体瞄准这位女性知识分子的大肆攻击更多是因为她的令人瞩目，而非她如此激进的立场。还有，就像她几个月后在一次《纽约时报》的采访中用讽刺口气向查尔斯·鲁阿斯解释的那样，她犯的"错误"是有备而来，事先写好了发言稿，而其他出席同一场合的人却"只是想来做件好事"，这次集会对他们来说只不过是这一年中数不清的仅仅出场就可以标榜他们"介入精神"的场合之一……她并不想要这样的结果，并且知道她的态度不会给自己带来朋友："在作家中，我想我是唯一说了点什么的人。我说的是人们想不到我会说的话，我知道我做的是什么。我知道我会被喝倒彩，我会因此树敌。"[36]

她想要消除误解，表示与某些人所相信的恰恰相反，她的转向并不是在 2 月份的两次公开发言相隔的五天内完成的："我说的事情很明显，但要说出真相永远不嫌太晚，重要的是需要有人捍卫真相。我认为很大一部分左派都过于乐观。这是一个我在 20 世纪 60 年代初同样犯过的错误，在我去古巴的时候，我对那里的革命留下了深刻印象（当时那还不是一场共产主义革命），一直维持到 1968 年苏联入侵捷克斯洛伐克为止。人们遗忘的是在 1963 年到 1968 年间苏联经历了一场规模可观的自由化运动。索尔仁尼琴获得了列宁奖。这一切都在苏联决定入侵捷克斯洛伐克那一刻终止了。所以说，我的政治观点开始转变已经有十四年了。"[37]

然而在两年后，她承认了自己的失败，因为尽管她做了所有这些努力——写了几百页稿纸却从未见报的文章——她仍然无法从陷入的"流沙"中脱身："市政厅是一场灾难，我至今仍在挖掘，想要从当时的瓦砾堆里爬出来。"[38]

在这期间，她去实地调查了。实际上，苏珊·桑塔格在这以前从未踏上过苏联的土地：她最接近的是到了波兰和捷克斯洛伐克，从莫斯科的"卫星国"身上看到了它的影响；但她从未抵达这套制度的核心。当她收到参加这一年在基辅举行、主题是"历史与现代性"的第六届美苏作家交流会的邀请时，她的惊讶之情很快让位于好奇心，就像她在给布鲁斯·查特文*的信里带着讽刺口气解释的那样：
"我唯一的辩护理由是我还从来没去过苏联洋葱头（原文如此），而
且只要去十天。"[39] 就像之前去河内甚至去古巴的旅行一样，她不是
独自一人出行：她是一个十四人代表团中的一员，由一名前《纽约
时报》驻莫斯科记者哈里森·索尔兹伯里带队，他是苏联政治与历
史方面的专家，写过很多关于苏联与共产党的演变历程的书。

他们 7 月 20 日在纽约肯尼迪机场斯堪的纳维亚航空的休息室
里会合。代表团中，有两位加利福尼亚州佩珀代因大学的退休行政
人员，诺维尔·扬和奥拉夫·泰格奈尔，还有历史学家斯特兹·特
克尔和阿瑟·迈耶·施莱辛格，以其历史小说和传记而著称的欧
文·斯通，这些人都由配偶陪同。此外，还有罗伯特·布莱和格温
德琳·布鲁克斯两位诗人，女性主义小说家埃丽卡·容及桑塔格，
这四个人都是单身出行……哥本哈根是他们停靠的第一站，在皇
家旅馆度过一夜以后继续向莫斯科行进，再从莫斯科搭乘火车前往
基辅。

但除了旅行路线、她在不同旅馆分配到的房间的号码和两行在
列宁格勒写给缪斯普希金的话，在桑塔格笔下，这次旅行和旅行中
遇到的人都没有留下任何痕迹。阿瑟·施莱辛格在日记中记录下了
在基辅发生的几次辩论：他被期待扮演一个打破苏联人的自满的角
色，苏方在讨论历史及与西方的关系时展现出了既文明又文雅的形
象。他抗议政府对知识分子施加压力，这导致了批判性思维的缺失
与言论自由的不足。总之，施莱辛格发表了苏联人期望从他口中听

---

* 布鲁斯·查特文（Bruce Chatwin），英国非虚构作家，曾是苏富比历史上最年轻
的董事之一，亦曾任职于《星期日泰晤士报》，后突然辞去职位走上旅行写作之
道，代表作有《巴塔哥尼亚高原上》。——编注

到的演讲，他是自由主义的代言人，也是美帝国主义的捍卫者……
似乎并没有多少真正的对话，每个人都站在自己的立场上布道，以
至与会者们对彼此不屑一顾：只有斯特兹·特克尔敢于打破既有的
秩序，勇敢地坐到了俄国人的桌边。

　　会议议程中也见不到多元性：据旅伴们说，埃丽卡·容把大部
分时间用于质疑在苏联代表团和他们的访问过程中为何见不到任何
女作家；而诗人格温德琳·布鲁克斯是整个大厅中唯一的黑人。在
那个时代，莫斯科、基辅和列宁格勒的人口基本全是白人，就像埃
塞尔·佩恩在桑塔格 1973 年的中国之旅中一样，布鲁克斯成了奇观
和行人的围观对象。在布鲁克斯和桑塔格之间，关于种族问题爆发
了一场争论，布鲁克斯在回国后写的一篇文章 [40] 里讲述了这件事：
一名女记者询问布鲁克斯"身为黑人意味着什么"，同时她意识到了
桑塔格就在旁边，于是这个问题是在她转身面向桑塔格的过程中提
出的。女诗人震惊之下竟打断话头，质问说问一个白种女人这种问
题是否恰当，因为她的亲身经历肯定不足以让她做出答复。布鲁克
斯的话被往不好的方面理解了：桑塔格可能做出了粗暴的回应，一
边往普希金宫里走，一边大声回答问题，这场讨论以桑塔格再也不
搭理她而告终……[41] 对布鲁克斯而言，桑塔格是一出"话剧"，对于
一切话题都有话要说，对旅伴们的"配偶"评头品足，吹嘘自己什么
书都读过，什么世面都见过，[42] 还毫不犹豫就亲吻了列宁格勒一座
公园里的普希金雕像。[43]

　　这种举止对于了解 20 世纪 80 年代桑塔格的人来说，并不真正
谈得上陌生。她努力想要在政治竞技场中找到自己的位置，因而继
续接受各种讲座邀请，但她难以掩饰自己的心灰意冷。而与她有过
节的组织者甚至听众的名单也在加长。有一份关于这样一个艰难夜

晚的报告，来自《洛杉矶时报》的评论家布鲁斯·库克，他总结出要点："她一登上讲台，就宣布自己决定不讲事先说好的题目。作为替代，她临场发挥，讲了某件触动了她个人的事情——同一个主题的不同方面。她决定临场发挥，而那正是她所做的，没完没了地提出各种假设。"

库克继续讲了听众感到受骗与愤怒的反应，他们花了很多钱买票可不是为了来听她东拉西扯的：一整排一整排的听众起身离场，最后只留下一小群顽强的人，他们"打算留下来听听，管她讲什么呢"。[44]

这样的场面以若干种不同的变体，一而再再而三地出现。苏珊并不总是与东道主闹不愉快，也并不总是对听众不敬，但当自己为了生存必须像马戏团动物那样表演时，她已经不再掩饰厌恶情绪。

当然她还在继续发表文章，但最后的资产收支表不能令她满意。只有随笔能赚到钱。迄今为止，从未有人支付给她的稿费预付款足以维持她数月生活，更别提能让她随心所欲地写下一部小说。所以要办讲座，去大学里开讨论课，对于能收到这么多工作邀请的人来说，也该更加经常地投入其中，而非谢绝这些邀请。她拒绝让步，拒绝让自己被关在学院世界里，因为尽管有不安全感，尽管需要一直追逐出场费，她还怀有希望，总有一天自己的梦想会实现。所以在这期间，她一直向愿意倾听的人诉苦，向生活的需求屈服，通常情况下极其不情不愿。

那些随笔、文章和其他迫于形势才写的文字，已经不再能给她带来乐趣，但有时能给她带来更细致地重读她喜爱的作品的机会，也就比在讲台上发言让她更容易容忍一点点。

　　不用说，写作比起发言来更让她感到自信和轻松。在为波兰人的反抗辩护而惨遭失败以后，她终于决定还是用她最得心应手的工具来回应：她的笔。她于是致力于写作一篇随笔，盘点包括她自己在内的知识分子与 20 世纪 80 年代初面貌下的共产主义的关系。

　　这篇随笔不是唯一遭到废弃的：一篇关于"萨特的弃教"文章的档案文件中保留了数百页草稿和笔记，本来是要探讨对政治与哲学立场的弃绝。

　　她最终弃绝政治的竞技场，回归文学及评论，这才是她感到更加自如的场地。在 1967 年，苏珊曾受邀为罗兰·巴特的《零度写作》英译本撰写序言，这个译本先是在英国，然后又在美国出版。这篇篇幅很长的序言在今天显得很耐人寻味，因为作者似乎对她的题材表现出了暧昧的态度。桑塔格开篇先对巴特唱了一曲颂歌，对她来说，他并不仅仅是一位文学评论家——通常描述他时使用的头衔——还是一位社会学家、一位思想史家、一位美学与元心理学的专家。她在文章的第一段结尾下结论，在她眼中，在最近十五年里，"巴特一直都是评论家中最为睿智、重要与有益的"。[45] 接下来的分析态度更加不冷不热，读者很容易就会被她关于巴特文本艰涩性的诸多评论引入歧途，"时常是玄奥的"，她在文章第二页写道，不能从整体上代表巴特的艺术。她在《零度写作》与萨特作品《什么是文学？》之间做比较（在这一段，她指出这两部作品是在同一时代构思的，发表时间也有部分重叠，都是在 20 世纪 40 年代末，尽管《零度写作》数年后才作为单行本出版），这种对比最终对巴特很不利，他又一次被形容为抽象，有时甚至晦涩，没有牢牢扎根在具体的、现实的文学之中。很难相信一位初次接触这部作品的美国读者在读了她这篇理论性的、很多地方干脆就是贬损性质的序言后，还会当真想要继续读下去:"《零度写作》是艰涩难懂、脱离现实的(相对难以入门)"[46],"是一本古板与箴言性质的书"。桑塔格承认,这本书的第二部分更加立足于历史,尽管这是"一种关于历史的相当笼统与微不足道的概念",一种"具体的、伪历史的研究角度","不那么抽象,并明显带有论战色彩"。[47]作为结论,她重新提到这部作品大概并不是入门这位评论家的最佳选择,因为"巴特关于思维行动究竟是什么的概念——一个贪得无厌的工程,无休止地生产和消费'系统',充满隐喻的分类法和一个不透明的明确现实——只在《零度写作》中以一种非常初级的方式暴露出来","在这本书中,他至少既是作为神话的满怀赞许的同谋又是作为神话的分类者出现的"。

她在神话概念的话题上结了尾,终于说巴特的研究角度是"可靠、敏锐且具备高度可行性的",甚至评价"身陷前卫艺术和我们的时代意识施加于我们身上的撕裂性的两分法中,巴特提出的神话／模式理论因其抚慰、治疗性质的优点也是值得推荐的"。[48]

桑塔格在巴特因事故去世数周后写的人物特写兼致敬文章中,重新提到了他的多才多艺与好奇心,现在他被她定义为"现代性的","无忧无虑的,戏谑性的,形式主义的",他"从未写过任何并非趣味盎然的东西——敏捷,迅疾,言简意赅,人情入理"。[49]她强调,尽管他较晚才开始发表作品——当时他三十七岁——却著作等身,其中大部分是随笔,甚至在最近他还克服了自己对第一人称的"迟疑",投身于更加私密的写作。但致敬不等于颂歌,桑塔格允许自己说一两句不中听的话,"他就像大部分法国知识分子一样缺乏世界主义精神",她写道,他"并未真正掌握任何一门外语,对其他国家的文学就算是译本也缺乏了解",只有一个例外,那就是德国文学,特别是布莱希特的作品。她提出了一个宛如双刃剑的说法——心中清楚她对自己不满意的地方正好相反——她补充说,"他的好奇心还是不够重，所以他的写作不会被他的阅读束缚"。[50]

他们多次相遇，最后一次是在纽约，当时是 1979 年，他去纽约
人文学院做关于普鲁斯特的演讲。她当然也在场，很惊异听到他高
声表达自己放下评论工作去写小说的愿望，一部像普鲁斯特那样的
"真正的小说"。她还回想起了他对她说过的最后的话："啊，苏珊。
总是那么忠诚。"话中这位苏珊在对这次相遇发表评论时补充说："他
对你抱有的兴趣与你对他抱有的兴趣程度相当。"[51] 通过理查德·霍
华德作为中间人，她有了经常与来访纽约期间的巴特来往的机会，
这座城市是他尤其钟爱的。霍华德是 1957 年认识他的，那年暑期巴
特在明德学院教书，并且很快霍华德就变成了他钦定的译者。如果
一个不够宽厚的人转述一些关于苏珊的难听的言辞，巴特会这样说：
"可怜的苏珊。她在努力，她在努力……"[52] 事实是他们有很多共同
点：随笔写作的才华、对摄影的兴趣；最后还有对小说写作的共同
向往，写作长篇的欲望。

对桑塔格而言，巴特是战后思想界的一位重要人物。当时出版
了《零度写作》英译本的出版社向她提出，要她来编辑一部巴特文选
并为之作序时，她欣然答应了。这是一个机会，让她能按照年代顺
序重新整理他的作品并为之提供解读，她知道美国读者还不熟悉这
些文本的多样性。就像上面提到的致敬文章一样，这已经不是一个
文学批评的问题，而是要突出他的反思的独创性、他的严肃性，以
及他对于他那个时代的文学批评的重要性。从此，用她自己的话说，
"巴特的事业就是文学事业的本质：作家在各种学说的支持下，组
织自己思想的理论"[53]。这个"孤独的散步者"提供的是"某种作为
思想的诗学的东西"与"作为幸福的一种形式存在的写作"。[54] 桑塔
格详尽地阐述了巴特的快乐概念——写作的快乐、阅读的快乐，按

照她的说法，这位"真正的作家"猛烈地捍卫着这种快乐。

对理查德·霍华德来说，这篇序言是"苏珊·桑塔格写得最美的随笔之一，大概也是我读过的关于这位人物的最佳文字"。[55] 埃德蒙·怀特的意见看起来也是如此，他在这篇文章发表在《纽约客》上后写信给她说："在整篇文章中，能读到的是你语言的优美、精确与它带来的惊喜，更不用说简练、有张力，令每一句话都化作钻石（存在使役动词吗，使钻石化？）无限感激你美妙的见解，你来自奥林匹斯山的智慧与你文章中的慷慨善意。"[56] 而怀特将在《纽约时报》上盛赞这部文选及理查德·霍华德翻译的《符号帝国》，称桑塔格为"一位伟大的作家"提出了"令人信服的辩护"。[57]《洛杉矶时报》的评论家态度则更有所保留：尽管她特别指出巴特很幸运有这样一位辩护者，但令她遗憾的是，桑塔格没有更好地分析她所说的"这场自我中心的大合唱"，在她眼里，这部作品是非常以自我为中心的。她的结论是，这本书"是一种表现自我的马戏团表演，是一种奇观"，读者一定要警惕，否则就会上当受骗……[58] 可以说，她并不欣赏这篇文章本身。至于米歇尔·孔塔，他似乎被桑塔格的文字逗乐了——"亲爱的苏珊·桑塔格！"他惊呼道——但他担心这年秋天发表在《新文学》上的这篇文章的法语译文的读者可能会忘记它是面向美国受众的，而对这种大唱颂歌的做法感到"恼火"。[59]

在巴特文选的出版过程中，一部《苏珊·桑塔格》文选也面世了，作家本人编辑，友人伊丽莎白·哈德威克作序，FSG出版社出版。数年前，哈德威克已经在《时尚》杂志上登出一篇关于这位女作家的人物特写文章，在文中她将桑塔格定义为"知识分子中的浪漫派"，描述其为世界主义者、肯倾听时代心声的人，并强调桑塔格是

"她自身的缔造者"。[60]《新文学》大概会形容这篇桑塔格文选的序言为"大唱赞歌"吧……哈德威克从一开始就提出了基本的原理："苏珊·桑塔格：这个名字就鸣响着优秀的才华，它就是才华本身。"[61]她提醒说，这位"彻头彻尾是美国人"的女性是在亚利桑那和加利福尼亚长大成人的，是在芝加哥大学与哈佛大学上的学，自那以后就一直生活在纽约，却以像个"好样的欧洲人"脱颖而出。哈德威克想要说的是，这意味着要做一个世界主义者，尊重民族文化和地域特殊性，不要让自己的根基束缚自己的好奇心。在苏珊·桑塔格身上，上述好奇心"横跨了大洋……是一种追寻，是一种自我提升的责任，同时也是一种不同寻常与多姿多彩的个性的体现"，[62]尤其表现在曼哈顿、东京、柏林、巴黎或罗马，在大都市的心脏地带，在这些地方，她可以充分地做她自己，即"都市人"。

她丰富与多样的作品完美地表现出了这些"才华"：哈德威克重新阅读了桑塔格的著作，想要说服读者确信其风格与形式上的原创性，根据她的说法，这一点在桑塔格的随笔与长篇小说、中短篇小说中得到了同样程度的表现。简而言之，这位女评论家颂扬说这部文选标志了女作家写作生涯的"中点"，是初次的小结，预示了未来将会有的作品，也预示了读者接下来读到这些作品时将会有的乐趣。

接下来没有更多客套话了，这部书以《恩主》的选段开篇，然后是从《反对阐释》里选出的一部分文章、《死亡匣子》的二十页、《激进意志的样式》《我，及其他》《土星照命》《论摄影》中的随笔与中短篇、一篇 1975 年 4 月《大杂烩》杂志编辑所做的采访，末篇是《写作本身》，这是向巴特的致意。

这部文选的出版引起激烈且带有明显恶意的反应，显得有些出人意料。评论家们先是为这样一本书感到惊奇，按照传统做法，是在作家去世后才会出版文选向其表示敬意的。桑塔格刚刚编完的罗兰·巴特文选就是一个很好的例子。人人都注意到了两本出版物的巧合，有些人认为这种做法显得尤其傲慢：他们从中看到了桑塔格是如何将自己与法国大师置于同一地位的。但还不仅如此，看起来很多人都正等着这个机会，好将心中对她的作品及她为自己创造的公共形象的不满一吐为快。因为至少有一点是他们能赞同哈德威克的：桑塔格本人为自己创造的公共形象被她拿来厚颜无耻地商业化了。

在言辞较温和者中，希尔顿·克雷默已经多次与她交锋，他主要指责的是她在否认明显的事实，即她的转向——他又提起了里芬施塔尔事件，以及她似乎总是想两头沾光：既挑起复杂的讨论，同时又想接触到尽可能多的受众。[63] 尽管克雷默承认她具备一定的评论权威性和文学才华，但其他人就未必这么客气了。例如马文·穆德里克在《哈泼斯杂志》上批评了她的傲慢，这种傲慢使她相信自己在任何情况下都可以肆无忌惮地行事。[64] 而在《国家》上，沃尔特·肯德里克在发起攻击前也并没有更多客套："桑塔格在美国文学中的卓越地位与她思想的优劣无关：她延续了一种哲学上的天真单纯的传统，这种传统一直令美国人维持着对欧洲的屈服，而它的好日子肯定是已经到头了。"[65]

她被欧洲知识界收买了，成了它的代理人，这种说法又被提起，似乎谁也不对她抱有感激。他们的印象是：她觉得大西洋彼岸干什么事情都具备更高超的技巧。有一位评论家特别探讨了这个论点，他甚至提出数字作为论据，评估了《反对阐释》中提到的美国作家、艺术家与他们的欧洲同行相比所占的百分比……

简而言之，评论家们指责她太把自己当回事，并怀疑她是否当真有读者，尤其是她看得最宝贵的东西——她的小说——据他们说是难以卒读的。因此穆德里克在他的评论文章中用这样一段讽刺性的话来结尾，这段话很能说明问题："有人告诉我，桑塔格最近在《纽约时报·书评周刊》上说，她把自己看作小说家。她的两部小说在《苏珊·桑塔格读本》中选载了。我希望这句引用的话是不准确的，或者告诉我这句话的人是理解错了。"[66]

肯德里克在批评此书架构本身时也毫不手软。他发现留给上述作品的空间太多了："这儿有太多桑塔格的小说了——一种作者虚荣心的良性表现，对读者来说却是一种不愉快的提醒：这些小说是多么无聊和俗气啊。"[67]

杰伊·帕里尼则认为《恩主》是"无法卒读的"，《死亡匣子》"极端地令人厌烦"，[68]而那些随笔在他眼中不过是些不惜一切代价想要引人注目的尝试，体现出一种"在甚至没有花费时间了解这个世界的情况下就开始关于它进行写作"[69]的倾向。

《洛杉矶时报》的评论家布鲁斯·库克则干脆指责她拖长了篇幅："随着时间流逝，她的文字发生了耐人寻味的变化。她变得不那么直截了当，而是更加迟疑不决与东拉西扯。"[70]按照他的看法，《疾病的隐喻》是这种新的倾向的完美例证：十年前，这会是一篇二十五页的随笔，而非该书美国版的八十六页。

在接受忠实信徒查尔斯·鲁阿斯代表《纽约时报》做的采访时，桑塔格试图驳斥她的毁谤者。她承认自己在创造这样一座纪念碑的过程中缺乏谦逊精神，但她把这本文集看作一个中途休息的站点，一个反思的时刻，一句对走过的路和将要走的路的评价。简而言之，《读本》是一种把自己从过去的工作中解放出来的方式，以便为未来的工作扫清道路。"现在我已经准备好去做别的事了。"[71]她总结道。

　　这是功过相抵的一年。1982年标志着苏珊·桑塔格人生的转折点。她更高的公开曝光度带来了评论界的新一轮炮轰，这并不令人感到意外；同样不令人意外的是，来自几个记者的攻击让某些人的舌头松动了，他们本来是出于职业或个人原因才接近她的，现在忽然觉得有权将自己的不满或讥刺公之于众。这不是角逐名利，而是积毁销骨：就好像从现在开始，他们有权推倒巨人的雕像了，当一次来自媒体的不敬削弱了巨像的底座时。

　　可以管这些人叫作"幻灭者"，其中，作家与同性恋权益活动家埃德蒙·怀特要排在前列。桑塔格和他大概是在20世纪60年代末认识的，当时，理查德·霍华德把刚刚写了第一部长篇小说《忘记伊莱娜》的年轻的怀特纳入自己的羽翼之下。但他们真正开始密切往来要到20世纪70年代末，怀特出任纽约人文学院的总干事的时候，这所学院是由纽约大学社会学教授理查德·桑内特创建的，并在桑塔格的庇护之下。能够邀请这位女性知识分子到格林威治村自己的工作室中共进晚餐，年轻的作家感到不胜荣幸，她的随笔曾经温暖了他在纽约最初的岁月，桑塔格则为认识了新人而感到喜悦。在怀特家中，她特别对女同性恋幽默作家弗兰·勒博维茨，还有摄影师罗伯特·梅普尔索普产生了好感。

　　怀特比桑塔格小七岁，对她来说，他是一个典型的门下弟子，她向他提出忠告，并且从四处向人推荐他当中得到快乐。理查德·霍华德只会鼓励她这样做，而她毫不犹豫。怀特当时正要出版他的第三部作品——《一个男孩自己的故事》(法语译本《年轻的美国人》)，她提出要为他邀约封底上的评论；对这位作家来说，这是美梦变成了现实，他通过这部小说终于获得了真正的成功。苏珊做的还不止于此：她推荐他的书入围美国艺术与文学学院奖，并且写了一封推荐信助他申请古根海姆基金会奖金……1982年底，怀特荣获学院奖，还有来自古根海姆的两万美元大礼，足够他在巴黎安居一年。

他并不是个不知感恩的人，他想向她表达感激，向她证明自己值得这番关照。此时，桑塔格正面对市政厅集会后来自各方面的攻击，怀特在她身边安抚她，特别是还安慰她说，她作为随笔作家的才华是无人可及的。就这样，在一封 1982 年 4 月 22 日的书信中，他建议她以蔑视的态度对待其政治诋毁者，并祝贺她刚发表的关于罗兰·巴特的文章获得成功，谈到了她的"慷慨善意"与"来自奥林匹斯山的智慧"，[72] 这些都有白纸黑字可证。然而，这种热情几乎完全没有在怀特 9 月份为《巴特读本》与理查德·霍华德翻译的《符号帝国》写的书评中体现出来。同时，译者和编辑也与这位评论家争执不下，责怪他没能充分突出前者的功绩与后者的分析技巧。[73]

可以想象，桑塔格和怀特之间的关系随之冷却。后者三年后确认两人关系的破裂，他出版了一部长篇小说，其中的恶意令人深思。他不满意桑塔格对同性恋权利斗争缺乏投入，她没有"出柜"，没有公开展示自己是一个女同性恋者，没有利用自己的名气为"事业"服务。他还对女作家的高傲甚至轻蔑感到气愤，在他看来，她对那些与她不在同一圈子的人或她认为智力低下的人就是这样的态度。他也加入了其他批评者的队伍，那些人认为戴维在FSG出版社的被聘用与步步高升是桑塔格施加影响的缘故。

然而人们不禁会问：这一切是否值得作者用如此的恶意来描写苏珊和她的儿子？在近四百页的篇幅中，作者几乎没有采取任何防范措施来掩饰这些被他猛烈抨击的人物的真实身份。在他笔下，桑塔格成了"玛蒂尔达"，一个傲慢、虚荣、拖长音调说话的知识分子，与她三十岁的儿子丹尼尔生活在一起。这对搭档统治着 18 世纪威尼斯王国的诸多沙龙与文化场所，就算读者相信存在这样一个历史乌托邦，其拉帮结派的组织形式却会让人恼怒地想起20世纪80年代的纽约。背景的模糊性及叙事手法，都让人想起《恩主》。加布里埃尔是一个被玛蒂尔达魔咒迷惑的年轻人，在一段时间内成了她的情人，这让作家重新获得了一点点对爱情的希望；他是一个"受惊的英雄"（这是小说的标题）和流浪汉式的人物，与希波吕特颇有共同点。"宠儿"丹尼尔是一个神童，他是一个没有能力创造自己生活的享乐主义者，最后在他母亲的阴影下毁灭了。这出密闭剧在一栋墙壁上都是藏书、电影海报和剧照的房子里上演；这又是一条补充性的线索，从中可以辨认出桑塔格家的环境。这幅肖像的刻毒是出奇的：玛蒂尔达是一个人老珠黄的女人，为了留住自己年轻的爱人不惜一切代价，无法独自生活，她吸尽周围人的骨髓的精华，然后毫不犹豫地将其抛弃。"她对招募新兵有一种永恒的需求"，怀特写道，因为"她的粗俗、情绪波动、前后矛盾与傲慢自大，已经疏远了大部分的老兵"。而他这次把丹尼尔描写成一个"每天早上在她脚下摊开自己前一天晚上的战利品"[74]、负责向猎人驱赶猎物的人。而如果说在小说中，与他们共同生活了一段时间的加布里埃尔是玛蒂尔达的情人，那么关于他们三人行的一些故事，不免让人联想到后来西格丽德·努涅斯所说的逸事。人们很容易就能从加布里埃尔的叔叔马泰奥身上认出理查德·霍华德的影子，他在小说结尾被揭晓是丹尼尔的亲生父亲……

1985年《半旋转腾跃》（Caracole，小说的英文书名）出版后，怀特和桑塔格的关系从冷淡降到了冰点。这位作家最近搬到了巴黎，距离使对质场面甚至报复措施免于发生（在回忆录中，他仍然自称戴维曾经真的试图在一次化装舞会上用鞭子打他，但幸运的是这段插曲维持的时间很短）。[75]他如此说——并且如此写——他认为苏珊会"欣赏我描绘的肖像的贴切，她会从我心照不宣的劝诫中获得教训"，[76] 随后承认他在内心深处确切地知道自己是在"诽谤她，她会怒火中烧"，他坦白自己有一种令人讨厌的背叛倾向，想要咬那只帮助过他的手。[77]

实际上，怀特并不是第一个（或者最后一个，我们接下来将会看到）将苏珊·桑塔格写成小说人物的人，也不是第一个在虚构作品的掩饰下营造她的负面形象的作家。1983年，菲利普·索莱尔斯的侦探小说《女人们》在巴黎出版。在书中，读者跟随一个类似巴尔达米*化身的美国记者的脚步进入"女人"与"事业"的国度，这次的事业是20世纪70年代末期的女权主义。除了路易-费迪南·塞利纳对这部小说的史诗风格的影响，索莱尔斯还向他的美国英雄们致敬，亨利·米勒、威廉·福克纳、杰克·凯鲁亚克等，他通过与女性的关系来认识世界，现实或虚构不论，被他招来的女性，形象既来自他的同时代人，也取自圣女贞德、阿基坦的埃莉诺†、佩内洛普、包法利夫人。与他同时代的女性中有中国人、保加利亚人、希腊人、罗马尼亚人、以色列人、波兰人、法国人……清单太长，无法一一列举。当然，美国女人在这幅壁画上也有其位置，有些是情人，有些是"事业"的"见证者"，比如海伦（苏珊·桑塔格的化名），她是"一颗体制的明星"。他到她"几乎算是""位于格拉梅西公园的别馆"造访："海伦带着甜美的微笑接待了我，从中我不难解读出满满的敌意……她和她的儿子在一起，一个高大笨拙、局促不安的男孩，今年二十岁……他想写作……和妈妈一样……"他们出去吃晚餐，"海伦"向他倾诉着伤感的故事，跟他谈起巴黎，想知道法国首都的文

---

*   巴尔达米，法国著名小说家路易-费迪南·塞利纳的小说《长夜行》的主人公，小说中巴尔达米踏遍半个地球，横跨欧洲、非洲和美国。

†   阿基坦的埃莉诺，阿基坦女公爵，欧洲中世纪最有财富和权力的女人之一。——编注

学和财政的一切新闻……回到她的公寓后，她送给他"一大包"她的书，他在离开她后毫不客气地把书全扔到了河里："海伦的所有作品……足有十公斤……这是犯罪行为。溅起的水声很好听，这声音在冷漠的黑色的哈得孙河中，听上去是欢乐的。"[78]

必须承认，这个满脑子唯我独尊并且渴望被认可的女人的肖像并不怎么令人恭维……桑塔格从来没有提到过这部小说或它的作者，尽管她经常在巴黎的聚会上遇到他，20世纪70年代也曾经多次跟他在同一本杂志上发表作品。[79]

她要求把她的名字和她登在埃德蒙·怀特的《年轻的美国人》封底上的溢美之词从所有国外版本中删除。[80]而这两个美国人也不会再跟对方讲话，直到十五年后在曼哈顿的一家中餐馆偶然相遇："和解"将当场公开完成，但他们之间再也不会真正重新建立起纽带。[81]

她在1983年初夏上映的伍迪·艾伦新片[*]中得到的角色，远不像她在文学作品中那些被改头换面的出场般被荒谬化，而是被更加奉承。片酬也远非她会不屑一顾的，而是相当有利可图——提高到了五千美元（2016年相当于一万美元以上）。自20世纪60年代末开始，这位美国电影人几乎每年都会拍摄一部剧情长片，在他多产的作品中，主人公通常是他本人，模糊地伪装在某个角色的外表之下。这次他描绘的是莱昂纳德·西力的肖像，两次世界大战之间一个变色龙式的人物，控制不住地采用周围人的外表、说话方式和态度。于是，他当过棒球运动员、美国黑人音乐家、走私贩、双翼飞机飞行员、希特勒军队中的褐衫队士兵[†]，甚至当过医生兼病人——被穿着白大褂的专家们包围。在一位想要揭开这神奇的变化之谜的

---

* 即《西力传》。——编注
† 褐衫队，即希特勒的冲锋队，因其褐色制服得名。——编注

青年女心理医生弗莱彻博士（由米娅·法罗饰演）主持下，西力成了现象级人物，公众通过媒体报道与影院放映的新闻片狂热地追踪着他的冒险经历。电影被构建成纪录片的形式，叙述了这个奇特的男人的一生，并试图分析他代表的现象。因此，在那个时代的影像之间，出现了电影制作者对同时代人的采访，这些采访对象包括：心理学家布鲁诺·贝特尔海姆、作家索尔·贝娄、评论家欧文·豪、政治史教授约翰·莫顿·布卢姆，以及苏珊·桑塔格。后者在最初几张图片中就出现了，面带微笑，穿着一件亮蓝色的长袖衬衣，态度自然地谈论着这个不可思议的人物，她说他已经"比林德伯格*更有名"。而在影片最后，她再次介入，肯定了西力的"治愈"更多要归功于弗莱彻博士的悉心照料和倾听，而非心理治疗和精神病学的进步……

从此，她的名字就成了抢手的商标，在她的文章和随笔之外又添了撰写序言的工作……于是，1983年夏天，伦敦维拉戈出版社请她为一部玛丽娜·茨维塔耶娃散文作品选撰写序言。"一篇关于女诗人散文的短文，"她在一次采访中描述说，"是读了曼德尔施塔姆与茨维塔耶娃的散文后受到的启发。"她重复了一句她已经用在布罗茨基身上的话，补充道："本世纪最好的散文大多是由诗人写的。"[82]

散文的本质问题是她心中长期存在的一个课题，阅读茨维塔耶娃是对此进行思索的新机会，不仅要放在这些俄罗斯诗人的语境中思考，还要放在她自身实践的框架中思考。她对关于小说的所有体验都很感兴趣，尝试过许多种写作的"形式"，最后得出的结论是："散文这一派充其量似乎只是一个临时结成的联盟。"她接着说："怎么才能不心怀警惕呢？当今天散文的标签下包括随笔、回忆录、长

---

* 林德伯格，即飞行员与社会活动家林白，飞越大西洋第一人。——编注

篇小说、短篇小说或戏剧。散文不仅仅是一个有名无实的范畴，一种语言状态，通过它的对立面——诗歌——才得到定义……今天，散文是全套文学体裁的大杂烩，这些体裁由于在现代发生演变和迅速解体，再也没有人能够给它们命名了。"[83]

她一边沉浸在俄罗斯女作家的散文中，一边尝试着手进行一个新的计划，即以一个20世纪20年代的女人为主角，以那个时代的一位女性名人为灵感，写一部中篇小说。但她坦言自己好像无法坚持下去，尽管她说自己写小说时享受到了无与伦比的自由，她是受其诱惑的。但她很容易分心，她无法放弃排演戏剧或拍电影的机会。她承认，她甚至无法放弃"写几篇随笔"。[84]

另外，现在关于茨维塔耶娃的文章已经完成，她打算继续写"政治与知识分子"的随笔，标题暂定为《革命之前》。无论是随笔还是中篇小说都不会问世，就像两年前在巴黎一样，桑塔格在实现她说的她最宝贵的心愿——写一部新的长篇小说——时遇到了最大的困难。正如她在此处承认的那样，形势问题——缺钱，她需要接受向她提出的大部分邀约——并不能解释一切。她觉得自己已经走进了死胡同：她不想再踏上写《恩主》和《死亡匣子》时走过的小说之路，但还没有发现自己现在想走的路。她在摸索，在做各种试验，但到目前为止，都还没有结论。

1983年秋天，在BBC的邀请下，她接受与约翰·伯格关于叙事艺术的话题的对谈。就像关于另一个他们都感兴趣的话题——摄影，他们有好几处观点是不同的：伯格叙事的源泉在于生活，他的日常生活；而桑塔格说自己相反，她会听凭想象的声音指引自己，这些声音带她走向一种情感，她则围绕这种情感来构建她的故事。这个观念在《我，及其他》的短篇小说中有完美的体现，但她似乎无法复制了。她声称自己写作时并不是从已有的观念或者事实出发，这与她那个时期的笔记是相互矛盾的。她想要用来创作长篇小说的关于难民与流亡者的想法，是从阅读中得来的，来自"真实"的故事，她未来的长篇小说《火山情人》的情况也是如此。她又一次拒绝了自传体写作，她告诉伯格，无论是在她的随笔，还是在她的叙事文学作品中，都没有这种观念。

　　未来几年中她写的若干短文和短篇小说，将标志着一种逐步的转变，从以"声音"为出发点写成的文字[《信的场景》《（对描述的）描述》和程度没那么明显的《我们这样生活》]向自传体叙事和可以归类为历史小说的作品过渡。面对伯格，她真诚地捍卫着她迄今为止的原则，但她还没有真正意识到的是，她的写作正朝着不同的方向发展，她从 20 世纪 80 年代初期到中期的笔记就证明了这一点。

　　通过人文学院，桑塔格认识了很多外国知识分子。其中有南非文学界的名人纳丁·戈迪默，她公开参与了反对本国种族隔离制度的斗争。她们的相遇是两位"普世知识分子"（戈迪默后来用来形容桑塔格的词）的相遇，两个人各自都已经在西方知识界占据了近乎神话般的地位。1983 年 10 月 14 日，戈迪默又在该学院举办了"詹姆斯讲座"——这是为"打击美国孤立主义"，每年由一位外国作家主讲的讲座。[85] 在她之前或之后最有名的主讲者中有豪尔赫·博尔赫斯、伊塔洛·卡尔维诺、切斯瓦夫·米沃什。按照传统，除了讲座和随后的招待会，还要组织午餐会，让学院成员即"研究员"与来宾进行交流。桑塔格定期参加这些午餐会，这是与来宾建立更亲密关系的好机会。

　　戈迪默选择了向她的纽约同行谈论她所谓的"空位期"。她将南非语境下的空位期定义为动荡局势令政权的外壳露出裂缝的时期，这就使得民主的倡导者，无论是黑人还是她这样的白人，都开始相信他们的斗争能够取得成果，种族隔离的终结是可以预期的。

为了让听众更清楚地了解她的经历，她从日常生活中举例说明，作为一个白人女性，她公开站在反对她的种族、反对一个与她肤色相同但观念不同的政府的立场。她所反对的理应是她的"阵营"，甚至是她的"宗族"，她还需要说服她的黑人同胞，他们因为她的肤色总是没有办法不本能地怀疑她。而正是在这种语境下，她提到了桑塔格谴责美国左派对苏联模式及共产主义国家逢迎讨好时所表现出来的"勇气"。对戈迪默而言，作家有一种公共责任，她承担这种责任，并乐于承认其他人身上的责任感。

苏珊听到这位南非女性谈起她的"巨大勇气"和她知识分子的"诚实品质"，并获悉她的"英勇"行为可能激励了其他人继续斗争，无疑受宠若惊。[86]

两年后，两位女性应邀在英国电视台第4频道的摄影机前进行对谈。她们的对话内容在1985年5月底被BBC杂志《听众》登载，标题是《即使是生活中最私密的方面也渗透了政治》，对话的重点是政治背景下的写作与伦理的问题。两人一致赞同戈迪默之前捍卫的立场，因为她们是公众人物，她们就有责任大声说话，捍卫自己认为正当的事业。"我以为成为作家是一种特权，"桑塔格说，"我在社会上享有特权地位，我的声音为公众所熟知，如果有必要，为了我热衷的事业，我可以用这种声音来影响人们。我想这就是作家身份的一部分，在现代生活中，我们作家有——或者说我们中的很多人有——一种伦理责任。"尽管，她回忆起来心知肚明，"后果往往是不愉快的"。[87]

在戈迪默看来，以她的生活环境，似乎不可能逃脱她心目中的"责任"：

就我的情况来说，这种责任更强烈，因为我生活在苦难中。我看到了周围黑人受到的压迫。从在我出生的白人特权医院里睁开眼睛开始，我就一直生活其中，如果我死在这个国家，我将躺在白人公墓里，黑人是没有权利被埋葬在这里的。所以这种情况会从摇篮维持到坟墓，按照这句话的字面意义，你生命中的每一分钟都被这种不正常的、压迫性的社会秩序包围。所以，你作为人类一员的责任，是从你的生命一开始就存在的，这是很明显的事。[88]

但她们也绝不希望自己的作品被人以这种斗争行为、这种政治色彩来衡量。戈迪默对政治斗争小说持开放态度，桑塔格则坚持认为小说家仍应该做一名魔术师，小说中总要有"魔力"存在。[89]

几个月后，也就是 1986 年秋天，她们又在一册由雅克·德里达和突尼斯作家穆斯塔法·特利利编辑的书中同时出现，并由伽利玛出版社在法国出版。《为了纳尔逊·曼德拉》呈现了十五位因其作品和政治活动为公众所熟知的作家的文字，他们向这位 1964 年被判处无期徒刑的非洲人国民大会斗士表示敬意并为支持他而发声。在牢房里，曼德拉继续领导着与种族隔离制度的斗争，在纳丁·戈迪默提到的这个"空位期"里，某些政府成员似乎听到了他的声音，预感到了不可避免的变化正要发生。自 1985 年 11 月起，他的囚禁条件发生了变动，在被诊断出患有肺结核后，他最终被软禁在开普敦以东一小时路程的一所附属于维克多·沃斯特监狱（现为德拉肯斯坦监狱）的房屋内。1988 年，他正是在此地被释放的。

1986 年还什么都没发生。在像戈迪默这样的南非反种族隔离活动家的推动下，西方知识分子逐渐被动员了起来。桑塔格是唯一受邀出现在德里达编辑的这本书中的美国人，她的出现大概是由于戈迪默对她的推崇和她在国际笔会美国分会发挥的作用。

正如桑塔格在文中所示，与萨哈罗夫及其他苏联政治犯不同，曼德拉不是一个异议分子，他是一个反对派：他的思想是南非大多数人认同的，他却被少数统治者投入了监狱。曼德拉在另一个方面也与萨哈罗夫和他的同志们相反。对他们来说，流放是获释的条件，曼德拉则完全拒绝假释：当他从监狱中获释时，他希望能自由地与他的战友们一同继续他的政治斗争。国际舆论支持这一立场，正如桑塔格概括的："有了这个人，就不一样了。我们不仅仅谋求释放他，而且尊重他留在监狱里的决定。我们相信，这个政府的日子已经不长了。释放这名囚犯，就是加速这个建立在种族隔离基础上的政权的垮台。因为他的自由，在他重获自由的那一天，将成为他的大多数同胞获得解放的决定性的一步。"她补充说："目前，他在监狱里并不自由，但他很强大。他之所以强大，是因为他代表的族群对他有信心。我们希望他获得自由，因为我们希望他的国家的大多数国民获得自由。他的自由就是他们的自由。他的意愿就是如此。"[90]

一年后，桑塔格的这篇文章的英文版发表在《三便士评论》[91]上，然后出现在单行本中，其中包括之前法文版的那些文章，并由威廉·巴勒斯、约翰·阿什贝利、艾伦·金斯堡、乔伊斯·卡罗尔·欧茨，甚至理查德·霍华德、约翰·欧文等美国作家的新贡献丰富了内容。[92]

在人文学院的嘉宾中，苏珊特别欣喜地看到国际文坛的另一位"巨人"大驾光临：在她看来，豪尔赫·路易斯·博尔赫斯是"在世的两位最伟大的作家之一"，另一位是萨缪尔·贝克特。在她的书房里，有两本1962年第一版的《杜撰集》英译本，与他更晚近的作品一起陈列在显眼的位置，他的书随着他的作品的英译本不断推出而越积越多。桑塔格所有的评论文字中都点缀着对这位阿根廷人的作品的援引，他的作品就像卡夫卡的作品一样，是她衡量一切读物的标准。于是，1982 年 9 月 29 日博尔赫斯在人文学院做讲座时，她就坐在观众席的最前排。这年初秋，她参加了所有为他的来访而组织的接待会和其他聚谈活动。当她的出版商组织晚宴时，她是受到邀请的六十人之一。到场的记者问她此行的意义时，她毫不犹豫地回答："今天活着的作家没有一个比博尔赫斯对其他作家更有意义。很多人都会说，他是活着的最伟大的作家。当今很少有作家在读过他的作品后不向他学习或者模仿他的。"[93]

1985 年春天，当苏珊受邀在布宜诺斯艾利斯书展上与这位大师对话时，他们再次相遇了。[94] 这是她的第一次阿根廷之行，她说自己感到无比喜悦，终于有机会去"了解博尔赫斯的土地"，并当面表达对这个能"回归民主"的国家的钦佩之情。实际上，在 1982 年福克兰群岛战争失败加速了执政的军政府倒台后，劳尔·阿方辛的当选标志着民主政治的回归，这个国家开始从数十年的军事独裁统治中逐渐恢复元气。

对话气氛很活跃，博尔赫斯经常以幽默的方式回答桑塔格的问题。她并未把自己放在与大师平等的位置上，她只时不时冒昧提供一下自己作为作家和读者的经验作为注脚。在颂扬他与他的艺术的同时，她比较了他们两人的命运；他们两人都是从童年时代开始就想把自己的一生奉献给文学。他们有着同样的对阅读的热爱，桑塔格说，阅读有时会让她远离写作。博尔赫斯并不认同她的焦虑，因为"作家还是很多的，但读者几乎没有"。所以，他最后建议她成立一个"读者的学派，秘密的读者协会"……[95]

说实话，这次采访值得全文引用，读了他们的话，就能明白两位作家在这次交流中获得的乐趣，也能明白他们在多大程度上是同类。当博尔赫斯说愿意把伯特兰·罗素的《西方哲学史》带到荒岛上时，桑塔格毫不迟疑地说，她认为这是"一部写得非常肤浅的哲学史"。阿根廷人对此回答："是的，就像我是一个非常肤浅的读者……"与他对话的人笑了，继续说："好吧，我想如果您把它看作一部小说就没有问题了……""哲学是一部小说，整个世界都是一部小说，我，毫无疑问，也是一部小说。"博尔赫斯总结道。而当他问她会带哪本书去荒岛的时候，她选择了最著名的英语同义词词典——《罗热辞典》。这是一个他只能表示认可的选择……[96]

博尔赫斯在这次谈话后一年，即1986年6月14日在日内瓦去世。十年后的1996年，桑塔格写了一封"信"，向这个被她视为她的"守护圣徒"和"英雄"的人致敬。她歌颂了他的"谦逊"、他的"慷慨"："您是最不自我中心、最坦诚直率的作家，也是作家中最狡黠的。"[97]她形容他是"畅游其他时代的精神之旅的专家"，是"全新乐趣的发现者"，"高于一切的，是他的创造性才能"，她深深地钦佩着他将逆境与人生风波看作"资源"的能力，包括他传奇式的失明。而他，心甘情愿地承认自己欠了别人作品的债，他成了人们学习的对象，在一个人们因为"屏幕书"[98]的发展，开始哀叹实体书的消逝的时代。面对这新的现实，桑塔格终于喊道："我只想对您说，我们思念您，我思念您。"[99]

1984年初，桑塔格同意在罗得岛普罗维登斯的布朗大学教授一门研讨课。矛盾的是，这些零星的工作给了她一定的自由度：她可以拒绝其中一些会让她出差太长时间的讲座和朗读会的邀请，并接受那些最让她满意的。

4月中旬应美国大使馆邀请，她在东京、京都、大阪度过了几天，举办了朗读会，并与日本读者见面。事实上，她在日本已经颇有名气；她的作品很快就有了译本，她的一些随笔也被日本国内报纸转载。她也同样以兴趣回报，既体现在上文中已经看到的、她对日本电影和美食的热爱，也体现在她对日本文学的阅读，以及她对日本戏剧和舞蹈的好奇心。

桑塔格应邀代表她的国家出访，她作为作家和评论家的才能因此得到认可，这标志着她成名过程中的一个转折点。她从一个本质上属于先锋派知识分子和左派的挑衅者，成为 20 世纪 80 年代纽约领军人物之一，她的名字让人联想到一种知识分子的权威，其世界主义精神保证了某种美国思想的辐射范围。正如约翰·西蒙在《纽约杂志》上恰如其分地定义的那样，她代表着一种"分子化的知识分子作风"，这种作风体现在那些从来不会在一棵树上吊死的人身上，恰恰相反，他们表现出的是"多种多样的兴趣，好奇心，胃口与活力，随时准备朝着各个方向追随新的思想和有意思的新人，冒着可能最终走进死胡同的风险。这也就意味着灵活性，意味着变化，以及就像沃尔特·惠特曼自吹自擂的那样，一定程度的前后矛盾"。[100]与这位美国诗人的比较更多是恭维性质的，但在所有那些对她的政治转向和其他"前后矛盾"表现的指责之后，这些话肯定是令人感到放心和欣慰的。

官方荣誉有时就像香膏，能治疗近年来她自尊心受到的创伤。1979 年，她进入了享有盛名的美国艺术文学院的院士行列，三年前她曾获得该学院的鼓励性奖金。而在 1984 年的初夏，她收到了时任法国文化部长的杰克·朗署名的一封信，其内容可以用下面这句话概括："我十分愉快地向您告知，您被授予艺术与文学骑士勋章。"[101]在她眼里，勋章有一种高于荣誉的价值：这是对她的文化传播者角色、她的存在及她在法国和国际舞台上的重要性的认可。

1984年秋末，美国话剧团的剧院总监罗伯特·布鲁斯坦找到桑塔格，建议她执导米兰·昆德拉的剧本《雅克和他的主人》。这篇作品向狄德罗的《宿命论者雅克和他的主人》致敬，将男仆和主人之间的对话以幽默诙谐的风格搬上舞台，一连串的情场风波相互交织在一起，让读者和观众都大饱眼福。昆德拉写了一出轻快、有趣的戏，剧情可以发生在任何时代，但语言风格让人想起18世纪。桑塔格同意了，很高兴终于有机会在美国的舞台上施展自己的才华。

这出戏被记者们描述为"年度大事"，他们在文章介绍中清点了参与这部戏制作的名人（光是桑塔格和昆德拉的名字就足以引起媒体的狂欢了），然而它并没有得到评论家们的一致认可。《纽约时报》的弗兰克·里奇在他文章的第二段就毫不迟疑地写道，那"一丝不苟"的导演手法是"浮夸的"，并指出了某些在他看来是"廉价"与"刺眼"的细节，比如舞台上出现了一尊狄德罗的胸像，这种对大师的暗示未免太过了。里奇同样对古装和华美的舞台布景提出了抗议：背景甚至是一幅描绘罗马废墟的壁画，灵感来自皮拉内西*的一幅画。（昆德拉在文本中精确说明了他想象中的舞台是空的，而且不能有年代方面的参照物……）这篇评论直接质疑了导演："桑塔格小姐的执导缺乏必要的敏捷与冲击力，而演员们的表演，尤其是有内心独白的七名演员的表演，是最为平淡和缺乏性感的。"他最后总结："这样一种戏剧手法可能会适用于文化活动场合，但不适合《雅克和他的主人》。美国话剧团不是在上演昆德拉的戏剧，而是在给它加上不必要的现实的注脚。"[102]

其他评论家，如纽约知识界看重的杂志《新标准》，对里奇的观

---

* 皮拉内西，18世纪的意大利雕刻家和建筑师，其关于罗马建筑及古代遗迹的版画相当知名，这些写实版画后来成为美术史上的珍贵资料。——编注

点表示赞同 [103]：不可否认这部制作在取悦观众上取得了成功（追溯了这家剧院的历史的玛丽琳·普洛金斯说，这部制作创下了那个剧场有史以来记录在册的最高的观众人次） [104]，但这种大受欢迎的局面本质上是来自昆德拉和桑塔格两个名字的关联。这是一个"文化"事件（文化是大写的"C"），人们首先是为了到此一游、到此一观才来的，对文本的忠实解读是次要的，评论家的冷淡丝毫也不会影响群众前来鼓掌。尽管导演风格不合脾胃，演员们却幸免于难：评论家们整体的判断是，在这个情况下他们已经尽其所能了，但他们的表演远远没有表现出剧本的文本让人联想到的那种轻松愉快和无忧无虑。[105] 这种印象在某种程度上得到了当时的剧院管理者之一罗伯·奥查德的证实，他尽管对桑塔格的工作表达了敬意，同时却无法不承认桑塔格有时对演员们缺乏必要的耐心，没有给他们留下足够的进入角色的自由空间，而是倾向于对他们的每一个手势和语调加以指导。面对他们的对抗情绪——对此她很迟才发现——她就用讲历史逸闻的方式来消磨时间，而这些逸闻与导演工作无关，于是更让与她一起工作的人感到挫败。她似乎很难适应"美国方法"，在她看来，美国演员比他们的欧洲同行"更以知识分子自居"，工作方式也更加"民主"，他们更容易质疑导演的选择和命令，不会盲目地接受指挥。[106] 奥查德显然采取了很多的外交手段，演员们也很有耐心，最后演出才能完成……[107]

　　摄影是她较具权威性的领域，对她摄影方面的文章的需求也没有枯竭。自《论摄影》大获成功以来，出版商和摄影师都想把自己和她的名字联系起来，通常是以请她写序言的形式。她在怀特家认识的罗伯特·梅普尔索普也不例外。1975 年至 1984 年间，他将百余幅人物肖像作品整理成书，1985 年以《某些人》为题出版，[108] 并恳请桑塔格为之撰写序言。她接受了，并借此机会重新思考了摄影和肖像的概念，尤其是她自己的摄影形象。她坦言，自己在摆拍过程中会感到"某种忧虑"，原因是"（她）通常的（自我）感知方式被颠倒了"：她的眼睛本来是向外看的，向世界看的，她觉得"世界在等待（她）的注视"（她写道，这是一种"幻想"或者"职业偏见"），现在她却处于被另一个"意识"观察的位置。人们可能会觉得这是显而易见的，但对桑塔格来说，这是陷入了一种令人不适的处境："我真的觉得自己被解除了武装，我的意识在因笨拙而窘迫和努力保持镇静的过程中打成了一个结。在镜头的注视下一动不动，我感受到了我如同面具的面部表情的重量，我半边嘴唇的圆润肥厚，我鼻孔的张开，我头发的蓬乱。"她忽然觉得自己成了自己面孔的囚徒，"被钉在原地，落入陷阱"。[109] 她"出于职业原因被拍了上千次照"，她还花了很多年时间来写关于摄影艺术的文章，所以这一点她自己也觉得很讽刺。她只看出一种解释："更深层次的心理障碍在我身上发挥了作用：我拒绝真正接受这样一个事实，即我不仅有一种长相，某种特定的长相，这长相好看（或难看），更重要的是，它是只有我才有的长相。"[110] 她提到了对摆拍过程的"忧虑"，以及对摆拍结果的"尴尬"："清教徒式的焦虑"，"自恋"？她说不清，最终"混乱"的感觉占据了主导地位："当我百分之九十的意识认为我存在于这个世界上，我就是我，那么还有百分之十左右的意识认为我是隐形的。在我每次看到自己的照片时，这部分的意识总是惊恐万分。（尤其照片上的我很迷人时。）"[111]

盔甲上出现了裂缝？她的形象在媒体上如此无处不在，其诱惑力往往比她的言论或作品更常受到品评，它出现在这个显得脆弱和缺乏安全感的文本中，与她通常营造的形象正好相反。而她的印象是，梅普尔索普在为她拍摄的肖像照中捕捉到的正是这另一个自我，她不确定它是否与自己相似，这个形象"并不是真正的她"："它是为镜头而生的：它是一种状态不稳定的妥协，既努力在我极为钦佩的摄影师（同时也是朋友）面前表现得合作，又努力保持我的尊严，紧紧怀抱着我的焦虑。（当我注视着自己的照片时，我从中读出了执拗、受挫的虚荣心、恐慌、脆弱。）"[112]

她对自己作了序言的那本书的评价仍然是模糊不清的。她在书名上逗留了一会儿，玩起了——梅普尔索普想必乐意她这么做——"certain"在此处的文字游戏，既可以是"某些"的意思，也可以是"确信（自己）"的意思。她没有深入评论作者对照片的选择，尽管这本书呈现的正是 1975—1984 年她所熟悉的圈子：朋友或熟人，如布鲁斯·查特文、罗伯特·威尔逊、菲利普·格拉斯、帕蒂·史密斯、威廉·巴勒斯；著名艺术家，如大卫·霍克尼、安妮·莱博维茨或伊基·波普；时下的名人，如肯尼迪家族成员、帕洛玛·毕加索*、阿诺德·施瓦辛格。特别是她忽略了一个事实，那就是摄影师选择把她的肖像照放在露辛达·蔡尔兹的对面，放在一个跨页上。从侧面看，蔡尔兹就仿佛在注视桑塔格，而桑塔格仿佛在注视读者。这不可能是摄影师偶然为之，作家在序言中不止一次重复过，他是"一个朋友"：这里暗示的是她们是一对，或暗示她们的化学作用？如果是这样的话，这种表现方式对桑塔格来说是不怎么令人感到恭维的。

虽然桑塔格继续应允请她写文章的人，但她比以往任何时候都更以写小说为目标。无论是在美国还是在欧洲，《我，及其他》都受到了好评，并很快有了译本，这激励她继续沿着这条路走下去。评

---

* 帕洛玛·毕加索（Paloma Picasso），法国舞台服装及形象设计师、珠宝设计师。——编注

论家们特别欣赏她在形式和风格上的实验，充满兴味地期待着她下一步是否会继续朝这个方向发展。这个想法并没有让她感到不快，1985 年 1 月发表在《哈泼斯杂志》上的《（关于描述的）描述》、1986 年 8 月发表在《纽约客》上的《信的场景》和同年 11 月发表的《我们现在的生活方式》这三篇文章正是从这些探索中诞生的。

　　《（关于描述的）描述》的灵感来自尼采在《朝霞：关于道德偏见的思考》第 2 卷中的格言"经验与虚构"。桑塔格文章的每一段都是从尼采格言最后几行中的只言片语开始的，在这几行话中，他根据自己在一次外出时目睹的事件，尝试着想象如果事先知道会发生什么事情，自己会有什么样的反应。他会有一模一样的反应吗？很可能不会，他在回答自己的问题时写道："因为在这种情况下，所有可能的冲动都将有时间对该经验进行想象和解释。"他总结说："我们的经验到底是什么？我们放进去的远远多于其本身包含的！也许，我们甚至不得不说：它们本身并不包含任何东西，是空？去经验就是去虚构？"*对经验（体验）进行评论正是作家在这篇半讽刺半严肃的文章中做的事。这篇文章既反思了日常生活的陌生化、荒诞化，也探讨了她在爱情游戏中再一次落败后深陷其中、难以掩饰的焦虑、愤怒与怀疑情绪："你要离开我了。你很平静，很有礼貌；我却因为绝望而表现得很糟……我流泪，我哀求，我说谎，我辱骂。"绝望中，她觉得自艾琳和哈丽雅特以来，什么都没有改变："如何面对对方而不感到恐惧和软弱。"然而她却想要把美好的时刻从灾难中拯救出来："我们真的有过幸福的时候吗？"她认为自己又回到了最初的地方："我的专注的孤独……一部都市的《鲁滨孙漂流记》。"她疲惫而

---

* 见尼采《朝霞》，田立年译，华东师范大学出版社，"西方传统：经典与解释·尼采注疏集"丛书，2007 年，第 165 页。——编注

悲观地总结道："这个故事我已经讲过很多次了。"[113]

理查德·霍华德在对这一文本及其作者的愉快致敬中，第一个指出了在这篇以实验为意图的散文中，自省的时刻是被巧妙地埋在表面之下的。上文引用的那些句子或表达方式让他回想起几个月前，在一个深夜，他开车送苏珊回家，她与露辛达·蔡尔兹分手后一直在流泪。感谢华莱士·史蒂文斯*，泪水已经干了：桑塔格会请这位诗人朋友给她讲解如何阅读诗歌，就这样在工作中耗掉了大半个夜晚。[114]

与女编舞的分手让桑塔格再一次陷入孤独，尽管她不缺少朋友，职业上的邀请也纷至沓来，但她并不喜欢独自一人，她害怕昔日的诱惑，害怕追忆，害怕思考悲伤和失败。她在《信的场景》中对这些情绪和恐惧进行了探讨，这篇文章是若干时间后写的，于1986年8月发表在《纽约客》上。这篇文章的核心是柴可夫斯基的歌剧《叶甫盖尼·奥涅金》的情节，特别是第二幕，达吉雅娜与叶甫盖尼第一次见面时就坠入爱河，她写信向这个年轻人倾诉自己的感情。《信的场景》是对歌剧中这一时刻的片段性描述，与其他各种"信"交织在一起，这些信有：一封忏悔的儿子写给父亲的信；一封死囚写的信；一封被困在失事飞机上的乘客写的信；一封写给迷住自己的陌生女人并放进漂流瓶的信；或者是一座由信铺成的桥，填满了将一对恋人分隔两地的大洋。《信的场景》提到了各种状态下的爱，它也是一个让桑塔格对作为物件的信、给她写信的人和收到她的信的人进行思索的时机。她写过那么多信，收到的信也同样多，她还记得自己年轻时最痛苦的一个关于书信的时刻，就是在牛津大学靠奖学金生活和在巴黎居留期间与菲利普·里夫来往的那些航空邮件。这些信

---

*　华莱士·史蒂文斯（Wallace Stevens），美国著名现代主义诗人，有"诗人中的诗人""批评家的诗人"之称。——编注

她今天已经不会重读了，但她也无法和这些信分开，她把它们放在一个鞋盒里，埋在衣柜的最深处。她当时真正想写的唯一一封信，她一直没有写："我不能告诉他我想离婚，不能通过写信。我的信必须是有感情的。只好等我回家再提。"我们还记得她长跑穿过圣日耳曼区时，经常把蓝色航空信纸揉成一团塞在衣袋深处……

因为信的观念与爱的观念之间有着无可避免的联系，她的思绪重新回到恋人身上，欲望也随之浮现，信就成了填补缺席的桥梁："我亲爱的，我求你了，继续给我写信吧。你的信永远都会感动我。你可以给我写下你的日常生活，写一篇小小的文章。我会把它放在灯光下。我会用我的爱来放大它。"[115]

当上文提到的埃德蒙·怀特的讽刺小说《半旋转腾跃》面世时，她的儿子戴维正在经历一段心神不宁的时期。作为FSG公司的员工，他经常成为别人非议的目标，他们质疑他作为编辑的才能，将他的地位归因于他的母亲是出版社的重点作者之一。他的都市生活方式也有可议论之处：习惯出入时尚聚会和曼哈顿夜总会，他有着社交名流的名声。而要过这种夜以继日的生活，他需要可卡因的鞭策。可想而知，他在1985年精神崩溃，当时他刚刚与作家布鲁斯·马西森的女儿萨拉分手。他的朋友和恋人们都因他的毒瘾而深受其害，那个时代的许多证人提到他是一个在职业环境中受到苛刻评价的人，并被看作纽约知识界宠坏了的孩子。有段时间他住进了曼哈顿上东区非常时髦的佩恩-惠特尼诊所，玛丽莲·梦露、玛丽·麦卡锡、诗人罗伯特·洛厄尔等人都曾在那里接受治疗，《纽约客》主编艾伦·肖恩的儿子和他的妻子即女作家牙买加·琴凯德还将他迎接到他们位于佛蒙特州本宁顿的家中长期疗养。

对桑塔格而言，戴维必须写作：在公开为他辩护的同时，她不赞成他被FSG出版社聘用，认为这样他会浪费光阴，他不如把自己的精力投入写作。如上文所述，罗杰·斯特劳斯也曾推动他的文学事业的发展，扮演了经纪人的角色，但这些早期的尝试都没有结果。

在罗杰帮忙发表在《小姐》上的那个短篇[116]之后，戴维与莎伦·德拉诺合作，开始写他的第一本书，专门讨论他的爱好之一——牛仔靴。莎伦·德拉诺是他母亲的朋友，她的职业生涯始于《纽约书评》，从 20 世纪 70 年代末开始一直在《纽约客》担任编辑。尽管题材看上去不像，《得克萨斯州靴子》却是一本严肃的作品，追溯了这种著名靴子的制造史与销售史，并由摄影师斯塔·布莱克绘制了插图，她当时是戴维的女友。[117] 布莱克因在此书中的表现而获得了国家图书奖的提名，而里夫的靴子收藏直到二十年后仍然受到记者们的尊崇。[118] 他从来也不会否定这部青年时代的作品，在他的作品列表中，这本书永远占据着重要的位置。

1986 年，戴维走上了一条新的道路，那就是政治社会学（他大学期间的初恋），想要探索一个城市——迈阿密的命运，关于它是如何被一次次的移民潮改变的。为什么是迈阿密？戴维与古巴裔美国人社区有着个人的渊源，他童年时代的很多保姆都来自那里。他能说一口流利的西班牙语，并在伊万·伊利奇那里进一步完善了移民和政治流亡方面的知识。在卷首的告读者书中，戴维·里夫明确地说："这是一部印象之书，而非新闻调查作品。我想要传递迈阿密的精神。"[119]《去迈阿密》从大量采访移民、城市居民、政治人物的素材中收集到了各种印象和言论，此书正如它的副标题——新美国的流亡者、游客和难民——所示，是一个新美国的写照，它已经被新的移民潮和中美洲、南美洲的政治事变改变，当然也没有遗漏美国和古巴之间的紧张关系。从更个人的角度，里夫回忆起了他母亲关于该地区向他所做的最初的描述，她小时候曾被送到那里治疗哮喘："对她来说，咪咪海滩在记忆中唤起了模糊的图像，白色的灰泥房子，带有伪摩尔式的装饰，还有只允许白人驻足的喷泉。这是在迈阿密变成北方犹太人的避难所之前，当然，也早在大批古巴人抵达戴德县之前。我母亲六岁时，菲德尔·卡斯特罗十三岁。"[120]

仅仅因为封面上的名字，《去迈阿密》的出版也不会被人忽视。总的来说，评论是友好的，既私人化又有科学气息的腔调博得了赞赏，它没有成为畅销书，但它的销量足以让作者重新考虑自己的职业选择。著作出版一年后，戴维辞去了编辑职务，开始全职写作和从事新闻工作。离开了FSG出版社的怀抱，也就意味着与母亲的圈子保持距离，这一开始会导致母子间的关系变得紧张。然而最终，桑塔格宣称，看到他"与自己终究也是一名作家的想法和解了"，[121]这令她感到欣慰。

"他也是"：从此母子俩同场竞技了。两人都写作，都参与政治，有时人们会看到他们支持相同或相似的事业。于是，戴维正在写第一本书时，就在《新共和》上发表了关于《反对所有希望》的书评。这本书是阿曼多·巴利亚达雷斯的回忆录，他是一位因反对卡斯特罗政权而在古巴监狱被囚二十二年的诗人。尽管他也赞美了诗人写作的水准，但他尤其强调的是诗人笔下的古巴监狱的现实。这一现实是大西洋两岸的所谓"左翼"知识分子长期以来一直否认的。[122]古巴由"一场梦"变成了噩梦，埃韦尔托·帕迪利亚的情况终于将像"萨特、波伏娃、莫拉维亚、桑塔格和胡安·戈伊蒂索洛"这样的知识分子带回了现实。在接下来的一段话里，桑塔格的名字再度出现，这次是在记者提到那些谴责卡斯特罗政权初次实施酷刑的人的时候，她的名字与纳丁·戈迪默、约瑟夫·布罗茨基排列在一起。

这篇文章中夹杂着谴责与辩解，让人回想起1982年桑塔格在市政厅集会上的讲话。而目的似乎是一致的：承认自己的错误，但要区分这种感情是不是从保守派、新保守派的同样感受导致的思想演变中产生的，后者的抵制源自一种意识形态的僵化和故步自封。戴维不确定所有相信过古巴梦的人能否接受他们梦想的破灭，他理解他们的不情愿，甚至是抵触情绪，但不能再为之开脱："人们宁可不听到来自古巴的坏消息，这是可以理解的——可以理解的，但最终是容易原谅的。"[123]

对于《新标准》的评论家希尔顿·克雷默来说，这是他梦寐以求的可以重温自己热衷话题的机会，即桑塔格和她的同辈们是怎样控制纽约知识分子生活的。他曾经谴责过女作家在政治上和文学上的转向，现在他在她儿子身上辨认出了同样追逐时尚——这次是政治上的——和屈从于"文化时髦"的倾向。克雷默指出，巴黎的"最新风向"是左翼倾向。

克雷默轻描淡写地嘲笑令"桑塔格的圈子"辩论不休的悖论，以及她试图与保守派划清界限的做法，他将其定义为一种"正确形式"的政治立场，由"自我批评"过的左翼知识分子实行。克雷默还嘲讽里夫与保守派保持距离的尝试，他引用里夫的话，将矛头指向"出于善意的西方知识分子"，并指出里夫无可否认就是其中的一员。

为了与儿子的观点形成对称，他回到母亲的著作中去：从《河内行纪》中，他挑选了桑塔格赞美越南北方政权的几个段落；她1969年在《壁垒》上发表的关于古巴的长文中对古巴革命唱的赞歌也给了他启发。而且他提醒人们，那些谋求了解卡斯特罗之岛上真相的人，很容易读到自1962年以来关于这个政府运作的种种证词与分析，特别是受人尊敬的共产主义历史学家、前美国共产党党员西奥多·德雷珀写下的话。

但所有这些对母子俩文章的澄清和修正，都只有一个目的：那就是强调他们在政治上的无知，把他们说成唯美主义者，其肤浅的政治介入只是为了让人们谈论自己，并获得一种他们配不上的知识分子形象……这个指控的分量是沉重的，桑塔格和里夫都没有回应，里夫将习惯于看到他的著作被不断地拿来跟他母亲的著作比较，也将习惯于批评家们不管出于好意还是恶意，总会想起他们的这种母子关系。

桑塔格越来越频繁地出现在公众场合这一点自然也对他没有什么帮助。她引人注目地出席了1986年1月初在纽约举行的国际笔会大会就是一例。这是该组织二十年来首次在纽约举行全体会议，是一件大事。笔会的美国分会会长诺曼·梅勒出现在一线，负责组织和保障活动的顺利开展。大会的开幕式在位于曼哈顿中心的富丽堂皇的公共图书馆大楼举行，辩论会则在中央公园南边的埃塞克斯大厦酒店的休息室内举办。

选定的主题——"作家的想象力和国家的想象力"——马上就引起了争论，很快被简化为"作家与国家"，并被理解成"作家反对国家"，正如桑塔格本人在活动举行前几天发表的一篇文章中回忆的那样。[124] 这就解释了为什么罗纳德·里根政府国务卿乔治·舒尔茨在开幕式当晚发表讲话的事遭到了反对。梅勒出于礼节邀请了他，相信他会拒绝邀请，因为他肯定对这个作家聚会不感兴趣，人们怀疑这些作家比起里根式政客来要与全世界的左派更加亲近。但舒尔茨很高兴能来"庆祝"写作与思考的自由。

很多参加大会的人对他的出现感到满腔义愤，他是资本主义压迫和美国对世界的政治霸权的象征。他们当中的许多人经历过越战时代，在他们看来，里根的政策是在重蹈约翰逊和尼克松的覆辙，对很多国家中存在的压迫负有责任，对独裁政府镇压、监禁，甚至暗杀知识分子、作家和记者负有责任。于是开幕式引起了轩然大波，迎接舒尔茨的是一阵阵嘲讽，而梅勒不得不向国际笔会董事会的成员们做了长篇大论的解释，他在不幸发出邀请之前，"不巧"忘记了征求他们的意见。

即便这样的事件可以说是关于此类会议常有的传说故事的一部分，但事实上，文章仍然遍地开花，记者们也满脑子论战的灵感。他们趁此机会大骂了一些组织者，特别是那些组委会的人，其中就有桑塔格。她引起了许多人包括《党派评论》的大卫·莱曼的怒火，而《党派评论》正是她二十年前出道的杂志，他责备她"放肆"的态度，损害了这项事业的严肃性。

这种指责主要是基于上面引用过的文章，这篇文章是作家在大会开幕前一周发表的，题目是《当作家们互相交谈》。

多年以来，她一直是国际笔会的成员。我们还记得她是怎样初次见识到这种盛大的文学集会，那是在 1965 年，她以记者的身份前往斯洛文尼亚，出席了这样的一次大会。自那以后，她参与过的政治活动使她看到了笔会及其他捍卫全世界知识分子言论自由的团体之行动的现实意义。在斯洛文尼亚，她对生活在"共产主义集团"中作家的人生有了改观，他们的证词，甚至接待他们的政府的所作所为，都使她相信，这个团体在反对知识分子遭压迫的斗争中是有用的。

就像她对苏联和古巴共产主义现实的认识一样，这些思想在整个 20 世纪 70 年代期间逐渐成熟，而她与约瑟夫·布罗茨基的友谊也催化了她支持异议分子、反抗压迫的政治立场的形成。纽约人文学院为她提供了一个最初的空间，在这里，不仅能让这些声音被听到，而且能在物质上接济这些在自己国家受到威胁的作家、翻译家和记者——譬如波兰人亚雷克·安德斯被任命为该学院的秘书，同时，他们可以办理将自己的地位合法化的手续，在新的生活中获得立足点。

笔会在国际上有一定的地位和受众。她曾认为笔会是为那些一边品味下午茶、一边假装进行有才智的对话的老妇人成立的组织（她第一次参加笔会在斯洛文尼亚的大会时的印象），现在她却完全投身其中。所以在大会开幕前数日发表的文章中，桑塔格描绘了国际笔会的理想成员的形象，描述了她在组织中的使命，她在周围的文学世界中的位置，但并未掩盖这个团体某些行为的现状。关于这些文学盛会，她的立场又一次变得相当灵活，现在她在其中发现了她在1965年从未想象过的现实意义。在她看来，作家这一职业根据其定义就是孤独的，却能从这些聚会中受益，在这些聚会中，作家被隔绝在一家大酒店里，通常远离家乡，无拘无束地沉浸在对话与思想交流之中。

她轻描淡写地打发了那些"居高临下地谈论这些聚会的人，他们很可能正在因为自己没有被邀请而生气"，并分担了那些人的苦恼：他们同意跨越大洋参加圆桌对谈，历史很可能不会记住他们。"浪费时间""累人""令人厌倦"，这是每个人都不免会做出的评价：没有人敢于承认自己从中获得了什么乐趣，也没有人挂心自己离开办公桌的时间。带着温和的讥讽口气，桑塔格承认自己迈出了这一步："最近几年来，我不止一次参加了这些作家聚会，发牢骚说因此失去了宝贵的时间——这时间是从写作中抽出的，却也得以荣幸地和大家在一起。"每次聚会，她都会和来自欧洲和美洲各地的朋友们重逢：汉斯·马格努斯·恩岑斯贝格尔、马里奥·巴尔加斯·略萨、阿尔贝托·莫拉维亚、奥克塔维奥·帕斯、哲尔吉·康拉德、卡洛斯·富恩特斯、约瑟夫·布罗茨基……这两代作家和她经常在大西洋此岸或彼岸见面，他们现在都已成名成家、备受赞誉，在这些聚会上都定期被邀请。"没有人会讨厌免费的旅行。"她务实而坦诚地写道。一次这样的邀请不仅是发现或重游一个国家、一个城市的机会，也意味着结识译者、编辑并推广自己作品的可能性。在她看来，这才是这些会面让她觉得如鱼得水的地方："我个人对文学和作家扮演的角色的概念一直是国际化的、满怀热情的，这也解释了为什么我比大部分美国作家更加敏锐地感受到这些国际会议的吸引力——在这里，我遇到了一些能代表文学的人，即使他们并未比我自己国家的作家更重要，至少也同等重要。"

最后，她指出这些大会现在已成为争取人权和言论自由权利的重要工具，给各国政府和国际机构造成了前所未有的压力。她对政治的参与在这里得到了正当化。不再仅仅涉及旅行和在豪华酒店里访亲会友；而是要斗争，要支持自己的同类，做一个通过文化和文学的力量就可以让那些对自身形象敏感的专制政权屈服的外交官。

"当作家们互相交谈时"，她总结说，就有机会从那些言语和讨论中获得一种"智慧"、一种"灵感"，无论你周围的政治环境是怎样的，你不仅要为写作的自由而战斗，还要单纯地进行写作。

罗达·凯尼格是出席了 1986 年大会的记者之一。她是《纽约杂志》图书专栏的主持者，她在这里如鱼得水：她出席了所有汇集最受瞩目的作家的圆桌座谈，参加了所有鸡尾酒会，倾听了所有谈话，特别是那些不准备让她听到的谈话，结果是她能够用关于与会者的刺激性描述和对最活跃辩论的详尽报告来款待她的读者。文章的第一批受害者之一是桑塔格，桑塔格被描绘成文坛天后、礼仪小姐和优雅的文学仲裁者："任何人只要通过苏珊·桑塔格右眼旁那绺

夹杂在黑发中的著名的银色发丝，就能辨认出她；如果还记得电影
《荣华富贵》[*]中杰奎琳·比塞特的样子，也能认出她。桑塔格身穿格
子呢长裤和皮靴穿过会场，她穿了两件衬衫，一件敞开，一件系扣，
要么就穿一件高领套头衫，有一天还在外面加了皮夹克和一条随风
飘扬的纱巾。"[125] 作家这次接受的待遇算不上特殊……记者对自己
笔下的所有名人都实施了她的肖像画艺术（有人可能会说这是漫画
艺术），两个月前被"诺贝尔化"的克洛德·西蒙[†]也不例外："在第
一天上午的圆桌座谈中，不管是哪个白痴，都能发现克洛德·西蒙，
他秃头，体格纤弱，一身法国知识分子的装束，穿一件带羊毛领的
皮夹克。"西蒙说的是法语，所以记者"努力想从法国知识分子的对
话中听到他们在说什么"，举出的例子有"下流胚，即资产阶级""大
众文化""愚蠢的电视节目"[126] 等。对克洛德·西蒙的最后一次着
墨是：在一次官方晚宴的最后，据说他试图通过讲一个"共产主义"
的故事来让邻座开心——这位邻座正好是凯尼格的朋友，这对她的
读者来说可真是再方便不过了——而这个故事值得收入当时著名的
法国文集。[127]西蒙、桑塔格、君特·格拉斯、诺曼·梅勒、纳丁·戈
迪默……文章占去了杂志整整八页的篇幅，不放过任何一个人：显
然是为了让人们发笑，而笑的对象是那些在记者看来把自己看得太
重、也被公众看得太重的知识分子。

　　尽管这篇文章可能是漫画式的，但它还是不忘突出大会的亮点，
也不忘宣传大会上的主要嘉宾和重要角色。而桑塔格这个"经验老
到的与会者"[128] 也经常被引用言论和描画肖像，以至在这七百多名
来自世界各地的作家中间，她的存在对美国媒体来说尤为引人注目。

---

[*]　《荣华富贵》是一部由美国导演乔治·库克执导、于1981年上映的电影，讲述两
　　位挚友（两人先后踏上写作道路）的故事。——编注
[†]　克洛德·西蒙（Claude Simon），法国作家，1985年诺贝尔文学奖得主。——
　　编注

在卡林·罗马诺为费城一家日报撰写的大会报道中，她登上了荣誉榜单，与艾伦·金斯堡一起出现在"最经常抢夺为听众保留的麦克风的嘉宾"[129]分类之下……

在年纪最轻的与会者中有一位印度裔英国作家萨尔曼·鲁西迪，他感觉自己就像一个在圣诞夜掉进玩具店的孩子。无论他朝哪个方向转头，都会看到著名的、耀眼的人物，他渴望有一天能成为这个名额有限的国际圈子中的一员。同时他睁大眼睛，竖起耳朵，希望能在与会者中找到自己的灵感和榜样。而当他想扮演游客，登上停在中央公园路边的一辆马车时，发现自己正好与已经坐下的桑塔格、切斯瓦夫·米沃什面面相觑，震惊和尴尬让他说不出一个字。

鲁西迪参加了一些辩论会，看着这些巨人互相撕成碎片——他也报了索尔·贝娄和君特·格拉斯之间的一场史诗级别的争论——并记录下成为一位世界闻名的作家意味着什么。没有人会想到，三年后他的名字将会出现在每一家报纸的头版，他将会成为国家对艺术家的镇压的活生生的见证。在此期间，他暂时满足于指出大会上非欧美作家的缺席。当一个妇女团体对专题演讲人中没有女性而感到满腔义愤时，他忍不住评论："而我是唯一来自南亚的代表，也就是说人类六分之一的代表，只有我一个人……"[130] 而他在"国家与异化"圆桌座谈上的贡献似乎只限于讲述了一则逸闻，这则逸闻反映了英国政府各部门对印度的局势及其政治诉求的无知……[131]

没有人，哪怕是鲁西迪本人，能想到他当时正在创作的小说在未来将会掀起的风暴（他在回忆录中说，由于受邀参加大会，他"满意地逃离了办公室"[132]）。不知在他们失礼的初次相见之外，桑塔格和鲁西迪还有没有机会多交流几句。三年后，她将全身心地投入为

《撒旦诗篇》作者的辩护之中……

虽然苏珊并没有为鲁西迪停下脚步，她却把时间用在另一个外国人身上，这是一个因爱情和政治选择生活在法国的南斯拉夫人，他的作品深深打动了她。事实上，在三年后，她将会大声疾呼："丹尼洛·契斯之死……悲剧性地断送了由一名作家进行的20世纪下半叶最重要的文学之旅。"[133] 从中能看到这位评论家的狂热激情，在小说之外，契斯的流亡处境也激发了她的热情，这让她想到了布罗茨基的处境，而契斯正是布罗茨基的友人。这也反映了她和很多其他国际笔会成员进行的斗争。

这位南斯拉夫作家在1979年离开了贝尔格莱德*，因为一位记者控诉他在《解剖课》中毁谤了自己的名誉。案子最终没有开庭，因为法官驳回了这名记者提交的证据，但契斯当时决定离开这个国家，在那里，他越来越难以自由写作和发表作品了。青年时代他曾多次到巴黎旅行，还在斯特拉斯堡大学担任过助理译员，所以选择法国及其首都作为新的居住地点对他来说是很自然的。他在东道国是常住居民，但他不是流亡者，契斯拒绝将自己视为异议分子。他保留了自己的国籍和护照，并定期返回贝尔格莱德，在那里，他享有知识分子的地位，尽管他对政权并不全然赞同，但他的作品在那里定期得到重印。

法国最早翻译了他的作品，由伽利玛出版社出版，随后其影响辐射到美国，从20世纪70年代末开始，他就有部分作品被翻译成英文。桑塔格遇到他的时候，他已经在欧洲甚或国际上有了一定的地位。像往常一样，这位美国评论家成了他的作品的捍卫者；在契斯去世后的几个月、几年里，FSG出版社出版了他的好几本书，其

---

* 贝尔格莱德是南斯拉夫的最大城市，现为塞尔维亚共和国首都。——编注

中最后一部是随笔集《人的诗学》，桑塔格的文章作为序言出现在
书中。

　　1986 年 11 月底，苏珊应夏威夷电影节组织者珍妮特·保尔森
邀请前往火奴鲁鲁。这个电影节搭建了可以遇到各种电影人的空间，
它的使命是在西方观众中推广亚洲电影。唐纳德·里奇每年都会做
东京之行，并在 1986 年推荐桑塔格担任评委会主席。后者欣然接受，
一来是出自对相关电影尤其是日本电影的喜爱，二来是她很难拒绝
一趟费用全额报销的探亲之旅。
　　米尔德丽德和内森·桑塔格在夏威夷过得很开心，朱迪斯和她
一家人也去和他们相聚。1986 年 3 月，米尔德丽德已经八十岁高龄，
在这个场合下，苏珊才获悉母亲的健康状况有些问题，但医生要求
做的结肠活检结果又是阴性的。一切似乎恢复了正常，癌症的威胁
也消失了，但当她 11 月 30 日抵达火奴鲁鲁时，米尔德丽德已经住
院，情况非常糟糕。苏珊赶到她的床边，尽管是在这种情境下，她
还是和以前一样无法握住母亲的手。"她是那种你碰她一下就会跳起
来的女人。"米尔德丽德的遗言应该是："你为什么不回旅馆？"苏珊
记得自己回答："哦你知道的，妈妈，我喜欢医院。"因为就像她对当
时采访她的记者解释的："你看，她喜欢这样。她觉得这么说很俏皮，
很讽刺。我不能跟她说：'我是因为爱你才来这里的。我来是因为你
会死。'"她总结说："我爱她，但当你爱一个人，就不能那么说。"[134]
于是米尔德丽德在节日即将结束时过世了。苏珊在这种情况下堪称
镇定与专业，令友人里奇钦佩不已。几天后，里奇给她写信："我钦
佩和爱戴您很久了，但这次比以往任何时候更加如此。特别是当我
看着您从医院出来，回到旅馆对情况进行了一番精彩的总结，并且
具备高度的幽默感之时，我就明白了。而您这样做，是因为您面对

的是您母亲将死的前景——死于您长期与之斗争的同一种疾病。"[135]

又写了几行话后,他提醒她,在这种情况下,经历某种困惑是完全正常的,尤其是她的母亲"在(她)成长的过程中是如此重要,而且她当时的感受是如此与众不同"。[136] 他用一种相当圆滑的方式来谈论米尔德丽德和苏珊之间的复杂关系。她确实不知道该如何应对母亲的消逝。在她的一本笔记簿上有一份"自传体"随笔列表,她在其中记下了这个暧昧不清的标题:《母亲的离去》。"离去"是指死亡,还是暗指她出生后不久母亲就把她托付给保姆,自己奔去中国和丈夫团聚?而这张单子上的最后一个标题是《我旅行的是要比她去更多地方》……终于在几个月后,她执笔写下了一个关于童年和少年时代的故事,《朝圣之旅》。[137] 这篇文章主要涉及她的第一次文学邂逅,尽管文中也出现了她的家庭生活场景,母亲的角色时而也会在内森·桑塔格陪同下出现,作为洛杉矶市郊独立住宅区的一对模范小资产阶级夫妇。读者可能还记得,对于苏珊来说,这段时光既是她试图通过不断进食来抹消的噩梦,也是她智力上绽放出花朵的时刻,大城市和高中让她认识了许多新朋友,读到了很多新书,在音乐上也入了门。米尔德丽德在文中是以"受到无可救药的旅行癖折磨的寡妇"的形象出现的,她很高兴终于能和一位"美国空军的王牌飞行员"安家立业,即桑塔格上尉。后者在她独立住宅的花园里欣喜地投入当地的烧烤活动中,并在这个战后的小资产阶级世界里找到了自己的位置。

在桑塔格笔下,当她谈到自己的父母时,总有一种蔑视,蔑视他们的小资产阶级理想,蔑视他们的缺少文化、他们对顺从社会正统的渴望。然而,她的攻击仍然是有分寸的。我们知道,米尔德丽德并不是苏珊希望拥有的母亲,她在丧偶后的酗酒无度中迷失了方向,在女儿们的幼年时期,她几乎没有在她们身上投入多少时间。

因此，大女儿以最快的速度独立了，即使不是在物质上，至少也是在智力上。但苏珊也不是那种会纠结于这个人生阶段的人，我们知道，她对自传没有多少兴趣。如果说详细追溯她与托马斯·曼的相遇，也就是她初次接触作家的经历，对她来说似乎很有趣味，那么剩下的内容只是为她笔下的叙述者角色植入一个必要的背景。

20世纪70年代初，当她与父母变得稍微亲近时，他们公开表达了对女儿的骄傲。似乎从那时起，他们的关系尽管在各种意义上仍然一直保持着距离，却变得正常化了。她曾对海伦·本尼迪克特承认，她与妹妹的关系也变得更亲近了，这一点在她未来很多年里定期去夏威夷旅行中得到了印证。[138]

国际笔会是一个靠会员费和私人捐款维持的组织，会定期组织晚宴、招待会和讲座等形式的筹款活动。1987年4月，桑塔格与乔伊斯·卡罗尔·欧茨、艾伦·金斯堡、诺曼·梅勒及唐纳德·特朗普、艾伦·格林斯庞和雪莉·麦克莱恩等更多人合影。晚宴由盖弗里德·斯坦伯格组织，入场券达七百五十美元，价值高于2015年的一千五百美元。出这笔钱是为了近距离地与他们那个时代的文学界和新闻界的大人物进行交往。作家们——桑塔格、梅勒（他在这些场合表现出色）、金斯堡、欧茨和米勒——则负责说服这些乘喷气式飞机旅行的富豪相信笔会使命的正当性和他们的贡献的重要性。

桑塔格在1986年1月大会上的出席，以及她在这些本质上算是社交场合的出场，都可以看作一场选举活动的开始。1987年6月3日，她果然宣布竞选美国笔会主席。她受到约两百名投票者的一致推选，并满怀热情地上任就职。她在第一次讲话中确认了自己任期内的座右铭——"我会说我想说的话，做我说过的事"，并向诺曼·梅勒为本组织筹集到前所未有金额的资金表示热烈的感谢。最后，她承诺增加笔会美国分会内部的年轻黑人与拉美裔作家的数量，并与世界各地的审查制度展开斗争。[139]

她的两年任期内的标志性事件，首先是与审查制度，以及政治性监禁作家、记者和出版商的行为进行不懈的斗争。正如她在参议院外交关系委员会做证时最后指出的，她发挥的作用是捍卫言论自由，她希望能看到美国在这一领域发挥主导作用："……萨尔曼·鲁西迪的情况使他成为最著名的受到威胁的作家，但远不止他一人。在世界上的太多地区，拿起笔就是冒着遭受暴力的风险，风险通常来自那些认为批评就意味着背叛的政府。国际笔会长期开展工作，以求引起人们对这些作家的困境的关注；帮助他们理应成为美国外交政策的当务之急。"[140]

她习惯于捍卫自由——行动的自由、表达的自由——反过来，她却并不总能自如地应对可以称作来自阵营内部的冲突。因此，在米兰·昆德拉和约瑟夫·布罗茨基之间爆发的风暴，打了她一个措手不及。在她眼里，他们都从故国政权下逃离，都在西方找到了避难所，并得以继续从事文学事业，因此他们应该是谴责暴政和压迫的盟友。然而他们的现实感受要更加复杂，这一点从他们的公开论战中可以看出，事情最早开始于《不能承受的生命之轻》的作者在《纽约时报》的图书版发表了一篇为1985年春天桑塔格在波士顿导演的他的戏剧《雅克和他的主人》的单行本出版而写的导言。

在这篇文章中，他解释了他所谓狄德罗小说的"变奏"的缘起，[141] 这促使他重新审视他的国家的近代史和他自己的流亡史。1968年，苏联入侵布拉格后，他作为政治上的反对派失去了所有官方的生存资源。朋友和熟人奔走相救，一位剧院总监提议他改编陀思妥耶夫斯基的《白痴》，他预先知道会是陀思妥耶夫斯基的名字而非他的名字出现在节目单中。昆德拉重新阅读了这部长篇小说，他惊奇地"发现即使（他）死于饥饿，也干不了这份工作。陀思妥耶夫斯基的世界中那夸张的戏剧性、阴暗的深刻性和咄咄逼人的感情泛滥是（令他）恶心的"。这时，他说他想到了他想写的"变奏"：从《宿命论者雅克和他的主人》衍生出来的变奏。但他的想法并未让对方满意，在拒绝了《白痴》的改编建议后，合作就此终止。但昆德拉还是开始思考自己为什么会产生"这种对陀思妥耶夫斯基突如其来的厌恶"：他拒绝相信这是出于"一个因国家被占领而受到心灵创伤的捷克人的反俄条件反射"，因为他仍然热爱着契诃夫。他将其归结为陀氏的这些小说是情感主导的，就像一个俄罗斯士兵在乡间勒令他停下车，对他搜身以后，问他："你感觉如何？"这个问题至少在昆德拉看来是不和谐的。他于是将俄罗斯的入侵解释为绝望情人的报复，想象俄罗斯政府被一种欲望支配，即不惜一切代价要让自己被人所爱："为什么这些捷克人（我们深爱的人）拒绝以我们的方式和我们一起生活？太可惜了，我们要用坦克来告诉他们什么是爱！"对他来说，现实情况却完全不同："路边、田野、树林，到处都是俄军步兵的营地……乡村被数千辆坦克蹂躏，国家的未来在数百年内都岌岌可危。"十五年后，他流亡法国，他的剧本即将在美国东海岸最负盛名的剧院上演，而他仍然一直在为苏联入侵和他对陀思妥耶夫斯基的感受寻求解释。他找到的唯一解释是，俄国人在理性和感性之间建立起了一种不同于西方国家的平衡，他们过于频繁地任凭自己被感性驱使而陷入放纵的境地，以至牺牲了在他看来指引了欧洲其他国家的笛卡尔式理想。

而他浮夸的结论为他赢得的可不仅仅是朋友。"置身于俄罗斯之夜的永恒对面，"他写道，"我在布拉格面临的是西方文化的暴力终结，因为它是在现代的黎明中被构想出来的，以个人及其理性、以思想的多元化和宽容为基础。在一个西方小国，我看到了西方的终结。这是伟大的告别。"有很多读者和他一样从中看到了一个残暴与感情冲动的苏联，并同情他的流亡窘境；然而也有一些读者对这种反苏立场反应激烈，因为这种反苏立场已经不仅仅是政治攻击，而是对西欧所爱的"俄罗斯灵魂"的丑化。

第一个公开回应的是约瑟夫·布罗茨基，他似乎不愿意理解昆德拉的几乎只是在表层的反应，及其对陀思妥耶夫斯基的毫不含蓄的排斥。他将昆德拉的反应与纳博科夫比较，纳博科夫同样不喜欢《白痴》的作者，但据布罗茨基说，昆德拉"没有用历史的变迁来支撑自己的观点"，[142] 他责备昆德拉把政治和艺术混为一谈，想利用东西欧之间存有隔阂的观点玩一出反苏的把戏。对他来说，历史责任既在西方，也在东方，因为思想是没有国界的：《资本论》是从德语翻译成俄语，而非相反，昆德拉提到的西方"理性主义"与这位布拉格人心目中"俄罗斯灵魂"特有的"情感激进主义"共同存在于苏联。

在这里露出了真面目的是民族主义者布罗茨基，他是祖国的捍卫者——尽管被迫流亡，跟他的儿子和家人分开——他还提醒捷克人，虽说坦克在1968年不受欢迎，但在抵抗来自西方的纳粹入侵者时，它们肯定是受欢迎的。

布罗茨基对他眼中昆德拉的傲慢感到愤怒，昆德拉在流亡中还想做到比欧洲人更欧洲，并且皈依了欧洲人的信仰："关于他（和他的很多东欧同志）的可悲事实是他命运中地缘政治的不可变更性——一种在东西方之间存在断裂的概念。"

实际上，布罗茨基的论点并不比昆德拉的合理多少。后者的文章以一句被布罗茨基认为是煽情的话作为结尾，但诗人的回应的浮夸程度与之正好对称。他毫不犹豫地以"历史必要性"的名义为苏联的军事行动背书，接下来，他正是用这个定义来粉饰历史的："在这个领域（情感领域）里，已经发生并且仍在发生的暴行都不是以爱的名义，而是以必要性——历史必要性——的名义发生的。"

这场论战成了 1988 年 5 月初在里斯本举行的一次座谈会的核心内容，座谈会由惠特兰基金会组织，由英国出版商乔治·韦登菲尔德和他的美国合作伙伴安·格蒂举办并主持。圆桌座谈在辛特拉镇豪华的奎鲁兹宫举行，与会者中有诸多此类场合的常客，包括安东尼奥·塔布齐*、德里克·沃尔科特、汉斯·马格努斯·恩岑斯贝格尔、马丁·艾米斯†、伊恩·麦克尤恩、约瑟夫·布罗茨基、萨尔曼·鲁西迪、苏珊·桑塔格及众多来自东欧的作家，包括丹尼洛·契斯和一个苏联代表团。

考虑到 20 世纪 80 年代末期此类座谈会的数量之多，如果这次会议的讨论不是以当时所谓"苏维埃集团"正在发生的变革为其暗流，可能会被忽视。当米哈伊尔·戈尔巴乔夫在莫斯科开始实施他的国家重组政策和政治开放政策——"开放"和"改革"政策时，许多"卫星"国家继续在地下进行改革，他们希望能以此开辟一条通往自由的道路。而在里斯本，苏联作家、流亡的俄国作家及南斯拉夫人、波兰人、捷克人等聚集到了一起……

两组圆桌座谈中的一组汇集了"中欧"作家（他们采用这个词是为了与"东方"的概念保持距离，并坚持他们的反苏立场）；另一组则是俄苏作家，即那些流亡作家和那些不顾一切仍留在苏联的作家。

第一组圆桌座谈中汇集了切斯瓦夫·米沃什、亚当·扎加耶夫

---

* 安东尼奥·塔布齐（Antonio Tabucchi），意大利作家，活跃于欧洲文坛，曾翻译葡萄牙著名诗人佩索阿的诗歌。——编注

† 马丁·艾米斯（Martin Amis），与伊恩·麦克尤恩、朱利安·巴恩斯齐名的英国作家。——编注

斯基[*]、哲尔吉·康拉德、丹尼洛·契斯和伊斯梅尔·卡达莱[†]等人，座谈的核心是这些国家的性质问题，它们是被奴役还是独立，以及历史时刻对文化产生的影响。如果说对他们的读者来说，他们代表的民族文化是同一个整体的一部分，那是因为他们被阅读更多是出于政治原因而非文学原因，因此他们具备一个集体身份，那就是1986年反对苏联压迫、八十年前反对奥匈帝国压迫的抵抗运动战士。

第二天，在参加了"苏维埃"圆桌座谈后，他们得出结论：这涉及一种殖民地式的情况，于是就出现了反帝国主义斗争的问题和这些社会一旦非殖民化将采取何种形式的问题。

就在这个时刻，苏珊·桑塔格介入了辩论，她全力维护的是她昔日情人论点的对立面：布罗茨基称自己的立场是现实主义的，她却反驳了这一点，指责这种现实主义不足以掩盖一种已经延伸到文学领域的"傲慢的帝国主义"。讨论沸腾了，很多与会者并不赞成布罗茨基依仗自己"双语文化"身份的态度，他是一个被东道主国家同化的难民，用自己的方式"翻译"自己的思想并强加于人。

总结的任务归萨尔曼·鲁西迪："在这里说的很多话听上去都颇有殖民主义色彩……殖民主义的巨大权力之一就是描述被殖民者。我们不相信中欧的存在……事实上，如果中欧人相信中欧的存在，而仅仅因为你们不相信，你们就认为对此不需要再谈了，这就是典型的殖民行为。"[143]

1988年8月底在首尔举行的国际笔会大会使她有机会重申该组织的使命和她的个人信念。这次大会在官方的奥运会几周前举行，被韩国人重新命名为"文化奥运会"，但这并不完全合韩国政府的脾

---

[*] 亚当·扎加耶夫斯基（Adam Zagajewski），波兰诗人。——编注
[†] 伊斯梅尔·卡达莱（Ismail Kadare），阿尔巴尼亚作家和诗人。——编注

胃，因为政府想要避免自己镇压异议知识分子的政策被宣传。可以预想到的是，这一政策正是桑塔格率领下的美国代表团关注的重点所在：对抗已不可避免。

作为首尔笔会美国代表团一员的卡林·罗马诺对此次访问进行了某些地方浓墨重彩的描述，展现了一个既怪僻又专业、既感人又烦人的苏珊·桑塔格。她反抗严格的日程表，从监视他们的韩国导游那里逃脱，去探索首尔的酒吧，而非去向建造奥运场馆的工业天才致敬。她毫不犹豫地公开批评一名故意截短她的演讲的翻译，向听众指出"韩语似乎比英语更简洁"，并在这座城市的金融商业区中心漫步，欣赏英国殖民时期的建筑遗迹，赞美"经济奇迹的中心"。像很多人一样，罗马诺也忍不住描述桑塔格的服装，顺便召唤这个在他看来明显就是文坛天后的女人的传奇形象："她身穿紫色外套、黑色长裤和白色网球鞋，向周围抛出各种俏皮话，她完全不是杂志编辑想让人们相信的那种令人生畏的形象，他们总是从她的肖像描写开始：'见到她就有点像在休息日见到圣女贞德一样。'"[144]"圣女贞德"在她的忠诚追随者簇拥下，以笔会美国分会的名义，邀请了近一百五十人参加为五位入狱的韩国作家举办的招待会。她同时攻击了韩国的缺乏外交手腕和某些笔会成员的怯懦行为，那些人争辩说考虑到韩国的政治问题，宁愿看到大会在其他地方举行："在我们出席这次聚会的同时，我们的同行被下狱，其中一些人病倒了，而且讽刺的是，他们所有人都被剥夺了笔和纸，这对我们当中的很多人来说，都是一种深切的失望和道德上的困境。"然而，她又说，这次大会是一种表达方式——"表达我们对英勇的韩国民主运动的钦佩和支持，同时讨论这个星球上的全体作家面临的文学问题和忧虑"。[145]

当然，韩国总统对这一倡议的反应颇为不佳，作为报复措施，他取消了自己在大会上的讲话，大会则继续进行，没有发生进一步的冲突。三个月后，桑塔格利用韩国总统正式出访华盛顿的时机，以国际笔会的名义给总统写信，提醒他尽管诗人李山河和出版商李泰博已于上月获释，但韩国监狱中仍有作家和出版商因其观点与作品被关押。她敦促他释放这些囚犯，这再次证明她支持知识分子获得自由的许诺是真实可靠的。[146]

从首尔回来后，桑塔格出席了《萨拉》的纽约首映式，这是一部向萨拉·伯恩哈特致敬的影片，由作家兼电影人埃德加多·科扎林斯基在法国执导。桑塔格是通过制作了她的若干部电影作品的妮科尔·斯黛芬认识他的。这位阿根廷作家流亡巴黎，他是个多样手，写小说，写剧本，导演电影，也肯写评论。苏珊喜欢这种多产的创作者，也被科扎林斯基的世界主义个性诱惑。1985年，她同意为他最著名的作品《城市巫毒》写一篇序言，这是一部介于小说和随笔之间的集子，第一部分是用西班牙语写的，第二部分是用英语写的。[147]正是这种对双语的使用在第一时间吸引了桑塔格，尤其是这位作家远非在宣扬自己有什么双语能力，而是形容自己的英语是"外国人的英语"，用评论家的话说，他的英语"包含了这种陌生中的沉淀物与杂质"。在桑塔格看来，他多语言性和跨国性的特点使这本书成为一部世界主义的作品，一部关于流亡的论著。

因此，当妮科尔和科扎林斯基请她为他刚刚拍摄的献给萨拉·伯恩哈特的英文版纪录片配音时（法文版由德尔菲娜·塞里格朗读），她丝毫没有犹豫。

1988年9月，《萨拉》在纽约电影节上向纽约公众放映。据说桑塔格以前在哥伦比亚大学的学生菲利普·洛帕特利用他对自己所在的评委会的影响，确保了这部纪录片的入选。它的场次被排在一个晚上，排在一名意大利青年女导演的电影前面。根据洛帕特讲述，在晚会开始前半个小时，桑塔格突然冲进他彩排的房间，要求他向她带来的朋友提供二十张免费票。影评人在仓促之下设法拿到了她要求的票，并把他们安置在通常给电影人保留的化妆间里。而当他想把她介绍给那位已经到了的意大利青年女导演时，桑塔格喊道："可我们不想为这种破事留下来！"实际上，《萨拉》的放映一结束，她和她的二十位客人就起身离开了影厅。[148]

洛帕特评价说这部纪录片比较传统，有些"平淡无奇"。在场观看的一位来自《纽约时报》的评论家对这部纪录片的热情也不高：她认为它的导演水平不行。尽管她喜欢影片收集的图像文献，认为那是很了不起的，但与之搭配的独白让她觉得似乎并不符合这位女演员的个性，桑塔格的朗读在她听来也是平淡无奇的，从而使萨拉·伯恩哈特本人就是她人生的叙述者的错觉变得不可信。[149]之后，罗伯特·戈特利布*还给《纽约书评》写了一篇关于那些献给伯恩哈特的电影和书的文章：《萨拉》作为一部"没什么启发性"（原文如此）[150]的纪录片被提到……

1988 年 5 月，在里斯本再次相遇时，两人都不知道鲁西迪即将失去十年的自由，而桑塔格将会全身心投入这场文学和政治风暴。

1988 年 9 月 26 日，《撒旦诗篇》在伦敦出版，谁也不可能预见到世界范围内会爆发出一连串不宽容事件。鲁西迪知道自己写的小说触及了一个敏感的话题，他预料到了一些极端保守的毛拉[†]的反

---

* 罗伯特·戈特利布，美国知名编辑与出版人，曾就职于西蒙与舒斯特出版社、克诺夫出版社及《纽约客》。——编注

† 毛拉，对伊斯兰教学者的尊称。——编注

应，但想不到会引起这样的激烈抗议。这本书在英国出版不到一个月就在印度被禁，在南非——他本来要去那里参加会议——也跟着被禁。从此，关于《撒旦诗篇》的新闻变成了一串越来越长的禁令清单和活动取消——朗诵会和采访被取消，因为组织者及其嘉宾都顶着被威胁的压力——很快鲁西迪就成了孤家寡人，处于一场每天都在不断扩大的论战的中心。然而惠特布莱德奖的评委们毫不犹豫地将最佳小说奖的桂冠颁发给了这本书，既提供了来自作家和评论家群体的官方支持，也认可了此书确实是一部小说，而非像某些人认为的那样是一本伪装成小说的小册子。很快，作家及其亲人就收到了死亡威胁，英国警方对此非常重视，为鲁西迪的随行人员制订了一份持续十三年的监视和保护计划……12月，该书在伦敦穆斯林人口众多的布拉德福德郊区的一个公共广场上被焚毁，示威者不仅要求禁书，还要求监禁其作者。

《撒旦诗篇》的美国发行时间预计是1989年2月22日。安德鲁·怀利负责主持正在秘密进行的筹备工作，面对抗议情绪的高涨，书商和发行商感到尤其焦虑。也许是出于一种预感，经纪人建议作家拒绝默多克集团旗下的一家出版社对他的书提出的最为有利的报价，而接受维京出版社的较低报价。此举拯救了这部小说，因为事实证明这家出版社在这场斗争中是一个坚强可靠的支持者，而鲁珀特·默多克却对所有乐意听他讲话的媒体说，这样的书本来就不应该出版：他显然不知道自己旗下的一家出版社曾试图买下这本书……

从德黑兰传来的消息对鲁西迪和他的书来说可能是致命的最后一击：该国的宗教领袖阿亚图拉·霍梅尼发布了针对他的追杀令，不仅判了作家死刑，还判了他的出版商死刑，呼吁"所有勇敢的穆斯林拿起武器"进行这场新的圣战。

无论是政治干预，还是鲁西迪为自己的"缺乏敏感性"道歉，都无法改变霍梅尼的想法。因此这本书是在警方的严密监控下进入书店的。有些人拒绝出售该书，认为会给他们的员工带来危险；另外一些人则把书藏在柜台下，像对待珍贵的走私品一样。在出版当天，特别是在国际笔会的"写作自由"委员会倡导下，人们组织了表达声援的示威活动。桑塔格站在最前线，她筹备了一封由她亲自签署的请愿书，动用了她全部的政治和批判威信来说服那些最犹豫不决的人，并制订了 2 月 22 日的行动。当天，先是在伊朗驻联合国代表团办事处前举行了示威；然后在那些撤销了购书订单的连锁书店的店面前举行了示威；再后来参与者们聚集在苏荷区的一家阁楼间画廊"柱廊"，二十一位作家和出版商在那里组织了声援鲁西迪的朗诵和演讲。约有五百人在大厅里找到了座位，而将近三千人则在外面冒雨站着，希望能目睹活动的些许片段，他们似乎都感觉到了这一活动的历史意义。[151]

　　1989 年 3 月 8 日，苏珊·桑塔格以笔会美国分会会长的身份被传唤到参议院国际关系委员会下属的"国际恐怖主义问题小组委员会"做证。她首先幽默地提醒委员会，"作家是一个爱唱反调的、个人主义的物种，不爱集体表达意见，也难以在任何事情上达成一致"[152]。因此，在她看来，围绕着鲁西迪问题的一致意见是极其能说明问题的；而该组织全力以赴所给予作家的最大限度的支持，也同样如此。

　　在老布什政府对伊朗政府 2 月 14 日发出的死亡威胁迟迟没有做出反应时，她代表国际笔会全体会员给总统写了一封信，提醒他美国宪法赋予的一项基本权利正在遭到伊朗的阿亚图拉嘲弄："在不受恐吓的情况下写作、出版、销售、购买和阅读书籍。"[153]

　　当然，对她来说，一个国家将身为其他国家的公民和常住居民

的人——鲁西迪和他的出版商——判处死刑，而相关国家即英国和
美国却没有做出任何反应，这是不可想象的。而在政治斗争之外，
在她看来，这对创作来说似乎是一个危险的先例："'寒流'似乎已不
可避免。至少在一段时间内，会有一波自我审查的浪潮——当然，
是在与伊斯兰教有关的问题上，也可能是在许许多多其他有引起强
烈和潜在的过激反应风险的题材上。"[154]

1979年伊斯兰革命爆发和伊朗国王流亡后，伊朗和美国的外交
关系被中断。自1984年以来，美国政府实施的制裁是仅允许两国进
行有限的接触，两国的经济往来也被切断。这或许可以在一定程度
上解释老布什及其内阁的犹豫不决：又何必呢？既然总会闹矛盾的。
但桑塔格及所有像她一样满腔义愤的人听不进：被封杀的不仅仅是
一个作家和一本书，受到威胁的是所有在日常生活中执笔写作和出
书的人。而没有人会自欺欺人地认为美国的介入不会对世界其他地
方产生影响。所以，詹姆斯·贝克*在追杀令发布的第二天声称的"感
到遗憾"显得不痛不痒，而布什所表达的愤慨，称煽动谋杀是"对文
明行为规范的深切冒犯"，也没有产生多大影响……[155]

自那以来，时事新闻在很大程度上证明了桑塔格是有道理的，
特别是正如当时参与了行动的人物之一克里斯托弗·希钦斯最近所
追忆的那样，[156]后来许多媒体实行的自我审查和这条追杀令都只是
今天正在各方面进行的文化战争的第一个阶段。

尽管鲁西迪迄今仍幸免于难，但在随后的许多年月里，其他人
就没有这么幸运了。威胁是真实存在的：书店遭到袭击，在小说上
市数日后，在加州的伯克利有两家书店遇袭，次年在英国也有数家

---

* 詹姆斯·贝克（James Baker），美国政客，曾任美国白宫幕僚长、美国财政部长
  和美国国务卿。——编注

书店遇袭；还有 1991 年 7 月，该书的日本译者五十岚一在东京被刺死，而他的意大利同行埃托雷·卡普里奥洛在米兰的一起类似袭击中身受重伤。1993 年，《撒旦诗篇》的挪威出版商被重伤，而土耳其的一家旅馆因为接待过这本小说的土耳其出版商而被纵火……在法国，法译本的出版方克里斯蒂安·布尔古瓦出版社一连好几个月被置于警方保护下。这意味着威胁是被高度严肃对待的。英国特勤局在伦敦地区的几处不同住宅中对这位作家进行了秘密看管。这种严密的保护措施要到 1999 年才会真正减少。2000 年，鲁西迪流亡美国，在那里他恢复了相对的匿名状态，但还是不得不保持谨慎小心，因为这条追杀令至今仍未解除。

20 世纪 80 年代初，一种新的疾病登场了。它似乎主要影响的是男同性恋群体，其效果是毁灭性的。最初阶段，出现的是肺部感染、卡波氏肉瘤、脑膜炎甚至消化道问题等症状，等它们得到治疗，医生们才意识到它们的源头在别处——一种病毒破坏了免疫系统，让这些所谓的"机会主义"疾病得以爆发。最初阶段，人们对这种病毒知之甚少；1983 年，这种病毒首次被分离出来；1986 年，得到正式确认，命名为HIV。尽管人们对这种疾病的特性尚不了解，但人们很快发现，它主要打击的是同性恋人群，所以它在一开始博得了一个"同性恋癌"的称号。而当专家们意识到这一现象是世界性的，并不仅仅会影响到某一特定人群时，伤害已经造成：歧视，污名化，艾滋病对很多人来说是一个来自上天的信号，是万能的上帝给生活在罪恶中的人降下的惩罚……

对桑塔格来说，这是一出个人悲剧——在她的朋友中，染病的人数与日俱增——也是一种智力上的挑战。她作为作家的第一次表态出现在一个短篇小说中。1986年11月,《纽约客》发表了《我们现在的生活方式》;一年后的1987年秋天,它的法语译文发表在《国际来函》上。两年时间内,这则短篇小说就被选载并翻译到欧洲各地、南美和墨西哥;并被改编成戏剧。1991年,霍华德·霍奇金为这篇文章绘制了插图,该书先是以原始的雕版的形式限量出版;后来又以复制品的形式推出了商业版,销售利润捐献给了美国和英国以援助艾滋病患者为目标的协会。[157]

《我们现在的生活方式》是一长串的对话,其中有二十六个人物都与一个三十几岁的男人麦克斯有着这样那样的联系,他们讨论着他的疾病、病情的发展、治疗方法,让读者通过他们的反应来猜测他们的性格。在20世纪80年代中期,这是一个过于常见的故事,关于一位纽约同性恋艺术家的诊断及其后果。桑塔格在拼图式的对话中,以某种不间断的絮语连篇方式,重现了艾滋病这种新的病症在被发现后最初的几年里主宰了这座城市的氛围。第一批治疗方法缓慢出现,每年都有成千上万尚未老去的人死亡,尽管如今人们对这种疾病的传播方式的了解更加完善,但初期的迫害妄想远远没有完全消失。

继《我们现在的生活方式》之后,她撰写了一篇关于艾滋病的新随笔《艾滋病及其隐喻》。她重拾《疾病的隐喻》的理念,探讨了这种疾病及其带来的耻辱感在当代社会代表的是什么。如果说艾滋病就和癌症一样,催生了战争的隐喻,那么它涉及的是一个"入侵者"的"攻击",这就要求"动员"免疫"防线",但它并不像癌症那样具有随机性:"实际上,在大多数情况下,直到今天,染上了艾滋病就等于承认自己属于某个'风险群体',属于一个贱民阶层。这种疾病让一种往往对邻居、同事、家人和朋友隐瞒着的身份暴露于光天化日之下。"[158] 而在很多情况下，它导致了歧视、骚扰甚至迫害。艾滋病被称为"同性恋瘟疫"，在某些政治和宗教团体看来，它是一种应得的惩罚，是对一种他们不赞成的生活方式的道德制裁。最糟糕的刻板印象、偏见、与之相伴的语言暴力、有时甚至是身体暴力，都清晰地显露了出来。桑塔格谴责了在政治和道德方面对这种病症的利用，它在某些人的口中已经成为一种"如此有效的鞭策，能唤醒那些熟悉的、促进共识的恐惧"，并将其转化为一种"对文明的纯粹的威胁"。[159]

她把在濒临死亡的人床边守夜的工作留给自己，不幸的是这种场合在 20 世纪 80 年代末太多了。当《我们现在的生活方式》出版时，逝世的是彼得·哈贾尔；接着在几个月后，1988 年 8 月，保罗·泰克也去世了。而第二年将轮到布鲁斯·查特文和罗伯特·梅普尔索普。大概是由于她不得不中断采访，好赶去探望病情恶化的泰克，她向记者海伦·本尼迪克特简短地透露："我要去看望他们当中的两个。而且我感觉自己有一种能力，我可以和他们待在一起，触摸他们，拥抱他们，坐下来和他们谈谈他们正在经历的事情，还有死亡。"她又不甘示弱地补充道："当然，他们快死了，而我没有；不过，我去过他们所在的地方，我不害怕。"[160]

保罗·泰克在经历了四天的痛苦折磨后死去，在这期间，大部分时间她都是在他身边度过的，只在每天晚上回家睡几个小时。他是她青春时代的朋友，是令人心烦而又让人安心的知己，是她的同龄人（他也生于 1933 年），是她人生起点的见证者之一，在五十四岁时就与世长辞。

然而正是在患病友人床边度过的这些时光，才能解释她看待自己文字的方式："说出来可能很危险，但我要说，这本书其实并不是关于艾滋病的，而是关于艾滋病让你思考了什么。它是关于艾滋病揭示或表明的东西。"[161] 这就是我们对死亡的看法，或者我们对苦难的看法，或者我们对自然灾害的看法。

　　评论家们很难从她的角度来看待这本书。在《纽约时报》上发表的第一篇文章（仅仅1月份就出现了三篇评论文章）是以赞颂备至的口气开篇的，在《艾滋病及其隐喻》中看到了一个向患者提供实际帮助的文本，给他们提供了与污名化做斗争的工具，并且捍卫了一种终究要算乐观的前景，因为她拒绝相信艾滋病会是一种永远致命的疾病（未来会证明她是对的，但在当时令人难以置信）。尽管如此，记者对作家的风格感到难以消化，她似乎从来没有发表过自己的意见，而是躲在一些笼统言辞背后，除非作者本人给出线索，才能知道她希望读者如何解读⋯⋯

　　在这篇文章之后发表的两篇文章都提到了作品中的"争议性"段落，却没有对这种争议进行解释，甚至没有引用相关段落。直到研究福柯和巴特的专家、加州大学伯克利分校教员D. A. 米勒的一篇长文发表，才终于把就在这些记者笔端徘徊的东西表达了出来：试图将疾病与同性恋分离，这本书考虑到艾滋病引发的道德和伦理反响，而不考虑受到它影响的主要群体。米勒甚至指责桑塔格持有恐同的偏见，特别引用了这样一句话的开头："Promiscuous homosexual men practicing their vehement sexual customs"，翻译过来就是"滥交的男同性恋者们实践着自己暴烈的性习俗"。[162] 这种措辞至少是有点令人遗憾的，因为写下这段话的人是一个一直自称要与偏见和从隐喻产生出来的陈词滥调做斗争的人。

　　除了这些概述，米勒还指责，她的宣判是不加区别的：并不是所有的隐喻都应该被消除，恰恰相反，如那些关于战斗的隐喻，有利于人们团结在病人周围，与传染做斗争，而这是有必要的。因此，他总结说，桑塔格的很多论点都是在不了解与疾病斗争的现实的情况下构想出来的。他毫不犹豫地断定，在这篇文章中，机会主义多于真诚。[163]

又一次，指控的分量是沉重的。指责作家无知大概是不公平的：和许多经常出入艺术和学术场合的纽约人一样，她只能每天目睹疾病造成的惨状。一连串的死亡成了她的生活的节点：继 1988 年 8 月保罗·泰克之后，1989 年 1 月 18 日布鲁斯·查特文去世，3 月 9 日罗伯特·梅普尔索普去世……而旋转木马还在继续运转。直至 20 世纪 90 年代中期，在研究人员寻找有效治疗方法的同时，死亡人数还在继续积累。齐多夫定在美国于 1987 年批准使用，在 1990 年得到普及，但它对延缓艾滋病病情的加重的有效性只是相对的；需要等到 1996 年实施三联疗法，这些药物组合被证明能在越来越长的时间内有效地延缓甚至遏止这种疾病的演变。而桑塔格忠于自己的友情，无论身在欧洲还是在美国，她都会尽可能频繁地陪在患病的友人床边。

她的措辞不确切的根源可能要到其他地方寻找。我们知道，她永远不会公开标榜自己是同性恋者，这激起了新一代评论家和记者——所谓的"后石墙"一代——的愤慨。那场 1969 年的骚乱推动了美国的同性恋运动。对他们来说，这是一个曝光度的问题：一个知识分子、政治家或演员如果拒绝公开承认自己的同性恋身份，那么对社群权益的维护就少了一个人支持，也就是被剥夺了一个本可以让更多人关注同性恋事业甚至说服他们的声音。在接受《出柜》杂志主编布伦丹·莱蒙的采访时，她将自己的沉默归因于她所属的那一代人："我成长在一个按'透明柜'方式行事的时代。我已经习惯了这种态度，也不觉得跟它有什么不合拍的。在智力上，我知道为什么我没有更多谈及自己的性取向，但我也在思考，我是否压抑了什么，这样是否对自己不利。如果我对我个人的性取向进行更多探讨，也许会给一些人带来支持，但我从来没有把安慰别人看作自己的主要目标，除非是处在极度痛苦中的人。我更喜欢给人带来乐趣，或者令人激动不安。"[164]

　　某些活动家恼羞成怒，竟然把"藏在柜子里"的人的名单印出来，希望大众媒体做出公正的反应。其中一个人公开了桑塔格和伴侣安妮·莱博维茨的关系，但没有得到预期的效果：他不得不承认，他的通告属于那种"卖不出去的橱柜清单"……在类似的情况下，仍然是在2000年，她在记者阿科切拉面前对所谓的"揭露"做了评说，这是那本即将出版的传记作为卖点加以宣传的："我有女朋友，也有男朋友，这有什么关系？我从来没有想过我需要谈论这个问题，因为这对我来说似乎是世界上最自然的事情。"[165]

　　承认双性恋身份并不能让那些再度愤愤不平的评论者闭上嘴巴：对他们来说，这是一种新的伪装方式，拐弯抹角就是不直接说。只是在同一篇采访中，她统计了一下自己爱过的人，五个女人，四个男人……同年在接受《卫报》采访时，她也重复了这句话，她还开玩笑说，过了四十五岁，男人就不再盯着她看了，或者不如说，她看上的男人——年轻英俊的那些——不再留意她了。然而当她补充说，由于她失去了对男人的吸引力，她此后更多和女人在一起时，她的话就不再可信：正如我们看到的，自她的初恋以来，她就一直受到女人吸引，到头来她一生中的大部分时间都是和女人一起度过的。但这里并不是打算算一笔账，而是要指出归根结底桑塔格永远不会自在地谈论她的性向，这里她开的玩笑只是又一次想要转移对话者的注意力。而以更严肃的口气，她自己也在这部分谈话的最后强调了她在人生中真正在乎的东西："可能所有人都会认为我的生活不正常，或者性冲动不强。也许我只是满足于做个无性恋。但说实话，仅就我而言，现在我的生活中有很多东西比我的性生活更重要。我和我儿子戴维的关系。写作。甚至我的道德激情对我来说也显得比我的感情生活更重要。从这一切中，人们可以得出他们想要得出的结论。"[166]

对于另一位评论家查尔斯·格拉思来说，桑塔格从她的沉默中受益，她的"全性恋魅力"（原文如此）为她打开了很多扇门，这是继萨拉·舒尔曼之后又一个持此类看法的人，即公开承认她的性取向可能会使她边缘化和失去信誉。[167] 或者更糟的是：在争夺儿子监护权的法庭大战中，桑塔格必须说服法官，她前夫对她的指控是毫无根据的……而桑塔格在其中大放异彩的 20 世纪 60 年代知识界是以男性为主导的，在这个世界中，桑塔格必须跟玛丽·麦卡锡一样保持自己作为"荣誉男性"的地位，让人们忘记她也是一个性与性别的存在。[168]

在国家图书奖颁奖典礼当天，前来采访她的记者风趣地记录下了她寻找公寓并终有所获的过程。她搬进了第 17 街的一个双层套间，面向东边，位于第二大道和第三大道之间，距离工会广场两个街区。一栋红砖小楼，坐落在一条绿树成荫的幽静街道上……她很满意这里，可惜 1985 年她又被迫搬走了，因为房主人要收回房产。找房又开始了，在国王街一栋褐石楼房的顶层，她终于找到了住处。这是对她早年的纽约岁月的回归，住在苏荷区的中心，距离她 20 世纪 60 年代中期与戴维在华盛顿广场居住的公寓不到十个街区。她浩如烟海的藏书随之而至，再次成为她的新家的核心，每一面墙上都有书架，要感谢天花板足够高，最高的书架离地板四米有余。除了书，唱片和音响系统也是她的主要财产的一部分。1987年来采访她的卡林·罗马诺还提到了庭院墙壁上排列着的贝壳收藏，墙壁上挂着意大利古代地图。一如既往，家具是最具斯巴达气息的，食堂式的长桌，木质的长凳。[169]

正是她的书和手稿的命运令她战栗——几周后的1987年3月初，与她家相邻的房子发生了一场大火，损坏了她的天花板，烧毁了她的卧室。似乎除了几封信和堆积在床周围的书，她没有损失任何重要的东西。然而公寓没法住了——她说"这是在废墟里露营"——而"脑子不怎么灵光的房东"也不急着修理。[170]因此，她亲自着手翻新，向建筑师里士满·伯顿寻求帮助，他是贝聿铭在卢浮宫金字塔项目中的合作者，她经由得克萨斯州的多米尼克·德·梅尼介绍认识了他。他给了她一些宝贵的建议，帮助她搞定了复杂的保险程序，并帮她理解了负责修理的承包商该干什么——尤其是不该干什么。苏珊对自己得到的帮助非常感激，也很欣喜能与这位才华横溢的年轻人（他还不到三十岁）合作，他还是一位画家，愿意与她分享自己的兴趣和发现。伯顿将来会说，他在作家身上找到了一位导师；莱博维茨则将使他们的友谊永垂不朽，特别是由她拍摄的那年夏天桑塔格和伯顿在长岛海岸上骑自行车的照片。[171]

《艾滋病及其隐喻》问世时，在朋友莎伦·德拉诺的建议下，FSG出版社的新闻部门请来了这位以拍摄名人肖像照著称的摄影师，她更习惯于为《时尚》《名利场》和其他光鲜杂志拍摄封面，而非文学作品。1988年初冬，桑塔格前往安妮·莱博维茨位于范达姆街的工作室。桑塔格受宠若惊，因为这位女性已经拍摄过如此之多的传奇照片，从米克·贾格尔的演唱会到艾拉·菲茨杰拉德，还有许多运动员，更不用说最著名的一张——约翰·列侬赤身裸体拥抱着衣着整齐的小

野洋子，躺在他们纽约达科塔公寓的卧室的地毯上。这张照片拍摄于
《滚石》杂志登出列侬的采访之际，是他生前的最后一张照片：几个
小时后，他就在家门口被谋杀，那是 1980 年 12 月 8 日。

据摄影师说，这是一见钟情："她就是我想在合适的时间遇到的
合适的人。"[172] 摆拍结束后，摄影师送去鲜花，请作家一同吃晚餐。
安妮·莱博维茨将会多次提起这件事，她在去年年底接受《纽约时
报》采访时讲述道："我记得我和她一起出去吃晚饭，因为我觉得难
以开口和她说话，汗如雨下。"桑塔格对她说："你很不错，但你可以
更好。"

这次相遇很快就产生了一段"友谊"，一直维持到苏珊·桑塔格
去世。她们能逗彼此发笑，在各自的领域中有着类似的雄心壮志，
而她们之间相差的十六岁——当她们相遇时，莱博维茨三十九岁，
桑塔格五十五岁，绝不是她们之间情侣关系的障碍。按照戴维·里
夫的说法，这段关系因此并不是风平浪静的（事实上，桑塔格的爱
情甚至友谊关系，没有一段是风平浪静的），但也只有作家的死才
能将其中断。[173] 她们两人都会用友谊来形容这段关系，尽管莱博
维茨在一次接受采访时并不否定"恋人"这个词，她却说她更喜欢
"伴侣"或"同伴"，在她看来，后两个词会让人联想到"两个小老太
太"，而非她们所代表的引人注目的情侣形象。[174] 事实上，这两位
身材高大的女性（安妮·莱博维茨身高超过 1.8 米，桑塔格也不遑多
让）气势逼人，个性张扬，走到哪里都会引起轰动。而比起文字来，
照片更是这两个女人之间建立起的亲密关系的主要见证。虽然苏珊
经常批评安妮拍的亲密照片数量不够，但安妮还是相当忠实地记录
了她们在一起的生活——亲密、工作和休闲的时刻。随着岁月流逝，
我们看到桑塔格写作、睡觉、洗澡、骑自行车、吃早餐，在家里、
在世界各地的酒店里、在海滩上、在金字塔中间……2008 年，安

妮·莱博维茨将会出版一本记录 1990—2005 年生活的摄影集，也就是说，正好截止到她与桑塔格度过的时光结束几个月后。这本摄影集与其说是一部对摄影师职业生涯的记录，不如说是一本关于她们两人共同生活的日记。

她们相差十六岁，在知名度上则是平等的；虽然一个是知识分子，而另一个不是（莱博维茨永远不会掩饰她对书籍缺乏兴趣），她们对旅行却有着共同的爱好——要奢华，还有对聚会的热衷。为了重新焕发青春，桑塔格恢复了高强度的夜生活及工作中的完美主义。莱博维茨的钱袋总是满满的，她染上了她的很多客户的奢华习惯，他们大多是演员和名人。这并不会让桑塔格不开心，尽管她的收入不稳定，但她一直喜欢威尼斯的宫殿多过任何其他住所，她的大多数伴侣都比她更加富有。而摄影师也很慷慨大方，不断设法取悦自己的伴侣，为她解决生活难题，尤其是让她有尽可能多的时间用来写作。桑塔格的妹妹朱迪斯后来说，苏珊对金钱的态度很谨慎——想必如此，几十年收支在临界状态的生活教会了她谨慎——她经常建议莱博维茨节省开支。[175]

实际上，五十五岁时，苏珊曾在气急败坏的状态下当着西格丽德·努涅斯的面指出："我意识到，我和别人一样努力工作——即使不是更努力，但赚的钱比他们少得多。"[176] 为了《艾滋病及其隐喻》，她同意上路：几个月里，她走遍了全国各地，慷慨地接受当地记者的采访，在书店、大学、治疗中心、政治活动组织举办朗读会（就像《我们现在的生活方式》出版时一样，她立即将这些活动的收入捐给了照料艾滋病患者的慈善组织）。

在这次"外省巡演"中，她向《迈阿密先驱报》的记者解释，她"决定多关注一下自己的书的情况"，多参与这些书的宣传。她在这里没有明说的是，她还决定雇一个经纪人，这是美国出版业的传统。

　　她的朋友、儿子经常向她建议雇一个经纪人，但这种做法使她感到厌恶，她也不敢向罗杰·斯特劳斯提起此事。后者刚刚出现了严重的健康问题——结肠癌，在七十岁时，他开始考虑找人接手自己的工作了。自从他创建出版社以来，出版的世界已经发生了巨变，他发现自己很难揣摩当下的口味了：他对他的作者们的态度仍然是看管羊群的慈父式的，照看着他们账户的收支平衡。而他的很多作者，像桑塔格，也无法不注意到图书市场的火爆，预付款往往达六位数甚至七位数，咄咄逼人的经纪人们互相拆台，都想代理下一个被他们预言会大获成功的作者。这种情况让苏珊陷入了沉思，尤其是因为她的公寓遭遇的火灾，不断举办讲座带来的压力，她无法完全忽略癌症复发的威胁，在这一切中，她感到了自己的脆弱。而在 20 世纪 80 年代的纽约，对付这种脆弱感的唯一武器就是一个储备充足的银行账户。

　　戴维还在 FSG 出版社担任编辑时，遇到了安德鲁·怀利，后者正在迈出作为文学经纪人的第一步。他和已经很有名气的英国同行吉伦·艾特肯一起，雄心勃勃地创建了一家事务所，除了冉冉升起的新星，他们还以旗下那些已经功成名就的作者而自傲。关于（依然）年轻的女作家和雄心勃勃的新人之间的关系，人们嚼了很多舌根，戴维指责后者接近自己是为了接近他的母亲。事后看来，怀利一直是、现在也是这两位作家的忠实卫护者，他们的地位远远高于他们的销量，这就意味着像他这样的经纪人在财务上获得的利润微乎其微。反过来说，成为站在像桑塔格这样享有盛名的知识分子身后的人，有数不清的好处。她对此显然也心中有数。在他们第一次见面时，她就把这笔交易和盘托出："您得帮助我停止做苏珊·桑塔格。"换言之，就是要帮助她重新成为一个作家，把给她带来那么多工作邀约的浮名放到次要地位，这些工作的报酬并不足以补偿她离开打字机的时间，也不能给她带来长期的安全感。她要的是一笔令人舒适的预付款，让她可以更经常地对外界的召唤说"不"，在公寓里闭门不出，最终得以把所有萦绕心头的小说构思白纸黑字地写出来。

怀利立即答应了她的要求。他写信给斯特劳斯，介绍说自己是她的经纪人，来商谈下一份合同，合同包含四本书，包括小说和散文。斯特劳斯在生意中的强硬程度正如你所能预料到的：居然需要通过经纪人才能跟苏珊交谈，这可真是让人大吃一惊。毕竟是他向她提供了第一份合同（吉鲁已经退休了，历史很容易改写），是他经常亲自料理她的事务，在她需要钱的时候给她钱，确保戴维总是有零花钱用，支付账单，在需要的时候还要叫水管工。虽然没有发生大吵大闹，但很明显，出版商感到自己被攻击、被背叛。桑塔格显然给他写了一封长信，追溯二十五年一同走过的时光，信的结尾隐约透露出怨恨与愤怒："您是个有钱人，我不是个有钱的女人。我没有钱。我想您并不真正了解这一点。"[177]

最后斯特劳斯开出了一个在他看来"慷慨大方"的报价，八十万美元换四本书。虽然怀利和戴维对他在这里表现出的"慷慨大方"都不能苟同，但与青年畅销书作家如大卫·莱维特（也由怀利代理）或刚刚在二十一岁时出版了处女作《小于零》的布雷特·伊斯顿·埃利斯等人得到的、在当时被认为是天文数字的预付款相比，出版商似乎是真正下了血本。[178]

斯特劳斯与桑塔格的关系再也不会回到从前了。他们将会继续见面，她会在他生命的最后几个月里露面——罗杰·施特劳斯将会比她早几个月去世，在2004年5月。但现在将由安德鲁·怀利和他的事务所来管理她的事业与她的账户。[179]

1989 年 5 月，她作为笔会美国分会会长的任期结束了。她为自己在这个组织中做的工作感到自豪，她承认自己比想象的更能从这份工作中得到乐趣，但她也很欣慰能把接力棒传下去。她的雄心壮志一如既往，终于能全身心地投入下一部小说的写作中。她向《迈阿密先驱报》记者马尔加里亚·菲希特纳提到了两个项目。第一个似乎不怎么"立得住"：暂名为《西半边》，这个关于苏联和波兰移民的故事陷入了僵局。她难以集中注意力，干扰太多，无法继续写下去。最后，她投身于另一个项目，希望它不会遭遇同样的命运。问题永远是同样的："我觉得应当用湿笔画画*。你应当继续向前，不要放下。我没有那个时间，原因很简单，我要谋生。如果我拿出两年来，除了写小说什么都不做，我要怎么养活自己？此外，我倾向于写一些短文、随笔和几个故事，可以卖给杂志社交房租。我不想牺牲我的项目。我也许能在未来两三年内有所成就。"[180]

---

* 用湿笔作画，意在强调创作的即时性。

作者注：

1. 理查德·伯恩斯坦，《苏珊·桑塔格：形象与本人》。

2. 1981 年 1 月 28 日，未出版日记，UCLA 档案。

3. 给新学院院长的信，1981 年 3 月 18 日，UCLA 档案。

4. 1981 年 5 月 31 日，未出版日记，UCLA 档案。

5. 同上。

6. 《四位伟大欧洲作家：苏珊·桑塔格投票卡尔维诺》，《时尚》，1981 年 5 月。(« Four Great Europeans Authors : Calvino by Susan Sontag », *Vogue*, mai 1981, pp. 279-280, 326.)

7. 一册贴了 "The Western Half" 与 "European Night（Khodasevich）" 标签的笔记本中的笔记，UCLA 档案。

8. 玛格丽特·杜拉斯之前已经导演了两部同一系列的电影，《奥蕾莉亚·斯坦纳（墨尔本）》与《奥蕾莉亚·斯坦纳（温哥华）》。《奥蕾莉亚·斯坦纳（罗马）》始终未能完成。

9. UCLA 档案。

10. 加里·印第安纳，《苏珊·桑塔格的无导游之旅》，《国际艺术论坛》，1983 年 11 月。(Gary Indiana, « Susan Sontag's Unguided Tour », *Artforum International*, novembre 1983, p. 67.)

11. 同上。(p. 68.)

12. 苏珊·桑塔格，《巴兰钦先生》，《名利场》，1983 年 7 月。(S. Sontag, «Mr. Balanchine », *Vanity Fair*, juillet 1983, p. 74.)

13. 同上。

14. 《重点所在》。(同前，p. 233。)

15. 同上。(p. 234.)

16. 苏珊·桑塔格，《论舞蹈与关于舞蹈的写作》，《新演出》，1981 年第 3 期。(S. Sontag, « On Dance and Dance Writing », *New Performance*, n° 3, 1981, p. 75.)

17. 同上。(p. 76.)

18. 同上。(p. 77.)

19. 《〈可见之光〉词汇表》，《重点所在》(同前, pp. 193-216)。《为〈可见之光〉

而作：编舞笔记》（« For Available Light : Some Notes on Choreography »）最初发表在该剧于洛杉矶现代艺术博物馆首演时附赠的册子里（*Available Light*, par Garry Winogrand, Grand Mudford, Frank Gehry et S. Sontag en 1983）。

20. 同上。（p. 205.）

21. 1981 年 3 月，《狂奔》（*Mad Rush*）在苏瓦松上演，同年 11 月《相对平静》在斯特拉斯堡上演，《形式的放纵》（*Formal Abandon*）的第一部分 1982 年在阿维尼翁上演（同一部剧的第三部分 1983 年在巴黎搬上舞台）。《可见之光》于 1983 年夏在露天的瓦隆堡戏剧节首演，早于它的美国首演两个月，最后是《第一次暴风雨》（*Premiere Orage*），1984 年 11 月上演于巴黎加尼叶歌剧院。

22. 伊娃·柯里施在 2014 年的纪录片《关于苏珊·桑塔格》（*Regarding Susan Sontag*）中的回忆。

23. 詹妮弗·邓宁，《皮娜·鲍什与苏珊·桑塔格在 13 台》，《纽约时报》，1986 年 8 月 11 日。（Jennifer Dunning, « Pina Bausch and Susan Sontag on 13 », *New York Times*, 11 août 1986.）

24. 《苏珊·桑塔格日记》第 II 卷。（同前，p. 574。）

25. 理查德·格雷尼尔口述，《苏珊·桑塔格的改宗》，《新共和》，1982 年 4 月 14 日。（Raconté par Richard Grenier, « The Conversion of Susan Sontag », *The New Republic*, 14 avril 1982, pp. 16-17.）

26. 同上。（p. 17.）

27. 同上。

28. 理查德·格雷尼尔，《苏珊·桑塔格的改宗》。

29. 《土星照命》。（同前，p. 113。）

30. 同上。（p. 114.）

31. 《共产主义与左翼》，《国家》杂志，1982 年 2 月 27 日。（«Communism and the Left », *The Nation*, 27 février 1982.）

32. 苏珊·桑塔格，《波兰军事政变的痛苦教训》，《洛杉矶时报》，1982 年 2 月 14 日。（S. Sontag, « The Hard Lesson of Poland Military Coup », *Los Angeles Times*, 14 février 1982, p. D2.）

33. 《重点所在》。(同前，p. 350。)

34. 同上。(p. 351.)

35. 同上。(p. 356.)

36. 查尔斯·鲁阿斯，《苏珊·桑塔格：过去、现在与未来》。

37. 同上。

38. E. 马尼恩和雪莉·西蒙，《采访苏珊·桑塔格》，收入《苏珊·桑塔格谈话录》。[E. Manion & Sherry Simon, « An Interview with Susan Sontag » (1984), in *Conversations, op. cit.*, p. 210.]

39. 给布鲁斯·查特文的信，1982年7月11日，收录于《烈日之下：布鲁斯·查特文书信集》。(*Under the Sun. The Letters of Bruce Chatwin.*, éd. par E. Chatwin et N. Shakespeare, éd. Viking, 2011, p. 577.)

40. 格温德琳·布鲁克斯，《黑人女性在俄国》，收录于《前进吧女孩！黑人女性的旅行与冒险之书》。(Gwendolyn Brooks, « Black Woman in Russia », repris dans *Go Girl ! The Black Woman's Book of Travel and Adventure*, édité par Elaine Lee, The Eight Montain Press, 1997, pp. 235-246.)

41. 同上。(p. 241.)

42. 同上。(p. 240.)

43. 同上。(p. 245.)

44. 布鲁斯·库克，《有充分根据，这是一次尝试》，《洛杉矶时报》，1982年12月12日。(Bruce Cook, « On good authority, a tentativity », *Los Angeles Times*, 12 décembre 1982, p. R2.)

45. 苏珊·桑塔格，《序言》，《零度写作》。(S. Sontag, « Preface », *Writing Degree Zero*, éd. Beacon Press, 1968, p. VII.)

46. 同上。(p. XV.)

47. 同上。(p. XIX.)

48. 同上。(p. XXI.)

49. 《土星照命》。(同前，p. 209。)

50. 同上。(p. 211.)

51. 同上。(p. 216.)

52. 菲利普·洛帕特，《关于桑塔格的笔记》。(同前，p. 17。)

53. 苏珊·桑塔格，《写作本身：关于罗兰·巴特》。(*L'écriture même : à propos de Barthes*, p. 11.)

54. 同上。(pp. 11, 21, 28.)

55. 理查德·霍华德，《铭记罗兰·巴特》，收录于《文化中的符号：罗兰·巴特在今天》。(Richard Howard, « Remembering Roland Barthes », dans Signs in *Culture : Roland Barthes Today*. Edited by S. Unger et B.R. McGraw, éd. des Presses de l'université d'Iowa, 1989, p. 33.)

56. 未出版的埃德蒙·怀特的来信，1982 年 4 月 22 日，UCLA档案。

57. 埃德蒙·怀特，《纽约时报》，1982 年 9 月 12 日。

58. 苏珊·斯洛克姆·海内费尔德，《他的伟大题材是他自己》，《洛杉矶时报》，1982 年 9 月 5 日。(Susan Slocum Hinerfeld, « His one great subject was himself », *Los Angeles Times*, 5 septembre 1982, p. O3.)

59. 米歇尔·孔塔，《罗兰·巴特，萨特的自由与创造性之子》，《世界报》，1982 年 10 月 22 日。(M. Contat, « Roland Barthes, fils libre et inventif de Sartre », *Le Monde*, 22 octobre 1982.)

60. 伊丽莎白·哈德威克，《认识桑塔格》。(同前，pp. 184-185。)

61. 伊丽莎白·哈德威克，《苏珊·桑塔格读本》序言。(E. Hardwick, introduction à *A Susan Sontag Reader*, éd. Farrar, Straus & Giroux, 1982, p. IX.)

62. 同上。(p. XI.)

63. 希尔顿·克雷默，《激进女性的风格》，《大西洋月刊》，1982 年 9 月。(Hilton Kramer, « The Pasionaria of Style », *The Atlantic Monthly*, septembre 1982, p. 92.)

64. 马文·穆德里克，《苏西奶油干酪，要做爱不要战争》，《哈泼斯杂志》，1983 年 2 月。(M. Mudrick, « Susie Creamcheese Makes Love Not War », *Harper's*, février 1983, p. 64.)

65. 沃尔特·肯德里克，《在她自己的鸿沟中》，《国家》，1982 年 10 月 23 日。(W. Kendrick, « In a Gulf of Her Own », *The Nation*, 23 octobre 1982, p. 405.)

66. 马文·穆德里克，《苏西奶油干酪，要做爱不要战争》。(同前，p. 65。)

67. 沃尔特·肯德里克，《在她自己的鸿沟中》。(同前，p. 404。)

68. 杰伊·帕里尼，《阅读读者：巴特与桑塔格》，《哈得孙评论》，1983 年夏。

（ Jay Parini, « Reading the Readers : Barthes and Sontag », *Hudson Review*, été 1983, pp. 415, 418.）

69. 同上。（p. 417.）

70. 布鲁斯·库克,《有充分根据，这是一次尝试》。

71. 查尔斯·鲁阿斯,《苏珊·桑塔格：过去、现在与未来》。

72. 埃德蒙·怀特的来信，1982 年 4 月 22 日，UCLA 档案。

73. 埃德蒙·怀特在《城市男孩：纽约编年史》中详述了这次事件及其后果。（ Edmund White, *City Boy : chronique new-yorkaise*. Traduit par Philippe Delamare, éd. Plon, coll. Feux croisés, 2010, p. 300.）

74. 埃德蒙·怀特,《受惊的英雄》。（ Edmund White, *Le Héros effarouché*. Traduction Marc Cholodenko, éd. Albin Michel, 1986, pp. 190-191.）

75. 埃德蒙·怀特,《城市男孩：纽约编年史》。（同前，p. 308。）

76. 同上。

77. 同上。（p. 307.）

78. 菲利普·索莱尔斯,《女人们》。（ Philippe Sollers, *Femmes*, Gallimard, 1983, pp. 163-166.）

79. 居伊·斯卡佩塔的采访,《美国眼中的分裂》,《原样》杂志，1978 年夏。（ Entretien avec Guy Scarpetta, « La dissidence vue des USA », *Tel Quel*, été 1978, pp. 71-77.）

80. 同上。

81. 同上。

82. 《苏珊·桑塔格谈话录》。（同前，pp. 201-202。）

83. 《重点所在》。（同前，p. 19。）

84. 《苏珊·桑塔格谈话录》。（同前，p. 202。）

85. 参见该学院的"历史"页面，网址http://www.nyihumanities.org/history-of-the-nyih/。

86. 纳丁·戈迪默的讲座内容被转载在 1983 年 1 月 20 日的《纽约书评》，题为《生活在空位期》（« Living in the Interregnum »）。最近又在《说明问题的时代：写作与生活，1954—2008》中再次发表。后者是一部纳丁·戈迪默的集外文章的文集。（ *Telling Times: Writing and Living, 1954-2008*, éd.

Norton, New York, 2010, pp. 374-395.）我使用的是刊登在《纽约书评》上的版本，也就是苏珊·桑塔格当时听到的版本，大约也是她在几个月后读到的版本。

87.　纳丁·戈迪默与苏珊·桑塔格的对谈，《即使是生活中最私密的方面也渗透了政治》，《听众》，1985 年 5 月 23 日。（« Even the most private aspects of life are penetrated by politics », entretien N. Gordimer et S. Sontag, *The Listener*, 23 mai 1985, p. 16.）

88.　同上。

89.　同上。（p. 17.）

90.　苏珊·桑塔格，《这个人，这个国家》，收录于《为了纳尔逊·曼德拉》。（S. Sontag, « Cet homme. Ce pays », traduit par J. Hérisson, dans *Pour Nelson Mandela*, éd. Gallimard, 1986, p. 73.）

91.　1987 年冬第 28 期。

92.　Ed. Seaver Books, New York, 1987.

93.　埃德温·麦克道尔，《关于书与作者》，《纽约时报》，1982 年 10 月 31 日。（Edwin McDowell, « About books and authors », *New York Times*, 31 octobre 1982.）

94.　克里斯蒂安·库普奇克记录，《对话的容器：桑塔格对谈博尔赫斯》，《幻想》，2013 年 4 月。（« Vasos Comunicantes. Un dialogo entre Susan Sontag y Jorge Luis Borges », transcrit par Christian Kupchik, *Quimera*, avril 2013, pp. 27-33.）

95.　同上。（p. 33.）

96.　同上。（p. 29.）

97.　《重点所在》。（同前，p. 126。）

98.　同上。（p. 128.）

99.　同上。（p. 129.）

100.　约翰·西蒙，《从未失落的光明》，《纽约杂志》，1984 年 12 月 24—31 日。（John Simon, « The Light That Never Failed », *New York Magazine*, 24-31 décembre 1984, p. 46.）

101.　未出版信件，UCLA档案。

102. 弗兰克·里奇，《舞台：米兰·昆德拉的〈雅克和他的主人〉》，《纽约时报》，1985 年 1 月 24 日。(Frank Rich, « Stage : Milan Kundera's *Jacques and His Master*», *New York Times*, 24 janvier 1985.)

103. 米米·克雷默，《昆德拉和他的主人》，《新标准》，1985 年 3 月 1 日。(Mimi Kramer, «Kundera and His Master», *The New Criterion*, 1ᵉʳ mars 1985, pp. 46-54.)

104. 玛丽琳·普洛金斯，《美国话剧团剧院参考手册：布鲁斯坦时代》。(Maryline Plotkins, *The American Repertory Theater Reference Book : The Brustein Years*, éd. Praeger, 2005.)

105. 卡罗琳·克莱，《桑塔格的鬼魅般的雅克》，《波士顿凤凰报》，1985 年 1 月 29 日。(Carolyn Clay, « Sontag's Ghostly *Jacques* », *Boston Phoenix*, 29 janvier 1985.)

106. 亚瑟·霍姆伯格专访苏珊·桑塔格，《表演艺术日报》第 9 卷，1985 年第 1 期。(Arhur Holmberg, Interview de Susan Sontag, *Performing Arts Journal*, vol. 9, nᵒ 1, 1985, p. 30.)

107. 《罗伯·奥查德回忆桑塔格》，《舞台世界》，2014 年 4 月 22 日。(«Rob Orchard Shares a Memory of Sontag », *World on Stage*, 22 avril 2014.)

108. Éd. Tweltrees Press, Pasadena, 1985.

109. 苏珊·桑塔格，《自信的梅普尔索普》(« Certains Mapplethorpe »)，这篇序言被收入《重点所在》。(同前，p. 292。)

110. 同上。(p. 293.)

111. 同上。(p. 294.)

112. 同上。

113. 苏珊·桑塔格，《(关于描述的) 描述》，《哈泼斯杂志》，1985 年 1 月。[S. Sontag, « Description (of a Description) », *Harper's*, janvier 1985, p. 34.]

114. 理查德·霍华德在 2014 年的纪录片《关于苏珊·桑塔格》中接受采访所言。

115. 苏珊·桑塔格，《信的场景》，《纽约客》，1986 年 8 月 18 日。(S. Sontag, « The Letter Scene », *The New Yorker*, 18 août 1986, p. 32.)

116. 《令人悲伤的礼物》，《小姐》杂志，1975 年 4 月。(« The Grievous Gift », *Mademoiselle*, avril 1975.)

117. 帕齐·索斯盖特，《斯塔·布莱克：诗人摄影师》，《东汉普顿星报》，1997 年 1 月 16 日。(Patsy Southgate, « Star Balck : The Photograph as Poet », *The East Hampton Star*, 16 janvier 1997.)

118. 苏西·汉森，《与里夫相遇》。

119.《告读者书》(« Author's Note »)，见戴维·里夫《去迈阿密：新美国的流亡者、游客和难民》。

120. 同上。(p. 4.)

121. 给 Judith Wechsler 的信，1990 年 6 月 13 日，UCLA 档案。

122. 戴维·里夫，《古拉格》，《新共和》，1986 年 7 月 28 日。(David Rieff, « El Gulag », *The New Republic*, 28 juillet 1986, p. 36.)

123. 同上。(p. 40.)

124. 苏珊·桑塔格，《当作家们互相交谈》，《纽约时报·书评周刊》，1986 年 1 月 5 日。(S. Sontag, « When Writers Talk Among Themselves », *New York Times Books Review*, 5 janvier 1986.)

125. 罗达·凯尼格，《话语场域的游戏：笔会上的异化、想象、女性主义与蠢行》，《纽约杂志》，1986 年 2 月 3 日。(Rhoda Koenig, « At play in the fields of the word. Alienation, imagination, feminism and foolishness at Pen », *New York Magazine*, 3 février 1986, p. 41.)

126. 同上。

127. 同上。(p. 45.)

128. 大卫·莱曼，《当笔友们发生冲突》，《党派评论》，1986 年春。(David Lehman, « When Pen Pals Collide », *Partisan Review*, printemps 1986, p. 190.)

129. 卡林·罗马诺，《一群文坛雄狮在笔会大会舞台中心的那些深刻又肤浅的事儿》，《费城调查者报》，1986 年 1 月 17 日。(Carlin Romano, « A Pride Of Literary Lions Matters Both Deep And Shallow Take Center Stage At The Pen Congress », *Philadelphia Inquirer*, 17 janvier 1986.)

130. 萨尔曼·鲁西迪，《笔与剑》，《纽约时报·周日图书评论》，2005 年 4 月 17 日。(Salman Rushdie, « The Pen and the Sword », *New York Times Sunday Book Review*, 17 avril 2005.)

131. 罗达·凯尼格，《话语场域的游戏：笔会上的异化、想象、女性主义与蠢行》。

132. 萨尔曼·鲁西迪,《约瑟夫·安东:自传》。(Salman Rushdie, *Joseph Anton. Une autobiographie*, Folio, 2013, p. 122.)

133.《重点所在》。(同前, p. 101。)

134. 苏茜·麦肯齐,《区别事实与虚构》,《卫报》,2000年5月26日星期五。(Suzie Mackenzie, "Finding Fact from Fiction", *The Guardian*, vendredi 26 mai 2000.)

135. 唐纳德·里奇1987年12月10日的来信,UCLA档案。

136. 同上。

137. 读者可能还记得,这篇文章译为法文后题目是《苏珊·桑塔格与托马斯·曼:不可避免的误解》,刊于《游戏规则》杂志,1991年第2期。

138. 海伦·本尼迪克特,《印刷的肖像》。(Helen Benedict, *Portraits in Print*, éd. Columbia University Press, 1992, p. 27.)

139.《苏珊·桑塔格当选国际笔会会长》,《奥卡拉星旗报》,1987年6月4日。(« Susan Sontag Elected President of International Writer's Group », *Ocala Star-Banner*, 4 juin 1987, p. 2A.)

140.《鲁西迪档案》。(*The Rushdie File*. Edited by L. Appignanesi et Sara Maitland, Syracuse University Press, 1990, p. 158.)

141. 米兰·昆德拉,《为变奏曲而作的导言》,《纽约时报·书评周刊》,1985年1月6日。(Milan Kundera, « An Introduction to a Variation », *New York Times Book Review*, 6 janvier 1985.)下文的昆德拉引文也出自同一篇文章。

142. 约瑟夫·布罗茨基,《为什么米兰·昆德拉对陀思妥耶夫斯基的看法是错的》,《纽约时报》,1985年2月17日。(Joseph Brodsky : « Why Milan Kundera is Wrong about Dostoyevsky », *New York Times*, 17 février 1985.)

143. 杰西·拉波夫,《一个俄国人遇到中欧神话》,《合法性的轮廓在中欧:研究生阶段学习的新思路》座谈会发言记录。(Cité dans Jessie Labov, « A Russian Encounter with the Myth of Central Europe », communication dans le cadre du colloque « The Contours of Legitimacy in Central Europe : New Approaches in Graduate Studies », European Studies, St. Anthony's College, Oxford.)

144. 卡林·罗马诺,《哲学美国》。(Carlin Romano, *America the Philosophical*,

Ed. Knopf, New York, 2012, p. 389.）

145. 《苏珊·桑塔格在首尔就"被监禁作家"发言》，《纽约时报》，1988 年 8 月 31 日。（« Susan Sontag, in Seoul, Speaks on Jailed Writers », *New York Times*, 31 août 1988.）

146. 苏珊·桑塔格、A. 米勒、F. 萨尔和K. 肯纳利，《在韩国狱中》，《纽约书评》，1988 年 11 月 24 日。（S. Sontag, A. Miller, F. Sale et K. Kennerly, « In Korean Jails », *New York Review of Books*, 24 novembre 1988.）

147. 由安娜贝尔·埃尔布与德尼丝·拉鲁蒂斯译成法文。（Traduit en français par Anabel Herbout et Denise Laroutis aux éditions Christian Bourgois, 1989.）

148. 菲利普·洛帕特，《关于桑塔格的笔记》。（同前，pp. 200-202。）

149. 卡琳·詹姆斯，《萨拉·伯恩哈特在照片和电影中被审视》，《纽约时报》，1988 年 9 月 25 日。（Caryn James, « Sarah Bernhardt Examined in Photographs and Film », *New York Times*, 25 septembre 1988.）

150. 罗伯特·戈特利布，《萨拉·伯恩哈特的戏剧》，《纽约书评》，2007 年 5 月 10 日。（Robert Gottlieb, « The Drama of Sarah Bernhardt », *New York Review of Books*, 10 mai 2007.）

151. 理查德·伯恩斯坦，《捍卫同行的旅程：作家们为鲁西迪朗读并发声》，《纽约时报》，1989 年 2 月 23 日。（Richard Bernstein, « Passages in Defense of a Colleague : Writers Read and Speak for Rushdie », *New York Times*, 23 février 1989.）"柱廊"位于百老汇大街 584 号，在王子街与休斯敦街之间。

152. 《鲁西迪档案》。（同前，p. 156。）

153. 同上。（p. 157.）

154. 同上。

155. 托马斯·弗里德曼，《布什称对作家的谋杀威胁是"深切的冒犯行为"》，《纽约时报》，1989 年 2 月 22 日。（Thomas Friedman, « Bush Finds Threat to Murder Author "Deeply Offensive" », *New York Times*, *22 février 1989.*）

156. 克里斯托弗·希钦斯，《心灵的刺客》，《名利场》，2009 年 1 月 31 日。（Christopher Hitchens, « Assassins of the Mind », *Vanity Fair*, 31 janvier 2009.）

157. 苏珊·桑塔格与霍华德·霍奇金，《我们现在的生活方式》。（S. Sontag & H. Hodgkins, *The Way We Live Now*, The Noonday Press / Farrar, Straus &

Giroux, 1991.）

158.《艾滋病及其隐喻》。（p. 145.）

159. 同上。（p. 193.）

160. 海伦·本尼迪克特,《印刷的肖像》。（同前, p. 25.）

161. 马尔加里亚·菲希特纳,《苏珊·桑塔格思如泉涌》。

162. 这里我们引用的翻译根据桑塔格全集的文本（Farrar, Straus & Giroux, coll. Picador, 1990, p.114.）；在克里斯蒂安·布尔古瓦出版社的翻译版本中,"滥交"一词被删去。

163. D. A. 米勒,《桑塔格的都市性》,《十月》, 1989 年夏。（D. A. Miller, « Sontag's Urbanity », *October*, été 1989, p. 101.）

164. 布伦丹·莱蒙,《为什么桑塔格不想出柜：她的发言》,《出柜》, 2005 年 1 月 5 日。（Brendan Lemon, « Why Sontad Didn't Want to Come out : Her Words. », *Out*, 5 janvier 2005.）

165. 琼·阿科切拉,《饥饿艺术家》。（同前, p. 74。）

166. 苏茜·麦肯齐,《区别事实与虚构》。

167. 帕特里克·摩尔报道,见《苏珊·桑塔格和奇怪的沉默》,《洛杉矶时报》, 2004 年 1 月 4 日。（Rapporté par Patrick Moore dans « Susan Sontag and a Case of Curious Silence », *Los Angeles Times*, 4 janvier 2004.）也可见萨拉·舒尔曼的采访, http://wewhofeeldifferently.info/interview.php?interview=107。

168. 卡罗琳·G. 埃尔布兰,《女性的人生：入门之见》。（Carolyn G. Heilbrun, *Women's Lives. The View from the Threshold*, University of Toronto Press, 1999, p. 42.）

169. 卡林·罗马诺,《哲学美国》。（同前, pp. 391-392。）

170. 给 *Anteus* 杂志编辑 Daniel Halpern 的信, 1987 年 3 月 1 日, UCLA 档案。

171. 见约翰尼·米舍夫的采访,《与里士满·伯顿一起的几分钟》。（Johnny Misheff, « A few minutes with Richmond Burton », *Austere*, juillet 2014 : http://www.austere.co/a-few-minutes-withrichmond-burton.）

172. 艾玛·布洛克斯,《安妮·莱博维茨：我与苏珊的时光》,《卫报》, 2006 年 10 月 7 日。（Emma Brockes, « Annie Leibovitz : My time with Susan », *Guardian*, 7 octobre 2006.）

173. 戴维·里夫，《死海搏击：母亲桑塔格最后的岁月》（同前，p. 77）。此处法文版谈及了一位"半永久性的伴侣"，英文版则更加直截了当，"她的时断时续的伴侣"（her on-again, off again companion，美国版第 66 页）。

174. 安德鲁·戈德曼，《安妮·莱博维茨身上怎么会发生这种事》，《纽约杂志》，2009 年 8 月 16 日。（Andrew Goldman, « How Could This Happen to Annie Leibovitz », *New York Magazine*, 16 août 2009. ）

175. 同上。

176. 西格丽德·努涅斯引用，《永远的苏珊：回忆桑塔格》。（同前，p. 56。）

177. 鲍里斯·卡奇卡，《温室：美国最著名出版社FSG的生存艺术与艺术生存》。

178. 这篇1987年刊登在《洛杉矶时报》上的文章进行了有趣的论述，尼基·芬克的《文学鼠党：光明的前途，高昂的预付款》。（Nikki Finke, « Literary Brat Pack–Bright Lights, Big Advances ». ）见http://articles.latimes.com/1987-09-13/news/vw-7633_1_jay-mcinerney。

179. 这段插曲在鲍里斯·卡奇卡的书里有详细描述，《温室：美国最著名出版社FSG的生存艺术与艺术生存》。（同前，pp. 256-259。）

180. 马尔加里亚·菲希特纳，《苏珊·桑塔格思如泉涌》。

从萨拉热窝开始

1990 年—1998 年

> 写作是一种生活，是一种相当特别的生活……
> 写作需要大量独处的时间。
> 我能用来缓和这种严酷的做法，
> 唯有不用全部时间写作。[1]

写作。苏珊比以往任何时候都更下定决心，要找到时间、空间来"画"出她脑海中的这部新小说。德意志学术交流中心（DAAD）提供的一笔奖金，使她 1989 年 9 月得以在柏林居住一个月。当时德意志学术交流中心的目的是通过加强与欧洲、美国的联系，使西柏林的学术和艺术生活受到更强烈的关注。

对作家来说，这是远离纽约并亲近她的德国朋友们的一个月。特别是阿尔弗雷德·鲍尔，她是通过柏林国际电影节认识他的，鲍尔是柏林国际电影节的创始人之一，从 20 世纪 70 年代初开始，他就一直经营着一家叫"兵火库"的实验影院。例如，南·戈尔丁最初的录影就是在那里放映的，她在国际上的声誉部分要归功于鲍尔对她作品的关注。

1989 年 9 月的西柏林仍然是一座宛如被截肢的城市，许多街巷的尽头都是死胡同，被东德统治者 1961 年为防止公民前往西方而在无奈之下修建的无人区和围墙阻隔。这是一座曾将首都地位输给外省小城波恩的城市。要感谢那些选择在这里定居或经常来这里小住的艺术家，它为自己重新创造了一个身份，从而成为欧洲的实验艺术中心。

对桑塔格来说，柏林和德国是法斯宾德的代名词，她从法斯宾德第一部电影开始就欣赏他的作品；它们也是西贝尔伯格和实验电影的代名词；在她的青年时代，它们还是托马斯·曼的代名词，是尼采的代名词……2003 年法兰克福书展和平奖颁奖典礼上，在她发表的演讲中，她回忆了她的童年是如何受德国文学滋养的——她在亚利桑那州上小学时，因为她的一位老师，她发现了歌德和卡夫卡——而阅读《魔山》又让她了解了欧洲；她的老师们也是德国人，芝加哥大学的汉斯·格特、哈佛大学的赫伯特·马尔库塞、内森·格莱泽、汉娜·阿伦特，人生一开始，"那些严肃的灵魂"[2]就被放在了她的道路上。自 20 世纪 70 年代起，她的作品就由汉瑟出版社代理，该出版社总部设在慕尼黑，与FSG出版社非常类似：文学性强，出版的译作和出版的德国作者的作品一样多。而桑塔格在这里，如同来到了熟人的国度：她的作品和布罗茨基、昆德拉、沃尔科特、菲利普·罗斯等人的作品放在一起……

在当时身处柏林的美国人中，她重新遇到了罗伯特·威尔逊——"鲍勃"，他是编舞、导演、作家，与菲利普·格拉斯合作过《海滩上的爱因斯坦》，读者可能还记得露辛达·蔡尔兹与他合作过，她是主要的表演者之一。

由于缺乏补贴、观众对实验戏剧缺乏兴趣，艺术家在美国很难创作出这种作品；在欧洲，威尔逊找到了观众、上演作品的场所和排演作品的资金。[3]因此，自称只会说英语的罗伯特·威尔逊在法国、德国、意大利，导演歌剧、创作戏剧，只要一提到他的名字，这些地方的大门就会为他敞开。他在法国的第一部剧作是 1971 年在南锡艺术节上演出的《聋人一瞥》。它立即受到媒体和许多知识分子的赞誉，其中路易·阿拉贡写了一封《就〈聋人一瞥〉、科学和自由问题致安德烈·布勒东的公开信》，毫无保留地赞扬了这部剧和它的创作者。就这样，威尔逊赢得了巴黎的舞台，然后又受邀参加阿维尼翁戏剧节，欧洲所有重要的剧院都为他打开。1989 年 5 月，他在米兰斯卡拉剧院上演了灵感来自托马斯·曼小说的《浮士德博士》；6 月，在阿姆斯特丹歌剧院上演了路易斯·安德里森*的《物质》；7 月 13 日，他在巴士底歌剧院上演了纪念大革命 200 周年的《前夜》。这年年底，他在德国首演戏剧《奥兰多》，该剧取自弗吉尼亚·伍尔夫小说中的一段独白，由尤塔·兰佩在柏林演出（法国版由伊莎贝尔·于佩尔演出），然后在慕尼黑以《天鹅之歌》结束这一年的演出，该剧是对安东·契诃夫独幕剧的演绎。

　　如果相信桑塔格的说法，那么她看了十几次《聋人一瞥》（《海滩上的爱因斯坦》则看了三十多次）：威尔逊的作品介于戏剧、舞蹈和表演之间，就像是为了令她喜悦而创造出来的一样。而这个男人在某些方面和她很像：她形容他是个古怪的人，是个工作狂，他有一种"无穷无尽的野心"，可能永远不会餍足，他梦想的商业成功在美国语境下似乎是无法想象的。[4] 他们的另一个共同特征是都渴望在美国得到认可，不仅仅是得到知识分子气息超级浓厚的《纽约客》的认可，而是要得到更广泛的公众认可，就像在欧洲时一样。桑塔格来柏林是为了写一部长篇小说，《一个故事》，她希望它最终能在比以往更广大的读者群中引起共鸣。而威尔逊上演了一出又一出的戏

---

*　路易斯·安德里森（Louis Andriessen），荷兰当代著名作曲家。

剧，希望在某个时刻能被他的同胞们"发现"。

在此期间，合作似乎是他们之间的对话的自然延续。从柏林回来三个月后，桑塔格搁置了小说，写了一出戏剧，它是一幅爱丽丝——亨利·詹姆斯和威廉·詹姆斯的妹妹——的人物肖像，它既是对身体、对疾病的思考（爱丽丝·詹姆斯成年后一直饱受抑郁症的折磨，四十三岁时死于乳腺癌），也是对女性在这个由男人建立并为男人服务的社会中的境遇的反思。

桑塔格将这个年轻女人置于各种互动之中，与她的护士（通常是她唯一的同伴）、她的兄弟、她父亲的鬼魂（在她想要自杀时，这位父亲曾经回答说："我只要求一件事。你要用温和的方式。别吓到活着的人……"[5]），还有与她母亲的鬼魂的互动，后者正在为几个有头有脸的贵妇人举办茶会。这个"茶"的灵感来自刘易斯·卡罗尔笔下的另一个爱丽丝的"疯狂茶会"，围坐在桌边的还有玛格丽特·富勒、艾米莉·狄金森、芭蕾舞剧《吉赛尔》中的薇丽女王迷尔达，以及《帕西法尔》中的昆德丽。在随后的独白中，爱丽丝·詹姆斯梦想着自己有更多自由或者获得更多的情况下她想要做的一切，却被一个年轻小偷的闯入——"现实世界的声音"[6]——打断了，她完全没有害怕，而是开口询问他的生活、他的动机，以及是什么驱使他变成一个小偷。男孩不知道该怎么对待这个陌生女人，最后只能重复"你疯疯癫癫的"，天真地道出了她的家人无法接受的现实，他们一直隐瞒着这件事……最后一幕暗示了爱丽丝的死亡，她正在听女护士讲故事，坚持要护士不要讲"悲惨的结局"。[7]

桑塔格声称自己两周内就写出了《床上的爱丽丝》，因为这个剧本十年来一直存在于她内心，自她导演皮兰德娄以来，因为她赋予另一个女性角色"陌生女人"生命，而这个角色不确定的身份是剧情的核心。她拾起了弗吉尼亚·伍尔夫的想法：伍尔夫问过自己，莎士比亚的妹妹的人生会是什么样子，她则将美国最伟大小说家之一和最重要的心理学家、哲学家之一的妹妹——本身也才华横溢——这个人物据为己有，通过这个人物谈论女性的自我意识，她们长期以来的痛苦，她们与男性同行比较时的不满足感。苏珊·桑塔格认为她的这部作品是她一生思考的结晶。对她来说，这部戏剧是"关于女人的忧愁与愤怒；它终究还是一部关于想象力的戏。心灵监狱的现实。想象力的胜利"。但她补充说："想象力的胜利是不够的。"[8]

在她心中，鲍勃·威尔逊无疑是这部戏天造地设的最佳导演。他没有让她失望，热情洋溢地答复了寄来手稿的她："亲爱的苏珊，万分感谢你把你的剧本寄给我，我刚刚收到。写得太美妙了！真的真的，我将非常荣幸地执导它。问题是在何时何地。我已经能想象出尤塔·兰佩扮演这个角色是什么样了。"[9]作为德国著名女演员，尤塔·兰佩刚刚在威尔逊的最新剧作中饰演了奥兰多，她认为由自己来出演爱丽丝这个角色非常理想。但在柏林上演《床上的爱丽丝》，还需要再等待三年，同名主角则由另一位主要从事舞台剧工作的女演员利布加特·施瓦茨出演。

当她完成《床上的爱丽丝》时，1991 年春天将在波士顿美术馆举办的鲍勃·威尔逊首次作品展的策展人请她为展览附送的图册提供一篇文章。委托与愉悦，这两者想必在她写作《帕西法尔》主题的变奏时融合在一起，而这就是她交给他们的文章。[10]

桑塔格长期以来对瓦格纳情有独钟，她曾在最近发表于《伦敦书评》的一篇分析性文章中盛赞《帕西法尔》是作曲家艺术的最高成就，它也是他十三部歌剧中的最后一部。[11]在这篇七页的变奏作品中，她重新诠释了年轻主角的冒险经历（瓦格纳的歌剧有五幕*），给

---

*　此处疑为作者笔误，瓦格纳版本的《帕西法尔》为三幕剧。——编注

荒诞留出了广阔的空间，这尤其要归功于她创造了鸵鸟这个角色，鸵鸟兼具证人和合唱团的职能。布景是极为简约的："一片风景（幽暗的森林、湖水、眼泪）。花园里的小矮人。一道光。"道具则使这个传奇进入 20 世纪："痛苦之王"——在原著中是圣杯王国的国王安福塔斯——躺在机动担架上穿越舞台；帕西法尔肩上扛的不是弓箭，而是一把UZI冲锋枪……鸵鸟却很入戏，对帕西法尔的行为进行了评论和质疑。帕西法尔就像他的原型一样天真无知，只不过与原型相反的是，他最终不会发现同情心与知识的奥秘：远远未能带来预期的救赎，他将心甘情愿地爬上脚手架的顶端，我们不知道在那里他将被烧死还是吊死，但他的死亡似乎是确定的，尽管他的说法与此相反。[12] 该剧要在作者去世一年后的 2006 年初才上演，评论界的反应也将是不温不火……[13]

她又一次为自己的应景之作选择了戏剧形式。在她离开柏林几周后，1989 年 11 月初，在那些不想继续被困在东德社会主义禁锢中的人的压力下，柏林墙倒塌了。一夜之间，冷战结束了，欧洲地理被重新划分，一个新的时代开启了。十年前，桑塔格可能会写一篇随笔来纪念这个场合，把她的个人经历与对垂死的苏联意识形态的分析混合在一起。但市政厅的经历还是太新鲜了，她似乎已经答应自己，要远离政治舞台。相反，她给《纽约客》写了一篇短剧，一个寓言故事，关于皮剌摩斯和提斯柏这对巴比伦恋人*，他们被一堵墙和父辈的滥用权力隔绝，最终在一个消费主义的世界中重逢时，他们无法再认出彼此，因为隔绝了他们的"墙"同样定义了他们。他们生活的地方是一个新的城市，这座城市在它的统一中被改变了。

---

* 皮剌摩斯和提斯柏是古罗马诗人奥维德作品《变形记》中的角色，提斯柏是巴比伦王国的美女，皮剌摩斯则是她的邻居，二人自由恋爱意欲结婚，但被父母禁止。——编注

提斯柏迄今为止一直生活在西柏林的绿洲里，她为这个"中欧的伯克利"[14]辩护，对人们预言它会美国化表示反对，这种预言并不会真的让皮刺摩斯不开心，他惊叹于如此之多的自由，梦想着积累财富和所有物。

1989 年秋，她从柏林回国时的心情被丹尼洛·契斯的噩耗蒙上了一层阴影，他 10 月 15 日在巴黎去世，时年五十四岁。医生最初以为他是肺结核，直到他 1986 年秋天最后一次在纽约逗留期间被诊断出肺癌晚期，接下来他受了病魔三年的折磨。他一回到法国就做了手术，但治愈已不可能。三年来，他用短期治疗来缓解病痛，得以最后一次前往南斯拉夫和以色列旅行。在他去世前几周，苏珊高兴地在电话里向他宣布，他获得了布鲁诺·舒尔茨奖，关键是还有大约一万美元的奖金……

1989 年 10 月 19 日，契斯按自己的意愿在贝尔格莱德下葬。12 月，约瑟夫·布罗茨基在纽约的南斯拉夫文化中心组织了一场致敬晚会，罗杰·斯特劳斯和苏珊·桑塔格等人都参加了晚会。后者将继续确保她朋友的作品得到翻译和传播，1995 年由FSG出版社出版的随笔集《人的诗学》就是由她作序。

远离柏林，她感到更加无法保持规律的写作。然而桑塔格仍在努力，情节似乎在她笔下自行发展，全不费力气。20 世纪 80 年代初，她在伦敦逗留期间，发现了一系列描绘火山的版画。当她询问时，卖家向她解释说，是威廉·汉密尔顿委托绘制了这些那不勒斯湾及附近的维苏威火山和埃特纳火山的图画。装框后，这些版画在当时她所住的公寓的墙壁上找到了自己的位置。在 1984 年为《纽约杂志》拍摄的一张照片中可以看到，她坐在公寓的两个房间之间的过道里，墙上挂着这十七幅版画系列中的数幅。[15]在凝视它们的同时，她向自己提了许多问题，关于这些版画背后的那个人，关于它们所隐藏

的历史，一次阅读引出另一次阅读。很快，一个故事在她脑海中诞
生了，在柏林的逗留让她得以勾勒出故事的最初轮廓。三年后，她
带有遗憾地将一份五百多页的手稿寄给她的出版商："这就像开车送
你所爱的人去机场，然后又回到空荡荡的房子。我想念这些人物。
我想念这个世界。" [16]

　　因此，《火山情人》以 18 世纪末的那不勒斯、纳尔逊的战役和
同时代的英国为背景，讲述了 1764—1799 年间英国驻两西西里王
国的大使威廉·汉密尔顿爵士、海军上将纳尔逊和他们两人都爱的
那个女人爱玛的故事。虽然故事讲述得很巧妙，人物的命运也显得
很有分量，但桑塔格主要致力的是人物性格研究。她剖析了这些在
密闭中互相撕碎的心灵，塑造出了一个积习很深的收藏家形象，他
的闲暇时间都用来攀登埃特纳火山和维苏威火山的山坡。汉密尔顿
对这两座火山令人不安的活动情况的观察，在第一时间让他成为伦
敦皇家学会会员，并最终因其报告获得了著名的科普利奖章*，这篇
报告被配上插图出版。

　　桑塔格坚持要在书名中加上"罗曼司"（romance）这个词，这个
副标题在法译本中并没有出现，只是简单地标作"小说"（roman）。
在英语中，罗曼司和小说（novel）是有区别的（novel 与法语 roman 意
义相同），这种区别是桑塔格在纳撒尼尔·霍桑为《七个尖角顶的
宅第》写序言时注意到的。霍桑认为，小说应当"一丝不苟地保持
忠实，不仅忠实于可能性，并且忠实于人类生存的或然和普通的过
程"，而罗曼司"在本质上有权利在作家选择或创造的环境中呈现这
种真相"。因此，桑塔格在这些方面并非无知，她从一开始就向读
者明确了她的历史小说将在是否遵守现实主义这一点上自由发挥，

---

* 科普利奖章由英国皇家学会于 1731 年设立，是世界上最早的科学奖项。——
编注

并保留"改变光线，加深和丰富画面的阴影"的权利，正如霍桑解释的那样。

1989 年底，她又来到了威尼斯，这是一次朝圣之旅，这次她带上了安妮，安妮则带上了相机。安妮没有用相机拍下运河、潟湖或风景如画的一座座桥，而是拍下了她们房间内的亲密景象，桌子上，书和唱片散落四处，五斗柜，书桌上的打字机，面向窗户。冬日的光线被灯光补足了，灯照亮了镜子，镜子里映出了床。她以一种让人联想到摄影师用来在诸多底片中做出选择的列表的形式，拍摄了一系列照片，照片中，桑塔格穿着晨衣坐在早餐桌前，身后是一张未铺好的床和一台电视。莱博维茨在《一个摄影师的生活 1990—2005》的导言中讲述，桑塔格经常抱怨莱博维茨拍的照片太少，不像她认识的其他摄影师那样从来不离开相机。[17] 摄影师又补充说，讽刺的是，她与作家一起度过的十五年里所拍摄的私人照片本来并不会冲洗的，直到后来她找到了这些胶卷，决定把它们冲洗出来。

1990 年头几个月，桑塔格重新痴迷于搬家的念头，她想拥有一个让她确定不会再想搬家的地方，但她从斯特劳斯那里收到的预付款不足以让她实现这个梦想，至少在纽约是这样。于是她再次想到了可以卖掉自己拥有的唯一珍贵的东西：她的档案文件。这次是拉里·麦克默特里提出要帮助她。他拥有美国最大的二手书店之一，在得克萨斯州一个叫阿彻城的小城里占据了好几个街区，他以丰厚的版税收入支撑着这家书店：他是小说家，还是电影编剧，日后将通过《断背山》和《最后一场电影》（他是小说原作者）等影片大获成功。麦克默特里在华盛顿经营书店几十年，桑塔格在为政治活动到首都出差时，就是住在他的书店"书香门第"楼上的公寓。

他扮演了中间人的角色，帮她联系上了托马斯·斯特利，斯特利当时是得克萨斯大学奥斯汀分校著名的哈利·兰塞姆中心的主席。

该中心收藏了来自世界各地的手稿，毫无疑问是坐拥 19 世纪和 20 世纪欧美作家档案文件的最佳收藏中心。斯特利表示很感兴趣，并提议见面商议，麦克默特里让作家为此做好心理准备：

> 想好多种可能。
>
> 您只打算出售自己的书和随笔的手稿吗？
>
> 我不保留我的信的副本，但很多作家这么做。您这样做吗？
>
> 您愿意跟您收到的信分开吗？现在？还是以后？
>
> 您打算现在就考虑卖掉您的日记吗，它们在您去世后才会进入库存？还是想把它们完全排除在外，不让人动它们？
>
> 这些选择是您的，完全是您的，校方理应且将会为他们收到的东西心怀感激，但您应当考虑一下这些问题，价格会不一样的。[18]

谈判是艰辛的。麦克默特里甚至并不认为自己是主导谈判的合适人选，他建议她去找伯克利意外书店*的老板彼得·霍华德。霍华德在珍本书和文件交易行业很有名气，在麦克默特里看来，他的做派更像是一个"海盗"，[19] 他很可能帮她争取到更有利的出售条款。同时，他向她提议可以让他的一个员工来制订一份更精确的文件清单。对他来说，日记是谈判的基石："我觉得您应当在同一场谈判中把日记卖掉，但要留一辈子，或者说您想留多久就留多久。我想，他们最终会收到您的私密日记和／或您的哲学日记，以及您的

---

* "意外书店"原文为 Serependity Books，疑为作者笔误，应为 Serendipity Books。

书信和草稿，这应该会给您带来一大笔钱，可以将您的生活变得更愉悦。"[20]

与汤姆·斯塔利共进早餐并没有产生预期的效果，但麦克默特里并不气馁："我分析了他希望在早餐时发生什么：关于您的文件达成交易，您同意把您的书信给他。"而这些信件或许正是她不容易找到买主的原因。"您的通信有一点让我印象深刻，"书商写道，"这一点让我印象深刻，也会让任何一个档案管理员印象深刻：您有很多优秀作家的信件，但用档案管理员的话来说，它们并不是系统的信件。比如说，我和您的通信，已经比您提到的那些更重要了。如果我这辈子再给您写三百封信，就有了足够做一本书的资料，这就是他们会在图书馆里找的东西，因为他们知道，人们写信比写草稿多。"[21]

就像在 20 世纪 70 年代一样，这次尝试之所以会失败，不是因为缺少候选的买家，而是因为没有人出的金额合适。对于桑塔格来说，当务之急不是处理掉自己的文件，而是如何搞到钱来最终买下自己的公寓。最后，转机不是一次奇迹般的销售带来的，而是来自她在 1990 年 7 月中旬接到的一个意料之外的电话：麦克阿瑟基金会的董事会授予她一笔"天才"奖金。简而言之，她有了五年时间可以用于写作、创造和做梦：不需要承担任何义务，不需要撰写报告，不需要证明自己从事了任何活动。换句话说，是天上掉下来的馅饼。这种奖金（该基金会至今每年颁发二三十份）设立于 1981 年，首批获奖者包括诗人约瑟夫·布罗茨基、德里克·沃尔科特和约翰·阿什贝利，评论家亨利·路易斯·盖茨和哈罗德·布鲁姆，以及编舞家默斯·坎宁汉。杰出的创造力和有前途的作品是主要的评选标准，再加上一种想法——颁发该奖金是为了促进创造性工作。这并不是加冕，相反，是对创作的鼓励，是让艺术家从经济束缚中解脱出来。

五年内须支付的三十四万美元，是罗杰在与安德鲁·怀利进行谈判后预付的。而且，有了这笔奖金就有了医疗保险，考虑到她的前期病情，这不是可以不屑一顾的。桑塔格可以自由地投入她的小说创作中，现在，她在银行里有了足够的钱可以贷款。她寻找的是一处像河滨大道公寓那样让她感觉良好的地点，那将是属于她的地方，任何房主都不能把她赶走。因此，当她发现这间位于切尔西区中心一栋复合建筑物顶层的绝佳公寓时，她就为之心折了。这套"顶层公寓"当时的售价不到九十万美元（约合今天的一百六十万美元），据她的会计师说，她应该买不起。与其听从会计师的意见，她更乐意用一个不那么忠言逆耳的专业人士来代替他……²² 就这样，她搬到了"伦敦露台"，位于第 23 街、第 24 街、第 19 街和第 10 大道之间，公寓面积达 270 平方米，其建筑风格具有 20 世纪 30 年代初的魅力。特别是它三个露台的景色令人叹为观止（它在 20 楼），西边是哈得孙河，北边是帝国大厦，南边是曼哈顿角。

搬家标志着桑塔格的物质生活发生了显著变化。从此，她有了足够大的地方布置一个真正的工作空间，手头也相对宽裕，可以请人帮忙。卡拉·欧夫成了她的第一位常规助理，管理她的邮件和约会，也管理她的档案文件，确保宅子里一切都能顺利运行。很快，卡拉——以及那些将来接替她的人——就成了桑塔格日常生活中不可缺少的人：谈话和信函中经常提到卡拉做了什么，应当做什么，已经做了什么，大家就是这么习惯了她的存在。卡拉也会定时被请去做研究，这项至高无上、炙手可热的任务，往往会委托给一个助手，其中最值得注意的是彼得·佩龙，他很快就会成为伦敦露台的亲密朋友之一。

正是马拉帕尔特奖的颁发，让她在 1992 年初回到了意大利，回到了卡普里。该奖项由作家阿尔贝托·莫拉维亚和那不勒斯的文艺赞助人格拉齐耶拉·布翁滕波共同创立，旨在奖励某位与杰出的逝者有共同的美学理念或个性特征的外国作家。库尔齐奥·马拉帕尔特是早已痛改前非的墨索里尼主义者和法西斯主义评论家，他曾将自己定义为"一个战斗的、敢于仗义执言的作家"，桑塔格很乐意接受这个定义。该奖项的另外一个条件是：获奖者必须出席颁奖典礼。这难不倒人：安妮和苏珊乘飞机前往卡普里，在那里，她们受到了隆重的接待。在基西阿纳大酒店，从她们房间的露台上可以俯瞰地中海，温煦的天气使她们可以露天吃早餐，她们还在这个岩石岛上散步，天气似乎对这个岛也同样温柔。在这次逗留期间拍摄的照片中，桑塔格显得很放松，脸上挂着一种在官方照片中很少见到的笑容。形势一片大好：她正在为她的小说——她长期以来的梦想——做最后的润色；她在恋爱——这是她一直钟爱的状态；她也没有迫切的财务上的烦恼。

从卡普里出发，这对情侣前往那不勒斯：进行地形测量方面的最后核实工作，并借机攀登维苏威火山，追随她的著名英雄汉密尔顿爵士的足迹。汉密尔顿对此地非常着迷，他买下一处房子就是为了从那里观看火山。几周后，回到纽约的桑塔格将手稿寄给了斯特劳斯。出版社的齿轮立即开始转动了，一切准备停当，以便在 8 月底推出这部小说。

《火山情人》对桑塔格来说，是一次自由的写作体验。她终于允许自己写出了一个"故事"，除了给读者带来乐趣，没有任何其他的抱负。在此书出版后的采访中，她兴致勃勃地指出，她与心理医生的对话是这次转变的源头："当我开始写小说的时候，我觉得自己就像在攀登珠穆朗玛峰。我对我的心理医生说：'我怕我达不到那个高度。'当然那是正常的焦虑。让我惊恐的是，我可能写不出随笔，因为随笔是对一种强有力的道德冲动的回应。但我的心理医生回答：'您凭什么认为给人带来乐趣不是一种贡献呢？'"[23]

这是读者的乐趣，但高于一切的是作家本人的乐趣："我从来没有在写作中得到过同样多的乐趣。我从来没有这样喜欢过一本书。其他的书，我尊重它们，我认为它们很好，但我不能说我喜欢过它们。我想我终于做到将情感以直白的方式表现出来了，这是我想要探究的，是我的，也是任何人的。我不知道为什么到现在为止我还从来没有放任自己在写作中如此直接过……真是太激动人心了，我简直无法向你说清。我期待着这本书的出版，就好像我人生中所有的圣诞节都要在同一天来临。"[24]

她不仅乐于接待记者（因《火山情人》的出版而对她进行的采访比她其他任何书都要多），而且同意做一次巡游——十五个城市，以及同样多的朗读会与见面会，来宣传它。公众意义上的成功等待着她：在《纽约时报》畅销书榜上，这本书上榜两周，销量直线上升。对《洛杉矶时报》的埃伦·霍普金斯，她吐露："这部小说对我来说真的是一个转折点。"[25] 而对同时在《爱尔兰时报》和伦敦版《独立报》上发表文章的佐薇·赫勒，她则承认了发现自己"有讲故事的天赋"时的惊喜。记者们也不会看错。"这是一本令人震惊的书。桑塔格从来没有如此具备可读性"，[26] 霍普金斯评价；而赫勒向她的读者解释，与随笔相比，《火山情人》是"真正的、货真价实的娱乐，有爱情场面、战斗场面，还有对主人公穿着打扮的详尽描写"。[27]

桑塔格在投身这场游戏的同时，也对自己引发的"惊异"进行辩解。"人们似乎觉得这本书会如此讨人喜欢是很奇怪的事，"她说，"我恼火地发现，目前所有的评论家都是以这句话开头的：'谁能想到苏珊·桑塔格，艰涩的前卫文本的传奇辩护师与象征，现在却写了一部历史小说?'然而，归根结底，我一直都爱历史小说。"[28]

读者喜欢，就会买书；评论家要更审慎些。因此《伦敦书评》的琳达·科利并不欣赏桑塔格改变风格。"这本书很易读，"她写道，"甚至很有趣。但她为什么要写它呢?"《世界报》的妮科尔·赞在这部"大场面小说"中找到了某种满足感，它"出色地"证明了"一个知识分子（以这个词有时会激发的全部讽刺意味）也能写出一本畅销书"。[29]

约翰·班维尔在《纽约时报》上为《火山情人》写的长篇文章中，同样没有掩饰自己面对小说笔法时的惊讶。根据他的说法，瓦尔特·司各特爵士会表示赞许，并且"会在阅读此书时得到极大的乐趣"。[30] 他发现此书具备很多特质，具备一种"充满活力"和"富有才智"的风格，但缺少某种东西使它成为一部真正的杰作："我觉得《火山情人》令人印象深刻，有些时刻令人着迷，而且总是那么趣味横生，总是那么有娱乐性；但在我看来，它也是奇特地空洞。我愿意少爱它一点，多敬佩它一点。它缺少的是对艺术的偏执，是那种执着的锐利的目光，这样的目光在很多没有这么稠密却更加浓缩的文本中质问着我们。如果我说桑塔格女士同情心太强，会不会显得我很暴躁?艺术是没有道德可言的，不管你想不想，它都不会有立场。最好的小说是没有良心的。"

可以确定的是，正如妮科尔·赞所写的那样，桑塔格仍然是她的书的"真正的明星"。她出现在叙事的核心，亲自出现在序幕的跳蚤市场里，出现在第一部结尾的古根海姆博物馆，并在精神上出现在从骑士（汉密尔顿爵士）或他的妻子们视角写的很多沉思段落中。埃伦·霍普金斯在文章中指出："这本书实际上也包含了五十岁的桑塔格在生存问题上积累的一切智慧。"[31] 她描绘的汉密尔顿夫人、爱玛、爱玛的母亲，以及她在小说最后一部给予发言机会的那不勒斯革命者，都是对一个问题的思考：从 18 世纪至 20 世纪，生为女性意味着什么？而在小说的最后几行中，被判处死刑的年轻女子的独白几乎没有掩盖住幕后的作家的声音："有时我必须忘记自己是个女人，如果我想把自己能做的事做到最好。又或者我会在做女人有多复杂这个问题上欺骗自己。女人都是如此，包括这本书的作者。"[32]

在汉密尔顿爵士身上，她找到的即使不是自己的男性分身，也是一个同胞兄弟。她从他自愿流亡的生涯中认出了自己——"生活在国外的时候，你更容易看明白生活，就像在观看一出戏剧"——他和她一样"有时感到在流亡中，有时感到宾至如归"。[33] 而她也深深理解，"猎获物不是他收藏的东西，而是他收藏的事实"，她希望自己的收藏受到敬仰，希望通过收藏被人认可。

为《火山情人》出版而作的文章中有若干篇是桑塔格在家中接待的记者的采访文章。结果是对她家内部装修的描述压倒了文章本身，就像卡林·罗马诺所见证的：

> 参观了一圈公寓，发现冰箱上贴着演唱会海报，木地板上没有地毯，有几本著名的藏书。主厅里有一张木质的食堂长桌，配着木质的长凳和椅子，还有一张舒适的黑色真皮扶手椅，一台内置NA-890功放组合和Celestron扬声器的Nikko AM/FM立体声调谐器NT-790，每面墙上都有九座书架，书架近五米高。桌子上摆放着各种读物：伊拉斯谟的《格言集》《时代》《村声》及其他杂志的剪报。一个塔牌唱片公司的袋子放在角落里，里面装着十三张新专辑。唱片盒里装满了古典音乐专辑，而流行音乐盒子里的专辑暴露出一种年代感：奶油乐队、至上女声组合、斯普林斯汀。[34]

莱斯利·加里斯向《纽约时报》的读者强调了这套公寓是如何物随其主的:"她的公寓是她严谨而纯粹的精神的反映:除了书和文件,环境是极为斯巴达式的。"[35] 而桑塔格也不会反对,她进一步解释:"这间公寓反映了我的头骨内部。这是我大脑的平面图。"

当然,其中的重头戏是她的书房,这是她作家人格的本质属性,是她不断丰富的宝库。就像威廉·汉密尔顿一样,她梦想着给自己建一处居所,旨在展示环绕在自己身边的收藏:"如果你足够富有,就可以买到任何你想要的东西,你可能就得着手改变你与那些无法满足、不可企及之物的关系,将其变成一栋建筑,一处独一无二、离奇怪诞的居所,为你和你的藏品服务。一处居所,就是收藏家理想中自给自足的终极形式。"[36]

汉密尔顿只留下他感兴趣的东西,其他的东西在英国卖掉,桑塔格跟他一样,也远未把所有的书都保留下来。她经常将藏书出手,当她搬到伦敦露台时,拉里·麦克默特里就从她那里收购了几千本。他自己也是一个积习很深的收藏家,他向她承认,自己只会卖掉其中的一部分:"我把您的书分类,给自己留了很多很多——有几百本会运往阿彻城,在未来的岁月里,您会在那里再次看到它们。"[37]

1991年底,"最佳美国随笔"系列的编辑罗伯特·阿特万询问桑塔格是否愿意编选散文系列的1992年版。该系列创始于1986年,以1915年创办的"最佳美国新闻"模式为样板,每一卷都汇集了出版前一年(通常是前一年9月至当年9月)在报刊上发表的"最佳"随笔。因此,受邀的编辑在几个月里会收到数百种出版物,他们要一一浏览、阅读这些出版物,并从中进行选择。很难想象桑塔格会遵守这条守则,她的选择也证明了这一假设:在1992年秋天出版的那一卷的摘要中,熟悉的名字处处可见,其中大部分是纽约人,有些甚至是圈子内的朋友,甚至亲人。因此,牙买加·琴凯德、伊丽莎白·哈德威克的文章都入选了，还有很多《纽约客》或《纽约书评》的撰稿人，如琼·狄迪恩、亚当·戈普尼克、戈尔·维达尔、约翰·厄普代克、E. L. 多克托罗和安妮·卡森；还有所有记者都注意到了的戴维·里夫，他的随笔《受害者，全部？》1991年刊登在《哈泼斯杂志》上。丑闻并不在于桑塔格选入他的一篇文章——毕竟他现在在政治局势分析家的行列中占有一席之地——而是在导言和他的生平介绍短文中，没有任何一处提到戴维是她的儿子。沾亲带故？这种指责当然少不了。这说明她的生活圈子越来越小，她有没有想过这可能会造成问题？很有可能。这是她的权势、她对纽约文坛和政坛的影响力的证明？当然如此。很难想象文学共和国中一个更普通的公民会被授予这样的特权，然而你似乎不可能拒绝苏珊·桑塔格得到这一切。

这种特殊待遇和她有时居高临下或不屑一顾的态度，使她树敌越来越多。就帕利亚的例子而言，其攻击之刻毒是极端的，在攻击的公开化方面更是过于极端，但《火山情人》的作者不乏诋毁者，那些对她失望的人表达了自己对这个女人的恼恨，她行动起来就好像这个世界是属于她的。他们当中的一些人将自己的不满公之于众。

例如，在一次邀请她谈论《火山情人》的广播节目中，主持人克里斯托弗·林登提出了一个立刻让桑塔格感到不舒服的问题：两周前，她声称不认识卡米尔·帕利亚，这是真的吗？在试图躲闪这个问题，特别是给自己拖延时间想怎么答复以后，桑塔格点头表示同意。她立即开始自我辩解：她不可能什么都读，她的兴趣是多样化的，非常多样化，她要坚持这一点，但当然，她远远没有做到无事不知无人不晓。这位出版了一本所有媒体都在谈论的畅销书的作者，竟然从她的手掌中漏过，这在她看来是完全可能的，甚至是完全正常的。面对记者的坚持追问，她感到不耐烦，指责他想套她的话。

　　林登并不是唯一看这两个女人敌对热闹的人：纽约知识分子圈也饶有兴趣地关注着。这段插曲让人想起她与玛丽·麦卡锡的遭遇：桑塔格如今是饱经风霜的知识分子，必须面对帕利亚代表的新生代。

　　谁是卡米尔·帕利亚？她生于 1947 年，20 世纪 60 年代中期开始学术研究，《反对阐释》是她大学最初几年里的床头书。她在阅读该书时萌生了打破大学学科之间壁垒的愿望，从中发现了将流行文化作为严肃研究对象的可能性，最重要的是，她感激桑塔格刷新了文艺女青年的形象，给其赋予现代身份。[38] 在完成学业后——她在哈罗德·布鲁姆指导下，在耶鲁大学取得了博士学位——她的第一份工作是在本宁顿学院，一所以自由主义和多学科教育闻名的学校。读者们可能还记得，正是在那里，她请来桑塔格做一次讲座，度过了一个难忘的夜晚。[39] 帕利亚后来从本宁顿销声匿迹，她容易与人发生冲突的倾向导致校方要求她辞职，经过长时间的谈判，她最终同意了。离开佛蒙特州后，帕利亚才重新开始写作，并着手将她的博士论文改写成她的第一部畅销书，1990 年在美国出版的《性面具》。1992 年，《性、艺术与美国文化：随笔集》出版，在《火山情人》出版之时，她也为自己的书做宣传。两个女人就是这样在电视和报纸的版面上交替出现。这是一个让记者们开动脑筋的巧合，尤其是帕利亚还决心把自己打造成"新桑塔格"，女性主义知识分子的一颗新星。

　　但桑塔格没有任何要给予帕利亚认可的迹象：她似乎完全忘记《性面具》的作者就是那位在达特茅斯学院为她鼓掌、后来又在本宁顿学院迎接过她的年轻教授。帕利亚的单方倾慕，最终令自己恼羞成怒："她最后一半觉得好笑、一半感到恼怒地问我：'你想从我这里得到什么？'我支支吾吾地说：'想跟您谈谈，就这样。'错了。我想说的是：'我是你的继承人，看在上帝的分上，你居然察觉不到！'"[40]

　　从那一刻起，帕利亚的挫败感只增不减，她在准备复仇。她的目标实际上就是将自己定位为继承人，一个最终会超越她的偶像的天才少女。她关于桑塔格的论述是令人震惊的混合体，其中有赞美——"在她的最佳时刻，桑塔格代表了思想的独立性，以及对知识与艺术问题负责任的一生"；也有攻击："当《性面具》1990 年终于出版时，桑塔格和她的小圈子对待它的态度就像是史前化石，既暴虐又斤斤计较。"本宁顿的惨败比起作家无视她的侮辱来算不了什么："1991 年 9 月，(《性面具》)平装版出版，成为全国性的畅销书。一年后，我出版了一本新的畅销书，《性、艺术与美国文化》。你可能会期待从桑塔格那里得到一个模糊的认可信号：她很难声称（a）她主宰着知识界；（b）她却从未听说过一个有争议性的、国际知名的知识分子。" 41

这些句子出现在 1994 年发表的一篇随笔中，可能会让不了解其作者的人感到震惊。帕利亚以她的挑衅和她引发的争议性辩论而闻名，与她自以为的情况相反，她在美国激进女性主义圈子里尤其出名，但她的声誉几乎没有越过大洋。

回到 1992 年的秋天，她往四面八方挥剑，却没能击中对手，对手一直躲闪，默不作声。帕利亚的声明到了近乎怪诞的程度："桑塔格扮演着知识界的暴君，知识分子中的公爵夫人。我觉得我是她的复仇女神。我是她最早的崇拜者之一，现在我是她最糟糕的噩梦。"她声称"桑塔格不再是知识分子的巾帼领袖了：我才是"，42 "我才是 20 世纪 90 年代的桑塔格，毫无疑问"。43 戴维发现自己很难像他母亲一样保持冷静。詹姆斯·沃尔科特在为《名利场》写一篇帕利亚的人物特写时采访了戴维，他毫不犹豫地将她描述为"某种罗斯·佩罗*式的人物，是他人的平庸的产物"，醉心于"新法西斯主义

---

* 罗斯·佩罗（Ross Perot），美国商人、政客，曾在 1992 年和 1996 年两次独立竞选美国总统。

的话语"。[44]

帕利亚欣喜若狂,从这种公开的文学角力中得到了很大乐趣。她解释说,"她正在被一个年轻的对手取代,而我恐怕她的反应不怎么淡定"[45]。她指责桑塔格对现代社会一无所知,还责备她对此采取的态度就像"满大人"。据她说,桑塔格彻底放弃了学院生活,这就使她与现实脱节,这也就是她缺乏学术严谨性的原因。她加入了那些桑塔格批判者的行列,他们谴责桑塔格对欧洲的迷恋,指控她把自己的灵魂出卖给了欧洲白人男性(瓦尔特·本雅明、E. M. 齐奥朗、罗兰·巴特),这是一种对遥不可及的专横父亲的追寻。这是她为自己人生中父亲的缺失而开出的药方。[46] 从此,在她眼里,女作家只是一个"资产阶级的寄生虫"[47],认为对桑塔格终于可以盖棺定论了:"我追了这个婊子二十五年,我终于胜过了她。"[48]

桑塔格仍然像大理石一样冰冷。她允许自己在伦敦的《星期日泰晤士报》上发表一篇终结一切的评论,她将帕利亚与 20 世纪 70 年代的"可怕的孩子"诺曼·梅勒进行了对比,并得出结论:相比之下,后者简直就像一个唱诗班童子。[49] 帕利亚的名字不会再次出现在她的嘴边。沉默有时是最好的武器。

然而要重复最常出现的评价她的话,桑塔格在很多人看来是傲慢自大的,(过分)肯定自己,她的独创性有时被理解为目空一切。佐薇·赫勒是《独立报》派来采访桑塔格的英国青年女记者,她为作家描绘的肖像,虽然按意图而论是正面的,却让不止一位读者看了咬牙切齿。她形容桑塔格"出场效果极佳",这得益于她那气势逼人的体格,"身材相当高大,由庞大但有协调感的骨骼堆砌而成",并炫示着她精心设计的波希米亚风格打扮:"她的外表是不修边幅的——皱巴巴的T恤衫一层叠一层,稀奇的拖鞋像是手工编织的,还有牙齿上的尼古丁斑点——同样令人不可思议。而在她狂野的黑色鬓发前面，有一绺厚厚的花白头发，经常掉进她的眼睛里。"她的行为举止让赫勒有些尴尬：桑塔格"很大声地点了一杯黑咖啡"，在被全体顾客侧目而视后，她仍然"极端无动于衷，尽管周围引起了骚动"。[50] 这次采访是 1992 年 9 月中旬在柏林进行的，当时她正在探望健康状况不断恶化的阿尔弗雷德·鲍尔。

11 月底，她再次来到德国首都，在南·戈尔丁的家中享用传统的感恩节大餐，这个场合下又出现了桑塔格已经习以为常的那些场景。鲍尔的一些朋友聚集在这位艺术家家里，有一张桌子是遥遥保留给安妮的，她无法亲自到场。

英国诗人詹姆斯·芬顿曾以为在晚餐桌上增加一点自己的点缀是件好事，他把一束鲜花放在了一个不凑巧的位置："我还记得当时苏珊的表情，因为很快就变得很明显，花瓶对桌子来说太大了，会干扰谈话。她燃起了怒火。我能看出她在想什么：谁会这么粗俗或愚蠢，把那些花放在她的视线里？我们是来聊天的，看在上帝的分上，不是来看一束花。然后，我还没来得及纠正自己的错误，她就用悍妇一样的眼神和手势把花夺走了。"[51] 芬顿意识到对这种令人难以忍受的行为进行评判是很轻易的事，便选择一笑了之：他很欣赏《疾病的隐喻》作者直截了当、拒绝被无谓的表面之物困扰的能力。

莱博维茨在她的伴侣的生活中越来越多地扮演着"为所有人服务"的"伟大组织者"的角色，她就像一个指挥家，确保着苏珊的生活尽可能协调地运转。她搬入了伦敦露台的顶层公寓，她的窗户和露台正对着桑塔格的窗户和露台，这让她更充分地承担起了这个角色。在财务越来越宽裕的情况下，摄影师雇用了一名清洁女工和一名厨师，他们的职责包括不事声张地监视作家室内与冰箱的情况。她的目标首先是让苏珊能在完全安静的环境中写作。曼哈顿并不十分合适：有太多的干扰，无论是职业上的，还是交友上的，而桑塔格自己也承认，在旅行中她写的东西很少。这就促使莱博维茨进一步研究起在纽约周边买房的想法。她曾在长岛的汉普顿租过一段时间的房子，但它在纽约人当中的受欢迎程度，使它无论多么僻静，都只能是相对安静。《纽约时报杂志》上的一则广告促使她去探索州北部的情况，她在小城新帕尔兹周边租了一座小小的打猎小屋，这里离曼哈顿有两个小时的路程，以17世纪末清教徒移民建造的石头房子闻名。桑塔格在那里重新找到了大约二十年前她在妮科尔·斯黛芬的乡间别墅里体会过的宁静，一有机会，她就躲避到那里写作。

又一次，似乎没有什么比确保伴侣的舒适、分散她的注意力，更让莱博维茨感到高兴了。1993年1月16日，桑塔格将年满六十岁。安妮发挥她所有的组织才能的机会来了，她给桑塔格带来了长期以来梦寐以求的东西：去埃及旅行，当然，是在戴维的陪伴下；还有两三个朋友，英国画家霍华德·霍奇金和他的伴侣安东尼·皮蒂，以及同时是密友和助手的彼得·佩龙。

霍华德·霍奇金对《我们现在的生活方式》感触极深，1987年以来，他就开始创作铜版画，借用该文中的片段作为标题。伦敦的卡斯滕·舒伯特画廊为之制作了限量版，英国出版商乔纳森·凯普制作了普通版，在美国又被FSG出版社重新采用。所有的销售所得都捐给英美慈善机构。关于霍奇金的艺术，桑塔格说，他的"想法是把尽可能多的色彩、尽可能多的情感放到每一幅画中"。他的画作提供的是情感，而非印象，"几乎没有……任何明显模仿现实的形体"，并旨在"保持那行将逝去的瞬间的视觉新鲜感，即某物被看

到的一刹那。霍奇金的目标是在某物被看到以后，在它获得了内部
必然性的沉重装饰以后，重新创造对该物的所见"。[52]

　　尽管书卖得慢，没有产生预期的利润，桑塔格却从中获得了一
段友谊。霍奇金出生在一个诞生了很多名人的贵格会家庭（譬如他
的曾祖父托马斯·霍奇金，此人发现了以其名字命名的霍奇金淋巴
瘤；他的堂兄罗杰·弗莱是艺术评论家，也是弗吉尼亚·伍尔夫的
朋友）。他在伊顿公学接受教育，直到有一天从公学逃了出来：他想
成为艺术家，而非律师或医生……作为一名画家，他教书是为了自
己和家人过活。他与桑塔格的另一个共同点是：他结过婚，有两个
儿子，然后才接受这一事实——这不是属于自己的生活——承认了
自己的同性恋身份。

　　认识苏珊时，他已经和音乐评论家安东尼·皮蒂同居了五年，
久而久之，他们成了桑塔格-莱博维茨的好友。他们对冬日的威尼斯、
对旅行的热爱尤其一致。接下来，他们连续几年在威尼斯的总督宫
见面，在他们最喜欢的酒店之一格里蒂宫的沙龙里庆祝新一年的到
来。1993 年，一次在尼罗河上的乘船旅行让他们走到了一起。苏珊
梦想着能游览埃及，而她的六十岁生日在安妮看来似乎是做这样一
次旅行的理想时机。1 月 7 日，他们在卢克索*的冬宫与已经上路的
戴维会合，11 日登上"阿布·辛贝勒"†号，沿河而上直至阿斯旺，
进行为期八天的游船之行，并参观尼罗河谷这一带的景点。1 月 16
日，桑塔格正是在这样的亲密陪伴下迎来了她的六十周年寿诞。

　　在一篇专门介绍霍奇金作品的文章中，她回忆了这次旅行，她
的旅行印象似乎与对画家的印象紧密地交织在一起："……有一天你
伫立在船的栏杆边，船从卢克索出发，沿尼罗河而上，一日过去，

---

*　卢克索，位于埃及中部，埃及古都底比斯遗址所在地。——编注
†　阿布·辛贝勒亦有同名遗址，位于阿斯旺以南。——编注

已是黄昏。你只是凝望着，没有旁的。没有什么文字是你必须写在纸上的；你没有画素描，你也没有拍照片。你只是凝望着，有时眼睛疲乏了，你重新望去，你就会感到满足、幸福，但也无比焦虑。"[53]照片是安妮拍下的：霍华德与苏珊；苏珊在桥上，凝望着她生日那天早晨从河上升起的太阳；还有苏珊和彼得在吉萨*的场景。

从埃及回来后，桑塔格正准备重新坐到书桌前，构思她的第四部长篇小说，国际新闻却把她推向了一场新的冒险。她在改《火山情人》的校样时，中欧正在坠入战争。1990 年，柏林墙倒塌后，南斯拉夫联盟解体，每个地区都组织了选举，随即举行全民公投，最终走向独立。就这样，1992 年 3 月 1 日，波斯尼亚和黑塞哥维那成为独立的共和国，离开了一个现在只剩下黑山和塞尔维亚的联邦。如同世界上许多地区一样，边界并未反映出种族的割裂，塞族人对公投提出抗议，表示拒绝分裂。一个月后的 4 月 6 日，萨拉热窝遭到塞尔维亚军队的轰炸，该地区陷入了持续三年的冲突。

戴维·里夫当时正在写关于第三世界国家向欧洲移民情况的文章，1992 年夏天，他本来是为了做这方面的调查才去南斯拉夫的。和所有人一样，他也在电视上关注着波黑的冲突，却未曾想到他将在未来三年的大部分时间里往返于这一地区。1992 年初夏，他同意报道塞族人进行的种族清洗，最近有数名成功进入塞族人设立的拘留营的记者在政治上谴责了这一政策。里夫的调查是从柏林的一个难民营开始的：在那里，他遇到了一些幸存者，他们把自己的所见所闻告诉了他，并让他对那边发生的事情做好心理准备。在柏林之

---

* 吉萨，埃及城市，吉萨省首府，其南郊为狮身人面像等古迹所在地。——编注

后，他前往萨格勒布*，从那里出发前往波斯尼亚。他说，他只凭着"偶然"，"没有任何真正的战争经验"。[54] 随着越来越深入该国腹地，他意识到从驱逐人口到系统性清除所有穆斯林文化的痕迹，已经发生了一千零一种方式的种族清洗。

在这第一篇报道之后又跟进了许许多多其他报道，里夫从此成了往返于萨拉热窝和纽约之间的新闻记者之一，偶尔也为波斯尼亚朋友担任临时信使，带来欧洲和美国仍然充耳不闻的消息，他也是一场被电视录下的种族灭绝的见证人。

1993 年 4 月，他的母亲决定与他同行。就像她在去机场前几个小时给评论家托马斯·弗里克的信里写的那样，她不确定自己的动机是什么："我今天有点心不在焉，很大程度上是因为两个小时后我就要去机场，开始前往萨拉热窝的旅程，我预计在那里待上十天左右。我不是谁'派'去的。我有一种感觉，我是被召唤到那里的。我不知道我会不会写点什么，但在我看来这是正确的做法。"[55]

她在那里待了两个星期，会见政治家、艺术家和作家。刚一回到纽约，她就向丹尼洛·契斯的女友帕斯卡尔·德尔佩什吐露，她已经满脑子想着再回到那边："我在萨拉热窝待了几个星期，刚刚回来。真是令人心痛。我的灵魂和我的心都留在了那里，我计划在 7 月中旬回去——如果那座城市还没有落入塞尔维亚人之手的话——在他们唯一还在营业的剧院里导演《等待戈多》。（目前唯一在上演的剧目是《头发!》，演出频率极低，而且在下午 1 点。）你能想象萨拉热窝的生活是什么样子。大多数时候，人们只是想避开子弹和迫击炮的轰炸，同时做他们该做的事情，基本上就是排队领取联合国的捐助，食物、药品和燃料。"[56]

---

*　萨格勒布，克罗地亚首都和最大城市。——编注

桑塔格就是带着满脑子波斯尼亚城市的残破景象，去参加哥伦比亚大学的毕业典礼的。这片校园她十分熟悉，她在最终放弃学术生涯之前曾在这里任教，现在她在这里获得了荣誉博士学位，这是美国大学授予的最重要的认可。和她一起上台的还有喜剧演员、人权倡导者哈里·贝拉方特、爱尔兰共和国总统玛丽·罗宾逊、网球运动员阿瑟·阿什的遗孀——她是来接受授予几个月前去世的丈夫的荣誉的，还有诺贝尔经济学奖获得者加里·贝克。

收到哥伦比亚大学的信后，桑塔格很快就写信给她猜测中提名了她的人，这所大学的副秘书帕特里夏·比尔菲尔特，此人曾多次向她表达敬佩之情。帕特里夏在纽约艺术界很有名气，现在刚刚退休。这是苏珊·桑塔格第一次收到这种提议："我希望您知道，这是我接受的第一个荣誉博士学位。迄今为止，还从来没有与我有过联系的大学向我颁发荣誉博士学位。他们通常想要的是毕业典礼上的免费演讲。哥伦比亚大学不是这样的。退休后的日子怎么样？希望19 日能见到您。是您开始了这一切，对不对？"[57]

机遇有时带来的是讽刺：不到一个月后，她就出于同样的原因在哈佛大学现身。现在，她已经是这座大学的"文学博士"了，而在这里，早在二十五年前，她放弃了写完博士论文的想法。跟她同一批登台的人跟在哥伦比亚大学时一样远近驰名，只是可能更五花八门：彻底改变了烹饪艺术并将法餐引入美国的朱莉娅·蔡尔德、印度音乐家拉维·香卡、尼日利亚作家沃莱·索因卡，还有科林·鲍威尔都与她并排，还有其他受人尊敬的历史学家和科学家。

这段插曲并没有让她忘记自己的承诺。7 月中旬，她已经在去萨拉热窝的路上，行李箱里装着法文版和英文版的《等待戈多》、手电筒、储备电池，还有她的防弹背心，这是为了安全而做出的必要让步。这座城市已被塞尔维亚军队围困，食品和药品供应由维和部队保障，电力不稳定，取水是居民在日常生活中需要冒生命危险的主要原因。外国人、记者、军人及像桑塔格这样的罕见来访者都被安排住在假日酒店，受到联合国部队的保护。特殊待遇也就到此为止了：水和其他地方一样是供给制的，而发电机并不总是足以应付该地区的断电。

在萨拉热窝导演戏剧的想法源于她与一位年轻的导演哈里斯·帕索维奇的会面，后者向她提供了自己的剧院。与此同时，《等待戈多》立即闯入她的脑海：这部戏"仿佛是为萨拉热窝而写的，也是关于萨拉热窝的"。而对于那些谴责她在绝境中搬演绝境的诋毁者，她说，恰恰相反，"在萨拉热窝，就像在所有其他地方一样，当很多人看到自己对现实的感觉被艺术肯定和转化，会感到欣慰和安慰"。[58]

她在到达的第二天就组织了一次试镜。选择是困难的，还没有从这座城市中逃离的演员都渴望着登上舞台，他们没有其他报酬，除了在从事自己的本职之时，能获得一种重归常态的满足感。因为一个女演员打动了她，她决定角色分配将"超越类型，可以确定的是这里所涉及的戏剧是罕见的真正具有意义的戏剧，因为人物形象都是典型性的，甚至是寓言性的"[59]。因此，剧中波佐一角将由一个上了年纪的女人扮演，"幸运"一角将由一个三十多岁的男人扮演。对弗拉基米尔和埃斯特拉贡的角色，候选人趋之若鹜。桑塔格决定采用"贝克特设想过的：两个男人，居中，但在舞台左侧会有两个女人，右侧则是一男一女——夫妻主题的三种变奏"。然后只剩下戈多的信使了，传统上是由一个孩子来扮演的。在没有儿童演员的情况下，这个角色交给了一个成年人，米尔扎·哈利洛维奇，"长着一张小男孩的脸"。[60] 剧中的信使哈利洛维奇，也是剧团的翻译：有些演员不会说英语，另外一些演员能听懂的有限，所以他这方面的才能显得十分宝贵。

语言问题是这次行动的核心问题。首先，以一种完全在意料之中的方式，桑塔格不会说"母语"（"塞尔维亚-克罗地亚语"的称谓带有政治意味，因此从萨拉热窝被围困者的词汇中被驱逐了出去），要靠着翻译和一遍遍转译才能与她的演员们交流。为了执导这部作品，她制作了一个三语文本，塞尔维亚-克罗地亚语文本出现在法语和英语译本之间，这个文本的打字页面（用来打字的机器的色带都快没有墨了，桑塔格点明）看上去完全就像一部管弦乐队的总谱。十天时间内，作家在语音上理解了用演员们的语言念的文本，不用再求助于翻译就能跟上他们。

语言的复杂性不仅仅体现在演员和导演之间相互理解的问题上。帕索维奇曾答应给她这部剧作的塞尔维亚-克罗地亚语版本。自 20 世纪 50 年代以来，这部剧已有几个不同译本。然而在她抵达后，她得知他正在重新翻译这部文本。被问及为什么要这样做时，剧院导演解释，问题不在于现有译本的质量，而在于"这里现在是波斯尼亚了。我们想把这个剧本翻译成波斯尼亚语"。她听了觉得很有意思——迄今为止，塞尔维亚-克罗地亚语似乎才是她身边的人使用的语言——她很难理解两种语言之间的差异："在这个译本中，什么才是真正波斯尼亚的？——那就是它是在萨拉热窝被围困的情况下翻译出来的。"[61]

就像她在舞台上选择的不是一对而是三对演员一样，在她导演用的剧本中也使用了三种语言（如果算上"母语"，甚至是四种语言），这与贝克特的语言构成了讽刺性的和谐："这个故事中额外的对称性在于，因为贝克特用两种语言写了他的剧本——英文版的《等待戈多》不仅仅是从法语版翻译过来的——这个剧本有两种原始语言，我对这两种语言都很精通，而现在它又有了两种翻译，用的是我完全不懂的语言。"[62]

各种各样的障碍都成了规则。由于遭到轰炸，排练在剧院的地下室进行，几乎是在一片黑暗中。蜡烛和电池都是稀罕物，用起来得精打细算："光秃秃的舞台上通常只点着三四根蜡烛，再加上我带来的四支手电筒。"而演员们到达剧院时，往往已经筋疲力尽：在来排练之前，他们必须确保为家人供应食物和水，然后尽可能地走有掩护的路线来到这里，冒着生命危险穿越城市，通常空着肚子。桑塔格试图用手头的东西来解决这一局面。《华盛顿邮报》的记者目睹了她早晨的仪式，报道说："苏珊·桑塔格在肩上背的棉布袋里装满了不新鲜的小面包，神情显得有些内疚。她已经在包里放了十五个小面包，正准备在假日酒店的餐厅中再拿三个，她最近五个星期都住在这里。'这是我早上的任务，'她带着讽刺的微笑说道，'这是给我的演员们的燃料。通常在你指导演员的时候，他们会待在原地。在这里，他们干脆躺在舞台上。这场战争让他们精疲力竭。'"[63]

在由回收材料制成的简朴的舞台布景中心，在幸运和波佐的对面，站着三对弗拉基米尔和埃斯特拉贡。第一对是贝克特想象中的"一对哥们"；第二对是丈夫和妻子，"大吵大闹，怨声载道，灵感来自（苏珊·桑塔格）在曼哈顿市中心观察到的无家可归者"；而第三对则构成了"另一种伴侣"，是母亲和成年的女儿，"在这一对身上，温情和互相依赖中混杂着恼怒和怨恨"。[64]限制和选择大大延长了剧本的长度，因此，桑塔格决定将自己导演的这部戏限制在第一幕，在她看来第一幕"本身就是一出完整的戏"。这样一来，既可以成倍增加演出次数，让尽可能多的人观看，又可以降低风险——剧院随时可能被迫击炮弹击中，坍塌在观众身上。而从政治角度看，这个决定似乎是极为合适的："我觉得第一幕的绝望可能对萨拉热窝的观众来说已经足够了，我不想让他们看到第二幕的时候，戈多还是没有到来。也许我潜意识里想要提出，第二幕也可以是不同的。"[65]

在萨拉热窝，桑塔格的存在并没有被忽视。首先，正如她自己所言，她住在"记者宿舍"里，而记者们要追踪她的行动，就要坐在前排座位。据她说，她一走出房间，采访请求就纷至沓来：她的本能是拒绝，但帕索维奇不同意。在他看来，他的杰出合作者产生的宣传效应只应该为他的事业服务，即他的剧院和他组织的艺术节，而《等待戈多》已经被纳入他的艺术节的框架。演员们才不会因为被打断而恼火，反而受宠若惊，希望能谈一谈萨拉热窝和他们的苦难。

最后，桑塔格玩起了游戏，她接受采访和拜访，并且更进一步：她同意让妮科尔来拍摄排练场面。《在萨拉热窝等待戈多》首先是一份对围城下的生活状况的报告。电影人想要表现的是"波斯尼亚首都的殉难"的现实，是恐惧，是不停的枪击，是毁坏——镜头长时间停留在图书馆的废墟上，那里完成了"对记忆的谋杀"——是遭到破坏的街道，还有山丘上传来的不绝于耳的狙击枪声。居民们接受了采访，谈到了缺这少那与出门取水的危险，保持某种哪怕只是近似于尊严的东西的渴望，出行的困难——我们看到男女老少在街上、桥上奔跑着躲避子弹——他们唤起的是孤独、恐惧和未来的不确定性。

作为对这些日常场景的对位，妮科尔·斯黛芬让文化人、戏剧导演、作家和演员发言，他们一致认为：苏珊·桑塔格在他们中间，这给他们重新带来了希望，他们钦佩她的献身精神，并将她视为他们事业的理想代言人。制作方面：展现前女友的行动带给电影人的乐趣是显而易见的。作为导演的桑塔格是有帝王气派的，她在半明半暗中手持剧本，身边有翻译作为副手。而当她直接对着镜头说话时，她是在把自己和1936年去西班牙与共和党人并肩作战的作家们做比较。海明威、奥威尔、马尔罗、奥登都是她的参照物，她嘲弄那些胆小的知识分子，他们顶多在萨拉热窝待上二十四小时，这点时间刚够他们在追随而来的记者的摄影机面前表完态。他们不肯将自己置于危险之中，甚至不肯放弃数日的安逸："可悲可叹"是桑塔格对他们的评价。[66] 她向出席话剧首演的《纽约时报》记者发表了类似的评论，[67] 这将使所谓的"知识分子"在巴黎或纽约舒适的扶手椅上做出反应。《新标准》杂志的主编希尔顿·克雷默，也是她长期以来的死对头，再次跻身对她言辞最刻薄的批评家之列。同样拿西班牙内战做比较，他写道："事实很不幸，他们在西班牙的存在完全没有对西班牙战争的结果产生任何影响，而桑塔格女士在萨拉热窝的聚光灯下的存在同样不会让这场战争的结果变得不同。毫无疑问，她或她的儿子戴维·里夫会把它写成一本书——也会得到很高的稿酬。但是这场战争的结果将不会取决于作家们及其在道德上充满勇气的高姿态，也不取决于他们是否有希望创作出'这个时代最好的文学作品'。就像所有战争一样，这将取决于前线和谈判桌上的斗士们，他们从来没有听说过苏珊·桑塔格。"[68]

因此，作家的付出在他眼里不过是一场走火入魔的宣传大戏。毫不奇怪，这也是卡米尔·帕利亚的看法，她谈到了"时髦的异化"，并指出如果桑塔格当真关心人类的痛苦，她可以先从去哈莱姆区排一出戏开始……[69] 桑塔格将在1995年她关于萨拉热窝之行写的第二篇文章中对这一指责做出回应。"一般说来，少数自认有良知的知识分子在今天只能被动员起来在自己的国家内采取有限的行动——例如反对种族主义或审查制度——只有在自己国家内部的政治参与在今天看来才是真实可信的。"她还补充说:"民族主义的沾沾自喜情绪再度获得了新的威信。"。[70]

在法国,同样不乏批评声。让·鲍德里亚谈到《等待戈多》的上演是一种"文化上的自我打气",并认为这场冒险充满了对波斯尼亚人的傲慢。[71] 贝尔纳-亨利·莱维本人曾多次往返萨拉热窝,以战争为背景进行表演(在街头被采访时,他被拍到正在寻找掩护,带着一种戏剧化的镇静态度……[72]),他甚至连桑塔格这个名字都不想提,她的付出在他面前大概要黯然失色……而桑塔格本人也曾讥笑安德烈·格卢克斯曼*,他来了波斯尼亚首都几小时,时间刚刚够在摄像机前发表声明。

她的行为的动机是什么,这个问题总会被问到。也许《华盛顿邮报》的约翰·庞弗雷特的描述是最接近真相的:"桑塔格之所以出现在这里,部分可能是因为她骄傲于她比别人更强壮……在萨拉热窝,她不穿防弹衣,开着一辆破车(而非装甲车)在城里四处乱转,这很容易被藏在山上的无论哪个塞尔维亚狙击手变成一块满是窟窿的格鲁耶尔奶酪。"[73] 骄傲,怀有一种有时近乎不自觉的勇气,还有一颗被这座城市和它的居民打动的心。《等待戈多》在持续近三年的战争的舞台上最后一次落下帷幕后,她的生活仍将点缀着一次次往返波斯尼亚的旅行,在那里,她会与正在继续调查工作的戴维及热切期待她来访的朋友们相遇。萨拉热窝占据了她的思绪。"这时,你会发现,"她写道,"只有那些自己也去过波斯尼亚的人,你跟他们一起才会觉得舒服;或者经历过其他大屠杀——萨尔瓦多、柬埔寨、

---

* 安德烈·格卢克斯曼(André Glucksmann),法国哲学家,法国"新哲学"的缔造者,曾活跃于五月风暴中,他支持美国对伊拉克的战争。——编注

卢旺达、车臣; 或者至少是亲身体会过什么是战争的人。"

在纽约的时候, 她致力于宣传, 试图推动波斯尼亚人的事业, 主张快速干预, 解除围城。她的声音没有人听到, 并不比法国的贝尔纳-亨利·莱维强: 弗朗索瓦·密特朗肯听他说, 但他无法说服总统对抗那些曾经跟盟国一起抗击纳粹的人……正如桑塔格提醒的那样: "不应当低估反穆斯林偏见的影响, 这种偏见是一个大多数人都已经世俗化的民族会有的本能反应。与他们的南欧邻居一样, 他们也受到当代消费社会文化的渗透。为了制造这本质上是一场宗教战争的假象, '穆斯林'这个标签总是被用来描述受害者, 描述他们的军队和政府——却没有人会想到要把入侵者描述为东正教徒和天主教徒。"[74]

与希尔顿·克雷默暗示的相反, 苏珊·桑塔格不会把她在萨拉热窝的经历写成一本书: 她把这一特权留给了戴维, 她风趣地说, "这是家族企业的分工"。[75]1993 年秋天, 她在《纽约书评》上发表了一篇长文, 介绍了她那年夏天在萨拉热窝逗留的情况和导演贝克特戏剧的冒险经历, 这篇文章和她在《代顿协议》签署后发表的另外一篇文章一起, 构成了她关于波斯尼亚的写作的主体。[76]

《等待戈多》的头两场演出在 8 月 17 日举行。首演结束时, 萨拉热窝市长穆罕默德·克雷舍夫亚科维奇上台宣布桑塔格已成为该市的"荣誉市民", 以回报她的到来和她坚定不移的支持, 在此之前, 只有一名外国人获得过这一荣誉, 他是菲利普·莫里永将军, 1992 年 10 月至 1993 年 7 月联合国驻波斯尼亚部队的指挥官。而在第二场演出开始前, 桑塔格上台向观众解释, 该剧其实只有第一幕: "正确的标题是《等待戈多: 第一幕》。我们都在等待第二幕。"这是用另外一种方式强调该剧与萨拉热窝居民所处环境的相关性, 在这里，欧洲人和克林顿就像贝克特的戈多一样难得一见……

　　尽管这次执导舞台剧造成的媒体影响和政治影响毋庸置疑，但另一方面，那些主张剧作家权利的人对该剧的处理方式尤为不满，更何况桑塔格并没有去申请版权……直到两年后，她才通过贝克特在格罗夫出版社的美国编辑巴尼·罗塞特获悉，作家的侄子爱德华·贝克特对她极度不满："我在巴黎时见到了热罗姆·（兰东）*，我们详细地讨论了苏珊·桑塔格在萨拉热窝挑战戈多的事。不用说，他气得要死，她根本懒得去征求许可，当然，她制作的这种戏本来也是不会得到许可的。我刚刚拿到了她在《纽约书评》上的文章，这篇文章被英国《观察家》杂志转载，很明显这一切都是为了她自吹自擂而设计的宣传噱头，而萨姆†不幸被拖入其中。无论如何，热罗姆让我告诉你，她再也不能接近戈多或萨姆的任何剧本了——永远也不能。"[77]

　　贝克特生前曾抗议过琼安娜·阿卡莱蒂斯制作的《终局》，这个版本以废弃的纽约地铁站为舞台布景。桑塔格当时为她辩护，以文本未被改动为由，并提出导演的自由诠释原则。贝克特和阿卡莱蒂斯达成了协议：原著的舞台指示被包括在发放给观众的节目单中。在这次排演《等待戈多》的情况中，爱德华·贝克特面对的是一个战火中的国家昙花一现的短期制作，他几乎没有什么解决办法。桑塔格被禁止使用这位作者的任何作品，这种禁令的分量只是相对的，而且在这一类纠纷中，并不能确定贝克特的作品一定能成为赢家，这也是经常出现的情况。

---

*　热罗姆·兰东（Jérome Lindon），出版人，曾任法国午夜出版社社长，贝克特的遗著版权保管人。——编注
†　萨姆（Sam），萨缪尔·贝克特的昵称。——编注

1993 年 8 月 20 日，桑塔格取道萨格勒布返回纽约，联合国的货机从那里向萨拉热窝提供航空桥*服务。在一个小时内，旅行者就从一个荒凉的世界来到了一个一切正常运转的城市，在这里，她可以洗澡，可以选择餐厅。更糟糕的是，"当你重返自己的'正常'的城市（纽约）时"，她说道，"跟你说话的人并不想知道你看到了什么，他们不想让你谈论那里的居民的痛苦、困惑、恐怖和屈辱"。她明白，只要围城和战争还在继续，"世界将永远分为一个'彼处'和一个'此处'"。[78]

在 1993 年 8 月的采访中，桑塔格宣布她将在秋天回到波斯尼亚，导演一部新戏，可能是契诃夫的《樱桃园》。在此期间，她还要出席一次首演：《床上的爱丽丝》将于 1993 年 9 月 15 日在柏林邵宾纳剧院首演。

一切就绪，利布加特·施瓦茨已经准备好了，鲍勃·威尔逊这个发号施令的人却很紧张。在她抵达前几天，他给她寄去一封信，提议她参加彩排："我想您最好在周六晚上 8 点和观众一起看第一场演出，我很害怕您会怎么想。我们周五再谈。我爱您。鲍勃。"[79] 结果比预计更令人满意，演出获得了一定程度上的成功；在场的少数美国评论家之一，乔纳森·卡尔布不得不承认，这次他的怀疑主义是不合适的（他曾经不待见《雅克和他的主人》）。"这出戏其实很不错"，他写道。他还对威尔逊的审美大唱赞歌，称其简洁优雅的布景并没有压倒文本，反而增强了文本的力量，突出了文本的精炼。而他的结论无疑直接道出了作者和导演的心事，他强烈建议该剧在美国上演："这部《床上的爱丽丝》的框架和它的审美策略是令人信得

---

*　航空桥（pont aérien），飞机普及之后发展出来的一种空中运输系统，一般会在其他（海、陆）运输方式被阻隔时启用。——编注

过的，它可以与基顿和卓别林并列，在同一个国家。而这个国家——
巧合的是——正是它的作者和导演的国家。"[80]

　　当最后一场演出落下帷幕时，这不仅是这场戏剧冒险的结束，
也是一个时代的结束，更是那个属于桑塔格的柏林时代的结束：阿
尔弗雷德·鲍尔在 8 月 18 日去世，当时离首演只有几周，时年
四十七岁。10 月 7 日，她参加了他本人在去世前几个月筹备的仪
式，他请朋友们朗读——她朗读了《心问》的节选，这是鲍尔特别
喜欢的一篇文章——并放映了他最喜欢的一些电影，如劳莱与哈代
1928 年的喜剧短片《两个水手》，以及电影人克里斯蒂娜·诺尔·布
林克曼的一部很短的实验性纪录片，她的作品经常在"兵火库"影院
放映。对苏珊来说，那张令人悲伤的名单上又多了一个朋友的名字，
那张名单又长了一寸。

　　几天后，桑塔格回到美国，她来到纽约州北部的萨拉托加温泉
市：斯基德莫尔学院也授予她荣誉博士学位。10 月 12 日，她应邀
举办一年一度的"弗朗西丝·斯泰洛夫讲座"。这个系列讲座是为了
纪念这位萨拉托加温泉市本地人，她于 1920 年在纽约创办了哥谭
书店，这家书店以其文学资源和诗人员工如艾伦·金斯堡而闻名。
1967 年退休后，斯泰洛夫继续住在书店楼上，她几乎每天都会去书
店，成为新一代顾客熟悉的存在，直至 1989 年去世。在这个场合，
桑塔格直接选择了朗读《火山情人》中的一个片段。

　　波斯尼亚远远不是桑塔格唯一献身的政治事业：她在国际笔会
中一直非常活跃，她的名字经常出现在声援作家和出版商的请愿书
下方，其中最显著的例子是萨尔曼·鲁西迪。过了三年的地下生活
后，应哥伦比亚大学新闻学院的邀请，这位作家获准前往纽约，在

1991 年 12 月 11 日举行的纪念美国宪法第一修正案两百周年的晚宴上接受致敬。该修正案规定："国会不得制定关于下列事项的法律：确立国教或禁止宗教活动自由；限制言论自由或出版自由；或剥夺人民和平集会和向政府请愿申冤的权利。"

这位作家的登场成为芭蕾舞剧，其流程编排将长期不变：他的名字不出现在节目单上，只有一两个人掌握他要来的消息，他是在所有宾客坐定后才被引入房间的，只要他还在，任何人都不能离开房间，在他走后十五分钟才能离开。而且他的出现总是有数量可观的便衣和制服警察陪同，物品则由装甲车和军用飞机运送。换句话说，这是一场军团作战，它的实行得益于他的代理人——安德鲁·怀利——的坚持，也要归因于美国大学都想证明自己对著名的"言论自由"心心念念，用这位作家的话说，这种自由就是"生命本身"。当晚齐聚一堂的教员和记者情绪热烈，他们都意识到自己正生活在一个历史性的时刻，他们仅凭自己的存在和掌声捍卫了他们国家的宪法的这一重要修正案。

在这初次的美国一游中，怀利曾为"约瑟夫·安东"安排了两次会面，这是情报机关给鲁西迪取的假名。鲁西迪幽默地回忆起当时的情景："苏珊·桑塔格第一个到场，亲吻了他，并给他讲了笔会美国分会为他所做的和计划要做的一切。然后艾伦·金斯堡从一扇门里出现，苏珊从另一扇门被领出去，这样两位美国文坛大腕就不会互相照面。他不太理解这个策略的必要性，但安德鲁向他解释说这样是最好的，可以避免两个自视甚高的作家发生冲突。"[81]

第一次访问的成功（没有发生意外，而且得到了纽约知识分子的支持），使鲁西迪得以向英国保护者请求时不时前往美国的权利。

1992 年夏天，他住在长岛安德鲁·怀利家里，虽然没有被安排公开露面，但他在兰登书屋的编辑趁机在纽约以他的名义举办了一次晚会，怀利夫妇在家里组织了一个派对，邀请了一些"亲密朋友"，其中当然包括桑塔格。对于这位英国作家来说，这次聚会是一个发现桑塔格性格的另外一面的机会："安德鲁组织了一次派对，其间，SS显露出一个有趣的怪癖。她身上真的有两个苏珊，一个好苏珊和一个坏苏珊，如果说好苏珊聪明、有趣、忠诚，特别是很有气场，那么坏苏珊可能就是一个粗暴的怪物。怀利事务所的一个年轻女员工对波斯尼亚战争发表了一句评论，让苏珊很不高兴，坏苏珊开始对她咆哮，这个年轻女人突然有被吞掉的风险。这场战斗是不平等的。"鲁西迪和另外一位客人串通一气转移了话题，开始谈论棒球、葡萄酒，只要他们能想到的，什么都谈。"最后苏珊闭了嘴，被这么多毫无意义的琐碎话战胜了，而那个年轻的女人得救了。"[82]

与很多人相反的是，鲁西迪总会对这位朋友的"有趣的怪癖"投去愉快而又纵容的目光，事实证明她对他的支持将是坚定不移的。1993 年 11 月，在麻省理工学院的一次讲座上，她是他的掩护（他称她为他用来伪装自己的"我的胡子*"）。鲁西迪从该大学的一位院长那里获得了"人文学院名誉客座教授"职位，[83] 这对于在其他情况下不颁发名誉博士头衔的麻省理工学院来说是一项罕见的荣誉（前任得主之一是温斯顿·丘吉尔）。仪式由苏珊·桑塔格以朗读的形式主持，近六百人到场聆听她的讲话。在朗读时，她介绍了萨尔曼·鲁西迪，称他是"我们这个时代的伟大作家之一"，"因为他写了一部小说"而被判处死刑。和在哥伦比亚大学时一样，听众报以热情洋溢的欢迎，鲁西迪会记得：他的这位朋友用来谈论他和他的作品的话比他被授予的荣誉更感人至深。[84]

---

* 英文中"胡子"有同性恋者用来打掩护的假女伴之意。

桑塔格的这一年在威尼斯结束，霍华德·霍奇金和安东尼随行。1994 年，桑塔格将会下定决心把尽可能多的时间投入新一部长篇小说中。这部小说将带来几次意大利之行，作家会在那里找到必要的宁静和与世隔绝的环境。

春天，她应邀入住位于贝拉焦的洛克菲勒基金会，这是一个科莫湖湖心的岛屿。寄宿者们在米兰落地，一辆汽车来接他们，并送他们去坐通往贝拉焦的渡轮。这座村庄历史悠久，风景如画，依山势而建，基金会就坐落在这里。建于 1540 年的塞尔贝里诺别墅是基金会的主要建筑，它位于一个林地花园的中心，花园中几座其他建筑已经被修复，并改造成可供住宿和创作的场所。

寄宿者们在一个月内（实际上是二十七天）可以随意使用一处套房，包括一间卧室和一间办公室，并被邀请到别墅的餐厅或露台上与其他包括艺术家、学者、作家在内的寄宿者（通常是二十几个人）一同用餐，互相交流和讨论受到大力鼓励。基金会还组织了更为正式的交流活动，形式是每人就自己选择的主题进行简短的演讲。基金会的目标不是限制寄宿者们的活动，恰恰相反，而是想要创造一个知识分子的社区，不仅幸运的被选中者可以入住，他们的男性或女性伴侣也可以一同入住（别墅属于这种罕见类型的项目之一，允许夫妇一同居住），在梦幻般的风景中度过一个月，还可以到别墅下面，与会议中心组织的座谈会的参会者们一道度过。后者如果只在那里待几天，则可以与寄宿者们一同用餐，而寄宿者则会被邀请参加上述座谈会的辩论会和圆桌座谈。换言之，在贝拉焦什么都不用干，就能享受到基金会提供的社交生活。

正是这种美好的生活激发了小说家马尔科姆·布雷德伯里的讽刺漫画灵感，这篇讽刺作品出现在桑塔格受到邀请的两年前。布雷德伯里想象他在贝拉焦，参加了在"巴罗洛"别墅组织的一个座谈会，不仅和他的偶像巴兹罗·克里米纳尔一起，还有他的一些文学伙伴，马丁·艾米斯和汉斯·马格努斯·恩岑斯贝格尔。克里米纳尔是一位哲学家，在匈牙利出生，以做欧洲人为职业，叙事者弗朗西斯·杰伊在流浪中追随他，希望成为他的心腹好友。被提到的人无一幸免，女作家在这里被塑造成一个追求那位明星哲学家的骨肉皮*。[85]

　　她的第一次寄宿并不是为了写小说而去的：桑塔格加入了伍斯特，该剧团的实验性作品在纽约很有名气，她的想法是希望能与当时属于剧团的玛丽安娜·威姆斯合作，但不久后威姆斯就成立了自己的剧团"建筑工协会"。这个项目一直未能面世，但她的逗留让她熟悉了贝拉焦。

　　慢慢地——按照她的想法是过于慢了——《火山情人》的版权被国外出版社买走，小说也被翻译了出来。在意大利，她在别人劝说下拒绝了第一版翻译，最后蒙达多利出版社找来了一位在巴里大学任教的当代英语文学专家保罗·迪洛纳多。从他们一见面开始——他将来纽约与她一起工作——迪洛纳多对她的友情和奉献精神就诞生了，这将远远超出翻译的范畴，持续时间将比桑塔格的生命更长久。在十个收到她最新一部小说稿件的朋友的名单上，他榜上有名。而作家也发现巴里是一个可靠而令人愉快的隐居地，从那里去萨拉热窝交通方便，在那里可以很轻松地切断一切非必要的通讯。所以有好几次，译者都离开自己的公寓，搬到隔壁的朋友那里去住，并且每隔一段时间就定期来看一次，保证她什么也不缺。这些即兴的写作据点同样都是她新一部小说写作的加速器。

　　《在美国》讲述的是一群朋友在傅立叶理想的感召下决定离开波

---

*　骨肉皮（groupie）一词源于 20 世纪 60 年代的摇滚音乐圈，现用来指疯狂追星，甚至追求与明星发生贴身关系的女性。——编注

兰，在美国建立社区的故事。为此，他们收购了阿纳海姆市——今日洛杉矶的大郊区——附近的土地，计划在这片土地上种植和开发。除了当时声名正在鼎盛时期的女演员玛琳娜·扎温佐夫斯卡，这群人中还包括作家里夏德——女演员的情人，科学家朱利安和他的妻子，玛琳娜的丈夫波格丹，以及玛琳娜第一次婚姻生下的儿子。农业项目将遇到许多障碍——最大的障碍是大多数定居者在这一领域的经验不足——玛琳娜决定以充实社区的钱箱为借口，重新开始她的演艺生涯。在旧金山，她在试演前接受了英语发音训练，这再次将她推向了舞台，登上了海报顶端。

通过这个人物，桑塔格再度阐述了许多她钟爱的主题与题材。当然，其中有戏剧和女演员——我们还记得她对萨拉·伯恩哈特的兴趣，以及她自己作为导演和剧作者的冒险经历——但也许更多是这种她认为独属于美国的品质：无限地重塑自己的可能性。

巴里、萨拉热窝、纽约，从此都成了桑塔格的生活的主线。这并不排除逃离的可能性，往往由安妮·莱博维茨提供。1993 年，后者得到了一份与《悦游Traveler》的合作合同。她被旅游摄影、自然摄影诱惑，奢侈品杂志似乎很适合她。在莫纽门特谷地的第一次报道——取得了好坏参半的效果——后，编辑部请她去约旦为努尔王后拍摄肖像照。桑塔格非常欣喜：佩特拉神庙*在她的单子上。为了支付这次访问的费用，安妮想方设法与《悦游Traveler》交涉，说服他们接受这个请求：对这个景点的报道也是必要的。她的要求被接受了，条件是她要先拍摄肖像照。这将证明是极有裨益的：王室夫

---

* 佩特拉神庙，位于约旦西南部，靠近约旦与以色列的边界处，是一座砂岩山脉上凿出的古城。后文的卡兹尼神殿是位于佩特拉神庙的一座神殿，也被当地贝都因人称为"宝库"。——编注

妇尽一切可能使她们的访问变得愉快，邻近城市的市长成了她们的向导，一处穴居者之家开放供她们居住，代尔修道院点亮烛光以示敬意，而热气球旅行使她们得以沉浸在约旦沙漠全部广袤的美景中。

莱博维茨与《悦游Traveler》的合作不会长久，原因之一是她更喜欢拍黑白照片，更重视气氛，而并不在意自己的照片是否能吸引游客。她拍摄的佩特拉照片还原了这个地方的宏伟壮观——在其中最著名的一张照片上，桑塔格背对着卡兹尼神殿，她的侧影被周围气势雄浑的岩石遮掩——而苏珊正忙于拿着安妮托付给自己的相机寻开心。安妮拍的那些彩色照片则交由《悦游Traveler》发表……

从 1993 年秋天到 1995 年底，桑塔格访问波斯尼亚达十余次。"萨拉热窝""离开""回来"，成了她书信中熟悉的叠句。她的节奏是最多每两个月去一次，将法国和意大利作为欧洲中转地。下面这封写给她的日本友人木幡和枝*的信，能让人清楚了解到她过的是一种什么样的生活："下周三，我将迅速前往伦敦，然后去巴黎，30 日星期一，我将从巴黎飞往萨格勒布——续签我的联合国委任状，然后等待飞往萨拉热窝的联合国军用飞机上出现第一个空位。我不记得我是否已经跟你说过我的日程安排，但这次萨拉热窝之行本来应该在意大利之行以后——也就是 5 月的前半个月——但最后我不得不推迟到 6 月的上半个月。"[86]

尽管旅行是定期的，但每一次旅行都是一次冒险，危险和不确定性永远在等候着她。她在没有把握自己能到达的情况下出发，不知道在那里等着自己的是什么："我几天后离开纽约去波斯尼亚——希望能到达萨拉热窝（这将是我在那里的第八次停留），但目前道路

---

* 木幡和枝，日本艺术评论家、策展人、翻译家。东京艺术大学美术学院高等艺术表现系名誉教授。

被封锁／埋设了地雷。不管会发生什么，我打算尝试一下。"[87] 她经常一个人出发，但戴维经常在那边等着她，继续从事他的前线记者工作。他们与当时的波斯尼亚总理一起经历了斯雷布雷尼察的沦陷。她向波兰裔瑞典记者阿恩·露特倾诉了这段经历：

> 毕比昨天给我打电话，主要是为了问我去波斯尼亚的旅行如何。我是 7 月 3 日到的，月底才回来，这次旅行比我预期的要长。大部分时间我都在萨拉热窝。斯雷布雷尼察失陷的时候，我也在那里。事实上，戴维和我整个晚上都跟哈里斯·西拉伊季奇总理单独待在他府邸的办公室里。这段时间以来我熟悉他了，但我从来没有见过他当时的那副样子——何止是沮丧，其实都快流眼泪了。每隔半个小时，他阴森的办公室里就会响起电话铃声，那是来自或关于斯雷布雷尼察的消息。晚上 11 点左右，他又接到一个电话，挂断电话的时候，他的神情非常可怕，以至我第一次敢问他，他是在跟谁说话。"斯雷布雷尼察的市长，"他说，"他是打电话来说永别的。"在所有关于那里发生的恐怖事件——屠杀成千上万的男性，其中有儿童和成年男子——的报道中，没有人提到市长。当然，这个人也死了。
>
> 这是我的萨拉热窝。在我们逗留期间，轰炸非常猛烈，当戴维和我想走的时候，几乎不可能离开这座城市，即便我们打算冒着极大的危险穿越伊格曼山，当时山上正不断地遭到塞族人的轰炸：几支联合国车队被歼灭，两名法国士兵被杀死。但最后我们还是设法离开，去了图兹拉，在图兹拉空军基地我们看到了难民。你大概已经知道，其中 98% 是妇女和十岁以下的儿童。[88]

两次旅行之间，桑塔格尽可能地投入她已经开始写作的小说中。人物和情节的灵感源于波兰女演员海伦娜·莫杰斯卡的冒险经历。她与她的丈夫及她的情人、作家亨利克·显克微支一起前往加州，在她的乌托邦计划失败后，她在美国舞台上开始了新的事业。桑塔格入手了莫杰斯卡1910年出版的自传《美国的肖像》，还有显克微支在他的美国经历之后写下的"信件"，以及一部波兰流亡者的回忆录选集，这些波兰人的人生让她想起自己笔下的人物的某些方面。

与《火山情人》一样，剧情是历史类的，桑塔格又一次快乐地沉浸在考据之中，这将她带到了19世纪末20世纪初的波兰和加利福尼亚。正如琼·阿科切拉在给《纽约客》写的桑塔格人物特写中指出的那样，这给她带来了大量的工作："关于19世纪70年代在克拉科夫、纽约、旧金山的生活，当然还有阿纳海姆的生活……她阅读了19世纪的农业教科书、旧的贝德克尔旅游指南、快要化作齑粉的报纸，只要她能找到的，她都会读。"[89]

对于小说中的波兰部分，她几乎没有什么亲身经历：开始写的时候，她只去过一次波兰，而当时的条件——身处代表团中，一直在导游的带领下，不怎么方便做真正的探索。幸运的是，她有朋友。首先就是亚雷克·安德斯，他正在把《火山情人》翻译成波兰语，是对话者的好选择。1995年至1998年间，他们的通信中夹杂着一张张长长的语言学、植物学、动物学和地理学清单：

（1）我对克拉科夫（Cracovie）和利沃夫（Lvov）的拼写感到困惑。我知道波兰语的拼写。但英语中最正确、最优雅的拼写是什么？

（2）克拉科夫：圣玛丽是离格罗兹卡街最近的教堂吗——它是能看到街的起点的那座？我让玛琳娜在1850

年克拉科夫大火时已经记事（当时她十岁），当时她家的公
寓被烧毁。我写他们在圣玛丽教堂门洞下避难，看着那栋
楼被烧毁。（就是广场拐角处的那座建筑。）还有，圣玛丽
是座什么样的教堂？我读不懂我的笔记，其中说有一座方
济各会教堂，再远一点，是一座多明我会教堂。您还记得
这个吗？或者您知道华沙有谁是克拉科夫人，或许您有地
图吗？

（3）关于扎科帕内之行的问题：如果您能与人核实，
我将万分感激。就这样吧。如果您在夏天坐马车从克拉科
夫来，在诺维塔格（19世纪70年代那条路上唯一的城镇）
停下来，马车会不会驶到诺维塔格之后？还是会停在山谷？
过了诺维塔格，什么时候开始爬坡？

（4）山里人的典型名字会是什么？会不会是米哈尔
（Michal）？

（5）朱利安在19世纪是一个现实主义的人名吗？丹尼
尔呢？[90]

任何事情都不能抱有侥幸心理，她毫不犹豫地改写，以便尽可
能地接近真相：

（3）你关于从克拉科夫到扎科帕内的道路的最后一条
令人惊讶的资料——真正的上坡是在诺维塔格之前——这
意味着我可能要重写我对这次旅行的描述。这是否意味着
诺维塔格之后就没有真正的"上坡"了呢？即使高度差只有
两百米，可以想象，这最后一段路（此时此刻）可能是陡峭
的上坡？

我的问题是我需要他们下车，在马车后面走一会儿
（以减轻负担），然后和牧羊人交换一个敬礼。[91]

而她似乎会检查最微小的细节，通过阅读安德斯的答案："是
的，我们大概知道很多关于波兰蟑螂的事。通用名是'卡拉鲁克'
（Karaluch，结尾是个不发音的送气音，给人的感觉特别不愉快）。它
还有一个较小的品种叫'普鲁萨克'（prusak），意思是'普鲁士的'。"[92]

至于加州相关信息，她到加州自行研究。1995 年 3 月，盖蒂基
金会接待了她一个月，除了现在享誉洛杉矶的博物馆，盖蒂基金会
还有一个藏书非常丰富的图书馆，其中部分藏书是这个地区的地方
史。在她可以自由支配的公寓里，她与世隔绝地进行写作，在一天
结束时，她会和朋友们在位于研究人员专用住宅中央的游泳池周围
见面。阿纳海姆距离这里只有一个多小时的路程，虽然在这个以迪
士尼乐园为中心的人口稠密的郊区，已经很难认出她在小说中描述
的农田。莫杰斯卡和她同伴们的牧场的遗址还在那里：当安妮来看
望她时，她们就一起去那里朝圣，桑塔格在当年建立过社区的土地
上四处走动。

和写《火山情人》时一样，她逐章推进这部小说。那年春天，她
在洛杉矶完成了第三章，这章讲述的是里夏德和朱利安到纽约旅行
的故事。她乐于进入自己的小说角色，勾勒出他们旅途的细节。"我
有一张这艘船的平面图，"她说，"我知道关于它的一切。我知道他
们抽烟的房间叫'烟室'（Smoke-Room），大写的S和大写的R，中间
还有一个连字符，不叫吸烟室，那是后来的名字。"[93]

1995 年登载在《巴黎评论》上的采访让桑塔格借机回顾了自己

的写作经历，探讨了从一个想法到一篇稿子的过程是怎样的，帮助读者更好地理解她为什么选择做一个作家。托马斯·弗里克为这家杂志采访J. G. 巴拉德和多丽丝·莱辛的事迹广为人知，当时正在准备写玛丽·麦卡锡传记的弗朗西丝·基尔南也被提名为采访者的候选，但最终是诗人、评论家、休斯敦大学的写作课教授爱德华·赫希被指派来收集作家的语录。为此，在切尔西区她家的厨房里，他坐在她面前，听她"持续说了七八个钟头"，"在 1994 年 7 月的三个大热天"。[94] 对话主要围绕着写作展开。青春时代和传记的话题只是在讨论她作为作家的发展历程时才提道："桑塔格对跟写作有关的一切都感兴趣——从写作过程的机制到作家天职的高级本质。她有很多使命，但其中首要的就是作为作家的使命。"[95]

波斯尼亚（她刚从那里回来）及其政治斗争当然会被提起，但采访的内容首先是关于她的工作、她的写作，以及她围绕这些优先事项安排自己生活的方式。她第一次提到了写作的物质性："我用马克笔，有时也用铅笔，在黄色或白色纸的本子上写作，这是美国作家的癖好。我喜欢手写的缓慢。然后我打字，在上面涂写。我重新打字。每一次都既用手写又直接用打字机进行改正，直到我看不出还能如何改进。直到五年前，我都是这么写的。然后电脑进入了我的生活。在第二版、第三版之后，所有的东西都会进入电脑，所以我不需要把整个稿子重新打一遍，而是在电脑打印出的稿件上继续手工校正。"[96]

她大声说出自己的思考，关于"开头"有多难："开头，在一定程度上就是推迟动笔，通过读书和听音乐来推迟动笔，这带给我能量，但也让我感到不安。我为自己没有动笔而感到有罪，就这样。"[97]这种罪恶感从一开始就伴随着她，以至那个关于优秀作家无论在什么情况下都必须每天坐在书桌前的神话深深烙进她的内心……而拖延之后，就是走火入魔："一旦真的开始上道了，我就不想再做别的事情了。我不再出门，大部分时间都忘了吃饭，也很少睡觉。这是一种很不遵守纪律的写作方式，它并没有让我很高产。但我对其他事情太感兴趣了。"[98]

然而《火山情人》是不同的体验。在改变写作类型的过程中，她发现写作并不一定要"费时费力"："小说（比随笔）要容易得多，因为小说的第一版就包含了我最终要表达的基本内容——语气、词、速度、激情。"[99] 而"古怪的是，情节似乎是突然从天而降的——就像一件礼物。这是很神秘的。我听到、看到或读到的东西会让整个故事浮现出来，在整个具体的维度上——人物、场景、风景、灾难。"[100] 而当赫希问她为何选择写历史小说时，她解释说她找到了一条道路，"来逃避当代人的禁锢，我们今天的生活方式、我们感觉与思考的方式都在退化和减弱，我对此有所感触。过去总是比现在更广阔"。[101] 此外，她还以考据为乐，她，"那个被赶出大学的教师苏珊·桑塔格……"[102]

但把情节放在过去，并不意味着逃避现在。对她来说，"当下也是一直存在的：《火山情人》的叙事声音其实就是来自20世纪末，由20世纪末的忧虑推动"。而我们会看到，她现在刚刚开始写的小说也遵循着同样的守则。

第二年春天，赫希寄来了访谈的初稿，桑塔格对其进行了修改，删去了某些问题（以及与之相伴的答案），在她看来，这些问题导致她开始夸赞自己的作品、谈论自己的私生活或自称是个"早慧"的孩子，这种陈词滥调在她眼中勉强够格做一个电视主持人。而且她怀疑这些问题中存在某种性别歧视："您会问卡尔维诺或博尔赫斯这样的问题吗？他们毫无疑问从小就是贪婪而早慧的读者。不，当然不会。"所以她删去了大部分自传性的细节，只留下她认为必要的内容，甚至斗胆重写了某些问题。[103]

在采访的最后，爱德华·赫希问她是否曾经重读过自己的作品：答案是否定的，"我对已经完成的作品没有牵挂"，她解释，出于恐惧，"或许"是"因为看到我写的总是一模一样的东西"，或者"因为这会破坏永远都能重新开始的幻想"。她说，这是一种错觉，"这是我身上最美国的部分：我总觉得自己可以重新开始"。[104]

她的出版人不太赞成这一点，请她为仍然卖得很好的《反对阐释》一书的再版写一篇后记。尤其是因为该书中包含了她最著名的一些随笔，比如《反对阐释》《论风格》或她关于戈达尔、布列松和雷乃的文章，当然还有著名的《关于"坎普"的札记》，这些文章总是被评论家们阅读、研究和如此频繁地加以引用。

在她的后记中，桑塔格仍然坚持她对赫希说过的话。"重新看到三十年前或更久之前写下的文字，并不是一项很健康的运动，"她写道，然后又继续，"我作为作家的精力促使让我向前看，让我觉得自己的日子正在开始，今天才真正开始，这让我面对那个曾经是真正的新手作家时的我，心情紧张不安，难以平静。"[105]

无论如何，她还是忍不住对曾经那个年轻的她产生了某种怀旧之情，她曾经狼吞虎咽地看电影，通宵达旦地读书，敢于写出当时没有人说的话。此后，她颇为骄傲地指出，"《反对阐释》中的随笔文章表达出的忠告与热情，如今已成为很多人的财富"。[106] 那些人把这册书理解为"一份在一个已经一去不复返的年代具备影响力和前卫性的文献"，这有时会让她感到遗憾，她希望这些文章能找到新的读者，他们将能辨别出"这些随笔和评论的价值"，并将其"发扬光大"。[107]

修改了这次访谈的校样的几天后，桑塔格在安妮的陪同下飞往日本，安妮的1970—1990年作品展在东京开幕。因而此行一如既往地将职业上的义务与乐趣融合在一起。6月1日，她们与唐纳德·里奇见面，并在他陪伴下去了日本摄影师荒木经惟（桑塔格不怎么欣赏他）的回顾展开幕式，然后去新大久保街区吃牛蛙和鱼肉。[108]

从东京出发，两个女人来到名古屋附近的岐阜*，桑塔格应邀在建筑师评议会面前做了一场演讲，莱博维茨也借此机会为《时尚》杂志拍摄了女建筑师妹岛和世的照片。从那里，她们去了京都，遇到了木幡和枝。20世纪80年代初，木幡曾在东京创建了第一家前卫艺术空间，举办表演和展览，并一度在纽约现代艺术博物馆的PS1空间工作，这个空间也是专门展出超当代艺术的。她在东京大学教授艺术，同时也是一名翻译家，翻译了很多桑塔格的作品。在这次旅行中，她为安妮担任翻译，并在他们去奈良寺庙游览时担任向导。

刚回到纽约[109]，苏珊就得知八十五岁的继父内森·桑塔格刚刚在茂伊岛去世，他一直住在离她妹妹朱迪斯家不远的地方。我们还记得，她是跟随父母，和丈夫、女儿一起移居夏威夷的。在母亲生前，苏珊每年都会去看望他们一两次，经常是借着被邀请去美国西海岸的机会，或者更进一步，借着被邀请到夏威夷群岛的机会。桑塔格在接受海伦·本尼迪克特的采访时说，在20世纪70年代初，她与家人，尤其是与妹妹的关系变得更加紧密。这种说法后来遭到了她妹妹的质疑，她觉得自己大半辈子都被姐姐无视，为这种疏远而感到遗憾：成年以后的苏珊和朱迪斯就像她们小时候一样是截然不同的，她们的人生只有家庭背景相似。家庭背景在她们两人的感

---

* 岐阜，位于本州岛中部的日本县城，以传统工艺品和温泉闻名。——编注

受中也是不一样的：米尔德丽德与她的小女儿更亲近，小女儿也在内森身上找到了她需要的父亲形象。正如我们所知，苏珊对母亲和继父的感情并不那么简单。与追随双亲脚步的朱迪斯不同，苏珊的青春期不过是为她逃离加州中产阶级郊区做的准备。

　　1995 年，《火山情人》的译本在法国、意大利和西班牙出版。每次出版都是一次旅游、朗诵与认识更多人的机会。6 月，桑塔格在马德里，她的读者挤满了气势恢宏的美术馆环形柱廊，准备听她朗读她的小说片段——用英语，她不会说西班牙语。三十岁的朋友胡安·戈伊蒂索洛将她描绘成一幅充满人性与智慧的肖像，若泽·萨拉马戈和维森特·莫利纳·福克斯则谈了他们读这本书的感想。最后由她自己总结，她——善意地——把萨拉马戈和莫利纳·福克斯都说成"纽约知识分子"："我不把自己看作纽约知识分子，我看不到自己与美国的学术生活有什么联系。我觉得自己是世界公民，比起北美人来更像是欧洲人。"[110]

　　而这次巡游正是一个会让人回想起她有多么欧化的机会。下一阶段，她在 9 月底前往巴黎，在那里，她将与霍华德·霍奇金和安东尼·皮蒂重聚。她住在圣父街的加莱海峡旅馆，从这里可以步行抵达现在她唯一的出版社克里斯蒂安·布尔古瓦的办公室，也可以便利地从她习惯去的花神咖啡馆出发，出入她最喜欢的地点。她的日子点缀着各种采访和朋友的来访，中间也有几次逃离，至少参观过大皇宫的塞尚展览，因为出版社为她搞到了门票。

　　同所有她掌握语言的译作一样，她重读了《火山情人》的译本，并经常与她的译者和编辑们发生分歧，首先是他们背后的工作理念："法国有一个很特别的传统，就是把翻译看作改编，从而牺牲了对文本的严格的忠诚。"当她特别指出"其中一本书的翻译有明显的不准确之处"时，回答是："是的，确实如此……但在法语里这样读上去很好。"这远远不能让她信服，反而让她担心："我知道这本书是按照当代法国散文现有的（通常不是最苛刻的）常规重新改写过的。但由于我写的英语散文在节奏或词汇选择上并不总是遵循常规的，因此我可以确定这些方面无法通过法语传递。只有意义——而且只有一部分意义（因为在我看来，意义与我的散文中一切独特的东西有着本质的联系）——被传达了出来。"[111]

尽管译文不尽如桑塔格所愿，但这部小说在法国受到了欢迎，和在美国的情况一样，有助于给她带来新的读者。妮科尔·赞在《世界报》上称其为"一部大场面的小说"，它"出色地"证明了"一个知识分子（以这个词有时会激发的全部讽刺意味）也能写出一本畅销书"。[112]

在 1995 年 10 月访问萨拉热窝期间（她数了数，是第九次访问），桑塔格看到了可能停火的初步迹象，但和她的朋友们一样，她不赞成这个停战条款，她觉得这个停战条款最有利于克罗地亚和塞尔维亚，而损害的是已经流尽了血的波斯尼亚。1995 年 12 月 14 日签署了正式结束冲突的《代顿协议》：领土的划分显得并不怎么均衡，种族分裂远未解决，而该地区已沦为一片废墟。

战争的结束并不意味着她旅行的结束。1996 年 1 月，她重新来到萨拉热窝（为此还谢绝了担任比亚里茨电影节评审团成员的荣誉），直到她去世，她都将定期前往萨拉热窝。在那里，她有很多朋友；在那里，她的名字将永远是团结的代名词。

苏珊·桑塔格一直保持着不事张扬的态度，只有翻阅档案，才能体会到她对波斯尼亚的投入之深。有信件，还有未发表的文本，在文化活动中被现场使用过，像女演员毕比·安德松组织的活动，

在那封她写给露特的信的开头就提到过。安德松创建了一个协会叫
"道路畅通：斯德哥尔摩–萨拉热窝"，其目的是将艺术家和艺术项
目带到这个饱受战争摧残的城市。她曾请桑塔格为其中的一个项目
供稿，桑塔格给她寄去一篇文章，其结构让人联想到《没有向导的
旅行》与《我们现在的生活方式》。这是一连串的话语和声音，将战
前的地形叠加在战后的废墟上，这是一个建立在多民族历史上的现
代城市的地理环境：

> "从前在萨拉热窝。"
>
> "那是一座东正教教堂。"
>
> "那是最大的百货商店之一。"
>
> "那是国家图书馆。"
>
> "那是一家儿童医院。"
>
> "那是火车站。"
>
> "那是犹太博物馆。"
>
> "那是一家电视台。"
>
> "这个？哦，那是一栋居民楼。"
>
> "那是一个公园。"
>
> "那是红十字会的办事处。"
>
> "那是欧罗巴酒店。城里最好的酒店。"
>
> "那是足球场。现在是公墓了。"
>
> 还有更多。萨拉热窝的声音，萨拉热窝的多语种市民，
> 耐心地引导外国访客穿过他们那无比危险、肮脏、光秃、
> 残破的城市……
>
> "是不是很危险？"
>
> "怎么样？"

　　"一定很可怕。"

　　"我不会去，为任何事都不行。"

　　"你不是为了写书吗?"

　　"你不是被吓坏了吗?"

　　"那边发生的事真的影响了我。"

　　"你为什么要去那里?"

　　还有更多。来自我的国家的朋友和熟人的声音，无论这个"国家"在哪里：也可以是整个世界。这个世界不是射击场，它的建筑物上还有完整无缺的窗户，这个世界不理解也不关心，或者说即便它理解（或自以为理解）也不会做任何事，或者说它做的事不足以停止大屠杀；这个世界想听我的旅行者的故事，但只听几分钟，它更想继续自己的故事。

　　而我回答（哀怨地、控诉地）：

　　"我们怎么能不去萨拉热窝呢? 能到萨拉热窝去是一种荣幸。我将继续返回萨拉热窝。我们必须保持通往萨拉热窝的道路畅通。"

　　或者我说（审慎地）：

　　"20世纪是从萨拉热窝开始的。21世纪也是从萨拉热窝开始的。"

苏珊·桑塔格

　　从萨拉热窝回来后，桑塔格在11月7日组织了一场晚宴，以庆贺霍华德·霍奇金的回顾展"1975—1995"刚刚在大都会艺术博物馆开幕。除了戴维和安妮，嘉宾还包括《纽约书评》的编辑罗伯特·西尔弗斯、现代艺术专家罗莎蒙德·贝尔尼尔和她的丈夫约翰·拉塞尔、艺术史家约翰·理查森和他的伴侣，以及神经精神病学家奥利弗·萨克斯，他是霍奇金的朋友，最近也成了桑塔格的朋友，他很欣赏桑塔格的作品。

十个人聚在家里，对作家来说是一件新奇的事："我这辈子从来没有组织过饭局，所以我很满意能学会怎么做。今晚会满意的人，除了我们四个，还有安妮一直雇用的宴会承办人，劳拉·扎鲁宾。几个月前，当我去参加安妮在她公寓里举办的一个由劳拉·扎鲁宾承办的聚会时，我听到安妮问她是否有空在 10 月底或 11 月初为霍华德·霍奇金承办晚宴。'哦，我的上帝，'她惊呼道，'他是我最喜欢的画家。'"[113]

晚宴很成功，展览也很成功。桑塔格正是为他的展览手册写了《论霍奇金》。这篇文章曾让画家和他的伴侣泪流满面。安东尼写道："亲爱的苏珊，第一次读到《论霍奇金》时，我哭了。于是我把它放在一边，今天早晨在床上又读了一遍。我又哭了。您写的东西太美了，让我停止了呼吸。"霍奇金则补充道："您关于我的画作的文章极好——美不胜收&如此感人&说得太对了（直达我心底），读了五遍之后，我才在读到最后一页时，没有流下眼泪。"[114]

与霍奇金所希望的相反——他也对威尼斯情有独钟——桑塔格和莱博维茨在纽约度过了岁末的时光。一个新的传统建立起来了：保罗·迪洛纳多来她们家度过三周的圣诞假期，同时扮演游客和研究员的角色。不幸的是，回到总督宫的机会比预期的来得要早。

约瑟夫·布罗茨基的健康状况一直让他的亲友们担心。他的第一次心脏病发作是在和苏珊交往期间，此后他一直在看医生，不过他似乎没有严格遵守医嘱。1990 年，他和自己的学生玛丽亚·索扎尼结婚，他们有了一个小女孩，安娜，她 1993 年出生。他们先是住在纽约市，后来布罗茨基从那里去了曼荷莲女子学院，他从 80 年代末开始在那里任教。1987年，他被授予诺贝尔文学奖，1991年被选为美国桂冠诗人，这个为期两年的荣誉职位最终奠定了他在东道国的声誉。这一切在1996年1月28日戛然而止，他心脏病突发，这次是致命的。

罗杰·施特劳斯接管了他的葬礼的组织工作，他不顾诗人遗孀的意见，一切公开操办，据在场见证的人说，葬礼被他办成了庆祝他的出版社成立五十周年的第一场活动……

整整一年都将举办纪念诗人的生平与作品的活动。桑塔格参加了其中的几场，在布罗茨基和她自己同样任教过的哥伦比亚大学的一次朗读-辩论会上，她重温了自己从前极力辩护过的那些随笔，同时承认这位俄国作家首先把自己看作诗人。有一天他曾经对她说："苏珊，苏珊——诗歌：航空。散文：步兵。"[115]

布罗茨基关于他的最后安息地没有留下任何指示或遗愿。他提到过要叶落归根，但没有人想要做主，哪怕是死后也要把他"还"回家。威尼斯，他曾如此热爱它——1992年，他曾与FSG出版社合作出版了一本献给总督宫的随笔集[116]——对他的欧洲朋友和家人来说，这似乎是最好的妥协办法。对苏珊来说，那是一个理想之地：在她看来，威尼斯就是布罗茨基在他最著名的一首诗《从无处而来的爱》（« From nowhere with love »）[117]中定义的故国"无处"。

送布罗茨基最后安息在圣米凯莱岛的新教徒飞地公墓[*]的，是一个更加亲密也更加欧洲的群体："我从来没有感觉到约瑟夫是一位犹太作家。我们从来没有谈论过宗教。我是完全世俗的，我的感觉是，他也是完全世俗的。我从来没有看到过任何关于他的犹太身份的影射。他之所以对基督教感兴趣，是因为基督教对欧洲文化的统治。

---

[*] 即本书前文提到过的圣米凯莱公墓。——编注

我也有同样的感受。当我看到他在葬礼上躺在曼哈顿下区的天主教礼拜堂里，现在埋葬在威尼斯的新教徒公墓里——这两个仪式我都参加了——我感到惊讶。人死之后，都由家人摆布。" [118]

遗孀和朋友们抵达威尼斯后，发现他的墓就在埃兹拉·庞德的旁边：于是谈判立即开始，很快就找到了新的墓址。布罗茨基一直声称自己对庞德的诗没什么爱好，我们还记得当他和苏珊探望庞德的遗孀时，他看上去缺乏热情：如果让他们肩并肩度过永恒就显得尤为失礼了。他最后被安葬在斯特拉文斯基隔壁，后者也被葬在圣米凯莱。仪式结束后，她们又组织了亲朋好友到拜伦勋爵在威尼斯逗留期间所住的公寓里一同用了一餐，[119] 这是对死者的最后致敬，想必不会让死者感到不悦……

支付麦克阿瑟奖金的最后一期是在 1995 年，在完成下一部长篇小说前，女作家被迫恢复朗读会和巡回讲座，以带来最低限度的收入。斯坦福大学人文研究中心邀请她做两场讲座，她的题目是"反思小说"和"残酷与冷漠"。她还应邀在学校驻留十天，1996 年 4 月 8 日至 19 日，在此期间，她将与这所大学的文学和性别研究教授特莉·卡斯尔一起度过大部分时光。

她们的第一次接触是通过一个邮包，1996 年初，邮包意外地送到了她的办公桌上。卡斯尔曾发表过一篇关于朱丽叶·巴克最近出版的勃朗特家族传记的书评，桑塔格非常喜欢这篇文章，甚至写信祝贺她，[120] 还趁机送她一本《床上的爱丽丝》的签名本。卡斯尔又惊又喜——她九岁时就读了《关于"坎普"的札记》，对桑塔格深表感谢：作为回报，作家告诉她，几周后自己将应邀"住"到她的校园里。抵达斯坦福的第二天，桑塔格就给卡斯尔打电话，期待对方能带她出去吃早餐。每次桑塔格在旧金山或帕洛阿尔托逗留时，都会重复同样的场景："我立刻成了她的女副官：一支只有我一个人的军队，只要一通电话，我就准备好放下一切（包括我本应在斯坦福教的课），开车送她去塔唱片店和中国茶餐厅。"[121] 她是司机、心腹和学生："当我开车时，她经常反复无常地轮流抱怨各种事情——抱怨她在教员俱乐部的住宿条件，抱怨人文研究中心的糟糕食物，抱怨我在斯坦福的同事们'单调乏味'（'特莉，你不是像我一样讨厌大学老师吗？你怎么能受得了呢？'）——以及发表她对一切事物的深思熟虑的看法（'对，特莉，我知道亨德尔所有鲜为人知的歌剧。我告诉安德鲁·波特他是对的，这些都是最美妙的音乐杰作'）。"

卡斯尔以幽默的方式叙述这些冒险，如果说桑塔格在这些冒险中的形象并不总是高大，那么读者也不至于觉得卡斯尔在抹黑她，尽管有时候的回忆也谈不上喜剧化，比如这幅肖像画："桑塔格穿着她的知识分子-天后装束：一件宽大的黑色上衣和黑色的丝绸长裤，还有迎风飘扬的异国风情的围巾作为配饰。她不断地调整着围巾，将它们以专横的气派缠在肩上，时不时地在这里那里停下脚步，吸一口香烟，或者混浊地咳嗽一声……而且有一个不和谐的小细节，她用一双洁白的网球鞋作为这身装束的收尾。"

与卡米尔·帕利亚不同的是，卡斯尔不会变成敌对的鸟身女妖，即便在这次访问的几年后，她成了作家取笑的对象，也明白自己不再有趣，天后已经对她"厌倦"了……

无论桑塔格在做什么，她最关心的都是当前小说的进展。然而，在 5 月份，一个重大的障碍挡住了她的去路。1996 年 5 月 16 日，她在西班牙进行巡回宣传并去葡萄牙一游，从肯尼迪机场送她回曼哈顿的出租车与一辆汽车相撞。她坐在后排，没有系安全带，一撞之下被甩出，受了重伤。"确切地说，是十三处骨折。"她告诉史蒂夫·巴克利。肋骨、胸骨、骨盆和左髋骨都骨折了，她需要三个月的护理和复健，才能离开轮椅，不用拐杖走路。事故发生后的第一周，她回忆说当时几乎是欣喜若狂："我没死——这是怪诞的，在萨拉热窝的十次逗留中，我都清醒地冒着生命危险，结果安然无恙。我的脖子和脊椎居然都没有断；我居然没有脑震荡（我从未失去意识）；我的伤势不会留下任何永久性的损伤或残疾。"[122]

在疼痛和吗啡之间，是失去的三个月时间，她在给朋友们的信里写道，这三个月里她不仅卧床不起，最重要的是无法集中注意力写作。而当她终于能够自己活动时，离恢复事故前的行动能力也还差得很远。

她的第一次公共场合外出是在FSG出版社成立五十周年活动。罗杰和他十年前招募的新手乔纳森·加拉西组织了两场庆祝五十周年的晚会，第一场是 1996 年 9 月 18 日的诗歌晚会，第二场是第二天的散文晚会。两场都在市政厅举行，第一天晚上在摄政厅举行了约五十人的晚宴。桑塔格参加了散文晚会，她的态度引人注目："皇家气派，冷漠无情，她用了比配额多一倍的时间，来朗读她第三部长篇小说（原文如此）《在美国》中的一段文字。"作家读完后便溜走了，假装在其他地方还有另一个晚会要参加，无礼地拒绝留下来听她的同行作家讲话，这些作家有：格蕾丝·佩利、牙买加·琴凯德、玛德莱娜·朗格尔和马里奥·巴尔加斯·略萨。[123]

自从罗杰·施特劳斯患病后，他越来越多地卸掉重任，甘愿把权力交给乔纳森·加拉西，后者在霍顿·米夫林出版公司和兰登书屋受过训练后于 1986 年被聘用，是一位很有前途的年轻出版人。20 世纪 80 年代中期，FSG 成了出版界的《纽约客》，只接受最好的作品，作者们都愿意在他们那里出版——尽管合同不那么有利——因为这个名字能赋予他们的作品威望，尽管名声不能当饭吃。这就是加拉西的不同之处了：像老罗杰一样，他欣赏FSG出版社出品的文学水准和质量，但是斯特劳斯的儿子小罗杰一直关注着账户。没有什么比畅销书更能平衡预算了。于是两人在斯特劳斯焦虑不安的目光下，着手收购惊险小说和其他成功的小说的版权。所以，当这两个不肖子弟取得了律师斯科特·图罗的小说处女作《假定无罪》的版权时，斯特劳斯跟在他们后面，他承认作品的质量和才气，但忍不住向亲近的人倾诉他的焦虑："苏珊会怎么说呢？"不知是为了让自己安心，还是为了让对话者安心，他又补充说："好吧，让我们回到真正的书。"[124]

这则故事没有提到苏珊是否对收购和出版图罗的作品发表过意见，但罗杰的话证实了她对她的出版人的影响一直存在，进而对公司的编辑路线产生影响。

而且，即便他们的分歧并没有被遗忘——罗杰自我形容是"一个报复心重的犹太人"[125]——在"怀利"事件中产生的分歧并不妨碍他们保留一些仪式，其中就有他们在工会广场咖啡馆的午餐，斯特劳斯在那里有"他的"桌子，38 号，在一个舒适的隔间里，他可以从那里看到一切，而不会被真正看到。[126]乔纳森·加拉西在《缪斯》中提到的正是这样一次午餐，这部长篇小说的灵感很大程度上来自FSG出版社的日常，主角是斯特劳斯和桑塔格，为了虚构起见，他们变成了荷马·斯特恩和佩皮塔·厄斯金。后者被描述为"了不起的打破禁忌者，浮华的非裔美国女性批评家和作家，给出版社定下基调"，[127]她拒绝标签。据保罗·杜卡奇（加拉西在小说中的化身）说："她对文化有着贪得无厌的胃口，她吞下了她能弄到手的每一小块文明——诗歌、文学理论、舞蹈、音乐、戏剧、电影。无法餍足的需要，要欲求，要求知，要实验，要发表意见。而她的旺盛胃口也延伸到了创作者们身上，因为佩皮塔没有极限。她本质是个评论家，她的认可经常与激情混为一谈，她与她崇拜的作家、舞蹈家和艺术家们的冒险是众所周知的……男人或女人，对佩皮塔来说没有什么区别，只要她感兴趣的对象满足了她对知识的贪婪渴求，暂时满足了她对认可和关注的需求。"[128] 新来的杜卡奇形容荷马和佩皮塔之间的关系是"感情激烈的——父女关系，一种半职业半爱恋的态度"，虽然谁也无法确定这种事情，"百分之百是交易"。[129] 有一场戏的灵感直接来自作家与出版人肩并肩共进午餐的画面，他们穿着同样的黑色皮夹克，这正是纽约知识分子的典型形象……[130]

尽管挑刺，但这位年轻的出版人不能不表示佩服，很长一段时间后，他都对自己在作家陪伴下完成的工作保留着美好的回忆："了不起的佩皮塔·厄斯金特别喜欢的是坐在保罗办公室的大桌子旁，和他一起一字一句地看他的手稿。她享受着他只保留给自己的但也总是带有批判的关注，而保罗自己也从未像在他们贞洁的快乐游戏中那样感到自己被需要或者被欣赏。第二天她可能会在广场上与他擦肩而过却认不出他来，这没什么大不了的。"[131]

1997 年理应是她的小说年。2 月，她对一个朋友说，她终于从事故中康复了，恢复了行动能力和精力。[132] 而这些精力她打算尽可能地投入《在美国》最后几章的写作中。

她在纽约尽可能再现她在巴里写作时的环境。为了做到这一点，她在离家三个街区的地方租了一间工作室，独自一人，远离一切干扰——她的藏书、传真或电话。[133]

她的露面变得罕见了：1 月底，她在伦敦国际小说节上与朱利安·巴恩斯和塞斯·诺特博姆*一同登台；春天，她应小说家威

---

* 塞斯·诺特博姆（Cees Nooteboom），荷兰小说家，同时也是诗人、旅行作家和翻译家，代表作有《万灵节》《流浪者旅店》。——编注

廉·加斯的邀请，在密苏里州的圣路易斯举办讲座。她谢绝了在她深深仰慕的普里莫·莱维逝世十周年之际前往意大利的旅行，并回避了大部分邀请。纽约人在音乐会或与朋友吃饭时会看到她。她在一个场合发了言——愁眉苦脸——她最喜欢的一家书店Books & Co倒闭了。这家书店1977年在麦迪逊大道开业，它保证了上东区的顾客可以不断地更新小说和诗歌的库存，还可以与他们最喜欢的作家一起参加读书会兼晚会。当书店明显无法承受它四壁的主人——惠特尼博物馆——所要求的上涨租金时，许多顾客公开抗议，一位文艺赞助人试图与博物馆交涉，但没有成功。书店于1997年5月底关闭，这让它的名人顾客们感到非常懊恼，包括桑塔格，她为此接受了《纽约时报》的采访。[134]

　　1997年夏天的部分时间用于筹备新的田中泯"诗计划"演出，桑塔格为其"写"了剧本。在此处，引号是必须使用的，因为正如一位记者指出的那样，整场演出没有说过一个字，所以"剧作家"这个词似乎更适合她。舞蹈家上演的台本，其灵感来自爱伦·坡的短篇小说，这些短篇小说在日本广为人知，在美国也一直受到推崇。演出在位于波士顿和奥尔巴尼之间的伯克希尔地区的雅各布枕头舞蹈节上进行了首演。田中泯的舞蹈诞生于后广岛的日本，他复兴了"舞踏"的传统，并定期在纽约演出，他与纽约的PS 122空间签订了一年的合同，致力于实验性创作。另外，他的搭档正是桑塔格的日本友人木幡和枝，她每年在美国待上几个月。评论家们褒贬不一，记者和公众都认为该剧留白太多，速度太慢。剧场往往变得空无一人，如果相信评论家迈克尔·尚克斯的话，当幕布落下时，观众已经稀稀落落。他很高兴能留到最后，最后一个场景在他看来是这出剧的关键，这让人理解了这出剧的张力和意图所在。[135]

　　桑塔格出席了首映式，不久后就飞往米兰。洛克菲勒基金会向她提供了 9 月份在贝拉焦的新住房，她毫不犹豫地接受了。这次她是孤身一人，据同行们的证言，她不会和其他寄宿者有什么交集。在她的工作室里，从放在窗前的办公桌边，她能望见科莫湖的非凡美景，再加上写作的闲暇，让她有一种"身处天堂"[136] 的感觉。在那里，她将完成整整一章小说，据她自己说，这比她在纽约用同样时间完成的工作量要大得多。

　　在她六十五岁生日的时候，安妮·莱博维茨决定向她的伴侣提供一次新的旅程，类似于一次考据之旅：摄影师要去参加她在波兰举办的一个展览的开幕式，于是提议桑塔格陪她去。1997 年 12 月，在三天的闪电式旅行中，后者又一次有机会走遍华沙和克拉科夫的大街小巷，这些地方就是《在美国》的波兰章节的背景。

　　1998 年 3 月中旬，桑塔格和一个作家代表团在墨西哥，他们是来见证恰帕斯土著人在墨西哥政府手下的待遇的。几个月前，即 1997 年 12 月 22 日，一个受政府保护的土著准军事集团进行了一次大屠杀，有四十五名受害者，其中大部分是妇女和儿童，他们当时正聚集在阿克蒂尔小城参加祈祷日。桑塔格、葡萄牙作家若泽·萨拉马戈、她的朋友胡安·戈伊蒂索洛及其他十几位欧洲作家和官员都分批去了这个地方。这次访问似乎遵循着同样的行程，一组又一组：与幸存者会面，与萨帕塔主义军队*的代表会面，参观城市，并在大屠杀场地沉思冥想片刻。与萨拉马戈等一些写了好几篇关于自身见闻的文章的同行相反，桑塔格拒绝发表任何声明："至于在恰帕

---

* 萨帕塔主义者是墨西哥恰帕斯当地主要由土著活动分子组成的团体，他们倡导土著权利，主张土地改革、反资本主义、反全球化、反对国际贸易协定对当地土著社区的破坏。萨帕塔主义者或其军队并非前文提到的犯下屠杀罪行的"准军事集团"。——编注

斯的两天：第一天我和塞缪尔·鲁伊斯及他的多米尼加信徒唐·冈萨罗（他似乎更聪明，也更热情）在一起待了近两个小时，第二天的大部分时间我都在阿克蒂尔和波尔霍度过。我被记者追逐（从墨西哥城开始），但我当然没有发表任何声明，尽管这显然是在意料之中的。萨拉马戈在一周前就树立了坏榜样……"[137]

　　无论他们对媒体的态度如何，这些旨在提高国际社会对该地区土著人民命运的认识的访问，不仅受到阿克蒂尔居民的赞赏，而且受到墨西哥知识分子的赞赏，因为他们发现很难让政府听到他们的声音。卡洛斯·富恩特斯祝愿桑塔格在1999年一切顺利，并重申他对她的这次访问和她去阿克蒂尔之前在墨西哥城所做的演讲的感激之情："西尔维娅和我非常想念你，想念你在墨西哥城所做的出色演讲，想念你在各处的光彩照人的形象。感谢你们的精彩讲座；感谢你们对恰帕斯的访问——这消除了许多令人不快的仇外与种族主义的东西。"[138]

　　刚一回到纽约，桑塔格就参加了3月26日的国际笔会之夜，以纪念弗兰茨·卡夫卡《城堡》的新译本的出版。当晚的与会者有小说家大卫·福斯特·华莱士、E. L. 多克托罗、辛西娅·奥兹克和保罗·奥斯特。与很多忙着谈论卡夫卡其文其人的人相反，她选择了仅仅朗读卡夫卡1910年的日记，这是他第一本被保存下来的日记。现实的片段，对写作的思考，故事的草图，这些书页展示了一个十七岁的年轻人是如何已经倾向于观察和反省。

　　桑塔格第一次读这位布拉格作家的日记是在1949年底，直到1953年1月才发现他的短篇小说。当她的丈夫在哈佛大学附近的肖恩霍夫书店的书架上探索时，她偶然翻开了一卷卡夫卡的书，在读到《变形记》的一页时，她"被他散文中的绝对性打了一记耳光，那是纯粹的现实，没有任何外力或晦涩的东西"。"我是多么钦佩他，胜过其他所有作家啊！"她最后感动地总结。[139] 从这次读他的书开始，她的雄心壮志就是要成为像他一样的"内心的作家"，而非像托尔斯泰或荷马那样的"外在的作家"，她更感兴趣的是内在的疯狂——并让它自由释放出来。[140]

在她眼里，他是"'严肃'文学中最后一个讲故事的人。从此以后，没有人知道该走哪条路（除了模仿他）"[141]。而她一生都在阅读和重读他的作品："卡夫卡有那种属于现实的魔力，即使是他最缺乏结构的表达，也是其他现代人所没有的，一种战栗和咬牙切齿的剧烈痛苦。"[142]

她发现卡夫卡时，也读了很多 19 世纪到 20 世纪初的欧洲伟大作家，尤其是亨利克·易卜生。她热爱戏剧，却难以接受这位剧作家笔下的女主角：她最先认识的是海达·高布乐，这个人物在她眼里是"深切地符合传统习俗"，"反传统"只是赋予其的表象，拙劣地掩盖了其被动的个性。换句话说，她对易卜生创造的女性形象不怎么宽容。1997 年，鲍勃·威尔逊给了她机会，让她把她否定的东西搬上舞台。

他提出与她再次合作一部以《海上夫人》为灵感的剧目，但他并不打算再照搬瑞典人的文本，他要的是改编，是"再创造"。桑塔格对交给她的这个任务很认真，她选择删除人物和部分行动，并改变结局："我之所以选择如此改动易卜生的剧本，是因为我发现它存在深刻的缺陷。"[143]

关于这部戏，易卜生有两个灵感源头：一个是民间传说的源头，"海上夫人"对抗的是人类世界；另一个是桑塔格所说的"契诃夫式的"源头，来自一部外省喜剧，一个善解人意的丈夫成功地驯化了他来自大海的妻子，并给了她放弃自然界的理由。女作家责备他最终背叛了民间传说的源头，把人物的感情常规化，抹杀了艾丽达这个女人-塞壬形象的与众不同之处："那个接受了哈特维格提议的自由，并以留下来回报他的女人，并不是易卜生想要我们相信的人物。"[144]

因此她决定写一部新剧，在"对易卜生原剧情进行考古挖掘和重新构建"的基础上，强调"民间源头"，采用"人物自我介绍并自行解释相互之间的冲突"的方法，她认为这种方法与易卜生相比"更古朴也更现代"。尽管有这些改变，她觉得自己是"忠实于易卜生最初构思中最强有力的时刻的"，并认为她的文本"对于罗伯特·威尔逊在诗意和反现实主义方面的敏感性是理想的材料，也有利于发挥他制造幻象的才能"。[145]

1998 年 5 月 5 日，在意大利费拉拉举行了首场演出，当时正值"公共剧院"成立 200 周年。音乐改编自斯堪的纳维亚民歌，背景是海涛声和海鸥的叫声，乔治·阿玛尼设计的服装让人联想到大海的颜色，舞台布景则让人联想到一艘船的甲板，上面漂浮着一张随灯光变换颜色的帆。法国女演员多米尼克·桑达饰演艾丽达（1996 年，她曾与威尔逊在夏特莱剧院上演的《俄狄浦斯王》中合作过），丈夫哈特维格由菲利普·勒罗伊-博利厄饰演。这是导演第一次在意大利执导作品，他很是期待。首演当天桑塔格在费拉拉，演出前的下午，她出席了见面会，会见了观众和记者。

但桑塔格的文字如何呢？作为对原剧的一种评述，它将艾丽达展现为一个正在寻找自己身份的存在，在她身上的土和水两种元素之间徘徊，并通过她坚持要讲述的故事，试图做出一个决定。配偶之间很少交谈，他们在转向观众说话时更加轻松，用第三人称追忆他们之间关系的演变。和他们在一起的是哈特维格的两个女儿，她们没有母亲，不愿意接受这个陌生的继母。为了逃离家庭的牢狱，大女儿答应嫁给她的老师，而小女儿则决定离开家继续读书。至于艾丽达，在产生过回归海洋的朦胧念头以后，她向哈特维格屈服了：但她的心灵从未停止过苦恼，最后一场戏是她在谋杀了丈夫后，梦见自己跳入海中……我们离易卜生的大团圆结局很远，对这种境况，也没有找到解决方法。

这部剧大获成功，继费拉拉之后，又在摩德纳、乌迪内*，最后在米兰上演，5 月底又被选入伊斯坦布尔国际戏剧节。第二年，该剧将再次在意大利和法国巡演。

1998 年 7 月初，休憩和家庭庆祝活动提上了日程。7 月 4 日——美国独立日——安妮邀请她的家人到她位于克利夫顿角的庄园去欢聚一堂。1996 年，一直在寻找一处能远离曼哈顿的隐居住所的莱博维茨发现了莱茵贝克，一个位于新帕尔兹北部哈得孙河上的小城。她先是在那里租了一座房子，对这个地区进行了探索，然后发现了"理想"的房产：八十多公顷的土地、两个谷仓和两栋主建筑，合起来的房产就是人称克利夫顿角的这个地方的阿斯特奶牛场。很多人称作"废墟"的修复工程，是从"池塘之屋"开始的。而当其中一间仓房可以居住后，"池塘之屋"就成了桑塔格的办公室，陈设简陋，有一张长桌，她坐在那里写作，正对着窗户，可以俯瞰著名的池塘。

回到纽约后，桑塔格在 7 月 9 日接受了检查，医生查出了一种

---

* 摩德纳、乌迪内均为意大利北部城市。——编注

子宫肌瘤，这是一种罕见的子宫癌。确诊几天后，她在 7 月 13 日做了子宫切除手术，两周后就开始化疗。第一个疗程后的并发症促使医生改变了预期的治疗方案，不管怎样，本来的打算是预防大于治疗：肿瘤是局部的，他们似乎并不担心转移。正如桑塔格明确告诉很多朋友的那样，癌症本身是"新"的，并不是乳腺癌转移引起的。治疗让她筋疲力尽，她的病情需要时刻有人陪护，而最让她绝望的是，她发现自己不能写作。她在已经进入末尾两章的时候被阻拦住了脚步，她害怕自己可能永远也无法完成这部小说了。她的朋友们想给她一切可能的安慰，并分散她的注意力，于是提出了各种各样的建议，包括给她当抄写员："洛杉矶的一个朋友，知道我的绝望和我对永远无法完成小说的恐惧，就提出来纽约陪我，为小说的结尾做笔录。这是真的，前八章已经写完了（也就是说重写和重读了很多遍），我已经开始写倒数第二章，最后两章的情节在我脑子里已经很清楚了。然而，我却不得不拒绝他如此感人和慷慨的提议。这不仅仅是我的脑子可能被根治性化疗和吗啡扰乱了，不记得自己本来打算写什么；而是我必须看到我在写的东西，而不只是听到它。我必须得能重读才行。"[146]

在最初三个月里，很少有朋友知道她经历的磨难。只有当她自己又开始执笔——她的助理负责处理最紧急的通信——她才向他们倾诉。她不掩饰这个时期她遭遇的困难，她不肯倒下。她的态度就像一个初次上阵的斗士——她希望"能活到很老很老"，她在给特莉·卡斯尔的信里写道（她以幽默的态度对待头发的脱落）："我有一顶绝妙的假发，还有一堆古怪花哨的帽子。"但她在通信人面前毫不掩饰自己的焦虑不安："真正的问题：化疗（2 月份还将进行一个月的放疗）能否阻止病情的发展？"[147]

安妮当然在她的身边，与人们设想的相反，她并没有把照相机留在更衣室里。她在记录疾病，拍摄病床上的女友，拍摄戴维给母亲念书，拍摄一次化疗的过程，拍摄因预计女作家会掉头发而到她家修剪"鬃毛"的理发师……虽然这些照片可能会让人感到意外，但我们还是完全有理由想象，可能是桑塔格自己催促莱博维茨拍的。她经常责备莱博维茨没有为她俩的亲密关系拍下足够多的照片，以她的纪录片式本能，她能够把这些照片设想成她关于疾病的文字的视觉对应物。

在患病身体的影像中，也有对生活继续如常进行的一瞥，例如，桑塔格和她的助理本·约曼就一篇手稿进行了一番大讨论。正在等待着她的工作，既是她与疾病斗争的理由，又是令她绝望的对象。经过四个月的治疗，11月，她又拿起了她的马克笔和黄色笔记簿："7月9日确诊时，我还差五十页《在美国》：我为我的小说哭了。上个月我又开始写了（我曾停在四百三十二页），但前进的速度就像蜗牛。事实是我觉得写作非常困难。作为一个全职病人，化疗的副作用是能把人变弱。我现在一点也不觉得自己是大师了。"[148]

又一次，只有她的心腹密友知道她的健康状况，所以邀约还是继续到来。她拒绝所有的出差和公开朗读，但从11月开始，她回复信件了。自获得麦克阿瑟奖金以来，请求她写推荐信的情况大大增加，这种书信往来不仅能让我们感受到她的影响力——或者不如说是人们赋予她的影响力；也让我们体会到她有着富于变化的友情和同情心。例如，11月底，女诗人安妮·卡森向她索要鼓励文学创作的加拿大奖项莫尔森奖的推荐信。卡森是古希腊文学和拉丁文学的专家，今日，她是当代诗坛的重要人物。她出生于加拿大，自20世纪80年代初以来一直生活在美国，赢得了作为评论家、翻译家和诗人的声名。她第一次给桑塔格写信时，后者将她的《短篇谈话》选入由自己编选的 1992 年《最佳美国随笔》。卡森未能获得这个令人垂涎的奖项，但桑塔格为声援她的提名而寄出的信留了下来："卡森女士是北美文坛上独一无二的人物。她是一位以炽热的力度与独创性来教授和写作古典希腊文学的大学学者。她是好几本出类拔萃、广受好评的书的作者，这些书都是融合了散文和诗歌的混合叙事。在我看来，卡森女士现在必须算是英语世界中最激动人心、至关重要的作家之一。加拿大一定为她感到非常骄傲。"[149] 一年前，卡森应桑塔格的邀请在国际笔会的一场晚会上朗读，这让她们在附近的一家日本餐厅用餐时有了互相加深了解的机会。而在角逐莫尔森奖失败两年后，卡森获得"天才奖金"，也就是著名的麦克阿瑟奖金，桑塔格支持了她。

自从她在《疾病的隐喻》中公布了自己的第一次癌症经历后，桑塔格经常收到朋友和陌生人的来信，告诉她自己或亲友的癌症情况，向她寻求劝告，并从她的病情缓解中找到心存希望的理由。这些年来，她也曾同意在访谈中或圆桌座谈上回忆自己的疾病，在这种场合下与某些读者——受苦受难的同伴——见面，或者在宣传活动中发言。以至在她的档案中，有一份题为"癌友"[150]的文件……她会花时间回答问题，解释她遵循的不同治疗方案，和她发现的用来应付疼痛、恶心的方法（她经常会建议对方使用各种形式的大麻来缓解痛苦），自愿提供她的医生的联系方式，特别是 20 世纪 90 年代仍在执业的吕西安·伊斯拉埃尔医生，他已经成为世界知名的专家。她付出自己的时间和金钱，定期为该领域的研究筹款。生病的她觉得自己也是这个社群的一员，她从初次的经历中汲取了教训，向这个社群敞开了自己的心扉。现在她豁然开朗："你要调动你所有的资源，要和别人在一起。你有非常强烈的经验，其他生病的人和你身边的人也是如此。在医院的化疗室里，不仅仅是我一个人——那里有人正在呕吐，有人在和她的丈夫说话。这就是现实——你知道的，要否定现实是很容易的。我想尽可能多地吸收现实。"[151]

　　尽管化疗期间无法写作，她仍继续阅读，正是对阅读的热爱，促使她答复了兰登书屋"现代图书馆"系列的问卷，这套书堪比法国的"七星文库"。有人请她列出百本写得最好的女性作者的小说：选择相当困难。当然，伍尔夫的《到灯塔去》《达洛维夫人》《海浪》是榜单上的第一位，其次是伊迪丝·华顿、朱娜·巴恩斯、格特鲁德·斯泰因、凯瑟琳·曼斯菲尔德、伊丽莎白·鲍恩、薇拉·凯瑟、尤多拉·韦尔蒂和弗兰纳里·奥康纳……但她也没有遗忘自己同时代的作家：纳丁·戈迪默、佩内洛普·菲茨杰拉德和友人伊丽莎白·哈德威克。

　　桑塔格自己承认，她每周都要读和重读十到二十本书，她的这种快乐总是染上了些许罪恶感，她需要不断地为这种阅读欲望寻找正当性。有时她将这看作一种戒不了的毒品，它分散了她的注意力："阅读，对阅读的热爱，是让你梦想成为作家的原因。而在你成为作家后的很长一段时间里，阅读别人写的书——以及重读过去心爱的书——构成了写作中无法抗拒的分心行为。是分心。是安慰。是煎熬。而且，是的，也是灵感。"[152] 阅读拯救了病中的她。即便很难集中注意力写稿子，她也能通过迷失在书中找到安慰，就像汉密尔顿爵士在"书中的别处"忘记了自己的思乡之情，远离了他生活的"世界"。她在《火山情人》中写道，"阅读是一种药膏"，[153] 这是适合她的药方。

她的第一次公开露面将是出席"巴诺书店作家奖"颁奖时的招待会，该奖自 1996 年起颁发给帮助过同侪或对文学界的活跃有所贡献的作家。1998 年 12 月 8 日，和她一同登上领奖台的还有剧作家爱德华·阿尔比和小说家E. L. 多克托罗。说到这后一位，她还有精力和他唇枪舌剑。虽然多克托罗刚刚呼吁保护印刷文化，她却提出，恰恰相反，作家太多了，这个物种不需要被保护。在她看来，这次颁奖是对她的付出——特别是她对国际笔会的付出——的认可，绝对的优先权属于"人类团结"。

1999 年 1 月底，她的化疗结束了。她的感觉变好了，假发也收起来了，头发也开始重新长出来了：现在她剪了短发，全白的头发让她看起来比以前更加高傲。她还要接受六周的放疗，一旦最新的扫描结果出来，她就计划飞往巴里，最终完成《在美国》。

作者注：

1. 《巴黎评论：访谈录》。（同前，p. 438。）

2. 《同时》。（同前，p. 251。）

3. 桑塔格在《逆流》杂志 1989 年第 8 期莉萨·洛的采访中尤其捍卫了这一立场。（Lisa Low, *Cross Currents*, n°8, 1989, p. 185.）

4. 苏珊·桑塔格的采访，见卡特丽娜·奥托-伯恩斯坦 2006 年执导的纪录片《完全威尔逊》（Katarina Otto-Bernstein, *Absolute Wilson*）。

5. 《床上的爱丽丝》。（*Alice in Bed*, éd. Farrar, Straus & Giroux, 1993，p. 24.）

6. 同上。（p. 87.）

7. 同上。（p. 109.）

8. 同上，《剧本笔记》。（« notes on the play », p. 117.）

9. 罗伯特·威尔逊的来信，1990 年 3 月 21 日，UCLA档案。

10. 特雷弗·费尔布拉泽，《罗伯特·威尔逊的视野》。（Trevor Fairbrother, *Robert Wilson's Vision*, éd. Harry N. Abrams, 1991.）这场展览于 1991 年 2 月 6 日—4 月 20 日在波士顿举行，1991 年底又在蓬皮杜中心展出。

11. 苏珊·桑塔格，《瓦格纳的液体》，《伦敦书评》，1987 年 12 月 10 日。（S. Sontag, «Wagner's fluids », *London Review of Books*, 10 décembre 1987.）

12. 苏珊·桑塔格，《一个帕西法尔》（« A Parsifal »），收入特雷弗·费尔布拉泽，《罗伯特·威尔逊的视野》（同前，pp. 21-27）。

13. John Jahnke在演出空间 22 执导，纽约，2006 年 2 月 23 日—3 月 5 日。

14. 《重点所在》（同前，p. 369）。原发表于《纽约客》，1991 年 3 月 4 日。

15. 照片由Thomas Victor拍摄，作为插图登载在约翰·西蒙的文章《从未失落的光明》中，《纽约杂志》，1984 年 12 月 24—31 日。

16. 莱斯利·加里斯，《苏珊·桑塔格邂逅罗曼司》。

17. 安妮·莱博维茨，《一个摄影师的生活 1990—2005》。（Annie Leibovitz, *A Photographer's Life 1990-2005*, Random House, New York, 2007.）

18. 拉里·麦克默特里的来信，1989 年 6 月 29 日，UCLA档案。

19. 同上。

20. 拉里·麦克默特里的来信，1989 年 7 月 21 日，UCLA档案。

21. 拉里·麦克默特里的来信，1989 年 10 月 30 日，UCLA档案。

22. 与 Marvin Zolt 的通信，UCLA 档案。

23. 莱斯利·加里斯，《苏珊·桑塔格邂逅罗曼司》。

24. 埃伦·霍普金斯，《苏珊·桑塔格精神焕发》，《洛杉矶时报》，1992 年 8 月 16 日。（ Ellen Hopkins, « Susan Sontag Lightens up », *Los Angeles Times*, 16 août 1992. ）

25. 莱斯利·加里斯，《苏珊·桑塔格邂逅罗曼司》。

26. 埃伦·霍普金斯，《苏珊·桑塔格精神焕发》。

27. 佐薇·赫勒，《一个女学生代表的一生》，《独立报》，1992 年 9 月 20 日。（ Zoe Heller, « The life of a Head Girl », *The Independent*, 20 septembre 1992. ）

28. 同上。

29. 妮科尔·赞，《H 夫人：作为隐喻》，《世界报》，1992 年 9 月 15 日。（ Nicole Zand, « Lady H. comme métaphore », *Le Monde*, 15 septembre 1995. ）

30. 约翰·班维尔，《岩浆附体》，《纽约时报》，1992 年 8 月 9 日。（ John Banville, « By Lava Possessed », *New York Times*, 9 août 1992. ）

31. 埃伦·霍普金斯，《苏珊·桑塔格精神焕发》。

32. 《火山情人》。（同前，p. 455。）

33. 同上。（pp. 35, 31, 80. ）

34. 卡林·罗马诺，《哲学美国》。（同前，pp. 391-392。）

35. 莱斯利·加里斯，《苏珊·桑塔格邂逅罗曼司》。

36. 《火山情人》。（同前，p. 367。）

37. 拉里·麦克默特里的来信，1991 年 10 月 29 日，UCLA 档案。

38. 卡米尔·帕利亚，《桑塔格，该死的桑塔格》，见《妖妇淫娃：性欲的异教理论》。（ Camille Paglia, « Sontag, Bloody Sontag », dans *Vamps et Tramps. Une théorie païenne de la sexualité*. Trad. par Agnès Botz et Camille Fort-Cantoni, Ed. Denoël, 2009, pp. 441-444. ）

39. 见本书第七章"她的电影征程 1968 年 7 月—1974 年"。

40. 卡米尔·帕利亚，《桑塔格，该死的桑塔格》。（同前，p. 451。）

41. 同上。（p. 454. ）

42. 蒂姆·阿佩洛，《唇枪舌剑》，《娱乐周刊》，1992 年 9 月 18 日。（ Tim Appelo, « Fighting Words », *Entertainment Weekly*, 18 septembre 1992. ）

43. 卡米尔·帕利亚，《桑塔格，该死的桑塔格》。（同前，p. 458。）

44. 詹姆斯·沃尔科特，《帕利亚的权力之旅》，《名利场》，1992 年 9 月。(James Wolcott, « Paglia's Power Trip », *Vanity Fair*, septembre 1992, p. 301.)

45. 卡米尔·帕利亚，《桑塔格，该死的桑塔格》。(同前，p. 458。)

46. 詹姆斯·沃尔科特，《帕利亚的权力之旅》。(同前，p.300。)

47. 卡米尔·帕利亚，《桑塔格，该死的桑塔格》。(同前，p.358。)

48. 詹姆斯·沃尔科特，《帕利亚的权力之旅》。(同前，p.303。)

49. 富兰克林·福尔，《超级明星苏珊》。

50. 佐薇·赫勒，《一个女学生代表的一生》。

51. 詹姆斯·芬顿，《持久的遗赠》，《卫报》，2006 年 12 月 2 日。(James Fenton, « A lasting legacy », *The Guardian*, 2 décembre 2006.)

52. 《重点所在》。(同前，p. 186。)

53. 同上。(p. 191.)

54. 戴维·里夫，《屠场》。(David Rieff, *Slaughterhouse: Bosnia and the Failure of the West*, éd. Simon & Schuster, 1995, p. 33.)

55. 给托马斯·弗里克的信，1993 年 4 月 1 日，UCLA 档案。

56. 给帕斯卡尔·德尔佩什的信，1993 年 4 月 30 日，UCLA 档案。

57. 给帕特里夏·比尔菲尔特的信，1993 年 2 月 26 日，UCLA 档案。

58. 《重点所在》。(同前，p. 383。)

59. 同上。(p. 388.)

60. 同上。(p. 389.)

61. 同上。(p. 431.)

62. 同上。(p. 432.)

63. 约翰·庞弗雷特，《炮火中的〈戈多〉》，《华盛顿邮报》，1993 年 8 月 19 日。(John Pomfret, « Godot amid the gunfire », *The Washington Post*, 19 août 1993.)

64. 《重点所在》。(同前，p. 397。)

65. 同上。(p. 399.)

66. 同上。(p. 420.)

67. 约翰·F. 伯恩斯，《作家为萨拉热窝带去善意与戈多》，《纽约时报》，1993 年 8 月 19 日。(John F. Burns, « To Sarajevo, Writer Brings Good Will and Godot », *New York Times*, 19 août 1993.)

68. 希尔顿·克雷默，《萨拉热窝传来的虚假的西班牙回声》，《华尔街日报》，

1993 年 8 月 24 日。（Hilton Kramer, « In Sarajevo, False Echoes of Spain », *Wall Street Journal*, 24 août 1993, p. A14.）

69. 卡米尔·帕利亚，《妖妇淫娃》。（同前，p. 359。）

70. 《重点所在》。（同前，p. 420。）

71. 让·鲍德里亚，《萨拉热窝得不到休息》，《解放报》，1994 年 1 月 8 日。（Jean Baudrillard, « Pas de répit pour Sarajevo », *Libération*, 8 janvier 1994.）

72. 《贝尔纳-亨利·莱维——1992 年 6 月在萨拉热窝》（« Snaga Bosne : Bernard Henri Lévy – Sarajevo juin 92 »），YouTube视频。

73. 约翰·庞弗雷特，《炮火中的〈戈多〉》。

74. 《重点所在》。（同前，p. 419。）

75. Zvonimir Radeljković 与 Omer Hadžiselimović 于 1993 年 4 月 10 日在萨拉热窝做的采访，《文学是你应该重读的东西》，收录于《波斯尼亚的精神》第 2 卷，2007 年 4 月 第 2 期。（Zvonimir Radeljković et Omer Hadžiselimović, « Literature is what you should re-read », *Spirit of Bosnia*, vol. 2, n°2, avril 2007.）

76. 《戈多来到萨拉热窝》，《纽约书评》，1993 年 10 月 21 日（« Godot comes to Sarajevo », *New York Review of Books*, 21 octobre 1993）；与《"彼处"与"此处"》，《国家》，1995 年 12 月 25 日（« "There" and "Here" », *The Nation*, 25 décembre 1995）。

77. 爱德华·贝克特给巴尼·罗赛特的信，被抄录给桑塔格，1995 年 1 月 19 日，UCLA档案。

78. 《重点所在》。（同前，p. 414。）

79. 罗伯特·威尔逊的来信，1993 年 9 月 8 日，UCLA档案。

80. 乔纳森·卡尔布，《床上的苏珊和鲍勃》，收录于《一部部戏》。（Jonathan Kalb, « Susan and Bob in bed », repris dans *Play by Play*, éd. Limelight, New York, 2003, p. 133.）

81. 萨尔曼·鲁西迪，《约瑟夫·安东》。（Salman Rushdie, *Joseph Anton*, éd. Gallimard, coll. Folio, pp. 458-459.）

82. 同上。（p. 534.）

83. 丹尼尔·C. 史蒂文森，《鲁西迪震惊听众 26—100》，《科技》，1993 年 11 月 30 日。（Daniel C. Stevenson, « Rushdie Stuns Audience 26-100 », *The Tech*, mardi 30 novembre 1993.）

84.   萨尔曼·鲁西迪，《约瑟夫·安东》。（同前，p. 586。）

85.   马尔科姆·布雷德伯里，《克里米纳尔博士》。（Malcolm Bradbury, *Doctor Criminale*, Viking Press, 1992, p. 160. ）

86.   给木幡和枝的信，1994 年 5 月 20 日，UCLA档案。

87.   给Jose Luis Gomez的信，1995 年 6 月 26 日，UCLA档案。

88.   给阿恩·露特的信，1995 年 8 月 15 日，UCLA档案。

89.   琼·阿科切拉，《饥饿艺术家》。（同前，p. 76。）

90.   给亚雷克·安德斯的信，1996 年 10 月 18 日，UCLA档案。

91.   给亚雷克·安德斯的信，1996 年 11 月 8 日，UCLA档案。

92.   亚雷克·安德斯的来信，1997 年 7 月 1 日，UCLA档案。

93.   琼·阿科切拉，《饥饿艺术家》。（同前，p. 76。）

94.   《重点所在》。（同前，p. 424。）

95.   同上。

96.   同上。（pp. 436-437. ）

97.   同上。（p. 437. ）

98.   同上。

99.   同上。（p. 439. ）

100.   同上。（pp. 445-446. ）

101.   同上。（p. 459. ）

102.   同上。

103.   给爱德华·赫希的信，1995 年 5 月 15 日，UCLA档案。

104.   《重点所在》。（同前，pp. 462-463。）

105.   同上。（p. 336. ）

106.   同上。（p. 342. ）

107.   同上。（p. 344. ）

108.   唐纳德·里奇，《日本日记：1947—2004》。（Donald Richie, *The Japan Journals, 1947-2004*, éd. Stone Bridge Press, 2004, p. 339. ）

109.   1995 年 6 月 6 日。

110.   罗西奥·加西亚，《苏珊·桑塔格称她的小说〈火山情人〉是她最好的书》，《国家报》，1995 年 6 月 15 日。（Rocio Garcia, « Susan Sontag afirma, que la novela "El amante del volcán" es su mejor libro », *El País*, 15 juin 1995. ）

111.《同时》。(同前, p. 206。)

112. 妮科尔·赞,《H夫人:作为隐喻》。

113. 给霍华德·霍奇金和安东尼·皮蒂的信, 1995 年 9 月 15 日, UCLA档案。

114. 霍华德·霍奇金和安东尼·皮蒂的来信, 1995 年 4 月 9 日, UCLA档案。

115. 伊丽莎白·韦弗在《诗人大师们在米勒剧院回忆布罗茨基》中引用,《哥伦比亚大学记录》第 22 卷, 1996 年 11 月 15 日第 9 期。(Cité dans Elizabeth Weaver, « Master Poets Remember Brosky at Miller Theater », *Columbia University Record*, vol. 22, n°9, 15 novembre 1996.)

116.《水印》。(*Watermark*, Farrar, Straus & Giroux, 1992.)

117. 列夫·洛谢夫,《布罗茨基传》。(Lev Loseff, *Joseph Brodsky. A literary life*, traduit par Jane Ann Miller, Yale University Press, 2011, p. 262.)

118. 瓦伦蒂娜·波卢欣娜,《看约瑟夫·布罗茨基的十三种方式》。(Valentina Polukhina, « Thirteen Ways of Looking at Joseph Brodsky », wordswithoutborders. org juin 2008.)

119.《布罗茨基在国外:帝国、旅游业、乡愁》。(*Brodsky Abroad : Empire, Tourism, Nostalgia*, éd. par Sanna Turoma, University of Wisconsin Press, 2010, pp. 4, 203.)

120. 特莉·卡斯尔,《安静些, 甜蜜的夏绿蒂》,《新共和》, 1996 年 1 月 22 日。(Terry Castle, « Hush Hush, Sweet Charlotte », *The New Republic*, 22 janvier 1996, pp. 32-35.)

121. 特莉·卡斯尔,《绝望地寻找苏珊》,《伦敦书评》,2005 年 3 月 17 日。(Terry Castle, « Desperately Seeking Susan », *London Review of Books*, 17 mars 2005.)

122. 给Franco Maria Ricci的信, 1996 年 9 月 4 日, UCLA档案。

123. 鲍里斯·卡奇卡,《温室:美国最著名出版社FSG的生存艺术与艺术生存》。(同前, p. 283。)

124. 同上。(p. 248.)

125. 同上。(p. 289.)

126. 同上。(p. 325.)

127. 乔纳森·格拉西,《缪斯》。(J. Galassi, *Muse*, Fayard, 2016, p. 19.)

128. 同上。(pp. 58-59.)

129. 同上。(p. 60.)

130. 同上。

131. 乔纳森·格拉西，《缪斯》。（同前，p. 53。）

132. 给Peter Schneider的信，1997 年 2 月 19 日，UCLA档案。

133. 给木幡和枝的信，1997 年 12 月 17 日。

134. 大卫·W. 陈，《东区的Books & Co关门大吉》，《纽约时报》，1997 年 4 月 26 日。（David W. Chen, « Books and Company on East Side to Close Down », *New York Times*, 26 avril 1997. ）

135. 乔恩·埃里克森，《紧张/释放与演出中时间的制作》，见G. 詹纳奇等人编《呈现考古学》。（Jon Erickson, « tension/release and the production of time in performance », dans *Archeologies of Presence*, édité par G. Giannachi, N. Kaye & M. Shanks,éd. Routledge, 2012, section I-5. ）

136. 《声音与视野》（« Voices and Visions »），由贝拉焦的洛克菲勒基金会汇编的见证手册。（p. 194.）

137. 给Alma Guillermoprieto的信，1998 年 4 月 13 日，UCLA档案。

138. 卡洛斯·富恩特斯的来信，1998 年 12 月 21 日，UCLA档案。

139. 《重生》。（同前，p. 100。）

140. 同上。（p. 373.）

141. 《苏珊·桑塔格日记》第II卷。（同前，p. 83。）

142. 《重生》。（同前，p. 100。）

143. 苏珊·桑塔格，《重写〈海上夫人〉》，《剧场29》，1999 年第 1 期。（S. Sontag, « Rewriting *The Lady from the Sea* », *Theater* 29, n°1, 1999, p. 89. ）

144. 同上。（p. 91.）

145. 同上。

146. 《重点所在》。（同前，p. 332。）

147. 给特莉·卡斯尔的信，1998 年 12 月 7 日，UCLA档案。

148. 同上。

149. 1998 年 12 月 30 日的信，UCLA档案。

150. UCLA档案。

151. 埃德·武利亚米，《这次不是个人的……》，《观察家》，2000 年 5 月 21 日。（Ed Vulliamy, « This time it's not personal...», *The Observer*, 21 mai 2000. ）

152. 《重点所在》。（同前，p. 333。）

153. 《火山情人》。（同前，pp. 252-253。）

无可回避的世界

1999 年—2004 年

> 我与不适的念头相依。
>
> 你有成功，你有经验，但你没有思想，
>
> 你不知道世界其他地方发生了什么事。
>
> 这就是为什么我到处旅行：
>
> 为了记住到处都在发生多少事。[1]

桑塔格终于得到医生的许可，她用一片大洋隔开了自己和医院，并把自己锁在保罗·迪洛纳多在巴里的公寓里，以便完成《在美国》。

但这要在没有电话的情况下才行得通：当一个朋友从纽约打电话给她，并天真地问她是否能听到炸弹落在贝尔格莱德的声音时，她首先做的是嘲笑那些美国人的无知，欧洲对他们来说甚至比实际上还要小。但这次被打断让她重新思考了她所在地以北几百公里处发生的事情，以及她在过去七年中度过了自己大部分时光的那个地区。一年前，也就是 1998 年 3 月，一个独立主义团体开始对抗塞族对科索沃的占领；1999 年 3 月，北约部队决定进行干预，希望避免发生第二次波斯尼亚战争。许多国际维和部队的飞机正从巴里附近的一个基地起飞。尽管与她的对话者所想的相反，她听不到炸弹或飞机起飞的声音，但无法忽视关于亚得里亚海沿岸各地拥入的难民的讨论，也不能停止思考她在萨拉热窝的经历，那些留下来的朋友，那些死者……

于是，她不动声色地从书桌边再次进入舞台，她的文章既是愤怒的呐喊，也是历史的呼唤，历史在这里仿佛打了个嗝。"我们为什么在科索沃"是她提出并试图回答的问题。对她来说，这场冲突是1991年开始的战争中最新的一幕，也许开始得更早，早在1389年，当时塞族人把科索沃输给了奥斯曼帝国。她再次指责米洛舍维奇*及其军队，他们正在努力放大民族主义，并且她再次对欧洲和美国的缺乏反应表示愤慨，并维护北约对塞尔维亚的打击，在她看来，这是防止波斯尼亚大屠杀的唯一办法。她写道："并不是所有的暴力都应该受到谴责；并不是所有的战争都是不公正的。"米洛舍维奇的政策自认是"历史的永恒受害者"，在她看来，这对塞尔维亚来说是"纯粹的灾难"，导致了"整个地区几代人的经济和文化毁灭"。[2]

她再次有机会回到前南斯拉夫的局势问题上来，在她与日本作家大江健三郎往来的四封"书简"中，这些书简于（1999年）6月底出版。这次交流是《朝日新闻》发表的系列文章的一部分，纳丁·戈迪默、阿摩司·奥兹、君特·格拉斯和马里奥·巴尔加斯·略萨都参与了这次交流。在第一封信中，大江思考了苏珊在1995年访日期间接受两位日本知识分子采访时说的一段话：桑塔格表达了这样的观点——20世纪的决定性特征是法西斯主义。大江为日本民族主义的复苏感到忧虑，想继续这方面的思考，与桑塔格一起探讨这种复

---

*　斯洛博丹·米洛舍维奇，前南斯拉夫总统，时任塞尔维亚共和国总统。——编注

苏对本国的影响，以及对国际政治的影响。

日本作家令她回想起，他们错过了在纽约细细探讨这个问题的机会，就在他获得诺贝尔文学奖后，当时对话没有进行，桑塔格指责他去了亚特兰大的一个"无关紧要的会议"。那就是"文化奥运会"，奥克塔维奥·帕斯、沃莱·索因卡、德里克·沃尔科特、托尼·莫里森和约瑟夫·布罗茨基也出席了；那场活动是为给当年夏天要在该市举行的奥运会做准备而组织的。对大江来说，这样能与那些跟他一样来自 20 世纪"受伤"地区或族群的作家结为兄弟；在桑塔格看来，这却是在认可一种商业运作……[3]

书信往来很有礼貌，但实际上缺乏热情。语言整体上是拘谨的，每个人都暴露了自己对文学和世界的观点，但未能进行真正的对话。我们不知道大江对这段经历有什么看法，但桑塔格向木幡和枝表达了自己的失望："听到《朝日》的采访受到好评，我很高兴。不过，我希望大江贡献的部分能更有说服力一些。"[4]

1999 年 5 月 27 日至 6 月 4 日，巴黎电影博物馆举办了向演员、制片人、女性和抵抗运动战士妮科尔·斯黛芬致敬的活动。伴随着她的回顾展，一本汇集了同事、朋友和前抵抗组织成员写的文章（露西·奥布拉克谈到了这位女演员在战争期间的服役记录）的小册子诞生。桑塔格欣然应邀向这位女演员表达敬意，妮科尔曾是她的伴侣，也是她多个项目的制作人。她在文中回顾了她们合作的情况，赎罪日战争期间《应许之地》的拍摄，妮科尔和其团队不可思议地抵达萨拉热窝。她追忆了妮科尔短暂的演员生涯，并总结了在任何情况下都引导着妮科尔的道德要求："在她那充满挑战、引人入胜的项目和需要克服的障碍的一生中，妮科尔·斯黛芬经常不得不独自战斗。尽管有巨大的物质困难，但她的想法还是得以实现。妮科尔的一生是英雄的一生，这一生的核心是她对电影的热爱，是她的优雅和她完美的正直。"[5]

两个女人之间的关系并非一直融洽，她们之间的友谊有时也和她们的恋情一样风雨飘摇，因为妮科尔在她们分手约十五年后，仍未完全接受她们的疏远。但与她不时给桑塔格发去的愤怒的电报不同，她给桑塔格发去的感谢信似乎更加平和："亲爱的苏珊，没有你的电话号码，我想告诉你的不仅仅是我的感激，还有我难以言表的情感。你的友谊所代表的一切让我感动。多么美丽的礼物，来自你，来自生活。给你我所有的爱*，妮科尔。"

初夏，《在美国》已经交付校样，苏珊可以喘口气了：不管发生什么，小说已经完成了。她的健康已经不用担心，但她还是要忍受各种治疗的后遗症。她在化疗期间使用的一种物质对神经系统造成了损害，这导致她的腿部剧烈疼痛，至今仍在使用吗啡衍生物进行治疗，并且出现了无法保持平衡的问题。她需要接受高强度的物理治疗，有时甚至要一连花上三个小时，而且走路也非常困难："如果我不看自己的脚，我就不知道它在哪里。"她对琼·阿科切拉坦言。[6]无论如何，她不会抱怨：癌症在减缓，没有转移，"士气很高"，她写信告诉木幡和枝。[7]

她的精力主要放在即将出版的小说上。她写的文章很少，接受的邀请很少，除了隐退到巴里，她的旅行次数也很少。尽管如此，她还是被女友拖进一场新的出版领域的冒险活动。事实上，很难说是谁影响了谁：是莱博维茨提出了将多年来拍摄的一百七十余张照片汇集在一起的想法，还是桑塔格建议将这些女性肖像汇集成书？

---

*   原文为英语，with all my love。

无论如何，这都是两人进行合作的机会：安妮为照片署名，苏珊写解说词。在这本书中，她重新拾起她最喜欢的一些主题：摄影，当然了，以及它的社会与情感意义，女性及其在社会中的地位，她们被感知的方式，以及永恒的美的话题。桑塔格比以往任何时候都更加肯定了自己的女性主义，她否认看到问题"解决了"，拒绝相信两性之间存在任何平等，拒绝装作"好像"问题和偏见在 21 世纪初奇迹般地消失了。在她看来，"提出女人的问题"是不可或缺的，"不存在相对应的'男人的问题'"，她补充说，因为"男人与女人相反，不是一个正在实现的进程"。[8] 这本书的理念是展示女性如何应对"作为被凝视对象的地位隐含的强制性"，并阐述"对于一些女性来说，由于她们的年龄，或由于她们专注于养育子女的责任和乐趣，明确的女性表现规则并不适用"，以及描绘"由现在向她们开放的新职业所定义的女性的肖像"。女宇航员、女运动员、女舞蹈家、女作家、女矿工、跨国公司女负责人，她们和那些职业更加传统的女性一起出现，女佣、农妇、女模特、女医疗助理，或者干脆就是家庭主妇，甚至是总统夫人……这种描绘已经全面发生变异，反映了女性在社会中的处境，这也就是桑塔格心爱的另一个主题："有一种非常美国、非常现代的信念，就是持续自我变革的可能性。"[9]

《女性》受到评论家的好评，他们基本上认为这是一本有"桑塔格"背书的"美丽的书"，是知识分子价值观的保证……很少有人更进一步。《观察家》杂志的彼得·史蒂文森是少数几个发起讨论的人之一。在他看来，这本书是为了恢复莱博维茨的声誉，"把她的照片从杂志的版面上拉出来，她在那里帮助销售明星和宝马，并将其推向纪录片的方向"。莱博维茨选择的结构在他看来是教条式的，将从工作的矿井里出来的女性的肖像和美国南方的大资产阶级女性聚集在私人俱乐部草坪上的照片并置，后者想必从生下来开始就在那些草坪上玩耍了，这个论点过于明显了。他批评桑塔格的文章与照片脱节，有自己的目的，缺乏情趣……最后，像大多数评论家一样，他在最后一页上停了下来："《女性》中最强有力的照片之一是桑塔格女士本人的照片。黑白肖像为画册画上了圆满的句号；桑塔格女士留着一头全白的短发，她的下巴搁在手上，避开镜头，以侧影的形式被拍摄。她的笑容有些半遮半掩，但很梦幻，仿佛正要提出'伟大的思想'。"[10]

这年年底，桑塔格在纽约。1978 年 7 月，她曾梦见 2000 年，并试图想象千年之变的模样："1999 年 12 月 31 日，我想去（巴黎）。这将是世界历史上最奇特的时刻之一。"她是不是想到了二十二年前写下这篇文章的那个年轻女子？虽然那晚她不在巴黎，但她实现了当时那位年轻女子的一个野心：她的第四部小说即将出版，她作为小说家的作品终于要被广大读者认可了。

2000 年 1 月 16 日，苏珊迎来了她的六十七岁生日，她的六十八岁将是格外忙碌的一年。和《火山情人》出版时一样，她决定全身心投入小说的宣传工作。所以从 2 月份开始，她将在两大洲进行一系列的采访、公开朗诵等。在经历了过去十八个月的近乎一动不动的状态后，她似乎一直在奔波。

一如既往，评论家们意见不一。许多人对《在美国》的线性叙事感到惊讶，很多人都善意地提到小说的"轻快"，认为它具有娱乐性，以至有人像《纽约书评》的黛安·约翰逊一样，质疑了作者的戏仿意图。[11]在约翰逊看来，玛琳娜太过善良，太过单纯，她的性格更适合做一部摄影小说的女主角，而不是苏珊·桑塔格小说中的人物。[12]

　　《纽约时报》的萨拉·克尔发现，"桑塔格提出的想法似乎什么都有，就是不够大胆"，[13] 但小说读起来感觉不错。在这一点上，她不如为同一家报纸工作的令人生畏的角谷美智子那么凶残。桑塔格至今都没有逃过"角谷化"的厄运。这是角谷的同事们创造的一个词，指评论家最尖酸刻薄的文章。事实上，她丝毫不客气，"一个不连贯的、缺乏说服力的努力结果"是她的判决。她抱怨叙事中点缀的"令人厌倦的陈词滥调"，并指出"尽管有一篇有趣的序言，将作者表现为一个后现代故事的评论者，但小说很快变成一个平庸而缺乏想象力的故事，通过信件、私密日记和矫饰的全知角度的评论来讲述人物的壮举"。最后，她不禁为这位随笔作家感到遗憾："问题是，这位很有才华的桑塔格在这部小说中说的话以前都已经说过许多遍了，而且说得比这里更有说服力，层次更丰富，也更细腻。"[14]

　　女小说家转过宽厚的脊背，任凭暴风雨抽打。她对那些愿意听她讲话的人说不要去读关于她的文章，然后装作不在乎。

　　然而当历史学家们也开始发疯的时候，她却无法完全忽视他们。黛安·约翰逊在《纽约书评》中又提出了历史小说的问题，她指出人们"几乎希望真实的东西和被发明出来的东西能以不同的颜色印刷"。[15] 研究真实的莫杰斯卡（玛琳娜的原型）的时代和人生故事的专家们更进一步：他们本希望有脚注和引号……当一位一生中大部分时间都在研究这位女演员的传记的女历史学家阅读和重读《在美国》时，她对小说中的某些段落与她熟悉的文件和文本之间的相似之处感到不安，于是掀起了一场风暴。是她提醒了新闻界，突出了小说和薇拉·凯瑟字里行间的相似之处，凯瑟曾在一个短篇中描写过这位在美国中西部巡回演出的女演员；还有莫杰斯卡回忆录中的几页、显克微支的报道，以及鲜为人知的学术著作，都描写了这群波兰人的乌托邦式冒险。

"为什么像苏珊·桑塔格这样有名望的作家会使用没有引号、没有文献记载的资料？"这位历史学家提出了问题。女作家答复时避开了直接的指控："我们所有谈论真实历史人物的人，都会参考和抄录档案中的原始文件。"桑塔格女士宣称，有关段落总共不到三页。"我利用这些资源，完全改造了它们。我有这些书。我读过这些书。还有一场更重要的辩论可以进行，就是所有的文学作品都是一连串参考和指涉的延续。"至于模仿凯瑟的说法，她以"文学笑话"为由进行辩解，并表示要考查她的读者的知识。[16] 而且她向试图揭晓这段公案的记者透露，她对这些攻击感到惊讶。"我以为他们会欣喜若狂，"桑塔格说，"莫杰斯卡完全被遗忘了。她是一个伟大的女演员。我把她变成了一个杰出的人。真正的莫杰斯卡是可怕的种族主义者。"[17]《洛杉矶时报》上的其他证词对这一观点提出了质疑："桑塔格创造的人物与真实的莫杰斯卡有如昼夜之别。她的人物是用来谴责美国演艺界的暴力的，以及唯利是图对艺术的伤害。她的故事在很大程度上取自莫杰斯卡的生平，但莫杰斯卡本人从未屈服于这种诱惑。"[18] 抄袭、诠释是历史小说作家面临的风险，这已经不是桑塔格第一次被指责了。

小说最初的销量并没有达到她期望的高度。她曾希望通过写一部"通俗易懂"的小说来接触更多的读者。但她的名字、她的名声（这让她被归为先锋作家，因而也就是"难读"的作家）仍然追在她身后。

她多次接受采访，试图改变这种形象。对于来访的记者，她表现得平易近人，邀请他们进入她的世界，不仅是她的公寓，还有她的街区；带他们去她的杂货店、她最喜欢的餐馆，让他们品尝构成她的日常乐趣的菜肴，向他们介绍她日常生活中的人物。就这样，埃德·武利亚米跟随她来到中国城，和她一起购物，学习如何挑选鸭蛋，听她为一家泰国咖啡馆即将开业而欢欣鼓舞，并答应品尝她最喜欢的冰激凌店的特色美食。

　　回到家，她给他看了自己刚刚开始学习弹奏的钢琴（一个有年头的梦），提议要和他一起坐下看《虫虫危机》，并向他吐露了自己对《玩具总动员》等动画片的兴趣，那是前不久的一个下午，她在挤满影厅的孩子当中观看的。她不愿意向武利亚米谈论她的私生活，这与他们之间已经形成的熟稔感构成了鲜明的对比。[19]

　　关于私生活，桑塔格在代表《卫报》与她见面的苏茜·麦肯齐那里比较开放。她说起并统计了她爱过的男人和女人——"这是头一回。五个女人和四个男人"——她没有完全坦诚：她解释自己变成双性恋是因为男人不再盯着她看了……[20]

　　当时出现了两篇长篇人物特写，一篇是克里斯托弗·希钦斯为《名利场》写的，另一篇是《纽约客》记者琼·阿科切拉写的，这两篇给她的私生活留出了更多的空间。在后者面前，她也将自己的双性恋性向作为一种很自然的事情来追忆："我有女朋友，也有男朋友，这有什么关系？我从来没有想过我需要谈论这个问题，因为这对我来说似乎是世界上最自然的事情。"[21] 桑塔格坚持谈论自己的私生活，乍看之下令人惊讶，但实际上这是作家控制自己过去和现在生活如何披露细节的策略，目的是斩草除根，因为有两位传记作家盯上了她，准备出版"第一本未经授权的苏珊·桑塔格传记"……这本书的公布，让《在美国》的作者感到恐惧："桑塔格的公众人格和私密爱情，包括她对女性的爱的秘密，导致她一举成名的策略，她在政治上的胜利和失误。"

　　桑塔格三年前就知道一部传记正在筹备中。卡尔·罗利森和他的妻子莉萨·帕多克第一次见到她是在波兰，当时她和乔伊斯·卡罗尔·欧茨等人在那里做巡回讲座。他们当时是华沙大学的英语助教，与显赫的访客共进晚餐的可能性让他们目瞪口呆。他们正是以这个故事来引出他们的传记的，并在 2000 年秋天将其出版。他们认为自己的行为是出于仰慕。但出版的作品更多是在批判，如果我们相信他们的话，这是他们的错。

他们的项目被诺顿公司接受了，这暴露了出版社的心态：在签订合同的同时，作者们还签署了一份保险单，以便在发生诽谤诉讼时保护他们和出版社……1996 年 3 月，他们写信给桑塔格，希望桑塔格同意接受他们的采访：他们为自己的事业辩护，认为"出传记的时机已经到来"。

不难想象，桑塔格并不真的赞同他们的观点，而且很小心地不回复他们。几个月后，传记重新启动，她让安德鲁·怀利来处理这件事。怀利模棱两可地回答，他"觉得很有意思"，并询问了关于他们的角度、信息来源和预计出版日期的各种细节。在出版人的警告下，传记作者们的回答依然十分含糊，双方之间的沉默也持续了下去。

在桑塔格看来，鉴于作家人生中的见证者和参与者态度不善，她指望罗利森和他的妻子会感到气馁。这对夫妇则利用作家没有回音作为自己的优势，他们出面接触那些最终能提供信息来源的人，并表示怀利对他们的工作表现出了兴趣。罗利森夫妇没有说谎，但他们所谓的天真无邪也蒙骗了一些对话者。

休战并不持久：在传记作者联系过的朋友警告桑塔格之后，她开始了进攻。其中包括给所有可能成为这些"垃圾箱挖掘者"[22]目标的人的一系列传真："在我生前写的任何关于我的传记，在我看来都是徒劳或不严肃的工作。而且，作者在得到出版合同之前，并不认为有必要告知我他们的意图，或取得我的同意，或确保我的合作，这就意味着某种更加无法接受的东西。"²³ 很多人对此的反应就像这条传真的收件人珍妮特·保尔森一样："很高兴收到你的消息，即便是为了警告我注意那些流氓传记作者。是的，几个月前他们就在夏威夷，四处窥探。有人把我的名字和电话号码给了他们，他们就打来了。我把他们的电话挂了，然后你的传真来了。我会告诉科比·布莱克，因为我知道他们也联系了她。他们跟我说还会再见面的，虽然我跟他们没什么好说的，你可以相信我会尊重你的要求，不会再跟他们讲话。"²⁴

所以她的指示是要守口如瓶，并且要把这条消息传递给任何一个自己可能想不到的人。她可以追踪他们，当他们试图采访时，朋友们会让她知道。

虽说如此，但并不是所有人都拒绝回答。桑塔格有的不仅仅是朋友，传记中穿插了一些访谈的片段，比如卡米尔·帕利亚的访谈——从她几年前发表的文章很容易想象出其内容——或者爱德华·菲尔德的访谈。后者在《纽约时报》上解释："当我得知他们准备写一本未经授权的传记时，她的指示已经在纽约同性恋圈和文学界迅速传开了，桑塔格不希望任何人与他们合作。我决定合作的原因有二。我希望艾尔弗雷德·切斯特对桑塔格作为作家的发展的影响能够得到承认（我必须在这里纠正默金的说法，与她所说的切斯特迷恋桑塔格不同，这种迷恋是双向的，在20世纪60年代初，当切斯特在纽约文坛处于巅峰的时候，桑塔格拜倒在他的脚下）。我还同样觉得，传记以有血有肉、复杂的形象呈现，而不是以令人生畏的、编造出来的知识分子形象呈现，对她不会造成任何伤害。"²⁵ 正如我们看到的，菲尔德最终在2005年出版了一本艾尔弗雷德·切斯特的传记，书名是《会娶苏珊·桑塔格的男人》。

按照惯例，出版社在分发校样时采取了一些预防措施：评论家

必须事先签署一份保密协议，其中明确规定他们无权将校样传递给
他人。看来，至少史蒂夫·沃瑟曼违背了自己的承诺，把校样寄给
了罗杰·斯特劳斯。而桑塔格和她的追随者试图阻止传记出版的流
言正在传播。记者们都在公开谈论此事，并准备报道这起必将爆发
的丑闻。有人已经指出了其中的讽刺意味：桑塔格，前任笔会会长，
言论自由的世界代言人，现在自己变成了审查员……[26]

其实，这次调查揭露的东西不多，内容主要来自报刊文章、一
些证词和回忆录。而批评家们，即使是对桑塔格这个人评价不高
的人，也没有受到诱惑："未经授权的传记作者卡尔·罗利森和莉
萨·帕多克对苏珊·桑塔格的生平和时代进行了八卦式的描述，围
绕着两个演绎性的假设。桑塔格真正的文化影响力在于她对'自我
推销机制的了解，她可能已经对此申请了专利'；她通过恐怖和恫
吓来主宰智力领域，就像知识分子版本的卢克雷齐娅·博吉亚*。他
们的传记从一开始就用副标题宣布了它的祛魅意图——'一个偶像
的制造'。"[27]记者的结论："罗利森和帕多克的书提出的问题比它回
答的问题更多。第一个问题：是否有可能在传主还活着的时候为一
个严肃的人写一本严肃的传记？"[28]

最后，这本传记很快就被人遗忘，它的揭露并没有得到预期的
回应。正如沃尔特·古德曼在《纽约时报》上指出的那样，那些可
能会感兴趣的人最终形成了一个狭窄的圈子："桑塔格女士的崇拜者

---

* 卢克雷齐娅·博吉亚（Lucrèce Borgia），教皇亚历山大六世的女儿，有淫荡的恶名，
曾三度出嫁，为其家族巩固政治权力。无数文艺作品改编了她的故事。——编注

并不代表主流市场，大众对她一直严密保护的私生活可能远没有那么感兴趣，他们更感兴趣的是她的作品和创作动机。在苏珊·桑塔格身上发现的证词和假设（关于她是一个机会主义者，她宣传自己，她也许是女同性恋者）可能会鼓励大学英语系组织研讨课。尽管她今年获得了国家图书奖，但那些成就一本畅销书的读者中能认出桑塔格女士名字的，也就只能装满一个小小的研讨课教室。也许传记作者们也想这么说。"[29]

直到秋季，《在美国》的宣传推广都占据了她的大部分时间。她有一个新的写作计划，但还没有给它一个明确的形式。这是一部小长篇（一百二十页），她暂称其为《卡拉OK房》，她想把故事背景放在 20 世纪 30 年代的日本，主人公可能是法国人……[30] 一切都不确定，只知道这将是一部小说，在小说中，她觉得"自由多了"："我可以用更细致、更有表现力的方式来写。这就像打开了大门，就能欣赏到风景。"[31]

她已经把评论放到一边：她同意在这里或那里写篇导言，经常在杂志上预先发表，但也很少写了，除非是出于紧急的原因。相反，为了利用《在美国》出版后围绕她的名字展开的宣传浪潮，她决定出版一本新的随笔集，收集她近二十年来的许多作品。10 月底，她正在巴里对这本书进行定稿润色。10 月末的巴里风光让她感到宁静闲适，此时她却得知《在美国》入围了美国出版界最负盛名的奖项之一——国家图书奖。这是她第二次入围该奖项，第一次是在 1967 年，凭借《反对阐释》入围"艺术与文学"类奖项，评委会最终为一部马克·吐温的传记加冕。自那以后发生了很大的变化，她现在是这次竞赛的"重量级选手"之一，与乔伊斯·卡罗尔·欧茨并列，欧茨的玛丽莲·梦露传记《金发女郎》也入选了。

桑塔格决定在四十八小时内往返纽约，因为她说："我是个有自知之明的人，没有一点获奖的希望……"[32] 在现场，她参加了颁奖典礼前的酒会，在场的一位记者大胆地问她是否紧张。"是的，我很紧张。"她回答，她的手扯着自己著名的浓密白发。但她为什么会紧张？桑塔格，这个最为专横的知识分子，自诩为"严肃的狂热分子"，她脸红了，笑了，她那深沉有力的声音突然像拼写比赛决赛选手一样难为情。"我想这很重要……我知道我不应该，但我在乎。"[33]

演员史蒂夫·马丁是这周三（11月15日）典礼的司仪。而有幸宣布获奖者的人正是他。"说我很惊讶，是轻描淡写，"六十七岁的桑塔格并没有假装不领情，也没有说自己很期待这个奖项，"我真的是说不出地感动。"她后来在接受采访时说："我不敢奢望获奖，我对这部小说感到极为满意。"她在更晚的一次访谈中说："我的书是关于重塑自我的，这是某种意志上的英雄主义。而且这是一部加州小说。因为加州——尤其是南加州——是美国中的美国，从20世纪70年代开始，人们就来这里闯荡了。"[34] 她很感动，为得到认可而欣喜，也为获奖给小说带来的第二次生命而开心。

年底，她又回到法国。这次已经不存在租酒店房间还是租公寓的问题了：安妮已经买了一套公寓。她知道，她的伴侣更愿意离开纽约去写作，她梦想着能再去巴黎生活。她在书的序言中写道："我希望苏珊能拥有一些她一直想要的东西。"这本书追溯了——从视觉上——她们共同度过的十五年。于是，莱博维茨联系了一家房产中介，中介带她们看了几处房产。当然，她们爱上的那座房子是唯一不符合她们事先设置的唯一条件的——要有电梯，考虑到桑塔格的健康状况。带着可能会浪费时间的预设，她们勉强爬上楼梯："于是他们打开门，我们俩互相看了看。它就在大奥古斯丁码头之上，透过客厅的高窗，你可以看到塞纳河和太子广场，还有圣礼拜堂的尖顶。它建于 1640 年，曾作为印刷厂使用，而且是一片废墟，这是我中意的。"第二天，这对情侣就提出了报价：她们被这栋房子窗口的风景、它周身的铜锈和它蕴藏的历史感吸引。位于塞吉埃街 2 号的费多·德·蒙多龙公馆，从 17 世纪中叶起就有人居住，1969 年被列为历史古迹：阿杰特*为它拍摄过照片，布拉塞†使这条街道永垂不朽，毕加索在同一排房子的另一面画了《格尔尼卡》……而公寓的窗户可以俯瞰大奥古斯丁码头，脚下就是塞纳河。

"尽管年纪大了，但依然高大美丽"，这就是桑塔格留给《世界报》的女记者拉法埃拉·雷罗勒的印象，当时桑塔格到花神咖啡馆与她碰头，接受采访。作家刚刚在邻近的"桅楼"（她最喜欢的巴黎书店之一）待了半个小时，她坐在桌前，"以一种放松、觉得有趣的表情"观察着房间里的活动。她又回家了，尽管行动不便，但她还是会去博物馆和电影院，并恢复了在圣日耳曼德佩区泡咖啡馆的生活习惯，在那里，经常可以看到她在一个笔记本上写东西，而这个笔记本从来没有离开过她的手。[35]

这种脚踏实地的做法让她可以计划在欧洲度过更多的时间。有收入更加稳定的安妮的支持，再加上安德鲁·怀利的管理，她可以自由地对大部分的邀请说"不"，谨慎地选择她想接受的邀请。

如牛津大学与国际特赦组织联合向她提议在"牛津特赦讲座"上发言。她为受到邀请感到非常荣幸，这次邀请也是一种慈善捐助：不仅不收取任何费用，而且要自己支付差旅费和住宿费。

---

* 尤金·阿杰特，法国摄影师，以拍摄巴黎及周边城市的风光出名。——编注

† 布拉塞，匈牙利摄影师，以巴黎生活夜景摄影及为艺术名流（毕加索、马蒂斯等）拍肖像照而闻名。——编注

她决定回到自己心仪的主题——摄影，尤其专注于战地摄影，这是她在波斯尼亚时期就已经思考过的问题。对她来说，这是一个审视摄影师扮演的角色的问题：摄影师认同了一个主题，并以这种方式做证，以引起那些观看照片的人的愤慨。但正如她提醒我们的那样，大多数情况下，试图阻止不公正的人并不是遭受不公正的人。

在简单回顾《论摄影》中详述的摄影分析原则后，她追溯了美国内战以来的战争摄影史，以及它对苦难的图示。在 21 世纪，影像已经成为我们生活中必不可少的一部分，而照片的力量就在于它容易被人记住。另外，"要想引起那些关注'新闻'的人的震惊和警觉，就需要不间断地播放画面，通过电视和视频流传。有些东西不是'真的'（那些不在现场、没有切身体会的人是跟着它走，把它当作'信息'来消化），直到它被拍下来"。[36] 这让她想到了一个众所周知却常常被人遗忘的事实，那就是照片并不像媒体认为的那样是"客观的"，它是一种构建，是一种意图的结果。

1979 年，当《论摄影》问世时，桑塔格宣称："现在，几乎每个人从出生起就会看到图像。所以我对摄影的兴趣不会过时。不过，这本书也许标志着结束——至少我不会再写这个题材了。"[37] 未来证明她错了：她的女友是一名摄影师，而世界上发生的新闻将会促使她重新认真地思考媒介的作用。

回到纽约，安妮·莱博维茨满腔不耐烦地等待着：她怀孕了。在经历了多次迟疑后（她又被自己真的想要孩子的事实困扰——"我有一份重要而又需要全神贯注的职业，我几乎从来不在家"，她如此描述自己迄今为止的生活），她终于将计划付诸行动。桑塔格对这种可能性极感矛盾，她的顾虑之一是年龄，莱博维茨已经五十一岁了，她并不当真相信女友是严肃认真的。但当女友做出并实施这个决定时，她表达了对女友的支持。[38]

很快，她的心思就到了别处。4月初，她接到耶路撒冷书展主席的电话：她获得了同名奖项。但接受一个以色列组织颁发的奖项——而且由当时正当权的政府外长西蒙·佩雷斯担任评委——是一种政治行为。

消息一公开，反应就来了。最早的反应来自南非：1987年曾有人试探过纳丁·戈迪默，在她拒绝之后——她说她不想从一个种族隔离社会到另一个种族隔离社会旅行——这个奖项被授予另一位南非作家J. M. 库切。而她拒绝的理由正是她想说服桑塔格也这样做的理由：

> 我给你写信而不是打电话，因为我觉得我的不安和痛苦会让我在电话里前言不搭后语，而我想清楚地告诉你。我亲爱的挚友——我心目中最优秀的五位在世的作家之一——我深信，毫无疑问，你不应该同意成为今年耶路撒冷奖的获得者。
>
> 让我解释一下。这是一个表彰优秀文学作品和成就的奖项：是的！我不是在质疑这一点。但这一次是在一个国家的主持下颁发的，而这个国家目前由一个残酷无情的反动派领导，可以说，他是采取挑衅行动，使以色列和巴勒斯坦之间实现和平与公正的条件变得复杂，且受到挑战，甚至使之无法实现，因为他加强了以色列人对巴勒斯坦人和巴勒斯坦人对以色列人的持续性暴力，加剧了巴勒斯坦人的灾难性状况（许多惊恐的以色列人都承认这种状况）……在越南之后，在萨拉热窝之后，你怎么能在这样

的时间接受这样一个政府所统治的国家的奖赏呢？

我无法不这样想，既然把这个奖给你，你就知道自己在做什么。我努力想象你接受它的理由。

她最后说："亲爱的苏珊，如果你在这件事之后对我生气了，感到受冒犯了，我恳请你，不要让这件事结束我们的友谊。"[39]

几周后，爱德华·萨义德给她寄了一封类似的信，开头竟也同样宣称自己不愿开口：

我亲爱的苏珊：

自几个星期前宣布 2001 年耶路撒冷奖得主以来，我一直在脑海中翻来覆去地想该如何对您说，又要说什么。我终于决定写信，因为打电话可能暴露出（我的）前后矛盾和情绪化，这样既无用处，表达也不会清晰。

您当然知道，我有多想念您，多少年来，在我看来，您是我们这个时代必不可少的作家之一。在我的印象中，我们从来没有讨论过中东问题，除了 1977 年看完您的电影后，我含糊不清地表达了我的失望。从那时起，我一直认为巴勒斯坦和以色列对您来说不像对我那么重要，所以没有理由讨论这个问题。这不是一场发生在两个国家之间的战争，而是一个国家对无国籍、被剥夺和被误导的人民采取的殖民军事行动……

西蒙·佩雷斯是该奖项的评委之一，也是一个由战犯领导的极度反动的政府的外交部部长。（我附上以色列记者最近关于佩雷斯扮演的角色的一篇文章。）耶路撒冷市长埃胡德·奥尔默特是一个令人不快的利库德分子，他的政策是继续进行犹太化和非法吞并东耶路撒冷。

因此，您富有魅力地出席颁奖典礼并接受颁奖，对以色列政府来说，会有助于提升其国际地位，是最优秀人才最终支持以色列的标志。这就是在这种政治语境下的理解。我知道您已经接受了，您很可能会去那里。我希望您重新考虑您的决定，并在抗议以色列推行不人道政策的人中加入您非凡的声音。您知道在南非、越南和波斯尼亚的类似野蛮行为的结果，您此时拒绝前往耶路撒冷，公开表示您的反对意见，这与您以往的行动是完全一致的。

我希望您不要把我的话当作对您所做的事的干涉，而是要当作一个兄弟般的拥护者和崇拜者所说的话。

爱您，一如既往。

爱德华[40]

我们不知道桑塔格给戈迪默的回信是如何的，但我们的确有她写给萨义德的回信：

亲爱的爱德华：

唉，我写得太匆忙了。我在旧金山待了两天（在公共图书馆读书和做其他事情），发现你的信已经在等我了。我只是路过我的公寓，一个小时后我就要返回机场，去以色列。

爱德华，如果我认为接受这个奖项意味着支持以色列现政府及其政策，我当然不会去。

我不相信我的接受被视为"会有助于提升其国际地位"，象征着最优秀的人才终于支持以色列的所作所为。

我愿意拒绝这个奖项——如何才能让人知道呢？召开新闻发布会？为《时代》周刊写一篇文章？——比起去那里讲话，这样的效果要差很多。

当然，你不会认为我只是去和奥尔默特握手，参加几场晚宴，被带到大屠杀纪念馆和马萨达遗址，然后回家。

与我同行的戴维与一些巴勒斯坦知识分子和政治家进行了交谈或通过电子邮件进行联系。萨卡基尼中心的阿迪拉·拉伊迪表示愿意带我去拉姆安拉并向人们介绍我（我附上她的邀请函原件），我和戴维下周六将在加沙度过。

是的，爱德华，当然，巴勒斯坦和以色列并没有像占据你的身心一样占据我。但请不要认为我已经变得不负责任、不自觉或肤浅。我真诚地相信，那会是说大话——我对奖项的拒绝就相当于这个——会是一个几乎不了解这个地方的人做出的轻率反应（我二十八年前就去过了！），而这个人却懂得仔细观察、提问、学习、表达、写作。

如果你有关于见谁的建议——我下周日，也就是13号在这里——如果你能在书展接待大家的酒店（耶路撒冷皇冠假日酒店）给我留句话，我会非常感激……

爱德华，你好吗？我经常想起你，希望我们能多见面，并一如既往地给你送去我的爱。

苏珊[41]

在媒体上，《国家》的专栏作家亚历山大·科伯恩是最先被激怒的人之一。他对这种双重标准感到愤怒。在桑塔格前往耶路撒冷的同时，爱德华·萨义德本来应该为维也纳西格蒙德·弗洛伊德研究会的成员做年度演讲。他的访问在最后一刻被取消，因为他几周前访问巴勒斯坦时对自己的人民给予了支持。对科伯恩来说，萨义德受到惩罚是因为他是巴勒斯坦人，而不是因为他的姿态。他说，选择桑塔格是因为她是"安全的"：预计不会有任何失误，而且她对该地区冲突的看法众所周知，而且此类看法来自一个被归类为"左翼"的知识分子是可以为人接受的。在该奖项的评审团中，以对社会主义者和巴勒斯坦问题有"进步"看法而闻名的前总理西蒙·佩雷斯有着一席之地。

对于这位记者来说，她接受这个奖项是为了表示对阿里埃勒·沙龙*政权的支持，沙龙已经因其在被占领土上的行动多次被指控犯有战争罪。记者也很难理解桑塔格自我批评精神的缺乏："在巴勒斯坦人的自由受到无情压制的社会里，她获得一个基于获奖者对人类自由问题的敏感度而颁发的奖项，难道不觉得有讽刺意味吗？"[42]

抵达以色列后，桑塔格接受了美联社记者的采访。她证实了自己确实抱有别人施加给她的观点："报复时使用的武力是过度的，应该建立一个巴勒斯坦国，应该拆除领土上的定居点。"但她坚持认为，她宁愿不说话，因为她没有任何亲身经历：在批评了那些没有在波斯尼亚待过的人却谈论波斯尼亚之后，她表现得很谨慎。她指出，该国有许多异议分子从内部批评政府，而她打算通过自己的在场来支持他们。[43]

文章最后谈到了她被选中时的惊喜："能够入围，是一份意想不到的美妙荣耀。当我被召唤时，我很惊异。我说：'我不相信。'"

"授予荣誉就是肯定一个标准，我们都认为这是所有人共同的标准。接受这份荣誉，就意味着在一段时间内相信自己值得拥有这份

---

* 阿里埃勒·沙龙（Ariel Sharon），以色列前总理。——编注

荣誉……拒绝授予你的荣誉似乎是粗鲁、令人不快和自命不凡的。"[44] 她 2001 年 5 月底在耶路撒冷发表的演讲稿开头写道。如果说在她看来，她的一些前辈并没有真正捍卫"个人在社会中的自由"（这也是耶路撒冷奖的定义），那么她就将这种批评扫到一边，指出"重要的不是一个作家说了什么，而是他是什么样的人"。[45] 因此，不应该将作家视为"舆论机器"，[46] 但如果他决定投入，"在良心或利益的驱使下"，他有责任"说真话"，"拒绝成为谎言和虚假信息的帮凶"。[47]

很可能在因接受这一奖项而受到攻击之前，她并没有计划将大量的发言时间用在该地区的冲突上。她看到自己在谈论文学，追随库切、德里罗*、奈保尔、格林的脚步，当然还有她眼中最伟大的一位，1971 年获奖的博尔赫斯。†但她选择不躲在文学的背后，而是着手处理巴勒斯坦问题这一禁忌话题。作为发言的前奏，她指出，她的意见"很容易预测，考虑到我对那些我第一手了解的问题采取的公开立场"。[48] 她接着批评对巴勒斯坦人民所施加的武力、歧视、镇压及占领："我还认为，除非停止在这些领土上建立以色列定居点，接下来——尽快——拆除这些定居点，并撤出驻扎在那里保护它们的军事部队，否则这里就不会有和平。"[49]

整个大厅都是她的见证人，她说自己想的是"向信服的人布道"，忽略了那些拂袖而去的观众……最后，她重新提到了在这一天将他们团结在一起的东西，她说她接受这个奖项，"是为了向以色列和巴勒斯坦的所有作家与读者致敬，他们正在努力创造一种由奇异的声音和多元的真理组成的文学。我以和平的名义，以流血和惊恐的社区互相和解的名义接受这个奖项"。[50]

---

*　指美国作家唐·德里罗，被哈罗德·布鲁姆誉为"美国当代最重要的四位作家之一"。——编注

†　本句中提到的人物均为往届耶路撒冷文学奖得主。——编注

科伯恩在回来后没有放松警惕，特别批判了她对耶路撒冷市长的赞扬。他提醒他的读者们，这位市长是极端主义利库德边缘派的一分子，就在桑塔格与他握手的那一刻，他还在为征用该市的阿拉伯社区辩护。作为一名历史学家，他还重新提到了 1991 年 2 月作家为因"颠覆活动"在以色列被捕的哲学家萨里·努塞贝签署的请愿书。这名学者后来担任了一所大学的校长，而这所大学由于当局不愿意资助围绕两国人民和解理念而建立的项目濒临倒闭，他再次受到威胁，而国际舆论似乎并不关心。

作为答复，桑塔格否认了人们认为出自她口的那些言论，也否认了她在前往耶路撒冷之前受到的压力会以某种方式影响她的演讲内容。回忆起戈迪默曾拒绝过这个奖项，她说："据这位长期从事这项活动的负责人说，我的朋友纳丁·戈迪默从来没有得过奖，所以她不可能拒绝这个奖项；据他说，她从来不是候选人。"鉴于上述档案和信件，人们可能会对这些不诚实的答复感到惊讶。

而科伯恩也不甘示弱，轮到他答复时，对于奥尔默特的赞扬，他明确地引用了自己的消息来源（来自《耶路撒冷邮报》）。而且他指出，耶路撒冷奖的组织者有一个习惯，就是对潜在的获奖者进行试探，以免引起公众的愤怒："就纳丁·戈迪默而言，桑塔格很清楚，几年前耶路撒冷奖委员会曾联系过戈迪默，问她如果这个奖颁给她，她是否会接受。正是按照我在我的第一篇专栏中描述的方式，她说她不会接受，人们就再也没有向她正式发出邀请。难怪桑塔格的朋友记不住这段插曲。"[51]

交流到此结束。对桑塔格来说，幸运的是夏天来了，带来了它的干扰：《国家》的读者及其他报刊的读者变得更专注于他们的假期计划，而非一个小说家的失误。她暂时放下所有的小说写作，专心致志地投入新一本随笔的校样工作中，听安妮梦见自己体内的孩子在成长。因此，这个安静的夏天，她以去柏林旅行作为结束，她计划在那里度过两个星期。

这就是2001年9月11日她所在的地方。在德国首都的这个午后，没有任何迹象表明，这一天会和其他的日子有很大的不同。在柏林逗留十天后，她原计划两天后返回纽约。当安妮和保罗分别从巴里和纽约给她打电话时，她正在写作："然后我就冲向电视，几乎在接下来的四十八小时里都待在屏幕前，主要看CNN。"[52]

在接下来的三年里，桑塔格经常讲述，她发现自己和全世界千百万人一样，在电视上看到了发生在离她家仅二十几个街区的灾难，这让她感到很不适。如果在纽约，她可能会爬上她的楼顶，和邻居一起目睹塔楼倒塌。她会向那些已经不知该往何处去的人敞开家门，他们发现自己成了一个生命停滞的小岛上的囚徒。她会想办法让自己有用，对被围困的城市和毁灭的气味，她是有经验的。

偶然的旅行给她安排了不同的命运。她的经历是隔着屏幕的，就像许多人一样，她成了现场评论的接受对象，那些评论来自不知所措的记者和不知道该怎么安抚自己选民的政客。而且在好几天里，她都回不了家：美国的空中交通已经中断，飞机不再起飞。

而在柏林两天不间断的电视新闻之后，她应《纽约客》的要求写了几行文字，总结自己的感受。著名的"街谈巷议"栏目完全是对这周热点的回应。桑塔格与约翰·厄普代克、乔纳森·弗兰岑和阿米塔夫·高希等人一道响应号召。大多数撰稿人回顾了这一天，谈论起受害者，权衡这些事件对未来的影响及他们对人类的信念。在这些令人期待的供稿中，桑塔格的供稿脱颖而出。她以她过去二十年来政治攻击的坦率特点，指责政府和媒体故意误导国家，试图让人们相信这场灾难是绝对无法预测的："些许历史意识可以帮助我们理解刚刚发生的事情和可能会继续发生的事情。"[53] 这与那些试图操纵舆论的人背道而驰，他们给自己定下的任务是"恢复信任，管理痛苦"，最终目的是让公众接受他们的观点。她反对这种"幼稚化"："什么时候才能认识到这不是对'文明''自由''人类'或'自由世界'的'懦弱'攻击，而是对自称世界第一超级大国的攻击，这是美国的特定联盟和行动的结果。"[54] 她提醒我们，伊拉克每天都在美军的轰炸之下："用'懦夫'这个词来形容那些高高在上、杀人不眨眼的人，可能比用来形容那些愿意为杀别人而死的人更合适。"[55] 而这段里的最后一句话将长期受到批评："在勇气（一种道德中立的美德）问题上，人们可以对那些实施周二大屠杀的人说三道四，但他们不是懦夫。"[56] "让我们哭吧，对，让我们一起哭吧。但是不要一起犯蠢。"[57] 她最终恳求道。

需要好几年的时间，人们才会原谅她的这篇文章，才能意识到，时间会证明她的很多观点是正确的。她被指责为对受害者缺乏同情心、将恐怖分子理想化，她被指责为反美主义，而此时国家在其领导人背后的团结似乎是至关重要的。她被那些自以为在尽自己职责的记者喝了倒彩。

两年后，美国另一位文坛名媛琼·狄迪恩总结了桑塔格的处境。"对苏珊·桑塔格的自由狩猎季节已经开启——在《标准周刊》10 月号的一页上，她被指责为'异常愚蠢''道德空虚'和'绝对平庸'——所有这些都是因为她在最后三段话里宣称：'些许历史意识可以帮助我们理解刚刚发生的事情和可能会继续发生的事情。'换句话说，事件是有历史的，政治是有后果的，管理这个国家的人和那些书写并谈论这个国家该如何管理的人，如果他们还继续假装不是这样，那么他们都犯了企图幼稚化他们的同胞的罪。"[58]

在她看来，这不仅关系到言论自由，更重要的是关系到质疑的权利："对我们所对抗的敌人的性质的调查，换言之，应该被解释为对该敌人的同情。"

在《纽约客》上发表声明几周后，她同意答复一位意大利记者代表《宣言》提出的问题。她并没有改变对乔治·布什言论的看法，她说布什的言论在"愚蠢和阴险之间"摇摆不定。她拒绝把这理解为"恶性"[59]的攻击，或者"对文明的攻击"，她反驳了各方面盛行的"无休止战争"的观点。战争只会"激起美国人的仇恨"，[60]而且无疑会比恐怖分子杀死更多无辜的人。另一方面，她并不反对武力应对，"必须采取一系列复杂的、目标明确的反恐行动，而不是战争。而且应当是正当的"。[61]她回顾说，"战争"一词意味着国家之间的斗争，而这里起作用的力量是"次国家和跨国的"，由乌萨马·本·拉登领导，他是"一个庞大的恐怖主义集团的首席执行官"。[62]

这些话与她在美国版《沙龙》接受大卫·塔尔博特的采访时说的非常相似。她重申她对自己的文字引发的风暴感到震惊，讲述了一个月后她仍然受到的侮辱和威胁，并重申她不是一个"叛徒"，她跟经常被和她联系到一起的诺姆·乔姆斯基恰恰相反，她"不反对与这个敌人作战——他是敌人，我不是和平主义者"。"我认为9月11日发生的事是可怕的犯罪，我很惊讶，我甚至不得不说出来，才能让人们放心，这的确是我的想法。但我真的认为，重新来一遍海湾战争不是打击这个敌人的应有方式。"[63]

虽然人们将长期继续指责桑塔格为恐怖分子辩护和缺乏爱国主义，但在责任问题上，美国左派的很大一部分人同意她的观点：自10月初以来，许多知识分子和记者一直在谴责现政府的外交政策，在他们看来，这场灾难无疑是其结果。和她一样，他们希望"一些明智的事情正在实施，以保护我们的人民免受反现代性的'圣战'伤害。人们只能希望布什政府、托尼·布莱尔和其他人真正明白，轰炸阿富汗、伊拉克或其他地方被压迫的人民，以报复他们的暴君和当权的宗教狂人的恶行，是没有用的，或者像他们说的那样，是适得其反的，同样也是有害的。我们只能希望……"[64]

随着时间推移，我们今天知道，明智的解决方案仍然有希望。她的许多分析，包括当场做出的分析，其远见已被后续发生的事件证实。

塔楼倒塌两个星期后，桑塔格和莱博维茨去了现场，这要感谢一位曾是灾后志愿者的朋友。摄影师将自己怀孕的身体隐藏在大衣之下。因为担心危及孩子的生命，她不得不忍住冲动，没有在当天就赶到现场。

10月15日，桑塔格参加了在92Y街举办的活动，她已经在那里朗读过几次，或担任主持人。台上有两个人：她和德国作家W. G. 塞巴尔德。

2000年2月，她曾在这位德国作家的第三部小说《眩晕》被翻译成英文之际，发表了一篇关于他的小说的长文。她在其中赞美了塞巴尔德的作品是"崇高的文学事业"，她认为其声音具有"超自然的权威"。和所有读过《移民》《土星之环》的人一样，她对这些在她看来是被建构成"英文小说"的故事的性质感到疑惑，而这些故事的"创始主张"之一就是"这是一个真实的故事"。"一个故事之所以是虚构的，并不是因为这个故事不真实——它很可能部分或全部是真实的，而是因为作者或多或少使用了各种操作（包括伪造或篡改的文件），从而产生了文学分析理论家所说的'真实效果'。"[65]塞巴尔德的小说在结构和灵感上与她自己的小说大相径庭，然而在这种反思中，我们很难不看到它与当时即将出版的《在美国》的相似之处。这也证实了她在《移民》作者面前被唤起的文学亲缘感。

塞巴尔德朗读了他用英文出版的最近一部小说《奥斯特利茨》的节选，桑塔格在《重点所在》中选择了《向哈利伯顿致敬》和《对一份调查问卷的回答》这两篇最"个人化"的文章，一篇是关于她最早读过的作家之一，第二篇是1998年发表在《游戏规则》上关于她学术和政治立场的问卷的翻译。读书会后是问答环节，由第三位作家安德烈·艾席蒙主持。塞巴尔德被问及他在小说中使用"真实"文件的问题，以及他对现实概念的长期玩弄。桑塔格被问到一个政治问题："你在《纽约客》上发表的关于'9·11'的勇敢的短文的后果是什么？我们如何应对当前对批判性思维的压制？"

在事件发生一个月后，在她的第一次公开亮相中，她不可能逃避这个问题。公众以书面形式提出问题，最后只选出四张卡片。根据那场会议的记录，艾席蒙问出这个问题时，忍不住紧张地笑了起来……

桑塔格加入了游戏。她回忆了这篇文章的写作环境、接受情况。至于后果，她说她特别害怕许多人实行的自我审查。她感觉到新的政治秩序在建立，"极端主义的共和党人似乎在最中心"，而她将是一个"黄狗民主党人"（Yellow Dog Democrat），翻译过来就是一个"纯粹而死硬"的民主党人，她绝不会偏离党的路线。她说，这些反应让她感到震惊，因为她并不认为自己的观点有什么激进之处。在她看来，这些观点在欧洲是司空见惯的："欧洲大多数人都是这样看待正在发生的事情的——也就是说，这是一个重新思考很多东西的机会，而不仅仅是为了维护……我们对祖国的热爱。"[66]听众对这些发言报以长时间的掌声，她甚至在发言前就知道，大多数听众会同意这些发言。

这次晚会的第二天，桑塔格又迎来了全新的冒险：她和安妮的姐妹之一苏珊·斯坦曼一起见证了莎拉·卡梅隆在罗斯福医院（今天的西奈山西区医院，位于中城区）的出生，通过剖宫产手术。她们和外科医生艾莉森·埃斯塔布鲁克都受命在现场拍摄了这一事件。在其中一张照片中，桑塔格向母亲展示了襁褓中的婴儿：我们没有看到她的母亲，只看到莎拉在面具和保护帽之间的睡颜，还有苏珊微笑着的眼睛。

几天后，回到家里，安妮拍下了莎拉在伴侣腿上睡觉的照片。在第一张照片上，我们只能看到她的手放在孩子的额头上。在医院拍摄的照片再现的是产房的狂热气氛，这张照片呈现出的却是一种宁静的印象，熟睡中的新生儿自信放松，暗示了她与苏珊的亲密关系。第二幅照片聚焦于作家沉思地凝视孩子的脸。很难知道她在想什么。摄影师想暗示的平静和安宁很可能只是虚幻的：桑塔格曾表示她对生产有很多疑虑，而莱博维茨在女儿身边的兴奋也很难让人放心。她雇了一个英国保姆，苏珊很快给她改名叫"地狱保姆"。[67]亲密朋友和这对情侣生活的目击者会报告莎拉的出生带来的紧张关系，零星的信件或倾诉证实了双方的挫折感。几年后，莱博维茨对记者承认："我想她只希望我属于她自己。"[68]而桑塔格则在给霍奇金的信中如此写道："我会告诉你……关于安妮，她在宝贝乐园为自己创造了幸福的新生活。"[69]

到8月底，《重点所在》已由FSG出版社出版。这本书汇集了桑塔格近二十年来所写的文章，在结构上分为"阅读""视觉""彼处与此处"三个部分，勾勒出一幅桑塔格的文学艺术品位和友情的地形图，她在波斯尼亚和萨拉热窝的冒险经历则占据了很大的篇幅。

封面她选择了霍华德·霍奇金的一幅画作《印第安天空》，这也是向画家致敬的另一种方式，她专门为他写了一篇文章，也收录在书中。

这本书没有导言，与书同名的文章也不是一篇真正的宣言。最晚写的几篇文章之一、是一篇对 20 世纪下半叶美国小说的思考，6月发表在《纽约客》上，从格伦韦·韦斯科特的《游隼》到她的友人伊丽莎白·哈德威克的《不眠夜》，《重点所在》也是题献给哈德威克的。文章的基础问题之一是自传与小说的关系，她在作品中也问过自己这个问题："写自己的生活是为了保存它，为了小说，也为了自己。让别人认同你的生活和小说是一体，可能意味着你也已经这样看待它了。这对于记忆（大概还有创造）是一种障碍。"[70] 而读到"当我和作者同名同姓或生活细节完全相同的时候意味着什么"，[71] 你不可能不想到《在美国》中的"第零章"。

除了《重点所在》，最近写的随笔也反映了她文学方面新的着迷对象：有几篇文章专门讨论波兰文学，从大师贡布罗维奇到他的同时代人与朋友亚当·扎加耶夫斯基，还有一篇是关于 W. G. 塞巴尔德的小说。

评论家们态度整体都不错，他们往往只限于描述这册作品的架构和总结苏珊·桑塔格作为随笔作家的生涯。有两名记者从众人中脱颖而出：《纽约时报》的威廉·德雷谢维奇和《华盛顿邮报》的斯科特·麦克莱米。

麦克莱米曾被《反对阐释》征服，他告诉读者，他多年来"使用过"好几本：他从早期就欣赏桑塔格的活力和不妥协，欣赏其精确的风格和对美学问题的态度。他不仅没有在《重点所在》中发现这些，而且觉得这本书损害了作者的声誉，作者似乎和乔治·斯坦纳一样"阴郁"，"令人震惊的是，这种庄严的姿态被当作最高严肃性的体现——栖息在西方文明的废墟上。当然，这种态度可以是'熟悉……庸俗、浅薄的'东西——更不用说它所蕴含的自我美化。觉得自己有必要时时刻刻站在雕像基座上，这对作家来说是一种真正的风险"。[72]

德雷谢维奇也并不更加令人愉快。他也谈到他早先的仰慕，谈到这里收集的文章的平庸，并想知道为什么某些文本被舍弃，特别是有关美国政策的政治性文本，考虑到他（矛盾地）是少数几个欣赏她在《纽约客》上的文章的人之一。"虽然我很欣赏并大体赞同她最近的《纽约客》文章，文中谴责了专家和政治家们在应对'9·11'袭击时的误入歧途——这是我在写下这篇评论后发现的——但如果能更经常地听到她在国内政策问题上的发言，而不是每二十年一次，这将使她在谈论美国人时使用'我们'的可信度更高，并使我们相信她真的是认真的。"[73] 而他也责备桑塔格太把自己当回事了，她在扮演"知识分子领袖"，想要给大家上一堂课。

攻击的狂暴在一定程度上得到了缓和，因为在那些认为女作家的名气被高估了的人当中，攻击所使用的那些术语和表达方式都已经变得常见。桑塔格没有回应——她自称不看评论家的文章——却在埃德蒙·怀特那里找到了一个意想不到的辩护人，他拿起笔给报社写了一封"信"。他们并没有和解，但怀特似乎看在知识分子的诚实的分上，不能不对这种"混乱和刻意的恶意"攻击做出回应："比起任何其他当代美国作家，桑塔格揭示的是我们这个时代至关重要的美学和政治问题……的确，虽然桑塔格个性傲慢而缺乏幽默感，但在所有领域，她只能用'典范'来形容。真可惜德雷谢维奇太吝啬了，不愿意借此机会向她表示应有的敬意。"[74]

当桑塔格和莱博维茨飞往巴黎时，莎拉才两个月大。"9·11"袭击事件发生三个月后，纽约仍是一座受伤的城市，它在哀悼死者的同时，也生活在对再次遭袭的恐惧中。她们决定搬走，年底到塞吉埃街去住，保罗·迪洛纳多将加入她们。

而她们将和另外一位老朋友——卡洛塔·德尔·佩佐，一起度过跨年夜。莱博维茨使这个夜晚变得不朽，特别是她为了寻开心，给桑塔格、保罗及其他许多穿着熊皮装的客人拍照。灵感是否来自罗马尼亚？那里人们按照传统在跨年夜穿上真正的熊皮，以抵御魔鬼和恶灵。当然，在如此一年的年末，这样的驱魔显得尤为必要……

2002 年 1 月，加利福尼亚大学洛杉矶分校自豪地宣布将苏珊·桑塔格档案存放在其图书馆。小说家不是第一次做这种尝试：她最近在小说上的成功和知名度的提高，肯定会便利她的行动。慈善家琼·帕莱夫斯基曾是她的学生，专修法国文学，她向母校捐赠了购买档案所需的百万美元。

按照麦克默特里 1990 年的建议，档案中包含了她的手稿、作品校样、信件、日记、笔记簿、笔记、学校资料及许多桑塔格身边的物品：复制品、艺术品——包括约瑟夫·康奈尔的《盒子》。当然还有她的个人藏书，大约两万册，当时估价是四十四万美元。协议规定，她保存她"正在使用的"档案一直到她去世为止，其余的档案将在 2 月份运到洛杉矶，她的继承人可以保留她 10%的书。

我们今天知道，作家早就想为她的文件找一个归宿，最重要的是，她想从中获得经济利益，这在她人生的某些时期本来会有很大的帮助。加上空间问题——"我有典型的曼哈顿空间问题"，这种考虑在她的决定中起到了至关重要的作用；"钱不是主要的考虑因素，但我有很长一段时间不挣钱。这能帮我几年。"[75]

除了留给她的继承人的书，对这批文件的使用限制很少：两个箱子上写着"作者去世二十五年后方能打开"的传统字样。而当我有机会问她的遗嘱执行人戴维·里夫时，他回答："它们的内容不会改变你作品的性质。"[76] 这说明，桑塔格认为这些文件太过私人化，其中没有包含任何对理解她的生活来说至关重要的内容。

在去新墨西哥州参加会议后，桑塔格回到纽约，参加了露辛达·蔡尔兹根据《（对描述的）描述》文本创作的舞剧的首演。该剧于2000年6月在法国的蒙彼利埃舞蹈节上首次演出，并在曼哈顿的"厨房"（一个致力于实验性表演的空间）的庇护下重现。妮科尔、卡洛塔、露辛达、甚至福恩斯，都到场观看。桑塔格手段高超，能把陪伴过她的女人们都留在身边。男人们的情况就不太一样了：她一直和布罗茨基保持着密切的联系，但贾斯珀·约翰斯就不是这样了，当然还有她的前夫。

在新墨西哥州之后，她回到曼哈顿，3月再次回到巴黎，在圣日耳曼德佩区的村声书店举行朗诵会，4月底在东京，正当木幡和枝刚刚译好的桑塔格随笔集出版之际，她既是研究对象，又是木幡组织的关于她的研讨会上的嘉宾。和其他许多人一样，她的日本听众对她在"9·11"后的几天里所说的话及几个月后的立场提出了质疑。据一位出席开幕式演讲的记者说，她似乎"不知悔改"，认为事件的发展只能证实她的判断："美国为其帝国主义和野心辩护，美国人对政府无论如何要做的事情给予了新的许可。"她提醒："不要把修辞和现实混为一谈。在'9·11'之前，世界并没有走向一个更好的未来。"[77] 而且她重申，与那些喜欢把她拖进泥潭的人的观点相反，她并不反对战争的想法，只是要遵守法律："反对战争很容易。但有些时候，聊胜于无。战争必须由民族国家来解决。"她向满场的人伸出手来，说："战争有战争法，主要的法律是不应该以平民为目标。

对广岛和长崎的轰炸，以及对东京和德累斯顿的轰炸都是战争罪，因为其主要目的是杀害平民。"她很清楚，在日本这样一个"不以辩论热烈著称"的国家，她的坦率会给听众带来多大的困扰。但她最后说："我很重视让人不舒服的事物。你有成功的经验和习惯，但你不知道世界上其他地方发生了什么。这就是我要经常旅行的原因：为了提醒自己，到处都有很多事情发生。"[78]

在日本待了几天以后——特别是参观了京都的电影制片厂，田中泯正在那里拍摄山田洋次的《黄昏清兵卫》——她还在茂伊岛停留了一下，看望她的妹妹和家人，然后回到纽约，那里有新的邀请在等待着她。

在宣布档案抵达加利福尼亚大学洛杉矶分校图书馆的一篇文章中，作者对其他类似的购买进行了比较，包括几年前加州大学伯克利分校购买诗人艾伦·金斯堡的档案，该机构花费了"不到"一百万美元。这是一种奇特的文学价值清单，是由这些大肆宣传的购买行为建立起来的。但不可否认的是，价格很大程度上是由名气决定的，而桑塔格无疑正处于这种公众认可的高峰。荣誉还将继续落到她头上。这一年6月，在《泰晤士报文学增刊》和英国文学翻译中心的赞助下，她应邀在英国诺里奇的东安格利亚大学做讲座，作为"圣杰罗姆文学翻译讲座"的一部分。[79]

她将把这次讲座献给2001年12月意外去世的W. G. 塞巴尔德。她继续了她之前对翻译史的思考：她在二十年前就开始了对瓦尔特·本雅明的研究，以及对圣杰罗姆和德国神学家弗里德里希·施莱尔马赫的理论的研究——后者在1813年发表了文章《论翻译的方法》；当然，她对本雅明在1923年发表的文章《译者的任务》也有所研究。圣杰罗姆建议优先考虑译入语的效果，将文本用尽可能流畅的拉丁文翻译出来（他举的例子是《圣经》）。他认为，重要的是"保留意义，但改变形式*，通过调整隐喻和词语来适应我们自己的语言"。[80] 对施莱尔马赫来说，除了意义和形式，还必须——尤其是在文学文本的情况下——尊重语言，因为语言是作家的身份，因此，他接受翻译读起来"恰恰像翻译"。"把一本外国书本土化，就等于失去了最珍贵的东西：这种语言的精髓，造就它的精神气质"，[81] 桑塔格总结道。她觉得自己更接近下面这个想法，本雅明将深化这个想法，特别强调原语言的特点。"把波德莱尔的法语翻译成德语，"他说，"他不必像波德莱尔用德语写作一样。相反，他有义务保持德国读者可能会有的不同印象。"[82]

探讨翻译工作的本质，也就是试图了解什么是语言，以及语言之间关系的系统。在她看来，圣杰罗姆捍卫的拉丁语似乎非常接近 20 世纪英语的情况，这种国际语言的主导地位在很大程度上要归功于殖民化，而德国神学家则为"民族身份的观念"辩护："对杰罗姆来说，说另一种语言并不意味着成为另一个人。杰罗姆身处的世界和我们的世界一样，具有明显的跨国性或国际性。"[83] 本雅明正处在这两种思想的交汇点上，他以自己的名义为"语言"辩护，认为它是一个更大的实体的细分——"每一种语言都是语言的一部分，语言本身比任何孤立地看待的语言都要重要"，[84] 桑塔格如此评论。

她从作家和读者的角度出发，得出她对翻译的定义："翻译是世界文学的循环系统。在我看来，文学翻译首先是一项道德任务，这项任务反映了文学的作用并使之加倍，即扩大我们的同情心；教育心灵和思想，创造内涵；加强和加深对确实存在的其他民族、与我

---

* 值得注意的是，《同时》的法语译本采用的译名就是《保留意义，但改变形式》。

们不同的民族的认识（以及由此产生的所有后果）。"[85]

桑塔格已经意识到一个显而易见的问题：她对时事无法保持平静，她不可能无视世界的喧嚣，也不可能把自己关在小说项目中。从年初开始，她每天都会以少有的规律写一篇文章，专门讨论这个长期困扰她的图像及其认知和使用的问题。因此，她暑期基本上是在写作中度过的，这段时间只会被其他文章的写作打断。一是对约翰·保罗二世的做法表示愤慨，他试图将美国恋童癖神父的丑闻从"赤裸裸的罪行"降低到"就像无声电影的胶卷上的一道划痕或过去大师的画布上的一道裂痕，如此多次的涂抹，以至事后被我们遗忘或超越"[86]。

第二篇是《纽约时报》的专栏，题为《真正的战斗和空洞的隐喻》，后来在"9·11"一周年纪念活动中以《一年后》为题结集出版。文章是警告，也是功过的列表：面对乔治·布什将国家拖入的这场"无法预见结局的战争"，桑塔格拒绝保持沉默。对她来说，这场"反恐战争"不是一场战争，而是对更多使用美国霸权的授权"。[87]她抗议这种给予政府的委托，抗议以民族团结和爱国主义的名义对美国人的言论自由和宪法权利进行攻击。她不是反对行动，而是反对要进行"战争"的想法："美国完全有权利追捕那些犯下这些罪行的人及其帮凶。但这种决心并不一定是战争。在国外进行有限的、有针对性的军事介入，并不会转化为国内的'战争'。"[88]

桑塔格在 2002 年 12 月 9 日的《纽约客》上刊登了《观看战争：摄影对破坏和死亡的看法》，这将为她赢得第二个[89]乔治·波尔克奖，这次是"文化批评"类。这是 2003 年 1 月出版的《关于他人的痛苦》的最初几页。

读过和有机会听过苏珊·桑塔格最近的一些讲座的人都知道这本书的精髓：对战争、战争的表现和痛苦的图示的思考。她在牛津大学的演讲，在 9 月 11 日前后书写的文字，以及她在越南、波斯尼亚和以色列的个人经历，构成了这一百多页的框架，她还追溯了战争摄影的历史，以及毁灭和破坏的图像被政府和媒体使用，甚至利用的方式。她的历史探索并不是从摄影开始，而是更早：她以戈雅在《战争的灾难》中汇集的描绘西班牙独立战争期间暴行的图画为例，关于这些画，她曾多次撰文，[90] 并直言 19 世纪末以来报纸的广泛发行意味着事件被活生生地呈现在越来越多的读者面前。最后，由于技术的飞速发展，摄影已经获得"一种直接性和权威性，能表现出连环死亡的恐怖，比任何口头证词都要更强大"。[91]

如果说痛苦的图示始于人类绘制的第一幅图画，那么它"取之不尽用之不竭的视觉目录"[92] 现在正以计算机通信和卫星传输的速度丰富起来，这使得人们现在有可能成为人类残酷行为的实时观众。

《关于他人的痛苦》当然是《论摄影》的延续，是其主题的一种延伸。但桑塔格将其看作一本关于战争的书，她对记者比尔·莫耶斯说："这就是我想让人们思考的，关于战争有多严重。它是一个多大的选择。它不是不可避免的。战争不是气象学。我想让人们思考战争是什么。同时，我也知道这很难。我在书的最后说，某种程度上，这个世界分为经历过战争的人——有直接战争经历的人——和没有经历过战争的人。"[93]

在采访前言中，桑塔格和莫耶斯一起观看了两周前开始的美国入侵伊拉克的画面，在他们交谈的时候，巴格达战役正酣。这位萨拉热窝荣誉市民特别加以评论的就是这些最后的画面，夜幕下轰炸的画面："我在那里时的天空是这样的。我觉得这些画面很难看，因为它让我想起了现实……这让我想起了痛苦的现实。我想，我离现实太近了，我不敢看这些画面……而且，这种噪音比你在电视上听到的噪音大一千倍。所以，我觉得看战争片很难。我觉得在电视上观看战争非常困难。对我来说，这太真实了，不能把它当节目看。"[94]

　　某些评论家恢复了阅读她早先随笔时的热情。"《关于他人的痛苦》，充满了参与感——看到世界是什么样子，关心世界被用什么方式呈现，甚至采取措施去改变它。"A. O. 斯科特在《纽约时报杂志》上写道。他还补充说："你不必赞同她的主张，也不必赞同由此产生的关于在一个宏大世界中人们争吵不休的图景，就能找到对观察力的充满激情的示范。"斯科特然后得出结论："在摄影方面，桑塔格是我们最有洞察力的评论家之一。"[95] 茨维坦·托多罗夫*很高兴地指出，她"不急于形成假设"，"从不陷入迂腐，她也不是要把自己的想法强加给我们，而更多是让我们带着某种忧郁的心情去思考各种令人不适的话题"。[96] 几个月后，当这本迅速被翻译成多种语言的书在法国出版时，米歇尔·介朗和其他一些评论家一样，并没有完全认同托多罗夫的热情，他指责迄今为止被他视为一位"拓荒者"的桑塔格在"重复述说她已经观察到的东西"，尽管这些信念"表述得很优美"。[97] 人们会对这个"很优美"产生疑问，桑塔格大概并不会欣赏这个词，这个词很少被用来形容男性的文笔……但作者还有其他的鱼可钓：轮到她的时候，她已经被"角谷化"了。角谷美智子是《纽约时报》最令人生畏的文学评论家，作者和记者同行们从她的姓氏中创造了一个动词，来形容她的文章习惯用的螺旋式下降和由此引发的感受。到目前为止，她关于桑塔格作品的评论都是有分

---

*　茨维坦·托多罗夫（Tzvetan Todorov），法籍保加利亚裔文学理论家，结构主义文学批评的代表人物之一。——编注

寸的，总体上是好评。如果说她这次不体谅别人的痛苦，那是轻描淡写。她把这本书描述为"《论摄影》的修正主义评论"，"这本书基本上是桑塔格女士和她自己的对话，可以让人读出密集的、有时令人不安的内容，特别是对那些对她的思想演变不感兴趣的人而言"。她认真地将这两本散文进行了比较，注意到两个文本之间的所有曲折、矛盾和冲突，然后得出结论："虽然桑塔格女士承认她的思想在这些年里发生了变化，值得祝贺，但她现在争论的、在知识分子中司空见惯的许多观点，都是由她早期的著作提供或形成的观点，这似乎是自相矛盾的。"[98]

正如我们看到的那样，桑塔格自称不看关于自己的书的评论，她不会公开回应这一冒犯。她在给记者朋友史蒂夫·保尔森的信中任凭自己的怒火爆发："她对我的书的评论愚蠢而肤浅，没有触及本质。这是一份愚蠢、糟糕的报告，而不是一份聪明、糟糕的报告。我对她的期望本来更高的。"[99]保尔森多年后在一篇关于角谷美智子的文章中引用了她的话，当然题目是《当你被角谷化时，你就知道了》……

在女作家的电脑里，除了成千上万的电子邮件和与她的著作有关的文件外，还有许多清单，比如她年轻时喜欢在日记里列的清单。当然，在这些清单中，还有一些电影名单，看过的、待看的、待评的。桑塔格还是一如既往地热爱电影，如今我们欣然呼唤她的记忆、她的电影文化。例如，2003年2月底在纽约电影论坛开幕的赖纳·维尔纳·法斯宾德作品回顾展上，《村声》邀请她对导演最喜欢的女演员之一汉娜·许古拉进行采访。[100]三周后，纽约日本人协会邀请她向公众介绍一些她最喜欢的日本电影。2003年2月至3月间将放映八部——其中包括她最喜欢的小津安二郎的《东京物语》和黑泽明

的经典之作《七武士》——桑塔格觉得很难做出抉择："这是一个浩
如烟海的领域。在我看来，日本电影是世界电影中令人惊叹的一个
分支。我可以排上二十部电影，却又觉得自己损失了二十部。"[101] 她
一直在捍卫这种在美国还鲜为人知的电影传统，日本电影中的人性
对她的触动特别大："我选这些电影是因为它们让我很感动。我发现，
黄金时代的日本电影是具备深挚感情的，它对世界的表现，对亲密
关系、孤独和内心的探索都是如此。我意识到它们当然有共同点。
有不少是讲述一个家庭的痛苦的电影；有不少是讲述战争的创伤和
苦难的电影；还有一些讲述日本要从灰烬中重建的电影。"[102] 2004 年
初，波士顿的日本协会将接受这个想法，向桑塔格索取一份新的电
影名单，在该市的艺术博物馆放映，而在纽约，第二季将于 2004 年
10 月举行。

　　在奥斯卡·罗梅罗奖*的颁奖仪式上，她应邀做了"主题发言"，
她借此机会谈到了非正义的战争，特别是以色列的局势。获奖者之
一是伊斯亥·梅纽钦，他是 1982 年拒绝在黎巴嫩战争中服役的以色
列军队后备役军人之一，后来成为耶路撒冷希伯来大学的政治学教
授和人权活动家。梅纽钦是个"拒绝与体制合作者"，是个"挑战部
落智慧"的人，他站在"不受欢迎"和"不爱国"的立场上，"说其他
部落成员的生命和我们一样重要"。[103] 她不否认存在"挑衅"，即巴勒
斯坦人的攻击，但认为"压迫和羞辱整个民族是不公正的"，在这种
情况下的抵抗可能是一种"道德上的需要"。

　　她在讲话中首先向两名被杀害的抵抗者致敬。一位是圣萨尔瓦
多大主教奥斯卡·罗梅罗，这个奖就是为了纪念他被杀害而于 1986

* 奥斯卡·罗梅罗奖是一项旨在表彰基层人权倡导事业的奖项，两年颁发一次。——
编注

年设立的，以及两周前 3 月 16 日在拉法死亡的蕾切尔·科里——一名二十三岁的美国学生。"科里当时站在一名巴勒斯坦医生的房子前，被拆房者盯上了，她是八名年轻的美国和英国志愿者之一，是拉法的肉盾，她挥着手，用扩音器向开着 D-9 装甲推土机驶来的司机大喊，然后跪在巨大推土机前的路上，推土机没有停下来。"在桑塔格看来，科里和罗梅罗是"两个牺牲的象征性人物，他们被暴力和压迫的力量所杀，而他们在非暴力、有原则的情况下与之对抗，在危险中也是如此"。[104]

从这两个例子中，她总结出以安全为名进行不义行为的教训，这些行为损害了和平，也损害了在一场不是战争的战争中无法自卫的人民的利益。而这次演讲使她能够一石二鸟：继续解释她反对布什政府政策的原因，并以比在耶路撒冷更公开的方式发表对巴以冲突的看法。

这一立场并不是无缘无故的：她想重新赢得她的一些朋友的尊敬，特别是纳丁·戈迪默。这可以从桑塔格在演讲后几天写给她的信中看出："正如你所看到的，我之所以提出以色列问题……部分原因是，我在两年前的旅行中亲眼看到了占领的恐怖（已经恶化）。双方都有那么多的愤怒、那么多的恐惧、那么多的绝望。但很明显，无论发生什么情况，定居点都必须拆除，所有定居点都必须拆除，以色列必须接受从西岸和加沙完全无条件地撤出。我记得你认为我不应该接受这个奖，当然，你的意见使我非常不安。相信我，我一直在想，我做的是否正确。但我相信，我可以做一些道德上正确的事情。而且我希望你认为我做的是对的。"[105]

探讨它与以色列的关系及这个国家的概念本身，就像探讨它与祖先的宗教的关系一样。在《在美国》出版期间的一次采访中，有记者问她为什么没有保留父亲的姓氏，而是随了继父内森的姓。她解释说，她喜欢"桑塔格"这个姓，因为这个姓"看起来没有罗森布拉特那么怪异，没有那么犹太，更美国"。而且她在学校里多次成为反犹太主义嘲讽的受害者："我以前在学校里被称为肮脏的犹太人。我想我改了名字就放心了。"[106]

她获得罗梅罗奖两个月后，小说家乔纳森·萨福兰·弗尔邀请她与自己一起重写《哈加达》这篇关于犹太人逃往埃及的文本，传统上是在犹太逾越节仪式——"Seder"中阅读的，她不知道该说什么。她拒绝了邀请，在写回信的时候，她似乎在大声思考。

> 我没有犹太人的过去，我也从未庆祝过逾越节。当然，这并不意味着我不认为自己是犹太侨民的一部分。我是散居国外的犹太人的一部分。而且我喜欢做犹太人中的某类人。100%世俗的那类人。
>
> 不过，我还是不喜欢部落。只能说我非常赞成混合社会。
>
> 随着所有以宗教名义犯下的可怕罪行的曝光，宗教本身也开始让我毛骨悚然。这些天，我觉得自己200%世俗。因此，如果我同意用自己的方式来润色《哈加达》，我应该会有些恼火；那么这么做又为了什么呢？[107]

萨福兰·弗尔直到近十年后才与另一位小说家内森·英格兰德合作出版了他的《哈加达》一书。

战争、摄影、布什政府的政策、伊拉克、以色列、巴勒斯坦，这些似乎是近两年来她笔下出现频率最高的词，每一次采访、每一次阅读，都是记者和公众将她变成她自己在耶路撒冷发表的演讲中描述的"意见机器"的机会。所以，她决定在毕业典礼上对瓦萨学院年轻女性的讲话中，只顺便谈一下这些问题。她觉得，更重要的是告诉她们，她在她们这个年纪希望听到的话，她给自己定下的个人路线："做事。要坚定，要有好奇心。不要等着灵感的气息，也不要等着社会的祝福……要小心。就是要小心翼翼。就是尽可能多地做一些事情，不要找借口，不要让无聊的事情妨碍你生活中重要的事情。注意力就是能量。它能让你和别人更亲近。这会让你不耐烦。保持不耐烦。"[108]

在瓦萨学院年终典礼节目单上登载的人物小传中，桑塔格说她正在"写一篇关于疾病的新文章"。在通信和采访中，她时不时地提到这段文字。她试图向为《卫报》写人物特写的加里·扬格解释是什么让她拿起笔来写这个题材："当你面对不治之症时，有一些东西让你无法完全康复。一旦确诊，你就对自己的死亡有了更全面的认识。你不盯着太阳，也不盯着自己的死亡。你仍然能从这些戏剧性的痛苦经历中得到一些东西，但你也被削弱了。你身上的一些东西肯定会得到加强或加深。这就是所谓的'有生之年'。"[109]

而她也第一次承认，自己受到了撰写自传类作品的诱惑。她给希拉里·曼特尔*的信写道："我不知道该怎么做，这是从遥远的海岸传来的苍白的召唤。我不想讲我的故事（第二次癌症发作已经过去四年了），但我希望它是完全主观的——这与《疾病的隐喻》形成鲜明对比。""为什么这次，"她继续说，"既然我想做一些不同的事情，就讲'故事'吧？我不知道。也许我没有这种自由，而你有，并取得了如此辉煌的成就（我比我的文章更害羞，这不容易看出来。我只有在代表别人的时候才大胆）。也许有什么东西留在了阴影中。"[110]

---

* 希拉里·曼特尔（Hillary Mantel），英国电影评论家、小说家，两次获得布克奖，代表作有《狼厅》。——编注

在瓦萨，以及在洛杉矶盖蒂博物馆举行的讲座上发表《面对他人的痛苦》的演讲之后，她飞往欧洲：在罗马参加一个书展，在萨拉热窝待十天，在那里，她将见到正在写伊拉克局势的戴维，然后在德国图宾根大学待三天，在那里，她将被授予一个新的荣誉博士学位。最后在 7 月初去巴黎，然后去纽约工作，8 月中旬往返爱丁堡参加与希拉里·曼特尔的演讲辩论会。

这些不停歇的旅行，大大减少了写作时间，但这一次她并没有抱怨：与 20 世纪七八十年代不同，她现在的旅行是为了获得荣誉，获得认可，经济方面是次要的。她不再需要以参会或写作为生，她可以选择自己的承诺。于是，2003 年夏天，她把最后的经历用来引荐两本书，一本是维克多·塞尔日的小说《图拉耶夫同志的案件》，另一本是佛罗伦萨画家阿尔泰米西娅·真蒂莱斯基的虚构传记《阿尔泰米西娅》。在这两个文本中，桑塔格被小说背后的作家、形式和舞台艺术吸引。她非常仔细地分析和研究了风格过程，并试图确定是什么促使塞尔日和班蒂*写作小说和批评。因为他们两个人都与她有这种特殊性：既写散文又写小说，而且前者比后者更有名。通过唤起他们的作品和职业，桑塔格部分地追溯了她作为一个作家的行程。

她继续这收获荣誉的行程。6 月，德国书商协会向她颁发了"和平奖"，该奖项传统上在 10 月中旬的法兰克福书展上颁发。演讲和招待会在圣保罗教堂举行，这是一座路德宗教堂，曾被改造成德国第一个民主议会的举办地，在 1944 年被盟军轰炸后，成为该市第一栋重建的建筑，以重申其作为民主与和平象征的作用。1963 年 10

---

* 班蒂即安娜·班蒂，《阿尔泰米西娅》一书的作者露西娅·洛普雷斯蒂的笔名，她是意大利传记作家、批评家，亦创作有反映女性争取机会平等的虚构作品。

月 12 日，在法兰克福议会成立一百五十周年之际，约翰·肯尼迪在桑塔格所在的同一个讲台上发表演讲，他说："文学就是自由。"一种不是所有人都能接受的自由：美国驻德国大使丹尼尔·科茨拒绝出席，以回应桑塔格对布什政府的公开反对。

这让她不得不再次思考其他人——在这种情况下，指美国政府——在她身上看到了什么。她拒绝体现政治思想，因为她说："我喜欢认为我只代表文学或文学的某种观念，以及良心、良心或责任的某种观念。"[111] 她不认为自己是欧美之间的"知识大使"，那类弥合两块大陆之间的鸿沟的人、解决两种所谓对立的文化之间的"冲突"的人，即使她站在"对欧洲文化理想怀抱同情之心的美国人"这一边。[112]

她要的，她在这里再次宣称，就像在近年来的许多演讲和讲座中一样，只是做一个"作家"。按照她的定义——感谢有文学——作家"是一个对世界用心的人"，"能给出标准，传递深刻的知识，体现在语言、叙事中"。她说，文学可以让我们感同身受，让我们理解，它可以"形成和锻炼我们的能力，为所有在我们之外的人，或者不属于我们的人哭泣"。[113]

当然，在主要由出版人、作者和书商组成的听众面前为文学事业辩护是完全合适的。然而，桑塔格似乎首先是在为自己代言，以改变公众对她的印象。她比以往任何时候都希望人们在看到她的书时，想到她的小说，而忘记"好公民"和"人权活动家"。

在法兰克福之后，她将在马德里获得阿斯图里亚斯王子奖*，她与摩洛哥女作家法蒂玛·梅尔尼西共享文学类奖项。[114] 西班牙评委认为，

---

* 阿斯图里亚斯王子奖是欧美科学文化界的重要奖项，每年颁发一次，除文学类，亦有人文、艺术、科技、体育等类别的奖项。——编注

两位女性的作品都涉及她们那个时代的基本问题，这些问题让桑塔格再次回到本质：文学的个人性、世界性、非商业性和世俗性。[115]

年底，她和莎拉、安妮一起回到了巴黎。而就在距离她们共同居住的公寓几百米的地方，摄影师将为作家拍摄一张肖像照，拍摄地点就在塞纳河畔，大奥古斯丁码头下面。

她的七十一岁生日就是在纽约庆祝的。新的一年，不缺项目。新的英文随笔集正在筹备中，将汇集她过去四年来写的序言、政治文章和演讲稿；根据同样的材料，木幡和枝正准备在日本出版一本集子。为后者，桑塔格正在写一篇简短的导言，《给年轻读者的一些建议》，灵感来自几个月前她给瓦萨学生的演讲。

她在文章的标题中回顾了这一建议，并继续对自己提出建议，最后提出了一条命令——"保护意识的领地"，这也是这本集子的标题《良心的领地》的灵感来源。这套丛书收录了桑塔格在生命的最后几个月里将要创作的那部作品中的许多文本，这些文本将在她的遗作中出版：在罗梅罗奖、德国书商奖获奖现场所做的演讲，其中还将包括她为纪念纳丁·戈迪默而做的最后一次讲座。正是为了纪念戈迪默的讲座，她将于 3 月 9 日启程前往南非，计划于 3 月 15 日在约翰内斯堡和 3 月 16 日在开普敦参加两次会议。她由儿子和他的女友陪同。在去约翰内斯堡之前，他们在基加利停了下来。在波斯尼亚之后，戴维一直对卢旺达的种族灭绝感兴趣，从 1996 年开始，他写了几篇文章。桑塔格想亲自去看看，这并不奇怪。卢旺达的种族灭绝事件是她错失的机会清单上的一个项目，当时她认为，就像在萨拉热窝一样，美国、欧洲应该进行干预，介入并领导一个和平行动。

2003 年 8 月，《与屠刀为邻》出版了，这是记者让·哈茨菲尔德的文章结集，桑塔格曾见过他几次，尤其是在萨拉热窝。为支持这本书，桑塔格为FSG出版社出版的译本写了一篇《微序》——这是她电脑文件的标题。她在书中提醒我们，作为"道德成人"，我们有责任了解，当一些人认为其他人不如他们时，他们能够对其他这些人做些什么，并防止历史重演。[116]

"能成为桑塔格的朋友，我无比幸运。"[117] 纳丁·戈迪默将在桑塔格去世后的悼文中写道。从 20 世纪 80 年代初开始，两位作家就经常见面，在巴黎和纽约。戈迪默的儿子、制片人雨果·卡西勒正定居纽约。我们记得 1984 年，她们在BBC的片场面对面地讨论作家的政治责任。当时，戈迪默曾问过桑塔格的政治参与倾向：对戈迪默来说，这似乎是显而易见的，自己生活在一个政治领域与私人领域密切关联的国家，但戈迪默认为她的朋友*对是否参与（政治）仍有选择的余地。桑塔格回答，她感觉自己"首先是作为一个人而不是作为一个作家被推动的"。[118] 自从那次谈话后，她们的交流经常是关于政治问题的，正如我们所看到的，她们有时会在这些问题上产生分歧，而她们的友谊却得以延续。戈迪默是为数不多的同时代人之一，桑塔格对她一直不仅有钦佩，还有崇敬。因此，当她应邀参与第一场"纪念纳丁·戈迪默讲座"时，她很高兴有机会在约翰内斯堡的家中，在戈迪默的社区中心，公开向"这位体现了'一个作家所能成为的一切'的在世作家"[119] 致敬。在她看来，戈迪默的作品是"在'情境'中看到的人类的宝藏"，它们"给我们这些不是南非人的人带来了一幅广阔的、非常广阔的全景，这幅全景展现的是她的家乡和她给予了细致、负责的关注的那片世界"。[120]

---

* 原文的"朋友"在此为单数阴性"amie"，因此指的是对话者桑塔格。——编注

她的主题为"同时：小说家与道德考量"的讲座，似乎是对始于1984年的对话的延续。它讨论了作家戈迪默的伦理道德，她是"忠诚的活动家"，但她首先是"文学的忠诚仆人"，她始终"忠实于作家对文学和社会的责任理念"。[121]

1984年，戈迪默曾坚称自己首先是小说家，然后才是活动家，所以桑塔格向小说家的形象致敬。这个形象是"带你旅行的人。进入太空。进入时间。小说家带领读者翻山越岭，移山倒海"。[122]

尽管最近讲述故事的方式发生了转变——从电视到超文本——但她捍卫的是一种可以被称为"传统"的观点，即"讲述一个故事"的小说，"从'之前'（或'第一次'）到'期间'，到'最后'或'之后'"。[123]小说是一次"旅程"，"制造、生活、完成"。"当我说小说作者在叙事，我的意思是，故事有一个形式：一个开始，一个中间（其确切的名称将是发展），一个结局或决议。"[124]而这个结局"提供了一种生命固执地拒绝给我们的自由：达到一个真正的非死亡的结局"。[125]

这里说的不再是《恩主》或《死亡匣子》时期的桑塔格，而是《火山情人》和《在美国》时期的桑塔格，她允许自己引用了最初的独白，叙事者向自己提出了选择的问题，这也是小说家的另一个特权和义务。"要讲的故事太多了，很难说为什么是一个而不是另一个，一定是因为有了这个故事，我们觉得可以讲很多故事，这里面会有一种必然性。"[126]

纳丁·戈迪默的小说可以被视为传统的叙事，其结构符合上述评论家提出的标准。她之所以能跻身于我们这个时代的伟大作家之列，是因为"她对人类的内心及文学和历史中的内在矛盾形成了令人钦佩的复杂视野"。[127]

　　在这里，我们可以认识到小说家桑塔格的一种愿望，她是一个允许自己写"故事"的人。

　　就在从巴勒斯坦领土回来做报告的途中，在伦敦停留期间，戴维打电话给他的母亲，得知在她的例行检查中（自从她上次患癌症以来，每六个月一次），医生告诉她"有一项检查结果看起来不太好"，在进一步检查之后，她要在第二天去看肿瘤医生。里夫回忆说，那是在 2004 年 3 月 28 日，是个星期天，预约的时间是 29 日。桑塔格立即试图安慰儿子，但她对他只有简单的陪伴要求让他感到担忧。在这对母子经历了一个不眠之夜后，周一坐在他们桌子对面的是一位长相恶心的医生——戴维形容他是"一个高大魁梧的家伙，动作幅度很大，他指着前方，以一种傲慢而自命不凡的姿态展示着权威"。[128] 而他做出诊断的方式也反映了他的体貌："周五的血液检查和脊髓活检结果是，我母亲无疑患上了骨髓增生异常综合征，也就是MDS。"下面的解释没有太大意义。要回答的问题只有两个：治疗方法是什么？康复的机会有多大？里夫指出，医生似乎把他们轮流当成了"村里来的一家子白痴"，当成了不该被照顾的"孩子"，他在任何时候都没有对病人和她的儿子表示过同情。在他看来，治疗只是权宜之计，没有治愈的希望——MDS是最凶猛的血癌之一，事实上，战胜它的希望不大。他建议把重点放在病人的"生命质量"上，"委婉"地说，她在中短期内就会死亡。某种药物可以带来六个月的缓解期，而脊髓移植如果成功，可以更持久地延长患者的生命。但考虑到她的年龄，确诊时七十一岁，移植成功的概率大大降低。

　　一回到家，桑塔格就急急忙忙地跑到电脑前搜索有关疾病的信息，尤其是现有的或实验性的治疗方法。每个人都被叫去救人：戴维、安妮·江普*、她的纽约朋友、保罗·迪洛纳多、莎伦·德拉诺，当然还有莱博维茨，她立即把她所有的财务、关系和后勤资源投入这一工作。公寓爆满，朋友和员工轮番上阵："苏珊不想一个人"，"苏珊不应该一个人"，所以江普的日程表密密麻麻地排满了桑塔格在伦敦露台——留给不同人——的空闲时间。保罗已经从意大利赶来，莎伦把所有的空闲时间都用在桑塔格身上，当莎伦9月离开《纽约客》，几乎永久定居在床边时，这将变成一份全职工作。

在确诊后的几周内，桑塔格将时间分配给了"医学研究"（她说自己重新成了"学生"，以备不时之需）和一份日程表，其中总是包括外出——去剧院、电影院，午餐和城里的晚餐，这些活动给她带来的乐趣越来越少。一场忧郁症可能吞噬了她六个星期。"我连看报纸的勇气都没有了，"她解释，"我想，这有什么用？这不关我的事，我要死了。我仿佛着了魔。"直到5月，美国人在伊拉克阿布格莱布监狱实施酷刑的照片被曝光，它开启了"新生活"。

报纸上充斥着这些照片，在臭名昭著的监狱里，占领巴格达的美军逮捕的伊拉克人被关押在那里。这些人被怀疑是恐怖分子，因此受到审讯，正如我们了解到的那样，他们经常受到狱卒的折磨和羞辱。狱卒对着自己的"战利品"拍照，这些战利品是由赤身裸体的囚犯、被迫摆出屈辱姿势的男人等组成的人体金字塔。更糟糕的是，这些照片绝不是在尝试记录或谴责军队所犯下的恐怖行为：它们是由士兵自己拍摄的，并以电子邮件发送给他们的亲友，以见证他们战役的成功……对桑塔格来说，这种摄影的新用途，以及这些照片和任何种类的战争照片所带来的后果，都具有典范意义。

---

* 安妮·江普（Anne Jump），当时是桑塔格的助手，桑塔格的《同时》是由她和保罗·迪洛纳多合编的。

因此，当《纽约时报》向她约稿时，出于责任感和想要打破恐惧与沮丧的魔咒的愿望，桑塔格接受了。这篇文章刊登在法国 2004 年 6 月 16 日的 *Les Inrockuptibles* 杂志和 2004 年 5 月 23 日的《纽约时报》上，它的形象就是写这篇文章的女人：聪明、斗志昂扬、头脑清晰、深沉勇敢。"我有责任说出来。表达我对美国政府的看法，它的政策和这个国家所处的危机。能大声说话是我的荣幸。" [129]

《关于对他人的酷刑》[130] 对这些照片的评论谴责了它们所揭示的内容，并批评了对它们的官方分析。从第一段开始，她的语气应该就令读者想起她是《论摄影》的作者，而这种媒介的历史和力量她是清楚的："照片具备决定我们对过去事件记忆的绝对力量，看来从现在开始，全世界的人很可能会把伊拉克囚犯在萨达姆·侯赛因最臭名昭著的阿布格莱布监狱遭受酷刑的照片与去年美国先发制人对伊拉克发动的腐朽 [131] 战争联系起来。" [132]

美国政府的第一个冲动是试图阻止或限制这些照片的传播，在互联网时代，人们可以想象，这项事业是注定要失败的。然后，它试图将描述这些照片的词语强加给我们，说是"现实的位移"，桑塔格告诉我们，首先"总统对这些照片感到震惊和厌恶——仿佛过错或恐怖在于图像，而不在于它们描绘的内容"。[133] "酷刑"一词在任何官方通讯中都被小心翼翼地删除：它被称为"虐待"和"羞辱"。这让作者很气愤，她看到语言被用来为战争机器服务，公众不断被欺骗，而人们却在国家的名义下被折磨，被谋杀："词语改变，词语增加，词语减少。" [134] 在给出一些有用的定义之前，她回顾说，美国政府在卢旺达内战期间也采用了同样的策略：只要不说"种族灭绝"，美国就能为它的不参与而辩护。

限制话语权，限制传播，政府的武器是有限的。而不管他们怎么说，这些照片"代表了这个政府的具体政策和殖民统治中固有的腐败现象"，因此，这些照片是美军在世界面前的脸面。她提醒说，"真正的问题"是"恐怖诞生于这样一个事实，这些照片可能是在罪犯摆出各种姿势，快乐地支配着完全处于弱势的俘虏的情况下拍摄的"。[135] 在一个插入句里，她强调了这一细节，战地摄影通常展示的是受害者，很少展示刽子手，1890 年至 1930 年黑人被处以私刑时拍摄的照片制成的明信片除外。这里也是一样，这些都是胜利的纪念品……

桑塔格是愤怒的，反对她的国家所执行的政策，反对战争，反对愚蠢，但最重要的是，她对摄影语言缺乏反思感到担忧，因为她坚持认为"这些图像的意义不仅仅在于这些行为可能已经被实施，而且在于这些行为的实施者根本不知道这些图像所显示的东西可能有问题"。[136] 而正是这种道德的滑坡、道德观念的缺失让她忧心忡忡，因为她在目睹数字革命之后，知道"（照片）的泛滥是不可能被阻挡的"，在任何情况下，只有"点击者"的道德观念——已经不是点击的行为的问题——才会在见证、报道和展示癖之间产生差异。

她在 2004 年 5 月写下了这些文字，考虑到过去十二年中的技术革新*，包括通信和我们环境的数字化，人们可能会认为桑塔格特别具有预言性。她看到的迫在眉睫的威胁不仅已经变成现实，而且这种现象已经发展到一种她无法想象的程度，不仅包括极端的情况，也包括我们日常生活中最微小的几秒钟。

这篇文章是对摄影的反思，也是对布什政府发出的新的愤怒和恐惧的呼声。布什政府谴责人道主义组织关于酷刑的所有报告都是反美宣传，同时却不得不向世界证明一场越来越没有道理的战争的

---

*　本书写作至此的时间是 2016 年。——编注

合理性。桑塔格还在这些话中预言了伊拉克战役的失败及其对该地区、对美国在国际舞台上的信誉将产生的灾难性后果。今天,我们知道(在笔者撰写这一章的时候,已经过去了将近十二年)她是对的,最坏的还在后面。

当她在 1998 年告诉特莉·卡斯尔她希望"活到很老很老"时,她是否预料到了最糟糕的情况?因为她说:"我至少想看看情况会变得多么糟糕。"[137] 或者是否预料到她的健康状况在 1998 年变得不稳定(在 2004 年 6 月初则已经恶化得很厉害了)?

在最初的治疗后爆发了一次感染,人们一度以为她完了。她挺了过来,但很虚弱。一如既往,她希望从写作中汲取新的力量。实际上,当病症再次显露出来时,只要她提到自己正在写的书(小说),沮丧情绪似乎就消散了。"我觉得我正在成为一个更好的作家。你会觉得这很奇怪,但我觉得我还在人生的中途:我还有很多话要说!"

促使她写下遗嘱的,是现实的原则,还是来自身边人的压力?不管怎么说,戴维、安妮,还有她的几个亲戚都为这个场合聚到了一起。安排很简单:档案和藏书被卖掉,加利福尼亚大学将完全占有它至今仍在保存的东西,10%的书和她的其余财产一样,归戴维所有。至于安妮,则是留给她四件"有感情价值"的物品。她指定她的儿子和她的代理人为文学执行人。

一个主要的缺席者:罗杰·施特劳斯,他结肠癌复发了,首次发作是在 1984 年。他从 2004 年 3 月开始住院,5 月 25 日去世,桑塔格将不会参加在纽约、伦敦于秋季为他举行的任何仪式。

现在她的精力都集中在可能的病情缓解上。她知道无药可救,但希望能不顾一切地争取一些时间。她身边有给她带来希望的例子,如她的朋友爱德华·萨义德,在 2003 年 9 月去世前,他的病情已经缓解了好几年。治疗她的斯隆-凯特林团队首先向她推荐了一种基于阿扎胞苷的新型化疗，以延缓疾病的发展，这种治疗方法刚刚得到美国卫生部门的批准。遗憾的是，人们很快就发现治疗效果不理想，需要成功进行脊髓移植才能达到缓解的目标。她的手术是由西雅图华盛顿大学的一个团队进行的。6月，决定尝试移植。从一开始，桑塔格和她的朋友及家人就得到警告，成功的机会微乎其微：无论如何努力，她都没有做好死亡的准备。"我想活下去，我讨厌想到死亡。"[138]她在1949年春天的日记中写道。从那时起，她的生之贪欲几乎没有改变。而在这几个月与病魔抗争的过程中，她向身边的人明确说过，她将接受所有的治疗，希望能赢得宝贵的时间。许多人，包括那些与她关系密切的人，都批判这种残忍的治疗。但正如戴维·里夫解释的那样，他发现自己站在前线，既要面对批判，又要面对母亲的坚定决心："这是她的死，不是我的死。她从来不谈起。我想，这应该是一种形式的让步吧，她想活下去，而非消逝，不惜一切代价地活下去。继续活着：也许这就是她的死法。"[139]

她被抬上莱博维茨一个朋友的私人飞机，在西雅图待了将近四个月，从来没有独处过。安妮每个周末都会去一趟，并负责周末的轮班工作，当然还有戴维、保罗、彼得·佩龙和莎伦轮流守在她的床边。移植手术在8月进行，先经过漫长而痛苦的放射治疗，目的是破坏受疾病影响的细胞，为健康细胞腾出空间。

新生命的希望就在移植的第二天。随着时间的推移，这种希望逐渐消失，因为很明显，奇迹并没有发生。而当照管她的医生们聚集在她的房间里告诉她这个坏消息时，这一点被证实了。那一刻，似乎也是第一次，她大声假设自己将要死去。在此之前，她拒绝考虑这种可能性。她已经做好了接受各种治疗的准备，不像保罗·迪洛纳多的父亲那样，面对同样的疾病，他曾拒绝接受治疗。

为了把她带回纽约，安妮这次包了一架医疗飞机，斯隆－凯特林的医生尼默为她准备了一个大房间，它很快就变成了办公室。奇怪的是，回来以后，桑塔格感觉好多了。她恢复了一些体力，又拿起了笔。在西雅图，住院之初，她已经敲定下一本随笔集的目录：最后要加的是给哈尔多尔·拉克斯内斯的"哲理与梦幻"小说《乌娅或冰川的基督徒》写的导言，这是她在病床上写的。

平安夜，很明显，大限即将来临。戴维不再离开母亲的床边，安妮则在纽约和佛罗里达州之间往返，她父亲在佛罗里达的状况极为糟糕。12 月 28 日凌晨 3 点左右，一个护士打电话给戴维和莎伦，警告他们大限将至。保罗、戴维、乔安娜和莎伦一起赶往医院。当天早上 7 点 10 分，桑塔格没有恢复意识就去世了。有预感的莱博维茨成功地坐上了飞机，并在凌晨抵达。在尸体被殡仪馆的人带走之前，有人命令她镇静些。

安妮负责挑选女作家下葬时穿的衣服："这件衣服是我们在米兰买的。这件是致敬福图尼*的，按照他的方式做的，有褶皱。桑塔格很爱穿。"她还加上了"在威尼斯买的围巾，还有她在剧院穿的一件黑色天鹅绒Yeohlee牌大衣"。[140]

在艺术家将为桑塔格拍摄的最后一张照片中，她就是穿着这样的衣服长眠在棺材里的。这些照片及在她生病期间拍摄的照片，在几年后展出时将会引起一出丑闻。†莱博维茨只会说"我知道我应该这么做"。她将为自己的"桑塔格岁月"制作的摄影集，是向她的朋友的致敬，也是对几周后去世的父亲的致敬，是一种非常私人的悼念方式。

---

*　马里亚诺·福图尼，西班牙著名印象派画家。——编注

†　莱博维茨拍摄的桑塔格病重和死后的照片展出后遭到了桑塔格的儿子戴维·里夫的抗议。

桑塔格没有留下任何指示，只是希望能让来参加她葬礼的人听到贝多芬的最后几首四重奏中的一首。由她的儿子来做必要的决定。对里夫来说，"坟墓是为生者而建的——如果它们是为任何人而建的话"。[141] 于是，他选择将母亲葬在她的第二故乡巴黎。妮科尔·斯黛芬最后一次来向她的朋友伸出援手：她在蒙巴纳斯公墓获得了一块地皮，在贝克特和齐奥朗的坟墓附近，齐奥朗是她刚出道时的朋友。而来送她一程的还有很多人，每个人都代表了一个时代、一个方面，从萨尔曼·鲁西迪到帕蒂·史密斯，他们向这位母亲、爱人、朋友、作家、人权与经常失败的事业的辩护人、法国的情人、最欧化的美国女性致敬。

苏珊·桑塔格死后，在文学和政治舞台上保持着自己的地位。在讣告、文章、回忆录、遗书出版之后——她的日记，以及她最新的散文集，由戴维·里夫编辑——出现了以她为主题的小说，她的出版人乔纳森·加拉西的《缪斯》，或者布赖恩·莫顿的《弗洛伦丝·戈登》。此外，还有她那令人难以置信的肉体存在，通过神奇的摄影术保存下来的许多肖像；而她作为一个作家，也在摄影这一艺术领域奉献了许多年。

正如她在 1972 年考虑写一篇关于"女性如何死亡"的文章时预见的那样，她的死亡完成了她一生的"工程"[142]："死亡的事实，不一定是一桩艺术行为，却使生命成为一件艺术品。人一旦死了，就会变得清晰可读。这段人生，如此令人困惑、自相矛盾，现在却都有了秩序。如果你站在一个人的死亡的彼岸回望过去，这个人的一生似乎都向着她的死亡汇聚过来。"[143]

作者注：

1. 苏珊·桑塔格，罗兰·凯尔茨在《恐怖主义是什么？美国知识分子发声》中引用，《日本时报》，2002年5月5日。（S. Sontag, citée dans Roland Kelts, «What is Terrorism？An American Intellectual Speaks Out», *The Japan Times*, 5 mai 2002.）

2. 苏珊·桑塔格，《为什么我们在科索沃》，《纽约时报杂志》，1999年5月2日。（S. Sontag, «Why are we in Kosovo», *New York Times Magazine*, 2 mai 1999.）

3. 《书简》，最初载于《朝日新闻》，1999年6月23日（«Les lettres», *Asahi Shinbun*, 23 juin 1999.），后来以英文形式被转载。

4. 给木幡和枝的信，1999年10月14日，UCLA档案。

5. 苏珊·桑塔格，《致敬》。

6. 琼·阿科切拉，《饥饿艺术家》。（同前，p. 68。）

7. 给木幡和枝的信，1999年10月14日，UCLA档案。

8. 《重点所在》。（同前，p. 298。）

9. 同上。（p. 314.）

10. 彼得·M. 史蒂文森，《莱博维茨看到砂砾与闪光，桑塔格为伟大思想而忧郁》，《观察家》，1999年11月8日。（Peter M. Stevenson, «Leibovitz Sees Glitz and Grit, Sontag Broods on the Big Idea», *The Observer*, 8 novembre 1999.）

11. 黛安·约翰逊，《去西方》，《纽约书评》，2000年4月27日。（Diane Johnson, «Going West», *The New York Review of Books*, 27 avril 2000.）

12. 同上。

13. 萨拉·克尔，《天后：苏珊·桑塔格的小说追踪了19世纪女演员和她身边人的命运》，《纽约时报》，2000年3月12日。（Sarah Kerr, «Diva. Susan Sontag's novel follows the fortunes of a 19thcentury actress and her entourage», *New York Times*, 12 mars 2000.）

14. 角谷美智子，《〈在美国〉：爱情让人对艺术分心》，《纽约时报》，2000年2月29日。（Michiko Kakutani, «*In America*: Love as a Distraction That Gets in the Way of Art», *New York Times*, 29 février 2000.）

15. 黛安·约翰逊，《去西方》。

16. 多琳·卡瓦哈尔，《那么这些话到底是谁的？桑塔格新小说未标明引文出处引起众怒》，《纽约时报》。2000 年 5 月 27 日。(Doreen Carvajal, «So Whose Words Are They, Anyway ? ; A New Sontag Novel Creates a Stir by Not Crediting Quotes From Other Books », *The New York Times*, 27 mai 2000.)

17. 同上。

18. 丹尼斯·麦克莱伦，《浪漫派的舞台生活，扭曲的遗赠》，《洛杉矶时报》，2000 年 4 月 9 日。(Dennis McLellan, « A Romantic Stage Life, a Distorted Legacy », *Los Angeles Times*, 9 avril 2000.)

19. 埃德·武利亚米，《这次不是个人的……》。

20. 苏茜·麦肯齐，《区别事实与虚构》。

21. 琼·阿科切拉，《饥饿艺术家》。(同前，p. 74。)

22. Ted Mooney的信，1997 年 3 月 8 日，UCLA档案。

23. 发给珍妮特·保尔森的传真，1997 年 3 月，UCLA档案。

24. 珍妮特·保尔森发来的传真，1997 年 3 月 3 日，UCLA档案。

25. 爱德华·菲尔德，《铸就偶像》，《纽约时报》，2000 年 11 月 19 日。(Edward Field, « Making of an Icon », *New York Times*, 19 novembre 2000.)

26. 伊丽莎白·马努斯，《苏珊·桑塔格勃然大怒》，《纽约观察家》，2000 年 1 月 17 日。(Elizabeth Manus, «Susan Sontag gets jumpy», T*he New York Observer*, 17 janvier 2000.)

27. 达芙妮·默金，《知识分子们的黑美人》，《纽约时报·书评周刊》，2000 年 10 月 29 日。(Daphne Merkin, « The Dark Lady of the Intellectuals », *New York Times Book Review*, 29 octobre 2000, p. 16.)

28. 同上。(p. 17.)

29. 沃尔特·古德曼，《评论家的笔记簿：出版业宣布了对名人们的狩猎季节》，《纽约时报》，2000 年 11 月 23 日。(Walter Goodman, « Critic's Notebook ; Publishing Declares Open Season on Famous Figures », *New York Times*, 23 novembre 2000.)

30. 琼·阿科切拉，《饥饿艺术家》。(同前，p. 77。)

31. 苏茜·麦肯齐，《区别事实与虚构》。

32. 给 Millie Wilson 的信，2000 年 11 月 18 日，UCLA 档案。

33. http://www.edgemedianetwork.com/entertainment/books/features//37111/sontag_showed_lighter_side_during_illness.

34. 《桑塔格的〈在美国〉获得国家图书奖》，《洛杉矶时报》，2000 年 11 月 17 日。(« Sontag's *America* Wins National Book Award », *Los Angeles Times*, 17 novembre 2000.)

35. 拉法埃拉·雷罗勒，《苏珊·桑塔格或意志的胜利》，《世界报》，2001 年 2 月 16 日。(Raphaëlle Rérolle, « Susan Sontag ou le triomphe de la volonté », *Le Monde*, 16 février 2001.)

36. 苏珊·桑塔格，《战争与摄影》，《人权，人类罪恶:2001 年牛津特赦讲座》。(S. Sontag, « War and Photography », *Human Rights, Human Wrongs. The Oxford Amnesty Lectures 2001*, édité par Nicholas Owen, Oxford University Press, 2003, p. 256.)

37. 让-弗朗索瓦·舍夫里埃，《我们写作是为了还真相一个公道》，《世界报》，1979 年 6 月 11 日。(Jean-François Chevrier, « On écrit pour rendre justice à la vérité », *Le Monde*, 11 juin 1979.)

38. 艾玛·布洛克斯，《安妮·莱博维茨：我与苏珊的时光》。

39. 纳丁·戈迪默的来信，2001 年 4 月 9 日，UCLA 档案。

40. 爱德华·萨义德的来信，2001 年 4 月 27 日，UCLA 档案。

41. 给爱德华·萨义德的信，2001 年 5 月 5 日。

42. 亚历山大·科伯恩，《石头、玻璃房子，桑塔格与萨义德》，《国家》，2001 年 4 月 5 日(纸质版出版于 2001 年 4 月 23 日)。[Alexander Cockburn, « Stones, GlassHouses, Sontag and Said », *The Nation*, 5 avril 2001 (publié en papier dans l'édition du 23 avril 2001).]

43. 美联社，《苏珊·桑塔格获以色列奖项》，《纽约时报》，2001 年 5 月 8 日。(Associated Press, « Susan Sontag to Get Israel Award », *The New York Times*, 8 mai 2001.)

44. 《同时》。(同前，p. 184。)

45. 同上。(p. 185.)

46. 同上。(p. 189.)

47. 《同时》。（同前，p. 189。）

48. 同上。（p. 191.）

49. 同上。

50. 同上。（p. 194.）

51. 亚历山大·科伯恩，《苏珊·桑塔格，那个耶路撒冷奖》，《国家》，2001
年 6 月 25 日。（A. Cockburn, « S. Sontag, That Jerusalem Prize », *The Nation*,
25 juin 2001.）

52. 《同时》。（同前，p. 139。）

53. 同上。（p. 137.）

54. 同上。（p. 135.）

55. 同上。（p. 136.）

56. 同上。

57. 同上。（p. 137.）

58. 琼·狄迪恩，《固化的见解，或历史的铰链》，《纽约书评》，2003 年 1 月
16 日。（Joan Didion, « Fixed Opinions, or The Hinge of History », *New York
Review of Books*, 16 janvier 2003.）

59. 《同时》。（同前，p. 141。）

60. 同上。（p. 142.）

61. 同上。（p. 146.）

62. 同上。（p. 144.）

63. 大卫·塔尔博特，《"叛徒"反击》，《沙龙》，2001 年 10 月 16 日。（David
Talbot, « The 'Traitor' Fires Back », *Salon*, 16 octobre 2001.）

64. 《同时》。（同前，pp. 148-149。）

65. 《重点所在》。（同前，pp. 68-69。）

66. 《与 W. G. 塞巴尔德的三次相遇》，《欧洲研究学刊》第 44 卷第 4 期，2014
年 12 月。（« Three Encounters with W.G. Sebald », *Journal of European Studies*,
vol. 44, n° 4, décembre 2014, p. 400.）

67. 安德鲁·戈德曼，《安妮·莱博维茨身上怎么会发生这种事》，

68. 同上。

69. 给霍华德·霍奇金的信，2002 年 5 月 13 日。

70. 《重点所在》。(同前，p. 48。)

71. 同上。(p. 47.)

72. 斯科特·麦克莱米，《重点所在：桑塔格随笔集》，《华盛顿邮报》，2001
年 9 月 16 日。(Scott McLemee, « Where the Stress Falls. Essays by Susan
Sontag », *Washington Post*, 16 septembre 2001.)

73. 威廉·德雷谢维奇，《重点所在：桑塔格随笔集》，《纽约时报》，2001 年
11 月 4 日。(William Deresiewicz, « Where the Stress Falls. Essays by Susan
Sontag », *New York Times*, 4 novembre 2001.)

74. 埃德蒙·怀特，《为桑塔格辩护》，《纽约时报》，2001 年 11 月 25 日。
(Edmund White, « In Defense of Sontag », *New York Times*, 25 novembre 2001.)

75. 米米·阿文斯，《UCLA 买下桑塔格档案》，《洛杉矶时报》，2002 年 1 月
26 日。(Mimi Avins, « UCLA Buys Sontag's Archive », *Los Angeles Times*,
26 janvier 2002.)

76. 与戴维·里夫的私人对谈，2012 年 5 月 28 日于纽约。

77. 罗兰·凯尔茨，《恐怖主义是什么？美国知识分子发声》。

78. 同上。

79. 今天这个系列的标题是"塞巴尔德讲座"(the Sebald Lecture)。

80. 《同时》。(同前，p. 200。)

81. 同上。(p. 208.)

82. 同上。(p. 216.)

83. 同上。(p. 208.)

84. 同上。(p. 216.)

85. 同上。(p. 217.)

86. 同上。(p. 21.)

87. 同上。(p. 152.)

88. 同上。(p. 156.)

89. 第一次是 1965 年《反对阐释》。

90. 特别是爱德华·赫希编的《转变视野：作家论艺术》。(édité par Edward
Hirsch, *Transforming Vision. Writers on Art*, Chicago Art Institute, 1994, pp.
91-93.)

91. 《关于他人的痛苦》。（同前，p. 32。）

92. 同上。（p. 48.）

93. 《比尔·莫耶斯与苏珊·桑塔格的对话》（« Bill Moyers talks with Susan Sontag »），2003 年 4 月 4 日，参见网页: http://www.pbs.org/moyers/journal/archives/sontagnow.html。

94. 同上。

95. A. O. 斯科特，《批判的凝视》，《纽约时报杂志》，2003 年 2 月 23 日。（A.O. Scott, « The Critical Gaze », *New York Times Magazine*, 23 février 2003.）

96. 茨维坦·托多罗夫，《曝光》，《新共和》，2003 年 4 月 21 日。（T. Todorov, « Exposures », *The New Republic*, 21 avril 2003.）

97. 米歇尔·介朗，《关于图像的苦难》，《世界报》，2003 年 10 月 31 日。（Michel Guerrin, « De la souffrance de l'image », *Le Monde*, 31 octobre 2003.）

98. 角谷美智子，《作家唱反调……跟她自己》，《纽约时报》，2003 年 3 月 11 日。（Michiko Kakutani, « A Writer Who Begs to Differ... With Herself », *New York Times*, 11 mars 2003.）

99. 史蒂夫·保尔森，《角谷美智子："当你被角谷化时，你就知道了"》，《独立报》，2005 年 7 月 3 日。（Steve Paulson, « Michiko Kakutani : « You know when you've been Kakutanied », *The Independent*, 3 juillet 2005.）

100. 《不完美风暴》，《村声》，2003 年 2 月 25 日。（« The imperfect Storm », *The Village Voice*, 25 février 2003.）

101. 戴夫·科尔，《桑塔格的日本电影片单》，《纽约时报》，2003 年 1 月 24 日。（Dave Kehr, « Japanese films chosen by Sontag », *New York Times*, 24 janvier 2003.）

102. 同上。

103. 《同时》。（同前，p. 223。）

104. 同上。（p. 222.）

105. 给纳丁·戈迪默的信，2003 年 4 月，UCLA 档案。

106. 苏茜·麦肯齐，《区别事实与虚构》。

107. 乔纳森·萨福兰·弗尔给苏珊·桑塔格的电子邮件，2003 年 5 月 27 日。

108. 苏珊·桑塔格，2003 年 5 月 25 日，http://www.nytimes.com/2003/06/01/

nyregion/commencement-speeches-reflections-war-peace-live-vitally-act-globally.html?pagewanted=2。

109. 加里·扬格,《冒风险者》,《卫报》, 2002 年 1 月 18 日。(Gary Younge, «The Risk Taker», *The Guardian*, 18 janvier 2002.)

110. 给希拉里·曼特尔的信, 2003 年 2 月 7 日, UCLA档案。

111.《同时》。(同前, p. 248。)

112. 同上。(p. 240.)

113. 同上。(p. 249.)

114.《苏珊·桑塔格和法蒂玛·梅尔尼西获阿斯图里亚斯王子奖》,《国家报》, 2003 年 5 月 7 日。(« Susan Sontag y Fatima Mernissi ganan el Principe de Asturias de las Letras », *El País*, 7 mai 2003.)

115.《桑塔格的演说》,《国家报》, 2003 年 10 月 24 日。(« Discurso de Susan Sontag », *El País*, 24 octobre 2003.)

116. 苏珊·桑塔格,《微序》, 让·哈茨菲尔德,《与屠刀为邻: 幸存者、刽子手与卢旺达大屠杀的记忆》。(S. Sontag, « Preface » à Jean Hatzfeld, *Machete Season. The Killers in Rwanda Speak.*, éd. Farrar, Straus & Giroux, 2005, p. VIII.)

117. 纳丁·戈迪默,《说明问题的时代: 写作与生活, 1954—2008》。(同前, p. 679。)

118.《苏珊·桑塔格谈话录》。(同前, p. 217。)

119.《同时》。(同前, p. 256。)

120. 同上。

121. 同上。(pp. 257-258.)

122. 同上。(p. 260.)

123. 同上。(p. 261.)

124. 同上。(p. 259.)

125. 同上。(p. 269.)

126. 同上。(p. 259.)

127. 同上。(p. 257.)

128. 戴维·里夫,《死海搏击: 母亲桑塔格最后的岁月》。(同前, pp. 15-16。)

129. 拉法埃拉·雷罗勒，《苏珊·桑塔格，斗争，永远》，《图书世界》，2004
　　　年7月1日。（R. Rérolle, « Susan Sontag, la lutte, toujours », *Le Monde des
　　　livres*, 1er juillet 2004.）

130. 登在《纽约时报》上和收入集子的文章原标题是《关于对他人的酷刑》
　　　（« Regarding the Torture of Others »），是她前一年发表的作品的题目的文
　　　字游戏。在法译本中，"酷刑"这个词变成了"痛苦"，这个错误引发了理
　　　解上的混乱。这篇文章不是关于"痛苦"的，而是关于美国军队在伊拉克
　　　对囚犯使用的酷刑。

131. 英文的"腐朽"（rotton）这个词在《纽约时报》登载的版本中没有出现。
　　　它是在结集出版时才加上的。

132.《同时》。（同前，p. 161。）

133. 同上。（p. 162.）

134. 同上。

135. 同上。（p. 165.）

136. 同上。（p. 169.）

137. 给特莉·卡斯尔的信，1998年12月7日，UCLA档案。

138.《重生》。（同前，p. 49。）

139. 戴维·里夫，《死海搏击：母亲桑塔格最后的岁月》。（同前，p. 27。）

140. 珍妮·迪斯基引用，《非常不酷》，《伦敦书评》，2007年3月22日。（Citée
　　　par Jenny Diski, « Seriously Uncool », *London Review of Books*, 22 mars 2007.）

141. 戴维·里夫，《死海搏击：母亲桑塔格最后的岁月》。（同前，p. 168。）

142. 她在乔纳森·科特的访谈里用过这个词，见《苏珊·桑塔格：滚石杂志采
　　　访》（同前，p. 139）。

143. 未出版的笔记，巴黎，1972年11月3日，UCLA档案。

致 谢

这本书诞生于一个咖啡馆，2009 年夏天，我和当时我在弗拉马里翁的编辑朱丽叶·若斯特（Juliette Joste）一起坐在那里。我们一起考虑下一个项目时，是她向我提出了苏珊·桑塔格这个名字。我即将完成菲利普·苏波（Philippe Soupault）的传记，也已经进行了一轮研究：研究一个一生中大部分时间都在美国和欧洲度过的女人，似乎与我当时的生活完美契合。事实上，在离我当时在洛杉矶居住的房子不到一小时路程的地方，就能查询《在美国》作者的档案文件——我们后来才发现这一点——使这项工作变得更加轻松了。

如果没有我现在的编辑帕特里斯·奥夫曼（Patrice Hoffmann），这一切都无法实现。他对美国文学的热爱、他的细致阅读赋予这部作品以意义，他面对生活风暴的耐心让我得以将工作完成。

我对加州大学洛杉矶分校的档案管理员亏欠良多，他们几年来答复了我的问题，并指导我查阅苏珊·桑塔格的档案和藏书。我任教的南加州大学的图书馆馆员们，特别需要提到的是索菲娅·勒辛卡（Sophie Lesinska），他们一如既往地创造了许多奇迹，把按说已经找不到的文章和书送到我的书桌上。感谢这所大学发放的研究补助[1]，我得以前往纽约查阅FSG出版社的档案。

在这些年里，很多朋友给予的鼓励、劝告、评价，特别是他们对这个项目的信心，让我能够坚持到最后。特别是那些每天陪伴我的女性：凯蒂·英曼·贝伦斯、埃丝特·布劳德、特里萨·布鲁克、伊丽莎·布沙克吉安-特威迪、热纳瓦·赵、伊莎贝尔·加龙、波莉·热莱、妮科尔·格伦林热、纳塔尼亚·米克、伊芙-艾丽斯·鲁斯唐-斯托勒、阿提耶·肖睿、科琳·史密斯（Kathi Inman Berens、Esther Braud、Theresa Bruece、Eliza Buchakjian-Tweedy、Geneva Chao、Isabelle Garron、Polly Geller、Nicole Grundlinger、Natania Meeker、Eve-Alice Roustang-Stoller、Atyieh Showrai、Colleen Smith）。

还有那些一直伴随我的人：马克·穆斯利与玛丽·弗朗斯·穆斯利（Marc and Marie France Mousli），第一时间校读我的书稿的人，安妮-玛丽·肖普雷（Anne-Marie Chompré）、西蒙娜·苏波（Simone Soupaut）和已逝的克里斯蒂安·穆斯利（Chrisitan Mousli），他一定会对这本书报以骄傲的微笑，那种微笑似乎是他专门保留给我的每一部作品的。

还有米莱娜（Milena），她有时候会带着一丝不耐烦的语气来询问我："《智性与激情：苏珊·桑塔格传》呢？"现在我可以回答了："完成了。"

作者注：

1.   由南加州大学教务长与人文社会科学发展办公室（Office of the Provost and Advancing Scholarship in the Humanities and Social Sciences）发放。

参考书目

　　我在这里列出的不仅仅是苏珊·桑塔格的作品，还有她的儿子戴维·里夫与前夫菲利普·里夫的和本书相关的作品，以及书中引用最多的访谈录与回忆录。读者会在注释里发现大量文章、作品章节与评论著作的出处，还有书中引用过的大量未出版文献。大部分未出版文献存放在加利福尼亚大学洛杉矶分校的苏珊·桑塔格档案中，以及 FSG 出版社与纽约公共图书馆的档案中。很多评论文章是在线阅读的，已经无法找到发表时的原始页码了。此外，Leland Poague 和 Kathy A. Parsons 编纂的 1948—1992 年的书目工具书非常有用：*Susan Sontag: An Annotated Bibliography, 1948-1992* (éd. Garland Publishing, New York, 2000)。

桑塔格作品

法语版

　　在可能的情况下，我使用了能找到的最新的版本。我参考了克里斯蒂安·布尔古瓦出版社出版的《苏珊·桑塔格全集》以下各卷：

Le Bienfaiteur

Dernier recours

Sur la photographie

La maladie et ses métaphores

L'écriture même: à propos de Roland Barthes

Le Sida et ses métaphores

L'Amant du Volcan

En Amérique

Devant la douleur des autres

Temps Forts

Garder le sens mais altérer la forme

Renaître, journal T. I

Journal T. II

Sous le signe de Saturne

其他出版社出版：

Moi, etcetera (Seuil, 1983)

Voyage à Hanoi (Seuil, 1969)

英语版

一部分文本没有翻译过，或者只有节译。这些文本我使用的是美国版，除另行说明，它们皆是我自己翻译的。

Against Interpretation (2001, éd. Farrar, Straus & Giroux)

Styles of Radical Will (2002, éd. Farrar, Straus & Giroux)

Duet for Cannibals (1970, éd. Farrar, Straus & Giroux)

Brother Carl (1974, éd. Farrar, Straus & Giroux)

Alice in Bed (1993, éd. Farrar, Straus & Giroux)

菲利普 · 里夫

Freud: The Mind of the Moralist, Viking Press, New York, 1959.

Fellow Teachers, Harper & Row, New York, 1973.

戴维 · 里夫

与Sharon Delano合著: *Texas Boots* (1981, éd. Penguin)

Going to Miami: Tourists, Exiles and Refugees in the New America (1987, éd. Little, Brown)

Los Angeles: Capital of the Third World (1991, éd. Simon & Schuster)

The Exile: Cuba in the Heart of Miami (1993, éd. Simon & Schuster)

Slaughterhouse: Bosnia and the Failure of the West (1995, éd. Simon & Schuster)

Mort d'une inconsolée: les derniers jours de Susan Sontag, traduit par Marc Weitzmann, éd. Climats, 2008.

桑塔格访谈

Leland Poague, *Conversations with Susan Sontag*, éd. University Press of Mississipi, 1995.

Jonathan Cott, *Tout, et rien d'autre: Entretien pour le magazine Rolling Stone*, traduit par Maxime Catroux, éd. Climats, 2015.

回忆录

Sigrid Nunez, *Sempre Susan: Souvenirs sur Sontag*, traduit par Ariane Bataille, éd. 13ème Note, 2012.

Edward Fields, *The Man Who Would Marry Susan Sontag: And Other Intimate Literary Portraits of the Bohemian Era*, éd. University of Wisconsin Press, 2005.

译名中法对照表

人名、地名、机构名

A

阿勃丝，黛安　Arbus, Diane

阿布格莱布监狱　prison d'Abou Ghraib

阿彻城（得州）　Archer City

阿尔比，爱德华　Albee, Edward

阿尔菲尔特，佩妮拉　Alfeldt, Pernilla

阿尔赫西拉斯（西班牙）　Algésiras

阿尔门德罗斯，内斯托尔　Almendros, Néstor

阿方辛，劳尔　Alfonsín, Raúl

阿加迪尔（摩洛哥）　Agadir

阿卡莱蒂斯，琼安娜　Akalaitis, JoAnne

阿克蒂尔（墨西哥）　Acteal

阿拉贡，路易　Aragon, Louis

阿拉蒙　Haramont

阿莱，托马斯·古铁雷兹　Alea, Tomás Gutiérrez

阿默斯特学院　Amherst College

阿纳海姆（美国）　Anaheim

阿努伊，让　Anouilh, Jean

阿什，阿瑟　Ashe, Arthur

安德森，林赛　Anderson, Lindsay

安德斯，亚雷克　Anders, Jarek

安德松，毕比　Andersson, Bibi

安东尼·道菲画廊　Anthony D'Offay

安格，肯尼思　Anger, Kenneth

安吉丽娜谷（洛杉矶）　la Vallée Angelena

安杰耶夫斯基，耶日　Andrzejewski, Jerzy

安娜堡（密歇根）　Ann Arbor

安森，艾伦　Ansen, Alan

昂蒂布　Antibes

奥布拉克，露西　Aubrac, Lucie

奥查德，罗伯　Orchard, Rob

奥德翁（巴黎）　Odéon

奥尔巴尼（美国）　Albany

奥尔登堡，克拉斯　Oldenburg, Claes

奥尔科特，露易莎·梅　Alcott, Louisa May

奥尔森，埃尔德　Olson, Elder

奥哈拉，弗兰克　O'Hara, Frank

奥凯西，肖恩　O'Casey, Sean

奥康纳，弗兰纳里　O'Connor, Flannery

奥林匹亚出版社　Olympia

奥纳西斯，杰奎琳（杰姬）　Onassis, Jacqueline(Jackie)

奥尼尔，尤金　O'Neill, Eugene

奥斯本，约翰　Osborne, John

奥威尔，索尼娅　Orwell, Sonia

奥兹，阿摩司　Oz, Amos

奥兹克，辛西娅　Ozick, Cynthia

B

巴蒂斯塔，富尔亨西奥　Batista, Fulgencio

巴恩斯，朱娜　Barnes, Djuna

贝克特，爱德华　Beckett, Edward

贝肯山（波士顿）　Beacon Hill

贝拉方特，哈里　Belafonte, Harry

贝拉焦（意大利）　Bellagio

贝利，罗伯塔　Bayley, Roberta

贝特尔海姆，布鲁诺　Bettelheim, Bruno

本尼迪克特，海伦　Benedict, Helen

本宁顿学院　Bennington

本雅明，朵拉　Benjamin, Dora

比蒂，沃伦　Beatty, Warren

比尔菲尔特，帕特里夏　Billfaldt, Patricia

比贡，里卡尔多　Vigon, Ricardo

比塞特，杰奎琳　Bisset, Jacqueline

比托尔，米歇尔　Butor, Michel

毕加索，帕洛玛　Picasso, Paloma

宾，伊尔丝　Bing, Ilse

"兵火库"影院　Arsenal

波德霍雷茨，诺曼　Podhoretz, Norman

波尔霍（墨西哥）　Polho

波尼亚托夫斯卡，埃莱娜　Poniatowska, Elena

波普，伊基　Pop, Iggy

波奇思　Purchase

波特，安德鲁　Porter, Andrew

波兹南大学　Université de Pozna ń

伯班克（洛杉矶）　Burbank

伯顿，里士满　Burton, Richmond

伯恩，彼得　Bourne, Peter

伯恩鲍姆，诺曼　Birnbaum, Norman

伯恩哈特，萨拉　Bernhardt, Sarah

伯克茨，斯文　Birkerts, Sven

伯克希尔（美国）　Berkshire

布鲁克，彼得　Brook, Peter

布鲁克，伊迪丝　Bruck, Edith

布鲁克斯，格温德琳　Brooks, Gwendolyn

布鲁斯坦，罗伯特　Brustein, Robert

布罗多，米歇尔　Braudeau, Michel

布罗米奇，大卫　Bromwich, David

布罗雅德，阿纳托尔　Broyard, Anatole

布吕诺夫，让·德　Brunhoff, Jean de

布努埃尔，路易　Buñuel, Luis

布翁滕波，格拉齐耶拉　Buontempo, Graziella

C

蔡尔德，朱莉娅　Child, Julia

蔡尔兹，露辛达　Childs, Lucinda

蔡金，约瑟夫　Chaikin, Joseph

查塔姆皇家国际事务研究所　Chatham House

查特文，布鲁斯　Chatwin, Bruce

昌西街（剑桥）　Chauncy Street

"厨房"（表演空间）　The Kitchen

村声（书店）　Village Voice

D

达豪集中营　Dachau

达赫伯格，爱德华　Dahlberg, Edward

达林，乌尔夫　Darin, Ulf

达维德，卡特琳　David, Catherine

达维多夫，莱昂　Davidoff, Léon

达维多夫，露丝　Davidoff, Ruth

大奥古斯丁码头（巴黎）　Grands-Augustins

大颈（纽约）　Great Neck

代尔修道院　Deir

戈伊蒂索洛，胡安　Goytisolo, Juan

哥谭书店　Gotham Books

格蒂，安　Getty, Ann

格拉思，查尔斯　Grath, Charles

格莱泽，内森　Glazer, Nathan

格雷古瓦-德图尔街　rue Grégoire-de-Tours

格雷尼尔，理查德　Grenier, Richard

格里尔，杰梅茵　Greer, Germaine

格里斯特，莱莉　Grist, Reri

格林伯格，克莱芒特　Greenberg, Clément

格林伯格，马丁　Greenberg, Martin

格林布拉特，罗伯特　Greenblatt, Robert

格林斯庞，罗伯特（罗杰）　Greenspun, Robert(Roger)

格卢克斯曼，安德烈　Glucksmann, André

格罗夫出版社　Grove Press

格罗夫斯基，马克西姆　Groffsky, Maxime

格罗斯曼，爱德华　Grossman, Edward

格罗斯曼，多萝西　Grossman, Dorothy

格罗兹卡街　Grodska

格洛托夫斯基，耶日　Grotowski, Jerzy

格特，汉斯　Gerth, Hans

工会广场咖啡馆　Union Square Café

"公平对待古巴"　Fair Play for Cuba

贡布罗维奇，维托尔德　Gombrowicz, Witold

古巴人民友好协会　l'Institut cubain pour l'amitié entre les peuples, ICAP

古德曼，保罗　Goodman, Paul

古德曼，沃尔特　Goodman, Walter

古根海姆基金会　fondation Guggenheim

瓜达拉哈拉（墨西哥）　Guadalajara

国际管制委员会　Commission de contrôle internationale, ICC

国际文献委员会　Centre international pour la documentation, Cidoc

霍顿·米夫林出版公司　Houghton Mifflin

霍夫斯特拉大学　Université Hofstra

霍赫胡特，罗尔夫　Hochhuth, Rolf

霍华德，彼得　Howard, Peter

霍华德，理查德　Howard, Richard

霍克斯，约翰　Hawkes, John

霍兰德，约翰　Hollander, John

霍罗威茨，大卫　Horowitz, David

霍珀，丹尼斯　Hopper, Dennis

霍普金斯，埃伦　Hopkins, Ellen

霍普金斯，杰拉尔德·曼利　Hopkins, Gerard Manley

霍奇金，霍华德　Hodgkin, Howard

霍耶茨基，米罗斯拉夫　Chojecki, Miroslav

J

基督圣体学院（牛津大学）　Corpus Christi

基尔南，弗朗西丝　Kiernan, Frances

基加利（卢旺达）　Kigali

吉贝尔，埃尔韦　Guibert, Hervé

吉布森，乔恩　Gibson, Jon

吉鲁，罗伯特　Giroux, Robert

吉罗迪亚，莫里斯　Girodias, Maurice

吉萨　Gizeh

吉森，布里翁　Gysin, Brion

纪念斯隆-凯特林癌症中心　Centre de Cancérologie Memorial Sloan-Kettering

季洛杜，让　Giraudoux, Jean

加的斯（西班牙）　Cadix

加拉西，乔纳森　Galassi, Jonathan

加莱海峡旅馆　Hôtel Pas-de-Calais

加里格，琼　Garrigue, Jean

加里斯，莱斯利　Garis, Leslie

卡斯滕·舒伯特（画廊）　Karsten Schubert

卡塔林纳（学校）　Catalina

卡维尔，斯坦利　Cavell, Stanley

卡维特，迪克　Cavett, Dick

卡西勒，雨果　Cassirer, Hugo

卡西内利，克劳迪奥　Cassinelli, Claudio

卡赞，阿尔弗雷德　Kazin, Alfred

卡兹尼神殿　Khazneh

凯恩，詹姆斯·M.　Cain, James M.

凯拉米克斯遗址　Keramikos

凯梅尼，黛安娜　Kemeny, Diane

凯尼格，罗达　Koenig, Rhoda

凯普，乔纳森　Cape, Jonathan

凯奇，约翰　Cage, John

凯瑟，薇拉　Cather, Willa

坎比，文森特　Canby, Vincent

坎宁汉，默斯　Cunningham, Merce

康拉德，哲尔吉　Konrád, György

康奈尔，约瑟夫　Cornell, Joseph

康涅狄格大学　Université du Connecticut

考克斯，艾伦　Cox, Allen

柯尔斯坦，林肯　Kirstein, Lincoln

柯克布莱德，罗纳德　Kirkbride, Ronald

柯里施，伊娃　Kollisch, Eva

科伯恩，亚历山大　Cockburn, Alexander

科茨，丹尼尔　Coats, Daniel

科恩，埃利奥特　Cohen, Elliot

科恩，艾拉　Cohen, Ira

科尔内尔，约纳斯　Cornell, Jonas

科尔索，格雷戈里　Corso, Gregory

科赫，斯蒂芬　Koch, Stephen

库埃纳瓦卡（墨西哥） Cuernavaca

库尔齐奥，马拉帕尔特 Malaparte, Curzio

库克，布鲁斯 Cook, Bruce

库雷卢克，埃娃 Kuryluk, Ewa

库纳德，南希 Cunard, Nancy

库珀，加里 Cooper, Gary

库赞，维克多 Cousin, Victor

奎鲁兹宫 Palais Queluz

L

拉波特，米歇尔 Lapautre, Michelle

拉法（巴勒斯坦） Rafah

拉菲尔森，鲍勃 Rafelson, Bob

拉克斯内斯，哈尔多尔 Laxness, Halldór

拉库蒂尔，让 Lacouture, Jean

拉姆安拉 Ramallah

拉佩诺，让-保罗 Rappeneau, Jean-Paul

拉奇，奥尔加 Rudge, Olga

拉塞尔，约翰 Russell, John

拉伊迪，阿迪拉 Laidi, Adila

莱博维茨，安妮 Leibovitz, Annie

莱博维茨，莎拉·卡梅隆 Leibovitz, Sarah Cameron

莱克，卡尔顿 Lake, Carlton

莱里斯，米歇尔 Leiris, Michel

莱曼，大卫 Lehman, David

莱蒙，布伦丹 Lemon, Brendan

莱姆，斯坦尼斯拉夫 Lem, Stanislas

莱斯，西蒙 Leys, Simon

莱特，史蒂夫 Light, Steve

莱维，贝尔纳-亨利 Lévy, Bernard-Henri

莱维特，大卫 Leavitt, David

里夫，戴维　Rieff, David

里夫，菲利普　Rieff, Philip

里奇，阿德里安娜　Rich, Adrienne

里奇，弗兰克　Rich, Frank

里奇，唐纳德　Richie, Donald

理查森，约翰　Richardson, John

利普斯坦，阿图罗　Ripstein, Arturo

利奇，西德尼　Leach, Sidney

林德，斯托顿　Lynd, Staughton

林德布卢姆，贡内尔　Lindblom, Gunnel

林德格伦，格兰　Lindgren, Göran

林登，克里斯托弗　Lyndon, Christopher

刘易斯，杰瑞　Lewis, Jerry

卢卡斯，詹姆斯·罗兰　Lucas, James Rowland

卢克索（埃及）　Louxor

鲁阿斯，查尔斯　Ruas, Charles

鲁迪，伊薇特　Roudy, Yvette

鲁尼，米基　Rooney, Mickey

鲁什，让　Rouch, Jean

鲁伊斯，塞缪尔　Ruiz, Samuel

路易，皮埃尔　Louÿs, Pierre

露特，阿恩　Ruth, Arne

"露天剧场"（实验剧团）　Open Theater

伦德奎斯特，托比约　Lundquist, Torbjörn

罗宾逊，玛丽　Robinson, Mary

罗伯-格里耶，阿兰　Robbe-Grillet, Alain

罗代尔，罗伯特　Rodale, Robert

罗代尔出版社　Rodale Press

罗利森，卡尔　Rollyson, Carl

罗马诺，卡林　Romano, Carlin

罗梅罗，奥斯卡　Romero, Oscar

N

纳德尔曼，埃利　Nadelman, Elie

纳多，莫里斯　Nadeau, Maurice

纳唐，莫妮克　Nathan, Monique

奈杜，利拉　Naidu, Leela

奈尔，阿里耶　Neier, Aryeh

奈特，亚瑟　Knight, Arthur

南蒂阿　Nantua

尼尔曼，尤瓦尔　Ne'emangood, Yuval

尼古拉斯，阿尔温　Nikolais, Alwin

尼科尔斯，迈克　Nichols, Mike

尼兰，爱德华·A.　Neilan, Edward A.

宁，阿娜伊斯　Nin, Anaïs

牛顿，休伊　Newton, Huey

纽顿，赫尔穆特　Newton, Helmut

纽菲尔德，杰克　Newfield, Jack

纽约城市学院　City College de New York

纽约社会研究新学院　New School for Social Research

努涅斯，西格丽德　Nunez, Sigrid

努塞贝，萨里　Nusseibeh, Sari

诺顿·西蒙博物馆　Musée Norton Simon

诺尔·布林克曼，克里斯蒂娜　Noll Brinckmann, Christine

诺加拉，安娜　Nogara, Anna

诺里，克洛德　Nori, Claude

诺里奇（英国）　Norwich

诺特博姆，塞斯　Nooteboom, Cees

诺维塔格（波兰）　Novy Targ

O

欧茨，乔伊斯·卡罗尔　Oates, Joyce Carol

欧夫，卡拉　Eoff, Karla

匹克威克（书店）　Pickwick

浦西里（雅典）　Psirri

普拉卡（雅典）　Plaka

普罗维登斯　Providence

普洛金斯，玛丽琳　Plotkins, Maryline

普瓦图旅馆　hôtel de Poitou

Q

齐奥朗，E. M.　Cioran, E. M.

契斯，丹尼洛　Kiš, Danilo

恰帕斯（墨西哥）　Chiapas

切尔西旅馆　Hotel Chelsea

切斯特，艾尔弗雷德　Chester, Alfred

琴凯德，牙买加　Kincaid, Jamaica

全国妇女组织　National Organization for Women, NOW

R

热内·让　Genet, Jean

容，埃丽卡　Jong, Erica

瑞德，特里　Reid, Terry

瑞恰兹，I. A.　Richards, I.A.

S

萨格勒布　Zagreb

萨卡基尼中心　Centre Sakakini

萨拉·劳伦斯学院　Université de Sarah Lawrence

萨拉托加温泉市（美国）　Saratoga Spring

萨里斯，安德鲁　Sarris, Andrew

萨洛特，纳塔莉　Sarraute, Nathalie

萨默维尔学院（牛津大学）　Sommerville College

萨塔，萨尔瓦托雷　Satta, Salvatore

圣莫妮卡　Santa Monica

圣让-卡-弗尔拉　Saint-Jean-Cap-Ferrat

圣日耳曼德佩区（巴黎）　Saint-Germain-des-Prés

圣日耳曼区（巴黎）　Saint-Germain

圣塞西莉亚（墨西哥瓜纳华托州）　Santa Cecilia(Guanajuato)

圣十字教堂　Santa Croce

圣文森特　Saint-Vincent

施莱尔马赫，弗里德里希　Schleiermacher, Friedrich

施莱辛格，阿瑟·迈耶　Schlesinger, Arthur Meier

施赖伯，丹尼尔　Schreiber, Daniel

施隆多夫，沃尔克　Schlöndorff, Volker

施耐德，阿兰　Schneider, Alan

施特科尔，威廉　Stekel, Wilhelm

施特罗海姆，埃里克·冯　Stroheim, Erich von

施瓦布，约瑟夫·杰克逊　Schwab, Joseph Jackson

施瓦茨，德尔莫尔　Schwartz, Delmore

施瓦茨，利布加特　Schwarz, Libgart

十三排剧院　13 Rangs

史崔特梅尔公司　Stratemeyer

史翠珊，芭芭拉　Streisand, Barbra

史蒂文森，彼得　Stevenson, Peter

史蒂文斯，华莱士　Stevens, Wallace

史密斯，杰克　Smith, Jack

史密斯，雷蒙德　Smith, Raymond

史密斯，帕蒂　Smith, Patti

书香门第（书店）　Booked Up

舒尔茨，乔治　Schultz, George

舒尔曼，萨拉　Schulman, Sarah

双偶咖啡馆　Deux Magots

双日出版社　Doubleday

"思想剧场"　Theater for Ideas

斯维尼，弗朗西斯　Sweeney, Francis

索尔兹伯里，哈里森　Salisbury, Harrison

索拉纳斯，瓦莱丽　Solanas, Valerie

索莱尔斯，菲利普　Sollers, Philippe

索罗塔洛夫，泰奥多尔（特德）　Solotaroff, Théodore(Ted)

索默斯，哈丽雅特　Sohmers, Harriet

索泰，克洛德　Sautet, Claude

索因卡，沃莱　Soyinka, Wole

索扎尼，玛丽亚　Sozzani, Maria

T

塔布齐，安东尼奥　Tabucchi, Antonio

塔尔博特，大卫　Talbot, David

塔尔博特，丹　Talbot, Dan

塔尔博特，托比　Talbot, Toby

塔基斯，瓦西利斯　Takis, Vassilis

塔鲁丹特（摩洛哥）　Taroudant

塔马约，鲁菲诺　Tamayo, Rufino

泰弗南，保莉　Thévenin, Paule

泰格奈尔，奥拉夫　Tegner, Olaf

泰勒，哈罗德　Taylor, Harold

坦普尔大学　Université de Temple

唐利维，詹姆斯·帕特里克　Donleavy, J. P.

陶布斯，雅各布　Taubes, Jacob

泰克，保罗　Thek, Paul

特克尔，斯特兹　Terkel, Studs

特拉维夫大学　Université de Tel-Aviv

特兰蒂尼昂，让-路易　Trintignant, Jean-Louis

特里林，戴安娜　Trilling, Diane

特里林，莱昂内尔　Trilling, Lionel

特利利，穆斯塔法　Tlili, Mustapha

韦斯特，纳撒尼尔　West, Nathanael

韦泽莱　Vézelay

桅楼（书店）　La Hune

维达尔，戈尔　Vidal, Gore

维德伯格，波　Widerberg, Bo

维尔莫兰，露易丝·德　Vilmorin, Louise de

维尔托夫，吉加　Vertov, Dziga

维克曼，卡罗琳　Wakeman, Carolyn

维拉尔，让　Vilar, Jean

维拉戈出版社　Virago

维莱-科特雷　Villers-Cotterêts

维斯康蒂，卢奇诺　Visconti, Luchino

维特凯维奇，斯坦尼斯拉夫　Witkiewicz, Stanislas

温赫斯特，乔利恩　Wimhurst, Jolyon

沃，亚历克　Waugh, Alec

沃，伊夫林　Waugh, Evelyn

沃尔芬斯泰因，塞缪尔　Wolfenstein, Samuel

沃尔科特，德里克　Walcott, Derek

沃尔科特，詹姆斯　Wolcott, James

沃吉尔，艾莫斯　Vogel, Amos

沃伦，罗伯特·佩恩　Warren, Robert Penn

沃瑟曼，史蒂夫　Wasserman, Steve

沃特斯，约翰　Waters, John

沃伊蒂瓦，卡罗尔（教皇约翰-保罗二世）　Wojtyla, Karol

乌尔比诺（意大利城市）　Urbino

乌托邦林荫大道　Utopia Parkway

伍尔夫，塞西尔　Woolf, Cecil

伍珀塔尔（德国）　Wuppertal

伍斯特（剧团）　Wooster

武利亚米，埃德　Ed Vulliamy, Ed

X

西贝尔伯格，汉斯-于尔根　Syberberg, Hans-Jürgen

希尔，理查德　Hell, Richard

西尔弗曼，杰伊　Silverman, Jay

西尔弗斯，罗伯特（鲍勃）　Silvers, Robert(Bob)

西尔维斯特，汉斯　Silvester, Hans

西格拉姆大厦　Seagram

西蒙，克洛德　Simon, Claude

西蒙，约翰　Simon, John

西米诺，迈克尔　Cimino, Michael

西斯利耶，雅克　Siclier, Jacques

希钦斯，克里斯托弗　Hitchens, Christopher

霞慕尼　Chamonix

夏乐宫　Palais de Chaillot

夏隆日，克里斯蒂安·德　Chalonge, Christian de

夏皮罗，迈耶　Schapiro, Meyer

夏特莱剧院　Châtelet

夏夏，列昂纳多　Sciascia, Leonardo

显克微支，亨利克　Sienkiewicz, Henryk

现代文库出版社　Modern Library

香卡，拉维　Shankar, Ravi

小林正树　Masaki Kobayashi

肖恩，艾伦　Shawn, Allen

肖恩，威廉　Shawn, William

肖恩霍夫书店　Shoenhof

谢尔曼奥克斯　Sherman Oaks

谢纳尔，皮埃尔　Chenal, Pierre

辛格，艾萨克·巴什维斯　Singer, Isaac Bashevis

辛格，丹尼尔　Singer, Daniel

辛特拉（葡萄牙）　Sintra

欣顿，大卫　Hinton, David

新方向出版社　New Directions

新帕尔兹　New Paltz

新庭（法国城市）　La Courneuve

许古拉，汉娜　Schygulla, Hanna

Y

雅各泰，菲利普　Jaccottet, Philippe

雅鲁泽尔斯基，沃依切赫　Jaruzelski, Wojciech

扬，弗农　Young, Vernon

扬，罗伯特　Young, Robert

扬，诺维尔　Young, Norvel

扬格，加里　Younge, Gary

养雉场街　rue de la Faisanderie

耶茨，弗朗西丝　Yates, Frances

伊利奇，伊万　Illich, Ivan

伊舍伍德，克里斯托弗　Isherwood, Christopher

伊斯拉埃尔，吕西安　Israël, Lucien

伊文思，尤里斯　Ivens, Joris

伊沃里，詹姆斯　Ivory, James

伊兹拉岛　Hydra

意外书店　Serependity Books

因凡特，吉耶摩·卡布列　Infante, Guillermo Cabrera

印第安纳，加里　Indiana, Gary

英格拉姆·梅里尔（基金会）　Ingram Merrill

英格兰德，内森　Englander, Nathan

尤内斯库，欧仁　Ionesco, Eugène

于斯曼，若利斯-卡尔　Huysmans, Joris-Karl

约翰斯，贾斯珀　Johns, Jasper

约翰斯顿，吉尔　Johnston, Jill

约翰逊，黛安　Johnson, Diane

约翰逊，菲利普　Johnson, Philip

约翰逊，玛丽戈尔德　Johnson, Marigold

约曼，本　Yeoman, Ben

运动员小屋酒店　Sportsmen's Lodge

Z

赞，妮科尔　Zand, Nicole

赞诺尼，焦万内拉　Zannoni, Giovannella

扎加耶夫斯基，亚当　Zagajewski, Adam

扎科帕内（波兰）　Zakopane

扎鲁宾，劳拉　Zarubin, Laura

沼泽区（巴黎）　Marais

真蒂莱斯基，阿尔泰米西娅　Gentileschi, Artemisia

中美艺术交流中心　échange artistique sino-américain

州长克林顿饭店　Governor Clinton

朱里涅夫，罗斯季斯拉夫　Jurenev, Rostislav

"柱廊"（画廊）　Columns

兹沃林，路易　Zwerling, Louis

总督宫　Cité des doges

祖拉斯基，安德烈　Zulawski, Andrzej

佐恩，尤妮卡　Zürn, Unica

书名、杂志名、奖项名等

《343 宣言》　« Manifeste des 343 »

A

《阿尔泰米西娅》　*Artemisia*

《阿肯色州公报》　*Arkansas Gazette*

阿斯图里亚斯王子奖　prix Prince des Asturies

《癌友》（文件名）　cancer chums

《爱尔兰时报》　*Irish Times*

《爱欲与文明，弗洛伊德的贡献》　*Éros et civilisation, contribution à Freud*

《安条克》　*Antioch*

《按需之书》　*Livres sur demande*

《奥兰多》　*Orlando*

《奥林匹亚》　*Les Olympiades*

《奥奇和哈丽雅特》（广播节目）　Ozzie et Harriet

奥斯卡·罗梅罗奖　prix Oscar Romero

《奥斯特利茨》　*Austerlitz*

B

《巴黎先驱论坛报》　*Paris Herald Tribune*

巴诺书店作家奖　Barnes & Noble Writers for Writers

《白日美人》　*Belle de jour*

《半旋转腾跃》　*Caracole*

《宝贝》　*Bébé*

"鲍勃西双胞胎"（系列小说）　*Bobbsey Twins*

《鲍尔索·斯奈尔的梦幻生活》　*La Vie rêvée de Balso Snell*

《被蒙蔽的女性》　*La Femme mystifiée*

比亚里茨电影节　Fipa de Biarritz

《彼方》　*The Other Side*

《壁垒》（杂志）　*Ramparts*

《标准周刊》　*Weekly Standard*

《表演艺术的当代革命》（演讲文章）　« la révolution contemporaine dans les arts de performance »

《波士顿美国人报》　*Boston American*

《不良少女莫妮卡》　*Un été avec Monika*

《不眠夜》　*Sleepless Nights*

《不能接受的证据》　*Inadmissible Evidence*

《短篇谈话》 « Short Talks »

《对旅行的反思》 « Questions de voyage »

《对我感情的纪念》 « In Memory of My Feelings »

《对灾难的想象》 « L'imagination du désastre »

《夺命剑》 *Rébellion*

E

《恩主》 *Bienfaiteur*

F

《反对阐释》 *Contre l'interprétation*

《反对所有希望》 *Against All Hope*

《飞机上的舞者》 *Dancers on a Plane*

《风，轻轻地吹》 *Winds, Blow Gently*

《弗洛伦丝·戈登》 *Florence Gordon*

《弗洛伊德：道德论者的心灵》 *Freud, The Mind of the Moralist*

《弗洛伊德与我们的文化危机》 *Freud et la crise de notre culture*

《浮士德博士》（戏剧） *Docteur Faust*

G

《该死的，这是市政厅》 *Town Bloody Hall*

《哥伦比亚每日观察者》 *Columbia Daily Spectator*

《工作中的世界》 *The World at Work*

《拱廊》 *The Arcade*

《古舟子咏》 *The Rime of the Ancient Mariner*

《故梦》 *Grand Meaulnes*

《怪人》 *Cranks*

《怪人秀》 *Freak Show*

《（关于描述的）描述》 « Description (of a description) »

《关于他人的痛苦》 *Devant la douleur des autres*

《观察家》（杂志） *The Observer*

J

《激进意志的样式》　*Style of Radical Will*

《吉赛尔》　*Giselle*

《疾病的隐喻》　*La Maladie comme métaphore*

《加尔各答》　*Calcutta*

《家庭会谈》　« *Colloques familiaux* »

《假定无罪》　*Présumé innocent*

《假面》　*Persona*

《检测仪》（电视节目）　*Monitor*

《简略者》　*The Ellipsian*

"街谈巷议"（《纽约客》栏目）　« *Talk of the Town* »

《杰基尔医生》　*Docteur Jekyll*

《解剖课》　*Leçon d'anatomie*

《借口》　*L'Alibi*

《今日伟大思想》　*The Great Ideas Today*

《金发女郎》　*Blonde*

《金玉盟》　*Elle et lui*

《精神分析评论》　*Psychoanalytic Review*

《精致的尸体》　*The Exquisite Corpse*

《旧怨重提》　*Retour aux vieilles doléances*

《局外人》（电影）　*L'Étranger*

《剧场及其复象》　*Théâtre et son Double*

K

《卡尔兄弟》/《双子》　*Brother Carl (Les Gémeaux)*

卡罗维发利电影节　*festival de cinéma de Karlovy Vary*

《凯尼恩评论》　*Kenyon Review*

《关于"坎普"的札记》　« *Le style Camp/Notes on Camp* »

《科利尔杂志》　*Collier's Magazine*

科普利奖章　*médaille Copley*

《可见之光》（舞剧）　*Available Light*

《美好年代》　*Bel âge*

《迷人的法西斯主义》　« *Fascinant fascisme* »

莫尔森奖　Molson

《缪斯》　*Muse*

《某些人》　*Certain People*

《慕德家一夜》　*Ma nuit chez Maud*

《穆里埃尔》　*Muriel*

《穆谢特》　*Mouchette*

N

《男性，女性》　*Masculin féminin*

《你往何处去》　*Quo Vadis?*

《逆流》　*À rebours*

牛津特赦讲座　Oxford Amnesty Lectures

《纽约镜报》　*NY Mirror*

《纽约时报》　*New York Times*

《纽约时报杂志》　*New York Times Magazine*

《纽约杂志》　*New York Magazine*

《女人们》　*Femmes*

《女士》　*Ms.*

《女太监》　*La Femme mystifiée*

《女性》　*Women*

O

偶发艺术（艺术运动）　Happenings

P

《帕西法尔》　Parsifal

《拍摄美国》(《忧伤的物件》)　« Shooting America(Objets mélancoliques) »

《皮娜入门》（纪录片）　*Primer for Pina*

《偏见与你的孩子》　*Prejudice and Your Child,*

《三个基尼》 *Trois Guinées*

《三号摄影机》（电视节目） *Caméra Three*

《色情想象》 «L'imagination pornographique»

《沙龙》 *Salon*

《摄影：美容》 «Photography: The Beauty Treatment(L'héroïsme de la vision)»

《摄影》（《论摄影》法文版） *La Photographie*

《摄影》（文章） «Photographies»

《摄影对自身的探寻》 *Photography in Search of Itself*

《什么是文学?》 *Qu'est-ce que la littérature*

《审判日》 *Le Jour du Jugement*

《生活琐事》 *Les Choses de la vie*

《生与死的对抗》 *Life Against Death*

圣杰罗姆文学翻译讲座 St Jérôme Lecture on Literary Translation

《圣热内》 *Saint Genet*

《失当行为》 *Mauvaise conduite*

《狮子、爱、谎言》 *Lions Love*

《时尚》 *Vogue*

《时尚芭莎》 *Harper's Bazaar*

《实用批评》 *Practical Criticism*

《食人族二重奏》 *Duet for Cannibales*

《是! 古巴》 *Cuba Si*

《受害者，全部?》 «Victim, All?»

《狩猎苍蝇》 *La Chasse aux mouches*

《衰老的双重标准》/《衰老：两套砝码，两种尺度》 «The Double Standard of Aging» / «Vieillir: deux poids»

《斯万的爱情》 *Un amour de Swann*

《死亡匣子》 *Death Kit*

《苏荷新闻》 *Soho News*

《宿命论者雅克和他的主人》 *Jacques le Fataliste*

《随心所欲》 *Vivre sa vie*

《索拉里斯星》 *Solaris*

《我们现在的生活方式》 « The Way We Live Now »

《我们堕过胎》 *Nous avons avorté(We had an abortion)*

《乌鸦住宅区》 *Le Quartier du corbeau*

《乌娅或冰川的基督徒》 *Úa ou Chrétiens du glacier*

《物质》 *La Matière*

X

《夏乐街的疯女》 *La Folle de Chaillot*

夏威夷电影节 festival du film de Hawaï

《仙人掌快报》 *Cactus Press*

《现代》 *Les Temps Modernes*

"现代图书馆"（丛书名） « Modern Library »

《相对平静》 *Relative Calm*

《想象的博物馆》 *Musée imaginaire*

《向更美好的人生》 *Towards a Better Life*

《向古巴人民致意》 *Salut les Cubains!*

《逍遥骑士》 *Easy Rider*

《小丑之夜》 *la Nuit des forains.*

《小姐》 *Mademoiselle*

《小于零》 *Moins que zéro*

《心问》 *Exposé*

《新标准》 *New Criterion*

《新观察家》 *Le Nouvel Observateur.*

《新文学》 *Les Nouvelles Littéraires*

《新闻周刊》 *Newsweek*

《新星快车》 *Nova Express*

《新政治家》 *New Statesman*

《信的场景》 « The Letter Scene »

《星期六评论》 *Saturday Review*

《星期日泰晤士报》 *Sunday Times*

《性、艺术与美国文化：随笔集》 *Sex, Art and American Culture: Essays*

Z

《再见，哥伦布》　*Goodbye Columbus*

《在美国》　*En Amérique*

《在萨拉热窝等待戈多》　*En attendant Godot à Sarajevo*

《泽诺的意识》　*La Conscience de Zeno*

《战争的灾难》（画作）　*Les Désastres de la guerre*

《战争终了》　*La guerre est finie*

《真正的战斗和空洞的隐喻》　« Real Battles and Empty Metaphors »

《政治》（杂志）　*Polityka*

《芝加哥保卫者报》　*Chicago Defender*

《中国旅行计划》　*Projet d'un voyage en Chine*

《重点所在》　*Temps forts*

《昼夜摇滚》　*Rock Around the Clock*

《祖与占》　*Jules et Jim*

《自由》（杂志）　*Libre*

《综艺》（杂志）　*Variety*

《总结》　*Summing up*

《最后的努巴人》　*Le Dernier des Noubas*

《最后求援》（《死亡匣子》法文版）　*Dernier Recours*

《最后一场电影》　*The Last Picture Show*

《作家们对西班牙战争表明立场》　*Authors take Sides on the Spanish War*

《作品在说话》（《反对阐释》的法语改编本）　*L'oeuvre parle*

贝阿特丽丝·穆斯利 | **作者**
Béatrice Mousli

法国文学史学者，现任南加州大学法语与意大利语系系主任、法语国家与地区研究中心负责人。著有《弗吉尼亚·伍尔夫》《马克斯·雅各布》《菲利普·苏波》等多种文学家传记。曾获法兰西学院传记大奖、法兰西学院安娜·德·诺阿伊奖等，获授法国教育部颁发的棕榈教育骑士勋章。

周融 | **译者**

北京外国语大学法语系毕业，译有《制度与变革：中国王朝 600 年》等作品。

SUSAN SONTAG by Béatrice Mousli
Copyright © Editions Flammarion, Paris, 2017
Simplified Chinese edition copyright © 2022 Shanghai Elegant People Books Co. Ltd.
All rights reserved.

江苏省版权局著作权合同登记　图字：10–2022–289号

图书在版编目（ＣＩＰ）数据

智性与激情：苏珊·桑塔格传 / (法) 贝阿特丽
丝·穆斯利著；周融译. -- 南京：南京大学出版社，
2022.8（2023.1重印）
　ISBN 978-7-305-24760-6

　Ⅰ.①智… Ⅱ.①贝… ②周… Ⅲ.①苏珊·桑塔格
—传记 Ⅳ.①K837.125.6

中国版本图书馆CIP数据核字(2021)第257586号

出版发行　南京大学出版社
社　　　址　南京市汉口路22号　　邮编 210093
出 版 人　金鑫荣

书　　　名　智性与激情：苏珊·桑塔格传
著　　　者　[法] 贝阿特丽丝·穆斯利
译　　　者　周 融
责任编辑　章昕颖
策 划 人　方雨辰
特约编辑　陈雅君
装帧设计　方 为
印　　　刷　山东临沂新华印刷物流集团有限责任公司
开　　　本　889mm×1194mm　1/32　印张 22　字数 600 千字
版　　　次　2022 年 8 月第 1 版　2023 年 1 月第 2 次印刷
ISBN　978-7-305-24760-6
定　　　价　138.00 元

网　　　址：http://www.njupco.com
官方微博：http://weibo.com/njupco
官方微信：njupress
销售咨询：（025）83594756